明人别集叢編

鄭利華 陳廣宏 錢振民 主編

祝允明集

【上册】

張明晶 點校 陳廣宏 審定

復旦大學出版社

本書爲二〇二一—二〇三五年國家古籍工作規劃重點出版項目，
并獲國家古籍整理出版專項經費資助

中國國家博物館藏祝允明著色像

（清葉衍蘭繪）

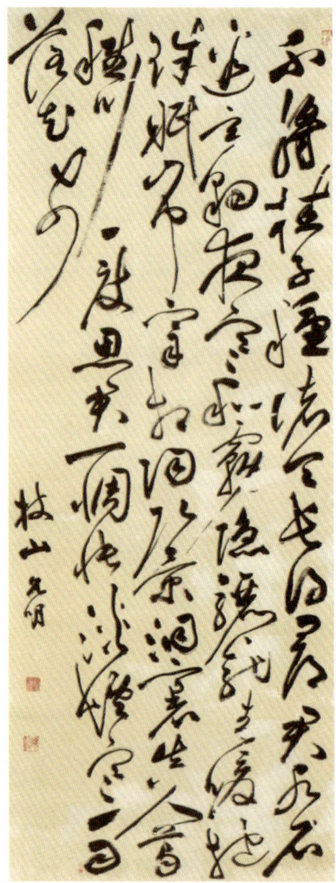

遼寧省博物館藏祝允明七律詩軸

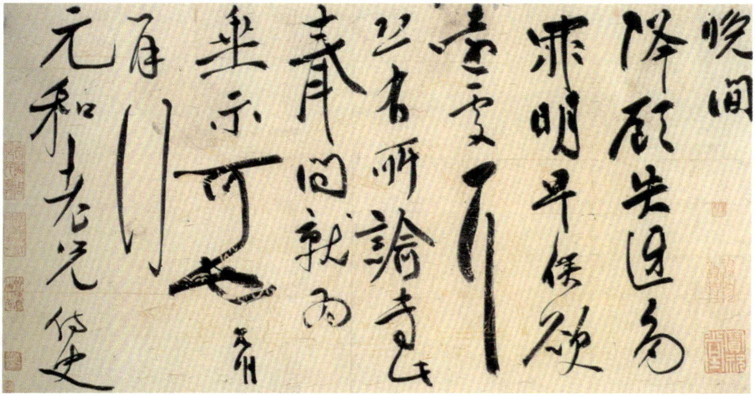

北京故宫博物院藏祝允明《致元和書札》

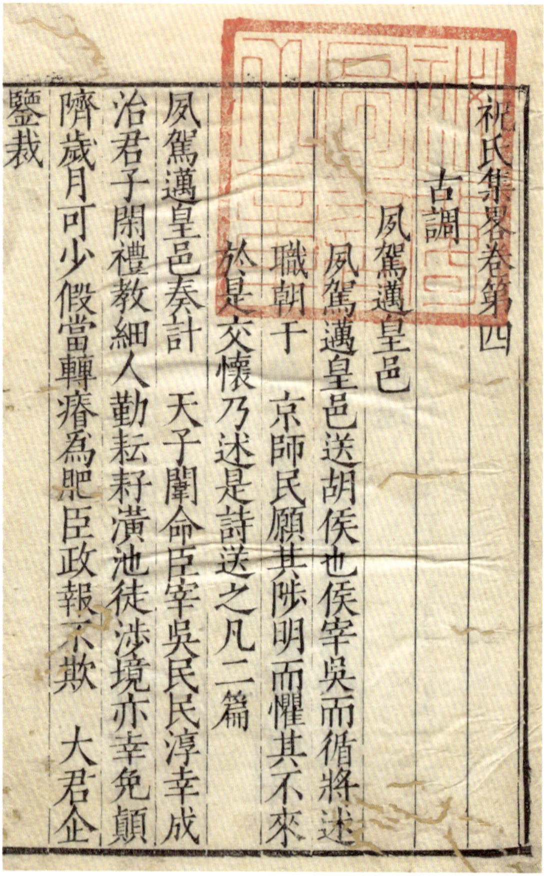

祝氏集畧卷第四

古調

夙駕邁皇邑

夙駕邁皇邑送胡侯也侯宰吳而循將述職朝于京師民願其陟明而懼其不來於是交懷乃述是詩送之凡二篇

夙駕邁皇邑奏計 天子闡命臣宰吳民民淳幸成治君子閑禮教細人勤耘耔潢池徒涉境亦幸免顛隮歲月可少假當轉瘠爲肥臣政報不欺 大君企鑒裁

日本内閣文庫藏明嘉靖刻本《祝氏集略》

總序

中國的古籍文獻浩如煙海，這是先人留給我們的寶貴的文化資源和精神財富。明代是中國歷史發展演變的一個重要時期，成爲中國社會處於近世而具標誌性意義的一個時代。明代的文化不僅積累豐厚，重視與歷史傳統相對接，同時又善於創新立異，呈現時代異動的一系列特徵。而作爲這種文化積累與變異相交織的具體表徵之一，它也突出地反映在明代的著述領域。總體來看，明人撰作浩繁，論説紛出，由此構成一筆蔚爲可觀的文化思想之資産。與前代相比，其不但反映在文獻種類上的擴充，而且出現了一批卷帙龐大的著作。以後者而言，最爲典型的莫過於明代中後期文壇巨擘王世貞，他生平筆耕不輟，著述極爲繁富，僅其詩文別集弇州山人四部稿、弇州山人續稿及讀書後，加起來就將近四百卷，四庫館臣曾稱：「考自古文集之富，未有過於世貞者。」（四庫全書總目卷一百七十二集部弇州山人四部稿、續稿提要）儘管個人著述數量龐大的情況在有明一代不能説很普遍，但也並非絕無僅有。可以説，凡此自是明代學術和文化趨於繁盛的一個明顯標誌，而這一時期汗牛充棟的各類著述，也成爲後人研究明人思想形態和創作實踐的重要資源。

鑒於有明一代文人的著述數量繁夥，其中不乏富有文獻和研究之價值者，尤其是它們作爲中國近世文獻典籍的重要組成部分而流傳至今，這也受到學術界和出版界的關注和重視，相應的文獻整理和出版工作爲之展開，並有一批成果問世。首先是明人文集的影印。這其中始自二十世紀九十年代的四庫系列影印叢書的編纂出版，如四庫全書存目叢書（齊魯書社）、續修四庫全書（上海古籍出版社）、四庫禁燬書叢刊（北京出版社）、四庫未收書輯刊（北京出版社），就包括了相當數量的明集。除此之外，尚有明人文集的專題影印叢書，如明人文集叢刊（臺灣文海出版社）、明代論著叢刊（臺灣偉文圖書出版社）、四庫明人文集叢刊（上海古籍出版社）、明別集叢刊（黃山書社）、明人別集稿鈔本叢刊（國家圖書館出版社）、明代詩文集珍本叢刊（國家圖書館出版社）、日本所藏稀見明人別集彙刊（廣西師範大學出版社）等。這些影印叢書特別是明人文集專題影印叢書的相繼問世，爲明代文學、史學、哲學等不同領域研究工作的開展，提供了一批重要的文獻資源。其次是明人文集的點校。除了一些零散的點校本之外，叢書系列較有代表性的，如中國古典文學叢書（上海古籍出版社）、中國古典文學基本叢書（中華書局）、明清別集叢刊（人民文學出版社），包括了若干種類的明集；又具地方文獻性質的，如蘇州文獻叢書（上海古籍出版社）、浙江文叢（浙江古籍出版社）、湖湘文庫（岳麓書社）、陝西古代文獻集成（陝西人民出版社）等等，各自也收入了數種明集。這自然也爲學人的閲讀和研究提供了一定的便利。

衆所周知，作爲古籍整理的兩種重要形式，影印和點校具有彼此不同的功能和作用，如果説前者主要在於呈現文本的原始形態，這也是傳統保存和傳遞文獻資源所採取的一項有效措施，那麽後者則屬於針對文獻所進行的一種深度整理，其功能和作用並非影印所能代替。按照傳統的工序，點校整理需要經過底本的遴選、文本的標點，以及利用不同版本和相關文獻進行校勘及輯佚等過程，原則上要求形成相對完善和便於利用的新的版本，如此，當然也相應增加了此項工作的難度和强度。從這個意義上來説，開展明人文集的整理工作，借助影印的便捷手段，爲保存和利用古籍文獻創造條件，固然十分必要，而與此同時，通過點校這種深度整理的方式，爲學人提供較爲完善的文集版本，也是不可或缺的。從明人文集影印整理的情況來看，迄今爲止，特别是隨着若干大型明集影印叢書的出版，種類數量上已形成一定的規模。比較而言，明集的點校整理則相對滯後，尤其表現在文集覆蓋的範圍有限。一些零散的點校本，大多選擇整理的是明代若干代表人物之文集。即使是數部規格較大的點校整理叢書，或限於叢書的通代體例，或限於選録範圍的要求，其中明代部分所收録的，主要爲活躍在當時文壇的數位重要人物之文集。至於一些地方性的文獻整理叢書，自然要以人物的地域身份作爲選録的主要標準，所以選目的覆蓋面相當有限。這樣的情形，實與明人文集大量留傳的存書現狀和學人閲讀及研究的廣泛需求形成某種反差。以明集點校整理的質量而言，其中在標點、校勘、輯佚等方面，固然不乏質量上乘者，但在另一層面，受制於整理者自身的學術資質、工作態度以及各種客觀條件，整理質量有待於進一步提升者，亦並非偶見。應當説，有關明人文集的點校整理，既有擴大整理範圍的必要，又有提升質量的空間，需要做的工作還有很多。

有鑒於此，經過充分的醖釀和準備，我們現著手編纂這套大型文獻整理叢書明人別集叢編，以期能對學人的相關閲讀和研究發揮重要的裨助作用。該整理項目得到了復旦大學出版社的大力支持，從而也使得這套叢書的編纂和出版工作有了切實有力的保障。根據所制定的編纂總例以及相應的編纂宗旨，本編主要選取有明一代不同時期特別在文學乃至史學和哲學等領域較有代表性、尤其在上述領域有着獨特業績或顯著影響而鮮少受到學人充分關注或重視的文人之詩文別集，通過精選底本和校本、精審標點和校勘，爲學界提供一套較爲完善的明人詩文別集整理本。具體來説，一是選目要求具有較爲廣泛的覆蓋面，以體現文獻整理種類較强的系統性，並重點選取一批前人未曾點校整理的明人詩文別集，而這些別集作者又大多在明代不同時期文壇表現相對突出或較有影響，我們的目的是力圖通過對這些作者別集的整理，彌補明集整理上存在的空闕，凸顯本編的原創性之編纂特色。二是針對若干種已有整理本問世的明人詩文別集進行重新整理，因爲前人整理本的情況比較複雜，有的整理質量相對較高，也有的則仍存在很大的修正和補闕的空間。特别是有些早期的整理本，除了受制於整理者的主觀因素，也或多或少爲其時文獻查閲和檢索等條件不如現今便利的客觀因素所限制，出現這樣或那樣的問題在所難免。故而從糾補闕失、後出轉精的角度來説，有選擇性地開展重新整理工作又是非常必要的。但重新整理並不意味着重複整理，它的價值意義更多指向優於前人整理成果的彌補性和超越性，當然也要求整理者爲之付出更多的心力。三是在標點和校勘上盡力做到謹慎細緻、精益求精。底本方面，原則上要求選擇刊印較早、較全或經名家精校的善本；校本方面，原則上要求在充分理清版本源流的基礎上，重點選擇具有代表性及校勘價值的版本作爲主要校本。通過精校，存真復原，形成接近作者原本的新善本。四是在文本的輯佚上儘可能利用相關的資源拾遺補闕，即要求通過對作者詩文集各版本的細緻查閲和對相關文集、史志等各類文獻資料的廣泛搜羅，補録本集未收的詩文，同時爲避免誤收，要求對所輯篇翰嚴格加以辨察。

作爲古籍整理的一個大型學術工程，本編選録的明人別集數量和卷帙繁富，整理工作面臨的難度和强度不言而喻，特別是爲了充分保證整理的質量，需要我們秉持格外嚴謹的態度和付出十分艱巨的勞動，唯有全力以赴，一絲不苟，毫不懈怠，才能實現理想的目標。衷心期望這套大型文獻整理叢書的編纂和出版，能爲明代文獻的整理和研究盡一份綿薄之力。

鄭利華　陳廣宏　錢振民

二〇二一年五月

總例

一、宗旨

明人別集叢編係選編整理有明一代文人詩文集的大型叢書、古籍整理研究的一大工程。該叢書主要選擇明代不同時期特别在文學乃至史學、哲學等領域較有代表性，尤其在上述領域具有獨特業績或顯著影響而鮮少受人充分關注或重視的文人之詩文别集，通過精選底本、校本，精審標點、校勘，爲學界提供一套相對完善的明人詩文别集整理本。

二、版本

（一）底本，原則上以刊印較早、較全或經名家精校的善本作爲底本。

（二）校本，原則上在理清版本源流的基礎上，對於有多種版本系統者，選擇具有代表性的版本作爲主要校本，并參校他本及各類相關文獻資料。

各集采用的底本、校本及參校的相關文獻資料，均須在整理「前言」中加以説明。

三、校勘

通過精校，存真復原，即綜合運用對校、他校、本校、理校等方法進行校勘，提供接近作者原本的新善本。

四、標點

本編各集以國家新近頒布的標點符號使用法爲依據，同時參照國務院古籍整理規劃小組制定的古籍點校通例進行標點整理，并按原書文意析分段落。

五、體例

（一）本編所收各集，其編排體例原則上不作改動，以存其原貌。

（二）依照原書正文篇名重新編製全集目録。

（三）文集前後序跋、傳記、軼事等文字，作爲附録置於全集之後。

（四）作者撰寫的已經單獨刊行并且前人未曾編入其詩文集中的學術類文字，一般不收入新整理本中。

（五）在完成點校整理的基礎上，各集整理者分别撰寫前言一篇，簡介作者生平、文集構成，説明版本概況、點校體例等。

六、輯佚

（一）通過作者詩文集各版本及有關文集、史志等文獻資料，搜羅集中未收之詩文，但爲避免誤收，補入時須注意對所輯佚文的作者歸屬或真僞情況加以仔細辨察。

（二）佚文不多者，直接補於相應體裁或文集正文之後； 數量較多者，按體裁編爲若干卷，列於文集之正文各卷之後。 佚文來源均須加以注明。

各集整理者根據本編上述總例之要求，分別製訂文集點校具體之體例。

祝允明集總目

前言

祝允明，字希哲，以右手枝指，號枝指生、枝山、枝山居士、枝山道人，蘇州府長洲縣人。生於明天順四年庚辰（一四六〇）十二月六日，卒於嘉靖五年丙戌（一五二六）十二月二十七日，得年六十七。

允明以書法名世，王世貞云：「吴中如徐博士昌穀詩、祝京兆希哲書、沈山人啓南畫，足稱國朝三絶。」（藝苑巵言卷七）詩文亦頗有成就，與徐禎卿、唐寅、文徵明號「吴中四才子」，胡應麟稱其與沈周、唐寅等「才皆高出一代，而皆以書畫掩之」（詩藪續編二）。明史云其「五歲作徑尺字，九歲能詩，稍長，博覽群集。文章有奇氣，當筵疾書，思若湧泉。尤工書法，名動海内」。允明書法、文學成就的取得，既來自於家族文化的熏染，亦繼承了吴中文化傳統，并受到當時社會文化思潮的影響。

允明生於具有濃厚文學藝術氛圍的官宦世家。「七世美仁里，八葉通德門。五教植本始，百行郁華文」（述行言情詩其九），即是允明對自身家族文化的自豪宣示。其中對祝允明影響最深的應屬祖父祝顥。顥字惟清，正統四年（一四三九）進士，時詔選進士有聲者四人，教内書堂小奄豎，邀顥試以詩，不應而出，授刑科給事中，累官山西布政司左參議。年甫六十，疏請歸田。與徐有貞、劉珏、杜瓊、沈周等日相過從游衍，高風雅韻，輝映鄉邦。允明時當幼年，常侍左右，深得前輩稱賞。此外，允明外大父徐有貞，婦翁李應禎在書法方面對允明亦影響頗多。有貞初名珵，字元玉，號天全，蘇州府吴縣人。宣德八年（一四三三）進士，選翰林院庶吉士，授編修，歷春坊諭德，天順改元，以迎復功，拜華蓋殿大學士、兵部尚書，掌内閣事，封武功伯。未幾下獄，戍金齒，三年赦還。有貞文武兼資，於天官、地理、河渠、兵法等無不通曉，詩文取通達，不屑爲雕章飾句；兼且雅擅書法，草書奇逸，自負入神。婦翁李應禎，名甡，字應禎，以字行，更字貞伯。景泰四年（一四五三）舉人，入太學，選授中書舍人，歷兵部郎中、尚寶司卿、太僕寺少卿。應禎書法篆楷俱入品格。文徵明稱允明「早歲楷筆精謹，實師婦翁，而草法奔放，出於外大父，蓋兼二父之美，而自成一家者也」（書林藻鑒），王寵亦云允明「既天才卓踔，橫從四溢。重以内外二祖咸當代魁儒，礱錯夾持，浸漬穠沃」（明故承直郎應天府通判祝公行狀）。

允明述行言情詩自言「踰冠聞有司，察業就甄録。校考既充賦，膠序且饟育」（其十四）。可知其大致在成化十五年（一四七九）入學成爲生員，但參加過五次鄉試，方於弘治五年（一四九二）成爲舉人。是年王鏊主持試事，於允明深加賞譽，以爲得人。然而此後允明「七試禮部，竟不見録」，直至正德九年（一五一四），已五十五歲的祝允明不得已放棄科舉，就謁選爲廣東興寧知縣。二十多年間期待、失落，重拾信心、再失敗的經歷，無疑給他的心理帶來了極大的煎熬。正德六年（一五一一），允明與其子續同應進士，自己落榜而續登進士第，傷心與喜悦交織，允明舟中憶續有「功名爾已誇雛鳳，情愛吾猶愧老牛」（祝氏集略卷六）之句，即是這一極爲複雜而矛盾的心理狀態的寫照。在與友人的信中，允明自言「漫讀程文，味若咀蠟，拈筆試爲，手若操棘」（祝氏集略卷十二答人勸試甲科書），描摹出歷經挫折後疲憊的心態。

在興寧任上，允明設方略捕盜三十餘輩，爲條約禁止，敦厚風俗，公餘則屬文賦詩。然如其自言「誠不善仕」（答張天賦秀才書）。因拙於催科，秋税後期而被停給俸米。正德十六年（一五二一），允明得遷應天府通判，專督財賦。不久乞歸，益事著述，或放浪山水間，享林下之樂。口號三首（祝氏集略卷六）是這一時期生活的寫照：

枝山老子鬢蒼浪，萬事遺來剩得狂。從此日和先友對，十年漢晉十年唐。

不裳不袂不梳頭，百遍迴廊獨步游。步到中庭仰天卧，便如魚子轉瀛洲。

蓬頭赤脚勘書忙，頂不籠巾腿不裳。日日飲醇聊弄婦，登牀步入大槐鄉。

嘉靖五年（一五二六）十二月二十七日，允明病逝。又明年，葬於横山丹霞塢。王寵爲撰行狀，陸粲撰墓誌銘。

祝允明一生著述頗豐，祝繁稱：「自少讀書績文，至老不倦，中更五十餘年未嘗一日輟筆硯，以是著述爲多。或每勸入梓，先公未以爲然，惟自詮成帙以藏而已。先公捐養，吾兄方伯公檢輯遺稿，得十之六七，多出先公手録。」（祝氏集略卷末跋）陳麥青先生據明史、蘇州府志等資料列允明著述三十三種，其中詩文集三種：祝氏集略三十卷、祝氏文集十卷、祝氏小集七卷。此次整理，即收此三種。

祝氏集略三十卷，嘉靖三十九年（一五六〇）張景賢刻本。半葉十行，行二十字，小字雙行同；左右雙邊，細黑口，單魚尾，魚尾下刻「祝氏集略卷□」、頁碼。部分葉刻「李潮」「張仁」等刻工名。正文卷端題「祝氏集略卷第□」。卷首祝氏集略序，末署「嘉靖丁巳五月十有一日奉敕總理糧儲提督軍務兼巡撫應天等府地方都察院右僉都御史晚學眉山張景賢謹撰」。卷尾跋一，末署「庚申正月之望不肖繁謹識」。是刻中國國家圖書館、日本内閣文庫等有藏本。又有懷星堂全集三十卷，半葉十行，行二十字，小字雙行同；白口，左右雙邊，版心刻「卷□」及頁碼，部分葉刻「李潮」「張仁」等刻工名。正文卷端題「懷星堂全集卷之□」，下題「長洲祝允明著」。卷首祝枝山懷星堂全集序，末署「萬曆己酉周孔教謹撰」。是刻中國國家圖書館、北京大學圖書館、南京圖書館等有藏本。對比二刻，除卷首序題及末署不同，部分時間、人名有所更改外，文字則基本相同。正文除卷端題名不同，行款、文字悉同，版心萬曆本無魚尾，下所刻刻工名全同，表明萬曆本乃是將嘉靖本修版後重印，實即一刻。四庫全書本、宣統本均以萬曆本爲底本。

祝氏文集十卷，嘉靖二十三年（一五四四）謝雍抄本，藏臺灣圖書館。又有枝山文集四卷，清同治十三年（一八七四）刻本，半葉二十行，行二十二字，小字雙行同。左右雙邊，白口，單黑魚尾，版心上刻「枝山文集」，魚尾下刻「卷□」、頁碼。卷首謝雍跋，云：「枝山先生詩文集，老朽手録以贈内翰衡山先生，少申微意，嘉靖甲辰四月十日謝雍，時年八十一歲。」何焯跋，末署「辛巳春日何焯書」。俞樾序，末署「光緒建元之歲秋九月德清俞樾」。祝壽眉識語，末署「同治甲戌季冬之月族裔祝壽眉謹識」。枝山文集實即以謝雍嘉靖二十三年（一五四四）抄本祝氏文集十卷爲底本，重加詮次。以之與祝氏集略比對，除詞三十六首祝氏集略均無外，又有文七十九篇、詩三百六十餘首爲後者所無。

祝氏小集七卷，千頃堂書目卷二十一著録，即四庫全書總目所云「祝氏集略外，又有金縷、醉紅、窺簾、暢哉、擲果、拂弦、玉期等集」。是本原藏上海圖書館，今已清退，不知藏處。僅存窺簾、醉紅、擲果、拂弦四卷，題「枝山先生柔情小集」。黃裳先生跋云：「此册得於吴下估人。小集七種，止存其四。此扉葉則估人別立名目刻之，取舊楮一葉印附卷目，冒爲全書，以索重值。余笑而取之，頗喜其弄此狡獪。此集天壤僅存，雖不全，何害乎？」

在版本選擇上，祝氏集略以嘉靖三十九年（一五六〇）張景賢刻本爲底本，校以萬曆三十七年(一六〇九)周孔教序刻懷星堂全集、四庫全書本、宣統二年(一九一〇)中國書畫會印行祝枝山全集。祝氏文集以嘉靖二十三年(一五四四)謝雍抄本爲底本,校以同治本枝山文集。抄本中有校改、乙倒、衍文標記者,徑改不出校。祝氏文集中與祝氏集略重出詩文,僅列題目,注以「見祝氏集略卷□」。祝氏小集據復旦大學古籍所藏明刻本膠卷整理。

祝允明詩文的輯佚,主要由列朝詩集、祝允明書艷體詩册、祝允明墨迹大觀、中國書法全集祝允明卷等輯得。附録收録祝允明詩文作品序跋、傳記和評論資料,供讀者參考。

關於文字的處理,原書中的異體字、俗體字等,一般徑改爲常用的規範字,不出校記;底本中明顯的訛脱衍誤,據他本校改。

目録

祝氏集略卷三……五八

祝氏集略卷五……一二九

祝氏集略卷七

祝氏集略卷八……二二七

祝氏集略卷九

祝氏集略卷十一……三一四

祝氏集略卷十二……三三二

祝氏集略卷十三…………三六三

祝氏集略卷十四

祝氏集略卷十五

祝氏集略卷十六……四三八

祝氏集略卷十七……四六三

祝氏集略卷十八……四八五

祝氏集略卷十九……五一三

祝氏集略卷二十……五三五

祝氏集略卷二十三……六〇〇

祝氏集略卷二十四……六二一

祝氏集略卷二十五……六四四

祝氏集略卷二十八……七一五

祝氏集略卷二十九……七三九

祝氏文集卷五……八七三

祝氏文集卷六

祝氏文集卷七 …… 九一二

祝氏文集卷八……九三一

祝氏文集卷九……九四六

祝氏文集卷十……九八四

祝氏小集……九九九

祝允明集補遺

祝氏集略

祝氏集略卷一

騷賦

大游賦

允明以宇宙之道於我而止矣，渾鴻包之，萬象條之，三五肇構于其先，宣尼總齊于其後。君建爲極，臣成爲業，士治爲學，民遵爲世，隨其時也。易曰：「拘係之，乃從維之；王用亨于西山。」允明時不自立身名，隨人拘維，將老而神明中亮，問學外廣，有無之際，三五宣尼之所營，蓋嘗冥訪其間焉，斯用亨之利也。暇日敍之，爲大游賦，可以垂語千載焉爾。

夫何恢廣之大人兮，羌縱覩於域中。柯柘檍以爲車兮，畢妙制於輪工。建六等以道遠兮，職三材以行空。既軒之以華轛兮，又積中以堅軏。招鈐且使附輿兮，翕庬鞭而右從。帀九圍而窮轅兮，㚢章亥之有終。跨四渤以脩征兮，隃華封以臨戎。左賓暘於二桑兮，右嚮晦於三春。前炎洲以玩鳥兮，朔幽紘之夢夢。耳䩞象其支朱兮，胡旅瑣於蟲封。惿皇盤之下繼兮，中六圍而作宫。

命旋轅而内歸兮，攬覆載之所有。薉蕭稂之被壤兮，葱芳蘭之不茂。喬隰榛與山樗兮，斤文梓令速朽。獷貙豹之犇犇兮，藐麟虞之在囿。喧鵂鵩之啾啁兮，梧不集其鳳鳥。夷高岸爲深谷兮，堀墣礫以爲阜。剪珞碧以圕椁兮，童丘隅俾不茆。睨洪河之横怒兮，恒襄陵而汩宇。汹漫滮以突徙兮，數失邑而病漕。懷神功之難纘兮，惋夏迹之非舊。帶衡江而脩截兮，判二戒於左右。聯南濱之百巒兮，蜚千泉而下湊。亡晝夜而建瓴兮，濜交注於揚藪。漭散衍於三江兮，赴伯若而爲湫。灉始湠而繼湮兮，瀆汜溢以妄走。蹇重咽之中楗兮，焉執咎於授受。慨眚灾之歲成兮，䙶殫虐於吴畝。䮕沮洳而莫遺兮，抎十千之維耦。

驅玄黄以高驤兮，循中原之舊服。晝州邑以星暰兮，敞曠土之沃沃。邈山川之遐隔兮，空千里於一矚。憶先王之位天兮，經九井以爲國。掌地政於司馬兮，詳同成而澮洫。樹萬里之基楨兮，厚烝人之安宅。固君民之比輔兮，食無爲之帝力。塵諸聖之造述兮，與世期而亡斁。何秦孝之顛暴兮，益衛鞅之薄刻。始必墾以阡陌兮，繼稅人而蕩潏。垝坤元之綱紀兮，勢一剥而弗復。艾因時以苟爲兮，寖彌古而偕極。

題蒼黎之增增兮，楺千百其品倫[一]。伊四業以各守兮，劃百役以駿奔。恫窮煢之顛隕兮，懀惰游之狷嚚。紾戕之以宄賊兮，樓豺豶而食人。痡九夫以征穀兮，餉凶餘俾悍淫。

捐田事而不男兮，競逐末於錢刀。集千姦以爲利兮，綱無恤於戚曹。攟泉布而操壅兮，靳濟物於一毛。鄙逡縮於狡窟兮，酋驕戾於王侯。工不度而作淫兮，聊須庸於斤陶。

皇天生此元元兮，惠司牧以大君。建萬邦以諸侯兮，賦官士而臣鄰。寧一夫以非農兮，而戴履於乾坤。怵茲辰其何時兮，農八一而僅存。八民一農。飡饛簋罔稽田兮，畯曾弗得以食新。鈞含氣於化育兮，哀細人之特勤。予既末穀於道邦兮，訏釋錢鎛而被此韠紳。

氣紆蔚而不解兮，意周章以交馳。違巖野而即市兮，求化理於官司。窺訟堂之佻佻兮，匐萬子而榜笞。大夫彝騁而蕉萃兮，不得知其所爲。輿胥五百柙千狁兮，引羔豚而飼之。檄氄礫而椮運兮，格辰道而申齊。士呻癉於鑲輓兮，伍病空於陴垂。悁四方以謈皙兮，甫焉得而驩熙。

操艅艎之蒙衝兮，晨横江而西溯。扣曾城之九重兮，闢皐應而疊五。印天京之鼎立兮，頲絳闕以崇鶩。欽萬域之攸則兮，拱北樞之星附。㸐三殿以中嚴兮，奉天、華蓋、謹身。矗雙樓之夾輔。文樓、武樓。閟椒闈之沈肅兮，峻丹陴之複護。列八屯以周廬兮，離千曹而張署。啓巖閣以弘文兮，宅大訓而稽古。坐耇成以寅亮兮，諧密勿以釐務。蒧法筵以尊師兮，訪道揆於墳素。倣明堂之法象兮，裁靡代之逾矩。近堯階之三尺兮，削漢宇之萬户。廟四親以致享兮，宫崢嶒於左祖。右駢祠維太社兮，同先稷而爲伍。毓儲聖於青禁兮，昭英華於文武。文華、武英二翼殿。觀靡究於中秘兮，規載考於庶府。張五督以詰兵兮，昈六官而開部。廣通政而給諫兮，謹臺察與大理。太常典厥禋礿兮，宗人掌其圖譜。謐翰苑之閑清兮，都成均之綽膴。守信玉於符臺兮，顓筆削於史注。欽天審其曆象兮，大鴻傳其臚句。光禄精夫玉食兮，僕馬備其徒御。條萬幾以緄襄兮，錯群工而牙布。沛周詳以章徹兮，互責稽而棐備。

奕神祖之開業兮，濯神宗而善遷。爲王賓以觀光兮，遵大路而北轅。歷揚徐而齊魯兮，趨豐鎬於幽燕。瞻帝居之際天兮，服王心之所甄。葵啓承之有道兮，蓋同經而異權。屹高皇之奠鼎兮，介哉格乎淵算。承乾休之凝注兮，憮坤輿之饒贍。執天德以守國兮，豈徒防於天塹。來百蠻之賓王兮，會諸侯之覲獻。岠文宗而上徙兮，扼荒戎之突踐。居高屋以尊臨兮，繞衆星而北面。提四外於有截兮，晅奉時之英見。亶鴻仁之積洽兮，熠光重而累宣。鱗百揆以具張兮，轂皇極之中懸。觸工僚其俩俩兮，稟成憲而周旋。惟弛張之殊科兮，深佇惑而眩惋。殆愚固之莫憭兮，綷有幾於攸先。山臣銓草樹而牧麋鷵兮，焉能覘其韋弦。匪余位之所謀兮，嘖奚煩於蕘言。思沈潛而内求兮，憺將歸乎故苑。縶佚足於菅限兮，擿鴻芬於枯簡。眂萬夫之交鳴兮，佩六編之神典。探經邦之遠猶兮，察庶務之奇變。逮長古而周歷兮，該千岐而綜練。勴勴迹於滔天兮，抽幽緒於獨繭。殫精誠於至思兮，肩無象而諧券。情完朗以倏恍兮，志强毅而逾鍊。遄上升於至陽兮，曮皇人之垂見。發秘鑰以授余兮，叕炙鉤之玄篆。吟微辭以啓悱兮，歎樞栝之精雋。忽不悟其所如兮，屑僶佪而徯旦。宓閉闟而函光兮，幸韜聞而滅見。散神明於空靈兮，泳皇沖而敖衍。兼萬化於芒機兮，統三極於一貫。識天人之爕成兮，假幽明之互贊。瘖道器之相咸兮，歸有亡於亡辯。嶄歷聖之繼天兮，討千文而同鍵。

杲曜靈於永宵兮，齊受法於皇旻。承皇命者犧兮，始拜受此玄文。九穹無言不愛道兮，敕地寶以龍呈。栝五十而有五兮，峙大道之靈根。五相得而有合兮，成變化以行鬼神。觀穹文而祇理兮，載取物與諸身。爰立卦以生爻兮，用四尚而成萬營。居觀玩以既得兮，動假筮以質成。橐萬化以鼓舞兮，漱千妙之幽源。崇守位以財成兮，纖出入之紘員。洞生死於原返兮，了情狀於游魂。冒承焘以彌綸兮，貫異同於千門。逮農軒而顯嚳兮，迭奉帝而詔人。因龍鳥與草木兮，依水火而風雲。備物象以周世兮，捬養本於生民。代泰穹之何言兮，晫神心於三墳。司重黎於二正兮，構貞曆之四分。唐欽昊以授時兮，宗曆象而三辰。虞絜齊彼七政兮，在璿璣而玉衡。原欽明而被格兮，址時雍於睦親。粲重華之協帝兮，終命位於升聞。恭垂裳以無爲兮，巍成功而莫名。扈文命之神靈兮，默取道於清玄。奠山河而再造兮，相天地於成平。帝重錫用玄範兮，誥鼊龜而視陳。舒九章以列對兮，姒乃第之以類成。遰殷周而密畀兮，令箕武以載申。揭建極之元則兮，握天人之關鉗。援神契以設教兮，假泰卜於歸連。眷岐豐以下鳳兮，敕尼泗而來麟。三聖演翼夫犧畫兮，（文王、周公、孔子。）旦疏官而盡君。（周官。）

亶群經之自聖兮，以時差而錯出。孔完天以總聖兮，萃整齊而立極。道有本末而著微兮，本微既其在易。張末著以長世兮，諗禮樂之爲急。誠脩身以御家兮，弘治平於邦國。作人備乎儀文兮，宣和興於樂律。稽疇典而作矩兮，耿二史之布策。左右。放墳丘之眇綿兮，綜唐文而姬曆。昞嘉謨與大猷兮，心偕事而録實。閎删述以詔來兮，立型模爲永式。體二篇以樹本兮，用四典以示則。二篇者，易；四典，禮、樂、詩、書。張人綱以持世兮，參成位而撰畢。世惟遵而勿渝兮，醻天心與聖職。冥弗由以顛隮兮，教乃廢而代汩。聖何道而援若兮，懣不位以敷德。掇侯史以衛經兮，創予奪而作格。尹天明與王憲兮，準賞刑於霜筆。三代絶而世變究兮，六册具乃聖功訖。理與事而偕著兮，勸交懲焉縣植。從爲治以位天地兮，違斯亂而乾坤熄。孔既翦齊乎千牘兮，攣綱要而綴集。愾漢武之中興兮，業躅孔而均績。蒐獲僅於百篇兮，訓終代而已給。云理道其亡垠兮，亦庸傷於多逸。書。抒人情以合化兮，亮聲簡之不没。儀、周、小戴三禮。何長息於逝者兮，摩存緒而弗繹。桁缺落於完籍兮，咨三詩之爲特。悲忽亡以永昧兮，眣天聽於瑱塞。畈律天而襲地兮，眰憲章而祖述。此下還謂今五經。維天地之爲大兮，代天言而不息。蒙逴克以辭贊兮，伏犇走而靡斁。迒作息而顯微兮，咸由户而出入。考群聖之攸作兮，罔非天而自騭。縒顯微之攽庸兮，覆相質而弗忒。普含生於兩間兮，誰違天而已立。感微賦之有聞兮，𢘄白棼其髦習。拊倏辰而塹寄兮，矢乾乾以永訖。暨千氏之攢叢兮，助馳蹄而翔翼。覽諸師之襲述兮，披衆聖之膺臆。苞鴻纖以條疏兮，弗衷表而協一。逿泝漢以游唐兮，惠畀受以綿密。考靈無示乎度躔兮，瞍焉察夫天日。被賢恩如命面兮，等父仁而焉域。咻後者之剽贅以沿兹兮，吾將暴諸同心而未覿。彼固自爲至一兮，謂精義之我集。泯前倏之夏業兮，迹深扃而固匿。何斯今之膚獵兮，愸捐甲而逐乙。頫高皇之垂誥兮，酌交從而無僻。詔士治經用古注疏與某傳説云云。群生曷靡靡乎顛視以奔時兮，敢背祖而妄執。寘聖謨賢教於公擯兮，趯胡悍而胡逆。疇嗚闇以一匡兮，擧千載之流溺。歲悠悠以隤頃兮，洪章殆終乎罄滅。

聖乘時以施化兮，賢隨時而成謀。諟憂樂以行違兮，肆有用而亡求。賤將五十未服政兮，憮往日之藏修。辰其息而亡閟兮，謍將放乎大游。擁良謨以匵韞兮，并消摇以夷由。揪千業於一函兮，諒奚之而不優。出衡宇而遵塗兮，邁九躔以環流。

駿一日以千里兮，快崇朝而九縣。指河冀之上領兮，巉嵩洛之中壂。緉三五之更都兮，應玄樞而流建。則乾元之用九兮，瞰海寓之疆甸。大畫圻於方州兮，細規土於井田。烝哉先王之宅中兮，憲井牧之攸便。悼荒泯於周矩兮，流一潰而亡返。沈余慮以構術兮，摭餘規於漢彦。籍民品以有定兮，括肥壤而制限。定永業於口授兮，分授新以購羨。縣百級以酌授兮，人無食而不佃。井田不可復，請爲均田、盡地、平賦三道。立田制爲三科，每科爲三限、五十等、百級，自五十畝至五千畝也。凡一民不得過一科，先過制者籍之。禁毋得更市田，以其羨爲待分、平易二法。待分者，分其羨於餘口及通籍，凡官民無田及少者，酌授之，而歲收其入之半，爲價償故主足則已。或能頓償者，聽。自「籍民品以」至此，言均田也。析嬴田之南民兮，易中原之隙衍。每縮析而羨授兮，足牛粒與舍廣。稽十秋而合貞兮，廿有一而始斷。平易者，取其十則易償。以中原、西北隙土十有五，并牛粒廬舍凡二十，乃分其口，令往墾。歷二十年而其稅定，然後征其十一，永不加益。自「析嬴」至此，言盡地也。既均田而盡地兮，乃平賦之有漸。都一郡之稅額兮，總重輕之原版。駕履畝以周旬兮，核腴墝之實算。各斟勺以損益兮，爲新條而升殿。第融紐以少均兮，總無減於舊貫。既不縮夫邦計兮，庶重負之微嘽。自理郡乃通藩兮，究海內而普遍。明明后之牧宇兮，更審地而制典。租必當於壤力兮，居中正而永奠。此言平賦。天下賦半東南，今賦特蘇郡極重，民皆病。賦不當田，又偏重，緣以王制，不敢易，請融紐之。如一郡之賦，四重而六輕，并爲十分。乃覈其田，腴幾何，瘠幾何，隨以定賦，益之損之，以總足於舊制之十，則不縮國資而賦無偏重。又以是廣於他郡，又廣於藩省，以通于天下。然少平爾，不當地之輕重。若能請上更隨土以定額，始爲中正。以上三法具見祝子通，此所陳乃其粗略爾。急東南之倚重兮，最水利之難善。偉高平之所列兮，足紀綱夫群辯。范公札吕中丞。滌宣歙之上流兮，濬百瀆之亜澗。宣三江之故道兮，堅圍埠之防堰。癙白茆之海咽兮，趯百川而吞咽。病雄潮之日至兮，挾塗沙而壅填。非時抉而歲剔兮，道奚出而不汧。逖民勞而費穰兮，役頻興而婁罥。顧蘄疴以有瘳兮，而却藥之瞑眩。玆譚固諧理叶務兮，又焉睹夫物狀之繁變。盤盂之有稱兮，道中卑而表淺。謂吴地與江平，其間田又有更下於外水者。沮洳已膏腴兮，欲夷之而且戀。戀猶惜，潮淀爲田者，亦利官民，是亦一理。然猶害多益少。撤梁而斬荻兮，揆亦非潦疴之專驗。如撤長橋，刈茭葑，至欲廢吴江縣，恐上流非盡緣此而阻。若阻此，獨病橋上田幾何許耳！水既出橋，雖少緩，茭不全阻，安得專尤之？循諸貌以發救兮，又豈一端之已辨。救術獨統夫宣防之二歸兮，在交施而各殉。穰衆瘽以叢軀兮，緊曷弗周詳而異按。長河滔滔而東駛兮，歘怒嘯而横濫。夏迹漠其非故兮，洸亦不恒於一荐。術固率彼其二歸兮，亦與徙不超乎三撰。相時宜以各庸兮，厥亦斯其樞楗。瘼征輸與兑漕兮，擬重陳而歎倦。征餫雖弊，在隨時酌救，此不詳。既奠北都，此不可易。

官斂民以藝賦兮，傷哉冗或逾禮。逾禮，謂名不正者。憾牛毛於先王兮，又安能一切而屏置？率土殫供正之願兮，誰將不恭以沽戾？憾綿肌之殄瘠兮，而剔刲以無已。嗟五材之給世兮，出與没宜相視。彼濫耗而濳匱兮，顧不與司存之計。謂不經之費，户部不得知之爲行止。傷財既莫由斯兮，責求之而獨委。傷財不全繇養兵及土木等事，必自有在。版十稔而審易兮，徭一霜而均制。咽法良而情隱兮，職競人以舉替。業春陵而秋谷兮，能錙察而銖諦。切考心以仁公兮，子殆少於偏蔽。悃存用於智數兮，神鈞察於聰慧。

拱默化以望孚兮，蔑茲途之攸貴。齊民生生大校兮，凡農商之歸。二丁不足準兮，田亦多昧。丁或少而雄，多而弱，昧言難的。田多聲而鮮實兮〔一〕，商態錯於内外。田有瘠肥，税復遍重。商多肆華，資薄或本假貸，或閉户而盈箱，或豐貨外行類。惻賦與工之加患兮，從或董之王吏。

征余駕而流觀兮，覯懷生之遑遑。明王厚下安宅兮，類四族以爲邦。搴冠領於士儒兮，曳尾蹂於末商。雖撙撙其異等兮〔二〕，貞萌萌之天良。讖異世而殊道兮，荐多門而分張。繁胥徒之猬蒸兮，裂兵農而别行。悵庸主之失馭兮，魚不麗於王綱。睞邦本之逾寡兮，縱冗雜而日昌。閔四窮之無告兮，懥三游之陸梁。棼汩蠹之旭旭兮，鼠化虎而羊狼。忮乖絶於人道兮，曾何有於天常。余蒿目而傍睨兮，孰同淚之淋浪。

諰同類之乳育兮，寄食貨以爲生。古君王之子民兮，廓一視而均情。制生食與裒散兮，撢群柄而不頃。自彼君之繆術兮，務姑息而倒衡。算工車以爲利兮，崇婦臺之懷清。商交農而雙厲兮，末顛本於不平。悲歷國之臨財兮，每剥下以逾贏。賊哉安石之聚斂兮，詭市術於王經。謂周官。蔑均田以建本兮，僥垢源於流澂。匹公姬於仲鞅兮，企仁周於暴嬴。侜后民曰均利兮，實胥戕以互亹。歔既無克於迷復兮，盍鮮取於無名。走中原爲治亂兮，信珠玉之不脛。持大道以生財兮，晧千古之聖程。憷氓斯之已慽兮，日盉氣而涸精。弗少拚以敂隸兮，任嗃酋以無生。彼多逐於商末兮，呰趍之以豢兵。或徒食於釋老兮，武餼賚於來庭。嗟何有於二教兮，肶頑冠與穢髡。唯玉食而海富兮，烏有尚夫并耕。鉅創至濫以冥輸兮，時有在而靡懲。所在見後。懵疒孑之乞人兮，彝有政於周矜。眇窶甲之微限兮，如來者之日增。壹是蓄之爲養兮，俾溝壑之不盈。簡夫夫少强力兮，并關柝而牽征。資官飧以免乞兮，婦給衣以妻軍。取丐不廢者什伍之，代挽綷卒；婦可與人處者，補戍妻以購貲，半治衣衾，半給之。詳子通。洎流莩之遝積兮，勿客視而它營。至即團以爲户兮，給廩飼以爲恒。移土邑以財輸兮，吾特爲之鼎鎗。移文流莩本貫，令以財來廩。綏潛運以交拚兮，一仁視而不病。苟客者之過繁兮，著吾廛爲土氓。懠汨治而戕天兮，所鉅最惟民螟。攘哺嬰之微餮兮，餂饕夫之已瞪。禽郊牲之肥腯兮，豢群逸之蒼鷹。委精純於塗泥兮，虹邦産於一甹。沓伾伾之蝮虺兮，吾何舌以指稱。此子通所謂「汨蠹之民」，前言賦、財二端，故及所在，即斯耳。皇威無崇而必讋兮，震乾剛之訇訇。凜岳壓以霜殺兮，烈鈇戚之馮陵。慄神令之赫迅兮，驚欻電而轟霆。

　　薈寇賊而姦宄兮，迨汨蠹之伯洶。孰承天而法祖兮，屠群豕於一鋒。膴萑苻之日繁兮，欲屏戢之焉從？聖誦止於不欲兮，賢獄市以并容。予其懲而猶異兮，有殊初而同終。矜狗鼠之偪餒兮，怒獍梟之鞠凶。先釋苛於歛傜兮，遂嚴致於搜窮。訾宥過以刑故兮，玆刑罰之爲中。坦大沛於潛竊兮，劉姦殺之惡雄。勿參差乃絶判兮，皎冰凜而曦融。省潢池之披猖兮，舉兩初以爲萌。懇原情以審勢兮，慎蔽法而即戎。戢反側於招綏兮，肩凶渠於大蒙。報怙虐以洪威兮，與捐苗而芘螽。須慎察而痛劓兮，裨皇穹之仁公。

王古者之保邦兮，作師旅於地水。茹容民而畜衆兮，田偕武而興制。垂列國以交更兮，之秦鞅而大戾。后厥時以逾遠兮，殚摫裂而爲二。灑頹波以下注兮，寧能返乎涓滏。謏譚計之諸諸兮，僉傷養於大費。亮先作之叵復兮，棼後述以多貳。但熙寧之保甲兮，校拓跋而猶亶。微因損益以張規兮，亦善謀之亞誠。采材官於漢矩兮，擘府兵於唐載。韙長源之嘉尚兮，擷稚圭之美議。唐宋李、韓二公。重時募而精教兮，乃要切之至最。竊虞夫謫戍之永終兮，拳甲令而文致。法常陸於滋久兮，即三五而須異。異者改。蠢匹夫之麗辟兮，將不宥於十世。遂至無窮。豐廩養之長糜兮，且望深而感細。況懷土而迫窶兮，繇竄迸以川潰。遂益之用核追兮，煩鈎攝而部遞。紛張官役徒以擾擾兮，日馳驅於四海。實惟益薄而損厚兮，宜亦矢謨而請裁。萬幾數求言以罷行兮，曾不狂夫之爲罪。非犯忌而亂成兮，謂效忠而襄治。

既未薦乎野謀兮，敷公仁而從事。軫鄉思而甲蟣兮，懲抽力而誅賄。完家室以固志兮，周粟帛以强體。時番上以休容兮，辟賂免之姦怠。拔私徭之長痗兮，襄侵掊之積穢。故雖小而必刑兮，兵無伍而不次。挽千漏於逸罘兮，剔百門之宿滯。力訓閱於往圖兮，帶射蒐於儒吏。揆張皇之弘要兮，知亡逾乎簡帥。祖仁義以爲質兮，厥植之以勇智。律經籍之典訓兮，研歷史之成敗。厲瞿瞿之廉節兮，仡矯矯之直氣。勤步伐於苗獮兮，豈臨機而尋藝。推請論於司馬兮，命畀簡於宸扆。論必斷於援賕兮，斥浮聲與柔葸。耆授鉞而推轂兮，勿參之以弟子。軍容何爲往監厠兮，嗟乎李趙之階厲。將攜壹而僨克兮，夫焉有於此係。覈諏研於績敗兮，眕賞罰之昭晰。彼屠降與殪良兮，兼粥級之作僞。僞多報級數。毅戎昭而不弛兮，飛蕭斧於誅刈。毋徇免於援議兮，必姦絶而良勸。銷枉毀於貝錦兮，破滔謗於珠苡。熊虎毅其六師兮，魚鶴輯其七萃。務貌識而音別兮，督閑練而衷義。悛强足與密代兮，直寄命於童戲。謂臨事募不精實，苟用充數，與私倩代行。膢姦宄於中邦兮，衛天險於荒裔。

林建國而所民兮，虔有整於職方。藩周鎊於隍陴兮，垂堅密於關梁。崇函夏以立道兮，峭百代之大防。訏天王之集統兮，越歷古以包囊。樊封畈之峻截兮，戒勤遠之否臧。頻迴譯於異貢兮，只收誠於來王。事見祖訓。肯包羞以媿女兮，焉自殘而割疆。無歲賂之坐彫兮，有互市之交償。鑠皇代之神武兮，跨振古而無雙。曄神祖之清漠兮，恢王威而四張。熯簡任於干城兮，專權力而鷹揚。弗牽肘於彼夫兮，譴賧得而姦妨。爲恤士之無實兮，猶餔餞而搤吭。眀衡瞦以八燭兮，迥浩劫而未央。愍遐萌之繹繹兮，附九埏之芒芒。徂日用而莫已兮，串出入以隨陽。𡫏亂衆而治寡兮，唈欒短而憂長。念蚩蚩之錯産兮，不越茲以成邦。愴美惡之必兼兮，諶獨籍乎四良。

嘖茲良之自植兮，逮素履以獨守。每自彼以戕陵兮，歸帝彝之固有。相斯辰之攸賴兮，祇俊髦而畯叟。甿既擅夫不井兮，睎三法之或救。三法即均田、盡地、平賦。尚稽實於征輸兮，還微息於頻歾。恐二子之終夢兮，虞和緩之懷手。蔚大氣之紆蟠兮，壬胚靈而降秀。

顥蒼惠錫夫后王兮，君成之乎黌校。詳養射於夏殷兮，具司徒於周教。帝首出以廣運兮，幾新邦之綱要。舍賢能而安藉兮，投碩材其安構。渡長江以整旅兮，倚干戈而詢道。築禮賢以館傑兮，聘名哲而探討。及鴻圖之懋建兮，夙教士以有造。謬辟雍之湯湯兮，溥侯頖之浩浩。範端嚴以恢緻兮，思周微而懇到。曰成賢以爲期兮，憙羅才而畢考。藹思皇之濟濟兮，聳周楨之廣效。其在今之司存兮，澌郵委而同眇。眺儒堂而闃其兮，凝沈沈之半沼。籍束閣以停披兮，琴絶弦而歇操。填胄省之青衿兮，日聚散而三造。俾庠黌而率由兮，亦胡辨於土偶之淫廟。獨糜財以備聲兮，疇蔀牖之爲了。溓法意於餼羊兮，名將實而枘鑿。崇術四而尤餘兮，僅偏誦其邇小。辯曾患乎先藝兮，玆并藝而草草。幸王國之克生兮，士不乏於覆幬。業每樹於高遐兮，履亦周於末杪。纍駷牝而如雲兮，夫奚失得於櫪皂。

嗟嗟吾黨之徒兮，要賢聖以爲期。放四科而八行兮，舉六藝而百家。究學問以思辨兮，劭仁行而寬居。行成物以博濟兮，卷善道而遯肥。通天地人以稱儒兮，贊化育於玄微。國縣斯以求媾兮〔四〕，士執應而登之。學由循以成士兮，教率章以爲師。時與道有違行兮，台詎隨以推移。咿蜎蠉以自細兮，胡不輪冶而騆奚。

初既育乃后舉兮，儴科條於隋唐。務拔萃於大公兮，倍峻立其周防。索理性於經術兮，故全略於文章。方政事之需試兮，策時宜以多方。爲程寧弗良盡度兮，逐有司而淑涼。來薄海之彥異兮，危尺罭之莫當。予歷觸於禹穴兮，胡鼓尤於鰷鱨。余有貢舉議，大旨若此。迅賢豪之絶群兮，挺堂堂之贊皇。麾時科而弗即兮，喻龍媒之越行。洵要駕之不種兮，聳萬夫之攸望。鄙負羞於大人兮，空趾壯而心長。進而逡而前郤兮，澹胡爲乎皇皇。囑時髦之升庸兮，耀勳華而頡頏。倞霜蹄之超驤兮，徯何有於王良。羅目千以得一兮，先民所爲感傷。羅以多目，故一目得禽。今爲一目羅，則安得士？本古語，王通亦偁之。睿謨固經於神運兮，勿拘梏於尋常。彙小大以兼收兮，悉明側而明揚。廥百材於場師兮，共京構於明堂。先棁楔以畢良兮，粹豈獨於柱梁。以周完而大壯兮，廖備具而豈康。害超等以異懸兮，擢萬羽之孤凰。或科存而弗舉兮，徒惋遺於衆芳。爲國惜才何人斯兮，謨罄畢於鴛鴦。鱗甲乙於一斑兮，可百年之短長。何斯據以卒躬兮，信輊軒而弛張。上既馮以升沉兮，下亦自爲摧抗。坐弊日以淪胥兮，叢幸望而縈妨。望，怨也。尋世科之有無兮，與第差之低昂。鑒才出之先後兮，及卷舒之靜庸。孰失得以饒不足兮，孰隆污之存亡。隆污謂美劣，存亡猶有無也。爾其鋪觀而平角兮，成效不其已彰。

繚庶位之崇卑兮，環中外而周設。尸脩政以立事兮，並陳力而就列。今視昔以異宜兮，沿與易而殊節。祖建典以官士兮，掄時宜而章別。多率舊以監成兮，掖無期之皇業。劼兼山之止位兮，臣何知而噴喋。

想拱職以絪繆兮，熙庶績以咸凝。唐虞和于朝兮，賡元首而股肱。昔秦人之憍亢兮，儕百辟於倌伻。後秦胥以沿洄兮，且肅體而諧情。貌隆坐接兮，呼莊君卿。塗黃還命塗，敕繳詞頭。兮，席前目征。目送。崇庳必詞兮，揚抑告行。皇王建設兮，簡要以殷。殷中。諠守官而罔道兮，愚深眛于兹評。王用道以命官兮，官將道而爲命。蒙夫昧體而守支兮，直置道以徇名。逾追勢以滋顛兮，偭齬坼而拒撑。交隔鳌以無通兮，不相謀以相能。臣殊僚而一政兮，肢連體而析形。咸左趾以將東兮，引右夆而西脛。各稱官而罔道兮，烏不病殘以殞生。

宰萃士而一命兮，粗因科而下上。既莅政以稽績兮，復何初以爲量。年疇力於良庸兮，才奚由於耆壯。木不谷㮚而郊韡兮，材將鳴冤於族匠。非祖宗之盛心兮，蹙後時之膠狀。假三五揀斯方以舉錯兮，當亦迷八四之直枉。八凱、四凶。何莫峻登其異傑兮，年序以餞夫尋丈。儇筆工以醫傭兮，濁銅駔而彀養。汚王章以蟻緣兮，誨邪陵而貞障。猥膏紈之流蔭兮，偉漢疏之直諒。王吉請除任子法。縱故襲之未革兮，又何弗涯於漭沆。凡斯亦不局之貴兮，非清波之都喪。非盡無清流也。聲復侵夫無擇而無止兮，益皇涂之泱瀼。聞方人之不暇兮，識野求之無讓。將循位以求理兮，匪稱人爲標榜。概焉名襲而任别兮，姑試徵二三之改尚。公孤寵貴以年登兮，未或倚其熒亮。用爲九卿資深之寵。寄鎔甄於中相兮，獨調衆而拯病。天曹天下之才庾兮，無暇遺而幸謭。懸鴻鑑以八照兮，能簿號之故妄。甚邦本藉固而易靨兮，盱司徒之斯仗。黨耗國之職思兮，拱三緘而不創。懲創。非睟瞠於竭澤兮，哀株守以循罔。

祖議禮以作制兮，綱維誕其貞廣。豈科條之無俟兮，虚百年而亡訪。俾哉今之爲政兮，執邦刑以不爽。憯死法不死情兮，殲十九之國命。抗儒抑法誰爲異家兮，腐生迷而弗講。豈三尺難求於六籍兮，對刻木而倘恍。世生才以爲士兮，才弼辟以親民。顯利用以成務兮，幽履道以媞身。静庸兼維天之命兮，士也允三才之珍。偏有才而善用兮，聊銷慚於宧塵。守罷駑或不肖兮，世何罹而尊親。彼斗筲仕以爲己兮，用以學而爲人。己富寵，人求知。民何杖以爲長兮，后何藉而爲臣。嚱，余固艱夫㢠議以畢倆兮，亦誚此不尊而弗諒。氤心亨而道塞兮，且綿綿而斯往。

庖人不越乎尊俎兮，陶師握其范模。作者慹其亡爲兮，藏山澤而爲癯。余懷靡得於斯兮，求兹人以爲徒。去城郭之垢氛兮，嫁巖谷之鬱紆。漫陁靡以豁廓兮，蒨芊綿而周遮。岑崟嶔而譎鬼兮，流滮灖以趨瀦。儔鋭䕬而騰伏兮，連庚乙而几几。絢時榮以繪繡兮，戞鶴犺之笙竽。閴無人乎崖竇兮，鞫幽求而單居。

末寢食於皇區兮，安平康而樂分。綴聲籍於士舉兮，足瀕申而猶遯。懷君恩以無酬兮，慚魯子之葵悶。抽長沙之太息兮，夢宣室之宵問。敷前聞於沈臆兮，蝦婉約而莫盡。功必一於天人兮，理不隔於顯隱。通千期於一契兮，右皇靈於無泯。奭明王之天造兮，莅日中之豐運。塞王猷以登咸兮，丕重堯而襲舜。學無恥於不縠兮，尚席珍而玉韞。若木不示乎世標兮，神鳳無諧於塵韻。天錦莫覓其機杼兮，媵三籟而微引。

先素王之昭誨兮，蓋二方以庸世。謂初道而繼齊兮，有政刑而德禮。上焉恥且格兮，亞且免而無恥。明良誕務其至兮，烝率次以仳仳。并殄殙以悖捐兮，稹人窒而時否。政刑洵異夫今古兮，緒言無庸以究齒。德如毛而鮮舉兮，禮司存其議擬。俶鴻濛之已涣兮，佑作聖以君鄙。大人後天而奉時兮，惇五典以爲紀。搤三百以爲經兮，綖三千而曲致。摯元功於贊化兮，全備體於唾涕。措萬品之手足兮，秩其紛而壹貳。衆高沈而疆燓兮，參音森。喦砥而柴虒。竇一決以横趨兮，倏滔天而洸潰。非因情以植則兮，溘焉一而焉濟。唏失德而信薄兮，忍謝慨於周史。荒哉麗訏遏乎標枝之不還兮，將非禮而奚以？禮陰作與生俱兮，樂陽來而儷啓。聲容達而生神兮，體音澌而死鬼。肆犧媧迨姚姒兮，極陰陽之文理。裁衣裳以吹匏竹兮，熙殊造而均旨。柯出稊以爲華兮，毛傅皮而成美。奏至治於雲池兮，盡物性於宫徵。邀盛皇之厭世兮，寓大柄於遞位。雜狡童與昏夫兮，隤王彝於衺委。姡何别於芻靈兮，冠裾具而亡裏。維禮綱於五端兮，吉無先乎郊類。莽欺天而侮聖兮，軾輩申以傅會。唐既蕪以並配兮，宋逾淫於赦賚。設有妄於祠衣兮，位有汩於祧禠。

以上言前代郊廟之誤。

家庸行而不知兮，曾無違之能幾。猥趙氏武靈。與北代拓跋魏、高齊、宇文周兮，洊變夏而由裔。底蒙古之遺醜兮，騷增尤於九圍。非穹皇之命聖兮，疇撥亂以勇智。祖一匡以再造兮，駕百王而絶儷。篤父子以孝慈兮，協周文之敬止。董百官以爲朝兮，截冠舄於首趾。肅大别於掖壼兮，斬收承之顛穢。冏前星之繼明兮，郁青坊於繼體。羅九服以樹屏兮，藩不億之其麗。釐群神之淫號兮，敍百辟之規第。推文質以四達兮，布方策而漸被。蓋郊廟之大儀兮，時乃定于睿志。馮三重而建制兮，曰非君其不議。儻時命以下詢兮，嚴丘澤而敬事。象雷豫以張樂兮，薦祖考而配帝。侂權輿以成德兮，善武周之斯徯。遝昌期而愔愒兮，抑將順之能怠。較民用於兹辰兮，纔一合而百戾。胥濫越以敗矩兮，淪逐欲而鄰戲。誎輕重之不權兮，詿僭陋以交昧。委筋力於無情兮，擿貨財於空棄。儼衣冠以臨莊兮，況大君之斯侍。端章甫如會同兮，可非喪而去佩。詎公庭之爲燕兮，褻長衷而莅視。噫人服之不衷兮，臬孽孽於卉毳。玩窮狄之盈觀兮，惡衣妖之怪忌。殺室舍以什皿兮，等衆歎於一敝。余既未聘乎上國兮，望王懸而不耳。過閭陌而或聆兮，闃緇黄而倡伎。亂一雅以萬鄭兮，枲四戒而錯厠。日作息以震驚兮，駭律吕之焉寄。嗌六合以恒痻兮，睟九陔而悉瞶。八門張而何風兮，四時行而何氣。雅烏噪於晝日兮，鸞鷟翥而不睨。頗穹輿之定位兮，磤風雷之鼓吹。廡草木以有條兮，噰蚳蟲之吟唳。僑仲佐伯以尊王兮，使其民而有義。臣何望於今堯兮，不觀興于玆祀。王乘龍以中立兮，治六有於鑪鞴。根人綱而植初兮，落有家以俶載。簡姬姜之世貴兮，愛任姒之徽嗣。逑關雎之窈窕兮，論鍾鼓而樂只。貽銑鋄以前郤兮，暢迭御於朓朏。親郊禖以降乙兮，儀姜嫄而茀子。擇周宗之妊傅兮，拜後夔而教肄。密緝熙于光明兮，斷刁牙之侵嬖。扞千邪而勿接兮，賦萬幾而歷試。太祖故事。隆親親於九族兮，創章條而登殺。鏡前塵而邁拔兮，羞田恒之惏纇。釐實産以隸國兮，歲坐觀其銍艾。保堯睦於不竦兮，供虞接於無匱。弸支蕃而土限兮，司存寧能以無概。維天王廟世以七兮，寔殷周之弘制。茫皇古之靡究兮，二代亦復宗異。上古未審，夏五宗，商六宗，然七世之文本商書。如姬周之二室兮，固不祧而非次。文、武二世室不祧，其後王時七世，固在二室之外。二室非七數。別太祖以特立兮，三昭穆以對莅。乃一祖而二宗兮，與四親而共備。迨後王之復宗兮，猶文武之不替。迺七世以爲恒兮，確古今之通誼。於皇明之握符兮，兼天涯而地際。睢既廟於有七兮，那千萬而莫計。皇高文之巍巍兮，掔百世之永繼。丕承烈於歷葉兮，列諸宗而祼餟。撫大典以徐謨兮，意沖襟之不易。纘昭穆以無紊兮，乃傳世之常系。或頡頏而高卑兮，儀馮從以位置。非今晨之攸聞兮，法周知以爲貴。曩聖祖之丕訓兮，定儒臣之請禘。御史答禄與權，請立禘祭。上命儒臣議，議者以始祖所出未明而寢。瞍趙氏之禘祖兮，亦時棼於億藝。侯王儀之不襲兮，曷由疑而永廢。當肇統而慎始兮〔五〕，固宜存而不遂。此謂始祖所出。累重光以欽承兮，將神靈之有俟。盍懋建于崇典兮，偁閎義而時起。高帝時固宜存疑未立，今七廟已備，宜立禘祫以義，起高帝正東向之位。又今位與古昭穆亦異。地時正而道合兮，從心究於外內。鼛孝順而諲潔兮，悃皇彝之極至。洎儀章與物數兮，比聲詩而容綴。載采采於群神兮，莫不審於享祀。開明堂以嚴父兮，汗大號以施治。廑法宫之九成兮，翼前朝而後市。晝三接于康侯兮，旦五徹於弼士。請舉祖宗，曰三朝故事。更叔孫之蕝貌兮，整鈎陳之法衛。幄明王之采章兮，柬鹵蹕於群代。被黄虞之法服兮，禕日火於綉會。貞輿旗而籩簋兮，盡生用之百器。搜古今以分宜兮，區雅俗之殊裁。革淫巧之哤靡兮，絶胡戎之陋悖。后模臣以逮民兮，宫刑廷而御海。王有三以寡過兮，杲風草之相逮。常經總乎嘉吉兮，與賓軍而喪祭。周上下以用施兮，惟日見之爲帛。爛揖讓於交際兮，彧玄黄而牢醴。纚目縷以條支兮，陳更僕其焉既。雖殊王之更轍兮，儒亦紛其輈轊。挐往辟之故秩兮，窃三典之略在。儀、周、戴氏三禮。辭有單而已蔽兮，道有一而知二。迪在者以推施兮，僅含氣而亡愧。徽列君之有作兮，荷群正之勤惠。諦繩矩於銖權兮，研節度於旒繫。覔迷途於擿埴兮，興證辨於張猬。署根枝以交參兮，部優劣而互採。鑠開元曁君卿兮，亦司馬而元晦。頫今昔而時措兮，斯數家之爲懿。按三經以疏繪兮，又莫茂於先輩。前後議禮作述者浩不可數，互有得失。得之多宜於今者，大帥開元禮、杜氏通典及司馬光、高閌、朱熹數氏。其爲三禮注疏若圖譜，如馬融、三鄭、韋昭、王肅、虞翻、張融、賈公彦、孔穎達、聶崇義、陸佃等皆經師，啓述之功尤大。「先輩」謂此。焕堯文於神祖兮，大集成而班賜。茁楨柢於恒性兮，順條柯於日履。申邦教之森⿰目旁兮，補未充之倰細。鋪遐邇以折裁兮，要覵時以爲揆。剗昏狂之僭濫兮，俑眇忽之不曁。匡以居正之名兮，章以昭明之軌。來九苞以均儀兮，誃相鼠之遄死。遵王度于截防兮，允蒲盧之可企。

觀天文以察時兮，賁順敍而貞明。昊穹拏而西股兮，儀娥錯以東行。訂俱右之臆談兮，淵鑒破乎迂冥。太祖詔改朱熹「日月俱左行」之說。檢班陳之分土兮，何壤局而霄弘。班固、陳卓星土之説，天大地小，不爲允審。嘗有貳于分星兮，亦未究其諦精。夏曷不中近天心兮，三隅偏闊而空窔。經舍輹以環轂兮，二十有八而咸趨中。謂狄雖曠而邊裔兮，分則占於規零。豈理果能御器兮，器乃因理而不通。測遲留與伏逆兮，校客流與無名。綜天官於靈憲兮，罔休咎之分徵。珠璧信其有期兮，同上下而清平。氣多符而罕戾兮，翼儆脩之有行。天文祥異，應不應者，以氣、理、事、人四者參錯不齊，非可以類。必膠師執用，類索不視三端，不應正宜爾。乘除消息又本各不一，如日月五緯，合聚以算，本有常期，期屆是氣之元亨，世當大治，斯自然之符。或世不應氣，此他戾也。故王者當恒儆心，脩其行，以應氣耳。矧氣否以變沴兮，漠不省其遑寧。暟歷代之悊臣兮，遝治曆以齊政。遡都閎而下之兮，孔難剸於一定。監往故而聿造兮，大統於斯而爲令。彙群造以折衷兮，改月行於守敬。免久紐之必譌兮，徵良師以時訂。曩授時之可採兮，祀四十而已病。元用授時法，上尋千載不繆，而下以推來，纔四十年已差一度。嚴緹室以候氣兮，莊脩表以測景。于製律以治物兮，鍾一正而萬應。既禮達而政脩兮，馴刑清而世康。愷人蕃而物條兮，曼至和以充盈。王中正以居心兮，氣驩通於蒼黃。玉燭炘熹乎泰宇兮，員嘉來而八風平。禔仁浹而功振兮，烏没世而不忘。騰風詩以交宣兮，鏗作樂以薦享。本吹篇以造律兮，擢五要以爲綱。劉歆奏備數、和聲、審度、嘉量、權衡五者，五者爲樂之要。衆言不齊，不復能易此。緒審黍以定管兮，正九寸之黄鍾。各三分以損益兮，於相生以旋宫。均七始以爲調兮，八十四而成章。間者闊焉夔、曠之無作兮，術布策而炳明。三禮、國語、吕覽、漢隋史。渺杜荀之神解兮，代已希而非亡。京房、杜夔、荀勖、阮咸、萬寶常、張文收輩。歡述者之悟諝兮，議驤烟以詰攘。自漢以來，張光、嚴宣、錢樂之、祖瑩、梁武帝、信都芳、陳仲孺、鄭譯、蘇祇婆、祖孝孫、王朴、和峴、竇儼、阮逸、胡瑗、劉几、房庶、范鎮、司馬公、沈括、蔡元定等，尤難遍舉。如何妥、牛弘輩，無可言。至魏漢津、蔡京等益繆爾。遴執隨而成渝兮，非數詞之已彰。肇和聲以製器兮，倚度曲而綴行。摘窈眇於純和兮，拔絲密於腐常。衎歆神而賓德兮，戡哇鄭之猥厖。哤金元之猾夏兮，聲後國而猶荒。沸俗躁而胡疾兮，且將裁而未遑。躁令人輕，輕則多犯。疾，急也。急令人憍，憍則多畔。唴斯音之么末兮，爾猶昧其條章。今北曲出金、元，固非雅制。十七宫調今但十一，而律又過高，全失中和。病本由絲音、肉音。矙杭都其何響兮，鬼嘯啼於晝梁。謂今所謂戲文，南曲本出南宋温州，全無絲髮可成音律，略不足接耳目。鏜吾聲之有作兮，融噍殺而鏗鏘。頌皇烈於神明兮，適今時之豫昌。假令今制樂，大略律宜大下於今俗部，而微高於古律，緣古者氣大和，今氣大戾，更化之。若從大戾驟返大和，亦恐未遽得。或漸次徐變，俟少久，人與天地氣應，乃更歸純古可爾。延鴻碩以倡搆兮，逝效工於更張。即二裔金、元。之俗譜兮〔六〕，鑄昌詞以雄莊。給比閭之小奏兮，辜備部於下堂。猗帝德之夏殷兮，般穆穆而鍠鍠。誕光天之下兮，至海隅之蒼生。吊幽明以效答兮，郃六幕而同風。遐休嘉之弗呈兮，抑玄文之或爽。五耀潤於乾垣兮，五財理於坤軫。河岳位而澄静兮，四類效其靈命。萬祇嚴以衛鼇兮，魃魆伏而不眚。民於變以時雍兮，同虞方而風動。

蓐王區之棫樸兮，天命生於熙朝。皇契道以盡受兮，非行違之異標。器必藴於徵庸兮，志須亢於沖遼。愚幸賦此玄玄兮，愕夫人之它操。潛兹未之或閼兮，令達又胡以宣驕。

已焉哉！俗以勢而成世兮，勢以時而自然。淈時勢以太順兮，存兹道以爲楗。森三端而翕張兮，亘宇宙以推遷。仰惠銜生於黔雷兮，肯棄受於崇圜。飛元靈於泰虚兮，收萬實於甫田。控大一以貫之兮，艘有無而齊詮。撫群有以日用兮，秉神根之淵淵。羡諸子之敏脩兮，咀交通而互全。兆流歸而皆海兮，億管瞰而均天。微無拂於風鳥兮，碎或攝於筳篿〔七〕。躡太乙於九宫兮，丙離章於太玄。機條條於木獸兮，數斤斤於銅丸。灼莘降之非異兮，易菽兵之戔戔。上四事謂諸葛公木牛馬、張平子地動儀、神降莘、郭景純事，舉四以例餘。抱鴻通以款塞兮，疾細滯而浮漫。悉蟲沙而願遂兮，當貅猰而不懟。惟無欺與至慈兮，所不負於高旻。坦詔鬼而交神兮，直衣焜而踐川。譩凡夫之妄顛兮，北二子以睽分。謂殊儒而端異兮，繆世教而爲三。昔柱下用表而存中兮，師友于我文宣。竺尊儲性道之本兮，其何事於嚚讕。千門萬室横六内兮，朝蜚波而夕煙。卭既尚此皇符兮，炬百幽而一焱。

戚城隍之湫仄兮，赦群蟲之所廬。解故蹝於黟垢兮，翺洪翼於蒼墟。櫋脩雲以爲軥兮，結浩氣以爲輿。並三辰以循紀兮，極八遐而同區。晙晞髮于若榑兮，夕留輧乎融都。蓐收前以道轅兮，詰玄冥使迎余。召飛廉以興飈兮，翬屏翳而滌塗。

氛祲伏而淑朗兮，恣余襟之所如。翫群生之起滅兮，觀兩儀之渙儲。朋山河以結解兮，賓曜宿而盈虛。銜紫皇之默詔兮，偕金女而同趨。統父母於元氣兮，或天神而一衢。問日月其何紀兮，咍死生而焉殊。真一性以長覺兮，去六凡而不居。大哉！余游奚適而奚來兮，暋焉往而不歸與？

【校勘記】

〔一〕「楺」，四庫本作「揉」。
〔二〕「多」，四庫本作「家」。
〔三〕「撙撙」，四庫本作「樽樽」。
〔四〕「媾」，四庫本作「購」。
〔五〕「始」，四庫本作「旃」。
〔六〕「裔」，四庫本作「代」。
〔七〕「碎」，四庫本作「辟」。

祝氏集略卷二

騷賦

訪隱

君不來兮何居，蹇幽求兮山嵎。空林兮出復入，慨即鹿兮無虞。白雲兮朝飛，紛紛木葉兮皆下。望夕以歸兮旦復吾駕，君何居兮我行于野。

思兒子歌 戊辰歲續在南京

思兒子兮若孺時，今而成兮吾誠熙。吾誠熙兮有别離，有别離兮何遽見之？人各有道兮道乘時，道乘時兮胡恤其私。路曼曼兮望吾兒，吾兒吾兒兮慰吾思。

咎往賦

承五秀之猪委兮，結昭質於堪輿。遵先靈之下愛兮，童多識于明謨。性空同而善受兮，夙擇術而作圖。蹇皇命之涼塞兮，猝罹弱極之萃誅。繄忍性之應厲兮，出沬谷而躋遐衢。皇不誘余以嘉道兮，俾荒泆而縱如。高余譚之業業兮，放趣指於靈虛。曰玄化之奫奫兮，探三古之根株。揭生人之元一兮，徵泰始于百殊。謂芳蘭之已抽兮，横四海之荒塗。謂鵷鷟與鷦鶵一兮，吾孰爲此梟鸓。堅吾視之耿耿以獨諒兮，任吾趾之所趨。乃郤東西行兮，動格格其褰而濡。謂達視之廣宧兮，吾孰脩此維隅。

推真精以薄物兮，物抗其廉鍔而弗吾受。衆支離其形身兮，敗踵傷氣而弗已。吾誠不能匿志役氣以毁體兮，愒白日以習犇走。慕井氏之崇簡兮，曾不解拜跽之在手。衆朋興而征榮兮，闡官人之能事。信三生之谹義兮，茲吾民之攸止。蹇吾力之未克兮，服漆雕之本旨。守窮廬之故脩兮，繄自淬以自憒。諒通岐之莫容兮，集有百之叢毁。

維經緯之華業兮，宿鑽切於腎腸。或蜩螗之時吟兮，吾胡計群蚰之吾妨。圖修娥之嬋媛兮，婉耀耀其清揚。作組纂之何紅兮，而以來媢女之聚戕。

彼繽綸以周章兮，競附麗爲比周。吾既托此孤標兮，矢履坦而甘幽。絶憧憧之往來兮，抱姬公之玄猷。乃反以速咎兮，將弗任其諐尤。

嗟夫！人之莫易知兮，余乃有能乎是也。維蕭蘭之兼畜兮，曾無力於扶剃也。亦疾亂之悰微兮，又潛化爲冀也。夫何物之難遷兮，而彼乃以吾皐也。皇播氣以生民兮，鮮渾元之通會。民正命以虧偏兮，肆陽紓而陰悴。紓多可以雍含兮，悴意刻削而善制。審余受之愆陽兮，乃懷悃之散易。撫岐路而裵回兮，意淹留而容泄。非北南之勿辨兮，曾失料之無幾。徇吾目之遼廓兮，用吾心寵辱之細。用往往以兹繇兮，叓以交手而窳事。寓飲以葆淳兮，流濡首之横議。賤貨以廣道兮，病泉刀之重累。朝馳市以覔布縷兮，夕争闠而索米。役潔質于塵泥兮，對牛醫而校屠儈。識王生之米賈兮，解平仲之踊對。歸分食諸牛馬之走兮，獨高眠而養息。童猶吁腹之弗充兮，婢憎糲而不食。信烝烝之長勤兮，余胡懟於斯職。

紛衆非之吾出兮，吾誠意厄而顔彈。匪心席其不可卷兮，日悠悠而就惰。頗余馬之玄黄兮，梶余輈之轗軻。吾既無藥乎細行兮，而復祟此大過。怛雅烏之孰報兮，恐豺獺之辜我。傷鶺鴒之終鮮兮，冀睢鳩之永和。撫群蟲之有道兮，吾負死於類倮。

皇寧生以遽獮兮，俾皤皤而悔禍。孔不咎既往兮，嗟補過之有弘道。心焦敖以恈憏兮，氣邅迴而蔚皤。仰蓋玄之旻旻兮，禮飛光願少遄。

亂曰：匪内訟艱兮，艱其還兮，皇母以金柅之復牽。

罪賦

夫哀無文者，禮之程也。法在悃直，或將嗚而强喑之，亦過矣。癠而呻者，人弗尤之矣，因目其章曰罪賦。

閔生平之靡延兮，嘻弁弱而百罹。羌生初以無爲兮，爰即路而逢之。降鉅割以瘨毒兮，親再代而咸失。抱惸單而疇依兮，瞻穹昊以不極。彼百夫之完慶兮，余何尤以永感。稽積愆而莫回兮，中摧崩以顑頷。扈麻菅以脩號兮，固九死其奚睒。齊草木以覆載兮，惟霜霰之余慘。願犇驅以及踵兮，嘳蹇孑之霧昏。思言立以有樞兮，守隅庭而蔑聞。汨先操以干禄兮，從揚名之孝謀。又道命之將廢兮，重緯繣諸有司。載終儆以自華兮，親無逮亦焉爲。拊丁辰而儃佪兮，忳於邑而增尤。惜逝日之勿再兮，癙忠信之弗脩。揉異方之紛陳兮，牽百志以殊岐。亮迅徑之蹶顛兮，慮交手以失斯。衆繽綸以干進兮，競周容以務入。錯登禾以蕭稂兮，將安析其貞慝。帝錫余以潔昭兮，薄污溷而堅白。詹先民之好德兮，揭神師之皇則。羅琛寶之不靳兮，悵藏庾之周隔。路曼眇以綿邈兮，矢乾乾以終日。縶燕居而多慕兮，澹周章乎東園。眷芳婷以晨耀兮，湛露斯以爲恩。倏凄風以夕振兮〔一〕，拊繁榮以曷存。惟何物以特立兮，卬瞢瞢以瀎冤。聰去哲之脩名兮，躬已往而不泯。知時日以莫與兮，惋隆污之同勤。卬孰惡斯勤兮，無他好以怵也。尊大中以前行兮，完皇錫以周畢也。

亂曰：氣爲嬴虧，道不可移。往者聵迷，盍追于來。帝栖余宮，余弗敢隳。彼美人兮淵騫，攜余以與余同歸兮。

【校勘記】

〔一〕「倏」，四庫本作「條」。

傷賦

玄雲羃兮白日曀，烏潛栖兮木葉交墜。塗無人兮閴然異世，闔闢伏息兮曾不得以出氣。目睆睆兮涕涔涔，傷哉厄兮厲熏心。誰爲聖人兮無悶，傷哉傷哉兮誰似此困。

秋聽賦

詹旻天之泬漻兮，旋素皇之金騶。蹴百生以入機兮，憯憀慄而牢愁。咉嚹嘈以噫嗡兮，吹萬籟以戚號。槁柯戍削兮，廢葉隕投。濫泉湛縮兮，寒澌咽流。沙礫礫礫兮，城郭不周。松檜苦篁兮，蹇鶩以揪。空巖唳鶴兮，猿狖嘯。金石爭觸兮，鏘戈矛。顥商吐響兮，悲音啁啾。群喙奪息兮，噤嗄以伏。紛吾耳兮，離騷憂。皇命物以元亨兮，秋貽實以各正也。吾成實以吾親兮，成斯捐而考終命也。嘳熯涼其序代兮，往不返以長竟也。魄陽淫游兮，地天夢夢。屑然以默兮，絶氣以聲。吾焉求兮，投耳於玄清與黃寧。白藏鳴以迎予兮，四每值而逖驚。霰霜塞聰兮，蕭蕭五兵。剸膚切肌兮，五衷震崩。欻爾嚴辭兮，慨如慈音。嗟殺煩毒兮，不知和平。元間闊而夷射錯參兮，代惡有青陽與朱明。匪秋之聽兮，秋入予聆。蹇訇鏗兮，聽希不得兮，砉然雷霆。

重曰：聞不耳兮秋不遷，親之駕兮蓐收後先。酷商日宣，畢吾年兮號哀冤。

蕭齋求志賦

斐然自尚者，亦靈區之助歟？匪閟丘兮絶世，猶先井兮攸附。帶邇郭兮成構，挹遥坰兮爲趣。雲岑列兮綿邈，芳洲緯兮縈互。囂聲止兮層垣，幽風暢兮洞户。碧蘿交兮施宇，紫莓團兮綉路。虚泉鳴兮漱除，浄壁晃兮摇樹。宵竹鏁兮黄月，曉松沈兮蒼霧。露旒蕃兮璇綴，霞標建兮錦傅。擷芳馨兮蓀茝，玩趯㲋兮麏兔。肆珍圖兮高張，嗽嘉名兮特署。爾乃登丘陟墳，沈章漂句。賓蔡子兮秘笈，侍房君兮豐庫。流璋琬兮華瑑，絢星河兮森聚。苞周紘兮廣獵，溯真源兮孤赴。測潛機兮太沖，懸皇鑒兮鴻素。抗五太兮齊襟，拊百氏兮獨步。攬萬化兮棲臆，操三才兮在馭。於是謝將迎，遺倡和。任簡傲，安晏惰。九域蠛蠓，萬類洟唾。或同心兮晨集，羌佳人兮宵過。蹇淹留兮夷羊，聊從吾兮妥憻。攬蒙瀨兮齊塵，侍周孔兮末座。平伯禹兮後洚，補皇媧兮餘破。摩丹霄兮鶤運，函玄珠兮龍卧。

乃歌曰：浮青陽兮蕩素秋，日月居諸兮與化同流，今我不樂兮乃將焉求？歌已，爰命樂童陳浩倡，奏元間，鳴清商。極變聲兮靡曼，陶淫思兮太康。余乃掩抑衆律，孤引圓吭。凌青旻以飛嘯兮，揜衆音而不揚。操皇雅以獨鼓兮，寫神襟于混茫。忽白日兮晝冥，振沖飈兮襲堂。川鱗躍兮出潛，霄翼接兮不翔。吟九淵兮神蛟，舞千仞兮文凰。騰江河兮擊春，蕩泰華兮低昂。斯時也，獨御正陽，高犇物先。呼吸罔象，遨嬉泰玄。與神明兮乘居，視蕭齋兮墨然。

知秋賦

庚午六月丁未立秋，其夕頓涼，不俟一葉。感淮南之論，稍爲賦之。

遡陰陽之慸伏，適儆予於茲歲。伊蓐后之堅方，獨秉貞而不戾。受帝命以握矩，布金行於區内。日耿耿以謝炎，風蕭蕭而助氣。侍隸逸而卻扇，閨媛戒于紉綴。聊閉關以偃息，觀燒炬之可憩。憙青蠅之漸遠，悦玄蟬之餘嘒。雖序令其靡爽，乃興悲而起喟。信揫斂兮致刑〔一〕，將違仁兮肅義。劉百生以一膢，易榮華而雕瘁。匪皇穹兮好殘，緊舒慘其相倚。始爲露以作霜，睇堅冰之必至。感茲秋之既知，豈曰童心之傷逝。

【校勘記】

〔一〕「揫」，四庫本作「秋」。

修夕詞

嚴冬窮兮夕氣脩，月環輪兮遲不得周。雞俟曙兮謂踆不疾，情曼曼兮其不可極。握忠誠兮函元和，氣意多兮彌山河。夕兮夕兮，如何如何？

蓮花洲詞

漾脩陂兮遵中流，若有人兮在洲。締昭質兮又好脩，美窈窕兮含靈思。丹肌兮皓態，芬習習兮襲芭。風微褰兮碧裾，水鏘鳴兮玄佩。淈泥兮滌瑕，皎灼灼兮容之華。乘清風兮顧舉，飾帝冠兮峨峨。帝命予兮沃心，呈予腹兮璆琳。彼調饑兮予哺，予不惋兮荒之潯。媧妹兮鼓歌，宓姬兮乘波。伯倡兮予和，君不樂兮維何。

江洲書屋辭

拊長江兮安流，高吾栖兮南洲。榜蘭堂兮藥房，締梓軒兮桂樓。石梁兮衡渠，竹牖兮交疏。涵清輝兮夕朝，泛靈華兮圖書。芳何爲兮杜蘅，躍何爲兮文魚。淵淵兮春瀾，濺濺兮秋瀨。寫聖襟於逝者，蹇兹辰兮余慨。蛟龍起兮水增波，挾浩漾兮俾滂沱。濡焦槁兮蘇八遐，君不行兮如台何。

龍歸辭

潘紫淵兮旋鯢，愔洞房兮渫亡泥。余蜿蜿兮顧而下，倏或躍兮以歸。乘蒼雲兮驂緑霧，泳天地兮擁曦輅。扣天門兮矯首逝，擘蠙胎兮抉珍以嬉。翔九縣兮多靈娱，穴泓泓兮閟沈虚。霱爲膏兮露爲醴，邦之富兮稷薿薿。蝮肥兮蛟腥，招鰐侣兮嘯螭朋。媪縞袂兮倚青巘，燔金符兮望不可見。扇神飈兮忽來，滌氛妖兮景光開。紫莓兮黄蘿，栖繚窈兮蛙集以歌。睇故宫兮幽幽，君昔樂兮今我何憂。巫屢舞兮鳴鸛，君歸來兮無夷猶。

一目羅賦

淮南子曰：羅以多目，故一目得禽。今爲一目羅，則安得士？余弔其語，感之又感，遂爲賦。

虞則有羅，鴛鴦之離。彼萬其目，一則不遺。孰爲逸羽，方空是窺。唐虞目百，厥逸乃九。夏商以倍，周用千數。孰爲虞程，張一覓萬。孰有萬鳳，雅烏莫算。鳳巨弗窺，雅碎群入。姑雅之獲，寧鳳其失？曷不于鑒，伯益之術。羅兮曷一，虞兮曷益？鳳哉鳳哉，曷入曷逸。

懷遇賦

允明知命後，始調興寧長，憂虞不堪。大方伯吴公拔異幽側，若重有可與者。君子之知士無責報，知於君子，必克報乃鳴，則感慨蹈厲，且有時窮遇，輒鳴以永懷，有儆勖之力焉，故命以懷遇。

觀性氣之生屬兮，曾亡類而不遺。援丹砂以脩年兮，去疢拔彼小草。桓諏道於老馬兮，越蛙式其武鬭。玄金收於陰石兮，又曷用么臍而爰已。嗟今之人兮，謂知曰昧。縶蛟龍使守閽兮，綉悦目而莫爲服被。嗟蒙之無肖兮，肆汗漫以椎鄙。皇不余右兮，俾嘉道之莫予。有耄顛頓趨以長物兮，承事君子。嗟茲之疢惡兮，固易忽以眯。大人無我以博愛兮，胡寵特乃吾以。騊駼顧伯樂嘶于駕兮，金踊夫良冶。無熒而穀兮，田莫有滯穗。懷哉至遇兮，無稗以自棄。

望韓

戊寅之歲四月十九日，在潮州，獨往謁文公廟。步浮梁百步，方半，當用舟渡。風雨横厲，江水汹怒，素舟不可濟。退俟橋尾，風色轉厲，乃望拜而返，寄言楚聲。

驅塵轍以遵海兮，逾三宿而宫未趨。躡倏梁以東騖兮，羌中路而阻予。凄零雨之蒙霿兮，飈長號以頳怒。波峨峨其如擊兮，予不知其戾之故。屏息鞠脊以伏處兮，遲公怒之霽也。久僶佪以抑厭兮，曾弗少假以濟也。時既暮而氣瞑兮，予猶懼鰐之至也。乃瞻巖以存清廟兮，敬再拜以退止。昔夫子悲孔之遑遑兮，亦既八千路以浮此。道拙塗棘以趾蹇兮，又何異夫小子。道故至難求兮，予胡以萬里而爲易已焉哉！童既白而日師兮，依門墻而莫引。君臣師友合弗易兮，子寧不與其潔以進。慨旋轅於環堵兮，吾見夫於無隱。

蘇臺春望賦

蒼龍集于重光協洽，郡國賓薦士會考，言于春曹。吴興施子先三載已奏名春曹，而未投策于天子庭。兹往道蘇臺，樂多賢友，居久之而行，蘇之同人餞以言，曰春望之什。允明年當首，乃爲賦，以敍屬餞子。凡别則思，思則望，望亦多岐。如兹别，施子先分攜，予徒望之矣。至予徒先集闕下，望施子來。施子亦應望遄至而遘予徒，當又望予徒獲奏春曹，予徒又望施子首選于廷，與自望幸而從施子後也。望之旨如是。

登高能賦，臨别贈言。況青陽兮獻歲，將敷華于紫闥。六合齊風，八表一雲。吴州東西，烝然同人。若夫英蕤絢柯，衝牙襲紳。霜桐洗翠，露桂凝熏。服膺乎丘回，尚友乎雍騫。分馨乎遷固，擷芳乎機雲。濯濯施子，超哉軼倫。僕等末游，乃際光塵。松顔静兮靡謝，芝韻郁乎恒新。忽蘭襟兮中判，慨葭姿兮失倚。升崇丘兮寅餞，睇喬林兮棨始。土花繁兮封級，柔茸緑兮循址。漾脩波兮微縠，揚芳颸兮薿薿。警霸圖兮從王，念縣金兮莫擬。與子期兮高明，聊一盡兮吴醴。

乃歌曰：契莫契兮同心人，思莫思兮遽離群。望莫望兮共復集，樂莫樂兮帝京春。歌已下臺，賡嘯還籍。南風甚競，遄往觀國。

飯苓賦

僕少自三河歸蘇臺，過首陽，道且來，陟降崇巖，經行喬林，憩息旅痡，因遂幽尋。忽有見者，埴壤墳起，光氣離奇，封以英英之雲，覆以丸丸之枝。恍兮忽兮，不知其中之物爲誰也。有仙人雲中來，斫地而去，迫而問焉，仙人告曰：「其爲物也，出自松柟，本乎膏液。天和融鬯，地氣騰蔚。凝脂之所滲漉，流肪之所滴瀝。始焉聚沫，終以成質。積雪結皓，靈砂貫赤。柔匪若酥，堅不及石。非附木而稱神，未瑩膚而名珀。此茯苓也。」言已而逝，僕恒識之。昨日友人彭城子來謁，請賦飯苓。僕曰：「子之飯奚如也？」曰：「始訏蠲痾，後祈脩齡。按玄經於炎皇，稽隱訣於初平。乃察靈餌，采植英，或食熟，或啖生。和雲盛筐，帶月入鐺。剥膚乾蒸，集露共烹。浮浮兮蒼霧之滃興，褷褷乎皓霰之溥零。或異製而單飧，或它劑以佐并。於是垢腐刮，焦府榮，股肱强，中氣盈。葆完元淳，開通神明。將翔九寥而雕三精焉，徵苓之勳亦紘哉！」僕曰：「然。此亦子之讓辭也，未究玄績。吾聞李生招譏於魏人，陶子受餉於蕭辟。雖梁國之籠有嘉，必牛溪之負斯極也。彭城子腸杍文綉，膺鏡日月。

幽馨蘭芷，温理環玦。淵騫授德，商偃詒業。故其嚅嚌以道，而服食以時。匪損其疾，乃觀厥頤。寧舍龜乎周薇，而朵頤於漢芝乎？藥國者既搴其芳，談易者亦受其幾。推繁華於寂寥兮，保明悊於希夷。敞志意而强氣母兮，康聾瞽於匕之遺。乘元精而上征兮，諧洪化之無私。挽喬耽而游五泰兮，與羲炎而一期。即仙人之所告也，吾與爾縻之。

棲清賦

茗施公悦民，隱君子也。身處并清，爲居以棲，署曰「棲清」。乃爲賦云：

何人區之寡潔，乃靈駕之艱寄。睇城市兮湫煩，將搴裾而高逝。無更從於彭咸，喜先廬之不弊。乃惟歸安之邑，眷兹大姥之墩。梓桑樂鄉，枌榆故門。坦素履，離喧群，抱玄璞，揚幽芬，高尚其志，歡然願言。集百勝以爲居，宫一畝而安儒。廓以芳園，疏爲流渠，山石犖確，草木扶疏。韻争高兮梅竹，陰合秀兮蕉梧。綴甓爲梁，累磧爲島，奇撫海外，異拔霄表。鶴鳴于皐，魚在在藻。龜扶莖以巢蓮，鹿交角而眠草。若夫靚堂崇廉，重軒連楹，臨以層臺，敞以廣庭，燠以曲館，涼以丘亭。

左琴右書，前壺後觥。鐘磬在懸，户牖有銘。於是息廣胖，凝虚靈，褫垢滓，游神明。偃仰至玄，消揺泰冥。燭造化之樞，灼萬物之情。玩四聖之幽文，研六編之遺經。尋曼倩十洲之詮，覽伯禹山海之形。遞鐘一鼓，商歌數賡，烟霞爲之飛動，日月助其光晶。既對聖賢，亦多賓客，玉麈時揮，巵言日出，式燕且歌，或射與奕。客曰：「美哉！掌人之棲乎濁穢遠；善哉！掌人之清乎中外一。請薦署曰『棲清』，庶斯名之賓實。」客有太原祝生，嘉其旨，因稱曰：「卬非正則兮，皆濁而卜居。卬非須無兮，棄馬而違邦。泳黄生之平陂，濯孺子之滄浪。睎廉立之伯夷，符得一之昊蒼。稱既題之屋墻，以揚先生之耿光也。」

余侍御游靈巖賦

侍御桐城余君，正德九年銜敕按山東，允明自京師道天津遇之。君道昨六月有二游之勝，先靈巖院，次泰岱，咸有詩記。乃出卷，鐙下疾讀，信語可以張大麗奇。君謂余能賦之，懼非目得，兼樸鄙，當不稱謝，而君不可，因稍獵文内次第，排比一二，爲賦靈巖。

秉豸斧以東按，遵鯨浸而南騖。幸豺迹兮雲屏，庶鹿游兮能赴。釋訶從兮岳震，縱縢策兮巖步。隃琵琶之名巒，憩遲賢之遺寓。遲賢亭。訪盧生之靈洞，盧景洞。睇靳公之殘句。亭有碑，宋靳八公受呂公藥術得仙，題五言一章，刻其上，語意不可曉。於時蒸澍驟訖，微飈薄扇。折旋曲阿，拾級遥顛。芳飄菲襲，岫接峰連。走白足以導予，投金宫而舍旃。拊伏龜之隕石，味甘露之淵泉。亦二泉名。稱以白鶴卓錫，韻以紫蚓鳴弦。雞鳴歌舞，師象連蜷。雞鳴、象、師三山名。猱援子以升木，鵠矯羽而戾天。木葉蓊以巑⿰山曼，草葱蒙而芊綿。異種之果比實，莫名之卉交妍。若夫檀楠被金，瓴甓流翠，華樂借宫，兜率移地，則有五花、澄明、千佛、般若、靈藏，飛輪功德不瓦。五花、澄明、千佛、般若、靈藏，皆殿名，絶壁茅庵榜曰：澄明功德。浮圖數成以錐立，崇榭九層而表跨。三衣鐵食，古鐵袈裟，重餘萬斤。百碣蘚稼。西魏以來碑甚多。歆曠玩之不厭，嚬流景兮渠夜。九十未家，其曷能舍？持椽炬以破冥，覓輸般之幽駕。秉燭入魯班洞，二鼓而出。於是靈域畢呈，玄襟獨寫，吐納萬象，沐浴皇冶。答流雲而長嘯，等群有於一吒。且夫神可以境怡，俗乃用理化。神區必名場，平政則多暇。匪王度之晏熙，豈探尋之斯假。懷凄商兮潛襲，驅予車而遄下。

石林賦

震澤瀸，包山崒。遥岳紩，潛川𠂢。藝琨沃瑶，葩玭果瑮。區靈域玄，真府仙室，誰得而易宅也？乃劉毛公，洎焦君子。浮游泛覽，中谷有士。衡皐匽連，隩澤徙倚。其色有皓，其氣不滓。弗仙弗凡，爰踞爰止。二真俯而疑，擬而謀叶曰：「異哉！曷乎其孰恃而僭謚者歟？」山枝儒臞經行焉，真即以稽。山枝儒臞曰：「天予之鍾，地予之逢。淵詎馳驥，柯莫棲鴻。此其爲物，舍諟而不宫者矣。是故胄條金天，字云敬夫。丘壑結胸，幹植立膚。合萬硌而猶林，卧隻玉而成居。彼此諧姿，質名協符。爾乃苗引砎磷，柢磻磸礙。楨樹礫礐，葉布磒礣。璇蘭琳蓀，琛杶琬檜。躬桓輯瑞以交拱，棨戟列行而森衛。聯廣作舍，出雲爲蓋。繡丹薜以春榮，層蒼莓而夏陰。黄疑樵以秋衰，皓瑩雪而冬深。甘露之㶇乃其獸，金陵之燕乃其禽。若夫一拳莫減，五車匪益。花饒紫黛，叢絶榛棘。鰲簪肖蓬萊之狀，鵝羊剩長沙之迹。風聲奪岣嶁之響，雨彩發南雄之墨。謝雕楮之宋匠，曠網瑚之海客。長不藉於秦鞭，化無勞於皇叱。蓋遵實而爲聲，又奚愧於煩嘖。」二真曰俞，臞嘻未悉。乃稱曰：「硜硜戒小，珞珞厲德。孔絶磨磷，莊尚堅白。它攻存乎周雅，介貞著於姬易。仙用儒梯，物以道極。此何人歟？齊山作仰，喻景行以偕行；體艮爲身，思其位而不出者也。」

南園賦

不逢年以干進，依靈丘以肥遁。違王侯而尚事，聊消摇兮無悶。則有澗阿之間，廬廣之前，闢彼善壤，繚之長垣。令流水以成池，象洞天而爲山。交蹊迂迤以午達，寬石陂陁而底安。嘉樹井立，名花櫛植。脩筠軒挺，豐藿綿密。四敍有接豔之葩，比歲有連新之實。栝柏杉松，栟櫚梧桐。文梓美漆，高椅茂榕。榆分光於星田，桂得種於月宮。桃李兮成溝，牡丹兮專叢。海棠兮泛殷，階藥兮翻紅。灼清漣之香蕖，爛曲塘之金蓉。帶以須荇，鋪以水葓。莫不陸陳亡厭，水立靡窮。千蕤萬萌，不可得而極諸其形容也。至於桃杏梅李，棗柿梨栗，蔗藕菱芰，榛榧棖橘，含桃枇杷，龍眼崖蜜；蒐茨鴨脚，雁頭湖目，菇笋疏脆，薯蕷豐實。爾其百喙歌春，孤蟬吟秋，貴語雕籠之吉了，巧囀碧陰之栗留。或雊谷雉，或走罝兔；或屏隱孔翠，或沙立鷗鷺；或臯鶴和鳴，或麀鹿行顧。大抵人場既偏，圃事聿周，吴多名苑，而兹其特優歟？夫辟疆專聲，習氏遠稱，金穀積麗，離垢揭清。董廢窺以儒振，陶日涉而趣成。展也獨樂，允矣莫京。掌人於此，將攀轍而抗衡者邪？況方之自南，火離攸奠，類陽而明，象文以顯。雖因勢以就築，亦可以物而取諸遠矣。於是庋圖帙，著筆硯；張琴築，展壺箭；流吟嘯，肆觴燕；袪凡襟，廓玄見。如易賁于而有喜，如詩樂彼而不倦。若是乎其陽明哉？士安士爲君子儒，其文顯邪？吾爲爾作逸民傳。

一江賦

伊斯江之爲物也，渾澒泱漭，洫潰滉瀁。瀷漻藹以泩瀇，減瀺灂以汋淙。湢汃淵渤，溟漫而澎滂。浩浩湯湯，汪汪洋洋。濛兮青蒼，涽兮迷茫，廓兮而康㝗。吐日呑月，漸玄漬黃。蓋自堪輿之開闢，化機之翕張。倏帝滌源，鑿混沌以利涉；昊天設險，畀聖明而爲防。是以蕩五嶺，漂三湘，帶吴楚，襟荊揚，拍蓮掌，滋扶桑。會地脈兮連天潢，浹兩儀兮洽八荒。兼三才而共濟，束一統之華邦。信矣天塹，雄哉谷王。所謂祖百川而父五湖，弟四海而兄三江者歟？觀其千古之有常，五彩之時彰。金焦相銜乎舳艫，烟霞互織乎帆檣。或扇以飍颸，則雷霆忽助其震蕩；或媚以晴旭，則金碧緩摇其景光。或微生澌而冰花雪蕊，澄庶品之神爽；或浄如練而天經地緯，開萬世之文章。容成袖手以廢曆，豎亥跰足於窮疆。璇璣玉衡，雖虞廷之儀欲測；和鈞關石，計夏府之器難量。涵泳四靈，神出而鬼泆；沉浸萬象，龜游而龍驤。玄妃往來，采明珠而拾翠羽；法駕上下，乘清風而御陰陽。至矣乎！征妙理於蠶絲，諒托始於濫觴。

若夫蛟窟散處，龍宫深搆，瑶房九重，貝闕雙轃。水精之柱駢立，火齊之瓦鱗覆。懸珠作燭，梁飛萬萬之月團；絡寶爲簾，檐走千千之星宿。其下則有瑪瑙硨磲，琉璃珊瑚。決銀汞以成池，築璵璠而爲區。五金夜發，競光華以呈乾后；萬珍曰産，如沙礫之走坤輿。其上則有彌天作帷，極地爲載，遥岑輕沫，卿雲微帶。月娥臨鏡以脩眉，天女沐鬟而匀黛。齊州回繞，班班九點之紫烟；仙府平臨，朵朵三霄之翠蓋。

其中則有鰋鯉鰽鰷，玉柱銀珧，河伯導旗，海客寄綃。風從吹浪之江豚，雷應鏗鏜之蒲牢。羲和熔金，沸洪爐之衮衮；馮夷剪雪，翻銀海以滔滔。

其傍則有蘆洲戰烟，牙檣插天，蓑笠鳥道，燈火漁船。風凝軟沙而鷺立，雨浥厚莎而鷗眠。福地洞天，巢鸞鶴以遐峙；萍花荇葉，映鸂鶒而淪連。

至於龍堂曉雲，僧艇暮月。善才之石砥定，毗盧之閣嶕嶢。郭賦鳴萬夫之喙，陸泉激千人之舌。物遇之而拔凡品，人鍾之而爲世傑。邦家倚之而治忽，古今由之以興滅。傳諸圖經，登在國牒。灝灝渼渼，未遑暇以殫說也。

若稽使君，於斯奚取？我契其大，才學志度。是故語其才也，如江之波，東底瀛壺，西起岷峨。蹙瑶花兮沓沓，爍雪山兮峨峨。飛濤濺空兮，濆千堆之沫；驚湍擊地兮，旋無底之渦。撼紫皇之寶宫，倒織女之銀河。無遠不至，跬步數州之域；有重必載，鴻毛萬斛之艖。轟轟乎霹怒霆而迅驚雹，擾擾乎舞虬蜃而飛黿鼉。通四夷之歸王，象貝文犀，涌梯航而霧滃；入九壥之貢賦，錦衣玉食，紛帆席以雲摩。濟天下兮往來，又豈俟於盈科。

語其學也，如江之瀾。書名淮東之院，堂有富文之顔。緗摹綈聯，梓雕銅刊。六籍盱奠，百家周完。富誇牛腰之䌷，勤助熊膽之丸。口誦手校，左墨右丹。滕萬口於千載，據尺几而一觀。

若乃擬其志高，惟江有潮。突乎其豪，滮乎其遥。萬流秋毫，千濼斗筲。莫不障而東之，以會同而來朝。坱圠初分，即稱其拔萃；汝漢既決，誰得而溷淆。懷子胥之孤忠，與伯若而爲僚。四瀆首推其廣大，六合咸讓其并包。

方其度洪，惟江有容。元氣流通，乾坤混融。衡截海内，平分域中。際天淵於不二，齊物我於大同。引重致遠，通其變於不息；含垢藏疾，净諸有於太沖。高以下基，當其無有有之用；滿而不溢，天下莫與汝争功。

大抵陳事之方，有通有會。放之彌者收必密，極其細者生乎大。如其大而不約，恐華談之已泰。故觀江之説，則疑其過夸；審一之理，乃識其非汰。交助互益，非人奚待。嘗試問於江靈，察川動之攸在。是故苻堅玩之而狼戾，江總恃之而顛沛。壯從擊楫之祖生，奇賞燒舸之黄蓋。三國鼎睨，六朝遞代。水無變於安危，人每異其利害。其故何也？誠以天謨地烈，積久無託，綿綿延延，數千百年，必至於我皇祖而始得其真宰也。觀其發祥於始，蒙六飛之首渡；創業於成，遂九重之斯届。煌煌漢闕，日照而月臨；蕩蕩堯衢，乾覆而坤載。然後華夷一統，長通道於安流；河漢九霄，恒效靈於上界。而有如使君者，又復沐浴恩波，漸濡天瀨。握提巡之專節，守信誓之若帶。志業浹内，聲名溢外。尚亦防之有法，而備之無懈。俾外者無窮，而内者不怠。息揚波而清水怪，蕩天驕兮浄紫塞。甲兵洗兮玄圭拜，旌功進爵加禄賚。家流國澤並汪濊，一江晏然世永賴。斯名稱情乃無愧，賦而揚之載采采。

哀孝賦

允明與太學生無錫華雲從龍友，雲母張夫人没，允明以遠不能往相其喪，或能有以發章母夫人賢，爲少以紓雲之至痛，亦友道可爲而雲之志。會雲示邵、林二尚書先生所爲志銘，及張都運與雲自述事狀，夫人賢節不勝舉，其間偁其孝事尤弘偉，因掇敘大概，稍韻其詞以歸雲。蓋識其大者，可模後來婦，無徒慰雲爾。始，雲外大父福州太守時敏以子幼，用夫人館雲父太學君時禎于室。福州既宦游，夫人告時禎請迎養舅姑，乃白舅姑，舅姑難之，即時禎亦難之。夫人曰：「我得之也。」解飾首之資，築室於石羊，竟致之。往而覲饋，隆於婦禮，來而理職，脩於家政。於是舅姑夫子宜於邇，而父母安於遠。又左右其孺弟，弟已立，既歸其政，趣往事舅姑盡恒理。舅姑後先没，相時禎送死倍常力。及喪福州時，已于張家持服，比在室，曰：「身始本在室，禮與其常也，寧厚。」姑之没，哭不絶聲，或絶粒，蓋三日而病。比襄事，毁如初，加勞焉，遂彌留以卒。嗚呼！女婦性多暗滯，又没世無姆教，乏究明理道、通達古事之功。故自儒宦大家外，凡女子嫁者，輒忘其親，時以歸寧，飾儀文而已。贅則視舅姑殆途人比，安得有如華夫人之知識？即知之梗焉，弗能處也。或曰：知而克處者固有之，或病於財不得以爲悅。曰：病於財已耳，吾安得厚誣世以絶無。若夫財不足以病知與處，而不知與處也者抑多矣！不賢華夫人得乎？夫人之事豈獨二族儒宦教染以然，固繇其性資。凡其事蓋本之以仁，裁之以知，成之以勇，是君子之三道者，其殆庶幾乎近之者歟？邵先生曰：「若人者，從從皆義，信矣夫！」然而總其實孝也，故題以「哀孝」。

皇播氣以降性兮，無昭昧而必仁。孰二道異夫成形兮，可非孝而無親。夫人既抱此淑稟兮，又申之以高慧。靈荃粲其中秀兮，函瑜琬之温厲。鏡皇倫之紛賾以相奪兮，曷不善修以兼濟？相先民之鴻訓兮，女從人而無專。建剛柔之弘義兮，坤必求往而歸乾。慨暮世之改度兮，招靈脩使來贅。既天命之不諒以吾遘兮，吾敢慆天彝以人廢？從移天於尊章兮，胡有天而弗戴。諏靈脩其往請兮，來胥宇而承饋。尊曰惟我其難之兮，將緯繣而專戾。豈道有窮於兹人兮，緊弗觀其通會。攬旁塗於周行兮，聿典禮之必行。髮余首以撤飾兮，資構宇而導迎。尊誠動而感誠兮，爰居處以胥寧。止幹父蠱兮，往帥婦經。親謐于遐兮，尊逸於庭。怖連枝以丕植兮，卬也歸政。肅褰裳以從尊兮，脩日事之有定。尊先後以罹恤兮，以襄事無或不信以不誠。逮顯父之繼恤兮，服服與在室而同情。亡於禮者之禮兮，因心從宜以有興。恤復終我聖善兮，我恫痗益弗勝。永號不粒性幾滅兮，思斁禮以忍生。終靡支於恒瘁兮，奄溘死以遐征。何女婦之必孝兮，何行孝必禮也。禮有弗周於天常兮，夫何善以義起也。已焉哉，彼賦之慝兮，用爽天明。或察而固兮，行靡有方。相古淑媛兮，交馳並翔。哀夫怛焉兮，德在躬逝。焉得世姬兮，皆華之儷。匪女之程兮，唯士之軌。寧孝之至兮，引申長類。臣完厥忠兮，幼迪其悌。孤慈友信兮，百行攸致。一母之烈兮，二族之煒。用獨邦勸兮，風暨四海。赫禆皇極兮，完命于帝。錫爾不匱兮，以引勿替。

擬齊梁內人送別贈拭巾賦

初裁白紵白如霜，舊遺團扇月含光。紵拭不滅何郎汗，扇搖空想婕妤涼。何如贈巾意，勞君轉蕙腸。若乃龍胡交錯，玉線綢繆。輕挹珠散，舒動蘭浮。不忍桂匡牀，詎忍委玉箱。留取炎熱將歸去，茱萸幔底拂鴛鴦。

顧司封傷寵賦

滿不久秦臺月，聚不住楚觀雲。雲凋月墮兮，紅粉黄塵。於是緬邈宵情，芊綿晝臆。憐生信誓之留，怨觸箱奩之歷。則有鈿釵孔翠，繡領鴛鴦。窗窺鸞照，佩解風篁。髮燕草之碧絲，臉越蕖之紅房。望惑弓鞋兮隻脱，魂迷黼帳兮半張。昔喻麗於群芳，兹萃芳而何益。悲瑶草之不聲，痛瓊華而無息。苦莫苦兮斷知心，悼莫悼兮難國色。撫幽栖兮淚盈巾，傷四海兮無佳人。便爲巫女終成夢，便作姮娥有底親。銀蠟九枝光，緑沉百和香。香香香不歇，光光光不滅。瑶瑟鼓殘兮湘水咽，紫簫吹斷兮黄泉裂。雖令魂返少君丹，假使貌成虎兒筆。争如歌出李延年，會道佳人難再得。

祝氏集略卷三

樂府

從軍行

腰刀帕首報君恩，初事將軍出雁門。回首家鄉無限意，秋風吹上五陵原。

前緩聲歌

瑶川遵穆晏，汾水從軒游。玄王啓靈會，道官亦交酬。蒼禽唳金支，瓊鸞翥絳幬。靈賓戞韻石，子登引空謳。聖日麗萬舞，祥吹振清球。川后迎皓霓，波臣趨翠虬。湘姬偶瑶席，巫女行玉羞。天老獻秘文，聖年無時秋。

董嬌嬈

京洛何迢迢，紫衢通麗譙。采桑誰氏子，不解意飄摇。强腕折高枝，卑指攬柔條。詎知枯殘日，不愛彼穠朝。何當華堂上，麗瑟歌此謡。此謡固君情，不移芳與彫。吾將持贈子，聞是董嬌嬈。

盧姬曲

盧姬貌似月，復有伎如雲。青絲覆鸞額，歌舞漢宫春。參差銅臺上，宛轉受恩頻。君不見太祖會殺聲清人，復留妙妓西陵裏。盧姬幸不爲冤鬼，爲名嫁人花老矣。人生行迹自有時，莫以遲速歎盧姬。

邯鄲才人嫁爲厮養卒婦

高下理有定，金房須玉骨。不解理有異，漢月亦胡没。昔爲錦綺叢，今爲蕉萃窟。嬌卧鄰皂芻，夜半聞馬齕。遥夢趙王宫，盈盈望秋月。

隴頭樹

隴頭多嘉樹，君持作梁柱。清晨覆賓相，白日抱歌舞。哀哉北邙麓，日日聽人哭。

驄馬驅

驄馬紫游繮，光輝照洛陽。朝辭上林苑，晚入鬬雞坊。無因道千里，城邑少豺狼。

關山月

明月度關山，中天照胡漢。十萬良家子，嫖姚甲待旦。胡兒秋牧馬，天子曉射雁。亦有王明君，獨抱穹廬歎。

雉子班

雉子班，何牡不顧女，來語啄班班。吾不如絞頸谷中。班班何，班班何。

天馬來

天馬萬里來，天閑缺一字開天馬入，群馬辟立視天馬。長安亦有苜蓿，食飽天子德，天馬天馬在宛野。

隴頭水

流水出隴頭，白石亂高樹。四海遠深淵，原泉日夜注。不見人物景，獨向東流去。

吴趨

閶闔紅樓起，皐橋渌水迴。綺羅摇日麗，車馬逐雲來。施旦非吴豔，機雲是晉才。欲歌遺古調，風俗轉堪哀。

柳枝六首

夾汴春來千萬枝，緑陰隨處縛金羈。殷勤休負東風意，曾把青芽細細吹。
紫泉宫外曉烟和，萬緑條含太液波。只有帝家春色好，争禁人世别離多。
樹猶如此我何堪，長笑殷郎氣不男。若見女兒腰十五，一生踪迹只江潭。
隋家蕭后解傷春，内苑親栽幾樹新。入虜歸唐春漸老，美人思樹樹思人。
白家只説舞腰肢，不把紅妝鬭翠眉。贏得美人憐又妬，一時都不愛花枝。
營門只阻羽葆幢，争似連雲蔭漕艭。護國清風四千里，百年人説老平江。

林鳥二首

無奈恩情密，臨别自依依。思君如林鳥，同宿不同飛。
與君如林鳥，暫聚還長離。得夜乃共宿，入明不同飛。

古調

泰風

泰風，儆時也。歲律默遷，夕飈儆物，起坐多念，歌以永言。

灝商回秋，泰風薄宵。衝堂襲帷，其音蕭蕭。蜩咽烏栖，蟋蟀試吟。豈無憂欣，以耿遐襟。肖形聲氣，亦有裳衣。無作我羞，朝日將暉。昔之撫景，鮮歡薄游。今之撫辰，力弗及脩。五十無聞，先師無畏。無曰其遲，其日如駛。皇序遞代，漫漫百年。天之將旦，無然爰爰。

詩 五首

巍巍大山高，瀰瀰長河流。人生百歲間，有樂亦有憂。葱葱陵上槿，朝華夕已休。俶載向南畝，歲乃亦有秋。少壯在努力，老大且偃息。偃息安此生，此生須有成。努力不在少，老死終無名。行行遠方客，歷歷山下道。道遠行易疲，白日坐已馳。滔滔川上水，羃羃堤邊草。無憂白日暮，衹恐嚴霜垂。日暮行復朝，嚴霜草以彫。中谷有道士，顔色常鮮好。被以松柏葉，啖以靈藥草。守氣存谷神，後天可難老。授我鴻素書，相期青雲表。衆人不盡聞，安能不枯槁。神農遺世經，穀食烝民寶。

物生天地中，萬形同一鈞。小大各自齊，聚散常相因。高岸忽爲谷，滄海亦飛塵。弱質非金石，誰能獨久存。生世六七十，永者僅百年。相去幾何許，等死焉足論。仙人莊子休，爲君頗開陳。

夭夭南國子，聲伎妙入神。審音類子野，歌舞傾都闉。城邑不足留，引領奉詔鈞。浮雲翳廣路，且與閭裏親。倡家日還往，哇淫累其真。簡兮前上處，謂言不足珍。樂府久隔絶，繫籍猶相因。嘯歌且自樂，亦以共嘉賓。

雜詩

鳳凰執聖符，有道乃來儀。白鶴抱仙姿，俗士每豢之。栖啄非梧竹，腥穢苟羈縻。鳶戾與鷹摯，性在哺雛雌。翩翩遵渚雁，嗷嗷鳴聲悲。青冥一舉翼，萬里乃通岐。潔食荻中粟，渴飲清川湄。孤翔無亂偶，高風羞詭隨。

述行言情詩 五十首〔一〕

其一

昔受皇靈命，結此軒奇姿。一從辭鍘璞，雅負遂參差。英光没騰越，皓素變爲緇。兹辰起遥想，椎鑿倘還施。但恐時日促，璋琥竟無期。乃知萬物貴，治琢當及時。

其二

大鈞鼓群有，黄祇效成物。流形隨風氣，結性亦殊律。吾生托燕冀，抱稟愧沉鬱。返兹寬柔方，茹和克强倔。所恥非平康，徒勝此迴屈。

其三

結髮屬偶句，舞勺肆篇章。前徽吻羊叔，髦譽追滕王。明明内外祖，公望張辟疆。提劍多教術，童弱企高翔。安知三紀後，栖栖守榆枋。

其四

蒼姬建鴻曆，祝丘肇遥封。豐稊託后穰，疏條迺周通。九江樹崇議，司徒奮皇庸。信栝爛材器，閩建扇遐風。淵淵都漕君，起官來南江。雄略絶類群，宏圖奠兹邦。五子粲馬竇，載以闢吾宗。

其五

曾祖抱至德，天倪以和神。善閉本無楗，泯耀没見聞。辟時遁朱鬘，傾否逢皇運。微情委塞聰，遵養晦衡門。洪源浚且瀦，大川乃雄犇。

其六

赫赫惟王父，自天擁英休。完德奠瑚璉，大積苞墳丘。敷言對清問，獻納襄王猷。宅憂秉大防，景泰初，公居憂，詔奪情起任戎務，公執禮典不應。旬宣向閩州。冀方猶虞岳，懋綍騰諸侯。懸車耳順歲，高烈方弸彪。

其七

公有高明居，安老亦畜小。時從息經笥，偃仰思至道。繁英藹修榮，高簡棁不藻。周羅千載語，竹素光耀耀。憶跪聽公詔，拜此濟生寶。縣丱躡短階，昏旦恣尋討。

其八

先人備百行，爲仁乃其基。至誠動萬物，大孝敷弘規。慈愛無等倫，日月洞肝脾。豈惟天止性，在三道兼師。母氏既聖善，孝敬極壺彝。坤儀絶振古，直當任姒期。喣乳幬載問，春秋望翔馳。

其九

七世美仁里，八葉通德門。五教植本始，百行郁華文。仁義日可見，金玉作庸言。雞鳴繩準出，舉足宫徵存。厚趾靡顛丘，長津從洌原。何爲末受者，卑垢辱華先。

其十

高閎衆祥集，泰日百美具。豐屋陵飛霄，崇樓臨大路。高齋敞華器，芳皋羅嘉樹。良疇經邇郭，麗舫泛妍漵。紳杖旦日臨，星曜時夕聚。群公邕威儀，百彦盡能賦。圖書恣讎核，琴瑟鏗在御。崇議每徵今，幽求競稽古。巵言藹蘭馥，雄辯激水怒。觴咏富章什，弦吹暢情素。西園繼清夜，何愁白日暮。

其十一

泰否冥斡運，小大互來往。童齡何愆戾，忽使墮毒枉。焉知循陔慶，遄成陟屺望。萬生皆有終，逆質胡不喪。

其十二

大憂纏弱衷，意氣盡荒漠。向未遨長衢，中路履綦錯。零霰殺翹榮，朱光就淒薄。辰遘萃華滋，運消易零落。

其十三〔二〕

人理有太合，太合及兹辰。束楚當星户，建辰之月。虹梁就烏津。彼其行結帨，予亦御周輪。從雲來粲者，巹醴合良人。永始承遥緒，昌圖啓後珍。慷慨山河誓，與子並千春。

其十四

執業稟公訓，士節謹干禄。力脩貴潛藴，進達戒征逐。踰冠聞有司，察業就甄録。校考既充賦，膠序且餼育。

其十五

人生有窮慘，大化當極否。逼蹙適三月，凶割降重累。鉅痛深故創，沈冤等墮海。人生覆無天，雲胡不遄死。

其十六

六極兼弱貧，百罹萃凶孤。素薄綜物懷，坐爲鄙人圖。倉箱既涼匱，米鹽務錙銖。自持椅桐姿，埋沈向泥塗。

其十七

讀禮訖祥禫，試琴成笙歌。丘墳肆畋狩，志行窮琢磨。天人貫粗微，昔今紛綱羅。大道彌宇宙，眇薄將如何。

其十八

先人有高棲，遺我端居室。幸無喪志物，塞楹簡編集。皇王植丕訓，子氏張萬術。閉關斷來軼，庶以究昕夕。

其十九

學聚勤殖藏，息游解紆結。寬原或流衍，澄泉共甘洌。攀條采碩果，循畦屏衰葉。幽禽答遐韻，候蟲依氣節。芳靄蒙晨榮，明輝揚夕月。拔時附絶駕，塞兑謝塵轍。

其二十

服膺從聖軌，厲志尊前聞。敦厚覓砥道，高明抗浮雲。玄元極三古，疏通窮八垠。焉能爲棲棲，揜抑斥鷃群。

其二十一

老聃貴知希，莊周識齊物。山淵故應平，精象藏恍惚。因知在矢溺，居然返冥極。安知臨牢豕，終爲祝宗縶。

其二十二

昔在杕膝下，拊頂稱佳兒。珠鳳已驗文，棋虎亦彰奇。所企自有立，名位豈足期。自從勝簪弁，顛隮逢百罹。握志壯室餘，薦名僅鄉司。逸足遠市肆，永愧英賢規。

其二十三

浮名雖或就，夙尚乃彌堅。漆雕有風期，恒虞終邈然。英游並彙征，予猶畏爭騫。兹辰更不伸，蚇蠖盤黄泉。因知隨時義，聖謨固昭然。

其二十四

戔戔抱微稟，自擬猶蓱蓬。企瞻先哲民，終羞絶蘿松。追隨不越群，胡足爲不同。何爲蕩蕩世，亦復此不容。無悶見君子，先師嘗發矇。平平王道間，萬厲頻交攻。苟無反躬術，何以御諸凶。皇仁卒全物，莫高匪玄穹。

其二十五

斯人各有尚，沉潛與高明。伊予獨坦蕩，未解懷戚營。既不畢狂狷，安得遂中行。所睹恒廓如，萬有通一平。泰嵩輶如毛，瞳眴已千齡。不知要其終，得喪將焉徵。

其二十六

同人貴郊野，氣度本惡狹。出入州閭間，清濁且參夾。無衰桑梓敬，幸共枌榆洽。鳥獸不可群，非人其誰狎。

其二十七

大儀靡停運，百生豈淹息。麗天星漢度，附地蟲鳥疾。把策詣有司，五往五見黜。巖棲豈無尚，廛托病多役。錢刀壞心氣，霜露損毛質。蕉萃勿復言，流塵蒙白璧。

其二十八

陳根託九壤，材樸各能蓄。剥果存孤碩，微稊僅不殘。芃芃萬植中，吾獨姤其艱。空務封沃勤，柯條竟疏單。

其二十九

疏單勿復道，幸抱此高襟。妙鑒既弘照，大車亦雄任。如何覆載洪，行迹復淹沉。孤征即長道，纏綿荆莽侵。焉能不跼蹐，日月坐以深。

其三十

績勳惟在力，獲應非緣劬。每當紛紜間，倏忽發靈虛。皇樞一納牖，神明隨囧如。其來眇亡岐，須臾充九區。猶操獨鑰鑰，一引盈車魚。又若陟春囿，萬榮一時敷。研覈皆可食，百實皆甘腴。由來自不識，祇覺本所儲。

其三十一

岐路紛百慮，三十尚擇術。規空際無象，踐迹窒寸尺。先師有遺槼，四十迺不惑。冰鑒端服膺，物貌詎纖忒。交衢紛總總，大路遵有一。皇皇孔氏程，聖愚乃同則。

其三十二

萬理盡東魯，群空乃西來。餘子騁千塗，憧憧何取材。學聚蔽穹壤，白紛無遺哀。慭然對今古，至樂不自裁。

其三十三

百代爲宇宙，升降成興衰。興衰極變化，忽已遘兹期。方策布群賢，建躬各隨時。森羅丙法戒，所在吾有師。

其三十四

有師蒙獲富，君子貴爲己。每求同若人，力勇由知恥。周身飭百行，建節廣綱紀。任重扛九鼎，致遠道千里。細德未足論，大幹敢摧靡。丈夫生所期，恒存在後死。

其三十五

明王方御寓，世才乃徵庸。禮樂建皇極，風猷歸大中。亭育茂登殖，聲名粲光融。卑高百有位，道術何終窮。

其三十六

仲生能樂志，夷吾性善養。恣任總匆闕，道林胡偃仰。名都富雄第，山池半邑黨。崇麗摩浮雲，瓊筵日弘敞。水陸窮羅羞，歌鍾沸繁響。妙伎逾二肆，游童列彌董[三]。畢性聲色中，麟臺進功賞。

其三十七

素無經世懷，學仕本先訓。終然拙枘鑿，株木臀久困。渾玄當有期，或合阮君遁。元龜幸垂兆，長往乃無悶。

其三十八

築舍負崇巘，高卑緣秀林。翠嶺絢晨暉，丹崖麗夕陰。入坐交飛英，當窗語幽禽。山人適雲覯，寫性將清琴。郊居賦既就，白醪亦可斟。循麓看時藝，桑麻長方深。未必談名理，歡暢已彌襟。

其三十九

檿榆樊石扉，垝垣卑四周。前楹舒廣場，後宇環澄流。微淪帶山趾，半覆花竹幽。長夏且游浴，高蔭終日休。豈必商丘開，點爾聊同游。

其四十

清晨風候淑，引策出郊郭。青黄交遠疇，循淵桑沃若。白雲被華岑，飛澗濯幽壑。泛眺思累新，冥會神逾廓。命儔賞已豪，孤尋寂倍樂。

其四十一

雅尚窮闊覽，邇踪愧卑纏。卧游空能賦，道觀多歷年。終南華岳接，峨眉太白連。九疑元無地，太行非有天。岱宗日華浴，祝融星漢懸。朝飡赤城霞，夕拂匡廬烟。洪河春裂壤，横江秋勁弦。因過洞庭水，自擢瀟湘船。東海本吾宅，太湖襟舄前。龍宫多寶藥，洞穴鎖禹編。靈期似當值，旦暮相付傳。

其四十二

驅車出衡門，薄游覽九州。東征略瀛海，西陟升昆丘。冠巾岱華竦，襟帶江河流。驗迹章亥趾，裁貢禹王疇。泛觀山海圖，遐尋府穴幽。八維何所極，撮土此可求。

其四十三

璇穹積重霄，迴運迅不停。曜靈爍神燭，望舒循九行。三垣列君臣，萬緯流物形。河漢夜半轉，四時各財成。靈憲炳乾文，至精存吾徵。

其四十四

萬齡同一域，千哲共此契。遥邇幸相聞，師友丈室内。行止每討論，音辭時賡載。單躬事百賢，其益故宜大。

其四十五

遥賢故懷益，密哲重應欽。四海三數君，垂眷後先深。年位非所限，存没或殊今。淵淵玄酒味，粲粲瑶華音。懷哉以拜嘉，畢世銘卑襟。

其四十六

仲尼欲無言，六籍終亦呈。林花向春敷，有喙隨風鳴。齋房坐清晏，文言時有成。左生潤瑚佩，莊周厲風霆。二漢隆體骨，六代繁丹青。至哉統其全，周後惟唐聲。山雞且自愛，蠅辯方營營。

其四十七

學優在用行，時舍乃含章。士業豈空言，斯世存維綱。脩政用熙載，樹禮爲周防。生養蕃卵胎，芟夷謝蕭蓈。文思翊無爲，樂聲薦登康。本末有宏模，千目森鋪張。褐襟衷短簡，可布亦可藏。

其四十八

至道極心性，域外有真覺。曠生幸聞脩，瞀辯豈喧較。萬變終不繆，吾自了滅樂。

其四十九

鳳鳥不世見，四海以德稱。虎豹伏深山，雄鷙乃馳名。日月遞經天，夕伏亦沈冥。目趾待成功，誰不仰其明。所以孔仲尼，君子疾無聲。嗟予蹇淹留，閉户乃浮名。高卑共彰徹，近遠均一鳴。惟憂邦必聞，求之無其情。

其五十

六籍統宇宙，七緯鍵天人。百子錯町畛，萬家騰烟雲。眇眇予日接，泳洽如淵鱗。冥蒙日思道，粲發時摛文。紛綸向一貫，光彩摩三辰。向來覺性言，寂寞難重陳。至樂終百年，與爾同埃塵。

【校勘記】

〔一〕宣統本述行言情詩五十首缺一至八首。

〔二〕按，是首又見祝氏文集卷四，題作「新婚詠」。

〔三〕「董」，四庫本作「廣」。

金蘭操二首

初，趙魏公子昂與先總管友善，游吴輒就館。嘗爲總管泥金寫蘭二本，祭酒胡文穆公爲先參政題二楚聲。允明保之，復綴二琴聲，以語兒孫。

金蘭之猗猗兮，寫我心以貽兮，聊與子同歸兮。

兩公閑閑兮，貽我金蘭兮，金蘭也且，閑閑也且。

和陶淵明飲酒 二十首

僕本拙訥，繆干時名，兩年之間，三謁京國，游趣既倦，風埃黯然，舟中有二蘇和陶詩，夜燈獨酌，讀其飲酒二十篇，不勝悵慨，聊復倚和。

昔者病斯世，庸人常擾之。百物安大化，甚似垂裳時。衮衮元化中，吾生托於兹。學道三十年，今辰聊寡疑。願言戒迷塗，靈臺亦有持。

明時恥韞玉，抱策下丘山。所獻幾何許，腐義數千言。有司繆甄録，一出逾十年。身世無一補，何物期自傳。

士生三代後，干名本其情。所難少可知，科版獵空名。二者齊亡之，何以爲此生。此生幸長存，得失何復驚。陶公但飲酒，千載名自成。

大鯤本淵潛，化形亦天飛。截鶴續鳧脛，二物均爲悲。日月繞玄度，萬象各有依。天地會有終，脩短同一歸。吾生向妍華，何惜此日衰。有酒不解飲，而問彼從違。

大道本一致，無問寂與喧。每有希夷時，不見耳目偏。逝水喜東流，浮雲忘故山。美人隔秋風，涉江恥空還。旦莫或遇之，莊周有遺言。

客來相話言，言多非與是。問我誰適從，我不識譽毁。幸客來相過，惟能默飲爾。隨意翻瓦盆，不解彈緣綺。

秋霜瘁榮木，春露華槁英。逝者不能已，愛憎誰爲情。吾生四十年，强半居欹傾。不知誰爲之，孰爲相號鳴。局促百年内，安足稱達生。

鳳鳥有五文，不共群禽姿。言欲覽德輝，來下梧桐枝。文采衆愛惜，雲是應世奇。廷無簫韶儀，好文空言爲。恐終返天山，逝難風塵羈。

世事不可極，遇酒意自開。寬然處百年，亦有幾好懷。吾駕無迴轅，何適亦何乖。夫子惟天行，微生病栖栖。孺子濯以清，屈公淈其泥。幸此杯中物，與我多合諧。醉中態多亂，真抱自不迷。皇唐事悠然，古意暫可回。

回首望鄉井，窅在東南隅。倦鳥不出林，胡爲涉川塗。冬半多北風，疲馬不奈驅。昔行氣長健，兹來感有餘。園田苟可治，豈不懷安居。

長愧先師言，憂貧不憂道。勞辛救寒饑，容體易枯老。自從强年來，頗不患衰槁。翕翕電影間，英姣亦何好〔一〕。淡然無得喪，恐有身外寶。靈龜不朵頤，乃活歲月表。

吾足如轉蓬，遇風無停時。節候迭代序，常與家室辭。三歲凡五出，別離復在兹。行止豈有津，誰爲我稽疑。不若巢中禽，乃免霜霰欺。天運實爲爾，通塞任所之。

嘗喜陳圖南，託世在夢境。亦有阮步兵，六旬且一醒。神解與辟世，此意在各領。汩汩糟醨間，少復此冥穎。哀哉羊皮人，方彼耀虎炳。

四十不擬老，老狀日已至。飲量復減昔，三飲已復醉。詩來亦信口，甲乙懶排次。遐覽天地間，何物如我貴。所恨每自喪，長失本然味。

所乏百畝田，亦須五畝宅。居食少給躬，何復世上迹。一身自賓主，一日足抵百。知我不暫舍，舉眼天日白。默然便歸化，亦復何足惜。

安世至此日，世紛亦已經。莊周不畏煩，爲人校虧成。五岳屹常居，四序乃遷更。微子爲之奴，箕子出門庭。誰能外闔闢，妄動樞機鳴。密雲自西郊，蕩蕩周文情。

然燭能爲月，揺翣能爲風。手有造化能，身在造化中。順時以道用，天人乃相通。如何負折鼎，而欲求張弓。

青天恒高高，欲上不可得。文成食馬肝，漢武知復惑。狂念如推瀾，滔天不容塞。坐此弊其驅，亦復幾喪國。吾有升天方，難言姑緘默。

卜商有遺言，學而優則仕。學既非爲人，仕復寧爲己。有玉求賈沽，無道穀亦恥。仰瞻夔龍朝，俯愧蓬蒿里。駸駸饒二毛，行行入四紀。馬逸駕可要，風回楫須止。爾無操御中，顛覆何所恃。

二儀不翻覆，萬生豈無真。物情雖馮時，中亦含元淳。揚子本清静，銜垢作美新。賈生抗高志，慷慨爲過秦。其君或唐虞，仿佛皐契塵。詘已徇一時，哀哉遘其勤。因知紜紜内，心與身自親。會須直躬行，大道無迷津。提壺挂舟傍，還戴漉酒巾。何必訪巢許，今古皆斯人。

【校勘記】

〔一〕「姣」，四庫本作「交」。

秋懷

時運無長榮，清商多悲音。悲音一何苦，壯士有遠心。蕭蕭風篁亂，琴瑟蚲蝛吟。寄言眷萬古，託之千霜林。潯陽有餘波，涯岸倘能尋。

己巳閏九月十三夜夢中爲游山詩

春觀入西岫，區名意自别。松嵐結幽賞，蟲鳥弄餘悦。花氣韻蒼沈，樹膚落翠雪。天行無塵染，丘卧白雲潔。心在道不違，未覺萬物裂。三爵已餘酣，清心寫泉月。

春日醉卧戲效太白

春風入芳壺，吹出椒蘭香。累酌無勸酬，頹然倚東牀。仙人滿瑶京，處處相迎將。攜手觀大鴻，高揖辭虞唐。人生若無夢，終世無鴻荒。

别唐寅

長河堅冰至，北風吹衣涼。户庭不可出，送子上河梁。握手三數語，禮不及壺觴。前轅有征夫，同行意異鄉。人生豈有定，日月亦代明。毛裘忽中卷，先風欲飛翔。南北各轉首，登途勿徊徨。

夢作月山獨步歌

不忿白日塵，宵賞有靈悦。山蹊任襟入，不必有昔轍。石淙長寫韻，風林時落葉。凍狖僵石霜，躍鱗觸潭月。山空夜深静，魈鬼時出滅。自非返冥極，誰能畏城闕。

擬傷亂

楚氛望方惡，魯戰謨未諧。晉羅每多閉，秦饑良可哀。三精塞祲霧，暘雨更爲災。巴蜀風塵暝，關河士馬來。洪流滅阡陌，溝市盈饑骸。豈無眠戈誓，慷慨擊楫才。夏屋既漂摇，郊壘多崩隤。楨幹可相尋，松柏亦已摧。天王下制詔，仁聲九域開。庶幾赳赳客，猶上黄金臺。

代江南水灾謡

天皇耄不事，地后虐不仁。盡卷天河水，淋灌九州人。九州人，食多在江南。江南灌没，奈何堪之？奈之何，人死無萬數，薪絶竈冷無菜煮。更那得，菽與黍，遽如許。推龍號，挽龍語。汝不應吾，吾請天公，來解謫汝。

九愍　九首

庚午㬐吴、越間民瘼，作九愍。

溪毛圃芽鮮芳殊，吴儂恒食饒嘉蔬，今年大饉百年無。百年無，奈空腸，齕野草，同牛羊。

大麥青青四尺長，大水過頭一尺强，安得不托與餦餭。無餦餭，且自可，秧不成，苦殺我。

四月浲水麥不秋，五月插秧水不收，良田萬頃盡洪流。盡洪流，大無禾，民皆死，如國何。

棟撓室摧墉善崩，沈竈産蛙不得烹，康衢第席通流平。通流平，慕鴟鴞，望伯禹，懷有巢。

饑亡溺亡十亡五，載降之疫亡亡數，誰生厲階令帝怒。令帝怒，半爲鬼，厲階人，安富貴。

有田莫買只賣屋，況有筐箱與巾服，妻乎子乎牽出鬻。牽出鬻，汝不肯，推溝瀆，竟死等。

舊乞無幾新乞多，吾食不續欲分何，汝不吾分越奪那。越奪那，乞化偷，孱則丐，狠則摟。

舊田不粒猶征逋，新田爲淵租未除，農來爲兵强執殳。强執殳，絶錢鎛，國無農，其何國。

官困曠空抽民米，富人削瘠貧人死，嗟嗟土牧亦勞只。亦勞只，荒政難，吊吾民，嗟吾官。

水詩

雨漫天兮天不得見，水漫地兮地不得踐。烝人不粒兮桑田變，神仙老死佛入滅。伯禹乘龍，仲尼乘筏。出八極兮睨涬涇而不即，公無渡河兮公既没。婦逐狂夫，與子偕溺。青山摧，鰲足斷，蛟蛇騰拏，萬物錯亂。厥初天一兮生水，其載與天地兮爲終始。

沈憤

燭龍奔天衢，不照雲下人。陽貨盜玉弓，仲尼糧絶陳。筆絶春秋成，乘桴泛洪淵。莫食汨羅魚，腸中有靈均。青天上無路，黄泉下無門。漫漫長夜中，萬古齊一塵。

知山堂雅集

小山不妨宦，中隱從近闕。無論車馬色，幸共禽魚悦。風泉夕韻戛，霜月冬氣潔。醒醉齊一襟，心賞方兹結。

雪後楊禮部邀宴用謝宣城韻分得濁字

季冬雪始降，佳氣通歲朔。君子良燕會，時哲總延擢。揖遜粲賓禮，登奏罊嘉樂。蘭薰互霑襲，松顔齊卓犖。遐覽萬物昭，無復見黟濁。微言共一契，所寄在綿邈。

召父歌送朱版曹升之守延平

西北有高山，東南有大海。生我延平民，居中百千載。遠在天南頭，去聖人萬里。欲得無灾害，祇頼賢守宰。聖人念遠人，賜我慈父母。輟其股肱佐，來爲赤子乳。我望朱夫子，如望漢召父。請爲召父歌，女知召父不？召父善治田，從横正疆畝。始予我錢鎛，以及奄銍艾。耦耕并牛犂，秔稌諸種等〔一〕。田功多方理，要領在水利。廣開溝門閞，處處廣灌漑。均水作約束，刺石防決泛。劭農走阡陌，止舍即野次。召父善教人，須訓從幼艾。孝弟正家族，勤謹不弛怠。趨役赴公事，和孫於社火。有稟特秀異，使結衿帶佩。入學共弦誦，學古壯而仕。召父善阜財，民產加豐大。召父善聽訟，無情不譁喙。饑渴召父食，寒裸召父被。召父善使人，隨時各分代。召父善事神，水旱不爲厲。人口歲增倍，訟盜悉衰止。召父去已久，循良風聲在。惟有朱夫子，甚與召父似。凡此召父善，朱夫子盡備。夫子來毋遲，百姓日候伺。凡此召父事，于今益有賴。一一速施行，惠我起我憊。上戴天子恩，夫子還入拜。願爲公孤貴，名與召父妃〔二〕。

【校勘記】

〔一〕「等」，四庫本作「藝」。

〔二〕「妃」，四庫本作「配」。

祝氏集略卷四

古調

夙駕邁皇邑

夙駕邁皇邑，送胡侯也。侯宰吴而循將述職，朝于京師，民願其陟明而懼其不來，於是交懷，乃述是詩送之，凡二篇。

夙駕邁皇邑，奏計天子闈。命臣宰吴民，民淳幸成治。君子閑禮教，細人勤耘耔。潢池徒涉境，亦幸免顛隮。歲月可少假，當轉瘠爲肥。臣政報不欺，大君企鑒裁。

夙駕邁皇邑，公去我心悲。京吳期月程，父母何時歸。所慮大君留，吾儕將疇依？賢人在高位，庶績用咸熙。子産往作相，嗣之來者誰。大君一内外，留遺皆賢才。

怨詩

繁霜隕衰秋，萬物無一歡。后稷苦望歲，仲尼唱猗蘭。東海有憨龍，西崖有縈鸞。文王舊時操，極古無人彈。

京館登樓眺遠

登樓睇遥際，邇值城東阿。都市無曠壤，萬室交鱗羅。花鳥不見妍，嗚輪日衝過。衢喧萬方言，嘈雜絲吹和。贊皇籌幸運，仲宣憂獨多。吳邦弗可見，不樂將如何。

舟行汶上薄暮看月作

璇蓋瑩空青，飛鑑泛華豔。川原邈夷曠，疏木媚寒瀲。廣路斷浮軼，旅翫諧靖念。迹逝偕志行，萬里靡坊塹。苟無忠惠持，誰能勞不厭。

自京師南赴嶺表仲冬在道中

秉策志渥丹，牽絲及班艾。拜寵北闕下，寄命南嶠外。霜履將蹈冰，虛舸循寒瀨。越鄉慚古節，垂堂栗先戒。劉公存社稷，雅尚幸終會。余弱壯求仕，夙願令長，今幸如志，深與劉梁言志符合。一丘沈結膺，三曆擬投帶。晚蔭荅蒼靈，赤鑒慎無昧。

五十服官政效白公

五十服官政，六十方熟仕。七十乃致政，古今固一致。吾年五十五，始受一縣寄。七里劇彈丸，亦有社稷置。夙懷同劉君，後漢劉梁。今此幸諧志。所憂脚本短，時彫虞易躓。祇應盡素衷，玄鑒不可悖。一區石湖水，漁舟早相伺。

夢游

航葦緣曲溪，峽深溪轉幽。瀠靚水氣甘，蔥蒼木蔭稠。空舠孤持楫，愈入世彌遒。步履窮豎亥，祇此適余舟。蟲鳥元共性，非契我何求。

予行物已隔，極境愈欲至。獨有仙巢子，被髮跪雲内。棲巖玩頹陽，流谷響清喟。須臾始云覯，伺我九千歲。海中多真人，徒美遐不值。琅霄有飈輪，中夜以爲會。

讀余侍御游泰山記咏其間一二處

明堂

於鑠姬後，締兹合宫。爰宅神明，穆穆王風。降及後王，以奉土木。彼營于朝，形侈實黷。今我涖瞻，猶拜文武。念兹草木，且附聖土。有赫我后，三登五咸。臣願師周，唯后用鑒。

絶頂玉皇殿

乾居冠峻嶽，承級通明宫。星辰綴琨棟，雲霧彌璇墉。攝齊入金門，拜肅窺天容。俯躬覽八表，辨方識疆封。西北拱王室，舟車方會同。

日觀

我昔聞日觀，想像當雄哉。君今登日觀，真從日邊來。君言日觀高踞山之東，左有天門，右有絶崖。從中突起一片石，不知千丈萬丈，上撥浮雲開。扶攜石傍東面坐，但見東方無際畔，盡在莽蒼滄茫間。上不辨穹霄，下不分人寰。八極總一景，焉知別華蠻。忽聞天雞鳴一聲，恍惚紅光射破青冥端。龍宫煅火齊，琢爲太陽丸。海波瀲瀲玻璃翻，搏桑倏倏掃三山。衛霞從霧紛斕㷠，五彩錯亂多朱殷。龍車不須轂，踆烏不須翰。奮迅升天關，游天衢兮循天環。開闢六合，天尊地卑，萬物出作咸乂安。日觀之日乃如此，亘古不息正天紀。蒼生仰照宣重光，吾能言之自此始。

方烈婦詩

芙蕖託藕根，藕折芙蕖萎。雄劍出土中，雌劍飛相隨。桐城有女姚，嫁事方家郎。貞心兩松柏，信誓雙鴛鴦。方郎中路隕，女姚治其喪。明朝郎入土，何事妾不亡。妾有十尺絲，玉質奄從化。一夜寒霰零，蘭枯蕙亦謝。煌煌雙白璧，合瘞南山岡。宛宛兩柔荑，爲人挈三綱。旌書下萬乘，烈聲騰九有。九原多雜臣，試問方家婦。

龍川山中早行

磻磻左山影，横截右山腰。辨色鳥歡翔，微光漾晴朝。浮雲若中斷，蔚蔚方行遥。朝雲山腰生，我在雲中行。只恐雲載我，飛上白玉京。世塵邈已隔，天雞猶未鳴。須臾微風發，東極金烏升。

莆田鄭殿中緑野亭

吾聞烏山下，千載君子宫。云誰構此者，柱下有遺風。昔與韓忠獻，同升事仁宗。抗節匡王度，寒歲榮霜松。翩然返薜蘿，考盤亭此中。孫子聯翼翔，邦人亦欽崇。出處鑒兹宅，眷言均帝衷。

贈倫解元 三首

佳人出南國，鬱鬱春松姿。手有龍卷文，忠信以自持。茂年秉高義，淑姆群婦師。君子聘好逑，任姒共風期。關關雎鳩化，四海爲雍熙。

珠玉一出世，見者愛輝光。雲漢倬昭回，衆夫仰文章。煌煌錦綉段，願爲衣與裳。醴泉消渴心，嘉禾望充腸。亭亭梧桐樹，可以栖鳳凰。

明王攬大宇，百福日富來。車書上皇邑，八表無遲回。與子遇原野，攜手乃徘徊。君行遵大路，日以寫予懷。

贈王翰林 思

先公昔登庸，實出元禮門。雄篇累賁遺，存亡被光燉。吾兒繆通籍，重得聯英騫。頑鄙當其中，俯仰慚祖孫。夫子篤風義，眷然推好敦。昨旅同北都，今來共南瀆叶。英哲産自艱，分氣勤化元。繩矩用必莊，天球質本温。藏蓄在王府，望瞻不可捫。誰令置海隅，混揉珠貝繁。蘭風滌瘴腥，桐韻澄蠻喧。邇來觀海居，高寄城西原。白雉不見來，蜃氣日夕昏。將無辱賢者，乘桴慨遺言。韓公日良覿，代隔道共存。時時出巵言，珍怪無璵璠。頗聞多幽味，深澹如丘樊。蔚林斷湫轶，疏篠涵静源。萬境不能亂，始知吾性尊。鳳文非可求，惠然下蓬軒。雖欽俯芥收，終愧仰蘿援。即欲往從之，川梁棘我轅。塵謡無足投，望報來瓊琨。空荒坐遲晚，勁策幸扶擧。

題黄山人詩卷

山人黄震陽，字一元，臨川人。能琴善醫，曉五行禄命。來拜予縣庭中，持盛、王二翰林詩卷以代贄，請詩，因走筆還之。

南來作縣官，亦希遇異人。三年霧眯目，衣上多新塵。翩翩一黄鶴，銜書祝融濱。下庭展軸諷〔一〕，字字青瑶瑞。既驚旦暮契，猶懷夙昔親。鳳鳴燕雀間，視聽蹔得伸。鶴乎果有升天翼，借我乘之朝玉宸。

【校勘記】

〔一〕「軸」，四庫本作「袖」。

吉湖口湯泉

慕詭適修禊，嘯侶閱靈淵。機權知匪測，槖籥詎云偏。鬵沸連波起，鴻壚不斷燃。蓋石愈怪傑，襟湖何渺綿。蕭丘有寒焰，化理同一玄。燧人與堯井，無爲帝力全。

雞黍詞

庭中有群雞，主人賦之黍。魯雞偶遠立，於此有遺秬。越雞氣沾沾，欣睨躍拙距。主人軒然笑，爾蠢何足語。嗟哉胡得喪，可惡爾畜羽。幸禍天所怒，得喪天所與。主人唯至公，但使豐年屢叶。

讀嘉靖改元詔書并閱邸報臣敬作詩一首

宮車昔晏駕，鴻寶歸親賢。元后上聖姿，神龍潛虞淵。乘乾奉天祐，皇極建沖年。百辟迎代來，凝命居清玄。皇風仁偃草，一日周九埏。震霆雨作解，赫曦清旻懸。除凶力摧虎，猰貐犴重犍。擊冥走鬼魆，好問廣詢延。急治熱願濯，從善阪流圓。響答朝至昃，萬幾無停宣。泰否一往復，乾坤隨轉旋。昔自堯舜來，神化無此前。聲休度百王，九廟光蟬嫣。天禄永無疆，聖治終始全。臣詩屬先驅，三靈赫臨鑒叶。

過湖

紆迴蒼璧帶，平瑩玄銅鑒。昊旭懸邃霄，光景高下湛。周覽總一天，纖埃焉受犯。

溧水官舍

皇州本叢麗，倅府亦多暇。高木停車蓋，白石砥根下。雞犬寂不聞，明窗晃低亞。磵奏不絃琴，山横無筆架。流雲過檐牖，斜照蕩書畫。巖居固同此，此寓未税駕。

出高淳縣望寶積寺塔

巖邑無闉闍，出市即郊隰。凄涼木石寡，衡縱畎澮襲。微陽廣土被，厚霰蔓草浥。四垂天茫茫，忽覯斯獨立。檀欒布牙角，亭突樹磴級。卑壓薈翳叢，明標粉黛岌。遂疑廛井絡，仍謂賢聖集。旋行邇復遐，窺户廓沈戢。游煩少解散，空諦亦叢及。

喜雨篇送推官李公

三農病焦裂，百姓慕來蘇。焉知皇運仁，下土不終瘏。良風助玄雲，灑淅散膏濡。農人餔在野，蔀室歡婦姑。拜嘉我李父，駕言忽王都。願挾懷中澤，呈君被九區。

送盛斯徵中丞巡撫江西

公昔危言行，忠信嚴操持。抗節抑權近，獨結明主知。騰波百低昂，底柱無虧移。況兹唐虞朝，旰夕須臯夔。龍升雲亦高，松老節益奇。眷言命召虎，江沱煩撫綏。愚瀆狂悖來，十民九顛痍。于今保治要，邦本最先宜。公豈無素鑒，次第將裁施。格君雖美談，寧邦幸沉思。世願與史聲，豈獨鄉人期。

送徵明計偕御試

恭人當遠別，思念畏寅送。詎惟離群悵，吳邦去光重叶。奇珍不横道，遄爲宗廟用叶。君其保氣體，訊問慰寤夢。鄙夫誰向扣，日益守空空叶。時來玩鵷雛，俯仰見翔鳳。僉賦李陵詩，願爲王褒頌。

鶴章

癸未歲人日，余家構新堂成，肅延北山老師醮，陳感祐之諶。當奏章時，仙騏三輩，旋導燎臺，奏升而駕亦逝，衆目瞻竦。敬賦一章，銘志玄賜，兼謝周師精高之效，書奉并望和篇。

歸命禮昊乾，肅筵事三清。真功仗宸官，得此金門卿。碧牘函赤心，法步凌紫京。八霄青彌彌，剛飈别魯城。獨馳丹元叟，直詣太昊庭。紫皇已傳命，仙駕垂雲征。翩翩三縞衣，上下相承迎。翔衛既通奏，矯羽欻上升。安得如几飛，淹留悦歡情。傍嬉臣詎同，畏威敢爲榮。始知精賢師，可以徹土誠。銘襟永攀脩，玄祉庶獲并。

夏日林間

空林坐遠暑，松蓋載炎日。重陰集涼氣，薄吹颸亦及。幽禽時度語，遥磵泛清瑟。厨人列齋素，稚子來共食。援琴弄山海，頗復似加適。牛羊下前山，自入後簷息。余亦杖策迴，今辰兹已夕。

泛舟登郡西諸山作

西巖蔚春氣，丹翠絢長靄。結駟出閶門，日華浮羽蓋。曉市湊萬響，方言九州會。青翰迅妍洲，遥遥背城邁。中流簫鼓鳴，連甍夾堤起叶。鶯吟方樹底，鷗舞澄沙際叶。柳阪少依依，花溆始綷縩。逶迤度重嶺，宛轉入蒙薈。欣遭勝域奏，慮遣俗累解。薄暮風咏歸，華月漾玄瀨。鳴笳震水關，登陸且回憩叶。遨翔詡可樂，來往日月代。

雜吟　四首

青陽肇物觀，披覽川隰外。草木寒不榮，玄鳥閒未至。高原有松柏，亦爲蠹蟲敗。繁華須臾間，後凋亦自貴。惟望多麥禾，麥禾可卒歲。

春日欣載陽，凄飈霾曀蒙。玄雲何許集，晝夜彌衡穹。孤陽秉光淑，元化潛開通。

高樓臨道院，舒目喬林端。天際浮雲開，遥見江上山。山中有禹書，竹簡鎖石函。我欲往求之，試尋古道觀。惟恐雲復合，駕言空去還。

鳳皇粲德文，和鳴亦喈喈。舉世未曾見，衆口稱麗美。唐虞有至治，千載盛傳聞。學者抱典謨，終年向人論。舜死鳳不來，寒士長欣欣。

賦得春陽曲戲柬天文

錢唐蘇小小，京洛董嬌嬈。穠芳競桃李，清潤並瓊瑶。頹山左右倚，因風上下飄。東鄰不姓宋，無吝一相邀。

秋日作

危陽既驕夏，衰霖復傷秋。夏驕衆夫病，秋傷田畯憂。少壯且頹墮，耆人衷百愁。萬物蒙化成，聖賢豈有謀。栖栖非爲佞，駕言我焉求。

偶述情事

投弁歸柴荆，時晦企遵養。頗諧築構庸，亦遂灌植賞。素履暮已定，空法獨結想。自甘婁生戒，無論缺三字。衷和亦氣謐，焉足問直枉。違俗奈束擾，鈎校既非尚。物理不爽銖，答應難絶響。一旦缺七字鞅。

爲張孝廉題留犢圖送吴邑楊明府

東京扇廉耀，風流逮當塗。時子牧淮甸，解犢振清模。介石似滅頂，千載不數夫。安知後代士，裂膚韞明珠。邕邕楊夫子，抱琴宰東吴。盂水謂食潔，户兒言恤孤。虞廷奏箾韶，鳳凰翥宸都。誰能獻丹青，清風擁前驅。復願寫縣壁，告彼新尹圖。

夢唐寅徐禎卿　亦有張靈

唐生白虹寶，荆砥夙磨礲。江河鯤不徙，魯野遂戕麟。徐子十缺一字周，邃討務精純。違違訪魏漢，北學中離群。伊余守初質，温故以知新。誰出不由户，貌别情還均。濁世二三子，厭棄猶爲人。相逢靡幽明，隔域豈不親。兹塗無爾我，相泯等一真。昔亦念張孺，猶能逐冥塵。

賦得君馬黄送黄翰林　才伯

君馬黄，臣馬驪，驂以驥馬來何遲。驪馬善折軸，驥馬不失馳。天閑衛龍馭，終不到瑶池。

又絶句二首

閶門車馬出，楊柳緑依依。龍樓清夢起，開閣待君歸。

江山司馬筆，民物杜陵吟。他年黄閣裏，便是此時心。

詩四首

予見古今士，遁世不缺一字屏。志羔雁之咎，或有知罔所答，徒負旃旌。嗚呼，獨君臣之際哉！

盈盈高樓女，粲粲紅粉妝。灼灼耀容華，粲粲缺一字衣裳。丹唇激浩齒，鬒髮婉清揚。缺三字閭里，缺三字洞房。見者驚若神，翹首仰輝光。

名都多秀豔，三五騁神逸。六門交長衢，窗中坐曉日。行行萬夫望，缺二字不可匹。君子嚴禮聘，承筐富充積。嘉耦缺一字好逑，高堂鼓琴瑟。

珠玉含澤輝，妖女缺一字容華。門巷多履綦，缺一字冶市門誇。紛紛容悅己，日暮宿倡家。

巍巍西山高，湛湛山下水。昂昂千丈松，靡靡百草委。下有虎魄伏，上有兔蘿倚。

答黄魯曾

昔與君子别，朔雪正霏霏。惠音阻良覿，歎息避炎威。偃卧懷夙昔，風雨湇凄凄。磊磊井上松，秋菊晚相依。倏偬時候變，星霜迅若飛。

懷知詩

卧病泊然，緬懷平生知愛，遂各爲一詩。少長、隱顯、遠近、存没，皆非所計，祇以心腑之真，凡十有八人，共詩一十九首。

同老十人

顧明府榮夫　　錢太常元抑

王文學履吉二首　　葛隱君汝敬

湯徵君文守　　謝處士元和

表弟蔣燁允輝〔一〕　　施侍御聘之

朱提刑升之　　張秀才天賦

往者八人

吴文定公　　王文恪公

韓尚書貫道　　沈周先生

本郡使君南海林公

陸冢宰　　朱孝廉性甫

朱文學堯民

顧明府榮夫

雞山燕市每依依，此日都抛入洛衣。家近鬱林公舊隱，門如彭澤令初歸。空憐舊社惟君密，却笑無車訪我稀。最愛滄浪池水好，幾時同坐一方磯。

錢太常元抑

入室芝蘭始見熏，也知孤陋合離群。烟霄本自冥黄鵠，城市安能駐白雲。震澤晚山青歷歷，漕湖秋水碧沄沄。相思只借中天月，會把清輝兩地分。

王文學履吉二首

七十看花歲已殘，始憐梅蕊照衰顔。河清可道遭逢易，駕俗深慚會合難。錦綉段間藏黼黻，驪龍珠抱媚江山。欲留光彩無窮事，心緒悠悠竹素間。

我居廛陌子滄洲，望隔江城各倚樓。共惜賈生違漢室，豈知王粲重荆州。青雲尚恐終難附，白璧空懷未盡投。十載三都墻室滿，不堪玄晏思悠悠。

葛隱居汝敬

獨承華緒振芳塵，想見先公氣魄新。開口只傳前輩事，存心不共此時人。城中紫陌藏巢許，門外青山是主賓。布褐一逢埃土盡，誰言叔度賤還貧。

湯徵君文守

舞勺歌詩把袂儔，白頭俱換舊烏頭。深憐武庫空懷寶，却羡名宗獨綴旒。擊壤舍君誰作伴，看山無我不成遊。酣歌李白襄陽曲，掌上隋珠國已收。

謝處士元和

薰茗清談午夜陪，詩筒拂旦又飛來。應憐去日多來日，却見千迴似一迴。槐院定酬王祜志，蘭庭休起卜商哀。紅芳落盡青青在，始信松筠是德材。

表弟蔣燁允輝

風雨牀空坐獨闌，分襟兩見歲華殘。蕭條鷗鷺江湖闊，寂寞宮商草樹寒。王謝風流吾子在，武功中外老夫單。懷君有句君應笑，不向滄浪共釣竿。

施侍御聘之 吴興

行藏踪迹只雲萍，一種神襟爾我形。清角痛悲鳴晉鄙，黄鍾力挽向虞廷。丹山鳳去尼丘歎，紫府龍歸霅水靈。昨日書來泪盈把，南溟心語到東溟。

朱提刑升之 楚州

渚萍漂泊合江蘺，並逐東流更不移。豈獨松篁能晚節，共拋簪紱向明時。烟霞草樹春容與，霄漢星辰夜陸離。慚愧逢人説桑梓，只如黄卷對光儀。

張秀才天賦 惠州

文征屢北道空南，雲錦才華織女慚。宗廟豈能瑚璉舍，蛟龍未許土泥弇。襟期天合膠投漆，光彩神驚玉在函。不見書來誦書序，相望渾欲泪毵毵。

吴文定公

穆穆文定，淵淵金玉。風被四遠，譽髦歸淑。伊余小子，欽承在夙。籲雲駿附，潛泥蠖伏。詞林銜恤〔二〕，閟息茅廬。扣户請益，拱肅趨隅。教曰勖旃，竭景劬書。默爾富獲，單辭靡餘。選曹展丘，俾書皇綸。山房接夕，返楫同津。永言夙好，傍諗前聞。虚膺祇受，充然萬珍。公耆後先，三四及門。一瞻百益，矧曰終身。望之如日，就之如雲。大雅既喪，悼賁徒紛。

王文恪公

肅肅文恪，有嚴我師。扣竭空鄙，博約兼資。片語必法，寸履皆規。甘雨中含，滋浹時熙。屢躓于征，靡辭有戚。公薦以升，黄閣有職。援呼日三，導掖謨百。嗟予不肖，鼎冶負德。邦作封史，來相予總。謂言家君，車迎館奉。力襄懷報，寧公戾衆。公往趣成，傍誚莫誦。公聞斯慍，命我專統。謂守載屬，同群益汹。終亦靡克，公懔滋勇。有矢畢命，卒隊兹恐。公歸在堂，復侍函丈。三變泰如，揚休彌暢。湖山莫高，風霆下上。嗟予懦與，弗從以往。中星載回，遄失几杖。梁木既壞，吾將安放？

韓尚書貫道

司徒巖巖，四海具瞻。孰不斂衽，植偃礲頑。蒙逖以卑，霄麗泥蟠。訊之招之，令之曰前。旭日垂熙，温誨孔殷。昔我先公，政于晉陽。知公于童，拔立序庠。範之德行，訓之典章。古道世用，啓迪游揚。聲詩書畫，亦靡不詳。曰爾國器，必成用光。公曰於乎，前德不忘。乃共之食，乃賜之帛。嚴威儼恪，靖莊允塞。拜賜必誠，餐德必實。一望弗再，有銜以訖。

沈周先生

有華東陽，煒于吴門。古有遺高，展也兹存。孰爲先生，秀降三辰。胸集萬寶，手揮五雲。九淵湛映，千茝齊芬。鶴跱霄逵，抗百風塵。維予二祖，式契且姻。親公白髻，屬于夕昕。齒惟父子，視猶季昆。聚晤員員，援推勤勤。謂子良史，左丘馬班。謂子鵬運，直舉横騫。安知乘馬，班如迍邅。終需于泥，以卒歲年。余既暮矣，公猶巋然。于何不臧，自遐不因。一往不復，追悔空辛。豈念平生，我思古人。

本郡使君南海林公

昌哉我牧，百夫之特。瞬洞萬棼，平呑四渤。經庫儲學，智囊韜識。鸞刀一振，百截以訖。吴材總升，胡特我特。載笑載言，載咏以繹。有作斯屬，慚孤善述。冥留靈逝，奚贖身百。九京有知，有茹闐臆。

陸冢宰

陸締于我，好也奕世。中丞汪汪，視實兄弟。翔泳殊能，逵盤別致。川梁無接，檑鐔遥契。南都于邁，日以文會。勖哉進修，歡然游藝。鷗鷺先盟，江湖結氣。公績平寇，尚克銘紀。首聚須臾，夙約載厲。迨登掌武，爰均四海。迹用地隔，禮由嫌廢〔三〕。穹淵契闊，恍若越世。恩譴公被，不才余棄。聚散忽再，幽明永異。終則群疑，始亦何諱。丹誠寸積，悠悠兩在。天昊晝掠，鰲波夕沸。芒芒大壑，魂兮何寄。

朱孝廉 性甫

秀矣孝廉，名駒在谷。白玉清冰，碧梧翠竹。少游諸老，孤鶯喬木。予家日見，匪瞑維夙。黄庭晉度，朱弦漢曲。群公星落，長庚爾獨。後生更仰，雞群昂鵠。頹然順化，行閱滄陸。修年默逝，亦可世哭。雅緒君斷，更莫彼續。來英日富，風流絶目。前修履踐，流膏碎馥。嗟子勤哉，堆箱疊腹。繄我與君，髮皓相逐。今我視衆，如君我矚。餘霜猶幾，三歎不足。

朱文學堯民

葑亦多彥，哿矣兩朱。昆丘連璧，嶧陽雙梧。子出最後，遺風爽如。寒泉冬潔，菉竹秋臞。積百媚學，孰儷君劬。宵聞片籍，屏寐以須。失之皇皇，獲之愉愉。拋裘噴炙，投玉捐珠。珍香寶茗，法繪名書。清談晏對，日坐仙區。愛我維篤，棄我亦徐。悵其邈矣，臨風永吁。

【校勘記】

〔一〕「燁」，四庫本作「煌」。

〔二〕「詞」，四庫本作「嗣」。

〔三〕「由」，四庫本作「有」。

挽歌詩

清晨出閶門，丹旗何飛翻。問之路傍人，新鬼即幽墳。翹望旗中題，知吾夙所敦。昨朝華屋間，啞啞相笑言。日月略流轉，幽明已異門。昔時强仁義，茲辰聲益尊。屬徒送自返，婦子亦一喧。君獨長甘眠，不知悲與欣。由茲壽無垠，萬秋如一昏。零霜殺宵草，繞山游微魂。游魂不復貴，所慰行節存。

寶劍篇

我有三尺匣，白石隱青鋒。一藏三十年，不敢輕開封。無人解舞術，秋山鎖神龍。時時自提看，碧水蒼芙蓉。家雞未須割，屠蛟或當逢。想望張壯武，揄揚郭代公。高歌撫匣卧，欲哭干將翁。幸得留光彩，長飛星漢中。

黄金篇

靈質自化育，英姿藉爐錘。虹光衡煜煜，晨曦縱焞焞。紫霞煽虛焰，青渠暈幽蕤。在熔未云卜，躍冶詎其宜。能函大鈞體，伏型韞神奇。何當錯寶銛，戮妖血荒夷。鴻秘已出柙，動用吾未知。痎市碎碪斧，交易方紛披。

八咏

禁省

彤華耀芝蓋，初旭浮絳纈。紫殿切五雲，螭表雙嵽嵲。千門洞陰陰，天光互明滅。英英鳳翼擁，肅肅羽旗列。仙韶忽然奏，鳥獸咸應節。皂囊上玉陛，丹書出金闕。

軍戎

西北羽書急，半夜渡湟水。上將受鉞出，壯士把弓起。天王跪推轂，四海盡雪恥。殺氣入匈奴，萬里地色紫。雕戈插犀甲，鐵勒封馬齒。平生百戰身，常擬一日死。

田家

溪流浸茅宇，短檐挂犁鉏。柔桑交午陰，幽禽時相呼。稚子跨犢眠，夢歸候朝餔。稼翁釋其勞，蹔往攜陶壺。老妻督少婦，擇繭停辟纑。輕雨日日零，群苗盡懷蘇。

漁釣

幸非城市住，不舍烟波宅。白鳥麗金沙，蒼莓繞黄石。涼陰木澗青，平遠水天碧。梁寒魚盡落，稻晚蟹猶瘠。翛綸倚笭箵，敗笠蓋襏襫。沽酒自易醉，楓根忽終夕。

禪林

泥洹金爲地，祇園寶作坊。蓮猊兩足尊，天龍億萬王。燈存千歲焰，爐騰百種香。精舍坐苾蒭，屈曲蜂聯房。又如拘陀葉，處處蔭青涼。暫栖藴已空，弘慈不可量。

宫觀

青霞抱琳館，蘿陰絡深逕。龜遊烟沼煖，鶴立天壇浄。微香拂幽洞，欲覓風不定。雲房並縣簾，晝日鎖虛静。琪殿臨高臺，時聞落瑶磬。循除步周匝，遍扣無人應。

俠少

三游本豪武，七貴元驕惰。腰間血匕耀，頭上金丸過。豔妓掌列盤，孌童口承唾。高樓沸歌鍾，王侯日盈座。殺人不須仇，睚眦家立破。郭氏族盡滅，銅山死猶餓。

宫閨

十五事君王，三十色未接。醝筱空近羊，蔫花不集蝶。昔慚鵾夷泛，今免呼韓挾。夭夭東鄰子，看星誦桃葉。塗黄斷横雲，流紅漬團靨。金微幾千里，一夜去來疊。

太行歌

上客坐高堂，聽僕歌太行。六歲從先公，騎馬出晉陽。遥循厚土足，忽上天中央。但聞風雷聲，不見日月光。狐兔繞馬蹄，虎豹嘷樹傍。衡跨數十州，四面殊封疆。童心多驚栗，壯氣已飛揚。自來江南郡，佳麗稱吾鄉。邈哉雄豪觀，寤寐不可忘。人生非太行，耳目空茫茫。

金臺

東南控瀛海，西北壓胡塵。召公上輔周，文侯方用秦。子丹養君子，不惜如花人。昭王禮郭生，崇臺懸黄金。齊方入騶衍，梁邦來劇辛。從來燕好士，强國尚功勳。

漂母祠

子胥逢擊絮，遂爲鞭屍人。淮陰遇漂母，終亦去亡秦。豪傑與嬋媛，萬年共一塵。清淮映古廟，月明空沄沄。安能閬市上，復問哀王孫。

題隱士山居

志士果藏隱，勝境合沖閒。冥冥討幽賾，息躬搆深山。青蘿施櫚宇，循除鳴流湍。綈韋積皮几，時衡素絲彈。出郭便無累，何煩嵩華艱。危岑寄遠氣，屹矣不可攀。

唐人寫胡騎圖

天山一夜雪，北風吹復乾。胡兒騎馬出，踏碎白琅玕。鬈胡擁氈項，旃毳不知寒。季冬飛鳥絶，虚弦控不彈。焉知北海雁，高翥入長安。帛書天上度，何功報可汗。

家藏馬遠春山行樂大幅

淑候媚川石，初景澹林霏。扶藤循石坂，楊柳共依依。朱弦卧行襆，隨往抱希微。無論遇高賞，器在道無違。

戴文進松崖

陰崖萬古縣，横出千歲松。中有落澗遥，怒躍數白龍。長年不聞聲，發卷耳欲聾。遠楚夕莽蒼，町疃迴照紅。此域萬物静，尚有坐二翁。何必非夷齊，破衣蕭蕭風。

劉西臺珏畫松

何年楮先生，結此太古骨。飛龍蜕鬣肉，餘甲裹枸橛。神根發生理，元氣日勃勃。彭城已廿載，此骨長不没。

題畫二首

白雲媚蒼山，寂寂太古春。窅藹林薄中，一區宅無鄰。楊子坐清静，閉門了玄文。兩生勿輕過，惟通問字人。

其二

季冬雪重積，十日奇寒沍。啁啾闃不聞，葱蒨失其故。客子欲何歸，中林猶獨步。幸有蒼蒼松，爲辨去來路。

之以微。

秋山琴月圖

玉照洞秋，冰厓肅夜。靈籟之感，絲音兹舍。太陰幽煌，希聲無倪。迎之以虚，承之以微。

咏新安許氏石潭

沈沈山下潭，粲粲潭中石。結宇子亦賢，喜作石潭客。將同丘生棲，可有奇章癖。兹標本余契，遐咏亦馳適。

次韻得之看梅

江梅不畏寒，時至開如霰。瑰姿静在野，卧病不得見。國士抱奇寶，端居察時變。杖策出城市，蒿萊滿荒甸。遐尋得幽賞，獨對姑射面。化泰草木蕃，時閉賢不見。無禾比兩歲，缺二字將九縣。分珪善會計，弃士如土賤。俗儒誦腐簡，鄉子樂耽燕。熹歌唐虞授，復譽湯武戰。子有經世懷，待賈不自獻。神威盛龍熊，奇秘卷帳鈐去聲。時節會應求，風虎期非晏。巍然奮載績，志沛聲亦建。

草閣玩水圖

濠上有川歎，滄洲多海懷。伊我江湖姿，浩蕩中淵回。尋秘右洞庭，飛衿左蓬萊。瑚琲探富獲，存之無輕開。揚波萬古源，蕩潏塞視埃。誰能寫小筆，聊意亦可諧。仁智在户限，寄言亦悠哉。臨咏志一啓，得者亦可推。黄汾窈如湮，安問傅巖才。

神游篇贈黄勉之

勉之將遠遊，先自呼五嶽山人。

帝遣河上公，下來赤縣游。采真金庭房，漫衍三十秋。禹書眇一策，詎幾窮沉幽。蘭香悦亦感，安能久綢繆。回首視泰元，紫烟覆神州。壘落結五丸，杼軸冥交鈎。内笈千神鈐，星雲表沉浮。猿鹿總千歲，桂姿無年休。雨露黯在下，日月環輪流。憶昨鶴上客，招邀玩滄丘。子既夙遘之，飄然躡霞輈。長歌我勸駕，神偕足孤留。金烏鳴日觀，玉女呼洗頭。三壺風帆迅，弱水不容舟。隨風唾珠玉，空遍缺二字收。聞有金光草，窈墨無所投。升攀星辰宫，忽恍垂前旒。長跪問寶章，八荒極探搜。一餐换塵骨，萬品皆蜉蝣。與子無往來，逍遥齊所求。

尚書内相毛文簡公挽辭

休辰盛文化，畿吴富登庸。蟬聯首四方，藹藹來毛公。翼翼寶玉執，桓桓岱山崇。翊亮總王禮，啓沃諧王衷。三朝補缺衮，百辟詹清風。職思謹詔相，不絿亦不竦。公薨后吊恤，哀榮天壤終。

祝氏集略卷五

歌行

長安秋

長安昔日在關中，洛陽浙右亦相同。江東自古帝王宅，周秦已見氣葱葱。長道石城如踞虎，長道鍾阜似蟠龍。千年王氣浮天表，一日真人建法宫。天府天開天闕起，五門三殿當中峙。五鳳樓前柳似烟，奉天門外天如水。金陵金闕勝金城，玉陛連天接玉京。星散羽林霜氣肅，天臨華蓋日華明。十二飛樓石門繚，百萬貔貅屯八表。寶刹天花和月飛，郊壇神樂穿雲窅。御史當街百騎驄，將軍納陛羅霜鋒。五侯甲第遥迷霧，七貴前驅嚮闢風。鳳凰臺上鳳凰遊，玄武湖中水似油。萬户鶯啼花裏曉，千家砧擣月中秋。會同館外白雉多，包茅楛矢交經過。重譯來賓醉卉服，輕烟澹粉列青蛾。六樓六館鬭倡妍，日日新聲沸管弦。狹市斜街迷錯絡，曲房洞户暗鈎連。吴下書生好遠遊，抱書來看帝王州。那知高卧西風邸，蓬眉蕭颯長安秋。

吕梁行

吕梁縣水三十仞，於今汹涌乃安流。禹平水土通九州，當此徐兖間，罔水破山始行舟。仲尼逢至人，其言載莊周。爾來二千年，高者乃夷衡者摯。魚鰕龜鱉不可過，飛鳥臨之回翔不能留。嗟爾東西南北之人，胡爲此中游？到京忘家，歸家忘京，不知此險死生隔，其中爲心喉。痡人皆化爲至夫，吁嗟乎！孔莊之歎空悠悠。

濟陽登太白酒樓郤寄施湖州 聘之

昔聞董糟丘，嘗爲李白天津橋南造酒樓。人間二子不可見，唯有傑句挂余心肺爛爛珊瑚鈎。長安風沙住不得，南歸再卧蘇臺秋。泊舟濟陽城，買酒銷客愁。登樓拜先生，進爵澆黄流。知章不語先生笑，飛花亂撲過樓頭。金陵更無鳳凰遊，岳陽莫將黃鶴留。鄉關浮雲蔽落日，題詩卻寄施湖州。余爲先生牛馬走，湖州乃是賀老儔。西塞山，杜若洲，與爾相期釣鰲去，千年江海同悠悠。

歌風臺

掉臂長安市，遥從日邊來。因過芒碭下，步上歌風臺。沛公善任使，猛士亡其骸。帝業袖手成，慷慨襟抱開。大風飛雲亦壯哉，韓彭英盧相繼死。寄命寺人髀股間，未央志氣拉颯摧。相望千年餘，安能爲之哀？明朝放舟淮浦去，項王韓侯祠下亦徘徊。

清溪宫夢仙吟

都邑聲色區，此有蓬藋風。黄埃不入門，十月清溪宫。幽閣掩竹牖，舒足眠高春。隔林羽衣人，焚香鳴槁桐。微火縈屑沈，緑塵婉空蒙。凄弦泛寒飈，引聲入雲中。吾不解世曲，聊與神明通。思借大鯤翼，小戲滄海東。微暝已復來，客調猶未終。

繼盧仝體作星孛詩

大明御天一百四十歲周星，八風和，七曜盈。紫微四小沫，不守内屏，欲凌昊穹紀，上干天皇大帝勾陳宫。狂孛冒越，日近五帝内座側，挾帝德刑以揮霍，列宿横行天田中。周天萬曜，一旦比周爲縱衡。文昌顛倒，六符屢滅没，泰階不得平。左右執法，進逡斂避，與廷尉不守理，刑罰不中。天獄滿貫索，累累死人無名。牽牛不得安服箱，織女不得織，小東大東，杼軸悉空。耕桑一無成，東有啓明不啓明。龍駕迂回，不知朝既盈。九州分封諸侯，越位干天刑。娵訾降婁大梁，不能司矩。奠西南，秋不肅。析木大辰壽星，不能執規。肇東北，春不榮。南方三鳥，閃爍恒晹，不能正炎紀。實沈玄枵星紀不敢寒，若使北極寧，二十八舍咸錯溷。不問所主皆附阿，戞擊以相蕩傾。郎位十五，漫衍不得宰赤子。羽林軍，雎垛不執兵。狐南老子性耄荒，祇將日月詇人以千歲，稱農祥，不見八穀亡。一星亡，不登一穀，八星都抹殺，那有一穀登？德星散，賢不進。東壁暗，文不明。三心披離隔夫婦，恒星不見憂公卿。福星不號鮮于侁，客星不名莊子陵。柱史斥不得主記注，御女屏不得列妤娙。蒼龍把截作裳服，白虎被剪作干旌。赤雀啾啾作蒯徹，玄龜妄獻兆大橫庚庚。不顧叛逆作孽不可活，與臣子言依忠孝，三能伴北辰。墨墨天中央，一星亂天綱，天屬盡失常。豐隆不爲瑞，變竄色貌，青爲蟲，赤爲兵荒。余氣鬱結不得申，作霧塞京師，竟日玄以黄。西畢爲之哭，終歲流滂滂，坐令平陸爲湖江。浸灌没溺，死天赤子十有三。震雷號寒月，喀喀摧棟梁。四孛視天如平坻，謂可反手移。凶氣既滿盈，狂謀轉轉大顛癡。漸次日月尊，亦將不自持。四孛肆昧欺，遲留伏逆咸違期。乃與其類，群氛衆沴，團結爲妖祲。撒沙游燐，潛羅紫宫，内外遲禍機。西邊唤天狗，北畔呼庬頭。長柄擎攙槍，大旗張蚩尤。要以缺三字。壬辰之夜反黄道，乃當飈回霧塞，三精六合，翻覆沈淪休。皇天震怒敕六丁，清宫入禁窮禽搜。元凶四孛肆孌礫，逆黨瑣碎咸屠劉。血肉與積藏，堆垛如山丘。當時從逆徒，簡别分等儔。流彗盡掃除，祥景重羅收。有如臨淄王起兵，半夜斬韋庶人，沴物散落如雪勿復留。再將元氣太和窟，搏作靈辰秀曜，挂爲天皇旒。森森布列三百六十五度四分一之内，乾文燦爛文剛柔。嗚呼！日有食，月有食，皇天自悔禍，萬古明不息。奈何凶殘餘，敢行橈皇極。穢亂盡蕩滌，光華再烜赫。當孛乃不孛，至矣仰帝力。盡盪滌，仰帝力。

答孫山人一元寄吟卷歌

秋風落葉露爲霜，美人去我天一方。只知朔雁翔南去，寧解魚書可寄將。分開尺素雲生手，濯濯芙蓉倚楊柳。金丹熒熒伏鼎竈，寶劍時時拂河斗。仙韶本是清都樂，欲奏人間舞群獸。去年送别吴王臺，屐齒微踪長緑苔。相思每望秦川月，寄信俄逢越使來。越使能寄書，不知書中意何如。君能寄詩卷，不知我腸車輪轉。李白上天鮑照没，此聲何處君留得。霞爲衣兮月爲澤，金光草兮换君骨。二子雄風不可尋，九霄星露夜沉沉。但看一片千年月，懸向青天照我心。

送徐先輩中行

吴王城中三月春，吴王城外送行人。飛花亂撲長江去，條風東來布帆舉。將留欲舍心趣多，難行難止奈君何。

招鳳辭送彈琴楊三遊金陵

玄桐挂朱絲，碧軫黄金徽，獨抱登高臺。坐石上，時一揮，清商不如清角悲。鳳來歸，鳳來歸，高臺紅日麗秋輝。秋輝欲落兮，鳳來不來？

王右丞山水真迹歌

生烟漠漠中有樹，樹外田家幾家住。重巒復塢隨不斷，茅舍時時若菌附。兩人並向魚梁涉，一鳥遥從翠微度。行雲澹映荒水陂，似有斜陽帶微昫。傍筱白沙明，青林滃沉霧。乍明乍晦景萬變，想當夏盡秋初處。石墻短緣隈，隈水淺縈迴。寬平一畝敞層屋，板扉犬卧無人開。書堂樹深晝寂寂，主人應是王摩詰。清晨騎鹿看田出，行過柴洪日向夕。會招高適與裴迪，共賦輞川佳事畢，圖成興盡詩未筆。

任月山九馬圖歌

古人頌馬自魯駉，杜詩尤勝伯樂經。近代畫馬稱曹韓，後來獨數李龍眠。世無神手有神馬，眼底誰能分造化？鄒陽示我軸有咫，驚絶縱横電光起。定觀始識任都水，馬後金聲出吴李。房星九點光殷殷，天文地類相斕斒。龍媒無種世亦産，何必置牝宛代間？于今不乏十二閑，如此久墮文書寰。前年禦戎急芻騎，何不引此踏賀蘭？嗚呼！九駿安得歸龍班，一匹可以當三千。吾言亦能道塞淵，爾尚伏櫪吾何言。

俞漢遠雲山圖

洞庭之南瀟湘西，濕雲從龍凝不飛。九疑縱横不可辨，二女望斷重華歸。山河茫茫都一暝，仙宫隱入層霄迥。水滸渾迷行路蹤，雲端忽露青楓頂。披圖亦覺亂心曲，嗟爾良工意何局。人間晴雨相倚伏，祇在君手一翻覆。

曹民部藏何太守山水障歌

蒼烟横晚江，江樹不可辨。遠山虢國眉，近山鬟不變。誰將元氣夜半翻，凌亂少陵好東絹。幽人絶流一葦航，應恨可人不相見。千村萬落路不通，恐有閉門忘世翁。孔明漸老安石卧，誰爲蒼生起卧龍？須臾雲樹開蒼茫，始識九疑分瀟湘。良工出自何水部，妙思已落陳思王。陳思王，今葛謝，袖中倏倏有造化。蕭齋晏坐對圖畫，時發雲霖潤天下。

戴進風雨歸舟圖〔一〕

黄陵廟下瀟湘浦，西風作寒東作雨。鷓鴣啼舌到無聲，誰管行人望家苦。柳州刺史幸不違，長沙太傅音塵非。翠蛾班管在何處，萬古重華呼不歸。

【校勘記】

〔一〕「戴進」，四庫本祝氏文集卷九作「戴文進」。祝氏文集所收此詩後四句作：「錢塘書史胸蟠迴，越山移過吴山來。淋漓元氣□王宰，欲賦誰當老杜才。」

唐寅畫山水歌

杜陵一疋好東絹，韋郎上植松兩幹。唐寅今如曹不興，有客乞染淞江綾。前山如笑後如怒，疏林如風密如霧。黯黯渾疑隔千里，蜿蜿忽辨緣溪路。黑雲冱蒼梧，丹霞標出城。壯哉畫工力，九州通尺屏。兩厓遠立𦑣兩角，一道空江浸寥廓。吴綾本自淞水翦，誰把淄澠辨清濁。茅齋傍江絶低小，羡爾高居長自好。今年吴地幾魚鱉，看畫轉覺心熱惱。黄金壺中一斗汁，我欲濡豪映手濕。莫教童子誤攘翻，忽使痴龍攜雨出。

暮嶺歸樵圖

吴山嶺頭風蕭蕭，吴山落輝紅抹腰。蜿蜒鳥道自能認，只在山中非市朝。燒薪暖酒换魚煮，五十行歌氣如虎。朱翁側足金馬門，吾儂未舍無媒路。

董烈婦行

大壑松不雕，高山石不朽。覆載無改易，世有董烈婦。烈婦王氏名桂芳，十七嫁與董家郎。董郎卧瘵一年死，烈婦嘔血手斂藏。當時信誓對日月，誰能上掩日月光？死生契闊志不違，老姑無依老母嫠。母與烈婦伯父期，他年徐與重結褵。烈爲言汝壻昔僦居，壻死居停主人將奪之。汝曷來歸予汝栖，與汝伯父相因依。烈婦聞命志益悲，未聞太行王屋曾爲愚公移。天地生我死我自有處，何有一撮茅土爲？繐帷啼眠風灑灑，母日護之不少舍。後數日母去，謂汝送我而後返，吾不汝詐。婦勉從母歸，稍進一飯喀喀哽塞不能下，長號浪浪淚滿把。投匕曰我去，母復送之野。烟雲慘淡日一抹，宣公橋下水潑潑。婦云母乎，河水清且淪漪，吾往從之，樂不可遏。母聞驚絶色慘怛，大呼褰裳不可脱。漸臺水深瀨水闊，斷萍茫茫强令活。去矣還復入君門，抱君靈主哭訴君。君神在木聞不聞，肉摧血裂魂紛綸。母去兒解防，兒身終自妨。兒有十尺麻，爲君繫三綱。粗粗髽絰移在脰，玉質高縣几筵右。手持元氣還乾坤，青天增高地增厚。是時婦年纔十八，英風烈烈塞宇宙。嗚呼！十五國風一共姜，南朝惟見李侍郎。忠節不但臣妾慶，爲爾君夫何獨幸！愷悌君子洪嘉興，二年一日風教行。爲爾成墳敕埋玉，彤管有繹光熒熒。豈徒肇家聲，豈徒信鄉俗。歌謡長吏澤，愛戴國家福。慰存盡封恤，樹勸望旌復。嗚呼天下多美人，人百其身倘可贖。

懷施侍御儒遂贈 三首

崇堞倚紫冥，丹譙摩空青。城中樹稀無鳥聲。昨日聞公入朝列，相思一夜腸欲絶。古人不可見，今人交多面。古人千載只可慕，今人可慕難可遇。君離越王臺，吴王臺下來。執手一徘徊，銷盡萬古胸中埃。與君交一日，一日一日益叶韻。交君未渠央，我長不可極叶韻。

嶺南古松氣森森，如君此時之古心。蜀山欏梓蟠天回，如君卓犖之奇材。文章黼黻溟海深，令言徽行貴兼金。天子策名作進士，選衆舉爲侍御史。巡行塞徼安遠人，諫諍朝廷厲風紀。餘力千詩百賦成，四散江山被綉綺。丈夫行道志大申，勳名禄位極此始。

關關睢鳩在河洲，妾事君子願到頭。紅顔雖薄志貞固，脂澤履綦亦自脩。鴛鴦錦囊鳳綺琴，蕙筵蘭室奉徽音。金壺玉巵爲君斟，無將管蒯敗昔心。願爲南山之松柏，不爲鶬鴰之離禽。天道人性此最至，人倫盡然同古今。

送方行人鳳新擢南道侍御

彤門九重遠萬里，四海平康此中起。六月七月雜暑雨，街泥纔乾行沮洳。送君都門東，堂堂儀貌清且雄。手持繡斧騎花驄，丈夫意氣凌紫虹。飛帆南指青冥度，石城微茫繞烟霧。明月娟娟淮水樓，晴霞苒苒鍾山樹。玄武湖邊攬蒼翠，北睇皇居想安寐。何以獻之緘皂囊，一日三發迅鳥翔。君能言，君理盡，君言安得皆流行。一日三發翔鳥迅，酌君玉壺之美酒，贈以錦橐之瓊琴。清塵弱水自此隔，天涯日望瑶華音。

北崖行

君不見吴江汝君子，性如山，善如水。胸蟠萬卷帝未知，坦腹高眠故園裏。明珠無淵不可含，白玉須藴巉嵓間。翦瓊截璧爲小山，植朵芙蓉浸潺湲。花木被皐隰，鳥鳴相關關。汝君子，居盤桓，澄懷共高閒。攬蒼蒼兮瞻巖巖，恍然卧遊穹巖邃谷，一日數十獨往還。蓬萊近東隔弱波，衡廬南見空嵯峨。人間大山西北多，太行恒華不得並列將如何。我山不在大，俗駕不得過。題名曰北崖，高揖祝公爲我歌。我歌北崖兮，氣勢上與浮雲齊。光景凌亂干虹霓，撑星挂月拂紫微。崆峒倚天劍，崑崙昇仙梯。女媧遺子今日補天闕，或作筆柱寫帝黼黻揚鴻輝。斧鉞姦宄亂賊，定君臣是非。禮樂制作，風雅發揮。汝君子，北崖爲子悦性情，成功名。請歌北崖行，金石千年標頌聲。

獨當奇處行題何大參子元藏沈隱君畫郴州江山圖

祝融峰高插南極，東南郴江流不息。桓圭削緑浸瑶池，天下江山奇復奇。昌黎序送廖道士，地文争奇無比擬。咄嗟道士不可當，豈知今有何夫子。何夫子，謫仙人。海外紫鸞鷟，天邊石麒麟。才如寶劍百亂截，文似萬花天下春。昔辭瑶京下九國，仙姿蕭颯難容得。置之江山最奇間，明珠辭輝玉避色。沈君頗似能寫真，陳子善題濡筆墨。何夫子，歸去來，江山之奇亦小哉，君有大道縣襟懷。我欲從之問消息，郴江東去何時迴。東瀛弱水倘可渡，與君握手登蓬萊。

訟風

臣將衆心箋天公，一月不改東北風。酸澌射人痛兩瞳，零亂百物紛蓬蓬。炊烟作難幸出囱，涕淚滿面嘻何從。葦窗楮帳羞無功，禽鳥素少并絶蹤。鯤溟竭石海氣通，寧或鼓颸由癡龍。六月七月如初冬，風伯風伯聽吾訟。顛倒伏臘何强雄，祇恐老天不君容。

月泉篇

道人號月泉，邀作月泉篇。道院常有月，道院本無泉。石壇空歌罷，斜倚長松眠。竽籟盡沉寂，雲烟紛綿聯。上有黄玉頂，下有碧瑶淵。心賞極神暢，不測何名天。恍然欠伸雙瞳開，手握碧蘿，脚躡紫苔。猶是朝元之宇，步虚之臺。人間少玄境，況此百肆萬火中，安有廣寒與蓬萊。吾聞太湖之傍，洞天之幽，千山繞繚相羅周。其間飛珠噴玉，貫穿漱滌多異流。夜夜玉鏡飛上千山頭，來印萬壑金波滉漾寒光浮。姮娥下浴魈魅避，眼波瑩照大九州。授仙老以玉訣，與三光而俱留。道人已自夢中受得金鎖流珠之洞文，吞黄月而飲上池，舞貝闕而遨蓬丘。世間月泉空悠悠，軒轅之孫爾同儔。胸有日月袖有海，能爲道人作此謳。向來院宇多垢濁，勿將靈詮語蜉蝣。

玉泉詠

滴滴瀝瀝瑶佩鳴，縹縹緲緲銀河清。權公妙句我斟酌，醍醐稍重琉璃輕。八功德水發源處，分來南部深公許。六指道人隔墻住，牀頭共聽無舌語。

將歸行

丁丑九月還興寧，廿七夜渡頭舟中作。時慈親在吴，室人在廣，兒在燕。

老龍渡頭秋欲歸，炎州霜輕葉不飛。江東遊客未授衣，擁衾支枕歌式微。自余之來日三北，燕吴萬里稀消息。自蘇越惠六千里，京師九千里。高堂夢轉眼冥冥，山圍蜑船天潑墨。南溟有龍不可屠，北山有虎不可誅。鴛鴦相望懷慈烏，況又嶺南多鷓鴣。

短長行

昨日之日短，今日之日長。昨日雖短霽而暄，今日雖永陰復涼。胡不雨雪爲歲祥？胡不稍暖開初陽？徒爲蔽天氛曀日黯黮，人物慘懔無精光。物情望有常，造化誠叵量。氣候淑美少，君子道難昌。陰晴長短不可問，古來萬事都茫茫。獨憐窮海客卧者，魂繞江南烟水航。

月烏篇

吾鄉沈郎字仲寬，爲我遥索月烏篇。月烏喻孝與客旅，二者未知心所安。孝爲百行大且初，烏中曾參人不如。吾聞沈郎孝且才，即此乃是曾之徒。寒光滿林莫返哺，啞啞叫斷腸欲枯。我今南飛依棘枝，爲子仰天强哦詩。烏啼月落粤山低，一夜魂遊吴苑西。

贈盛翰林 端明字希道

卞和能識玉，荆山得良寶。知玉不知人，屢刖自殘槁。孟嘗有内珍，何意貨賄間。靈物不能舍，神珠自來還。盛公抱天瑞，手把山龍章。惓與時人覿，放之瀛壺傍。朝披金光草，夕懸明月璫。適從具茨來，獨宿白玉房。凡夫亦知寶未得，先生儻肯示以求之方。

鳳凰篇 寄盛、王二太史。

翩翩雙鳳凰，飛集南海傍。衆鳥往從之，不棄老秃鶬。鳳凰自飛來，只在海傍宿。人爲天下祥，我爲天下哭。鳳鳴四海清，老鶬亦解啾啾聲。老鶬無鳳姿，籠中拘辱不得争。鳳凰顧老鶬，相慰勿自傷。老鶬答鳳凰，鳳兮知老鶬。老鶬只在草莽伏，物遇其類心凱康。但令鳳凰聯翩上阿閣，老鶬百歲没向江湖亦足樂。

王提醝畫古松歌

人言松有節，不見節如松。問渠老葉終年翠，何似妖花三日紅。人言松節勁，不知松氣融。元和暢生意，華茂春葱葱。和流則不强，苦節亦道窮。王夫子，和氣滿胸中，守道百煉之青銅。畫史頗善喻，爲君寫古松。予亦爲君歌古松。古松歌，君奈何。

樂孺歌

吾鄉奚氏昆弟汝霑、汝承，篤于友恭，天倫攸厚。予題其堂曰「樂孺」，取詩「兄弟既具，和樂且孺」之云也，復爲作歌。

渚鴻不侶鶩，聯翩入紫雲。有時下同宿，終然不離群。磊落千金馬，貢作萬乘車。雙雙翼飛龍，齊秣亦齊驅。馳翔有美世共珍，列之天閑織其文叶，以章有德勸百臣。蒼鷹雖鷙豺狼猛，安得稱重於其倫？闔門今古道繁華，歌鍾日夕沸如麻。東鄰宴公子，西舍酣倡娃。誰人堂上題樂孺，中有二士爲奚家。先人應能積爲善，天錫一雙白璧皆無瑕。伯兮友，仲兮悌，棠華韡韡風光媚。架有互服衣，榻有共覆被。入室諧蘭香，出門偕遠志。仗劍作長遊，千里萬里亦同次。番禺城下我逢之，三人相攜共一醉。醉中尚能爲爾歌，歌此敬多感亦多。吴中土風清且嘉，今如君者有幾何？君家伯祖，我祖高弟子，文名風節猶嵯峨。乃知仁人有後世濟美，看爾富壽方來百福如山河。

孟玉磵畫瓜

溧陽夜燕來仲虚狄沖，示我玉磵畫瓜圖。嫣綿生意好手筆，燈前摸索聊爲娱。爾日南至氣轉紓，我心之喜君知無。黄臺離離幾抱蔓，野田倘有青門夫。焉知大瓞方包杞，含章隕天天下理。天地相逢與子起，品物咸章自此始。

題徵明寫贈潘崇禮灌木寒泉大幅

具區之水被三州，洞庭之樹千萬數。沉森浩淼天下奇，灌木寒流此何許。潘君抱朴山水人，日日策杖獨行遍滄浪之濱。陽崖衆目悦暄媚，忽逢陰壑如有神。禹鎖老龍鐵索絶，拏雲怒雨出洞穴。木號水呼竹石裂，衆蛇從之互盤結。蜕骨戍削雜鱗鬛，颼留風葉枸株橛。急流抨撞石罅躍，珠跳汞走鬬瀺灂。微茫上析河漢注，奔赴繞伯若方丈脚。山鬼伏窺木客泣，欲據恐被山伯抶。仙老時下憩，濯足而晞髮。招潘君兮子來，共千歲以一息。潘君歸語衡山氏，仙之人兮不可以久留。吾恐一往，與境俱失。宣州兔，肩毛勁如石。深醮金壺玄玉液，閉門夜半役鬼工，倏忽移來窅無迹。支山謂潘君，張君高堂白粉壁。焚香日坐對，明月之夜風雨夕，仙伯謂我當來覓。攜君卷圖，願寫照障入懷袖，與君騎龍返無極。余影終非世中物，謝絶賓客扃此室，門外有人勿與識。

卧病懷勉之

郊原行中春風顛，閉門縮脚七日眠。惟懷落落五岳客，仰頭抱膝作何物。堯舜殂落文王没，仲尼寂寞書在壁。山川結陰草木僵，馳今騁古皆未得。攜君璠璵之樂來，黄金香爐紫玉杯。燒沉爇蕙降古傑，共聽君手奔風雷，頹然一醉萬事開。

又

東園梅花白雪深，大堤楊柳漸垂金。欲往攀之烟霧陰，美人觀道坐空林。洪厓舉觴江妃斟，素女鼓瑟容成吟。我獨栖遲卧蘿屋，咏君寶篇千萬足。

閶門歌送郭令

雞鳴角烏烏，閶門將啓塗。船頭卒徒擁，屋底翁媪呼。呼將兒孫起，來送郭大夫。大夫强汝柔，大夫明汝愚。大夫飽汝饑，大夫康汝痛。教汝興禮節，教汝誦詩書。大夫舍汝去，汝能不思乎？君子悦其文，細人念其劬。説向君子道，能歌歌大夫。閶門開，百姓懷。雲帆指金臺，天王御宇萬國來。萬國來，仰帝力，王道蕩蕩，平康正直。天子豈不思？思哉建皇極。皇極建，若三五，大夫忠良伍，志豈在朝暮。清風穆如，去者慰，存者懷。穆如清風，懷其存，慰其去。穆如吉甫，以永今古。

首夏山中行吟

梅子青，梅子黄，菜肥麥熟養蠶忙。山僧過嶺看茶老，村女當爐煮酒香。

夢與表弟王制彝卿表甥陳鰲子魚散步河曲鰲邀飲其室覺而賦之寫似二子

三人連袂闤闠行，二少年弟一老兄。一爲舅甥，姑逐便言之，要是寱語。莫言蒹葭倚高樹，芳菲潤映蒼枝榮。魚也有酒旨且多，彝也起舞我也歌。渭陽棠杕聲相和，明日可如今日何。

祝氏集略卷六

近體

悲秋 三首

年年吟歎到悲秋，心語因循竟未酬。日似寶珠容易擲，道如滄海等閒求。愛憎衮衮風千變，今古茫茫貉一丘。老子自憐深興近，誰將雙眼上南樓。

荏苒來鴻去燕期，騷人切切有相宜。漢宮新調初翻葉，素女哀音半破絲。欲賦心懷無那意，少咨時事未能癡。長風短雨時時過，爲暑爲涼不可知。

野老今年齊騎省，不從今日見毛斑。行過日月知多暇，坐愛星河不可攀。俯仰隨時看物易，尋常談事到身難。登登兩屐江南閣，蒿目西風望子山。

秋宵不能寐

官街徹夜鼓聲悲，萬古渾無至静期。百事生來酒醒處，七情傷向夢回時。紅顔交代將人誤，青史升沉與世移。獨起挑燈映窗坐，秋光月色共參差。

丹陽曉發

京邑到來熟，曉行如赴家。月明人渡水，星散樹驚鴉。燈影依依店，茶聲遠遠車。蕭騷兩秋鬢，無處定生涯。

旅情

旅食慚工部，分攜念孟光。歲時臨俎豆，風露警衣裳。滿月當春面，明霞見晚妝。情懷宜自遣，看是買臣鄉。

江行 二首

渡口人争發，出江舟已微。鐘聲離岸小，帆影逐星稀。朔雁連雲度，寒潮伴月歸。蒼然山一帶，隱隱伏長圍。

丹陽連北固，千里草萋萋。東去水逾急，北來身漸低。漁舟長宿火，客枕厭聞雞。風景年年是，因無妙句題。

長途

長途只是水連天，好景惟應月帶烟。獨有流鶯與飛絮，見來渾似緑窗前。

看月懷内

看他夫孺作嬌稱，擬向君王覓與卿。想得夜深刀尺罷，推簾獨自下階行。

答錢二

病喉少日兼辭酒，養性經年不看花。君問情懷看此紙，新詩字字學唐家。

代東園梅見嘲

祝家園裏一株梅，舊是三郎手自栽。今歲寒花開欲盡，三郎何處不歸來。

燕京陌上遊妓

相逢無路避青蛾，十五燕姬細馬馱。老眼年來觀道熟，妖嬈知奈石腸何。

京館聞鶯

天風吹出掖垣聲，瀏亮緱山午夜笙。錯認閶門折楊柳，一時飛夢滿江城。

宫詞

非謫非真是甚仙，紫雲横截大羅天。依稀記得人間事，十四封紗二十年。

詠都城賃騎驢馬

紫陌東西苦不禁，朱門飽秣卧花陰。知君未是登臺骨，休道昭王不挂金。

自末春入初夏歸舟即事

往往花移色，交交鳥换鳴。雲將京國遠，水别衛河清。高嘯迎風轉，低眠看樹行。殷勤吴郡酒，還得此時情。

沿潞河直達淮滸岸柳蔚然

玲瓏翠玉芳陰茂，窈窕婭娥婉態多。不是一行千萬个，荒天寥落奈情何。

黄樓

落日照徐彭，長隄上下乘。黄樓不知處，洪水尚襄陵。客子能懷警，官亭試一馮。波濤終古險，來往自相仍〔一〕。

【校勘記】

〔一〕「相」，四庫本作「頻」。

盧溝橋

四海修梁祗有二，盧溝雄冠帝城邊。下臨窅窅疑無地，上接茫茫恐是天。紫霓平飛通碧漢，白龍横卧破蒼烟。牛車百兩春雷過，愁壓幽燕地軸偏。

法駕

蔚藍天上鬱蕭臺，五色雲旌雉尾開。法駕幾多牛馬走，不容凡世一夫來。

卧病

同人相見總相稱，一級名階只未登。此事苦難多著力，拙夫甘道實無能。鑪邊豈有升天客，榻上分明坐夏僧。一片商顔半江水，盡堪黄綺與莊陵。

宫詞

黄屋巍巍坐九天，烟雲千疊蔽嬋娟。流鶯回首宫墻遠，妾負紅顔二十年。

兒子續入對大廷感激因賦

先公磊落傳臚處，老父迂遲失馬中。未必遠尋鼂董策，青箱猶可獻重瞳。

兒子召試館職

黄紙書名已異恩，玉堂觀藝復何論。持將宣室當前席，幸有丹衷世世存。

兒子召試後忝竊收録遂蒙欽改庶吉士留學翰林

文帝弘謨遠，明王懋舉初。望應非曲學，功欲得真儒。給膳攄文思，休朝讀秘書。養成台輔地，嗟爾意何如。

舟中憶續

功名爾已誇雛鳳，情愛吾猶愧老牛。悵望燕山雲海隔，曉風吹夢過滄洲。

追和皮陸夏景沖澹偶然作

緑漫衡皋帶茂林，林亭遥對接疏襟。江涵竹影鋪豐席，雨浥梅蒸溽素琴。檻水生漪浮澹爽，楝雲團蓋落虚陰。人間最是難消此，未解塵名誤道心。

閒居秋日

逃暑因能暫閉關，未須多把古賢攀。并抛杯勺方爲懶，少事篇章恐礙閒。風墮一庭鄰寺葉，雲開半面隔城山。浮生只説潛居易，隱比求名事更艱。

婁江舟中述夢續事狀

相慰華堂下，重逢草野中。塗鴉猶習幼，策馬拯塗窮。恩愛千年定，精誠一刻通。直能呼共老，天壤有移忠〔一〕。

【校勘記】

〔一〕「忠」，四庫本作「鴻」。

壬申閏五廿六曉紀懷

龐葛空聞有鳳姿，仲謀聊可道佳兒。病身日對千戈卧，别淚時看尺素垂。半夜雞聲猶慷慨，平生驥足竟驅馳。無因便把漁竿去，羞向斜陽弄鬢絲。

絶句

白眼青天萬里心，門前世事正浮沉。日斜睡起無聊甚，獨倚闌干看樹陰。

淚 二首　壬申夏作〔一〕

昔誦江東咏淚詩，看來别有一般時。孤衾獨枕斑斑處，半屬吾親半屬兒。

魯國潸然可奈何，洛陽年少更能多。静中怕似姦和婦，换作臨風兩韻歌。

【校勘記】

〔一〕四庫本無「壬申夏作」四字。

壬申夏夜不寐

冷暖光陰不盡來，流年五十豈徘徊。半窗明月三更後，起步中庭幾百回。

醉

斷酒二年，偶復一醉爲此，壬申季夏十七日也。

醉來中歲裏，那復有童心。祇覺忘人我，何爲更古今。山河秋兀兀，星露夜愔愔。惆悵惟陶阮，懸知磊磈襟。

苦憶

苦憶京華更不禁，百壺那解一生心。争誇膝下簪纓好，豈識痴翁别有襟。

對酒

對酒無歌舞，看天只咏詩。唐賢文滿案，半是亂離詞。

山

深塢高峰處處寬，尋常歌嘯等閒看。城門欲閉無船渡，却笑今朝要入難。

咏牀頭劍

三尺青萍百煉鋒，流年三十未開封。藜牀且作書生枕，只恐中宵躍卧龍。

早春江行

五十六年行役身，又漂萍葉及初春。柏燈向壁吟殘句，江雨敲窗夢故人。鶯轉上林空倚醉，月生南浦幾傷神。還家想得兒童笑，毛髮蒼浪緑綬新。

乙亥五月五日王僉憲文明邀宴廬陵螺川驛樓觀競渡

提刑玉節照清江，客子游觀喜大邦。夾岸魚龍争得水，謂競渡舟。中流笳鼓雜飛淙。國謀幸駐襜帷問，鄉思微從俎豆降。欲待梅花開後寄，只應遷轉忽移幢。

縣齋早起

縣小才疏政未成，披衣沖瘴聽雞鳴。向來嘯傲知多暇，老去驅馳敢自寧。有物解將王路塞，何人填得宦途平。拙謀果是因微禄，好傍吴田晏起耕。

縣齋

縣齋孤坐暫澄懷，未覺飛光兩矢催。夜雨鄉關歸夢久，夕陽門院壯心迴。非因傲吏偏違俗，且喜微邦稱不才。坐起忽驚詩景入，西南山色隔城來。

歸與

炎洲閉户賦歸與，縣尹何妨委巷居。奪禄浪言耕有代，予丙子冬暮入廣，上司以拙於催科，秋税後期，停給俸米，文移在縣，而予身在廣也。旅行誰信出無車。空慚河上深藏賈，却笑關門强著書。莫道文章誤公事，文章今誤復何如。

循州春雨

物候逢春好，春來悶轉深。山城十日雨，家國百年心。海吹饒生冷，蠻雲易結陰。循州本謫地，何待此愁吟。

戲作口號

道惠何曾惠，言寧又不寧。一春眠裏過，三日水中行。坡老荔猶澀，陶公酒未成。哥哥渾不顧，枉費萬千聲。方吟，適聆子規，遂爲結句。

廣州戲題

生世投閒四十年，瘴江班頂試鳴弦。今朝也是爲官日，白日青天閉户眠。

丙子重九戲題

行年五十壯游腸，幾把他鄉作故鄉。萬里一身南海畔，客窗獨看雨重陽。

題廣州客邸壁間　二月望

故國閒居四十年，疏慵雖樂怕違天。天應尚念疏慵態，又使閒居瘴海邊。

戲爲口號　四月三日苦竹派道中〔一〕

遠人羈客古今悲，昔日慵看惜别詩。六口一家分五處，争教不作斷腸詞。

【校勘記】

〔一〕四庫本無此注。

廣州别表弟趙二

海邊三載試琴才，省問煩君兩度來。天闊風鵬嗟轉徙，秋深霜雁獨飛回。計程驛路過江櫂，屬買漁蓑挂釣臺。别酒多傾也能醉，歡情不似故園杯。

江沱已喜干戈定，吴越猶聞稻蟹肥。把酒正看黄菊好，凝眸無奈白雲飛。鄉閭訊遺情親減，中外聯行爾我稀。幸爲經營石湖畔，秫田三畝一苔磯。

己卯春日偶作韓致光體

亡羊何日返初岐，失馬由來未用悲。靈藥不消心底火，世情猶惡夢中棋。三年紫陌長虛屐，一紐銅章只礙詩。好景好將閒領取，淡烟明月兩參差。

庚辰二月廿七日曉官窑舟中口號

世棋年矢兩相催，絕嶺春深與雁回。無限胸中未酬事，蓬窗燈枕酒醒來。

危機

世途開步即危機，魚解深潛鳥解飛。欲免虞羅惟一字，靈方千首不如歸。

夜歸

雨洗秋光萬井明，風高雲破月微生。還家莫道長酣寢，纔聽雞聲又出行。

看山

嶺海看山旅思空，歸來還入畫圖中。平生愜性仍知己，只有青山處處同。

冒冷行役

誰使衰年冒冷行，幾般辛苦幾般情。重重樓閣深深閉，家隔東南四座城。

宦游句曲偶讀丘殿丞寄茅山道友詩有感遂次其韻

珠有餘妍玉有輝，雞栖鶴馭本相違。靈飛碧檢文難讀，想結金堂夢易歸。頗恨殿丞虛左契，終憐長史入仙機。懸知紫陌埋塵骨，緑草茸深白鹿肥。

句曲道中

老至誰憐晝錦明，春來聊得客襟清。宵依星斗宫壇卧，曉入神仙宅舍行。眼看山多城郭少，肩挑詩重簿書輕。何時總入烟霞去，不見人間寵辱驚。

三年兩度哭亡兒，莫怪衰翁舐犢痴。誰使爲生便爲死，可堪成喜亦成悲。青蛾怨積蘭枝夢，黄壤能酬瓜瓞期。等是人間慈孝事，缺

傷

次韻表弟蔣燁及門生翁敏見贈喜予歸田之作四首

中條不改舊王官，猶喜書淫共士安。漢女紅顔非自誤，阮公白眼向誰看。農人問稼教多秫，道士裁筇贈作冠。日喜車來皆長者，祗應姻舊倍添歡。

荷鉏欣種淵明田，坦腹還如懶孝先。登山自蠟平生屐，載酒時過遠近船。焉知魚鳥升沉性，齊得椿菌小大年。却笑人間心尚在，欲將青史訂愚賢。

忙是揮毫静奕棋，雕闌日轉夢回遲。時從王右軍臨帖，戲學張京兆畫眉。傍水近開三益徑，停雲徐咏四愁詩。新來最滿平生意，樓上看山獨坐時。

高眠不怕唤當關，一月華胥游未還。意在可兼無可處，身居材與不材間。瓊敷玉藻六七子，金雀雅頭十二鬟。愧有金陵無李白，栖霞即是虎丘山。

口號　三首

枝山老子鬢蒼浪，萬事遺來剩得狂。從此日和先友對，十年漢晉十年唐。
不裳不袜不梳頭，百遍迴廊獨步游。步到中庭仰天卧，便如魚子轉瀛州。
蓬頭赤脚勘書忙，頂不籠巾腿不裳。日日飲醇聊弄婦，登牀步入大槐鄉。

卧病

鞍掌思將適野情，偶緣風火便相嬰。懸知智鄙同爲虐，且喜閒忙總不行。服餌轉令諳物性，静思因得檢平生。醫經士典都餘策，一卷南華萬物平。

無題

亭角樓窗取次憑，東風不送笑歌聲。山村水郭城西路，却放朝雲此處行。

病卧北牖仰見飛鳶戾天忽然口占

海國秋炎紫漢空，一聲深入太霄中。回看五嶽三山近，略望千流萬壑通。未必彩鸞能瑞世，可憐黄鵠不離籠。因思兜率黄金地，金翅擘波護鷲宫。

寶夢

窗外星河五鼓天，香凝紙帳裏雲眠。遥尋鶴夢游塵外，却怪雞聲到枕前。拱璧光陰悲此日，懷珠奔走笑當年。知音總没惟懷古，卷裏相看共默然。

衰病

半年衰病入秋深，減却肌膚長道心。不省門前猶市井，忽瞻墻外是祇林。一端惟静爲甘味，萬緒都忘遂苦吟。缺

病閒

病閒身懶趣偏長，書策縱横擲滿牀。醫業探尋勝士業，閨房清寂似禪房。青春總誤今何及，白晝長閒夢始忙。此境可留終歲月，豈須重覓引年方。

漢室

漢室咸陽建，山河百二開。甘泉芝草出，天馬大宛來。宣室宵衣問，長楊獻賦回。寧知天禄閣，不用子雲才。

滄浪池

出巷少人烟，林霏四望懸。冷光涵曲徑，沉緑漾平漣。古寺依文殿，高城瞰野田。每經思版築，忘世更懷賢。

宿金山寺

窗中一抹海門焦，珠貝魚龍共此宵。枕得善財參後石，洗來天漢轉時潮。神游會解靈妃佩，耳静能傳少女簫。況是梵王宫闕裏，蓮花葉上甦逍遥。

夏日游慈雲寺

命儔乘暇日，散步入慈雲。野氣能遥接，秋光自獨存。小山侵竹尾，細水護松根。衆果都連苑，繁花雜植園。廢興徵老衲，文字哭孤孫。朗僧出先公畫題，誦之泫然。却幸重來好，禪牀許北軒。

舟過故表伯父王氏宅前有感

輕舟獨泛午時風，車馬當年一日空。緑水青門映紅樹，一時都入感傷中。

秋晚由震澤松陵入嘉禾道中作 二首

晚發西南郭，秋深雨氣偏。人家低似岸，湖水大於天。日晻長如閣，風檣不用牽。辭燕還入越，纔費半流年。

湖尾横波急，船頭轉港頻。幾家危傍水，一木老存身。黄菊看如客，青山坐送人。空舟隨處泊，不用擇行鄰。

泊嘉善東橋

石梁磻水浸秋寒，一夜霜篷寄釣竿。是處風光解題品，江湖莫作旅人看。

途中即景

地迥景逾勝，數程無市人。隔籬花晚腆，臨水樹精神。村犬隨船吠，沙禽見客親。漸看明月上，夕韻想更新。

即景復爲七言兩韻

臨水樹如朋合志，隔籬花似女懷春。護門村犬還驚客，親棹沙禽忽訝人。

錢唐玄妙道院夜賦

枕席錢唐館，更時未北還。每當身作客，轉覺意能閒。雨氣横秋海，潮聲入夜山。道人看默坐，應笑鬢輕斑。

山窗晝睡

身在雲房夢亦閑，松頭鶴影枕屏間。一聲隔谷鳴華雉，信手推窗滿眼山。

晚上吳山風雨驟至

東望海門門忽開，松風十月滚輕雷。山眉一點雲拖黑，知是龍王送雨來。

赴報國院海會喜侯二瑶葛大懌同集

隔水應霜鐘，尋聲入寶宫。剎那依焰慧，六萬繞神通。歡喜來侯白，清真遇葛洪。獨慚文字累，未得此緣空。

追賦内相吴公邀往書石山中雜題

上宰邀書睿制篇，幸從几席向林泉。晨陪松露翻閒語，夜傍賢星聚處眠。塵拂古風嘘故里，喜逢佳衲過山前。兒童日夾先公膝，説向當時屢泫然。

雨中句容道中喜看山色

洗秋零雨向蕭神，京邑風光斬地新。馬上會淹京兆客，天涯忽見苧蘿人。輕雲淡蕩鉛華薄，初日曈曨寶鏡真。便欲涉江嗟未得，芙容猶自隔青蘋。

寓黃輕車宅雨夜禁直歸因戲贈

黃昏冷雨濕金鞍，鞬箙提巡繞禁鑾。星散羽林霜氣肅，天臨華蓋夜光寒。鄂君去後衾猶薄，京兆歸來黛已殘。知有游人卧齋閣，一般飛夢出長安。

與沈二少剛秋寓建業山院夜話

倦迹憐司馬，清風遇隱侯。鄉關不堪問，文酒且須酬。水壓吴王國，山横建鄴秋。高臺仍可喜，重見鳳凰遊。

嘲客舍山脚下井

脚帶渾泥氣帶腥，幾家同汲競罍瓶。寒泉只在前山裏，笑殺居人總不醒。

幽州歲殘

冠天袖海舜幽州，風候蕭森氣朔遒。雙闕日移仙仗散，六街塵滚晚衙休。馬周卧旅猶觀國，王粲懷鄉獨賦樓。未得邊關擒虎豹，還思江海弄凫鷗。

暮春山行

小艇出横塘，西山曉氣蒼。水車辛苦婦，山轎冶遊郎。麥響家家碓，茶提處處筐。吴中好風景，最好是農桑。

萬安道中

歷歷長亭過眼頻，浮家一舸日隨身。江山不苦南征客，星斗應憐北望人。劍匣只依書裹住，酒杯全亞藥爐親。牀頭歷日閒拈看，一歲無端半已陳。

贛州

蕭瑟灘聲怒復幽，四程猶未是炎州。行人不解居人語，章水相逢貢水流。蔞葉檳榔須學啖，蒓羹鹽豉向誰求？英賢滿路容參謁，珍重昌言日拜收。

上下灘

上灘若緣蟻，下灘若馳駛。移轉頃刻間，便是人間事。

庚嶺寄謝江西白大參士珍宗憲副朝用二同年

太原白居易，南陽宗少文。千年纔並出，一日可離群。契分秋風桂，情親日暮雲。江波二千里，相逐送清芬。

山人獻白鷴

草啄萍棲瘴海濆，野人攜得肯相分。九還丹顆浮蒼頂，一縷青霞斷白雲。五服也知章有德，百禽應是不同群。縣齋相對悠然想，烟水城西日易曛。

思食豆腐

蹲鴟亦稱野人腸，藷蕷還輸菽乳良。轑釜不聞流素汞，堆槃無復截虹肪。舊知學士能爲贊，今訝淮王不遺方。只恐南山歸去後，苗稀未得快新嘗。

失白鷴

何處青冥會一沖，短翎應近井廬中。來時想見銀塘静，去後休嗟蕙帳空。自笑無魚難久館，誰言有鵠不如籠。歸心一夜秋來月，吴水吴山幾萬重〔一〕。

【校勘記】

〔一〕「重」，原作「里」，據四庫本改。

夏日城南郊行

古縣周遭景物環，政雖多暇倦躋攀。偶因送客乘時出，却得浮生半日閑。頻過水邊仍有竹，忽當林斷遠逢山。但教到處情如此，瘴海無妨緩緩還。

遊和山麻石巖

山和人亦和，乘暇集鳴珂。陟嶺美未得，到巖奇轉多。交枝樹礙馬，一步地旋螺。成屋自麻石，作門惟碧蘿。瞻天隔鳥道，入地學蜂窠。樹向頂上植，泉從肩畔過。禽蟲馮几住，雲靄入衣摩。佛座泥三級，僧牀石四阿。西臨野廣漠，東眺徑陂陁。遠吹潛生爽，驕陽暫息苛。禱祈情敬謹，樂業舞婆娑。物穰用亦儉，地危心不頗。民風都似此，吾爲爾陳歌。

北郊訪友

風物幽妍上郭寬，訪朋因得一迴看。家家黄土墻三尺，處處清渠竹數竿。欲雨欲晴雲半密，如秋如夏汗微乾。苦吟應得山人句，却笑籠頭少鶡冠。

過林頭看修竹數里不斷甚愛戲題

五寸衝牙丈八矛，裝成十萬繞林頭。莫欺楪子興寧縣，一半人家千户侯。

和王太學見贈 四首

水鑑求才事自公，徒令寂寂笑英雄。山齋一枕淵明夢，開眼猶慚七里封。
道拙才空志不成，錯將言語占時名。無端抛却山林樂，换得軒裳底事榮。
草廬藏得卧龍才，許我英雄亦異哉。剛道同心金可斷，江南便是海南垓。

三載相看有別離，春鴻秋燕不同時。我尋松菊去方急，君會風雲行莫遲。

登越王臺

環城三面碧波圍，今古樓臺滿翠微。不見越王惟見佛，木綿花裏鷓鴣啼。

惠州西湖

西寺東城兩幅圖，長虹脊畔小浮屠。杭州惠郡都游遍，醉眼時將作石湖。石湖，蘇之西湖也。

莆田鄭自修宰河源故厚予四月三日舟過縣城君以詿誤不在予亦以文法行一時風雨大作小泊沙口而去悵然懷君口占一詩期後寄之

河源西郭夕陽過，不見美人將奈何。雷壓船頭蓬底坐，一時風雨亂風波。

三月初峽山道中

春陰春雨復春風，重疊山光濕翠濛。一段江南好圖畫，不堪人在旅途中。

庚辰三月歸至保昌館李君士元家適士元車馬有行色廿四日解攜各北南臨岐口占爲贈

梅花關下春雨深，客送主人無限心。鳳生南海莫言遠，明日一飛歸上林。

市汊阻風

十日踰千里，三宵滯一隈。旅情忙復緩，歸棹去還來。横颶摧高木，飛濤激迅雷。坐看村市没，行路不須哀。

宿茅峰

下馬門前一振衣，翠微高迥逼清微。雲邊洞裏真人去，月下山中長史歸。丹伏砂牀金焰短，朮穿崖竇紫雲肥。神方能咏不能遇，一夜爽靈峰頂飛。

登千佛院塔

八面青紅倚碧天，窗中列坐萬金仙。排雲欲挽三茅袂，拊檻慚升八部肩。盡訝入檐奇影倒，應知出世法門偏。詩題漫道遊觀勝，只得塵勞一飯緣。

高淳道中

柴門對樹樹臨流，春日遲遲滿客舟。一種江南千里景，只聞雞犬不聞鷗。

經舊遊

當壚一啜手煎茶，迎客桃花户外斜。聞得博陵崔護道，不知今日是誰家。

詠公館花木

句曲酴醾溧水桃，溧陽孤柏倚風高。家園幾樹桑和柳，何事令人夢想勞。

未足句

却恨風光同萬里，眼看百里不能歸。

又

憂國天高惟有夢，思家懷近不能歸。

與句曲李令徐博士等夜飲

洞天福地神仙縣，宣化承流父母官。自笑樊籠猶閉鵠，却憐山樹亦栖鸞。緋英炫幄春方爛，紅蠟摇觴酒快乾。未必嘯歌妨杼軸，風埃浩浩塹清歡。

贈江秀才

三日芳蘭入座薰，欲將心事爲論文。仙囊古玉餐無訣，官市新醅飲便醺。已羡雄飛難久伏，每嗟同調易離群。茅峰蔣阜無多地，未擬相思咏碧雲。

宿攝山棲霞寺

寒林日暮息車徒，却得南朝最勝區。廿載不登禪子榻，一宵權作佛家奴。齊梁寂寞名猶是，儒釋紛紜念已無。最是宦心能敗道，羞將束帶問衣珠。

又

泉洞迷藏草没梯，倚巖千佛坐高低。疊襟山色周迴峭，隔樹江聲隱映齊。宋刻梁文江令筆，龍蟠龜戴上元題。棲霞只是枯禪宅，爾許頭顱向裏棲。

又

枕上紅塵白晝深，眼開欲得息勞心。燈花暗入僧牀冷，山閣馮江萬木林。

出湖見山

長湖方出口，一帶横青山。行處必如此，何云出世間。

當塗歷陽溧水界中數還往遂懷李翰林

青山歷歷樹蒼蒼，遠水長天幾夕陽。千載更無仙謫下，只應愁殺賀知章。

舟行守風阻險輒睡酣適成詠

行役安危定，心閒常自如。每當驚灔澦，偏得訪華胥。適逐墻頭蝶，清涵水底魚。覺來何以遣，枕畔一堆書。

謝楊大送梨花栽成

來自清修處士家，草堂初就便增華。雕欄月上添得影，畫棟雲過分作花。園吏引渠經細幹，閨娥繞樹候芳芽。洗妝先覓催妝句，憑閣巡看幾日斜。

謝吕禹平惠玉鞭粉團花

花開根至梢，素朵附香條。流蘇迭脂粉，眉鈿簇瓊瑶。不逐紫騮馬，空依翠鬢翹。予方理花事，先聘汝無驕。

中秋日燕客晚雨

中秋美景當吴苑，十載佳期共此堂。珠履高吟歡滿座，金釵送酒看分行。荆娥姮月俄行雨，趙女停弦慢繞梁。莫道西巖容易墮，朱簾徐捲爛銀光。

十六夜召集

廣寒昨夜不曾開，今夕佳期已報來。且向草堂杯舉待，人間紅粉會相催。

爲唐子畏索劍

昔年承居士惠愛，曾以雙劍贈，答其意。别來恒念之，其一鏤青萍二文者尤憶。聊以一首問之，或肯假，抑更惠乎？

手解青萍昔贈君，仗來多少截妖氛。知君道就缺二字後，把與東人封白雲。

簡趙西臺

寓[illegible]二首。

滿月澄寒鏡，清霜滌素娥。獨攜車後雨，去潤豫章林。死恨錢塘水，悠悠只向東。雁飛雖不北，連日有南風。

【校勘記】

〔一〕四庫本無「寬」字。

過鄭六升不遇

欲作春風上國遊，尋君東海話離憂。烟波自剪西窗燭，絲管醉眠何處樓。五夜不逢黄憲面，百壺那解長卿愁。平生國士青君眼，老矣猶能一笑酬。

送顧司封華玉守開封

皇輿百郡首開封，良牧分符開治功。參庭屬吏衣冠滿，繞郭編人耒耜豐。河山郟鄏千秋固，雲雨乾坤萬物同。懸知政化平如水，共看漢室美吴公。

戲爲朱民部索虀

蘇公屢欲傳冰壺，此味能參自信吾。爲語版曹朱學士，客厨争奈併虀無。

留别趙上舍 元璧

歸騎聊乘一日閒，夕陽移座未能還。西風明日丹陽道，回首雞鳴雪滿山。

吴文定公挽歌詞 三首，第三首進退韻〔一〕。

鼎軸參黄閣，階符坼紫垣。位遷如始筮，人慕過生存。一德天猶格，三朝國共尊。君臣兩無負，元烈荷庬恩。

執紼椒塗遠，前驅鳳翣還。君臣同國運，忠愛滿人間。速奪山河繫，幽情水竹閑。吾曹惟淑艾，抱籍哭頽山。

吾祖懸車日，知公釋褐初。遂深魚水分，亦有兔蘿圖。笑語兒童際，衣冠夢寐餘。凄涼天下德，忍謂及門徒。

【校勘記】

〔一〕四庫本無此注。

贈翁隱居

吴郡翁高士，森森君子儒。風標抗軒冕，禮樂在江湖。松露濡談塵，匏樽盡酒壺。却嫌城市隔，欲别重踟蹰。

答日本使

姓橘，名省佐，相國寺僧。

日邊來處幾何時，聞説占申復到寅。海舶行憑指南針，日本本在寅，由南折西，指申却迴還近寅，乃中國濱。寅讀若夷。遥仰北辰趨帝座，却經南甸駐行麾。詩名愧動雞林客，禪諦欣參鷲嶺師。回首山川渾渺邈，只看明月慰相思。

祝氏集略卷七

近體

簡伊僉憲

七朝熙洽世臣家，班序丘樊勢並華。忠孝到君傳不匱，韞沽如玉總無瑕。園同涑水青山下，扉掩閶門小曲斜。老去高情淡如水，著書觀物是生涯。

西臺伊公枉和贈篇至于再三重次呈答

東野猶居郭外家，閉門高枕歎年華。秦人不敢窺干木，楚事休教誤屈瑕。暑氣轉嫌秋候溽，樹陰偏受日光斜。駑駘過辱千金許，慚愧酬知未有涯。

與吴大用飲酒

世事浮雲幾變更，鄰居長聽鳥嚶嚶。緗編俯仰閒今古，青眼摩挲老弟兄。樹下送鬮高嘯飲，水邊聯袂細吟行。胸中三十年來氣，終不銷沉負友生。

贈孫山人一元 自稱吟嘯仙

思邈先生不可尋，紫麟騎下閬風岑。宵眠華岳星支枕，曉度關河月滿襟。鷺鶴夢殘飄露葉，哀猿腸斷抱霜林。秦臺故有吹簫侶，一片宫商萬古心。

贈俞隱居

水南雄市萬塵趨〔一〕，水北還容陋巷居。三尺素桐陶靖節，百篇華賦馬相如。心拋世俗争爲事，手録時賢未見書。欲繼姓名高士傳，怕君嫌我近睢盱。

【校勘記】

〔一〕「雄」，四庫本作「雉」。

寄謝雍

謝家蘭樹有清芬，每誦澄江却憶君。想得山莊長夏裏，石牀眠看度墻雲。

贈朱孝廉 性甫

百年貞白舊高樓，傲兀風埃六十秋。楚聘尋常來北郭，魯呼前後只東丘。書抄滿篋皆親手，詩草隨身半在舟。前輩風流惟此老，天公多爲後生留。

方吴二子償金之什

讀罷償金記，直疑無此人。唐君解言語，高義不成塵。

友人郊墅

孤墅倚高原，扁舟晚到門。琴聲虚草閣，月色滿江村。霜落魚鰕出，烟收花竹繁。不須燈下坐，臨水好開尊。

艇子

江南小艇子，能住亦能詩。梁柱無階砌，門窗即枕帷。坐流看樹過，行屋逐風移。試欲作舟史，半生居在斯。

題龍歸洞下有龍母嶂

千峰如帳瞰巖扉，靈物何年向此飛。潭底火符玄鐵簡，嶂頭金母白綃衣。海多雲雨應長往，壑暗藤蘿久不歸。洞外蛟蛇常起陸，可能消伏運神機。

季冬朔旦汝德周學二秀才過訪病禁飲不能留別去悵然竟日燭下得句明日寄之

相思旬日忽相逢，不是忙中是病中。玉麈漫誇談柄在，朱顏應笑酒杯空。憐君濟濟沖霄鵠，顧我垂垂失路鴻。吾道若行千載合，不須重歎馬牛風。

上元日喜晴柬董博士及諸秀才

三月恒陰待此晴，燈輝晨映日華明。便趨東郭朝龍馭，又向賓筵聽鹿鳴。簫鼓兒童聊祝歲，上元張燈事起於漢祠太乙，今俗借燈爲登，以爲祝豐年之兆耳。犁鉏父老喜深耕。雲師雨伯休重惱，欲共温泉祓禊行。

神光山

山郭西南五里强，翰林留得讀書堂。漫漫古岫雲烟薄，寂寂閒坡草樹荒。數點遠村鈎望目，一間空殿鎖斜陽。山靈我爲鄉人問，會許何年更有光。

贈王希賢秀才

緇衣耿耿此心長，青眼隨人到異鄉。海外不須誇馬腦，人間誰解識虹肪？也知老桂爲仙樹，豈有幽蘭減國香。奮翅雲霄應不遠，相知獨愧早稱揚。

謁張文獻公祠

丞相祠堂曲水涯，祠邊仍是相公家。千秋若解收金鏡，萬里何緣枉翠華。門外犪牲兼絜酒，嶺頭松樹夾梅花。人間不乏牛仙客，長攬遺編費歎嗟。

峽山寺

靈區苦不到，到亦苦詩難。景象絶聞見，怪神如等閒。地將海作帶，天借山爲關。今日却堪恨，緑林栖近間。

潮州韓文公廟

一世北斗望，千秋南海濱。文章傳絶聖，政事澤時人。姓作兒童字，心將動植馴。佛靈能有禍，終不下臣身。

次韻奉和方伯湯公迴鑾志喜之什

五雲遥捧翠華歸，北極芒寒萬象依。夷夏巖巖分地險，金湯面面自天圍。聖圖六馬知能馭，永命三靈未待祈。嶺海小臣從國老，中宵魏闕夢魂飛。

傳聞郊祀後大駕尋復出狩疑信未得因用前韻紀事一首

窮海歡傳八駿歸，仍聞消息語依依。要荒豈必勞重幸，帝命今方式九圍。禹服正須垂拱治，堯年何用築宫祈。明禋眷答皇靈切，長使鉤陳護六飛。

奉和顧憲副梧州謁都憲韓公祠堂

拔地洪材構帝家，倚天雄略眇蟲沙。誠歸魏闕心懸石，血飲匈奴膽破瓜。半夜崑崙樞密宴，三言苡薏伏波車。當時利口今何在，老樹閎祠日又斜。

夢故知

氣涵珍玉語良金，不論窮通話盡心。枕上一時南北海，半窗梅影月陰陰。

謝湯文守惠地黄煎

會將雲縷换霜華，一匕玄瓊入紫霞。他日天台莫輕住，要攜徐甲到流沙。

夢故人

今古悠悠老客心，酬知何必接蘭襟。争憐寂寞盧生枕，還恐淒涼子敬琴。吴苑此中非舊社，越江南去是缺林。紙窗秃筆聊成賦，風弄清燈夜點沈。

元和愛結過深晤言之餘復投長句思予和女乃就二章意局情饒聊復爾爾

枝山磊落倚東山，雪檜霜松許共攀。文字虚名今且愧，疏慵物議古來艱。平生肺腑篇章内，身外金蘭夢寐間。萬卷舊書千石酒，兩人相對白頭閑。

東園訪梅已謝

故里閒居憶美人，開軒延佇御周輪。兼旬病起殷勤探，玉鈿飄零遍委塵。

愍時

巡游方罷亂離平，豈謂凶饑歲二更。桂玉斷來錢貨廢，糟糠空後析骸争。焉知卜史言天道，盡望仁人輔聖明。三户可憐瘡痏在，欲憑開鑿了餘生。

寄吉安太守徐士元同年

梅關歸路拜車塵，閣皂書來語意勤。始信淩雲江海客，能懷閉户薜蘿人。酬知但有篇章舊，名世争看事業新。玉版金根無用遞，澗藤崖刻不妨頻。

中表甥陳鰲子魚久抱微疾懷之得句因寄

俊鶴祥鸞陳子魚，闔門樓閣事親居。想因别墅聊行藥，却得雲窗漫校書。俗駕向來虚下榻，德星何日見牽車。身爲公子心爲士，便是公侯已復初。

足夢中句 二首

遠公蓮作社，陶令柳爲門。止酒用卿法，攢眉吾不言。白雲時或出，黄菊故應存。二老皆寂寞，千秋誰共論？

聖境不可到，魂游記渺綿。花藏竹林院，蓮號貝多編。龍鳥如人禮，山河繞法筵。祇應身本幻，此却是真緣。

哭周院判

原己。己酉九月二十日賦，是日公還玄宅，予以疾不能送。

雅道凄涼後，何情當此悲。斯人不易産，中壽豈難期。鵬兆將無驗，雞年竟莫支。心曾周晚末，目不瞑嚴慈。地有顔淵代，天無伯道知。負公兹一餞，西望涕洟垂。

哭表弟蔣燾

白玉樓中長吉去，芙蓉城裏石郎歸。煌煌柱國平生念，看到諸孫内外微。

哭陸大參 文量

四海銓書失老成，兩朝閨籍尚遺榮。達如子貢能從政，憂似希文最善兵。幾度老貂新命奪，公在職方，累有大校，緣中人超擢，公力疏言，遂收回成命。兩宵幽鬼故冤平。於潛民夫婦爲人謀死，神語婦魂，令白于公，婦遂蘇，詣公得復。文編諫草離離焰，付與機雲續令聲。

哭王麟

賓館初違夢尚縻，訃音俄至欲成癡。豈知十日輕談笑，便作千年永別離。雞絮未陳新繐帳，鳳雛空倚舊霜枝。高風幾許堪傳事，誰寫平生入墓碑。

答史隨州 經

楚雲飛墨下烟蘿，想見瀟湘又綠波。刀劍已知成犉犢，簿書何處問弦歌。照人顔色春風近，入夢江湖夜雨多。寫就卜居憑問訊，青袍今誤欲如何。

訪華光禄 汝德

高堂此始登，蘭韻久熏蒸。榻定叨徐稚，門今識李膺。傾瞻疑夜燭，笑語泮春冰。緑合沙頭草，歸舟發未能。

廣川城 辛未重五，經過成水部，留飲，二鼓出城馬上作，時有寇警。

皎月浸嚴城，蒼蒼百雉横。木梁懸組下，竹柝夾鼙鳴。水部從時飲，山人入夜行。因思趙公子，封邑尚垂名。

途中

二年四踏兩京塵，何必臨岐更問津。斜渡羊車山頂路，半欹皮笠雨中人。氣驕白馬涵濡滿，口過玄蟬嘯咏頻。我有知心在城闕，山陰雪駕頗相鄰。

故福建僉憲陳公祚直道祠五十韻

日月懸臣道，乾坤闢聖猷。丹青開廟貌，風烈見英庥。寶曆三光合，鴻鈞一氣流。哲人當上瑞，畿服産南鏐。靈泒分嬀汭，洪條發太丘。修文登石室，射策步瀛洲。藩府旬宣重，河陽惠愛稠。推丹置人腹，囊皂達民憂。豈謂褫鞶帶，仍從把銍耰。十年依大岳，一旦起西疇。再屬金閨籍，還乘綉使騶。臣心知不貳，帝德若爲酬。柱砥千迴浪，霜飛六月秋。觸邪惟豸性，批逆豈龍謀。范進唐宗典，蘇陳陸相籌。緝熙光聖業，取善在旁求。大學存條目，遺編可繹紬。意誠緣物格，心正乃身修。利病非無實，安危固有由。願防多内欲，乞斬佞人頭。一疏朝封入，三言夕杼投。桁楊來孟博，貫索下鄴侯。耄稚爰書没，姬姜織室幽。一家連廿口，五載作孤囚。白璧塵埃盡，青陽造化周。日華臨鳳扆，天語出龍樓。豈獨除羅網，重教侍冕旒。玉磨誰可磷，金鍊轉難柔。按轡抨藩國，飛章速轉郵。嘉謨應削濞，雅志欲安劉。天震雷霆怒，霜號草木愁。國書當極典，臣節果何尤。祇見義爲命，不知生可偷。吏持三尺法，人哭一生休。政化權衡準，恩厖渤澥浮。解維歸北闕，遷秩按南州。地肅山無警，波恬海可遊。狐叢斥魑魅，雀角絶嘩咻。叔度來何暮，淵明去莫留。車懸桑梓重，山隱桂枝樛。箕尾星辰接，龍蛇日月遒。英靈長宇宙，聲節豈浮漚。主際唐虞聖，恩非關比儔。朝廷爲世計，章典復公收。懿德人惟好，群公志並優。學祠崇秩進，營兆謹封修。載睹專清廟，時聞薦潔羞。浚培知水木，紹述美箕裘。直道黄扉扁，名篇文梓哀。終天弘勸在，王化正悠悠。

題湯三城南莊子

嘉樹夾茅堂，城南十畝莊。竹窗遥列岫，花漵密圍墻。兔捷罝施路，魚肥笱在梁。每來無世事，衹覺道心長。

道院樓子

重檐雄拔小山幽，妙景容居最上頭。風掃六窗塵盡去，鶴乘三洞客來遊。高原樹古長依殿，畫棟雲飛不礙樓。怪底霓裙浮沆瀣，緑章宵拜石壇秋。

贈太倉汪使君 惇

德風千里掩雄州，争解長刀换乳牛。共羨漢家封卓茂，且看夫子戲言游。功名此去符龜印，文彩朝來壓蜃樓。最是野人懷惠切，一廛今擬結滄洲。

登太倉州中山子懷故襄陽李使君

州山昔始創，予幸作游賓。豐碑備標紀，幽賞悦心神。兹來再登陟，亦遇賢主人。典州汪惇使君邀游。襄陽不可見，峴首淚盈巾。

遊武將軍園亭

武君好人品，園林亦不群。幽迴妙水石，妍蔚盛芳芬。登眺一時盡，道俗忽然分。安得杜工部，來賦何將軍。

贈邢奎

襟懷灑灑氣飄飄，遊遍名都歲月遥。花暗燕臺春走馬，月明淮浦夜吹簫。華顛相對舊盟在，笑口一開塵慮消。更喜兒郎皆孝秀，入厨甘旨足漁樵。二子甚佳，以漁村、樵山自稱，故云耳。

題衲子詩稿

得來應是嘔心肝，磨破枯蒲幾個團。佛有語言唯説性，僧爲文字不求官。色離紈袴通身浄，味帶虀腸一點酸。我欲强賡三五首，却憐無暇盡雕鑽。

太傅王公欵月臺

青天洞蕩浮雲開，東方月出臨高台。光流碧漢輪飛度，影入湖波魄共來。賢主嘉賓長會合，同光共景且徘徊。未咏韓公星没句，聊從太白漫停杯。

南洲詞 四首，爲盤門顧君梁賦。

盤門向南起，城裏百花洲。洲邊隱客住，道是顧虎頭。朝向南洲行，暮向南洲宿。不釣亦不泛，愛看南洲緑。西風忽然起，木落波粼粼。水渾魚不定，宵來愁殺人。春煙楊柳暗，秋露芙蕖鮮。慎莫生宿莽，沙鷗不得眠。

武帝傳

柞宫馮几畫成王，淚落銅仙月似霜。王母不來方朔死，茂陵松柏自斜陽。

卞將軍廟

瘦馬城西步夕曛，祠堂翼翼護英氛。下馬入門忙拜禮，行人説是卞將軍。

鍾山

五岳峥嶸衛紫微，萬方臣妾仰光輝。勾陳上直天皇座，少海中嚴帝子闈。峰頂日華迎鳳下，洞中雲滿待龍歸。終天王氣都留此，花木常新鳥獸肥。

金陵眺古

緑謝平蕪野燒乾，西風吹雨打長干。盤龍去後金釵餉，擒虎來時玉樹殘。結綺閣中香炧歇，景陽樓下水花寒。秦人豈識千年後，終古神州奠石磐。

太湖

咸池五車直下注，峨眉岱嶽潛相通。乾坤上下浮元氣，郡國周遭護渚宫。巖穴會因仙迹幻，魚龍不助霸圖雄。擬把玄圭獻天子，再看文命告神功。

虎丘

循麓都來幾屐蹤，異觀靈景正重重。入門始見山和水，汲澗愁驚虎與龍。四面更無林作伴，當頭又着塔爲峰。塵裾皂衲紛紛滿，一竺終無一個逢。

一點紫泥封岱頂，武丘雄拔闔閭城。席前花雨天宫落，檻外雲霏脚底生。轂轆十尋抽玉液，於菟千百逝金精。無窮勝是王郎事，吴越消亡幾戰争。

包山

影浸三州混太虚，道通五嶽紐坤輿。瑶壇白兔藏仙鼎，寶洞蒼龍守禹書。烟月剩將閒處媚，風雷常與怒時俱。漁郎个个不識字，慚愧高吟莫解居。

昆福寺

壞閣尚岧嶤，寒房繞寂寥。木撑危殿角，草出斷碑腰。門鑰凝塵滅，香爐火氣銷。竟空惟佛觀，亦自有榮彫。

白蓮寺

臺殿切層霄，丹霞遠建標。名傳白蓮妙，年紀赤烏遥。迤邐城連郭，回環水貫橋。重來擬分榻，塵慮未全消。

崑山清真觀

疑分疑幻海中洲，只恐人間無此謀。殿影四圍浮碧沚，鐘聲十里出丹樓。仙人示象書仍在，玉皇閣扁吕純陽筆。道士無鵝字少求。至竟今宵爲旅客，幸來何事不微留。

滄洲姚家涵碧閣

寒塘帶州廨，幽趣似郊坰。樹影倒浮緑，天光平漾青。石渠方似矩，板屋小如舲。相對只魚鳥，濠梁同性靈。

贈鄧駕部

十載襟期利斷金，高山無固海無深。忽看鳳闕城中會，還似雞窗夢裏尋。袖底電飛雷焕劍，壁間泉響伯牙琴。休論鑒物知音事，識取悠悠太古心。

三月三日施侍御邀宴姚將軍莊宅即舊名東郭草亭遺址三首

共傳修禊事，相命出郊原。花鳥何須眼，栽培亦自村。轆轤横轉水，畚鍤削成垣。因看勞勞者，懸知聖主恩。

日影迂龍轡，春光溢鳳城。繡衣乘暇出，翠幰逐空行。姑蔑金盤露，郎邪石首羹。簪纓雜巾褐，莫遺野人驚。

駘蕩三春好，陂陀五里遥。篇章傳保傅，故相三楊諸公有東郭草亭集。地主識嫖姚。壁上縣瑶軫，空中度玉簫。南塘無杜句，深愧故人邀。

金華見山亭

郡廨當空立，林亭面爽開。窗中列岫遠，江上送青來。京兆眉長嫵，陶公菊自栽。安能乞勾漏，把笏此徘徊。

與胡二游海珠

人誇本奇境，我恨近城闉。四面盡江海，一拳藏寶珍。魚龍游檻砌，舟楫換比鄰。野馬不能到，却多車蓋塵。

雨窗有懷連韋二博士

薄宦將三載，高情有二君。天涯漫萍梗，雨下憶蘭熏。四海習鑿齒，千年揚子雲。東鄰無百室，猶自歎離群。

戲簡連博士

爲問磵松夫子來，酒腸連日可曾開。天炎地陋佳賓少，眼底能無麯秀才？

題杭州蔣自容江湖遊卷 三首

越多名族又多才，諸老篇章取次裁。但看江湖詩一卷，定知胸次不塵埃。

錢夏老成無復見，張蕭逸駕亦難攀。學士錢文通公原溥、大理卿夏公季爵、太守張公汝弼、黄門蕭公文明皆卷中作者，他尚多，略舉四君。風流一日同千載，猶記當時杖屨間。自容與予皆熟接四公者。

兩人攜手五羊城，浙水東西是弟兄。但使有詩仍有酒，不妨長聽鷓鴣聲。

番禺留别衡明府公式

風塵薄宦來南海，書計衰年走北畿。霄漢自憐知己少，天涯猶覺故人稀。芳菲桃李祥鸞集，重疊江山旅雁飛。爲問微官是何物，相依無久又相違。

隱者

白石薜蘿房，青山雲水鄉。琴傳雷氏斲，書是汲丘藏。鹿友同無我，蜂分亦讓王。枕中藏雅道，一卧即羲黄。

次韻郡守胡公太湖二首

名山大川邦域内，澄波皓月方舟中。魚龍窟室藏諸有，天水鴻蒙望并空。禹功想像三江入，唐風浩蕩九州通。兹辰更爲方輿重，帝遣諸侯問上公。

地軸鈎横海岳牽，咸池直下具區連。封疆何計吴越限，光景長涵舜禹天。白鳥舞波摇定日，驪龍歸洞落腥煙。木奴萬个安能住，不是元公即上仙。

次韻郡守胡公閲城登姑蘇臺

六門車馬簇飛埃，小壘依稀説舊臺。暇日蹔迂羊傅駕，他年便是峴山隈。勾吴於越千秋夢，范蠡西施一種才。麋鹿綺羅都不見，紫烟終古鎖荒苔。

又次登臺望望虎丘諸山〔一〕

乾坤雙眼一空亭，山色能令五馬停。鹿苑尚銜吴子豔，虎丘重對白公青。烟消碧落千峰出，月浸嚴城萬户扃。不但登高能賦事，四郊因省荷鉏丁。

【校勘記】

〔一〕四庫本少一「望」字。

哭子畏 二首

天道難公也不私，茫茫聚散底須知。水衡於此都無準，月鑑由來最易虧。不泯人間聊墨草，化生何處産靈芝。知君含笑歸兜率，衹爲斯文世事悲。

萬妄安能滅一真，六如今日已無身。周山既不容神鳳，魯野何須哭死麟。顔氏道存非謂夭，子雲玄在豈稱貧。高才剩買紅塵妬，身後猶聞樂禍人。

再挽子畏

少日同懷天下奇，中來出世也曾期。朱弦并絶桐薪韻，黄土生埋玉樹枝。生老病餘吾尚在，去來今際子先知。當時欲印樞機事，可解中宵入夢思。

送姜夢賓 二首

萬里昆黔地，于今得使君。莫言民物幸，須識聖恩勤。旭日開幽蔀，清霜條惠文。

爾知朝事否，便是昔朱雲。

矯矯温州牧，清聲范史雲。當時稱大老，今日有夫君。德用玉爲器，胸盤錦作文。志行朝野慶，我獨歎離群。

贈羅抱拙

休言雅志與今違，吾道何曾有是非。自信移山終有術，豈知流水亦容機。耕田鑿井康懷日，夏葛冬裘缺二字衣。誰信闤門名利窟，此中巢許自依依。

贈張守之工部

世交先進兩先生，謂守之先君與先祖父。白首今成老弟兄。知我得師終不改，如君直道豈難行。路無荆棘安能塞，川汰泥沙只自清。皓月清風居不隔，酒杯茶碗共餘情。

戲爲毛百朋索炭

眉山羊肉會稽鵝，頗欲臨池手未和。便可把君烏玉换，紙窗那得十眉呵。

題沈山人藏王舍人竹枝

舍人清真同右軍，金鑾退直謝雞群。千金不肯賣一葉，今日鳳毛留贈君。

夢啖菜甚美

王醴侯鯖信禍胎，露莖霜葉是瓊瑰。如今纔享天家福，浄洗饕腸待爾來。

贈承公

墻外西林是寶坊，林間高卧有支郎。定回斜日雲穿衲，吟斷寒更月滿牀。妙梵遠通潮隱隱，清陰分與柏蒼蒼。何時爲取無生話，共了趺蒲一夜長。

戲作紀夢

何事高唐入夢遊，淡雲輕雨太温柔。瑶姬錯認維摩壻，枕畔花人空抱裯。

送楊禮部 君謙

我有駿馬圖，持附君裝畔。伯樂既上天，留與何人看。

觀湖宛轉思及友人

湖上秋風生碧漪，看來都作憶君思。君於湖水元何與，此意冥茫自不知。

贈嘉興陳使君

有德由來必有言，天球剛栗且清温。汲公出守謀難寢，李勉歸來國始尊。梟獍不同麟鳳翥，松篁會與稻粱蕃。乾坤直氣長留在，萬轉千迴道自存。

柬松江馬别駕

螭端風采久堂堂，漢室憂民牧守良。淮甸已知煩汲黯，雲間今喜得王祥。霜寒碧落横雕鶚，日麗丹崖舞鳳凰。猶記觀梅向東閣，緼袍長帶歲寒香。

簡嘉定王令 應鵬

江海遥分聖主憂，春臺遲日玉壺秋。地當大國方千里，才號明時第一流。欹枕潮聲奇句得，暗庭花影早衙休。鸞栖自古通麟閣，褒德先封漢室侯。

贈分司鈔關于户部

初從分部謁巾冠，便略形骸露肺肝。東有珣琪南有箭，紫爲鸑鷟碧爲鸞。關譏盡道能經國，王佐何曾務守官。下對蒼生上天子，知公心事浩漫漫。

送貳守曾公擢河南僉憲

琴鶴扁舟曉解攜，春風江郭暗棠梨。千家霖雨邦人在，一道冰霜憲節西。奉國已知行莫止，戀恩無奈喜還啼。平生志操夔臯是，槐棘堂堂次第躋。

重過元抑

再謁還圖笑口開，客襟長戀校書臺。每從王鄭求新義，試把瓊妝共品裁〔一〕。君帳下一時秀才彙集〔二〕。直恐星辰驚太史，豈容江海阻雄才。悠悠塵迹期君定，澤國秋高更擬來。

【校勘記】

〔一〕「妝」，四庫本作「玫」。

〔二〕「帳」，原作「悵」，據四庫本改。

贈董五 寬

邵南今隱士，園北有幽居。出市或賣藥，閉門惟讀書。白雲媚修竹，嘉木蔭清渠。見説新成賦，題名後遂初。

顧秀才陽山草堂

家住山城不到山，强題詩句抗塵顔。君家客坐煙蘿裏，盡著閒人自不閒。

口占寄陸三

達者端居東海邊，重樓高榻卧風煙。想應草木扶疏下，和得淵明孟夏篇。

贈鄰院深上人

竹院名童子，茅齋坐已公。亦如王舍内，却愧魯家東。共味井泉接，分陰樹影中。閒眠時倡和，律吕隔墻通。

送王先輩納言歸柳州

攜將柳州劍，獨下瀟湘船。千里景千變，一山詩一篇。離橋梅子雨，歸棹桂花煙。重會雲霄上，大都纔二年。

題人園居

未必丘樊好，幽居趣自深。遲行避小草，高卧托喬林。抱灌惟知瓮，揮鉏不見金。問渠終歲裏，曾有惜葵心。

東莊

塲上雞豚争稻穗，渡頭魚鴨避菱科。老農到處東莊有，只少君家擊壤歌。

客中以徽扇貺人

客裏嫁嫦娥，其如良夜何。共憐風月好，不道怨恩多。瘦骨支黄竹，輕裾疊紫羅。半年期握手，無事篋中歌。

都門送施邦直歸吴興

一時青眼中容我，十里黄塵外送君。坦率自憐猶宋玉〔一〕，咄嗟聞共説劉蕡。袖頭三尺秋潭水，口底千章夏嶺雲。今歲南遊計應遂，升山相訪幸相分。

【校勘記】

〔一〕「玉」，原作「五」，據四庫本改。

贈同年趙繕部天常

劍出紅爐錦就裁，霜鋒霞彩照人開。雲間素有兼人士，天上今推獨步才。覓句剪燈連綺席，浩歌攜手看金臺。迂狂幸托金蘭尾，况共高秋擢桂來。

贈鮑元卿

人間有幾鮑參軍，已見遺文又見君。材器共爲時世重，聲華相及古今聞。身隨李賀新囊錦，篋貯羊欣舊練裙。君藏古名流書畫甚富，定武五字不損禊帖、龍眠西園雅集圖等，皆妙品。

一日京華塵土盡，十年深恨久離群。

都門贈吴淵父 時新授巴陵尹

飛譽響江東，鳴琴向楚中。麒麟遊甸苑，鳳鳥集梧桐。氣吐風雲動，談餘瓦礫空。高松一千丈，深喜附唐蒙。

贈崔鴻臚 深

才分震澤清，山玉映人明。濟北想崔瑗，九江慚祝生。籠鵝道士喜，辨鮓座人驚。相對華風外，無因共好兄。靜伯兄淵父交予最久，其人弱冠之耆俊也，不幸蚤没，句尾及之，吟餘慘然。

送戴户部仲鶡冠督漕淮閫〔一〕

董漕分明是勝遊，雲司高步向南州。戴憑不獨深經術，劉晏偏能爲國謀。奇客晝談風入座，詩人宵咏月當樓。懸知燕寢多清夢，飛滿伊涼紫塞頭。

【校勘記】

〔一〕「閫」，四庫本作「闗」。

長樂贈陳參軍

浙水兩岐非異土，天涯萬里又同官。吴江蒓菜皆成夢，庾嶺梅花且共看。立望星河秋耿耿，醉聞鐘鼓夜漫漫。人生離合真難定，明日清樽好再乾。

次韻奉和左轄方公紫薇東閣之詠

仙樓十二大瀛東，何日移來此地雄。分省勢依綸閣重，栽花種與禁闈同。文書静向高明處，星宿芒寒掌握中。知是望京丹悃切，凌烟早晚聖恩濃。

答鄭河源見贈

腐芥終依虎魄靈，相逢莫道是雲萍。因思舊雨來今雨，却喜文星是使星。榕葉作團風獵獵，桂花含暈霧冥冥。但教光彩長分照，萬里何妨客紫溟。

春夜懷鄭河源

傳裏詩筒兩度過，河源君子近如何。甘棠晝永迷青野，芳杜春深覆緑波。兩地頗同多枳棘，九州何處奏弦歌。唯應知己情難舍，早晚疏蹤入薜蘿。

海珠寺送黄提刑

風行五嶠過三山，又得趨庭未是還。天下望公知已久，朝廷求治亦非艱。波澄番舶鯨鯢静，筆倚騷壇草木閑。瞻戀清光惟此夕，月華休下海珠灣。

次韻答河源鄭侯見贈

千古高風一日還，摩挲塵眼對清顔。且煩元亮爲彭澤，終使羊公重峴山。渤海未容蠡瓣測，女蘿猶許兔絲攀。勞君乞與山陰譜，借取仁言此諭頑。

借前韻贈韋博士

胸有靈丹熟九還，刀圭能駐世人顔。盤開苜蓿先生饌，書對神光學士山。席上令行椰酒急，袖中香散桂枝攀。英才滿座霑時雨，莫信昌黎道鱷頑。

又借韻自賦一首用呈諸公

纔到炎方便憶還，空歌遊子劍前顔。窮秋陽鳥遵遥渚，短景浮雲出故山。開被放衙星未没，推窗觀海日將攀。諸公總是藍田璧，不棄他山老石頑。

答張掌教再次韻

泮宫清寂坐齋心，風閣微傳弦誦音。善價未能酬美玉，佳篇重辱惠兼金。窗中遠岫浮青靄，門外虚塘卧緑沉。擬向清風明月夜，飄然來此共披襟。

送張掌教致仕歸臨江

青眼摩挲醉袂分，那堪客裏別夫君。風情好似陶彭澤，官職常如鄭廣文。渝水晚沙眠宿鷺，蒙山老樹映歸雲。虛堂索句昏鐘静，宦海潺湲想未聞。

祝氏集略卷八

近體

寄李刑部子庸

夫子道中庸，誰言世不容。山河開正氣，江海辱高蹤。竹素期千載，梅花又一冬。永懷金玉韻，無計久相從。

送朝言邑博

萬里我來逢益友，三年君宦失嚴親。歡中未料忽生恨，客裏那堪更送人。夜雨湘江藜爐暗，秋風蓬嶺桂香新。浮雲聚散何須問，閣鳳臺鸞看致身。

送連邑博

一紙除書下越中，遂行吾道遍西東。人言師傅如君少，我喜朝廷選士公。卓犖松筠饒晚翠，芳芬桃李滿春風。峽山寺裏猿聲切，莫使相思夢不通。

送張大參 允敬

五月炎州拂袖行，蠻烟瘴霧漸身輕。鯨波挾颶高如許，歸看澄江舊水清。

廣州贈龍鴻臚

吉水龍夫子，論交歲月長。屢銜天子詔，三使日南王。却饋舟無寶，留題稿有囊。銜杯海濱館，遠意共茫茫。

口占贈徐聞令

作邑濱南海，銜恩下北宸。三吴非異土，千里亦同寅。説到襟懷舊，傳來耳目新。無因便投轄，欲往活疲民。

廣州旅舍有懷提舉醝司王廷輔

陽羨山中王右軍，祓除塵土擁清芬。高情宦下澹如水，令氣座中和若雲。前輩風流今漸少，平生襟度許平分。一回聚首一歡樂，不向天涯歎離群。

爲王提醝索墨

客居，偶乏墨，然亦不能作好字，左右或有新安下品，戲以一絶句求之。王，義興人也。

荆溪麝煤重似鐵，嶺外羊管弱於綿。婺州僞劑宜惡札，且望分來用一年。

讀河源鄭明府公牒有感

讀罷昌言耳目明，頭風雖愈沸歸情。海南潦倒江南客，强飯看君作太平。

寶應衡君公式授宰番禺在都諸君爲燕臺春餞之什君至粤出示允明倩爲補賦

皇都日日敞離筵，夫子分符嶺海天。見面謾詢爲縣譜，觀詩遥想過溪賢。陀樓桂霧迷鑾堞，宓室秋濤雜雅弦。我願君王明萬里，豈宜重咏北山篇。

贈鍥生殷邦寧

沔陽夫子有佳孫，四載花齋侍藝文。合江亭下别我去，望眼悠悠逐暮雲。

贈安愚柳大中

章甫玄端行秘書，穹窿山下竹林居。淫如玄晏道不遠，愚似龍城樂有餘。皮几丹黄朝缺雜，烟窗缺素夜燈虚。人間幸有雲龍遇，慚愧無因屢命車。

次韻郭令虎丘千頃雲夜坐 二首

峰頂雲擎塔，門前路接城。到山先見寺，近市不聞聲。吊古身逾幻，憑高酒易醒。元借此韻。奇中更奇處，風度縣樓更。

登山向落輝，曙色又熹微。不到上方寂，安知塵境低。元借〔一〕。池星輝國劍，松露暈朝衣。民事憂方切，陶公莫謂非。

【校勘記】

〔一〕「元借」，四庫本作「元借此韻」。

遺安堂

何物堪將付子孫，襄陽龐老有遺言。唯留三寸鉏頭澤，與作千年葛藟根。幾見危機生白屋，未容高枕在朱門。公侯復始人間事，只恐菑畬笏綬存。程忠壯公後，故云。

喜友人過訪 友居西閶門

每尋雲外信，喜見案頭題。鶩駕吾當北，蛾眉今在西。風開横海翼，霜勁踏秋蹄。二十年來道，華顛幸不迷。

贈杜三表弟 愿

中表大郎心似水，通家老弟氣如雲。平流淺瀨知何用，五色光華佇看君。

和孫二首九日

霜力棱棱酒力禁，卧遊終日似登臨。青山不負謝公操，黄菊頗知陶令心。清觴細茗成賓主，短髮長風自古今。晚步從君聊戲馬，亂峰深處一猿吟。

贈觀

不知身到轉頭年，性子觀來已洞然。鐵臼藥寒和月擣，蒲牀脚暖踏雲眠。歸期笑計銖衣石，定裏閒遊寶筏天。要識來時同我相，一般門外水中蓮。

贈楞伽院老僧

庭前柏樹手摩挲，世壽寧如釋臘多。何物與師相伴住，楞伽山色石湖波。

贈道士二首

龍子遺將海藏方，换除煙火世間腸。三花樹頂千秋雪，七寶宫中萬杵霜。瓊管緑籥通廓落，碧文金檢佩琳琅。松門晝掩烟蘿合，獨在峰頭侍紫陽。

大道於人自不賒，未須終歲學三車。雲開笙鶴延真馭，指繞風雷辟衆邪。玄牝谷中金母室，至陽門上玉皇家。懸壺滿貯春消息，紫陌任雕千樹花。

送萬壽恩住持磧砂

東郭名區號磧砂，主持欣得大方家。苾芻不礙旁牽蔓，薝蔔能開到處花。玄鑒杖頭酬象馬，歸宗拳下辨龍蛇。真經古集充三藏，願假翻尋助五車。

送僧還山

十日雲封石榻閒，偶然飛出又飛還。送師便擬依師住，想看梅花欲滿山。

送洽住天王寺李弟請贈

權姿妙臘氣翩翩，應世機鋒自穎然。修習久栖三寶地，主維新屬四王天。高臺曠苑宜舒嘯，蒲座香牀好息禪。我爲青蓮李居士，揮毫題得壁頭篇。

送謝幼和分教興化

芹宫二十春，經術重同人。月旦先諸謝，風流向八閩。草塘應入夢，荔子且嘗新。最是襟懷古，諸生喜飲醇。

送蘇瑾

柳枝不折折梅花，帶去吴中舊物華。白雪黄雲迷雁影，片帆明日是長沙。

和吴文定諸公聽琴聯句

座有嘉魚膝有琴，今人高會古人心。已聞古奏來盈耳，更綴華篇作賞音。聘魯雅評猶可識，在齊餘韻竟難尋。廣陵不共嵇公絶，響逐兒郎鶴在陰。

静女眠春曉

陳月元非璧，荆雲本是人。抱衾辭永夜，失枕卧嬌春。嘶馬應南陌，流鶯在北鄰。城隅如可俟，無事夢含顰。

閨懷

靜婉那成寵，嬌嬈枉自羞。秦娥簫已冷，湘女瑟空留。噩夢疑雲雨，靈期忌女牛。未禁風綽袂，無奈月當樓。蔽膝強含意，琵琶不識愁。知誰同薄命，心欲爲通謀。

無題

强笑争禁别恨牽，病容憔瘦性依然。梨花小院留人坐，羅帳燈昏夢二年。

戲題秉叔燕月之什 二首

一飲瓊漿骨不塵，五陵才子筆通神。簾前隊隊紅妝坐，誰識當年姓沈人？

無限香雲不斷霞，鳳凰臺下謫仙家。丹山碧水桃千樹，不遇劉郎未是花。

秋夜曲

明月深穿轆轤井，蕉梧戍削藏石影。房帷螢火入還出，綃被輕圍明玉冷。

浩月

玉田金界夜如年，大地人間事幾千。萬籟蕭蕭微不辨，露繁霜重月盈天。

秋宵苦雨

井上梧桐閣上鐘，林間烏鳥草間蟲。與君盡是淒涼伴，若伴愁人最是儂。

錢園桃花源

落英千點暗通津，小有仙巢問主人。狂客莫容劉與阮，流年不管晉和秦。桑麻活計從巖穴，蘿兔芳緣隔世塵。只有白雲遮不斷，卜居還許我爲鄰。

菊圃

高情别自有風期，愛是霜餘露後姿。靖節以來知者寡，天隨而下舍君誰？誇奇直欲盈千品，寄興何妨只一枝。閑處若能爲續譜，也堪書尾附吾詩。

月潭

南溟分取一泓開，便作嫦娥玉鏡臺。魄漾虚金澄萬有，光寒凝碧浸三台。蛟龍且抱明珠卧，蟾兔能將桂子來。平奪霓裳與雲錦，却憐博望乏仙才。

謝道士竹鶴齋

仙房深鎖白雲間，君子胎仙共一山。千個虚心雍伯玉，一丸浮頂葛洪丹。瑶臺霜瑩簫聲迥，珠闕風微羽駕閑。我欲移家雞犬畔，只疑靈境未容攀。

梅隱居

平生不識人間路，萬樹瓊瑶鎖竹關。剛爲索詩城市去，杖藜今始出孤山。

贈鐵柱宫閔道士 號明谷

笋爲冠子鶴爲衣，鐵弊雙鞋只欲飛。知白自爲天下穀，昏昏默默是玄機。

南浦驛送周訓

放舟南浦草萋萋，子又東流我又西。怪此豫章城上月，清光千里共分攜。

題葑門外馬生東谿

吴城三面水爲州，郡郭東南一泒流。羡爾高居占清勝，更東東去是瀛洲。

贈江陰方達之

嶺嶠經年未得還，勞君光彩照塵顔。故鄉自有珊瑚樹，南海何曾見木難。

簡楊三

不將黄土點心胸，六十年來氣似龍。竹塢霜寒青鳳峙，芝田春暖白雲封。各看明月同千里，共對梅花又一冬。吴水吴山休負約，酒壺詩卷日相從。

金陵送徐子昭

闔門雖不遠，白下忽相同。仲氏金蘭契，徵君木石風。抱琴登蔣阜，拖杖吊吴宫。擬下陳君榻，書囊又向東。

故相延陵文定公孫仁冠弁竊喜爲詩亦以遺之

四海吴夫子，成人見冢孫。禮應先雀弁，歡滿及龍門。紫鷟非家瑞，芳蘭是國根。便看瑚璉就，觸目有師存。

見月

我后久何處，重光如舊明。連當三夕見，喜似百年生。常儀恒在御，羲輪日代行。莫教巫女妬，淫潦復縱横。

贈張卿 太僕闇夫

諸侯嚴敵愾，天子極酬功。進秩三階重，提兵九郡雄。簡飛霜氣白，劍繡血膏紅。還應一匡策，緘在皂囊中。

賀湯弟遷居

與爾爲中表，嗟予多別離。稱觴看雁翥，遷木指鶯期。杖策時當過，停雲不用思。加餐更相祝，行復入京師。

山行近白雲泉有遥呼于林屋乃瘦石大參也適受風歸急不得往抵舍疾甚少間馳懷得句奉呈

小車芳徑出金山，瞥見仙人水石間。後客應推先客主，行雲不及定雲閒。煙霞自熟孫登嘯，笙鶴應嗤阮肇還。想有題名耀丘壑，可能鑱我共蒼顔。

壽徐瘦石大參七十

邯鄲枕裏了功名，安樂窩中盡性情〔一〕。瘦石煙霞無盡藏，小山雞犬亦長生。雲間彩鳳銜金簡，花底青鸞度玉笙。我是橘中同奕者，定騎龍尾共瑶京。

【校勘記】

〔一〕「盡」，四庫本作「適」。

題徐子芳秋庭

孺子閒居與世忘，蕭蕭深院映虚堂。露溥玉幹桐孫長，霜飽金丸橘子香。白版拄頤迎灝爽，素絲横膝答清商。知君不是趨炎客，長嘯一聲天地涼。

詠梅雪

閶門佳麗錦爲城，中有仙人降玉京。羅嶠有花花解語，姑山若雪雪能行。穠如桃李先當素，鄉自温柔剩得清。小室維摩唤天女，鬢絲相映老卿卿。

挽都良玉

曾爲瓜圃平生傳，今讀東陽哭死詩。雕謝不禁前輩歎，風儀長繫後人思。林猿驚上新華表，鷗鳥來銜舊釣絲。軒冕知非公素願，鳳毛方占上林枝。

挽沈材廣

當年校藝每同君，長羡昂昂鶴在群。半點功名骰子選，一時聲價戰場文。空齋老菊啼秋露，高冢新松起暮雲。人世漫哀冥世慰，滿枝芳桂散華芬。

挽陜婦人 其夫商吴乞賦

豈謂中途失少君，斷琴殘瑟亂紛紛。梨花寒食夫君夢，知逐秦臺幾處雲。

壽陳叟

渾然風氣在丘園，陽抱山前白板門。得得鉏頭三寸澤，悠悠葛藟百年根。旌旃不用來天使，軒冕難辭出子孫。還記三秔兼七秫，壽鄉無日不開尊。

壽王貞齋七十

十霜相別又相迎，只是當時一樣清。天上選仙惟在善，物中多壽必由貞。鄉賓近受邦侯禮，家瑞重看子姓成。知道洞庭波不竭，年年釀入紫霞觥。

謝道士挽詩

雲房覆清址，猶自鎖虚寒。耿耿鶴一隻，蕭蕭竹數竿。友人留藥餌，弟子竇簪冠。欲續周師傳，傳師與衆看。

月槎

老夫欲問廣寒事，只欠扁舟渡海雲。聞有月槎須借我，授來靈訣却傳君。

松壽

葉翁武功鄰家有高松，公爲題「松壽」扁。今翁已死，其子持卷乞咏，爲作二章。

陶徑曾蒙元亮撫，君家今辱武功題。護持長使松無恙，桑梓清陰百歲齊。

手種長松已合圍，翩然騎鶴海天飛。月明露下虬枝冷，不見人歸見鶴歸。

海槎

老枿飄摇渤澥濱，偶然飛上卧閑身。衣霑織女湔裙水，石訪成都賣卜人。九漢珠璣光奪鏡，三壺宫闕氣如銀。知君半是神仙骨，攜我明年一問津。

題人扇

扇功本在驅炎上，不似屏風只好看。算得題詩真拙計，却供雙眼失清寒。

鴉

日中焬得羽毛纁，强效忠來誰願聞。四十頗能知學易，眼前消息不勞君。

竹

淇園一枝春雨足，渭川千畝秋風高。先生青眼對君子，拈落吟鬚如鳳毛。

水仙

罷散天花下紫壇，露横秋袂水鳴環。凌波欲接君王去，又恐繁霜不耐寒。

芙蓉

贊重清芳却恨遲，詩人曾費幾多詞。春風無限無名草，莫道芙蓉不遇時。

含笑

如臯未射息侯亡，不作梁家齲齒妝。春色晏然花事好，肯將烽火誤君王。

辛夷花

春叢紺碧雜殷紅，不受中書舊日封。嬴政少恩君幸免，年年何事只書空。

芙蓉兔

霜寒玉綫亂秋衣，葉重花深草氣肥。靈藥更無人肯餌，素娥應道不如歸。

銜蘆雁

歲歲隨陽計，秋風三尺蘆。上林光景好，不見子卿書。

和日本僧省佐詠其國中源氏園白櫻花

剪雲雕雪下瑶空，綴向蒼柯翠葉中。晉代桃源何足問，蓬山異卉是仙風。

牽牛花

藥品能攻疾，花名强效人。應無渡河想，且免服箱辛。殼綻金鈴子，苞舒碧角巾。步行騎水牯，欲覓了無因。

鶺鴒

長枕三郎作頌時，桂宫蘭殿重含思。寧哥可是知人意，小院梨花玉笛吹。

鴝鵒

利口如錐豈利身，名題越調耳常新。莫教輕與人將去，又遣金陵枉殺人。

宣宗皇帝畫馬圖

昔日宣皇履至尊，堯章煥煥滿乾坤。三千在御均承寵，一匹霑恩便不群。馬法盡來空地類，龍圖呈處是天文。丹青不逐烏號去，從此房星似掩昏。

家藏劉松年小方

暗門終日痼煙霞，寫得東南處處佳。湖上煙波志和宅，山陰風雪戴逵家。老僧引澗穿新竹，童子和雲掃落花。揖客入門如有影，石墻松蓋夕陽斜。

家藏李興宗毛女

寶瑟無弦尚自隨，秦聲那復記當時。山頭剥棗分猿吃，雲裹巢笙涣鶴騎。見説劉郎驅項籍，空勞徐市覓安期。華陰萬樹長松葉，却笑君王未得知。

小米山水

襄陽松瀋未曾乾，十里瀟湘五尺寬。樵徑不禁苔露滑，漁蓑常帶水雲寒。澄澄僧眼連天碧，澹澹蛾眉隔霧看。恐爲醉翁當日寫，平山堂上雨中觀。

家藏高尚書松陰落澗圖

倚壑高松一萬株，拂巖飛瀑氎巾鋪。白龍隱映蒼龍舞，山氣虚兼水氣濡。浄壁沉沉懸瑀佩，空堂隱隱奏笙竽。平生負得匡廬約，幸拜尚書賜不孤。

錢選水仙

八斗才中畫洛神，翠羅輕揚襪尖塵。霅溪老子真能事，更比陳王寫得親。

子昂小景　五首

春山雨新沐，掩靄結濃緑。一葉金芙蓉，粲粲迎朝旭。

漁舟何所至，兩兩鏡光中。沿洄溯春漲，更喜天無風。

江亭小於艇，松子落滿頂。盡日無人來，流水抱虚影。
晴陽破嵐暝，水色當春和。如何異人境，而有樵者歌。
隔塢有絶壁，蘿扉對山開。客子何爲者，能入深山來。

吴鎮小筆

樹欲化龍先帶雨，泉將歸海已如濤。直恐化人移幻境，莫誇墨瀋與霜毫。

戴文進小幅

峭壁遥撑落照危，蜿蜒曲隴繞脩陂。前頭徑轉峰回境，説與時人定不知。

沈徵君遇小景 二首

藤花垂露媚蒼龍，山静嵐深草氣融。紫褐玉琴空指點，白雲樓閣鎖重重。
浄壁虚亭楊柳青，闌干白袷午風輕。披殘一卷黄庭訣，不見人聲有鶴聲。

邊文進翎毛

來禽畫眉

巫峽朝雲隔翠波，仙禽無奈晚來多。風流只愛張京兆，日日章臺走馬過。

櫻桃白頭翁

的歷丹飴妃女唇，含來名重不勝春。柏梁臺上劉郎老，斷送因他郭舍人。

爲朱民部題陶成水仙陶即其婦翁

帝子不沈湘，亭亭絶世妝。曉烟横薄袂，秋瀨韻明璫。洛浦應求友，姚家合讓王。殷勤歸水部，雅意在分香。

題徵明畫

蒼幘滃沈霧，白氎垂虚泉。歸帆信流水，萬襟同澹然。

徵明畫草

光風輕泛緑迢迢，氣暖煙和未盡消。想得美人簾底坐，月華斜漾翠裙腰。

徵明墨菊

凍硯呵寒下筆遲，鬚眉幻出陸天隨。知君繞指冰霜走，更把冰霜吐作詞。

堯民小筆

隱者高居不在城，閒來搦筆寫平生。藤枝策策從何去，葑水東頭吊古行。

金山圖

昔年曾趁海門潮，獨向龍宫吊寂寥。襯席寒風不成夢，老蛟一夜獻瓊瑶。

小景

濃雲壓嶺雨初至，密葉障林風更多。只有漁翁能了事，一枚圓笠半肩蓑。

題何大參菊花圖卷子

花有仙靈筆有神，化權終不在陽春。一般秋色成千品，前度桃花却後塵。誰信珠璣顔色好，獨憐霜雪性情親。菊詩萬首從君選，未必微篇愧古人。

戲題子畏墨竹

唐郎寫竹如寫字，正以風情韻度高。我解平章不能寫，未曾分得鳳凰毛。

胡馬圖

駿骨千金産，名王萬里歸。風烟辭大漠，雲電赴皇畿。立仗容陪舞，從龍敢假威。此來空地類，苜蓿近郊肥。

省耕圖

老農真我事，何敢笑樊須。植杖芸苗處，伸眉納税餘。鉏頭三寸澤，田舍五行書。飽飯高眠熟，朱門未必如。

子儋畫梅

子儋屋潤體復胖，寫出冰花朵朵寒。何物指頭能爾許，元來鐵石是心肝。

琵琶士女

馬上明妃萬里行，四條弦裹斷腸聲。如今纖手朱絲底，不唱離情唱合情。

伫立士女

非緣望遠上秦樓，楊柳依依翠陌頭。畫就遠山調錦瑟，最憐夫婿不封侯。

題畫 二首〔一〕

白雲媚蒼山，寂寂太古春。窅藹林薄中，一區宅無鄰。楊子坐清静，閉門了玄文。兩生勿輕過，惟通問字人。

【校勘記】

〔一〕四庫本此題下爲「晃玉摇銀小扇圖」、「一溪流水半山雲」兩首，見下雜題畫景第二十九、三十首。

又

季冬雪重積，十日奇寒沍。啁啾閴不聞，葱蒨失其故。客子欲何歸，中林猶獨步。幸有蒼蒼松，爲辨去來路。

道士鵝

曾從老遠説遺經，浄影堂前幾歲聽。未必右軍今有筆，莫將容易换黄庭。

絶句　二首

忽見銀河水倒傾，森森毛髮不勝清。悟來只在空山頂，卧聽松風夾雨聲。

寒光交逗眼蒼然，半夜人間别有天。想得非仙亦非鬼，四山風雨擁孤眠。

雜題畫景

秋浸具區天地寒，老崖垂脚怒龍蟠。仙人夜半騎龍去，木客潛窺古竈丹。

又

斷崖横截傲崇岡，風葉滿林斜日黄。十歲采薪多伴侣，不知翁子有他腸。

又

江曲柴門日自關，夕陽舟楫斷萍間。寒流遠近長如玉，流過漁磯便不閑。

又

五月江湖風雨多，釣磯平没夜來波。深林中有揚雄宅，莫怪時人載酒過。

又

雲母薄梳青石髪，水花肥點碧荷錢。樹根一坐空山老，不許時人問歲年。

又

赤城霞斷逗秋輝，閶闔風高不耐衣。極目水天無了際，先生何處朗吟飛。

又

滃合浮雲晚放晴，溪山相照寂無聲。不知問字人何處，門外孤舟盡日横。

又

面面青山曲曲溪，流雲易度石墻低。苔生任把門蹤合，鶴返容教樹杪栖。

又

琅琊臺頂太山杪，我欲去登須御風。稽首東皇拱雙手，金烏高捧一輪紅。

又

爛銀盤圓一千里，白玉髓噴三萬重。老蛟背馱龍女泣，百斛寶珠抛海東。

又

霞捲夕陽天外天，抗風疏柳幾枝偏。抛將濕網坡頭曬，且旁網邊乘醉眠。

又

暗崖懸立玉龍飛，怒蹴層冰萬馬齊。半夜哀音和空谷，愁翻木客喚猿啼。

又

玄文草罷坐川湄，川與心同清静時。此地可忘新漢事，莫將容易與人知。

又

溪橋回轉鳥聲微，杖屨蕭蕭兩布衣。不是耕夫出莘野，秋風落日采薇歸。

又

老石空林了此生，一江秋水對人清。扁舟若爲求魚出，莫向茆亭脚下行。

又

柳風欺水細生鱗，山色浮空澹抹銀。總道江南風景好，從前都讓罱泥人。

又

天空地闊偶相逢，散漫寒流砢問松。不用方舟細商略，到頭岐路總難同。

又

花滿百花潭北莊，無人同出碧雞坊。因風竹葉浮巾翠，落地松花上屐香。

又

寂歷茅堂草樹深，隱居踪迹杳難尋。直應獨自攜琴去，小答松篁太古音。

又

覆有高林載有苔，石公木客可參陪。山居事業略完具，只是無人肯入來。

又

破屋依依寂寞濱，千山頭白樹存身。洛陽縣令曾知否，中有饑吟僵卧人。

又

闊屨寬袍頂不巾，天和拍拍面浮春。横拖杖子前山去，知是人間不吏人。

又

秋水浮船五尺深，也無情事到謳吟。十年蕩槳無人問，却有飛鴻識我心。

又〔一〕

溪林元不擇人清，自少人來向此行。若使行人多此處，謝安何必有高情。

又

巖谷空明溪水冷，高人據梧目若瞑。行留坐卧都不省，短髮長風弄疏影。

又

桃花柳花覆春洲，燕兒魚兒迎客舟。青天白雲紫翠嶂，虚橋小浦回環流。

又

吟詩寫畫似參禪，不向他人被裏眠。生公堂前點頭石，天平山上白雲泉。

又

曾到和寧市上來，江山滿壁照人開。都輸此幅丹陽景，回首煙花暗鳳臺。

又

柳娘標格重經眼，玉屑珠塵滿扇頭。仿佛和寧街上見，桃花楊柳障春羞。

又

晃玉摇銀小扇圖，五雲樓閣女仙居。行間著個秋香字，知是成都薛校書。

又

一溪流水半山雲，山桂綿綿日夕芬。莫言丘壑藏名姓，高士他年自傳君。

又

落日采薇歸，蕭蕭兩布衣。爾來人采少，春雨長頑肥。

又

靈巖好個景，鑿得不成山。人自要頭白，山頭也會斑。

【校勘記】

〔一〕此下十首嘉靖本無，據萬曆本補。四庫本此下爲八首，「晃玉摇銀小扇圖」、「一溪流水半山雲」兩首見前。

祝氏集略卷九

古體

篤初

歲時月日維初，君子法之，作篤初。

維弘治元祀，正月上日，歲時月日，咸肇厥初。乃念之匪物不初，維篤乃完。春篤初，冬乃成歲；朔篤初，晦乃舉月。初慤厥理，終則斁。於戲！匪天則然，物理人道厥攸同。維言啓口，維初篤兹嘉，遠羞戎；維行發謀，維初篤兹善，寡悔基祉。聽初注耳，視初舉目，情初動志。初向維克篤，聽乃聰，視乃明，情乃貞，志乃成。

父子初立，夫婦初接，兄弟初聚，君臣朋友，初使初事若初交，亦維克篤，乃親、乃久、乃和暨全。於戲！察首之形，可以知尾，觀端之色，可以知匹。若木側，本厥條曲；若衣倒，領裔乃亂。訓有之：「靡不有初，鮮克有終。」有初其猶不終，矧不有初，終將若何？於戲！正其始，百事理。差以毫釐，其繆千里。念哉維篤，身其康，家其永寧，其無敗隳于成。

三詁 三首

知性命，則形物外矣；存清虚，則垢塞消矣；食沖恬，則劬瘁忘矣。堯去天下，而天下不能以去堯，堯之勤於授時任人亦煩矣。堯形不寧，堯心孰獨寧？寧者無侵也，舜、禹皆得之，而孔氏尤執要。諸屈曲四海，頫用群君，其不能忘堯之煩乎？曰聖人廢心而用形。甚哉，孔氏之握樞邪！廢心詁

天下蠕蠕，畢力而趨。日月徇情，山川易居。兹黑頂者之務弘哉！愈執焉而勳名是出，出者則必執之，尤等其力而出者是權。故慕愈出者愈執，其究也，死生以之。噫，勳名之損天地亦弘哉！吾不能出，天下胡得不執也？本功詁

尊卑恢恢，惟物之宗。燠之悉燠，凜之悉凜，其奚能束之？尊卑不違常，尊卑之

宰以時也，我何以違時爲哉？將違之而卒無違，厥自昧諸，得可違而違焉。以是售戾咎，其身卒無違。古與今之貽誚於世者多矣，吾幸有聞焉，厥微昧諸。宰時詁

達旨

夫氣命分於化元，情性顯於形骸，法制拘於時代。分者不可易，顯者不可移，拘者不可越。參錯枘鑿，不肯苟一。兹古今之生、得失之繇以生邪？吾生抱虛圓之情[一]，麗戹塞之命，拘蹙隘之辰，攖寧攣拳，其何由以自遂？假令賢聖當之，迺以無累，僕則安能？夫命匪强從，從乎理；情匪强徇，徇乎正；世匪强畏，畏乎公。若是而已。噫！知我罪我，其在兹乎？

【校勘記】

〔一〕「情」，四庫本作「精」。

夏后氏之圭

晉人躬稼，得圭焉而玄，縱當今尺三寸八分有四氂。問諸人不知，遍稽古，決

之，曰：「夏物也。籍不聞有他玄玉，蓋伯禹既地平天成，告功于虞而錫焉。今復出，豈庶人敢私？」其貢諸朝，朝命審于有司。有司曰：「是良石，然而玄，不敢決爲玉。抑棄之又不可，忍寘諸雜良石間。」晉人憤，將藴沈之海岳。或曰：「子固矣！逢時雜良石猶少用〔一〕，猶公物也，亦有以文章由礫，俾藴沈焉，不益可痛夫？」晉人曰：「然。」頫首再貢諸朝。

【校勘記】

〔一〕「猶」，四庫本作「雖」。

歸範

天垂範，聖人陳之，遷之而非範。範以庶民，既富方穀。富疇曰福，則富穀之徵也，與時二物者恒相違焉。昔今之談類惑乎是，又至於不自已，達者激，鄙者力，不肖者賊，其究至底于譋。民寡良，世多厖，誅辟繁，戈甲興，咸職乎是，吾亦不知所執焉。夫富以吝，吝非穀而富術矣；以凶，凶非穀而富術矣。柔乃吝，彊乃凶，凡爲富者，視其力柔彊，以二道得之。二道非穀而富，效則其於範徵也，且奈何哉？

豈聖辭固枝邪？嗚呼！是其非富也，守藏而已矣。古之謂賄虜，其是已夫。與其質氣，精英産之不繁也，而興寶之得焉而爲之吝，斯天之藏吏也，固亦無深譴矣。凶之兼也亦吝，故亦或免。嗟乎！屠坼傷毁，撮撮焉裹囊諸奥室堅篋，妄號曰印富云耳，奚其富？積倉府庫，共神祇，禄士吏，理烝人，入而出，裒而潰，曰萬乘之富，等諸侯、卿大夫而下之，每然也，斯不亦富者而彀者乎？雖不得以彼庶氓以校諸上焉者，範理一也。嗟乎！印士也，則烏得以不富咎彀，以彼藏吏者而惡之？

公孫暉伯爲銘

燕陵之役，公孫暉父北焉。夏四月庚辰，歸自燕陵，遂慫于昔，爲銘于玄籟。玄籟，琴名。初，公孫大父聲于荆，其二世昭沈隱而穎利，公視之尤，曰必緝聲。暉孤過，厥志爲武，十石射，聯肘關，絶陳馳。庸是四役都，五役國，將軍罷什伍，駑頻北云。嗚呼！弗逮北，過之北，過戾乎？匪過戾，過之哉！過之哉！無忘緝聲。

探賾

祝子三十四，家蠱，十年未復。子往性岐，氣亦貳。若於高明沈潛、急紓弛張無顯度，大歸不迷，多昧小端，莫之夬逮〔一〕。茲浸果而敏，曰：「允矣，先師不惑，匪伊聖程，烝人大歸矣。」然而行愈躓，千徑百慮往多迕，則還之。性不可，氣不可，理與天道不可也，而倀倀已。迺沈思冥求，瞿然曰：「先師命人持履以詩、書，執禮論語，其俾之研時也，則用易無過，自天佑之，有所指導矣！大矣哉！天人樞乎？盍其求之？」

曰：探賾索隱，鉤深致遠，吾從是探之。夫易，消長而已矣。吾其消矣乎？消之爲卦也，二十有一，曰屯、蒙、需、訟、小畜、否、蠱、臨、剥、坎、遯、明夷、睽、蹇、損、姤、困、旅、涣、小過、未濟。其爲爻也，不可盡稱。其所以爲消者，非六位柔剛膠焉者也，有幾乎其中矣。然而有消之消者，有長之消者，有消之長者。貞者，消之消也；利者，長之消也；元者，消之長也。貞，冬也。利，秋也。元，春也。長之長者，此無事言之。消長者，天行也；吉凶者，人遘也。夫天行而人遘之，迺亦任之乎？任之非苟任之，塗行遇雨，有犇辟之方焉，方非祝袚也。蓋吾亦有消長術，遘消運者，吾以消消之。夫運之消長相挾也各三，除消之消、長之長以言。吉、凶、悔、吝乃三。其消凶、悔、吝。故消。消之方繁，而其力倍重，乃始可解。消者，消之也；長者，助之也。吉略助之而愈吉，凶、悔、吝略助之而愈凶。易曰：「出入以度，外内使懼。」言消長與其方也，夫焉得而怠乎？夫物必有消長，消長有久近。堯潦之初載，消之久也；其九祀之末，消近矣。又有倚伏，初載之前不知潦也，陶唐之道，天地惡可不位也。於是而識之，非圓機者疇能之？夫消長有久近，人遘有蚤莫。值其久則消之，值其近則亦消之。值其近，則其出之也易；值其久，則出之難。今有值其久消焉而不遽出，則病乎天之難諶而怠焉，非圓機而已矣。吾之遘消也，值其久矣夫。夫烏得無出期？蓋未央也。初蹈世也而遄值之，比其出而之長也，殆將老矣，故其愈躓而迕也，此也故其爲悵悵宜爾也。洎乎今也，探而獲之也，則皦然謚然，蕩蕩然而已矣。奚其喜慍之有乎？故夫遘長消者，其亡喜也，亡慍也，乃爲任之，唯助吉消凶也，其方力不可缺已。昔者遘之而失方力也者衆焉，以興滔天之釁，而鍾赤地之酷，不可盡稱，皆不探之過也。陳圖南亡此，則馮缺二字也；虬須客亡此，則劉黑闥也。故一遘消焉，其即消之，消之則爲方與力爾。不知其久近也，不可以爲即出也，以爲即出而恃焉而弗修，且守是亡方與力，釁酷之所生也。故方與力應，懋期不可遷也。或應久而吾生已焉，則亦終焉而已矣，子淵是也。噓！子淵且爾，而有於吾也乎？

【校勘記】

〔一〕「央」，四庫本作「夫」。

恥僞

祝子在京師將歸，謁玉賈，沽珥爲總冠。賈示三四輒下，後因示絶瑜者。祝子望之稍駭，何質理、文澤、追琢工至是？噭然白虹如也。若誠故韞也，胡弗夙以示？諏其賈瑜直也。祝子語從者：「誠瑜也，宜若賈，然吾固駭之。」賈愠。塗之客以珥薦數十，視其工鈞也，色鈞也，而輝不虹若矣。祝子審之，客曰：「公取其能冠公耳，抑吾固弗執其爲瑜若砆也，而公又奚難焉？公且售，吾又將益公者。」祝子甘其辭，又因以爲利，并市焉。歸示察玉者，悉砆也。於是弗能稱其冠，并冠廢焉。終日自恥眩於利僞者，而失其不僞者，以爲冠羞。

晉侯弗政

晉侯弗政，范文子驟見。晉侯醻弗罄，亟見曰：「何？」范文子曰：「三郤有燧并焉，敢以鳴。」晉侯問左右：「燧人報乎？」曰：「不。」君曰：「不也。」范文子曰：

「會也以無燧人報也而鳴，若燧人報也則焉用會？」晉侯曰：「將厲師飭乎？」問左右。曰：「君亡令焉。」君曰：「未令也。」范文子曰：「會也以未令也而鳴，若令也則焉用會？」晉侯弗悟。范文子老。明年，燕人、鄭人、衛人帥師伐晉。

衛侯好内

衛侯好内，求國中女未家者備後宮。將以嬣易媸，治易魯，幼易長，令國人出女，以相屬諸子魚。子魚徵國女，非納禽若外荒者咸至。獲其尤若干，誠國色也，拔之將以獻。子瑕以女名若干謁子魚。子魚召女，女袨服以往。子魚矚之，微嫭，謂子瑕曰：「其嫭也，殆弗吾拔者若也。」子瑕曰：「瑕也幸比於君，君之志，衷吾之腹，吾不察其好哉？抑古人有言：唯色異愛，玄之予，皙之棄也。子又惡乎知之？」子魚曰：「諾。」遽遣拔者，而以瑕之黨上諸公。公曰：「子勤矣！雖然新女也，視故且幼爾，其嫭將弗越焉。」子魚曰：「國之豔悉是矣，抑君之比，臣、瑕共焉。君寔好瑕而又好嫭，瑕將不好君之好，俾君獲好以締其好乎？」公曰：「諾。」入之，已而知其皆犇婢也，遂擯之，并魚、瑕。君子曰：「衛君舉女弗命瑕，命魚，明也。瑕之薦婬，懼以妍易其身，宜矣。抑魚胡弱哉？君克三易之，君子於是乎猶望衛治也。」

感游

歲丁卯正月閏一之日，祝子東北游。越六日，迹極東海，擬縱大觀。於時春雨如戲，輒施而輟，輟而施，不可以陸。夜艤隄下，無一人同談者。噫！其去於吾師之浮也幾何哉？昔者大道之行，六總八達，弗越今四渤矣。余此究南東，且將北走燕，堯、禹諸君之所營而乂也，如斯而已矣。仲尼遑遑乎其中，不能百里、五十里畢趨焉。苟得不五十里而將皇極之侑建，今誠得有司以舉諸，吾明明后，其力及域中，可百仲尼地。仲尼百無能，今一而過之。行之易於聖人也如是，余胡爲乎不行之？嗟乎！吾獨不得泳洙泗津焉。懼耳域中之弗濟，胡余之幸？嗟乎！務道者幸汲出而瓶羸焉。今去大瀛不能里，而伏三尺刻木蓬底，仰汐而歸，是力之幸也哉！噫！幸毋幸務道者云。

測玄

客諏雨霽於瞽史，盭而咎，且嗤焉：「繆矣哉，愚則焉知天道？察昕興昏止，撫躬占氣，恒可以閉户而識天下，後且暘潦凍暍，以然不縣，繆矣。」嗚呼！物病癸亥甚矣，蓋畢歲無十雨，然吾察之，歷一祀中，暄涼暑温，厥候最貞，以著眇眇侵交換遷變，漸無所戾辰刻間也。其爲恒暘，獨且奈何哉？貞爲自貞，恒爲自恒，厥情皦如，若話言示之者。噫！謂之難諶而亦可探耳，奚惑爲？夫人之相接，默而得其情亦十九矣，言其誠也。如以僞，彼此有一而敗，無爽矣，又孰疑肫肫昊旻者云哉？無必僞，建意之謂僞。天之意，隨而不建。

七悲文

吴郡祝允明謂悲非丈夫氣，使氣而夫則已矣。茲其非夫而非自克者，寧能無悲者與？聊以其大者件而文之，不及爵貨者，非氣也。

悲道

噫！鴻靈之解，一而萬也。繇豐趨漓，氣將人紛，世逐人移。斯秘也，其遂無完期邪？而又誰其停之乎？尼丘東崩，雙林西槁。明神靈真，浮游乎六宇；儒墨名刑，條樹乎千門。雖夫霄泉曠域，然而旦莫萬古矣，吾胡爲乎傷心哉？日月星辰黄道開，山河大地經九垓。蒼衢曙沈沈，皇羲安在哉？振古迄斯今，吾氣一何悲！

悲志

孝順洞穹壤，忠精裂山岳。萬善宅其一躬，千夫的其百行。日月出而幽蔀發，清風吹而煙霧消。化物與春澍均濡，肅己將秋霜并烈。河流之貫夷夏，萬折必東；黄金之蹈洪鑪，百煉不屈。珠沉淵而豈暗，玉埋泥而愈輝。卓哉往矣，悲乎尼之！

悲學

摶塗構室，謝享成矣；炙鴞紉裳，無廢師矣。扶皇王以定世，贊玄黄於不頗。斯術也，可一日而亡于宇宙，悲乎而有絶邪？覓之而遇其緒，抽之而能繼，擲而弗用。吁，誰之過與？

悲時命

旦將行游，日有食之。積囊欲貿，市闤已鍵。霽暄無營雨號駕，白日犇走坐長夜。九門穿逵，我行其野。雖有明日，吾趾壯否？亦厲之而已乎？

悲余先

昔先公以政事、言語，擅由、求、宰、木之科。外祖以裁成輔相，躅伊、周、房、杜之運，勳充社稷，績振班序。暨以家室，重獲蘿松，迺事丈人。人倫刑範，誰有幸者，雲集于斯？悲夫！肖邪？弗肖邪？振邪？弗振邪？

悲黨

自古在昔，同生九區。匪今斯今，吾誰與徒？登途闃然，閉户席滿。若夫遠追莘渭，潛侶箕潁，班堯廷而賡歌，升孔堂而請事。衡步三古，友于諸賢，聯蜚逸鑣，分華炙簡，固亦每接言笑，互見肺肝。又何必憧憧往來，連牀執袂，而後謂之朋從者哉？

悲文章

傷哉窮也，斯文澌矣。木落山澤，堅腹殘絲敗軸。高、謝委塵，燕、許長眠，曹、劉絶交，檀、左、馬、班之徒，豈唯不心，并昧蔑面。余何歸乎？餘霞成綺，春塘草生，山川出雲，采采榮木，煌煌乎吾目兮。

冬宵美月文

栗然而結，沉然而斂，嫣然而附。雲爲之隨，河爲之淡，星爲之散，辰爲之瑩，天爲之夐。畸人戚焉，曠人適焉，豪人鬱焉，靈人逸焉。妙哉月乎！宜行脩逵，升重樓，登高臺，臨清川，栖玄宫，游精廬，浮長江，躋層巖，横滄溟，凌爽風而超青冥。可以怨，可以觸，可以興，可以伏，可以笑，可以哭，可以絶穀。

鸑鷟訟大鵬文

長兼鶴、孔翠三百六十羽部臣鸑鷟上神鳳足下：切尋神州北溟都伯大鵬，來自鱗位，苟幻姦質，廣翼洪體，横加海内，脅眩諸族，同聲隨附。而鸑鷟等文儀不同，姿性難合。鵬輒徇厥頑凶，妄被遮遏，啾啾之衆，有嗉莫鳴。以臣頗備禎瑞，屬近德輝，咸來剖愬。臣恐傷貞崇賊，情難曲抑，矧大明御代，萬品昭毖，若此豪穢，豈容污黷？·爰肅登聞，伏取進止。

箴銘

三箴 三首，有序。

余以禍福非聖哲所趣辟，然有自召之者，蓋亦有其機矣。士之機多由三者：心、舌、筆也，因各爲之箴。

心

倏然而人，智賢聖神而與天地均，非斯曷存？忽然而物，姦宄盜賊而作萬物膸，非斯曷出？人用斯殺我，我亦用斯殺人，以逮其身。人不可察，而我可戒。戒之哉！戒之哉！禍福曰心。

舌

倏然而譽，仁賢智儒而游揚誕乎，非斯曷居？忽然而毁，暴慢鄙倍而憎遠棄罪，非斯曷起？蔑用斯殺予，予亦用斯殺蔑，以偕其孽。蔑不可察而予可戒，戒之哉！戒之哉！禍福曰舌。

筆

倏然而褒，華衮立朝而炙竹耿昭，非斯曷操？忽然而貶，象服黥臉而流污刀简，非斯曷典？物用斯殺己，己亦用斯殺物，以并其謫。物不可察而己可戒，戒之哉！戒之哉！禍福曰筆。

觀大銘

友人家去海里有半，余欲觀大，從而塗焉。稍一往適，天澍地洳，姑睇洋以歸，然亦得之矣，因銘焉。

汋汋渾渾，融液道元。氣母皇鴻，蠢靈混含。曦魄燭宇，合宫于淵。三靈擁府，萬有歸根。滓爲萊壺，末爲龍鯤。鼓怒于飈，寒光太玄。昔之觀矣，方简腐云。今之觀矣，際漠窮垠。卒積于洪，俺俺斯言。七空微滋，卷渤而還。勿失今海，袖此玄文。

魏公羅巾銘

趙魏公孟頫與先總管友密，館余家時所留。

胡爲油油乎？霽霄之青。胡爲縝縝乎？冰蠶之經。公之衣，公之儀，儀先乎首，其藏惟友，而余是守。守之守之，非其友斯，焉取斯？

溧陽侯廟銘

洮流沿潗，岊嶠奠宅。靈君屋祀，赫不可斁。赤劉之九，人綱載辟。雲起龍驤，通侯建績。皇孫内枝，中宗外戚。平臺舞陽，光摇帝籍。靈君承烈，還肇漢室。新封焯爍，溧陽改邑。勝殘就地，山河重襲。君推道化，通流洸溢。威而不猛，寬而乃栗。敬簡南面，德留身没。淵淵邑思，即丘餟食。於煌清廟，川懷原翼。喬林根著，洪陰結鬱。天際翔屋，嶫嶫翬棘。麗藻井汎，危鴟吻立。殷丹流楹，赭綺衣壁。皋門有伉，胡人遥集。龜聳鋪首，蠡旋太極。薰薌帛厚，登俎遝藉。蕭膋鼎炳，黄流樽實。神來燕娭，嘉生洽液。願抑洚潦，馮蠵還職。載拯瘨旱，赫曦殺力。詸釋妄疾，驅趡鬼役。匪私伊公，經祠罔息。顯惠靈濟，鴻稱有錫。行宫四達，專祠靡易。維此湖埭，世守以嫡。振振其麗，生我王國。載崇載嚴，欽宣帝澤。載采聲詩，登被金石。昭明莫私，熙事闓懌。卑生勒銘，昭于千曆。

梁太府卿鄭公湖山書堂銘

莆之鄭自昭始，由永嘉南渡，家而墓于邑之鳳凰山。莆之學自昭之孫露始，盧昭之墓，因湖山之勝，作室其間，與弟莊、淑共學焉，是所謂湖山書堂。而露之季帛，當時所謂南湖三先生者也，時在梁、陳間。露官太府卿，莊中郎將，淑别駕。邦乘國志咸徵爲其地之華重。今河源令敬道守其先澤甚謹，以諸先輩紀咏書堂者示允明，綴銘以歸之。

莆邑之陽，鳳凰之岡。有斐君子，肯焉斯堂。舒濤泛翠，華岑疊蒼。蓀楣藥疏，蘭柱桂梁。策有我書，我綈我緗。音有我琴，我磬我鍾。我有聖師，孔姬羲皇。我有嘉賓，顔曾缺二字。忠基孝階，義路禮防。水知山仁，日就月將。琳瑶在庫，紋繡列房。霄鳳覽輝，霧豹含章。既鴻以栖，亦驂以驤。流慶曷涯，積實接芳。秩秩河源，閈閎有亢。國寵方來，家善彌昌。文學矢詩，鑱之勿忘。詔百文孫，日見爾墻。

羅翰林墨池銘

天作高山，下有氿泉。昔公臨之，染白以玄。今我尋之，清涔涓涓。天地有文，華于山川。觀而化成，菁藻以宣。兹流弗匱，公聲亦延。挹彼注兹，邦髦勉旃。天命斯文，孰後孰前。何必餘翰，淋瀝遺瀋。洪涊而後，信其斐然者邪？

紹興賜張魏公硯銘

硯質黝黑，形圓尺餘，厚幾二寸，下作鼎足八。背刻云：「紹興五年二月一日宣賜，臣張浚謹書。」又刻云：「臣胡銓家藏。」今爲光禄華公所蓄。

炎輝中明，方召執衡。入文出武，光輔中興。帝錫良石，備爾詞職。告命四方，膚公斯出。圜體太玄，鼎趾周縣。乾元覆物，八柱擎天。臣浚承宣，臣銓繼保。大猷日陳，誅姦有草。星移世易，閲歲四百。有斐光禄，尚古斯獲。山齋衮鉞，文曜燁燁。世守于華，剛德罔缺。

休陽孫氏孝友堂箴　二首

休陽孫氏，世以厚倫著。曰子恭、子純、子義兄弟者，家譽大起，時在前元。

學士錢仁友顔其堂曰「孝友」，虞文靖公輩爲之紀咏。國初繼有作者，鉅卷完存，傳至彦達。彦達生三子曰志仁、志義、志謀。彦達卒，三子事亡父存母無缺，孝而友弟不衰。三子有子共七人，三子卒，七人事亡父存母無缺，孝而友弟亦不衰。信秉夷之共好，而不匱之錫類也。志謀子永正交予，既請續爲前堂之記，更請以孝友分著其義，書而懸諸堂之東、西楹。因爲箴，以備其儆察，永之後人。

孝箴

於皇出物，理氣總貫。氣斯化生，理惟楨幹。黎人凝之，殊萬以條。厥惟孝德，主以司標。綱紀秉夷，圭璋物則。煌煌大哉，三才之極。孝友爲政，有華我宗。仰止德稱，作于先公。高曾祖禰，弘肇其先。疇望以引，子孫曾玄。三牲用養，五致備事。保膚揚名，胡曰終始。生死無違，妻子勿衰。無曰不知，神明通之。武敏誕聖，空桑孕靈。亦有悖夫，狂言寄瓶。聖弗可恒，狂弗可迷。非聖非狂，吾將疇依？人孰無身，身孰無自？孝罔異法，回瞻爾體。鴻波錫類，濫觴因心。箴人司孝，敢告百男。

友箴

蓁蓁有生，蒸蒸其貴。先民有言，四海兄弟。矧我群形，氣一而分。豈無他人，莫如季㫒。明明我祖，政繇君陳。楣題之義，曠禩日新。今我孔懷，既蓄以熾。其蓄不一，其志不二。姜衾孔厚，楊箸日授。手足互衛，塤篪迭奏。伯曰善爾，仲曰其唯。叔曰行矣，季曰後只。魯衛厲政，鴒雁興思。毋内以梗，毋貨而移。毋曰聖過，事非周管。毋曰大異，叔無酗短。食紾彰譏，墻鬩垂戾。在昔之訓，吾其敢墜。我有螽斯，則願其均。其何效之，不在我身。子以父師，孫惟祖示。箴人司友，敢告同氣。

重恩堂銘

簡簡伊氏，望兹吴邦。胚華育才，累葉薦紳。昔在先朝，勤勤少卿。罄竭涓流，助深滄溟。中通于天，誠我仁宗。隸官司空，待詔馬門。英皇繼志，求舊耇成。命職丹符，推榮貤恩。皇皇大夫，秩階斯隆。臺卿從孫，復司邦刑。皇眷斯加，錫封所生。命服皇皇，隆階還登。所生惟何，曰溥紹方。念兹澤沛，委垂重重。其重其篤，其豈苟得。緊兹搆宅，皇澤昭揭。昭揭惟公，惟感之彰。感之其酬，惟爾先之忠。其忠其致，詔爾世世。重重澤沛，皇不爾棄。小臣作銘，是揚是厲。匪伊之勸，凡百有位。

宜禄堂銘

宜禄堂者，寶應朱大夫家搆也。大夫字存仁，自鄉舉進士，授鄞令。以不畏彊圉迕執政，移長陽。三年，有賢撫按重臣直其枉，聞天子，遂改江陵。無幾，以憂去。比除，因雲卧不再出。於時其長嗣應登以進士爲南京户部主事員外郎，華實燁然。次子應辰廩學官，繇是有斯堂之稱。歲戊辰冬十一月七日，君介壽六十，司封顧華玉甫倩徐逸民繪圖，揭堂以寓慶，長洲祝允明從而述銘，綴書其端。大夫襟賦孤梗，仕學咸卓卓然。且晏寬恬夷，出處朗然。

淮海渾鴻，融育桀靈。一家萃之，先既滌源。達于夫君，實豐華滋。窮經頖黌，發解京闈。鳴弦海湄，堅謹三尺。拔薙啜水，開門恤兒。寧迕長吏，長吏憾君。荆湖調移，江陵雄封。綰篆缺守，君往攝司。浩然施張，故會稽雞。啼驚諸兒，亦驚巡臣。歸于本治，比考績期。巡臣曰聞，帝聞曰俞。江陵汝爲，期月而可。内憂來赴，乃犇苦茨。既祥既除，曰吾勩勤。衡門栖遲，秋山稜稜。春湖瀰瀰，清風熙熙。二子驤雲，紫鵷蒼麟。霄松玉芝，户曹巖巖。班序之光，芳聞震馳。乃作新堂，乃作新稱。福禄攸宜，歲在著雍。龍在執徐，眉年曰耆。司封顧氏，作此鹿圖。繫此頌詩，君心天游。君身天行，君年天期。維年之祟，維堂之寧。百世之詒，凡百祈年。厥鑒于朱，家國之祺。

植本堂銘 有序

慈谿姚氏植本堂者，宋處士榛所搆也。自處士先四世爲太守，嗣宗後十八世爲今太守汀。中間歷元，至于我明四三百年，科第簪笏，蟬聯不絶，而世守先業，堂亦完存。汀字惟寧，爲内相長沙公所取士，自文選郎出守袁州，嘗得堂記於相君矣。頃，允明以貢士歷事選曹。袁州先生屬士也，復倩爲銘，謹系之曰：

惟天生物，因材篤之。彼懵于機，乃自覆之。卓爾先覺，重華之孫。作宋邦牧，史爍于聞。邦牧居越，雲樓有業。高閎言言，以逮四葉。粤惟處士，乃徙乃築。聯桂之里，新堂有作。昭先啓後，植本是稱。淵淵祖德，翼翼嘉名。維名之嘉，貴稱厥實。盍徵于言，相公有畢。煒煒甲第，煌煌金紫。有典侯類，有教胄子。帥幕節幹，牢盆是職。藩參臬僉，亦有令邑。或董學政，或梓程文。士炙而淑，如霑室熏。維此袁州，世美之尤。敷政優優，譽通宸旒。式搆于家，式楨于邦。乃柱乃梁，閥閱無疆。孰不有本，曾不思植。孰不植本，有艱嗣力。斧斤日尋，牛羊不停。或栖牝晨，或蠹螽螟。有偉茲堂，作者創之。于百千年，奕葉荒之。維此一心，蔚若喬木。仁種義培，禮扶智沃。青黃之華，經術出焉。蠶絲碩果，以惠元元。洪根不披，皇澤方膏。豈惟家華，桑梓蜚耀。灼于四方，伊其來傚。有鑱者銘，以勸慈孝。

壽節堂銘

壽節堂者，洪武中吴人都文信搆以奉其母唐節婦，事見四明張中丞楷所爲傳。其曾孫昂復請爲銘，其辭曰：

皎皎夫人，省元之孫。柔嘉自樹，世德斯甄。笄歸于都，齊姜魴魚。孩子八年，睽厥元夫。我匪楊柳，折枝以稊。誰謂荼苦，被彼霜腓。風雨如晦，杼軸不已。曷食安味，曷衣解帶。清冰直繩，逾四十齡。寔命不周，義孰虧盈。乃鞠厥嬰，乃底厥成。乃心厥寧，載見孫曾。母節孔堅，七十厥年。曷虧厥先，申報厥延。渠堂子搆，寧老于母。母曰汝孝，子見厥考。母子泯淪，有堂維存。誰其守之？有美曾孫。彼二厥天，曾不以恥。有瞻斯堂，而不赤泚。彼不赤泚，人則唾之。夫人百年，士言播之。天薄人厚，亦厚其來。載鞏兹堂，宅天不涯。

錫類堂銘

粤朱顥氏，舉子理，憂痾幾狂，送死勿有悔。爰宅存于兹，署志錫類，敬之哉。表基以中，維聲難居，隮于隆。責備維賢，備則從爾子，從爾孫。從爾子，祚胤大降，勿謂天茫茫。敬之敬之，毋怍于而宫。

忠愛堂銘

猗昔鄒公，爰宰通道。宓琴諧響，鐸錦蜚耀。厥本維何，忠門有孝。洛誦乃搆，式署斯效。

聚玉堂銘

繄伯陽父，古之遺友。宅五同氣，金玉維偶。高記方歌，縢書無朽。載焯于遐，有赫新搆。

安雅堂銘

恭人淵淵，宇成孔安。甘節詩禮，素履丘樊。鹿門豹隱，梓裏松閑。永言逸居，風襟朗然。

尊聞堂銘

綽兮丘林，高駕日尋。多聞直諒，左規右箴。予其拜嘉，服行有欽。躋于高明，曾氏之心。

受益堂銘

朋來賁思，良藥交口。何以承之，惟謙乃受。麗澤蒙潤，覆簣基厚。以深以崇，欽哉三友。

靳氏祭器祭服二銘

器銘

正德甲戌歲，文淵閣大學士、禮部尚書内相戒菴先生靳公，作祠堂于京江里第。茂典聿建，彝綱孔脩，足以法當時而垂後世。既請少師李公記之，維其祭器之度不可不定，乃質諸古訓，參諸人情而爲之式。命以今制者常薦，而古制者，後世以時裁之。如其力豐，則兼設如此日；或否，則姑置之。復俾允明作銘，以章示久遠。謝不獲，謹爲制之，以復于有司者。

簠簋彝尊，古制攸存。吾先之生，用則弗親。盌疊壺盞〔一〕，後世之撰。維先之用，式安且簡。二器并列，饌亦兼設。法象載嚴，黍稷有飶。今者用享，是爲常儀。古者視力，儉或置之。匪重燕器，而俗之徇。事亡如存，古亦有訓。維禮從宜，誠愛作基。以授不匱，百代如兹。

【校勘記】

〔一〕「疊」，四庫本作「曡」。

服銘

内相靳公既爲祭器，遂定祭服之度。自兹以往，迨于萬子孫，凡仕者用今制。祭服而三品以上去方心曲領，以下去佩綬，遵洪武詔旨也。學而未仕者，用儒巾襴衫，不仕者，用平定巾、盤領袍，以義起也。凡此與祭器之式，皆所以體存亡之心，酌古今之宜，而率無違於禮者。爰謂允明，器既有銘，服不可缺。謹復薦以辭曰：

齋明盛服，乃祀之敬。維貴與賢，其服斯盛。奕奕新廟，京江有作。爰及于服，恒典有恪。公卿大夫，祭服是膺。降殺視秩，具如國經。儒冠襴褐，士所固有。平巾盤領，維庶之守。端弁既遥，今盛維此。承家奉國，相君之志。志維孝忠，格于靳宗。維貴與賢，傳之無窮。

約齋銘

滄洲陸子曰偉良父，署約齋。陸子詞説、履蹈、服御，未曾略紓侈。祝子曰：「是反斂縮，束大盈，於至廉未可探本量。其益執匪渝，馴至曾堂、孔室乎？」刻齋銘。

辯不勝口，趨不盈武。藏不得睹，而忽彌宇。瞻彼菉竹，尺之阻。尺之阻，其崇仞以數。

固交

子曰：「天下之達道五：君臣也，父子也，夫婦也，昆弟也，朋友之交也。」四者不道所以合，而友特言交，意者亦有謂乎？僕謂朋友有以地勢合者矣：吴之偃、衛之賜，則同升孔堂；臨菑之玄齡、京兆之如晦，則夾輔唐室。其初豈交也哉？至如農耦耕、工並肆、商集市、胥徒之共在官，皆因而成類者也。然朋友而已耳，非所謂交也。交也者，志同趨，學同道，仕同忠。川之達也，或同防而並流，或背向而各下，豈凡水皆朋哉？其縱衡相貫，分而合，合而分，可以爲交矣。木之條也，或駢樹而争喬，或異植而互陰，豈凡木皆友哉？其殊枝而共本，或别柢而連理，可以爲交矣。故必若游、夏之學，房、杜之仕，斯宣父之云達道者矣。僕也獲友於君子也衆，其爲交非寡而不盡也。霅川施君不以下體，去之數百里，肝膽一日而合。直欲挽拙劣於符券，爲千載友道中興，其力不可以鈞斤萬千數計，僕也何地承之？雖趨也，道也，忠也，不敢以企，庶幾細水之貫長河，柔蔦之附昂松乎？欽膺之，欽膺之，以期平仲之久。

理欲〔一〕

事有可理可欲，中節爲理，稍過焉，不覺侵於欲矣，而猶執曰理，則昧之咎與。飲酒非非理也，禮之共也。禮，理也。人量不齊，各極其節，則孰咎夫理歟？故雖玄聖，亦特以不及亂爲節，所云千觚百榼，固無訝爾。禮行乎交際，以敬物爲主，則於用酒也，寧不以獻勸酬酢爲具哉？具而極也，則不覺入於沈湎、惑亂、狂凶之囿，以悖性殘道死其躬。是用禮用敬以推人，内諸惡、不肖、夭病也，孰爲敬哉？尚孰曰用禮焉？於乎！舉曰敬，曰禮，曰惡、不肖、夭病，其聲臧否判然，孰不能知之？今始以禮，而忽入於彼而不瘖，則何不類也若是？噫！則昧而已矣。是一事理與欲接，其出入交侵之際，不察而已矣。余見人以理，而强人以酒者，至推而内諸惡、不肖、夭病之囿，而終不知咎己也，始畏之，終而閔之。謝元和有善飲聲，余鄉與共酒，亦必强之。近年見其患眼，知爲酒故。又見其飲較舊大減，亦輒醉，知寔已畏矣，乃不苛勸之。而交從間苛勸者尚如故，是未得此説爾。余愛之深，因書此遺之，俾嘗置懷袖，有如昔苛者，出示之，或能同此愛人以德者也。抑治人者先治己，余最受兹苛者，故發之甚詳，庶交厲助之，元和以爲然否？若未契於中，此乃是醉後語，當以還也。

【校勘記】

〔一〕按，是篇又見祝氏文集卷七。

别鄭惟益語

存心莫若寬仁，果行莫若義禮。傳家莫若儉勤，教子莫若經史。睦族莫若容忍，居鄉莫若廉惠。作善天降百祥，敢以獻於鄭子。

安晚堂銘

安晚堂，故都仲德所造與名也。今其孫良玉且安焉，而倩余追爲之銘。余惟銘之設，所以著前力而警將來，大抵爲修己之方也。今仲德已没，則雖模畫其初旨，亦空言爾。不若即良玉言之之爲益也，因命此意而爲之詞。詞曰：

昔公之安，勞在安先。功行效獲，堂名乃刊。今公已矣，安乃孫子。子功子效，惟祖之似。知安之自，無忘其始，而堂此名此。少旦老晚，況之一人。以世而評，乃類祖孫。子之爲功，得之先人。尚貽爾後昆，貽子之子，子之孫，曾玄振振，功益厚，效益深。此堂此名，與世永存，亦先人之心。

硯銘

宣理言志，褒德纂事，惟吾言之勳。載而行之，乃在四君，其勳不可遺已。然紙也，各受所載以往，筆墨終期於盡，欲章四君勳，惟爾攸存。石乎石乎！日出鴻芬，不匱于聞，吾山齋之燕然。庚午歲，吴祝允明銘丹陽孫思和父硯。

止飲箴

中以和神，過則蠹氣。睿哉覆杯，毋作釀器。

酒銘

噫嘻，胡其德？噫嘻，胡其食？噫嘻，其志其力。

小酒巵銘

器宜大，兹器宜小。佳哉兹器，其宜賓。

茗碗銘

紫腴翠濤，皓碗玄槃。我有嘉賓，禮樂兹先。

樗蒲銘

静以觀德，動以觀智。孰智孰用，猶賢乎己。

書鄭生書房壁

學者之心貴近，愈近則體愈固；學者之志貴廣，愈廣則用愈充。如是則内外交進，動静不偏。他日有爲，當沛然矣。

吴郡沈氏良惠堂敍銘

初，沈世用醫守王宫，聲于宋都梁之日。國步既頻，臣黎從南，沈事于越京而家于吴邦。職偕業存如岐、雷，道格于后，功潤于庶，君臣用孚。高宗寔寵嘉之，爲署書以賁煌，俾侈于斯。今以引于來，其文曰「良惠」。良以言藝，惠以言績。藝以樹體，績以達庸。體以精良，庸以效惠。乃降休命，錫于厥家。訖宋歷元，逮于皇明。改邑留井，承家奉遺，式侈式引，無少衰謝，還益熾蕃。其在于元，曰醫學提領瑛，曰平江路醫學録彦才，曰江浙行省醫學提舉德輝。其在于皇明，曰太醫院御醫玄，熾于朝也。餘莫之枚偁。熾于野也，用醫也，用儒者，弗存焉。玄曆寵于仁宗，尤熾。其來孫出于厥長嗣者五人焉：醫熾者二，惟津、瀚；儒熾者二，唯注、溢；季寔克二道，以熾于野，惟演。演拱持先休，夙夜慎恭，懼兹久或湮以隳，謁吴史氏明乞銘。乃爲之銘曰：

佳我沈顯祖君，職思乂康，道用媢宋一人。岐相軒格，傲侈于天，言于天，書欽于承，以暨于我。敬之敬之，載阤于我，子子孫孫，永保千億年用休。

史明曰：凡美罔受而彊作之恥，有攸受而忽遺者弛。凡先罔美而造之誣，有而隳罔孝。弗弛者忠，弗隳者孝。忠爲教元，孝爲天至。成忠孝者辭，永辭者物受之。演乃鑱。

祝氏集略卷十

論議

性論

今昔之説性者，棼然角起，而未肯以物證之而明也。人與物也，高下縣殊，其必有受，斯謂之性。謂之性，斯必有恒，乃同也。今夫物之性，柔剛、熱寒、生殺、平毒，受於是則恒於是。故稼必生，虎必殺。豈惟生爾，燔草石至爲粉塵，鴆之翮一染于醴，察之不可睹，而尋仞之夫一内諸咽，以生以死，此時上帝不之違焉。然則性不恒乎哉？犧、炎、軒、嚳、伊、姚、姒、姬，迫之死，使惡必弗從；癸、辛道之生，令善亦弗能。不從者，稼不殺人也；不能者，鴆弗活人也。此一而已矣，其必然者也，奈何談者之弗校于是？彼有類乎是者，嘗以犬異牛、牛異人云之矣，是未究之語也。犬、牛、人之性則異爾，其有恒一也，烏可以其異也而廢乎有恒者邪？

然則謂有恒者，謂皆惡與？皆善與？不然也。有善者也，有惡者也，有善惡并者也。善者則甚少，犧、姬是也；惡者亦甚少，癸、辛是也；并者一而其劑分，彼此侵互，爲品極繁，由千萬至於無算也，古今之賢良、中人以至細人是也。天地之道二，陰陽而已矣。陽，善也；陰，惡也。陽善亦有惡也，陰惡亦有善也。如令獨陽而亡陰，則亡生矣；亡陰則亡生，然則生矣，復安得獨善而亡惡乎？由其甚少者有恒，甚繁者亦有恒。故鳳寡，鴆亦寡，而雞雀彌彌，今古亡變也。彼將達其辯，故必曰：惡者氣爾。夫理非氣不之舍，必舍于是，合焉而始生，生而性始見，性非見而有，有于合之際矣。非鳳其胎而鴆其卵也，必寘性于偏善，而曰惡者氣，然則必曰：鴆性本善，其殺物，氣也。斯可矣。生生之屬又奚必有性字哉？吾非有黨仇乎軻、告、卿、雄、愈、翺、頤、熹諸子之間，循吾見而章之，亦俟萬年下有定之者。然亦非臆議也，由孔子曰「性近而已」。自孔子至於今，皆推爲至聖，語必師，疑必質，而獨不是其言性，不亦怪乎？審是，則孔子亦不得爲至聖矣！嗚呼！吾獨知從孔子也。

爲邦論

所謂聖人者，謂其能藴天之理，察天命焉耳。命吾以君，則君之；命吾以臣，則臣之；不命，則師之。非不曰後有聖也，吾無事乎作，理之當作者，吾斯丁之，吾敢無傳乎？今夫上古聖人之爲君也，因天下之心，持天下之理，爲之倡焉而已。匪惟其君之聖，其民亦鮮小人也。故道之而曰隨，示之而曰知，不必有所決擇改移也。浸降而醨，聖使民由而不使知，乃時徙其故以會于理。至於累變而愈異，甚有矯而翻之者焉。既益久而不勝其變，聖人亦不勝其矯矣。而萬世之來方滔滔焉，乃鑒于昔而豫于來，曰時云爾矣，輅云爾矣，冕與樂云爾矣。矯于時，會于理，如斯而已矣。匪誕也，匪僭也。天命舜、禹、湯、武而君，不命予而師。不命可耳，不能棄予藴也。棄命者，違天；棄藴，亦違天。不命亦命也，如使嫌不命而違之，予其奚敢？是孔子之心也，敬慎之至也。然而如是，孔子謂羲、炎、黄、唐不足爲與？聖聖盡天，孔亦舉其成法乎言之，云羲、炎、黄、唐不足於湯、武，得乎哉？嗟乎！邦有常，爲之無常，無常者所以拯敝也；拯而還之，其常而已矣。故曰：爲者唯四，其常由時以群類方而推之可知，由輅以群類方而推之可知，由冕與樂以群類方而推之可知也已。曰：「子淵之問燭乎前而稽厥契與？不知而諏度與？」曰：「稽焉而已矣。」曰：「今獨守之爲之，事畢矣乎？」曰：「請更求顔，曷爲以問孔？曷爲以語也？」

治亂論

有治者，有維治者，有亂治者，有還治者；有亂者，有捍亂者，有治亂者。無絶治者，無絶亂者，治不可絶也，亂亦不可絶也。凡人有治亂焉，凡天有治亂焉。人之爲治亂，人習識之，天治亂，奈何？天人之始，咸無治無亂。生爲治，死爲亂。安爲治，擾爲亂。腴完爲治，悴傷爲亂。氣化自爲之，爲之而非謀，爲之猶無爲爾，無爲而然也。故物有適與戚，而無愛憎。比後久且人者擅而弗天，乃爲之用謀，非自然已，而天之自然終弗還。是以無爲歸於天，人無以無爲爲已。孔子云「舜無爲」，亦衰世之意邪？

夫人之始，天爲之時，有戚與適，而無愛憎。久且甚，愛憎起焉，有愛憎而無願與尤。更久而滋甚，願、尤勃而作，遂至於后饑，遂至於戴殺，崇卑之守隮不能持之矣。兹焉謂獨下民之辜歟？夫人之治者，爲觳膳相甘，絲枲相燠，牝牡相契，慈孝相親，禮樂相順，夫焉不愛願？亂者反之，焉不憎尤？至於國天下皆然。然而始治也，人爲之；續而亂，人爲之。在治而維之，先亂捍之；在亂治之，既治還之。皆人爲之。治者聖哲、才賢，亂者不肖、姦宄、盜賊，校然已。至乎天，則未知其有治亂也，知之而未知治之職乎人也。以天之大尊，愛願焉而不敢憎尤，亦以其公仁，故聖教稱大德曰生，而俾不怨。然而人物安焉，而不知治其亂之職乎人。人之力至，而救還之萬分一，猶若自然矣。力而無救還，若堯之於水，湯之於旱，亦未如之何矣。茲所謂亂不可絶，治亦不可絶者也，然而弗可任而無力者焉。今夫鏡之以日月，或曀霾焉；潤之以雨露，或亢烈焉；暢之以風氣，或飈飍焉。舉而隅反之，無不有治亂者。治者若常，亂乃至於踣陷、焦焚、摧衂，以至瘨虐萬形，令枯困迸越，痛毒磔裂，死滅不可以忍語。嗚呼，割矣哉！可不謂天之亂，而能免下民之咨怨懟尤者與？於是有膏薪漿罌屏障之救，是不謂夫天能治亂於自然，而不能治其亂，人能治亂，又能治其亂，又能治天之亂矣夫？夫由天之治，謂之大德，以不能治亂爲無厚，皆不與於天。唯公若仁，其本性無庸以私讟。

於乎！人不治亂，交責之；天不治，奈何？亦置之也耶。爲孔氏之學，獨當不怨天而務民義。會仍歲四方饑，星在壬午以缺二字癸未以風，是爲天亂。申之春夏，亦屢風激論以爾。凡言人之治亂之術者，衆矣。

古今論

談者類判古今爲岐途，吾恒患之。大校君子多是古而非今，細人多狃今而病古，吾以爲悉繆也。君子之是古，非誠是其實也，是其聲也。彼若禮而儐相、尸祝，升降盤還，樂而咸池、承雲，縣簴干戚，冠而收冔、毋追，衣而袀袨、逢掖、紳佩，器而豆籩、鉶瓚、俎几、車旌，布席納屨，豈不美與？然而細人未之安也，非未可安也，古之爲禮樂器服者不徒爾矣。其爲視聽、步趨、御用者不同今矣，其中先有是也，由是投之而適，舉之而宜也。蓋賢愚之情略近，聖者制之，而賢者由，愚者隨，稍從其間，舉而先之耳。後之人中無是也，其爲賢者亦非必果有是也。其知及之，遂苟云古是而今非，漫然欲以皦皦之身而行渾渾之典，是獵其聲而已矣。若夫細人之狃今，亦非誠狃其聲也，狃其實也。其於諸具，亦曰投之而適，舉之而宜，第見其外之便於中也。吾是以知爲古今之辯者，亦執其實而校之耳。

聖之成者，莫踰孔子，子曰：「生乎今之世，反古之道，裁及其身者也。」孔子亦狃今之徒與？非合汙也，非逃眚也，其心也天運，其動也天行，至當而已矣。芒芒宇宙，積今成古，古今非兩世也。彼曰無古則曷以成今？予亦曰無今曷以爲古也？前既作之，後乃述焉，非必今之藉乎古也。或曰：若是，則何貴于聖人者乎哉？曰：人盡克聖，克之而弗爲，斯後人之不肖也。匪曰弗能，弗爲之罪也。鴻荒邈矣，唐、虞之雍雍，殷、周之烈烈，至矣。歷禩二千而乾坤倒懸，非我皇祖之更造也，而尚有斯世耶？唐、虞、殷、周之盛，君而生斯辰也，其亦若是否乎哉？我知其一契也。然則謂今之弗逮古者，然乎哉？方孔子時，則以結繩爲上古，犧、黄爲後世矣，又以視今日何如哉？由是則人之不足爲世也久矣，老、列、莊周之徒皆然也。及至漢氏以來，累降而累病。予嘗統究千古儀制風俗，大率三皇之前一時也，三五一時也，三代一時也，周末一時也，秦一時也，漢一時也，六代一時也，唐一時也，宋一時也，元其隤矣〔一〕，吾明一時也。閔窮肇章，猶三五也，而豈徒哉？然而有作于上下未齊也，故予病乎其爲辯於古今。非無辯也，徒辯其聲，非其實也，而豈徒哉？嗚呼！非激也，激而有以爲之者，蓋存乎其中矣。推天地之道，迹元聖之訓，原群黎之情，察陋儒之識，爲古今論。

【校勘記】

〔一〕「元其隤矣」，四庫本作「元一時也」。

國年論

語爲國者，知在師三五，根道德，張禮樂，而審政刑矣。又知得是者永命，失是者趣祚矣。或從而案之，有爽焉。夏之道不降于殷，殷之德非劣于周，而其世每趣焉。陶、虞以禪，則自以天地之道公于萬世，其祚命恒在宇宙，非所謂趣者。其後劉氏、李氏、趙氏，率四三百禩，他則不然。蓋三氏者，弗能純得乎是而猶弗昚之，此其效也。然其去文命之道亦闊矣，何其年且庶幾乎如是哉？按稽之弗能無貳者。吾求其故，觀其國不可識，觀於人乃得之矣。今夫人之年以百二十爲大紀，而克爾者萬一。其視爲恒度，上者九十而已耳，八十而已耳，亞者七十、六十而已耳。今由賢以迨愚，凡其間心行、智術、生養以有其躬者，貴富、賤貧、佚勞、通窮，萬萬殊矣。究而至于死，帥底于是，無縣相違矣。則國之脩促，亦何縣去之有。何也？苟有充于腸，無必盡粱鑿；苟有裹于軀，無必盡蠶毳；亦勉勉乎，終厥人矣。苟有發乎此，無必極神化；苟有被乎彼，無必極康乂；亦勉勉乎，終厥國矣。唯去穀稷而鴆葛，棄仁禮而戈鋋，乃以賈滅亦無爽焉。然則爲國者，無以年敗道，無以道疑年。不盡物，而人況加於備養；不極理，而國況進於純道。純道之效，至矣哉！或曰：純道者奈何？曰師三五，根道德，張禮樂，而審政刑是也。

後國年論

或曰：審若子言，國之祚以德符之，則周之德其可七伯也，斷可識矣，又何以卜爲而後始曉乎？曰：卜史之吻，吾不知也。雖然，即有是者，亦奚北於德之爲符也與？夫其必以卜者，豈不曰年存諸未至，非人知所察，而惟天察之乎？夫天則察乎其年之未至者矣，亦能察乎其德之未至者乎？不能察乎其德之未至者矣，亦能察乎其立于今者乎？以其立于今者而察其來，是奚必蒼蒼者能之乎？今使問曰：「文王奚如哉？」皆曰：「仁也。」「秦政奚如哉？」曰：「不肖也。」「文王二世可乎？」曰：「不可也。」「秦政八百可乎？」曰：「不可也。」若是者能語之，豎子能之，無伺乎祝史也，而況於君子乎？而況於天乎？天之於物也，實良者條荂，樹薄者槙蹶。故曰：栽者培之，傾者覆之。故畀以松柏而自然後凋，畀之菌槿而不能私延。天能畀之，不能察之邪？周史之卜，天之答之，弗容自眯也。七伯之曆，非不可溢而八、涸而六也，大校若是而已，故更過之。其爲斯數者，史人候測推步有其術矣。蟻徙而澤，雞號而曙，不足異矣。於乎！持斯說以質千古，弗遷矣，辟國者亦奚爲而不師文王乎？

戲論

天地貞觀，日月貞明，有物有則，性習不齊。聖王脩道圅民，内于大彝，咳笑有度，教束刑截，無恥弗格以爲患，何以戲爲哉？夫游息時舍，弛張互用，諧隱發懽，博奕舒氣，賢哲不廢，方册有之。子曰：「割雞焉用牛刀？」古之戲也。嗚呼！周旋折矩，舞蹈象德，遂爲冠猴綬狗，緣撞手步，以禮樂爲戲。肉刑五等，俌教止辟，遂爲椓烙刳斮，以刑罰爲戲。播種十一，粒民養后，乃遂税榷椎剥，稼穡以爲戲〔一〕。理財禁非，命令役使，乃遂漁賄殘慘，以官政爲戲。學古有獲，誦詩授政，乃分經争傳，僞道賈宦，以學術爲戲。襄政紀事，顯道摛華，乃繆辯洿辭，妄製逐科，以文章爲戲。配祖嗣育，乃奔淫蒸報，以夫婦爲戲。傳賢禪授，乃九錫勸進，以君臣爲戲。降衷繼善，秉彝好德，遂悖心欺天，盜聖罔衆，以心性爲戲。篡之郊，弑之類，類祭。奪而詔，侈而封，封禪。莫不攀曆數，陳應順，應天順人。敍五運，顯肆讕詞，對越百靈，以天地爲戲。蓋本柢心性，臨冒天地以有我。嗚呼，至夫以心性天地而戲，聖人有作，能如之何矣哉？甚哉，人亡畏如此！如此，大夫士稱爲賢才，莫不以周、孔我師，天地我性，性理我學，皇王我政，擊臂白眼，麾睨天地。天生烝民，嬰兒乎？用姦文生殺之，爲樵蘇然。爲夫婦之别，令天窮孀嫠凍餓死；君臣以義，令良淳民征輸役徭犇踶以死。咸爲屠劉嬰兒、羊豕等類。大略主務譎欺以相爲，君以戲臣，臣以戲君，父戲子，子戲父，夫戲婦，婦戲夫，族屬、友朋、鄰閭，爾我交逐，逐用此戲，天下日走息戲中。其行莫不用此戲，其言莫不謂聖哲令賢，其執彌貞，其事彌戲，繇有聖人教，而來日走息戲中。獨醒者翻惑，群酗曰：其是同舟，弗寤其歸也。各趣戲無已時，乃移戲以争。争以反，反以亂，天地不見所以救飭，人人不知死所。其所云教之咎邪？其戲之罪乎哉？噫！其終矣乎？謂吾言必云妄輕之，其必以謂戲。嗚呼，其誠矣乎！

【校勘記】

〔一〕「稼穡以爲戲」，四庫本作「以稼穡爲戲」。

心氣體交養論

夫軒蓋載塗，金錢積櫝，禮樂充庭，勳勞被物，緗素列架，豪楮飛案，英俊驩趨，士女愛戴，罇罍雜遝，聲容璀璨，田苑蕃麗，烟霞出入，莫不名響海岳，敬咸卑尊。如是則志意敷暢，精神采發，而四支澤腴。是心氣體之得養，果在於外物。然而聖人之徒以謂不然，故有浮雲之麾，執鞭之棄。至如朝冠不彈，銅山無迹，鸞刀不更，賓館生塵，故舊寂寥，吟諷靡寄，有謨必僨，所投輒戾。於是則悰況牢落，神襟忽悅，偃息蕉萃，心氣體之不得其養也，外物之乏也。而聖復不然，故有顔巷之樂，原室之泰。是故衆人以物養氣體，氣體美而心從之。聖哲用道養心，心安而氣體從之。雖愚有欣戚，而賢聖長熙。然而肌血所嗜，必在佚美，有骸之所同，特徇道不殆耳。其在道獨爲肌血，吾無言之，如道可佚而佚之也，心氣體亦有間焉。養心氣體，猶未曰粗之乎食色、聲味、衾裳、室堂、舟車之類也，精之乎卷籍誦覽、章句歌吟、筆墨灑染、圖繪拊玩，偕得而具享，三者養之完矣。若是者，咸假外物，須資金錢，事事而求之，營營而萃之，得而享則心獲矣，而氣體未免於煩勞乎？或得甲而缺乙，昨有而今無。苟不必慕於全，不追于昔，快乎此且慊於彼，喜其存抑傷惋乎亡，則心少不足，而免於勞煩，氣體則泰紓。然則得其全，三者備而道無害，不可尚已。於其間或得失不齊與必求，且嗟三者必欲全弗乏而終弗克，無寧任之與！力爲氣體以損心，無寧息氣體，心亦未嘗不可舒也。余性極任時，昨有養三者頗皆得一二。比來爲人移假，洎攘竊去物甚多，始多惋惡，將復求完之。暇坐漫想得此，因寫出之，期以自從焉。

心氣體交發論

得前説後，便又得想，三者皆養勝完矣。若得心失氣體，可以發，積中以及外，博聞見，長知解，愉精神。得氣體且置心，亦足以發，寧外以至中，冥樞機，忘物膠，放天游。二者固交發爾。

燒書論

客入祝子書室，謦曰：「富哉，先師之淑萬世者，其具夫！」既而曰：「痛夫嬴政之賊聖典也，不然，尚博厚矣夫。」祝子曰：「聖訓在淑身不淑口。吾見淑口也衆而身之鮮，吾不能一乎感，寔懼倍焉。雖然，安得政更生，以終惠我。」客驚曰：「怪哉！曷爲宥其賊而又惠諸？」祝子曰：「政不善燔，玉石俱炎，然而嬴氏博士之司不與也，幸蒙賴漢家君臣，灰復燃，簡復漆。今士身厥一辭不遷，必去小人，徒于君子者，若克浸廣，以臻厥全，可賢可聖，而奚其少？獨敗吾淑者林林爾，吾力綿弗能祛，思得吕氏之子之手而假之。」曰：「將燒者何？」祝子指數十篋曰：「可燒也。」客試窺之，所謂相地風水術者，所謂陰陽涓擇蕪鄙者，所謂花木、水石、園榭、禽蟲、器皿、飲食諸譜録、題詠不急之物者，所謂寓言、志傳、人物、以文爲戲之效尤嵬瑣者，所謂古今人之詩話者，所謂杜甫詩評注過譽者，所謂細人鄙夫銘誌别號之文、富子室廬名扁記咏爲册者，所謂詩法、文法、評詩論文識見卑下僻繆、黨同自是者，所謂坊市妄人纂集古今文字識猥目暗、略無權度可笑者，所謂濫惡詩文妄肆編刻者，所謂浙東戲文亂道不堪汙視者，所謂假托神仙脩養諸門下劣行怪者，所謂談經訂史之膚碎、所證不過唐宋之人、所由不過舉業之書者，所謂山經地志之荒誕、塵游宦歷之夸張者，所謂相形、禄命、課卜、諸伎之荒亂者，所謂前人小説資力已微、更爲剽竊潤飾苟成一編以獵一時浮聲者，所謂纂言之凡瑣者，所謂類書之復陋者，所謂僧語道術之茫昧者，所謂揚人善而過實專市己私、毁人短而非真公拂人性者。問祝子曰：「斯何惡而去之？」祝子不應。又問：「子亦以科第之録、場屋之業若贅疣，然何不及之？」曰：「試録者，國家用才之階，彰勸之具，是王章也，非書也。科舉之作，士藉以應求，今工之斧斤也，抑亦非文矣，不足去。」又問：「所將去若是，將不有甚於兹者乎？胡弗之覩？」曰：「下此者吾弗有之矣。丹竈之方，盜鄰也；房中之猥者，淫誨也；房中非邪妄，黄帝内素言之，史志具之，第今傳非故策，悉穢妄耳。妖讖之文，吾耳目無接也。吾安得有之？而安得去之？」客出，語人曰：「祝子悍哉！乃將是嬴政而欲用之，抑猶惡其聲，徒口以俯我，將不復思假吾手以爲政秉炬也乎！」

學壞於宋論

祝子曰：凡學術盡變于宋，變輒壞之。經業自漢儒訖于唐，或師弟子授受，或朋友講習，或閉户窮討，敷布演繹，難疑訂譌，益久益著。宋人都掩廢之，或用爲己說，或稍援它人，皆當時黨類，吾不如。果無先人一義一理乎？亦可謂厚誣之甚矣！其謀深而力悍，能令學者盡棄祖宗，隨其步趨，迄數百年不寤不疑而愈固。我太祖皇帝洞燭千古，令學者治經用古注疏，參以後說，而士不從也。嗚呼！試一閲兩漢、魏晉、六代、隋唐遵聖之學，其義指、理致、度數、章程爲何等精密弘博！宋人之勞，不見何處及之，況並之，又況以爲過之乎？此非空言可强辯解也！

管夷吾小論

管生感知以信志，竭能而樹績。仲尼隨事予奪，就問抑揚，並達而不相廢也。故九合一匡，無關於小器；三歸塞坫，曷傷於仁功？然則違溝瀆之諒，已駢邑之怨，何莫非聖與哉？經濟之秘，概存于籍。子輿時自以王略獨任，故過奪管生，以一其言爾。

燕昭王小論

夫壘樹懸資，期四方士，燕后之意良勤。或曰：未知道之不爾。夫所求乎士，以能廉己然後裕人，重己然後重人。俾慕金而至，無廉與重，失本尋末，烏貴乎士？又何賴焉？余求之昭，亦知之矣。四海一后，諸侯不方天王之命，於是傍求蔀藪，凡襟背王略，誰不奮迅爲龍之雲、虎之風？時乃七域瓜裂，勳名富爵之士選君而趨，父母之國不知求之，則東厥轅，西厥贄，憧憧道途。苟不設禮于此，鳴志於彼，乃將命价匍匐爾之匹敵之國，以冥搜之與？若謂士必君就而起。嗟乎！莘、渭、隆中乃尚矣，宣父東西南北，衛可仕，即仕之，亦奚必淇之弊，先篚于鄒室，而後出邪？彼哉富有四海，金被女寺，而士罔覿，則何如哉？郭生之馬喻辯矣，他日罔聞焉。要隗非國器，弗足以塞燕之招。故余姑置隗，曰：昭王君賢。

嵇叔夜七不堪論

超哉，嵇子之斯譚也！鄙夫愕其迂，達才略其散，誰得其心乎？七端悉情體所常欲，凡有形無不然，奚高之云乎？聖賢訓人尚勤而戒逸。記曰：君子弗使其躬儳焉，如不終日。七端皆儳焉者矣，曷爲貴邪？君臣之義，何可以此易彼？夫委質立朝，夙夜匪懈，亦有所立焉。將啓己以沃君，俾主道邦乂焉爾。股肱之業，獨在乎勞其骨支，煩其氣志而已乎？彼其抱關督郵，用趨軼不寐爲職事者，其具爾也。曾謂叔夜斯人之徒與，叔夜料即仕不股肱我，我弗獲爲啓沃道乂，而獨以軒英之姿，群諸關郵尹，不亦污棄天命，囚龍鳳，與梟鴟伍乎？假使彊位揆輔而道不行，相爵而胥績，亦非余之心也。不然，叔夜欲頹惰慢放若是者，將誠愚細人、禽獸、虱蛆矣乎？或云康自貴若斯，而迺終血碪鑕，其何貴之有？嗟夫，忍情徇世，顛失道職也者，其無死乎哉！殺而弗辱者，嵇生甘哉之願也。嗚呼！嵇子智夫有道者，心在千載之上，惟祝子今知之矣。

祝氏集略卷十一

論議

讀宋史王安石論

王安石與神宗用虐政殺天下人，銍艾國脈，臠割烝民，三數十年，令子孫斷骨荒虜，亡國之半，遂以終姓，人盡知。自六賊、秦檜、賈似道而誅之，安石首惡渠魁，特與末減，吾不知人之心、天之理何故亡也？彼哉昧夫，録其苦節之詐、文學之細，將遂蔽其元惡歟？噫！亦其凶焰死而猶祟，此繆夫也。夫言僞而辯，行僻而堅，何如少正卯？孔子誅少正卯，不誅安石乎？安石幸免誅其身，名曷不爲誅？誅少正卯，士不謂非，不非誅少正卯，不非不誅安石，是何據裁也哉？安石殺人與衛鞅等，其文學豈及衛鞅？衛鞅不以才賧罪，寧獨得以文賧安石？以才減安石，由以刃微有刻文，又假之曰：斯周發之大白，魯之孟勞，謂可妄持殺人無戾也。今夫酖者，必内諸醴，或雜諸肴，安石以文學殺物，是醴肴而酖。酖殺物已，猶曰：雖殺，吾猶愛其旨酒嘉饌，且微其惡聲，非心風人歟？噫！何顛冥不靈也如是。誅六賊，不誅安石，誅徽、欽，不誅神宗，何無度數也！

載論

或云，安石非志殺人，期爲聖臣，以君爲聖君，世聖治也。神宗亦將從之爲聖君，皆行之而戾焉爾。夫行之而戾，則不可已，然而何以畢行之？安石意獨欲名爲臯、夔、稷、禼、傅説，神宗獨欲爲堯、舜、高宗而已矣，遑恤乎殺人亂國也與哉？然而神宗初望以蜀主、唐宗，望安石諸葛亮、魏徵，信能改過遷善，爲二君二臣，斯嘉已。安石一自墮，神宗一墮于安石，終底于惡，歸神宗爲愚，安石爲不肖。哀夫，可勝誅乎哉？

元臣論

君臣之分亦審之而定，定而後可以予奪之。域中之后，域中之臣事之也。以道者大，奏功者良，辦務者具，干紀者螟，輔慝者賊，倒冠者逆，何必春秋纔能衮撻哉！惟夫環海之裔，毛羽之鄰，稍植行如人耳，非我類也。彼其自相區團，從焉而蜂蟻，去焉而獍梟，吾何計之哉？今也脱彼巢穴，突吾明堂，巇穢吾法象，擲弄吾福威，戲侮覆載，顛越皇極，自號曰君，誰之君哉？蓋輿之中，大君主之，君而後有臣，臣而後有民，民而後有物，物而後有狄，繇君而物，一氣也，有高卑無異體焉。彼狄者，氣之氛滓，豈曰遥縣，亦非類矣。甲氏之奴逸而事乙，官司理之，且當反之甲，彼非類者。犇蹏翔翼，偶止堂寢，弗克殄之，又從而禮之，非顛人也哉。吾執法而奪之，彼且奚辭？或曰：「古之君子，或以王人仕列國矣。」曰：「狄非諸侯也，或仕鄰域矣。」曰：「夏夷非楚晉也。不然，則夏悉夷矣。」曰：「今可知也，蒸妣嫂，室后妃，齊車服，果不夷也哉！啗其穀者，祇爲之管庫廩刑狗鼠，斯嗇夫五百而已耳。雖有黼黻塗犬羊之鞹，吾不知其烏乎存華力也。夫子曰：夷狄之有君，不如諸夏之亡也。以夷君而夏臣，謂之諸夏之有君乎？謂之夷狄之有君乎？衡、澄之學，集、頫之文，秉忠、天挺、樞、默、盤、燧之徒之勳，守敬之術，曰名後世可矣，曰名臣，吾不敢云。」

趙孟頫論

惜其才者，謂箕子陳範于革姓也。夫胥餘抱聖道，非聖誰其畀之？不畀周則茲道萬世絶也。孟頫非茲道已。惜其世者，謂三恪之類也。夫缺四字居賓席、守先祧，彼此之公也，孟頫臣伏而已。孟頫才藝，多爲吾儕師，不可爲君臣之義耳。

楊維禎論

禎於吾國初應稱一才矣。其爲客婦詩不恭也，匪曰不恭，亦太愚矣。赫曦曜晨，謈於宵者雖躄必作；良師發藥，痾於昔者雖殆且嘗。吾向失足垂死，得踐聖人之庭，亦大幸矣。將遂厥私，執小德欲欺大道，得乎哉？彼自附於故國餘老，爲貞嫗者云。嘻！見金夫不有躬淫陪臺耳，誰能汝容？高皇貸厥誅，亦何其醜自永詒於代矣。

孔子廟堂續議

孔子廟堂，歷代禮文大率不相遼闊。至於本朝，崇隆尤至，其中或應調酌以趣大中，宋學士濂、王忠文公禕，咸有説焉。今日儀章，出入宋、王，議未及者，間有豪末蒙朴，竊自疑焉，因私妄條著云：

曩者，憲宗皇帝推重道之志，加祀享禮樂同於天子，此其越度古昔哲王遠矣。愚竊以爲，凡爲祀享，所以報功，功有隆卑，而其身之品級不可易報者，底於其身之極尊焉止矣。孔子之功，侔配天地，然其位惟臣而已。夫臣功雖並天地，未聞人君事以天地禮也。孔子之報，極諸臣道可矣，非欲殺之，無其地焉。且孔子之功，正人倫也。君臣之分可遷，則人倫不正，孔子又奚功哉？今使孔子偃然受天子禮樂，孔子安乎？愚竊慮其不安，假令安焉，則必不難季孫之僭佾、三子之歌雍也。先朝褒贈，窮於王爵，王本非臣爵，後世以冠五等，則王固臣之莫加者耳。孔子雖聖，臣爵或受越此，則非人類所敢聞矣。異時，儒臣累請增加帝號，天子明聖，竟格其議，此則天地之至公也。今第格其爵，而還用其禮樂，是令孔子明以臣子冒行君上事也。百官居服，等第稍僭，猶無逃於國家憲令，矧孔子曾不如今百官之知禮乎？故愚謂三數年來之祭孔子，計應朝服旁立而無敢當矣。

夫父子，人倫始也，今顔子、曾子、子思並坐堂上，無繇、點也，伯魚悉列廡下，此不幾於裔夷邪？昔者之論，嘗謂孔廟之祀出于朝廷，乃王者事。禮因道統而起，通爲天下後世施報，不暇計私倫焉。矯之者謂道統不過明倫，王事不可偏廢，故又有別室祀叔梁紇，以顔、曾、子思三父配者。此其説雖佳，然究之爲未明順。愚竊以爲，直應引三子以歸厥考之下，何不可也？又孟子之傳固得其真要，其私淑徒也，曷若權其體勢，儕之冉、閔數子間乎？又華戎之辨，有類主奴，如前元是奴據主位也。今許衡以宋遺才、吴澄以宋進士，皆從祀，則凡故主臣妾，率其屬以事僭據之陪臺者，可受法施於人之報也。擯出二子，其疑又安在哉？又禮樂之用，不可偏廢，今禮之節文甚已精密，樂之聲容恐未至當。愚竊謂宜特令學子顓刻習樂，閒暇無缺，考校之頃，兼用升降，務俾禮備樂和，無可間然。如患未獲師承，難猝舉作，或令諸生遴寄太常，習其聲容，必求合乎古雅。通熟者歸授其黨，而首通者科目收焉，則亦不患其不工也。又近時郡縣，或有上援朝廷祀典，用黄冠爲樂舞生，此又不然。學者，學夫禮樂也。素昔所誦孔子之文何文？學道何道？顧報祀之頃委之人乎？借曰未易習，則曷爲不習？乃忍北面而立，以觀異類之舉措邪？黄冠者，今之所謂異端，雖未知孔子視爲何如，要爲吾黨昌言排之者矣。揚雄曰：「在戎狄則進之，倚門墻則麾之。」寧有暇時則極力以排，有用則暫假而不麾者。今使孔子以明道黜邪受報，而更令異道稱邪之人爲報具哉？此又末節，愈不通者也。

嗟夫！聖人之道，中正而已。有生蒙被教澤，孰罔報忱？顧翻有病焉，則未免更爲罪乎。故愚恐久而有建白者，輒申諸鄙陋，詞旨迫局，將幸以來薦紳先生之教焉。

貢舉私議

傳曰：非天子不議禮。儀制典程作于祖宗，率由是貴，故小宜損益，不敢易談。然愚以爲三重之柄在上，芻蕘之獻在下，今萬幾沿革，群工言之，聖人裁焉。蓋不敢議者，臣道無成，而不能不言者，效忠之常範也。竊見貢舉一事，有應稍爲更定，以合時措，而分在下士，未敢昌言，輒復私列一二，覬異時或有以備草茆之陳焉。議曰：

貢舉昉乎周漢，考試興於隋唐。隋唐假考試之法，應貢舉之目，姓名不識其孰何，性行未察其淑慝，僥倖於一朝筆墨之下，以爲終身隆卑之第，斯已術之淺矣。

然其間猶可稱者，蓋貢舉以質，考試以文，質者必極夫德行之核，文者必盡夫詞華之美。苟充其實，乃稱其名。故漢唐之士，有行足以範世，文足以師來者焉，繇選之各極其科程也。當時之文，以詩、賦、論、策，咸有旨焉。自宋代有道統、性理之學，而世主居宿其説，於士爰有疑義之制。本朝因之，初試以口義七篇，聞其創體出於劉學士三吾，其意不過以筆墨代口講之義，不使面陳，故借詞稍令類文章成首尾云爾，本非古今文章家有此式也。三試皆因言以審心，詳外以測中。本之初場，求其性理之原，以論觀其才華；詔、誥、表、判，觀其詞令；策問觀其政術。咸善焉，則爲臣也道立才通，而令脩政舉矣。否則反之，理難明而繫重，故求之最多，以驗其力；政匪一塗，故求之亞於理性；辭令異施，故隨地求其一；才最易見，故特取一以充知焉。其權衡非不精，後先非無序。然談理最深細，故雖或減焉，不妨吾所求也。今之司校者，惟重首考而略於後選，是國初定制之旨已有重輕，今復加偏焉，益重其重，輕其輕也。故愚以爲，三試取舍，宜均其力爲便。

夫聖賢之言，渾涵易直，學者宜寬意以玩之，無不明達。雖所見或殊，觀其意可獲其大歸。自先儒詁釋已不能無異，今必欲同歸一道，或執宋人一詞兩字以爲主意，翻亂經文以徇傳家，或自出詭見雕鑿聖文，迺窒通途暗求符己。凡斯有違，必見黜落。故愚以爲，求之宜大，勿拘一律爲便。經詞弘深，理趣賾奥，或涉冥思，類移晷刻，紛紜之場，苟欲精覈，又望周完，日辰有涯，資賦非齊。「無邪」一語，足蔽全經；芣苢數疊，徒衍餘興。何必務圖盈數，衹費紙聿哉？今或過午，篇數未登，終場如制減作，輒至不謄。或不給燭，俾研覈之功，委之無用；强記之輩，多遂登升。故愚以爲，如制減場，不關去取爲便。

孔氏所述，寔惟六籍。樂經既亡，三禮固在，後世傳業，儀、周二禮固同戴記爲一科。本朝獨取戴記而廢二禮，蓋以戴記文多論説，可以作題敷論，而二禮文多敍詳制度，可爲詞者寡也。然因事明理，他經所同，直述制度，又且何害？故愚以爲三禮宜復爲便。五經之外，孝經、論語同出孔門，與五經者均也。自宋以來，始有四書之目，本朝因之，非敢妄議。然愚謂大學、中庸終是禮記之一篇，孟子之言，羽翼孔氏，然終是子部儒家之一編耳。古人多有删駁，國初亦嘗欲廢罷。故愚以爲，宜以學、庸還之禮家，論語并引孝經，同升以爲一經，孟子衹散諸論場爲便。諸經箋解、傳釋，今古浩穰，然自昔注疏一定，似有要歸。本朝惠制大全書，俾學者遵守，亦未嘗禁使勿觀古注疏諸家也。今習之既久，至或有不知人間有所謂注疏者。愚恐愈久而古昔傳經家之旨益至泯滅，故以爲宜令學者兼習注疏，而宋儒之後爲説附和者，不必專主爲便。

減場之法，以五篇爲則。愚謂既欲其精，不須務廣，或以五篇爲全場，而其餘隨力所及，但不得省於三篇。必理精詞達，雖寡亦取爲便。論場之考，求之甚博，至如性理道學，乃其中一事。初場既得其説，於此勢宜簡略，或摘一語，或搜一人，使旁推曲喻，亹亹無已，似無弘益於學。故愚以爲，論題宜簡於性理道學，而多論政術、人才等事爲便。詔、誥、表、判，或上以令下，或下以告上，正有官之切用，不可忽易。故愚以謂〔二〕，詔、誥、表内宜增科二道判語，須求用事精博、詞文華縟爲便。詩賦之説，固非所急，先進論駁既繁，不必廣辯。但愚謂人之性情，惟言可測，而因言識情，詩賦尤易，故古人之用詩賦以求性情也。今或稍用一二，以驗其性情正邪、心術寬猛，亦可也。至如設策問答，正爲從事之需，政事之方，何有限極。五篇所具，初不爲多，以此求才，宜無遯實。今或分問不急之務，碎細之談，與記古人陳腐之片詞、衆知之一行，以暗中摸索爲貴，則曷若商確今日安上治下施爲之切務哉？故愚以爲，策場所試，專以政術爲便。

大抵貢舉之設，欲得才而用之也，致用之道，向已養之學校，令求之矣。今日之求，乃以用爲急，而欲知其體，故先以理性、道德、經籍之説察之耳。於是而一得其實，則凡後場諸作，悉是爲政之事，貢舉之本意也。故宜執守此意，則求之之道，自不失其權宜矣。今人往往謂科目爲進身之階梯，意以致用之術，自有所在，此特借以入其地云爾。愚謂祖宗定立國之典，巨細周到。用人者萬政之本，貢舉者用人之基，豈苟焉爲暫借之具而已？其必有不易之故矣。及静觀今日之從政者，類多建偉傑之業，而其設施措置，類不豫著于學校文具之間，場屋敷陳之内，功名之出，文章不與焉。其進身也在此，其立身也在彼，此所以有似於借用之器也。然則何以是爲哉？此愚深求其故，所以謂主求其用，而先察其體，乃貢舉立制之本意。至於久而奉行者，稍失其宜，如前所云，則今日目科目爲階梯之由也，或者稍以其用爲急，求之重輕，微形應者，趨向立變，斯則通明俊偉之才，益可前卜於深潛興起之際矣。荒魯妄見，似戾大通，將就正於有道焉爾。

【校勘記】

〔一〕「謂」，四庫本作「爲」。

奴書訂

觚管士有「奴書」之論，亦自昔興，吾獨不解此。藝家一道，庸詎繆執至是，人間事理，至處有二乎哉？爲圓不從規，擬方不按矩，得乎？自粗歸精，既據妙地，少自翔異，可也。必也革其故而新是圖，將不故之并亡，而第新也與。故嘗謂自卯金當塗，底于典午，音容少殊，神骨一也。沿晉游唐，守而勿失。今人但見永興匀圓，率更勁瘠，郎邪雄沉，誠懸彊毅，與會稽分鑣，而不察其爲祖宗本貌，自粲如也。帖間固存。邇後皆然，未暇逞計。趙室四子，莆田恒守惟肖，襄陽不違典刑，眉、豫二豪，嚙羈蹋靮，顧盼自得。觀者昧其所宗。子瞻骨幹平原，股肱北海，被服大令，以成完軀。魯直自云得長沙三昧，諸師無常而具在，安得謂果非陪臣門舍耶？而後人泥習耳聆，未嘗神訪，無怪執其言而失其旨也。遂使今士舉爲秘談，走也狂簡，良不合契，且即膚近。爲君謀之繪日月者，必規圓而烜麗，方而黔之可乎？噉必穀，舍穀而草，曰穀者「奴餐」，可乎？學爲賢人必法淵、賜；睎聖者必師孔。違洙泗之衺曲，而曰爲孔、顏者「奴賢」、「奴聖」者也，可乎？

斥仙

余答問仙者，恒不盡其辭，因激直以待扣大歸，欲得有無，宜爲不一言以蔽之矣，有而不可爲也。楊子曰：聖人不師仙，厥術異也。聖人非不能，不爲也。子曰：朝聞道，夕死可矣。釋氏曰：寂滅爲樂，形滅性不滅也。老子曰：死而不亡者壽。皆無以不死爲善。由羲、炎至于孔、顔爲聖賢，在孔氏書者，無一人脩仙，如其言黄帝沖舉，不知果否。史故言帝崩，冢且在，非謂決必無。即信仙，帝道已盡，身爲聖人，乃仙亦何害？至所稱廣成之流，其爲人賢不肖，不在世史，吾安得知之？由孔子後，爲者悉不聞其素高識士，或言仙若嵇、阮、郭璞輩，知不免世禍託云爾。後多放之，不誠爲其它，君臣士庶人誠爲之，悉愚不肖也。雖有良士且爲之，是知中之愚、賢中之不肖也。道二君子小人，仙所爲何有於天典民理，益於身、家、國、天下？何一心爲君子之心，何一事爲君子之事？是故天下誠不肖之事二：燒金者，大盜也，罪溢于跖；仙者，賊也。謂盜賊者，無獨人世盜賊，天地之盜賊也。又其事萬敗而一就，就者雖千萬歲，猶莽、操、懿、温、劭劉、廣楊，雖帝王而盜賊也。即所謂鍾、吕等在，坐雲表笑九土，亦糞土而已矣。糞土且益世。其敗者，即卓、泚、禄山、缺一字巢等，愚中復愚，不肖中更不肖，窮惡竭禍，乞爲獸蟲不可得，萬悔不及，夫何惑之有？

説吏

吏所以止民之争，而吏之争於民，甚於民之相争也。民之争，求止於吏，争於吏將焉止之？故置吏者，必先求其不民之争者，而後求其止民之争，然後可。不然，是吏教民争，而置吏者教吏争也。與其欲止民争而更教之，不若不置吏，而民之争尚寡也。

策問二首

問：刑書之制，勾攝公事，專於里甲，本邑雖微而訟牒繁滋，民習頑固，承捕者接踵，被逮者堅匿。雖較督嚴密而沉滯自如，茲欲别委他役，則法制有礙，而井閭之騷擾更甚。專責里甲，則頑梗得計，而無辜之笞撻不休。況里甲之設有限，而文牒之出無窮，將若何而可邪？諸君子幸明教之。

問：盜賊之端，論者多矣。聖人以爲上有欲，餘子率謂始於貧窮。故曰輕徭薄賦乃爲弭之之本，言信美矣。然今積久之盜，其初果皆以窘迫歟？招安之命屢下，許其自新，則其出也，可以陳情請命，寬恤休養而爲良氓矣。何以招之則視一時之勢而苟免，少縱則不悛而重犯歟？然則其端亦不繫於貧傴而不欲不竊，亦不可以概論歟？將必絶之，竟如何而當也。

論高憲副義田事

高公作義田，縉紳先生言其美甚至。允明觀公自述，所以堅持其心而調酌事宜，必欲達其志而後止，信其義之大矣。抑重有感者，夫含氣之屬，必抱仁義而後曰人，然而遂之者，亦必四德之互成焉。今有冥鄙悍戾之徒，不識爲善之可樂，頑然不仁者，此則烝民中萬分一。人體而禽性，宣父之所謂下愚。若是者，無必論。其有平居之言、知義之美，然往往事至而識歧，勢及而應昧，撫機坐失，不知悔悟者，視彼若愈，而要歸無成，此乏智之故也，亦無必論。若乃知其爲義矣，而不勝吝嗇之奪，惜錢刀之糞土，捐理義之珍寶，知而不能行，是信之未至也，又何計耶？至有識鑒明決，於是數者皆不足以累之，慨然思措諸事業，而乃局於時之無制，病乎古之不可反，財莫充量，效難博濟，遂付之一慨而已，斯亦異乎其彼矣。傳曰：觀其會通，以行其典禮。然則無擬議裁制之術，以底乎是，乏禮之故耳。嗚呼！循是四者，則天下之事以義舉者恒鮮，而天彝靡敦，涼俗寡救，復何怪乎？若夫君子之於事也，義以爲質矣，於是衆德夾持，以必要於成，仁本之，智燭之，禮制之，信果之。弗患於闇機，弗懼於私奪，弗慊於罔術。時格莫之違，古意莫之失，不以羸縮沮，不以廣狹嫌。一日奮樹而心獲焉，志行焉，道立焉，澤流焉，則高公之兹績是也。嘻，是寧特義云哉！五常具周，才德交懋，完然爲當世法。君子之道，集厥大成也已。

約庵論

或謂允明曰：「周公之稱約庵也，自其家食時，今位中丞矣，業望益極崇廣而稱不遷。其以請于薦紳先生之言者，得之卷策，矗如也。子數年未之復，乃將何以加之？」允明曰：「隱顯一致，素履往也，久而不遷，恒德固也。愚言固莫之尚，不知而郡公之意何指〔二〕，姑以鄙意推言之。夫爲約者，將獨斂束其所猷爲，令勿放侈焉而已乎？約道蓋大矣。大略約其言者，約華以質，約煩以簡，約躁妄以誠默。約其行者，約汰而謹，約浮而沉，約肆而敬，約泛而密。大略約欲以遵理，約氣以從志，約人而歸諸天，此士之約也。守之爲君子，進之爲賢聖，通隱顯而然。至于約輔棐之道以爲臣，約子惠之道以爲吏，則公卿大夫之約也。約者無弗貴，豈惟人哉？物約亦然，水約則不魚其人，火約則不焚玉，虎狼約則不日啗于市。天地亦然，風雨約而物育，雷霆約而發有時，日月約而不逾曆紀，暑寒約而不過極以殪人。其在于昔，孔、顏以枕肱簞食約于藏，公儀、晏子、司馬公以拔葵布被等約于位，至于土階菲飲，堯、禹以之約于王，而況於士乎？然而，約，虛位也，用之存乎擇。有弗善約者，約其外若謹，而中且侈。約其言若吶，而退且訐。約其澤不霑衆，而躬享其腴。是則約之不可爲也。故曰存乎擇。鄙夫之論蓋若是，是亦可爲中丞答乎？」或者曰：「善。」余曰：「凡中丞今所謀者，公卿聖賢之約也，必將恒守之。操孔、顏之學，肩司馬之德，相我堯、禹之后，納于約，道行而國家賴功名收，斯稱懋矣。」會太史徐君將還中秘，因述其語以就正，而并煩致之中丞公焉。

【校勘記】

〔一〕四庫本此處無注，正文作「群」。宣統本作標注「而君」。

辯潘生爲孝事〔一〕

邦大夫士有爲詩歌文辭美潘澄天錫氏，言天錫事母篤孝。天錫多子而孤，弟妹三，未家室，母命子孫家室必以序。母没，長子儒既三十七，始爲之娶，又假黄冠法令脩薦以告母靈。久雨是時而霽，又有鶴降焉，以爲皆孝徵也。復有邀予爲言之，余遲回久焉。夫三十而娶，禮也，過不及，皆不合制。然而無必泥也，文王十五而生武王，舜不告而娶。孔氏之訓曰：「三年無改於父之道。」當是時，長者適可嫁娶爾。假弟妹更幼，復越旬紀纔可畢事，則儒也殆知命猶鰥歟？設遂以不後，此之不孝視彼疇重輕邪？或云亦適以其可嫁娶耳，儻時誠更過之，則澄不爲之矣，審然其孝又非篤誠也已。孝豈視時勢爲行止之物歟？黄冠之事異教，非典法，鶴下或偶會，或有以術致，凡數端殆皆莫可訓。曰：「然則宜無以譽而毁歟？」曰：「亦以義權之焉。凡天錫之爲，曷爲乎？爲孝而已。苟一以遵母令爲孝，則迂曲以徇之，求必不置此一命於空荒之地。幸有子五，則無慮於緩娶而不後。異教雖未可憑，亦籍以暴衷。若必告，然至暘、鶴之來，任之而已。如是，固無戕於義而歸于孝。今之反是，以徇己遺親者紛如，不予潘，得乎？」余言如是焉爾。

【校勘記】

〔一〕四庫本題作「論潘生爲孝事」，在本卷載論篇後。

祝氏集略卷十二

書牘

擬上天公書

臣聞天職生覆，帝道玄遠。故下民苦則嘑天，儆幬育之仁；極則籲帝，冀斡旋之神。帝豈樂違仁以損職、没神以斁道哉？今兹歲行在亥，春夏以來，淫潦作眚，殆半天下。三辰失明，四瀆汩亂，淹山没谷，沈蕩城郡，殺麥爛禾，人死萬萬。盛陽之期，雷電晦滅，陰浸沉溢，有類秋冬。愆燠寒之宜，敗氣度之常，甚可畏忌。臣聞六物播其游氣，四令宣其子理，雷電之動，各有攸司。帝惟統運元本，消息自然而已。然則今之水厲，其帝意與？抑群工之失神理與？臣愚謂世有隆降，道無遷革，咎徵之下，豈應虛苟？若某山某土，方帝之造，帝則瀦之；某民某物，逆帝之命，帝則溺之。何以溥錫凶禍，泛然亡擇邪？臣又竊見：如此一地，平坦利往，而忽蒙菑害；或彼一土，嶢岨陷衆，而更自宴寧。墊者必寠仄之家，存者定侈富之室，然則帝意果安在乎？雖蕩蕩惟大，靡校錙銖，而吉凶影響，夫亦胡鷧。且下民之拯救者，至難且久；上天之仁佑者，極易而速。以至易之變化，易至難之民勞；以至速之神道，易至久之人力；以一亭毒之功用，解四海之困窮。繇人情以揆裁，必見所從違矣。雖不敢以此仰窺鴻造，上溷玄機，然而自我視聽，感兹至誠，則下土群悰，亦敢僭聞。伏覬急闔闢之樞，答僥幸之望，釋衆積之憾，肇安輯之喜。乾道光茂，坤輿寧止，六合幸甚。如是雲官雨伯，干紀沴化，亦乞天威革釐，匡戒以歸中正。臣冒犯清嚴，罪當不宥，伏乞照臨，遂賜俞行。

上閣老座主太原相公書

正德二年正月十日，門生祝允明謹齋潔具書，焚沐百拜，獻于端揆恩門尊先生大人鈞墀下：聖明踐阼，昆命爰立，天地交泰，雲龍開運，蒼生魚鳥，望化咸若。矧在門席末士，從衆抃蹈之餘，其能遂已而墨墨乎？然言而亡采，不若弗言。間嘗條布豪末，愚忱期欲附達左右，又恐密勿之地，機務填委，私牘浪語，祗煩口目，適以益譴，是故久之無所呈徹。昨日郡侯召見，賜示鈞劄云云，始知先生之不遐遺，始知小子之懈慢，始知先生之猶略其罪而與其進也。因是復取所條者稍爲裁敘，因風銜誠，終上諸門吏。

允明竊謂宇宙之内，理之與事，咸有其至者，而各有所居。居之者咸得，而其功成，其績興。不然者反之。曷爲理之至也？聖賢之道也，王佐之才也，中正之德也，天人之學也。曷爲事之至也？丞弼之位也，霖楫之任也，樞軸之權也，登平之業也。若是者皆具，則居之咸得者也。上而臯、夔、稷、契、伊、傅、周、召，次而蕭、曹、房、杜、韓、范之徒是也。其功成，其績興，千古一時也。理得之，事不得之，則功無與成，績無與興。上而孔子，次而孟軻、王通之徒是也。事得之，理不得之，則亦功無與成，績無與興。甚者更以僨古之具，臣鄙夫是也。是故理未始無其居，居之有與事，咸得不咸得耳。咸得者，自是天地間至難之期，所謂千古之一時，如前所稽可知也。而今其時矣，先生其人矣。自衆人觀於是者，曰賢升而世泰，位尊而道行，大率若斯焉爾，此固爾也。自智者燭之，則大有非易易者，何皇天之萃是至理與事，俾先生一人咸得之。而當今日之時也，意者有所倚託憑籍，將以旋乾轉坤，爲我皇明翊無疆，丕丕基，俾伊、周無專美者與？天道淵穆，草茆之類非所敢知，而先生其格于是矣，則門人小子，亦從衆抃蹈而已。引頸延佇，日誦聖政之維新，先生相業之巍赫，萬邦蒙賴，而門墻竊光，感戴欣幸，自倍恒品，何能既言？乃若位禄之峻極，體履之康祉，是皆上天景命中具者，不敢煩云，以勞聽司也。輕忽唐瀆，無任悚息。若夫郡書之事，輒亦附陳其故。

伏自先生行後，衆以郡公考績期迫，相趣入刻。雖曰隨刻隨校，專責有人，而要之人情散解，又坐圖籍單寡，日力拘局，不免漫浪作事。時以允明之不肖，雖欲黽勉加力豪末，以無負先生若郡公之採舉，然而人格素卑，不能自拔，竟不得不避專擅之嫌，遷延引却，遂致卷帙外周，而文字中漏，體骼聯整，而精神或殊。此則允明之罪，而其間固亦有不敢盡言者也。初，允明承委條件，令專修者沿革、守令、科第諸表，官署、宦迹、兵防、倉場、驛遞、冢墓諸志以爲書，凡十有八卷。所參修者，城池、風俗、世家、平亂又四卷。於時允明所受驅策，稍已勉畢其事矣。獨以先生王命赫臨，入相期促，而書中諸條未有所屬者猶繁。區區之愚誠，以先生之弘綱已舉，而諸君之衆目未集，下而宜勞者反逸，上而宜佚者更勞，仰窺尊抱，未免焦煩。且我聖上以天下之大任，涣命飈馳，而先生猶不忍一事之中隳，欲目矚其大勢已成而後行，是以繫累若此。小子私懷，惡能自安？乃思欲奮起自效，少分先生之憂。而周覽其間，惟人物志之在范、盧舊册者，最爲浩穰，而且無嫌可避，於是獨取而治之。至於宿館舍，繼膏燭，至漏下四鼓，日出而作，如是者不及一旬，而繇周迨元之人物遂畢，又九卷。雖才識闇短，因人成事，意惟不敢負先生耳。及後分修本朝人物，就所分者得二十人，皆文學之科。袁華、郭翼輩，人不過數十言，只據原分本稍定一二字爾。惟伎藝諸科，每項不過數人，而各隨科分列。古今隔越，勢須逐項先後畢舉而次第相銜，始得篇章照應，卷次停匀。乃據吴先生未完本、張本、都本、朱性甫本諸原草之舊而次第修之，迄于本朝，以成卷次。其孝友、烈女原議作表，諸表都付允明，此其分内物也。後因更議此二項作表有礙，不可著筆，乃改作傳，固非允明之侵分也。然固易爲媒謗，而允明徑爲之，此則果於自信，勇於效功，而不能避嫌之一也。又科第表所載，凡諸無傳者悉在，而以急遽有限之秋，欲備登合郡百餘年縉紳之姓字、履歷，抑又初無文字據依，祇藉耳目詢訪，欲其一無舛脱，寧可得乎？此乃事勢使然，而寔憎訶所萃，而允明又不量而爲之，又其果於自信，勇於效功，而不能避嫌之二也。然其失正由愚騃而已，固無足他虞也。夫豈知事每出於意外，竟坐二者而遂貫求全之毁，卒致微勞不白而嘖言濳訌。時非不欲自暴其衷於郡公之前，誠以無先生爲之依歸，縱言之，無所證斷而折衷也，故遂包垢抱憤，一笑不辨，以迄于今，亦以事無久而不白爾。

兹者，辱下教命，特賜顧委。於是信知大人君子果有燭微闡幽之神、開誠布公之烈，而不一物枉且棄也。得命隨具事宜帖子，申白郡公，而事狀全非曩昔，竟亦付之無可奈何，一浩歎耳。空荷期委，終成孤負，恨何可言？聊陳大概，附復如此。雖然，固猶有所不敢盡言者也。煩惱威昌，知荷萬罪，至於寒賤傾歸，亦復綴此喧聒。自頃繆領鶚剡，忝登龍門，抽之於冥覽之中，而擢之於堆積之下；起之於垂廢之際，而引之於更屬之初。凡及門弟，恩均在三，而先生之於允明，則倍萬焉。蓋膏澍毓物，而瘠壤之澤特豐；宵月揚輝，而迷塗之夫加賴。允明之銜斯厖沛也，豈特膺服肝鏤而已哉！兹則煢獨轉深，顛頓彌亟，引覽前路，邈未可知。然而思極性開，年加力定，愚雖不敏，敢負所天，忽及幺麿，不任戰灼。允明伏惟霽宇收略，幸甚幸甚！允明惶懼惶懼，死罪死罪！允明不宣。

上堂尊少宰四明先生書

年月日，門生長洲祝允明謹齋拂〔一〕，詣門頓首再拜，上書恩師天官尊先生大人閣下：允明竊惟天之賦物也，各以類就，而不能無純駁貴賤於其間，必有精英傑特之氣凝之乎沈實之地，發之乎顯赫之所，使之卓拔雄立，表儀當時。於是駁且卑者，得以援攀投附，由末以赴本。然後純且貴者，以全其類而責塞。此天之意也。故聖如周公、孔子，不能已於握哺、啓發之勤，非知夫士之果不若我而姑爲爾也，知天之吾責者，其意如此。吾惟懼夫勤勤之未至，以違天也，夫焉得自已？繇二聖人以來，天不乏賦，若責膺是者，亦往往能承之。雖未至周、孔，其意可知已。其在於今，則先生其人乎？自三數十年來，海内之稱文獻冠領者，必曰四明楊氏矣。由先文懿公而下，專明經之門，擅儒林之場，聯絡甲乙之科，勳華著朝列，膏馥被衿佩，煌煌延延，累數十公。天下之士，耳震霆，目日月，雲烝而川趨也。今先生道真中腴，學澤外滂，揚歷清貫，簡切皇眷，乃以天官宰衡之任，兼司司成成賢之典，官人迪士，總存而交委之。所謂著者益著，被者益被，士苟不聾瞽，誰不歸也？而小子之幸，則逾其望也倍矣。

小子東南之下材也，夙受先訓，繆班士列。弱冠不自量，輒復操管舒觚，學爲詞章，以此妄爲大人君子所與進。然而質陋力譾，志劣氣局，竟不能勉闖高明之域，而日趨叢污。方愧憾自艾之餘分，不能從薦紳先生之後。屬者歸學省，執業堂館，伏幸先生進而教之，諄勤不已，蓋於是而所謂踰望之倍者，不一二數焉。始隱伏茅蓽時，仰先生之風如企古人，以爲此生得一識侍爲不負願也。乃今一旦而遂之，則其幸也何如？遂之幸矣，而又獲立函丈隅末，號爲弟子，以不失素心之依歸，其幸也復何如？依歸幸矣，而又獲盛節懋愛之臨被，不以泛衆視之，而特賜垂收曲挽之不已，悃悃焉傳道受業解惑，至于再，至于三，則其爲幸，豈不愈越恒品，而莫之與京歟？夫莫京於其幸，而思其報塞者，闊焉漠焉，恍不知其烏在。此所以易幸以懼，而不能已於陳説焉。

先生曰：「子之資也已良。」允明自察，而見其蒙昏蹇連，後於時彦，當人一己百之間耳，而胡以當先生之期乎？此以懼易幸一也。先生曰：「吾之知子也甚蚤，時猶在少弱，吾已嘆爲鮮及矣。」允明自察，而見其荒落鈍退，蹜蹜如循，回視昔日，已自甚遠，求及夫人，蓋大難矣，而矧曰敢先之乎？此以懼易幸二也。先生曰：「子爲大參之孫，武功之外孫，而太僕之甥，養而成者厚矣。」允明自惟樸遬之質，幸出附於内外文獻之宗，而其洿下不振，愚不肖如此也，愧天怍人，死不之塞，而復何以哉？此以懼易幸之三也。先生曰：「始吾在史館，見所敍上武功遺事者，賞之，詢而知爲子筆，謂武功之有孫也。繼望子來以顯，而屢失之。後喜子舉于鄉，慶吾王先生之得人。已復寂然，每春試，輒從榜録覓子名而不得，知其滯矣。」允明於是而知先生之愛之篤至若是，而將焉酬之？此以懼易幸之四也。先生曰：「比歲之聞，則或謂子崇飲。夫過必勿憚改，行必求副文，名必欲協實。年彌長則見彌定，子必力勉之。」允明於是則有惶赧戰栗，而不敢文也。昔也少妄，欲達志建業而不可得，則孤煢凡懦之質，不能自固，或有託酣宴以陶神情者，茲焉循轍檢迹，其敢迷先師之丕訓，違先生之仁教？明也敢不自厲？此以懼易幸者五也。先生曰：「天之美氣，精英傑特者不遍賦，間鍾於是，而吾得之，則其珍貴希鮮亦重矣。必也思所以保惜自重，如天之重之也，斯爲不棄天命。」於乎！先生之伺不肖至於如是，此則不肖以懼易幸之六，而兢慫顧慮，不能自已之尤者矣。盤題紳書，敢隊夙夜。

嗟夫！天之賦物有純駁貴賤，而必以類也久矣。純貴者玉，玉琢而文石從佩用成，瓦礫者遠矣；純貴者梗梓，梗梓立而微材集、巨室完，榛棘者遠矣。先生儀璣衡，柱明堂，佛仔皇極。小子固駁賤甚，竊願別瓦礫，辭榛棘，遂厥狂簡，其望至矣。琇瑩棁楔，脱可斤鑿，卒幸先生與進而終之。允明惕息惕息，死罪死罪！

【校勘記】

〔一〕「拂」，四庫本作「祓」。

答人勸試甲科書

陳義垂省，詞厚意豐，戢佩良益。凡國之章，數彌高者榮彌大；官之位，守彌要者志彌達。此衆情所識，無須勸也。且張弧之初，期於破鵠，豈待銜筈，方擬發留，惡有足闖棘場，乃議進退，斯不伺智者而後定也。緣夫道以時遷，事以勢異，審而從違，乃可稱智。天下之務，求在得之，得在行之，必然者也。如使求之而無方，得之而不易行，則竟亦空耳，何以徒勞爲哉？求甲科之方，所業是也。今僕於是，誠不能矣。漫讀程文，味若咀蠟，拈筆試爲，手若操棘，則安能與諸英角逐乎？挾良貨而往者，紛紜之場，恒十失九，況枵橐鈍手，本無所持，烏有得理？斯亦不伺智者而後定也。又況年往氣瘁，支體易疲，寒辰促晷，安能任此劇勞哉？窗几摹製，尤恐弗協時格，矧於苟且求畢，寧能起觀？勞而罔功，何必强勉？此所謂求之之無方也。故求而弗得，弗若弗求，借使以倖得之，尤患行之不易。

足下教云：「得且未必，遑及於行。臨事而思，循次而作，固不爲晚，曷其滯乎？」嘻！人豈不自知。古語云：人各有能、不能。若是者，非余所能，正斯謂也。又曰：「昔既累干，今曷中沮？苟希野逸，胡不夙隱乎？」夫行己以義，制義以時，故一鴻而磐陸異，一雉而舉集殊。春苗夏薙，隨候而蓺，又何拘乎？又曰：「然則曷不遂行遯？」夫不仕無義，度力而趨，乘田委吏，莫非王臣。如曰徇放逸之曲懷，獵高尚之浮譽，豈吾心哉？近世有既舉於鄉而不會試者，語人曰：「始謂求賢，而待若防竊，故不復爲。」聞者高之，僕竊非焉。夫場屋之規，何必親歷始知？如必親之，一場已識，當不復入，奚伺終試乎？今既得而託辭焉，是所謂掩耳盜鐘，將居其實，矯其聲，以它規也。是以一世眩而名利歸之，既而以殊典起天官，率成憲，授以舉人之秩而退。此寔銓衡之得，朝廷之大公也，僕可以效尤乎？又曰：「臣之事君，勞而不怨，中外之勞，亦略等耳，舍此就彼，將何居乎？」夫朝署之責隆，忠效諫行，則績弘而知不任，不任者躓。親民之政狹，簿書錢穀，則澤小而職易勉，易勉者克。識非大昧，寧不辭躓而趨克乎？僕也上不敢如鬻熊，次不能爲嵇康，下又不得如袁甫者乎哉！嗟乎！去就自有合宜之節，難乎識，尤難乎執，能識而執，存乎智者。僕不敢以智居，而求免於愚，何不可乎？庶幾醲一流於滔滔，噤澌鳴於群響，幸循其分焉爾，寧矯激邪？誠感愛懋友道之隆，然而斯言亦僕之誠也。幸誠察而信之，僕又豈敢以山巨源傷公之義也哉？

銜遇

提督山西學校事、按察貳使湖南曾公，昔以御史按南輔，允明竊蒙教焉。然其蒙之也，蓋曰公之道之行，德禮之被，學術文華之敷達，聞見之而得師焉。譬猶睹日月而顧光明，觀山水而勖仁智，風雨霜露發於天而物自生成，無必面命而已益矣。一旦斧節下臨蓬茅，允明惕然出，肅奉以入。公接之以殊禮，與之以温辭，儆以高賢大君子者爲待望焉。於時邦人聳觀，以爲公之異政，而祝允明也榮。允明曰：「此不足爲公異，允明不敢以榮也，有不勝其懼者焉。」夫自聖賢，抑己下人，式閭吐握，尋常事耳。後來人品鮮高，道解風薄，據長人之地者，傲玩以自賢，挫物以爲能，因謂此也異。有如公焉，脱略名位，周攬遐末，鋪滄溟而縣宥坐，采葑菲而擷芻蕘，以是行之而自慊，夫豈勉强以爲之者與？是故有不爲武王，無武王不式哲；有不爲周公，無周公不延士。不爲公而已矣，有公之道，何有於斯乎？舉所足而行之，其道之一端焉耳，奚其異？然而允明則非此人也，其奚以勝之？不勝而榮，乃將撓而爲辱，故懼焉。非不榮異遇，繇懼以奪榮，不敢居也。或曰：「然則何以弭懼以塞遇也？」曰：「是不敢云報，默厲而已矣。」青陽肇辰，萬彙以條，蘭莽惟鈞。

使允明可禮，則公得矣；不可禮，則允明失矣。得恒在公，故曰非異非榮而獨懼焉。然則銜感陳誦，則無容已。方春之條，其有喙翼者讙鳴而躍翔焉，故言不可已也。蓋曰：「公之道，武周之道也，無所不至，而獨一端乎？」允明之不肖且蒙之，而況其他乎？世且泰，公當大行，若周公之相武王也，則予言可昌矣。或者識而退。已而公自畿郡守遷今位，後益莫可量。仲氏先生貳守吾郡，允明復辱爲子孫。無幾，拔僉河南憲司政。比行，允明因敢録昔語獻之，冀爲聞于公。蓋又曰：「公之道，昔此之狹，乃今之廣，衆人之異，乃公之常。而允明之懼，乃天下之榮若幸也。」

示續

自吾以上，二世單傳，汝若終鮮兄弟，則三世矣。同曾祖之族，即麟之兒有二人，麟既不肖，二孺漂落遠外，亦終當收之，此外無一人矣。吾家以善積望鄉郡，迨二百年。仕顯相襲，天之祐蔭過厚，吾等僥幸，踰分多矣。獨惟枝葉單薄，殊爲可戚。吾既已老，所望於汝倍於他情，乃復彌甚，將若之何？此固自天意，人不與力。然予年至此際，西岫高而羲輪下，曷勝惘惘之懷也？作好官，建勳名，固是門户大佳事，要是次義，只是不斷文書種子，至要至重。苟此業不墜，則名行自立，勢必然也。大率今人處世，唯應隨所賦質成就，得一二可名於人，便是不忝其祖，足爲孝人善士。要必實成，無惡於志，乃始是了。蓋立志固要高，尤貴乎實，不必過甚，開口聖賢也。每言及先公，前後積累，至於吾身，却顧委擔息肩，獨爾煢煢，未始不心折氣沮。吾壯强貧苦，斥弛濩落，使其時不幸死，則一荒逸無成之鬼耳。晚暮粗立門墻，支拄世業，素日所立，文業成名，聊以持之，下見先人，最是一缺一字作善之心，直獻於皇穹后壤，塞空神明，吾能之也。爾盛年，幸獵華膴，偉業紘聲，皆可基致。然切勿失祖宗以來傳家仁厚本子及方册行墨間也。此予素衷，因念嗣息，遂言及此。嗣息事吾既無不用情者，至如禱祈弓韣，以降思欲，無不爲之，今尚未遑。嘗研觀古人論議，凡求昌後，必以陰德爲冠務，方以此鐫切腸膈，亦未得下手處，不勝焦煩。與爾天性之切，瀝髓莫喻，偶少暇筆此，伺遇便，且聊寫致之。

答張天賦秀才書

女德秀才足下：寅簿范君來，接手書，即座上拆觀，辭義藹然。僕恒歎今時俗寢窳，古風閴寞，大夫士相臨以位，當其時，翕翕如鐵磁，一分攜頃，便邈若山河，寧復望肯一勞手筆，寫心以相浣也？忽乃遭此，慰悦何量！然而足下之爲此，不以率規式，苟爲美觀。僕總萃其旨，大端有五，要以僕爲可以益足下，故至若是。凡所以待我與所以言我，足以益足下者，誠太過太過。雖竟莫之益，又何可以無復？故頗爲細條足下諸端，而更以平生所得一二繼之，以極所望，不負心契。夫足下之旨，蓋以僕爲有德，爲有學，爲能文，爲能教育，爲當進顯位。嘻！僕何所有而敢當是群美。

夫德則多目矣。自聖人全之，賢人失得參有。觀古人蜚光來葉，或以忠節孝睦，若政術、勳華、循良、剛鯁、博厚、介狷、文藻、高逸、伎術等類，不可枚數。苟得一，足以服人；苟一無之，則名亦一無之。如僕者，乃誠於德多好，好而弗能得也。高明沈潛，猶弗能就其一，況克而中乎？中則全矣，雖弗得，實深切刻其心，謂未有，果無毛髮之善而猶人者，故平生摩厲，若自得銖分，不敢以謂人也。獨惟弗能，且己以爲將口持之以進夫人，或因而信之，遂繇以成德。我雖不肖，令天地出一善事，成一善人，不既美且樂歟？所以每事輒徵古今人可以長人者，以類舉而諄勸焉。足下所謂教育者，亦殆此類耳。然而其力幾何？夫所謂古人成德建名，乃不一塗，豈於今而不然？是故孝忠大節，百行細目，患不果爲，無患果而弗成；患不果成，無患成而弗名。吾願足下之爲善，由是而益果也，果而大就也。凡在此日爲善者，尤以勤、勇二道爲難。更願足下之果益加策功在二者也。勤校分陰，勇先萬夫，齊賢作聖，誰慫誰沮？吾料足下接此愚言，應犁然首肯，心協而頷頷矣乎！世人爲事，類欲先立門户，幸足下務其實，毋尸其名。凡人好大，指一而期之，指一而譽之，且咈爾不怡。然從究之，口百而身一者，亦幾希矣。其口最以所謂道學者爲高，然由僕論之，最非美者，道學也。道學奚不美乎？爲之非誠，其病不勝，故爲不美之冠。斯習嶺粤特昌，深喜足下慎思明辨之也。德之可爲足下言者如此，足下以僕爲猶或當仕此中，此特足下愛我，獨欲之。愚恐足下外，無一人欲之也，而況於僕而自欲之乎？僕誠不善仕，其故大帥不能克己，不能徇人，不能作僞，不能忍心，視時之仕者若神人然，安能企及之哉？幸足下尤勿以此相俟，又況未所謂擢且重寄之云乎？夫以是三者待我，我皆未之承矣。唯若所謂學與文者，可爲足下深言之。因稍舉其梗概，引而就足下之所有、所切者，會融而陳焉。

足下之質穎矣，才邁矣，功勤矣，學厚矣，文美矣。穎乃求，求勿苟於細；邁乃往，往勿岐於側；勤乃投，投勿虛於邇；厚乃積，積勿累於粗；美乃善，善勿機於凡。學者，士之食也；質者，學之田也；才者，學之稷也；功者，學之耒也；文者，學之饎也。凡人之質，千科百倫，然而人之生斯世也，古今一也。其支骸、口目、膚髮無不同，奚有於質而獨以後先異？然至要其歸，每從世而下矣，何哉？斯非質故也。氣易滿盈，惰悠日時，誤其一也；志念不卓，徇世逐俗，誤其二也。碎尺璧以作充耳，翦匹錦而爲履綦，可勝惜乎？惟才亦然。古今之稟既同，或同高而效不同等者，其病猶質之自誤也。縶駃騠於漕車，羲風檣於磯杙，如之何而達歟？故足下之質如完璧匹錦，才如駃騠風檣，吾願足下有以成之達之，毋碎琢寸翦，縶而羲之爲也。至所以成與達之者，其方并列諸後，即學與功而一其事者也。夫學成以勤，疇其不知，然而古之爲勤何如哉？蓋將役分陰如窮年，用寸跬若千里，語其至者，殆千萬於今士矣。僕嘗聞鄰院童子僧，旦旦起誦其書，無一朝廢。或時見之，問所記，未幾已易一編，稍久，已數十，其書視儒家言尤難成誦。予因笑曰：「彼爲此者，上欲作佛，下欲成爲僧，以自養一生爾。今爲士學者，上欲爲聖賢、君子，下欲不失作儒生取官禄爾。即不爲上爲下，且不與彼庸孺子欲爲一僧者同力。是斯童也，勤於不勤之士也；知成在於勤，智於不智之士也；知而克之，勇於無勇之士也。今士動輒非僧佛，此一學力，已弗若之矣。則今之勤學者，抑亦有若古之勤者乎？雖然，蓋有之，吾未之見也。古之爲學者何也？至於今，蓋亦多變矣！其在於初，將明理修身以成己，用於時以立政安人，建之爲志，行之爲行，施之爲功業，宣之爲文章，充充如也。已而日以壞且浮，大較以爲人，士以爲人期其身，世以爲人期夫士，繇是徵辟舉聘之製作于上，徵辟舉聘之身起于下。其道乃是，而其實多非，自夫子之日已病之矣。逮乎缺二字，以迄於兹，寧獨爲人而已乎？其間不能以縷計，波衝飈馳，顛汩繆迷，日不可支而壞焉。一壞於策對，又壞於科舉，終大壞於近時之科舉矣。且科舉者，豈所謂學耶？如姑即以論其業，從隋唐以至乎杪宋，則極靡矣。今觀晚宋所謂科舉之文者，雖至爲猥澆，亦且獵涉繁廣，腐綺僞珍，紉綴扣鏤，眩曜滿眼，以視近時，亦不侔矣。其不侔者，愈益空歉，至於蕉萃萎槁，如不衣之男，不飾之女，甚若紙花土獸而更素之，無復氣彩骨毛，豈壯夫語哉？而況古之文章本體哉！而又況乎聖賢才悊爲己之學之云哉！今爲士，高則詭談性理，妄標道學，以爲拔類；卑則絶意古學，執夸舉業，謂之本等。就使自成語録，富及百卷，精能程文，試奪千魁，竟亦何用？嗚呼！以是謂學，誠所不解。吾犯衆而非之，然而非有知己有所爲焉。如足下之問焉，則何必語乎？是亦招尤之術也。今爲足下則盡之意，以足下於此業已精詣，其於時取、不取，非業之咎，勿徒止乎是以爲學，萬分一慮。足下以此質才與功學者專止乎此，則是前所云誤用者之類也。

既語至是，因即請道其方。凡治經者，先誦其文，且未思其義，言言不遺矣。乃取漢賢注傳而窮之，次取漢後及唐賢疏義而窮之，又次取宋賢所傳者而參窮之，決擇自得於己，斯一也已。今士從幼便讀宋人之傳，少長，從舉業師，一繫足後，更無還期，韲首泥目，甘意睫下，與聖門遥遥，傳胄漢至于唐諸師，永不識面。悲夫！請觀皇祖開科詔旨，士治五經，皆先以漢唐注疏，參以宋傳，不知今日何爲而不從聖訓也？或者概諉以朝廷，以五經、四書、性理大全書爲準的，是矣。又不知太宗亦有詔旨，必令禁斷古注疏否歟？先後聖人，然則果有異同是非耶？故僕勸足下宜尋十三經注疏窮之，當自有得，乃自有謂，非可一旦强嘐嘐云也。若患嶺外無此篇籍，幸力致之，或他日仕達得之，猶且加一翻力，亦不至如前所云也，此治經也。其於史也，先取春秋内外傳，乃至史、漢以降及宋、元十九正史治之。君紀、臣傳以繫事者爾爾，志以繫制度、時變者爾爾。得失分矣，幾業彰矣，勸戒辨矣，於是他籍係史而今不恒綴之十九編者，如後漢幾家、三國幾家之類，求得而通治之。他如通鑑之屬，史通之屬，少有簡輯議評之力者繼之；野録霸書、私史小説之徒又繼之，斯可已。今人自幼則以近人所類故事等，迨爲舉業，便事剿捷，畢工於短簡、狹策。若所謂少微鑑、史略之類，而歷世根本國書罔聞知，倘逢一疑、覓一徵，茫無可尋，若固應爾，吾又不知此何學也。請足下取十九正史者治之，漸以及他。若上所列節本、摘編，一閲而去，精評繆斷，收擲剛察，決擇自得，要於有用，大略與治經同也。經、史以外，百家子類，猶然也。勤求決擇，自得致用，與治經史同也。毋曰台惟知漢董、隋王、唐韓可尋也，猶未歉也，而餘不知也。又毋曰台惟知周、程、張、朱可師也，無可議也，而餘不知也。此非萬世之論也。僕斯云云者，亦春秋知我罪我之旨，非可一語爲足下立盡之，足下倘從之，自知之也。凡治經、史、子，極於問思辨者，皆學也。至夫篤行之，則爲己者得矣。凡典册不越經、史、子、集，集亦學也。或以爲爲文爾，集固獨文，其間用有與經、史同焉，又烏可以不博？此與爲文之説一道，故遂言及之。夫物必有則，亦必有容。有者，則必定，久而小有變移趨時。其定者，不可議而更，正應屢救以回舊貫。文章者，物之至精，必有則，必有容，有則有定，由時小變，正應屢救以歸舊貫。要知若縫人爲衣，舉綺紈布毳，精練殊，寬縮益損，度制殊，及其成衣一也。奈何論文者徇今并反乎古，要自宋後，繆極於斯。嗚呼！豈有古今相承、千載而下，數口翻覆遷易，乃欲爲定辭耶？今人幼小，輒依閭閻童兒師，教以書市所賣號爲古文者，一踏舉業門，即遥置度外矣。又欲自進，亦錮蔽於宋後陋談，問文曰祖韓，又曰韓、柳、歐、蘇耳；問詩曰宗杜，又曰宋猶唐耳。噫，闇矣哉！然而知韓、杜等者，貴矣；知韓、杜等未足擅衆而止吾者，幾人焉？知韓、杜等未足擅衆而止吾者，又貴矣；知而自信以自遂，又幾人焉？斯其誤，寧小小然？嘗使平列今昔文家，吾爲第差之，一決若陳算，無或凝塞，如將聯及近來，則吾不能矣。每遐覽先英，以逮後來，便將狂哭九京，亦不知斯文何厄何振。當即返正乎？歸而還乎？以爲今是昨非，一成而勿議之乎？何爲同人于野者寂寂也？然此猶不可與群語，與足下而不語又不可，故略爲云爾。復不自已，啓一要術，爲足下贈。大都欲務爲文者，先勿以耳目奴心，守人餲語，假人脚汗，不能自得。得而不能透者〔一〕，心奴於耳目者也。請吾汝德，自以吾目累察而上之。觀宋人文，無若觀唐文；觀唐，無若觀六朝、晉、魏。大致每如斯以上之，以極乎六籍，審能爾，是心奴耳目，非耳目奴心，爲文弗高者，未之有也。至乎元與本朝之文，雖佳者，亦無必多視，其否者，請與絶迹，毋令厠我面側。終日跨蹇篤，不越數堠，一乘飛黄，便自千里，安可忽諸？足下以爲吾爲有學，爲能文，吾豈有學，即能之哉〔二〕，能言之如此爾。有一爲文捷徑，語在别劄，俟更寄。大略足下淵淳虚白，大似黄叔度，英秀朗察，復如楊德祖，誠具美之器、超時之珍也。僕所以欽愛而不能舍，既已成而猶進，進必大發而猶祝也。夫古之學如彼，其究如彼；今之學如此，其究如此。是何遼絶也，成否而已矣。成否何也？勤情而已矣，勤趣好而已矣。成也存乎勤，勤也存乎好，好也存乎識真不真。真而以好，則必勤焉，勤則必成焉。一黍之食，一黍之力，烏有絲毫事苟不勤得之？又烏有都不勤，極恐勤之不當？勤不當最切誤事。

凡具上諸語，吾以爲吾汝德語抵是耳。載願汝德省之爲可用，力之不可，汝德意置之。承邑志之訂，甚善。比僕自校，有三五誤處劄出，改本付殷生脩刻，亦未知停當否？乙亥字誤，亦已告之，今仍發諸誤處去，煩足下更一取板觀，如未改盡，煩就以此書示諭殷令即改定。序文之作，尤承厚雅，請即速爲之，以慰懸懸。但書無前後序之説，在後者只當書作跋尾，或只爲序，不用後字，亦庶也。僕久以家事未行，不幸殘臘添一丁，數日而夭，老懷方此作惡。以足下至愛，漫及之。此月廿八日前後決行矣。高文蚤寄一觀，然後請逕自入書，但刻工之費未辦，倘可成刻，千萬印寄一本，某頓首。正月某日書發。

【校勘記】

〔一〕「能透」，原作「缺一字」，據四庫本改。

〔二〕「有學即」，原作「缺一字」，據四庫本改。

與張天賦秀才書

僕出縣時，猝猝不能敍别，鄙懷已大不堪。敬承遠餞郊缺一字〔一〕，留連不舍，此自足下高義。然獨見此，愚不能不愧，且感且歎重也。方擬大傾倒於省邸，然期前不遂，後不遂，果何爲然邪？皆理之不宜有者，釋氏謂缺陷世界，誠然。然此歎何時而已也？適遣人便漫致此訊，豈能盡言？外縣志一册附去，板在殷處，欲用，可往問。南徽稿亦寄去，其間多不足觀，只可與民望同之。餘以忙，不遑多及。

【校勘記】

〔一〕「缺一字」，四庫本作「缺二字」。

答鄭河源敬道書

得侍儀誨僅三歲，其間會晤數十，荷愛慕德，如自平生。然使許時僅一二接顔面，爲荷與慕，固亦當如是。如異執事者，雖一日三接，不能强合也。如是者，區區衷素，無假頰牙矣。比承汗簡，已略答報，亦必既辱洞亮之。已而肺膈翻復，累日弗自休，故復欲申敷焉，而勢須以書。

大凡世人莫不有志，志正邪慝良殊，而皆自願遂之。其爲邪慝者無論，即爲正而良，其負性布行，每恒難乎中庸。或務恢拓，至軒馳跌蕩，其究聖人謂之狂；或顓擘斂，至刻峭孤絶，其究聖人謂之狷。此皆自由其性，知務從道，而不得大中。然必將務達焉，以至於遂有若僕者，狂乎？狷乎？每自揆量，亦每自貳且笑焉。夫中固不能，凡臨事，志未始不在開達。當是時，自信甚篤，脱落防檢，誠能等萬有於一吷，乃遂敏厲於己，酌而應乎人，要之不逆吾道與反吾志，其間小小移柱趨調，亦無必校期爲之，而猶爲成章云耳。或不吾亮，吾巽忍至乎八九焉，而彼且遂事焉，終將并其志而遷之焉。於是則蒙頑之姿，必至於大校其事，可捐者捐去，不復望於同；不可捐則以死期之，不敢誣也。由前之必爲近乎狂，後之捐與期近乎狷。鄙夫之執，蓋若是。寵辱福禍，誠不能計，然用是以賈禍特多焉。

夫今之世，何世哉？以是執也行乎族且難，況仕乎？州閭且難，況數千里外華尾蠻頭之域乎哉？然而以遲莫之景，當百萃之役，冒焉往爲之，烏有倓焉？無故焉者，抑雖得眚不驚焉，何也？由先識之矣。然而必爲之者，何也？以爲人生窮通升沈，福與禍雖出乎人，無不樞管於天、於命也已。且若是者，固宜失之細人而得之君子，獨求不逆我道，不反我志，不羞我心，不負我天，故冒焉往爲之。如使君子且不容，則吾未如之何也已矣。即今使大戾賈禍，如前云云，即死無惕容，夫何懼之有哉？然自頃蹈危塗，既蒙當世公卿、貴賢大人煦温而援上之，霽暘之光，甘露之潤，喬柯之庥，實謂至知殊遭矣。至於今之知與遭也猶然，而恨夫不肖之不足能以順奉之也。奈何哉！奈何哉！獠獷之俗，咸陽之鑑發其蔀，羚羊之角摧其頑，猶未革也，載可導而牽之乎？今日不肖固無事，凡所以回吾道、錮吾志，淹溷塗炭者，非上也，非下也，非天也，非人也，己也。非己之它也，不即去而已矣。然其爲不即去也，正以去不洞朗，更是逆道反志，故爾有如昨歲事，有累道若志者，既告去數數矣。其後事既散落無統，乃徑還已，此非謾讕爲罔人也。此謂脩志書事。嗟乎鄭君！今之世，大人君子滿前，吾豈敢以己誣人哉？第古之待士也，因其材而篤焉，其志在成物；今之待士也，律萬品而一之，握吾之律，示盡吾之心，成否非所必也。吾蒙知焉、遭焉，待而欲成之焉，感慕而已矣，曷其忘乎？且夫人之材品不齊，其亡乎此而獲乎彼也，多不完。故有爲者，不可律於一，不可望於人，從吾所獲而自成之。若是者，古之人皆爾矣，又豈況於今乎？

某之於仕，得不得未可知也，於文章間不敢言得。期厲力少少勉就，則亦可知也。今衆賢諸友，繆見録取者，亦以其所爲言語可見者采之耳。然是物乃日常酬答，賓友請覓，今雖謂有數十百卷，非某之至也。愚者之少分，頗得自至者，未之呈著也。今爲執事呈之。故夫探理德之真，尋道器之秘，極人世之務，上引聖神，中準時憲，下愜烝人，以可立與爲者，有子通五十五篇；括而韻之者，有大游賦一首；索賾隱，貫異同，抽篋取寶，指掌向人，窈邃纖忽必有物焉者，有子微缺二字篇；衡鋪昔今，直訂是非，觸意而語，隨手而述，天人蟲草，廣大碎瑣，索之而每得者，有子雜缺二字十卷。其它言理載事，尚有數種，類唯歷世良史，一二三大家。其餘雖瑕纇不無，要與近代暗澀局陋者大殊異，最是趙宋之牒，益甚膚鄙。其一，作者予奪取棄，見缺一字大同〔一〕；其二，畏守太過，多筆寡削，通數百卷之猥穰，而首尾畫一，宛然公移；其三，成於簒宋之狄，勢固有知之而不敢盡符孔氏之道者，此則尤切。介介於愚衷，大不自量而輒欲裁定之。頃已造端，中輟復久，今若遂置刀筆，長還丘林，畢志史業，斯文苟就，亦不謂千年無知己也。此外英山秀水，幽坰秘壑，壺觴絲竹，誰其奪之？

伏惟執事高朗傑立，古人爲徒，才志德學皆非蹇蹶者所望。昨日同役于潮，雖非共事，大帥略同。此獨坐時然耳，譬之玉石同炎，蕭蘭並霜，塵世常態，何足挂言？然執事籥雲之駕，理豈有可柅者？超然遐驤，爲知者吐氣，毋爲似鈍者不能力爲所爲，以諧人所望，而更聖聖乎？人不望者而勞力困瘁，煩以自苦焉，以爲時群嗤。允明再拜。

【校勘記】

〔一〕「缺一字」，四庫本作「缺二字」。

與朱憲副書

耄夫憑杖，患人籍醫，忽然失之，顛踣委頓，適以謭陋，夙賴鐫輔。自頃暌判，闊然春秋。明公翱翮翀舉，切摩煙霄。賤迹淹伏蓬藋，志閼行縶，腸非木石，能不動搖？明發不寐，何復自已。匪慕位勢，道義遠而忉怛忉怛。夫仕之達志者，立教尊於立政，得士多於得民，飽飫經訓，推澤才髦，黼發英藻，絢蒙山川，登實甫田，利富百廛，倖矣。西土荷此祜福，名禄赫來，鼎鉉恭傒，鄙且爲今日上下慶倚。鄙戾契於時，此日漸投衰晚，以公昔相期屬者，視今方不驗矣。然而迂固之念，不自謂了，方擬受一命於國銓，二三秋後，遂置名服，放踪碉阿，爲不材饕年之木焉耳。成行計在秋日，以高明惇密友道，聊及之也。惟是鉛槧之業，不忘于懷。爾日完得大游賦一首，祝子通數卷，此二者，稍具平生之學。其外小言數種，紀事數編，與寫成應時之作，爲集六十卷。凡此悉不足爲公言，以所圖者，必欲得公一辭敍論，置之書端，規附以遠。適在松江，得喻侯指示，有鯉雁之便，船下燒燭，猝猝致此。諸草盡在家舍，未能隨往，甚恨恨也。圖之後便，當或可致。春深惟良自愛，荷天百休。

與陸侍郎論捕賊事宜狀

右允明在京時，南方賊勢正狂，屢聞截奪行旅，燒劫居民。既而病中，聞官軍累累奏捷，又見解到賊首，從者不一。適病間治行，又見陳兵備捷報至。雖塗路中，仰戴國家之福，尤未嘗不復羨執事制勝之略，竊慼且賀也。自入天津而南，上下道陳公之績無間言，行人亦果無虞。至平原，聞朝廷有覈實之命。逮東昌，始見上水船説賊餘黨所謂八大王者，在谷亭八里灣以至徐沛之間。繼是大王之報，日夕鬨于途，嘐嘐不休，及濟益甚。僕舟次警備，逡巡而行，數日始定。每扣之土人，乃頗得賊情一二。

大概龐靡，初無智謀，所欲只是錢米、婦女二者。每到一地，遇人稍警爽者，輒收挾之。或號於市：「好漢從我。」問得二者所在，乃旋行寇。最是一等亡賴窮漢，爲之鄉道，某甲饒銀，某乙積粟，某丙有美少女，燒劫姦殺，唯言是聽。因即引去，至其家，亡賴爲之迫促，有如駔儈。賊乃解甲飼馬，恣飽酗，肆污虐。方其時，群狗鼠昏醟撓亂，雖有餘黨散在坊巷，動輒困睡，久始起立，方且搬運財物，焚蕩屋舍而行。其時若有智勇者，乘其散亂，從而掩之，直從醉夢中擒縛之，如執羊豕。但民家倖免，又無官司夙爲團結豫備，不敢決行。及官軍臨之，彼反已備拒矣。舍此而去，亡賴輒隨之，如前作過一二處，往往分與金帛令還。或後再經前地，復召用事。今有因而致富者，鄉里敢怒不敢逐也。以此前日賊有經行地方，徑過不留者，以無土人鄉道，其心疑慮故也。則此輩其可不究懲乎？

又最難成功者一事，曰官軍賞罰欠嚴。其初官司只以賊盜論賞，然彼雖非干紀犯分之比，而此之禦敵，動以傷死爲期，其至一也。今使有功者薄賞，效死者無恤，則誰其肯前哉？聞有所謂劉千户者，出謀致力極勤，遂至以身徇之，罹賊慘害，百姓皆謂朝廷立有褒恤之恩，争欲奮而效之。已而寂寂，至於其妻走闕下陳列，一再往返，而竟不白。繇是二者而言，則事勢大校亦可見矣。

今兹之計，莫若榜諭各處，賊可延及地方，人民凡遇賊至，但須隨機悉力，互相防備守護，不得恃猾乘勢，爲賊鄉道，指示去處，以覬倖免。仍行有司，訪召先被賊害之家，密諭如有審知前日鄉道之人，即今仍居鄉里者，許令執縛赴部覈實，論以强盜得財，不分首從之法抵刑，梟首本地，以警後來。仍復多設偵邏，訪賊所在，速報領兵官將，所部官軍，易裝散行，潛至其地。投聚當處，巡守官將部署，伺賊奸飲昏懵，衆未嘯集之時，往與被害之家，通知上前擒剿，庶易爲力。其官軍果能生擒斬首，功績明白者，不爲常例，重其陞賞。前有實功未白者，追加陞賞恤録。有虚僞冒功者，量爲懲治。大抵捕盜之舉，官少軍多，軍人此功，固未容有授官之烈。況其素志，得財勝於得官，必須定立等格，加倍賞與錢物，則其氣自倍矣。或被害之家，有願跟隨官軍復仇殺賊者，聽。又已經被賊奪去婦女者，或恐陰與賊連，安己戕衆，亦當體訪處置。凡此數端，皆近於事勢而不戾於師律者也。自昨天津、青城二大捷後，渠魁俘獻，官軍氣振。只今賊黨被逐，望風犇散，大非前比。誠恐逋孽冥頑，自新路絶，尚用故計，匿聚有在。又況寇有大小，而其爲情頗同。如川漢、湖南、江右諸盜，所以處之，固别有方。至若懲鄉道、嚴賞罰，二者實惟用師之綱，料不多異，或可因此以治彼也。

今聖政剛明，閣下抱文武才德，助筭廟宁，如良在中，如仲淹在外，小醜不足平已。然芻蕘之詢，政此日事，不肖頻黜有司，袖手而退，方當隱伏故里，以瞻太平。

然欽公之望而辱公之遇，頗與他殊，故輒因耳目所獲，列狀以上。幸不以出位爲譴，而并廢其言，則他能言者，當繼出矣。謹狀。右狀上少司馬大人先生執事。七月二日。

復某達官勸會試事

輿從下賁，不獲攀侍，愧罪愧罪！寵喻賤子北上之計，深領長者委曲愛厚之意，何以爲酬？一味銘鏤而已。蓋此事在賤子固不肖，不足爲鄭重，然亦係人之出處，似亦是一大事，幸容其人少行己志可也。若稍以恬退爲辭，便係迂誕不情，所以不敢僭妄云云。深望公以德愛人，矜恕之。草略陳復，統在度内。

復徐生

遠辱專使，導諭勤渠，領感領感！北上之期，固自未決，亦自有説話。其行其止，未能語生。嗟乎，生！人生相知，貴相知心，心非可數百里傳遞者，是故竟未能細細答述，如來教所云也。其他所示，尤是難説。嗟乎，生！奈何哉！奈何哉！陰寒自愛。

祝氏集略卷十三

書牘

白郡侯林公爲校勘郡志帖子

某稟：有郡志科第表，生已再勘一過，標記誤處，往與杜先生面詳過，付與章浩領訖。今稟欲乞再將志書二部付生，於内但除本朝各項人物全不看、不動外，其餘自首至終，生當校勘一過，亦不動其文字，但看得中間有寫刻字樣差舛者，擬用朱筆標記，一本呈送案下，一本生留下備照。不然，誠恐重刻表後，餘誤未盡正，印出仍前，未爲停當，有孤委託。仍乞將各屬州縣新舊志書見數交付與生，以備參考，校完一併呈納。恐反勞尊，不敢面稟，爲此謹具申請。伏乞鈞旨，賜示進止。

上俞都憲論備賊事宜狀 正德七年閏五月二十六日

蓋聞事有本末，善議者先其本耳，豈遂置其末哉？兵以謀爲本，然無驍毅之衆，可乎？謀在智者出之，至於施行，直須將士。今賊雖偪近，形迹未接，謀之先者，宜在選將、練卒、積粟、堅壁四者。至於比肩握仗、周堞而立，此圍城時最後事也。

吴人輕脆，誰不知之。語曰：「以不教民戰，是爲棄之。」今爲是，將以備賊至而禦之乎？亦姑以示我之有備乎？如謂禦敵，是棄之也。如以示勢，賊素輕視官軍，萬一有覘諜在城中，見此輩怯愞殆同兒戲，適示弱爾。假令賊奄至，當以何人爲將？武弁誰可？守吏誰可？烏可不豫定哉？轅門之士，素昔校閱，既不精練，今何不日嚴操演？縱不閑習，亦愈於執仗擁闠，徒事呵喝也。抽點民快，全是應數而已，何似招募拳手棒師，廣及下縣素有慣能騎射、運使槍刀等項器械之人，使爲教師，團結民快，分令操演。然必審究來歷明白，須是土人，以免賊之姦僞。既已團結，若鎮江報賊果南，則急分屯，節節禦之，自楓橋、滸墅、望亭以接無錫。或今先行量撥軍快，委官部領於楓橋屯劄，衛護居民流竄。今賊衆在江，神都雄固，必不敢犯。淮泗上游，又不可返，則惟有南入京口，東趨海道耳。海道之備，姑别議之。

萬一京口失守，則將何如？愚以爲賊雖猖獗，不得船與操舟之人，決不能行。今既小失於江，莫若會報常、鎮、松、嘉等府，北自京口閘，南自杉青閘，委官守把，一應民商大小船隻，俱暫不許往來。或有緊急，官船不得已須行者，只令一船單行。其郊外以至下縣地方，但有水路可以出江入海者，一體把截，船止許往南，不許往北。其近郡之處，如太湖、沙湖諸處網船，素皆私賣魚鹽，與賊爲鄰，亦行各巡檢司嚴加密切覺察，止容在湖網漁行泊。倘或賊人已入京口，即命各屯將領，速引所部軍快，奮勇出奇，多方剿禦，其詳此未可以遽悉。其時却行添人防攔，前項湖船，不許出湖。若江上防禁嚴緊，賊人無船可奪，守京口者，只宜相機設奇；或多用火器，以壞其船，則上策也。壞船之法，自來不過數端，如鐵鎖錐綆、火箭紙礮、油荻灰豆之類，大率如此，并臨機奇巧，今姑未詳。但本府今所得爲，只是選將練卒爲要。雖曰上兵伐謀，然孫子又豈單軀徒手可成事哉？但今所陳事勢，頡頏牽掣，彼此難齊，非尊位主維，固有不可。今所望惟明公爾。至如積粟之説，則須調停；堅壁之説，則須確實。今皆謂城外富室巨商之所儲蓄，如錢萬里橋等處囤積，官宜移運入城，以防閉守。既封禁矣，然城内固民，外亦民也。合無量抽其半，入城樁貯，餘且容其糶與本城内外人家，以安附郭之民。仍復差官監糶，不許假托載運遠外及糶與下縣别處之人，却於南邊下縣積粟素多之家，量借入城。倘果用過，許後官民設法還價，其有厚儲願應勸借者，照賑荒事例，奏請從重賜級旌表，此調停之謂也。堅壁之計，亦姑未陳。古有由地道、水道以入城者，此難昌言。大要先須多搬木材、竹石在城内，沿濠四散堆垛，以備急用。善泅之人，亦當募備。各鋪蓄賣硫黄焰硝，悉爲稱收在官，用過給價，不許存留在鋪。

大抵江南之兵，水戰爲多，水兵之勝，火攻爲多。今城郭内外，人心摇動，士夫必懷長略，而未見會議之圖；細民仰恃官府，而未知定算所在。愚生譾昧，不知兵事，謹以千慮之一，冒上左右，不敢廣爲敷援，稽擾耳目。或布褐之士，抱策伏謀，恐自有之，尤冀博延切問，以廣忠益。謹狀。

與興寧師生論鄉飲帖

鄉飲之禮，主於尊齒尚德，非他宴饗者類，故其人寧少而不可濫。昨擬數人，今稍斟酌之，大率不越執事之見，但似絶少，然不可徇俗也。屬吏言：「曩昔執事、秀才亦與席。」愚竊以爲不安。夫坐而享者，爲尊且榮之也。贊禮奏歌皆爲享出，如贊奏之頃，當出席而有事，其隙入席以與飲，則是紊禮樂、爽名實，不足爲尊而適爲勞，不足爲榮而適爲褻，不能當於禮而安於心。以食而不以禮，非所以待君子也。愚故欲改弊習，請質諸高明，以爲何如？

與分巡黄僉憲

拜辭後抵縣，賤體困弊，猶未管事。反覆省委，二事皆未妥貼，不敢率易苟從。今具一牘并狀申繳察院，謹以副本呈覽，所望於我公者，必爲調停，不失上下之望，至扣至扣！生自顧不才，但縣民亦頗相信不惡。此歸，士庶迓及一舍之外，有過百里之外者。今紛然欲赴上司保留，非僞也。生欲止之，則不忍；欲趣之，恐近釣名，亦聽其所爲。蓋今將舍小趨大，固無嫌於願留，亦是辭富居貧之類耳。聊附達知，不足介意。生來此僅歲餘，而處外者强半，如此紛紛，益思稅駕。但愧未能勇決，拂袖即行耳。惟公加念之，不敢覼縷。

呈分守劉參

稟：看得本縣往時擒盜保民之人，有民壯四百名，内設總甲四名領之，千長數名，各設總甲不等，每甲督率鄉夫三五十名。凡此二項卒徒，皆係平日訓練閑習，臨事累效功勞。其後民壯裁減，止存二百五十名，千長因之〔一〕。今值鄰封多警之秋，本縣老長黎庶輿情，僉欲將民壯照舊增加，千長照舊設立，如此誠爲合情宜俗，有備無患之圖。生方與衆講求，先此申稟，容俟議諧，别具申請詳定。其間有舊千長練廷爵者，尤爲驍捷，屢立戰功，縣司累有保舉，欲令襲授撫猺巡檢職事。此實合縣公論，上司亦已洞察，但因循久未克就，今此具申，伏惟審訪裁納，俯賜俞允，民猺幸甚。除公移呈達外，謹具陳聞，伏惟台鑒，萬萬。

【校勘記】

〔一〕「之」，原作「缺」，據四庫本改。

與徐判〔一〕

稟：生辱台嚴不以屬吏見待，輒有愚見，不敢不盡。昨蒙諭民壯事，生之分，惟當遵奉而行，但其間人情事體稍宜處者，蓋以此輩累曾擒賊，是於官爲效力，而與賊爲仇者也。今若退之，則衆皆解體而人不勸，賊亦將玩官而復讐矣。又近日擒盜，其中多與有功。今各上司皆令賞勞，總府又令分巡道查名，照軍門賞格給賞，候文移至日遵行，則又不可退而復進。以生愚見，莫若俱姑留之，容其自效，以觀其後，按臨較試去留。其新願報效者，或令附名隨操，以伺後舉，亦不負收拾材幹之盛心。而新舊之士，皆知感恩奮厲，誠爲便益。生於此初無所係，亦以近日僥倖之捷，實出此曹，賞罰榮辱，事同一體。且恃至愛〔二〕，忘其僭犯上陳，伏惟鈞宥，萬罪萬罪。

【校勘記】

〔一〕「判」，四庫本作「州」。

〔二〕「生於此初無所係……且恃至愛」，四庫本作「生恃至愛」。

呈分巡顧僉憲帖

小子鄙猥無似，伏辱大君子頻賜納愛，又獲收蔭桑梓之末，榮幸何勝！寓京時，受教深厚，方愧不能仰報，今又得與節鉞之屬，所謂二天獨有者，古人以私，而小子以公，其驩踊激切，誠不虛也。在省復承召款，彌隆感戀。今以刷卷吏去，輒敢具帖申稟。小子不敢離所守以躬謁麾下，吏往即與生同載，傲餘寵百，凡公務中切覬包荒霽威，垂賜帡幪一二，小子不特有光而已。外調土兵，緣府中文移十一日方到，兼以民壯、糧户四散，不能速辦。餱糧之費，雖上司有止給行糧之諭，此輩單赤，若使窘薄，安能奮厲用命？以此少緩啓行，統惟鈞鑒海容，不任幸甚！冰霜之上，不敢以儀物冒突。統惟台略，萬萬。

呈分巡黄僉憲

承教款歸，感戀無既。朝廷求舊，佇倚國之老成。公方簡寵巍俊，休佚之圖，豈道與時所宜？請安高駕，式副後輩瞻依，以須昌命。有如不肖，么麽偃蹇，非敢媢缺一字於塵泥升斗間〔一〕。草茅之懷，寤寐不置，亦以時消息，少遲旬月，非以歲計也。然而未得自遂致，其將奈之何？昔人詩云：「早晚粗酬身事了，水邊歸去一閑人。」矯之者謂：「事不了即歸，乃得歸耳。若事了，則又不舍置，愈不能歸矣。」此論固善。然人之心事，有可語人，有不可語人。察其志適所趣，乃自得之。若使固者觀此〔二〕，必以所謂身事者，如功名、富貴之類，以爲士君子之所不論者，又可計於了不了耶？如斯論固高，其於人情不盡也。苟敗義者，士君子必不爲已，義有委曲，隨時制之，何固何必？何必以身事爲錢刀田舍類耶？偶因陳謝，輒贅瑣鄙。唯我公大人垂亮。外有拙稿紀事四册呈覽，又洪氏夷堅書二册并上，後更續呈，亦稍爲公退食解頤之需耳。此不足以請裁教，切仰階屏，不敢屢溷堂寢，輒敢遣人捧獻。伏惟台略，幸甚。

【校勘記】

〔一〕「缺一字」，四庫本作「缺二字」。

〔二〕此句四庫本作「若使不得其趣」。

六月廿四日河源東鄭尹自修

賤迹考滿，今始成行，殊當大樂。然竟樂少而慨多，唯公知之。必欲候謁，行色稍急，又此中情事，忽忽一相對，亦安能了？公亦不怪，在兩心懸照耳。縣志二册附上，未能忘言者。悉伺後訊，即解維矣。允明萬罪萬罪。

與施聘之僉憲

不肖獲事四方君子亦多矣，過荷甄收亦不少矣。然而私心投注，竊爲見知之深，謂無前于執事者。故昔者有固交之陳，執事固亦不以爲過爲棄。然而比歲形迹，則亦闊矣。不審焦爛殘薪，猶不絶於中郎大雅之傍乎？

自甲戌都門一别，又更一甲且一紀矣。中間濁迹升沈，幸不幸，皆不足向高明道之。獨索居斷夢之際，每一念君子，即如玉山在座，彌久彌至也。非讕辭獻諛，執事固能諒之矣。嗟乎！人生有幾一紀耶？

當時勸試之舉，執事將成就僕之心，何心也？此當雕肝琢腸，唯恨當時拙劣，執志不終，竟兩失之，徒負君子淵崇之德，惶恐惶恐耳！執事向來凛秋霜之操，今日霈春陽之澤，明良既翕，雲龍方騰，位業烜當代，風聲鼓青史。後世因以知公之友有一祝允明，其亦幸甚也已。由茲以後，公之巍勳仁績，當得之邸牘口碑；高篇大製，當得之郵筒崖刻。唯面教杯驩，不容易而得，良用耿耿。抑人生萍梗浮蹤，亦何用意，必其爲知、爲益，但得心不如金可熔、石可泐耳。會漢齡之姪時道公恤漢齡死後之事之詳，其一族生者死者，負戴仁恩，非僕言可盡。今時萬里涉巨浸，圖返旅櫬，非公終厥賜，復將何賴？時行輒復具此，託致左右。譬如良醫，已投神劑於痟者，旁人且更爲痟者家進刀匕、奉水火以須，良醫必不怪也。外土帕聊引遠念，興寧志附上，恐亦已有之。聞後政頗有增益，或得命印一二本寄下，尤幸。僕在都有懷贈執事鄙詩三篇，「崇堞倚紫冥」云云。又謝邀游東郭草亭三篇，「共傳修禊事」云云者，拙稿具在。又有奉贈七言律一首，失稿，全忘其詞。倘惡札或在行橐，暇時命小史録寄，益佳。舊作濟陽登太白樓寄公一首，不記曾寫呈否，漫録并上。周時得值齋中丞乃壻陸子餘手書，併僕一簡，圖欲達之。然非執事爲之先容，則徒持萬里之書至而不能達也。統望丙裁。不肖居憂中，不敢用月儀頌祝常禮，伏惟台亮。允明荒迷不次。

上巡按陳公辭召修廣省通志狀

惠州府興寧縣知縣祝允明狀右。允明伏聞古者上下之交，傳忞列事，則以書啓。今世屬吏之於上官，乃有不敢。又聞卑賤之於尊貴，有所陳請，法當面稟，勢不得面，則以公牒。今允明纔辭斧鉞，所陳不過面委之事，亦不應隨復託諸筆墨，煩瑣突冒。誠以今所欲言，出於垂辭之後，其間心志事體，有非公牒布露可盡。以此反覆事勢，敢以狀聞。凡公所以期待允明，超越典常，太過沖挹，可謂歷千萬人，曠數十百載，僅一有者，誠古賢之盛節，昌代之美聞。爲允明之圖，獨宜感奮，有命則從，以求報稱而已。其他皆不宜計，何況褻瀆煩言，以至於此。但緣伏自揆量，事難勉副，是以不敢輕從。上之閎闊，期待重於丘山；下之不肖，跛蹇艱如跛鱉。

萬不得已，乃敢僭敷悃臆，塵黷昌嚴。

夫公之待允明者，以爲僻海小邑，撮土孑民，金穀訟牘，無足煩爲。不若去而爲文辭，務述作，既高且逸，功或可見。然謂能爲文可當述作，則既不敢。又謂民社之事有不足爲，則又大不敢者。竊自童弱，歸誠古賢游、夏，祖宗歷朝工匠，黄卷日對，師友周旋。雖挂名黌籍，勉事時學，其寔醉心古典，期畢華顛。既而摧頽場屋，時文日疏，好古益篤，雪簷燭牖，汩汩筆硯。或言心紀事，或論政糾俗，妄有所述，頗就篇帙。故有祝子通五十五篇、祝子微二卷、祝子雜缺一字卷〔二〕、大游賦一篇、蠶衣五篇、浮物一卷、野記四卷、成化間蘇材小纂四卷、太中遺事一卷、武功佚事一卷、太僕言行記一卷、先公門人記一卷、語怪四編四十卷、文集六十卷、後集十卷、集拔二十卷，其他與人共輯先朝實録、輿地志記暨及小雜詞説又不與焉。以是知者妄稱能文，然自顧愚陋，不敢當也。今使以拙才闇識，荒滯之筆，卑微統屬之身，而網羅十郡之見聞，揚搉千載之人物，欲得文善而衆信，豈不難哉？此其求諸己而有不敢也。幼承内外，尊長則以仕學之規並教之。又竊自憙，古人志於牧字之職者，如漢劉、梁之流，以及唐宋才哲，辭中職而請外補者甚衆，此於愚心甚合。竊妄以爲他日獲登一命，苟得親民，誠爲大幸。五應鄉薦，裁忝一名；七試禮部，竟不見録。曾未嘗有毫髮怨尤忿懟之氣，衆人盡知，非敢妄繆。迨戊辰年會試下第，朝廷纂修孝宗皇帝實録，伏蒙當時元相欲薦允明入中書，執事筆札。允明自審，力辭不就，惟默感恩而已。

逮於甲戌赴選天曹，乃得今命。當時允明非不知其至卑而勞，地且微陋，然而分之所得，志之所安，不敢辭避。今在治所，雖誠荒鈍無狀，然使以爲卑且勞而惡之，則實無此心。何以明之？使有此心，則當時之薦已辭不受，豈有初願而來，今乃不安其分，此其心事甚爲彰明。今荷殊私，愛惜期待，欲其舍仕而學，實公倍萬恒品之庬恩，而非不肖匹夫之志，亦惟默感而已，不敢自昧，不揣妄即冒從，倘必謂其不可當官，而俾之終身執簡掉筆，是實腐豎無用之材，則亦將焉用之？又聞重過於待，欲以非常之格内選之職辟之，此尤小人萬萬不敢當者。何以明之？使不自知，欲慕華近，則戊辰之舉可就。今殆十年，豈有昔既辭之，今乃反萌覬覦？此其心事，亦甚彰明。就使恩府必舉，設得俞命，允明亦斷不敢受。天地鬼神所共鑒知，非敢欺飾，唯領恩府知遇夐異，刻之肝骨，萬死不泯。今自扶疾回縣，氣體困瘁，日治藥餌，未能臨事。誠恐稽延，孤負委託，干犯憲刑，隕越戰灼，不勝迷畏。謹具狀同移文申請，先陳猥賤之心，其諸事宜，總萃其說，畫一於後。

一、著述郡國史志，須籍鴻博之才。允明識見庸陋，才拙學淺，不敢僭妄承此重責。如蒙免賜鈞命，不勝感戴之至。

一、本縣雖僻小，地方多故，止有卑職一員，更無佐貳守土。如蒙姑容，勉守分内執事，庶免民人責望。

一、蒙委署攝南海，此係公法，不敢違抗。但臨辭又蒙鈞喻至，此不責吏事，但帶空銜，俾之專治文事，如此則是公爲尸位廢職。雖極尊，威命所臨，不敢昌言。至於街談巷議，反唇腹誹，必所不免，以此思之，不勝寒膽畏縮。且既握章綬，則錢穀之出納，刑辟之擬議，豈容不知？若但瞪目署案，不行綜究，則其間後有失錯，咎將奚歸？誠恐不惟浮議難遏，而法亦難通。倘恩府必欲舉修文之事，則署印之後，乞欲勉幹職業，一應縣事，無不與聞，撑持處置，即如尋常署官事體一般。但於察院司府，朔望參揖常規及迎送之類，明賜告示，量行優免。至於總鎮、市舶衙門，亦恐不敢推避。又若支應夫馬等事，亦乞明賜，嚴委佐貳分管，稍得竊隙工夫以從文事。如此庶幾可以盡瘁黽勉，趨應嚴命。若但守筆硯，不親民事，卑職螻蟻塵沙之膽，萬萬不敢當受方命之罪。

一、既攝南海，計未久新官即至，其時文事不終，不敢還縣，實是置身無地。若既不治本縣，又不權他縣，使之退處閑居，惟務纂修，全無事管，則是已爲閑人，渾無職事。不惟上誤鈞愛，而亦空負國恩；不惟外蒙私讟，而亦有涉官刑。慚惶震悸，不敢對人。伏乞鈞裁，俯賜明示。

一、修輯地志，誠爲一邦之大務，一時之盛典，公天下後世之心也。然人心不同，公明者寡，同恩府者未必皆然。一涉予奪，愛惡紛起，此理勢之必至。小人才薄位卑，誠所知畏，凡以此事罹謗毁者至多，小人親歷者二，其他所聞，不可枚舉，其甚至有罹禍敗身者，古今皆然，人所共曉。即如閩藩黄憲副先生舉事之時，亦嘗爲人投以匿名之牒者二。況茲通省之事，萬口所集，其間好惡之私，權勢之託，卑微之手，何以當之？只今亦已有旁議者，不足瀆聞。倘果欲爲，必乞鎮以鈞嚴之重，備行條約。除舊志外，凡今所修，其間一應事件，如人物之去取低昂、事實之訪擇筆削，一一皆須各該郡邑分委官儒耆士，先造郡邑志稿，一本申送案下，一本徑付館所，必待鈞筆判示應合收否，以憑筆削，如古人作史亦有稱制裁決之例。今須遵依此式，庶敢遵依。

一、是書之修，必當寬以歲月，且修且訪，庶少遺闕舛訛。汗青之辰，誠未可卜。第恐恩府歸朝有期，允明輩竣事無日，霜斧去後，人異其懷，孰能主維以完盛舉？於時已經動支公帑錢糧，勞役幹辦人衆，使或有人以爲受直息事，縻費無功，加以稽算責併，某等無主無援，曷免咎戾？於是不徒孤恩府之公心，某等雖獲譴而無補。伏惟鈞照，裁處降示。

一、允明蒙二天之恩，死且不朽，此皆肺腑衷情，非敢矯詐，均乞電鑒霜斷。但上不負恩府之心，下不失草芥之志，焚身粉骨，所不敢辭。以前件狀，謹録申聞，伏聽鈞旨。

【校勘記】

〔一〕「缺一字」，四庫本作「缺二字」。

與唐寅

足下之澤我厚矣！夙昔見足下才峻志遐，力量又捷，意鈍敝者，後必爲所遺，每討論頃，輒不盡所詞，意足下之越吾也。至其後，足下之峻者益峻，遐益遐，捷益捷，僕之所深畏而終不遷者，計特足下一人耳，然幸到於今不遺。吾嘗謂今之學者與昔大異，要異時所就，亦當大異。夫謂千里馬者，必其朝吳暮楚，果見其迹耳。

非謂表露骨相，令識者苟以千里目，而終未嘗一長驅駭觀於千里之人，令慕服譽讚，不容爲異詞也。吾昔窺是業甚蚤，及其漸深時，乃更以自淺，袖手瞪視者甚久，不敢姑一跳躍，以得躓跲焉，故且循涯而涉。至於今，雖略獲其躅武，然故乏踣鐵之蹄，料其後恐終不入伯樂氏目，極自惋也，然不能忘望於中。每覽足下詩箄，必興觸此意，或相面則輒爲家市薪米之語所先，氣已衰暗，此意竟不得大發而長鳴之。嗚呼！人相出在一城郡，其事業同，志思又略近，乃不相有增長如是。夫歲暮科程期迫，猝猝將各南北，又坐病不出百朝分矣，奈何哉！奈何哉！夫善劍者必用名劍，今名劍具在，吾將以善劍名，必深其法而後用。苟術未詣，或中路而止，然且漫用之，則必有解指落腕之悔。凡今之自恕而不進者，其畏在此厲哉？足下大詣勿止，毋敗指腕，爲勞拙者笑。僕尚有論術一二語，忙不及告矣，或在後書。不肖心事支離，勉强出山，雖未知所之遂否，然深憂疏蹤涉世，牽掣之際，并失平生。伯虎英朗，所談類能中人肯綮，於此行能以一文爲規助否？切怛。

答梁文伯

訊至，承尊公奄棄館舍，僕雖未獲親侍芝宇，不覺放簡駭絶，何蒼蒼之難諶，一至是邪?人所爲御世不負靈稟者才,所爲受天之祐,質諸幽明合契自必者德。二者有其一,或備而未純,意亦可調酌以取福。何至皆具而竟不酬如公者哉?孝誠過人,想慘割冤毒,如何?如何?數千里懸隔,不能犇弔左右,所以慰而祝者,亦唯在順變節哀,留不訾之軀,全忠孝之託。幸甚幸甚!又荷衢練之惠,恥踰几杖,使旋卒然,奉答不謹,總在諒恕。嗣有便翔,無吝教音。卷帙二遣去,外素綾二幅,附往拭涕。允明悚息。

柬何文西

客厨乏良醞,亦是急務。昨見君所泥尊滿地,是君或二方者乎?能分一苞,過一河單醪也。青蚨繼往,乃故園價。倘欲鄙句爲傳,猶能摇唇鼓舌,誦伯倫之頌,唱子美之歌也。

柬錢二

今日不審公蹤迹如何,可出山否?若不出,少頃,允明來就公小談消暑,得否?山中諸公有韓文,煩借外集看一處。

答史隨州

引之太守親家先生閣下：違別忽久，縣思不釋，雖不及數致音訊，如瘖人之望語，痿人之望起，其口無言，其足不前，而心日深也。賢嗣歸，得手教，矍然爲之大呼疾躍，僕疾瘳矣。凡閣下所以勞籍僕者，咸出眷愛之情，惟飲佩懷感而已，不能塞過望也。若閣下者，以古人胸腹才度，而當今人之地位，故不免自覺戾契爾爾。然嘗試論之，古與今之世，竟誰爲勝邪？今人不能今，何古人之能古也？少紓賢勞之嗟，調重眠食，爲隨人慈哺爲古，石杜申氣大歸，要無負我天子與所學。如宣公語，巍階耀柄，公道亦自在朝廷，可昌言祝之也。喜遇便風，稍答一二，外鄙句一篇，忙邊無鍛鍊功，且鈔上，亦聊以寫心。又奉先公集吴越書，幸置之賢嗣。字文勉就，再寄使宅。寒家尊幼悉無恙，不足多述。凝睇西南，馳思蔚然。

與都穆論却飯書

元敬足下：嚮屢見堯民言足下不肯加飯，從平旦一餐後，或過午不食。僕初謂足下當是在爲文詞或作字時，心有在而忘饑耳。心有在而忘饑，僕亦恒爾，未足深異。以復問堯民，堯民曰：「不然。」僕不信也。比訪足下館中，當足下朝飧後，與談半日，甚勞。堯民出酒食食客，食纔畢，爲它客邀去。足下與堯民與僕至客家，更迭進酒，客苛勸，三人不能禦，强爲進，迫莫乃歸。足下與僕醉蓋等，午皆失飯也。僕至家連索飯食，盡一盂，即睡去。迨一更四點候覺，又飯半盂，乃徐步立而後寢。計足下夜飯，亦當與僕等耳。次日問之，蓋是夕竟不飯，始驚，且信堯民所語，非爲爲文詞作字然也。非心有在焉而忘饑也，非與僕同也。思欲走問其故，與議所以療之之方，以它忙未克。然昨日與足下同諸友登虎丘，始入山，即講吟事，擬韻定格。格韻定，即冥搜窮覽，理筆簡，檢策牘，榾榾不少休。從者時進一杯，亦往往麾去，諸君皆爾，蓋所謂心有在焉而忘饑者。居久之，詩漸成草，各復少坐，期上船畢之。於時諸君心稍縱適，置吟事，復酌酒進饌，山僧急以飯薦，衆速取飧，恐取緩而飯窮也。足下獨散步微吟如前，僕力勸之，足下竟不進也。問故，足下曰：「幼以飯時趣卧，得中滿疾，迄今不能多飯。飯畢，必走步數匝，乃始可坐，或稍不喜，則遂不飯。」僕聞之，始復大懼，且疑足下藏府稟於天，果與人異邪？是非可彊變也。然則世真有不飯而生者邪？堯民曰：「元敬雖不飯，然屢進雜餌，但不急於飯耳。」僕於是疑釋，而懼則不能已也。因竊爲書勸之，冀思所療。

夫飯不可却也，今天下有至愚不辨菽麥者，然未嘗却飯也。有心恙不計死生者，然未嘗却飯也。由至愚而下之，於嬰稚，於戎狄，未嘗却飯也。由至愚而上之，而善人，而君子，而大賢、亞聖，而聖人，未嘗却飯也。即有却者，出乎疾，非出乎心。然不思所療者，未之有也。今足下之却飯者，何居乎？心恙固非矣，由至愚而下，亦弗論矣。由善人以至聖人，固足下所能也、所學也、所願望也，而皆未嘗却飯，則足下之却飯何居乎？由聖人以至戎狄，未嘗却飯，却飯者獨有神仙家者流。或言之，夫神仙者，外聖與愚而別爲一道，然其法亦自有效。從之者必盡其方，而後可收其效。不得其方而且爲之，則不獨效不可收，且更有害，而其方則不可户得而人習之，故其言卒歸之冥茫空虛，繆悠而亡徵。就使有徵，亦非吾人之所能從，而謂足下從之乎？既不此從，則足下之所從，亦聖人耳。夫從聖人不從神仙家，而乃却飯，是真以疾耳。然疾而不思療，則又非真能從聖人者也。

今姑問之足下：從聖人乎？從神仙家乎？則必應曰：從聖人。夫從聖人，則必不却飯，却飯則必思療，却飯而不思療，是非從聖人也。非從聖人，則盍亦姑從神仙家？力盡其方而覬收其效可也，而足下又不能矣。如此，是上焉不從聖人，下焉不從愚人，外焉又不從神仙家之人。足下之却飯，果不知其何居也？夫上不從聖，可懼也；下不從愚，可懼也；中不能外聖與愚，而若外之，而又不能真收其效，又可懼也。彼既懼，此亦懼，是懼而又懼也。舉大可懼三，而足下不懼焉。此僕之所未喻，而爲之竊懼，而復爲書勸之也。若夫飯之所以不可却，與所以療之之方，則非此便應悉者，唯足下開納，而毋使僕之終懼焉。則繼此當更議之，無任切切。允明頓首。

與施別駕書

僕聞之，歷艱危之後者，知憂人之憂；在出人之地者，可施成人之力。故脱波濤而立平陂，乃詔來者以尋舟，則言之者真，聞之者聽矣。僕之少也，竊幸生於賢邦仁里，而出乎詩禮之庭。當是時也，恬然不知米布之價，況餘事乎？日惟從先人求紙筆耳。闇室獨坐，每自泰然而喜，以爲生得内外尊長之誨迪。若是，不二三十，當粗成人也。忽而授室，倏而抱子，曾未轉首而繼遭大罰。自是志趣荒落，履踐鈎棘，以至電掣星過，凡舉其所恃以泰然者，邈不知所在矣。群美頓革，霍然如於今，竟爲愚不肖之歸。冥擠默擯，其狀甚衆，其中萬分一猶可以尾君子之末者，則皆昔者之遺也。嘗自思之，其所由來，固多大歸孤立無援之故矣。雖然，僕則已矣，不幸矣，又不幸而見鄉黨有抱附奇質之人，亦爲世法所撓，轗軻⿰馬危⿸厂危，深有似於僕者。僕雖跛夫，不可以引途，又安能忍心吞氣，不爲一求援於高行遠步之人哉？此所以有瀆於閣下而不能已也。

所謂抱奇而受撓者，誰也？閣下之媚子邢參麗文也。麗文性行簡澹，操持安定，學富而覈，文質而秀；在家在邦，雖未無怨，殆寡悔尤，而勤功遠志，迥不可攀，未見其止；將猶德驥伏皂，千里在櫪，循是數端，謂奇質者非與？然而進未升入印組以行其可用之學，退無分業以安其草澤之高，此猶可也，惟士之常。至於人間，有身之累塵勞土役，所以沸止水而翳明鑑者，又可以勝言哉？四年之前，僕見其有衙府簿牒之語，問之，知其家故有軍事之誣。於時僕固已竊歎，欲爲之排解而愧不能。乃至於今，聞尚未已，則其摧抑蠹敗也者，當何如哉？抑此特僕所知一事，例是而推，固非僕所盡知，而其視僕向遭之艱憂，又何殊也？僕不幸而不得人知，今又不幸而見麗文，又幸而見有可救之者，則僕又安忍不一爲出位輕喙而號鳴之也？然謂閣下之救者，又不特以在媚連之間、師弟子之分也。以奇質之人，宜受救於君子也。以媚連、師弟，則愚不肖者豈亦可救？而愚不肖以媚連、師弟而救，奇質者以非媚連、師弟而不救，與以媚連、師弟之嫌而不救，皆非君子之用情矣。是以僕反復之，而知閣下之必肯俯聽僕言，而僕言之無愧也。至於所以援救而成就之術，則無伺於僕矣。閣下德學心量，皆追古人，州里後生向者獲立一席之地以承緒餘，其間蒙賴以成就者多矣。顧於一麗文而未念及之邪？故僕不免其諄煩之甚也如此，未及而言，躁瞽知懼。有人謂閣下曰：「吾蘇山中有荆棘鎖一奇石。」則閣下必急曰：「拔出之。」有麗文而不拔出，是麗文不如石也。風氣春厲，惟道體倍金玉。

與連博士勸勿食牛飲水書

執事：允明謂凡爲朋友者，輔仁勸善，固其道之大，如傳躬保生，亦其職義也。允明來南六千里，接君子亦多矣。於執事尤荷勤篤，安得不盡愚衷焉？允明少憙多學，大道固未聞，至凡諸人間衆藝事，蓋廣愛而兼求之。其間如燒金術，惡如仇；風水，大不喜不信；相人禄命，稍信不喜。唯醫法當信且講索者，然亦不及加力，乃坐疏庸，非不信也。南中號最難攝身，當倍務究醫理。既來屢霑疾，因不免時觀其書，審其言以自衛。雖於其術未至，視向之不力稍力矣。以是見他人嬰疾而失治者，亦每好爲之討論，況執事乎？自始獲交執事，於今三秋，其間聯坐共食，不可以數計，亦悉知見執事氣體之所宜與否矣。比復知先患腰痛，後患胃府不實，且甚久焉。執事善飲酒，繼聞時時禁斷之。然區區之見，禁飲固美，恐貴恙所自，不必專謂酒。要之脾腎多敝，此執事已察而理之，無庸鄙言。

昨偶會執事韋公舍，頗聞以啖牛脯後脹懣，因復飲水，遂至大下。自天祐之，輒即平康，此亦無必大慮。然而迂鈍所見，不能止於忠告也。夫水輔土以生物，物供人啖以養者，自其不須熟者外，須熟者未能舍水火而成也。其功能活人，非可以少，奚竢於言？然而其性則寒，寒則能傷人，又無竢於言。故水不可徒飲也。有如壯實之夫，或當盛暍，或過燥食，或作勞氣，炎沖急則少飲之，以殺熾焰可矣。又若長江之北，以接西北華夷之地，并、冀、雍、豫之地，土壤埴密剛燥，人生堅實，一日兩飽，麪麨侑以葫蒜，便大啜涼漿，去葷臭充塞，自爲甚適。是猶南人之嚼鮮吸醴，以清潔恬淡爲暢者也。故水在北，肚無侵敗，南方水土，疏洩壚薄，人得地氣以生其間，脾胃亦薄。若使平居餐麥、呼泉流以代三飯如北夫，然則必殆矣。況嶺南海北，地氣益疏，人氣益柔，水可易入腸肚耶？鹵且賤者，習俗苟忽，或易於是。若士大夫君子，全親受葆天命、愛身過珠玉者，可從之耶？又況居高廈，坐明几，黄卷是對，賓朋斯侶，夷然灑然，而無塗奔市役之煩勞者耶？又況玉體素有微痾，易於觸損者耶？以是啜水，是決上游之洪，以助易潰之卑堤，亦可畏矣。牛肉之性本和補，而質則韌結，最難釋化，烹鮮食之猶可，至縮爲脯臘，尤益縝實，其力每倍焉。故用者多於遠征、於師行、於幻術，皆取其斂之細而散之大，故以千里稱之。脾膈素健者納之，較他食消解亦少遲滯，又況於胃氣素弱久多滯下者，能克之乎？故牛與水，二賊也。今先以牛，踵以水，是自引二賊以入室也。牛者，善伏强厲之賊也；水者，善潰誘亡之賊也。何謂强厲？如一二人，斂默入室，不覺其衆與掠，而既處室中，則奮猛肆擊，一當千百，無能禦焉。何謂誘亡？其方入也，爽吻便意，不覺其有縱放糜壞之慝，既入，則無問臟腑所受物良否，并穀鮮之腴，洸潰腐爛，務蕩蕩而去之，用索我元氣，無能固焉。牛脯，安禄山也；水，李林甫也。均能敗國，而并相遭於我，豈不厲哉？

昔人傳杜少陵以啖牛浮白酒致禍，或謂杜賢者，寧以口腹害生？是不然，或無此事則已，假令有之，杜當時亦偶爲尋常飲食，不料有後憂，不幸及之，亦漫偶爾，然可見乾牛之厲矣，白釀亦水類故也。若無端漫飲水者，古亦有之。近時吾郡有史監者，其人頗好學，然學不及王安石，而剛愎自用似之。嘗自謂知醫，且妄謂水能瘉百疾。其言曰：天一生水，物得水則生，雖人病多狀，第獨飲白水，元氣自全，諸疾自去。他人未嘗信之，監用其説於家。一兒婦産後病，灌以水，旋没。比自患病，亦不儆，還自灌焉。其軀素腯，既灌，肚脹如鼓，吼聲如鳴雷，竟即隕，此亦明驗者也。朱彦修金匱鈎玄言孫郎中病所用保和丸與下引藥，李明之神應丸，宣明方桂苓、甘露飲等，皆以飲水致瀉，此不易之論。今奉去，與玉機、醫案二籍并往，暇中幸玩體之，有所可否，後聚晤時亦幸商確之。或有高徒習慣二者，以此爲迂，勸執事謂欲啖且飲無妨，視此書爲一場漫説話者，此仍是其蔽，更望轉勸之，令信之佳。

柬韋邑博

仁人之室弄璋，必是興門英物。非儀遣上，不足稱賀，聊以志喜云爾。莞入荷荷。

復連博士

有客至人家，主人之子欲厚待客，而其父有禁令，不許過豐。是將從己意乎？從父命乎？況今上下司之間，非獨如父子可以情言，乃有法焉。違之則得罪，雖招客之怒，亦無奈何矣。來文尚不曾出與衆知，知之則適來之禮亦不可得矣。今抄其中批語一節奉觀，亦以此送答二使可也。日昨二使言，乞生一視同仁，是責其不仁也。今執事又責其不公不溥，無權衡而有輕重，是何僕之多罪耶？然亦任之而已。設使勉强徇之，或致所出之人有詞不審，二使及先生能代僕處之免之否？愚戇奉復不謹，亮恕萬萬。

答韋博士

公方有大故，且少之，當戒行，何以翻爲此厚饋乎？然欲引辭，更是少敬祇領，良愧荷也。且晚容面謝，不既。

又

允明思公處岑寂，况後竟當别，殊爲怏怏。午後攜茶餅詣齋舍，少聚晤，先此奉白。

請范簿

和山巖亦此地勝處，明日邀公同一登覽，已戒騶從矣。用此申請。

請連教與諸生

和山之巖亦此地勝處，明日邀公同往一登眺，已與諸高第爲期矣。不知今早有幾人升堂者，曾道及否？若知其赴約者有幾，幸就示知。翌日早膳後，請過縣偕行。

答盛檢院 希道

日候文駕，至當遠迓，致領教之願。忽聞密邇，便欲翔躍左右，乃坐俗絆而弗能也。事十九不如意，固自足歎，幻世如此，亦又可一笑耳。珍翰秘集，兼下仄陋，夜窗疾讀〔一〕，攲枕不輟，將曙方畢。拜此千金之貺，服膺服膺！恐行色快便，草略上答，區區之忱，浩然莫罄。亦有鄙作，擬録一二請正，亦未遑暇。前潮陽歸舟，又成一繆篇，久不曾寄上，今附去添一笑。外粗縠一事，薄效餞意，褻瀆京中。家書夜間寫，明早送上，求附勞累，并賜照略。

【校勘記】

〔一〕「讀」，原作「瀆」，據四庫本改。

復惠州邵司訓

二詔使至，辱手汗，深切不彼，久别得此，固足慰思仰，亦增感愧耳。不肖拙戇，多獲戾於時，唯爲歸計，猶有所羈，不能快耳。執事疑其有清思，殊不如所望，可重慨也。頃通牘於河源，不覺煩縷，亦何足爲高明語乎？唯領略至愛而已。因便草草呈答，又以戎務當紛劇時，弗能周謹，只此小札且爾，他亦可知不繆也。西望悵然，道養加厚，爲斯文重。萬萬。

九日請客

登高落帽，皆爲風師雨伯阻之。雖病齒少飲，安能鬱鬱獨抱膝坐屋子下，對淋淫者乎？駝蹄已熟，請午前來，呼盧浮白，共銷之也。

答毛尚書家訃

伏承先尚書國老府君，倏捐館舍，俯辱下訃，驚哀無已。邦殄元老，士失碩人〔一〕，海内同怛。載惟大孝，節哀順變，用終大事，容某走弔繐下。允明不宣。

【校勘記】

〔一〕「碩人」，原作「缺二字」，據四庫本改。

請會試友人小簡

諸君子用董子之經術，賈、晁之時務，劉去華之忠鯁，往獻于龍尾道，將遂躡皋、武、夔，以事天子。鄙夫偃仰煙蘿，將未得遽面也。驥軔臨發，能無情乎？乃於此月某日，邀莅草堂，爲歌驪之敍，君子惠焉。

請合志友人小簡

鄙人暮境，雖不能謝絶世鞅，心契所趨，時尋古哲與對晤，抑古人有在今日者。數賢幸不葑遺，而闊焉參辰，亦不善自謀矣。謹以此月某日攀晞鳳彩，戾止草臺。所幸分輝疏澤，照蒙蔀而滌塵裾，烹茗張琴以肅君子，能無情乎？

與休承

某白休承：承遺札温慰，良切感荷。聞手勒黄庭入石，此後人賴也。自永和至唐代，爲翰札之嗣者，師模趨步，蓋諸體咸具。今人鮮見唐賢小楷，不諦能否，烏有不能者哉！余所見唐臨三帖，散在殘存，蓋有之矣。宋初述者，故亦當然，四子而後，乃絶聞見。米有禊序，蔡蓋非無，餘未前聞，恐余之寡陋爾。所見僅高宗之搨本，蒙韃眇然。子昂秀出，會稽之迹，蹈武交遍，往復諄煩，小楷尤臻高第，故今人間傳本，獨承旨耳。皇代驅夷之際，遺材之製，想亦有之。沈氏得之擅場，宣、英而後則絶盡矣。今所睹惟周、晉二邸本、小解昌缺一字本〔一〕。數十年來學者鍵口不及，豈唯手乎？名卿巨擘，蓋有能之而不爲者。吾鄉好尚若朱性父，殆可與進，而偷安自棄，亦可閔也。邇日英俊雲烝，青衿亦起，永和容彩，當由嘉靖吴州而還也乎？足下家門傳硯，會而通之，良勝良勝！幸爲速鳴鐵穎。拙者老矣！邈辭中郎，一揖虎賁，豈非耄耆之一快哉〔二〕！

【校勘記】

〔一〕「缺一字」，四庫本作「缺二字」。

〔二〕「耆」，原作「缺一字」，據四庫本改。

祝氏集略卷十四

碑版

蜀前將軍關公廟碑

天下之達德三，曰：智、仁、勇。三德相濟，則道立而名正矣。若夫成功，其天乎？漢步既蹶，群桀角逐，英雄擇君，斯其時也。關公以爲曹姦孫偏，未足爲輔。幸而中山帝枝，合徒於涿，於是奔附禦侮，情同昆弟，則其智亦審矣。及答張遼之問，以受劉厚恩，誓死不背，立效而去，終不可留，既而竟行。本心斯得，則其仁亦篤矣。若夫雄壯威猛，稱萬人敵，爲世虎臣。當其没七軍，降于禁，斬龐德，下群盜，操議徙避，威震華夏。與夫刺人於萬衆之中，割臂於笑談之頃，則其絶勇天授，不假言矣。故知敵愾者，以武勇爲骨榦，而忠識爲斷裁，斯不易之勢也。然而事或未終，蓋天曆攸在，非人所及，亦世事有不幸之期，玄運屬難諶之際焉矣。或者病其獵中殺操之圖，爲疏鹵而失智；白馬顔良之殲，爲傷勇而失仁。殊不知苟無所報，則其身安得而遠引？許野之勸，可以見其素心，未嘗須臾而置操也。二者互鑒，足可相明。其與諸葛公不容漢賊兩立之志，皦洞日月，蓋一貫而已矣，奚其病歟？

公既没，蜀人祀之，其後遍于天下，代有崇廣。至宋大觀中，追封爲武安王，廟號「義勇」，而道家者流乃復奉之爲神將，崇之曰「真君」，是又或一道也。蘇郡有廟，在子城中，今存淳熙三年公牒石刻，蓋市户俞拱等請府判執狀以置祠基者也。其前後顛末紀載，兵火傷剥，與時銷沉，不可得而詳矣。宣德間，主廟道士張嗣宗與廟傍民何淵等謁告于太守況公，公驩然出俸金三十兩，并諭長洲、吴二縣共出金數如之，付道士爲倡，俾募衆鼎建之。道士乃購木，立殿三間，湯彦祥氏完其陶甓，以至禅宇翼舍，鄉人相與助而完焉。廟成，道士乞諸先大父給事府君爲文紀事，而以睽隔未果。今住持張復真以諉允明，因述廟事，發公之志，以勒詔通識云爾。言者多稱公爲王及漢壽亭侯，王乃没號，侯亦操所表封，雖挾漢命，非公夙懷。公所委質，誠在先主，終於前將軍者，蜀臣也。今亦本其心而稱焉。

蘇州府城隍廟新井碑銘

夫灼蔡稽疑，則混芒之貺答如響；賓暘秩作，則生成之大德以通。故知效出化元，功存幽贊。天人協相，乃彰厥靈慈；隱顯相因，而受兹玄惠。況天地有自然之利，明祇司衛護之權，可以博濟民生，蠲除物厲，引而遂之，亶其宜矣。蘇州府城隍之祠，故無井汲，而它神廟墠多設香泉。今住持道士戈源廣念凡肸蠁之地，孚佑維同，而潤澤之功，兹焉獨曠。豈昭明之不仁，抑靈承之未至也？爰啓勝想，庸搆永功，穀旦于差，良工遴集。相土于崇廉之下，得美于右陛之側。迺鑿迺穴，其導其浚，源脈既通，飛流懋涌。於是碣其底以樂石，甃其圍以細甓，崇其榦以上立，博其衣以四周。渫泥浄盡，寒泉乃冽。上涵乾象，下闡坤珍。儷金鑑之朗徹，過玉醴之甘潤。其徑四尺，厥深五仞。縣瓶讍以不羸，運轒轤而收繘。始乎癸丑之秋杪，成於甲寅之春初。尤復構穹亭以羃游塵，樹豐碑而紀成績。邦之蒸庶，仰汲攸歸；歡悰允諧，頌美莫口。衆志既合，琢石宜文。道士爰徇僉忱，來命小子。

惟昔聖人之慮世也，設險守國，則列壤之城池以立；利用養民，則六府之水穀惟修。井之爲事也，軒皇創而良勳肇，伯益治而善澤廣，康衢謳而堯仁著，旁穴出而虞聖章。漢吏拜而貢忠，唐臣鑿而成鎮。以至玄門有温清，隨人之聖迹；釋域有潛龍，應咒之神驗。仙醫以之而活人，妊婦以之而祝子，其爲靈異，非可枚稱。故有家之祀五，而井居其首，自天子達於庶人，其典一也。有若城隍之主，維以民物爲心。彼如長壕環匝，粤依阻以防奸；細川條布，緊分行而利涉。大氐宣泄廛廬之風氣，流通地土之理絡，以水爲庸，固其職也。今而斯井既就，神功益弘。不變爲體，德淵淵而恒在；清通作用，澤浩浩而日新。惠而不損，予之者無窮；益而各足，取之者必得。可以佐饔飧、溉藝植、薦明祀、和藥物、輔年壽、起疢疫，延威濟於有生，表平均而作則者也。玄祉洋洋，霑遐被邇，儒民飲惠，敢忘載述？於是敷序事實，復勒爲銘。其詞曰：

天一生水濟雲蒸，深溝高壘民是盛。僦神之福神其聽，惟井有作福乃憑。剛中之食惟洌清，甘津芬苾流渟泓。齊和萬物含元精，與邑不改均安寧。邦民滋沃咸樂生，沖而用之恒不盈。神功帝力垂千齡，人士仰沫刊鴻銘。

鎮洋山碑

弘治十年，蘇州府新建太倉州成，遵詔命也。堪輿肆其樞，烝黎矢其謨。巡撫右副都御史朱公瑄建白之，太守曹公鳳主維之，同知萬祥等申畫之，而陳規考工，凝績垂遠，咸出於州守李君也。初，治廨既立，百具皆作，而相維沿州之東，滄溟環輸，摇汩滔漾，萬古不休。雖新邦呀然，傲睨踞壓，而萬井衡夷，無標極之形。於是即廨宇後築爲崇巒，肖象三山，中隆夾亞，堅壤豐積，樂石奇迭，材木蔚章，鳥獸馴習。岌乎摩蒼霄，嶷乎跨黄祇。風蟠氣回，情愜勢到，足以聯絡地軸，支控溟渤。州人歡聳，征商歸矚，夷倭附服，艅舶安流。伯若興寶，魚龍帖居。乃稽勳名山，謂之鎮洋。判州事龔君詔致命於僕，勒紀其事。

夫兩儀育物，而川岳奠位；王公設險，則城隍作藩。肇州封山，其來久矣。又況惟洛食而周鼎定，咸陽峙而漢闕依，形相之方，孰可違廢？然而不籍賢宰，疇匡聖圖？故龍門砥石，禹成舜功；南交銅柱，援標漢策。厥今沙海漸被，揚波不聞，所謂龜筮協從，神鬼授職，因民而利，職競由人。然非深不足以經遠，非明勿庸以輔幽。有如兹州，俶構斯山，罔興化機，物情未云周審。今則地理順謐，水土平康，物性充而形勢彊〔一〕，陰陽和而陵犯解。易曰：「后以裁成天地之道，輔相天地之宜，以左右民。」臣也者，承君之義以致之民者也。則鎮洋之創，我后知始，群公作成，乾坤交宜，人物攸賴，豈不謂裁成輔相者歟？非天下之深明，其孰能與於此？惟李君抱英負傑，直氣凜凜，殆乎海其智而山其仁者也。早由進士簡擢御史，繡斧所指，霜憲峻肅。嘗道驅豺狼，遂落仗馬，廟堂揚明，特起茲任。然卧治東壖，弦歌雞割，非大賢之路。明晨大行，獨留巍聲，共山無朽，則民之懷矣，永以有託。君名端，字表正，棗陽人。允明既纂瑑勤懿，綴爲銘詩。詩曰：

繹繹新州，僔僔崇丘，拊寧大流。厚土崔崔，剛璿差差，坎絡坤維。三壺委形，日觀授明，五岳連衡。陽侯效職，波臣屏息，其究安宅？都臺建勳，群公秉鈞，凝於州君。六府惟修，人謀鬼謀，以承天休。乾清坤夷，蒼生熙熙，重譯祇祇。股肱其良，庶事其康，獻於天王。

【校勘記】

〔一〕「充」，原作「克」，據四庫本改。

都帥郭公葬部人陳頣之碑

某都指揮使司都指揮僉事郭公之鎮南畿也，崇文下能，有古名將風。部轄之下，苟具寸藝片策，罔弗簡升。時有蘇兵陳頣，以丹青名，公因引致戲下，時賜延見，俾解執殳之役，肆興含豪之業。山溪人物，信發而成；草樹烟霞，無故而妙。蓋頣初法京師杜古狂謹，中亦依範沈氏，而其中情放浪，外狀散逸，又稍賢於外犬內豕之輩。是故吾曹亦知取之，而都帥公明賢雅德，遂能以貴下，能含短撝長焉。

及公移鎮淮閫，時亦徵頣從事。嘗棨戟臨吴，命作繪事，因計期錫以良醴十罌，殽果十席，兼下薪粟如度。戒其徒，俾投其日晝之空，輒沃以一罌，曰：「不可使頣憂珠桂以撓趣興，不可使頣受枯渴以違性情。」庚戌之夏，頣復拜公于淮。公留之數月，賞予周賑，穠縟有加。然且使人掌而時歸之，曰：「頣太疏縱，宜留縮以答其家望也。」已而頣歸，則已病矣。淹留又數月，竟死，家貧不克葬。明年辛亥，都帥公復以公程按吴，聞頣之死，尤復閔之。即出俸囊白金若干兩，付衛指揮孫君，使召其家人，用其半以葬頣。仍尅日反命，以要其成，存其半買檟，以待頣母之死，曰：「此頣未死志也，我爲全之。」於是其家敬奉嚴令，卜以其年十一月某日，窆于橫山修竹塢。既得主事楊君銘頤之墓，且以爲僭享仁公之恩，莫頌小人之口，意有伺予，猶未脱舌。予旁聞盛事，亦奮欣衷，爰陳大歸，用告未識。

嗟夫！自忠篤風靡，上下不通。卑列者困役而靡愬，高地者傲分而弗援。甚者顓閼伎能，肆啖手足，獨何心哉！長此涼德，有如都帥公者，挽拔幽滯，彰録技業，坦蕩位勢，周乎物情。因公用人，不廢無衣之職；熟武嗜文，同符壺歌之雅。器人者明，忘己者大。至於送死，明之與大，罔足究之，則既仁矣。至於推愛所天，委到滂溥，則仁又莫止，而勸孝之道，弘矣盛矣！是係公之大節偉略，豈特一頤之云乎？於乎，吾知挾纊之士，思結草於默默之地者多矣！

崔氏祠堂碑

祝允明曰：嗟乎！先王之道湮燬，典制遷革，人得用其私志與力也，以盡身理，以立家則，以補國教。法象不能嚴，儀度不能周，規模不能完，君子取焉。故禮不同也，同意也。故意本同乎出，則物不同，猶之可於棄之也，故禮從宜。三代之宗廟也，自天子達於官師，多寡而已矣。後世臣庶易之以祠堂，簡也。簡者，時也。君子以爲廟禮也，亡之，非禮也。簡非禮，而禮意也。不愈於棄者乎哉！故禮，時爲大。吴江洚溪崔氏祠堂，始作于處士文，文之先有某官齡，後有太學生瀓，皆得不祭于寢，文是以有作。

嗟夫！以禮則不可私復，以令則不著，以寢則陋，故寧曰以簡。以簡者，人猶有不爲者，此則君子之所不忍，而崔氏之不可不取者也。若夫報本反始，追遠尊祖，開業承家之基，惟兹之存，則不遷於簡矣。文必知之，文之後人，惟講此而已矣。

無錫華氏濬二涇碑銘

忠愛利物之謂仁，公誠盡己之謂義。仁功有博狹，義舉有小大，仁義無廣狹、小大也。古之人謂君子之道四，而一曰惠，不朽者三，而一曰功。自井田法泯，溝洫亡制，然而土非水罔作，又水之所在，官私錯淆，兼并侵獨，富貧偏乏而争紛起，田用失利，農亦生惰。長民者非良，不爲之加意，况齊民乎！然而不以人廢天，行吾義以達吾仁，不計功干譽，而君子之道興，功不朽焉，惟賢者能之。

江南田多患水，其熯壤不得水，患亦與過水一。苟非己産，視槁荒恬然，安知天不亡仁義？有華氏焉，華雄無錫久矣。乃嘉靖癸未、甲申，四方凶，江南最甚。無錫四郊，一望赤裂，焦溝燥壑，不辨畎畝。監司郡縣，下令勸分。華之彦從龍，時以胄監生居内憂，其心自親親，而不能遏於仁民，然而在覲志之辰，罔外其用。時其嚴父太學君時禎用令，興發以應，最諸巨室，先殆千金焉。邑博士江君董其事，言於大夫陳君，君曰：「令吾邑君子皆太學也，吾邑小人其獨不知旱瘨乎？」太學尋謁選去。從龍治母夫人冢，負土往來，見二涸川焉。鄰家者曰景雲鄉之廟橋涇，鄰冢者曰揚名鄉之九里涇。相去三里，其廣三丈，延共三百餘丈。從龍曰：「濬以灌，可以補天闕，還地功。人獨分彼我，歸天地於有憾。吾能爲之，而弗可專也。」即飛書啓太學：「鄉有水可利，兒力能興之，請大人命。」太學荅可。從龍亟舉事，傭者受其直，督者效其工，閲月而竣，費白金百有二十兩。始於仲冬辛酉，畢季冬之辛卯。於是水發田治，僅救數千頃，鄉老交頌，請從龍記于石。從龍曰：「非吾志。」衆乃來致于余。

夫仁義者，天地以之而育物，聖賢用之以養民，細人以利害或戕之，唯賢者存焉。天地聖人或有不及，賢者得推其所存以補之。浚川之事，其類也。從龍非賢者與？昔我鄉先正范文正公，寔有此仁義，而其志曰：「先天下之憂而憂。」其在郡，憂吴中水利，以劄上時宰。今從龍亦方宅親恤而念民荒，不得以言達達者，而以身作功，是庸詎以所及小大計，其心即文正之心也。循其地，究其力，而仁義充其分矣。假令其分力可四海，是從龍之仁義及四海。從龍方來，地分未可濱涘，如范公後來勳業，有不可同乎哉？余既記其事，括其大旨，爲銘曰：

天利仁義，地利水泉。農濬濬地，士濬濬天。天達地義，而士乃賢。二涇涓涓，四海沛然。鑒于川，銘于川，從龍賢哉！

淮晉氏先德碑銘

維正德七年，南京太學生淮陰晉書，將以冬十一月，葬其考散官府君於郡東七里塘趙家原之先墓。既有銘表，又惟其三世，幽德鍾紹，而墓稍有離合，倩余敍述之，并著厥德行閱歷大概，以碑於塋前，用語來者。爲紀之曰：

周武王子叔虞封唐，更號爲晉，其後子孫遂以晉氏。吾蘇之崑山有族焉，曰福一。高皇帝時，入赤籍于大河，是爲淮族之始。福一妃徐氏生處士傑，字世傑。宣德中，從王事于役西海，死之。子孫以木主招魂而葬，即今墓之始穴也。其行歷未悉，大帥素位而行，夷險不苟變者，嘗自號「素庵」，亦可以占志也。其配張氏，罹荼割，秉操不貳，既没，祔君之宫。生處士文，字廷善。性孝，痛父卒，三不吊而非其罪，纔十齡，哭不輟聲，聞人道「西洋」二語，便慟絶，家人絶口焉。稍長，每西向長號曰：「海乎天乎！曷仇吾父？」聞者盡酸鼻。事母張極甘適，若非孤貧者，執行恭慎，信而有恒。

妃徐氏，協德媲行，以勤腴其家，歿祔葬墓次。生三子，曰瓛、琛、琰。瓛，字宗器，其行先孝敬修己，與人有理道，制事必以義以時。例授七品散官，而情度蕭遠，別自稱「江湖散客」。五十九而卒，與配詹氏俱從葬。生子策，蚤死，亦附旁穴。琛，字宗玉，即書父也。其爲人亦惟彝倫之攸篤，母屬纊，適不在舍，奔返哭，死復蘇至三四。喪祭誠慤，宜于兄弟，飭于言動，口不酒，體不綺，檢身若將墜諸淵。生産作業，常劬瘁於遠外，亦以例援散官，惟大行式重於鄉，殆所謂人不間於其父母昆弟之言者也。生正統丁卯，卒今歲，年六十六。妃李，繼蔣，有二子。長即書，次曰語。琰，字宗秀，大河衛千户，卒葬他地。

夫人所願乎其身者，以配命求福，願其先以善餘慶，後以繼述。然而元鈞鼓運，理附氣麗，或完或虧，積而求之，徐而答之，大應於終獲不負耕也已。晋氏之世没寧存光，尚其達于永久，用爲勒銘，俾登祭封掃之餘，歌以永思。垂作恒勸，其無不可者。辭曰：

晉出唐叔，惟武之穆。遐哉孫子，以國氏族。有條東南，自崑而淮。福一胥宇，基肇于來。素庵是述，民義斯力。王事靡盬，君子于役。悠悠蒼天，西溟乃宅。胡懋三德，而罹六極。廷善克紹，克紹克孝。惟恫降割，旻昊不吊。創鉅痛深，没齒之悼。孰爲精衛，俾渤恒燠。居恭執敬，忠信慥慥。前衡參倚，有矚恒瞭。乃及宗器，襲休濟美。惟敬勝怠，以義制事。伐檀坎坎，蕭閑江海。散官淵淵，惇于有倫。毁幾滅性，宜其季昆。法刑閨門，人靡間言。綺弗被體，醴莫濡唇。師殷作儉，法夏爲勤。三葉四夫，萃宫一丘。文孫太學，誠孝油油。載命于朝，貤寵孰侔。刻詩牲石，永祀斯留。庶幾錫類，式共芳猷。

監察御史前長洲令俞君遺愛之碑

成天下之務者才，才達而勳樹；得天下之心者德，德浹而愛留。銘伐太常，不能免春闈枯骨之夢；斂益家帑，適以膺聖門鳴鼓之攻。語曰「有恥且格」，貴以德也；詩曰「召伯所茇」，重去思也。故室無織蒲，則鞭蒲威於鈇鉞；政無苛虎，則郊虎弭於河渡。甚哉，天下之勢！才不當，事必僨而克之者，猶矢釋筈，櫛解髮，決防而翼風也。愛不自中則熄，而獲久者，猶鼓之答桴，風之抑草，而揚水燕子之懷，而荆母之喻也。盡二道者，今兹俞君遺愛之謂乎？

君浙人也，其字汝成，英鍾河岳，慶始公侯。身兼美於四科，品當第乎千俊。乃以正德辛未進士，來筮宰我長洲。百辟之難者郡邑，而令其尤也；百郡之雄者吾蘇，而長洲其首縣也。然且罹多事之辰，因不秋之歲。士僅持身而乏用，則官事斁矣；或饒吏幹而寡守，則烝人痛矣。惟君以清德厲己，而英略理人。軒鏡胸懸，舉之則萬形齊燭；禹鼎韞櫝，奠之則千奸莫逃。廉金返於四知，劇務敏於一吷。剛正以肅上下，蓬衆而必從麻；温恭以接士儒，鶴鳴而和在子。

初，民之最患者，賦役不平及羡餘之賄也。君歲籍均徭，資力足給其外，無羸留焉。里長供正之外，日持財以應無名不時之需，謂之買當，費至不訾，君力省之。有禮義所不可已者，稍令應之，視昔減裁，亦不訾焉。私居服御，百用單薄，食不兼味，泊然寒素，賓客留款，三年未嘗割雞。於時上官與君異操，科需雨下，君一切倚閣不顧，上者愠甚而末如之何也。僚屬處聚，莊以莅之，莫不嚴憚。至於胥徒卒皂，不容一迹闖于燕居。及乎儒業子弟、庠生雍士，接教以禮，文化懋興。縣之田賦，浩闊侔越，藩郡徵斂稱艱，君謐然爲之，不苛而夙辦。訟牒穰沓，訟繫叢積，君每事當前，一訊立決，片言折獄，恢有餘地，囹犴虚寂，殆幾刑措。於是士庶交懷，朝野騰譽。既而忽以憂去，群黎婦稚歎惋，蔀室相與聚金以獻，賻亡旌慈，君頷而却之。衆不敢强，持返，殆將千金焉。

嗟夫！天下之安危在民，民之安危在后，后之安危在守令得失。上未始不仰重乎下，下者每自失之，其故何哉？蓋亦乏其本矣。且士之建業，有臨事而辦者乎？吾未見也，其必蓄之素矣。民之思往，有儌倖而獲之者乎？吾未見也，其必由諸中矣。欒布往而社作，狄公去而祠興。陽山以韓姓字子，魏人爲稚珪肖像，是可假也，孰不可假？噫嘻！凡人之情，寤寐不足，乃及詠歌；齒牙有窮，爰謀金石。繇斯以後，賢者繼之，民則思曰：「昔我俞侯，蓋同道矣。」其或不然，民則思曰：「失我俞君，今安得矣？」是民無觸而弗思，思無時而有渝也。豐碑穹碣，載瞻載慕，匪實稱名，孰能享此？爲斯願者，四民攸同。今之所舉者，太學生若干人，曰華慶良、慶玄、何子忠、某某。

吴縣令鄺君遺愛碑

日月容光，天無吝照，而局於躔者有限；江河潤物，人皆仰沫，而蒙其福者不忘。安上治民，寔存良牧。至於安之深而三績必陟，治之久而百里難淹。於是恩以陟而始周，澤由去而愈覺。上之志〔一〕，下之思，皆天也。今夫地望莫重於江南，臣工莫艱於令長，故曰：鞭蒲者罷，投巫者酷，推而究之，在在束濕也。況吳之爲聚也，巍巖巨浸，財賦區藪，士豪商雄，月旦紛午。巽時爲之者，惟跋疐之患。

弘治癸丑，天子策士於廷，得任丘酈君璠。明年，吏部以吳縣缺令，聞天子，曰酈某可。君來，曰：「是惟國家扶馮，又特雄緊，非堅其操立而宏其範模者不可，我知爲之者矣。」蓋君天授英絶，才力豪挺，明有以洞閫奥，知有以斡樞鈐，勇有以辟强禦，果有以樹事功。籌焉而無弗獲，擬焉而無弗中，興焉而無弗成。篡簻修潔，其持躬也廉；廢食忘寢，其程力也勤；裒多益寡，其科賦也平；均番時使，其力役也準；左吐右握，其禮才也篤；予明奪公，其聽訟也神。飭禮舉義，不可具指。始，學宫多闕觀，乃引闢正門，購拓隅隧，移廨植表，昉造射圃。於邑治則載新門、舍祠表，尤詳於囹圄之間，嚴慎周完，囚免非命。遠近杠梁鼎立，仍葺者以數十計，而西成渡水最鉅；疏川滌瀦不一，而歸涇之復最便。他如洞庭諸山，耗税之永蠲者，歲六千三百有奇。凡制使來，協有司集衆思以事事者，往往君之禆效爲多。仕優退食，又刻婁氏耕織，益以治生日用，曰便民圖纂，與吳越春秋、吳中金石諸編流布甚多。或研精吟事，意致深切〔一〕，辭華淵雅，延鄒召枚，賡載連牘。於是桑稼條登，弦歌響騰，人民育而魚鱉若，姦盜息而鼠雀稀。八年于兹，六事交乂。

今歲壬戌，朝于京師。天子曰：「邑固壯，不足以羈吾良。惟徽乏貳佐守，女其往哉！」君乃拜命以行。君既往，邑之僚屬士庶懷戀不已。判簿喻君秉、姜君亮，幕史蘇君信，吏李鎧、吴孝，糧塘里老王縉、徐英、沈進、陳震等千二百人，思紀遺愛，樹之風聲。僉議既諧，委筆於僕。凡君先後建置，邦之尊達如少宰吴公、王公，以及其他，紀勒豐赫，懸諸不刊矣。

惟古之論政，孔子曰：「獲乎上有道。」周公曰：「平易近民，民必歸之。」聖人亦若是耳。異乎今之談者，或一道焉。突梯脂韋，模稜三尺以從彼，曰所以獲上也；虐煢畏高，自欺於一朝之革面，曰吾民已歸矣。其然豈然？吾未敢信。蓋所謂獲與歸者，振古難之，而今倍焉。古難，獨以己；今難，兼以人。己可力，人不可力，是以曰倍。然君子亦曰已而已矣，奚人之問？矧所謂已者，天之理也。天之所定，孰得而遷之？故聖人法天命，運天機，於此拔擢而崇進之，其來未可以涘，而因以知君之得於上下者，由其合於聖言。所以久而徵，去而思，其效不於他而於此，故曰天也，非人也。嘻！其懋哉？於乎！剪石鑱金，永口於碑。衆有誠思，我無僞詞。

【校勘記】

〔一〕「志」，原作「去」，據四庫本改。

〔二〕「意」，原作「音」，據四庫本改。

祝氏集略卷十五

傳志

先妣陳氏夫人墓誌

嘉靖三年，歲甲申春，先母陳夫人病，蓐食，至夏六月十一日甲辰酉時没。不肖孤允明以其年冬十一月三十日庚寅，葬于横山丹霞塢先塋之右。謹用後世墓誌法例，次第夫人生卒日辰、内外宗屬，并事行節概，刻石薶冢中。不肖位微，不及年格，以僥封命于廷，爲夫人寵榮，古謂母夫人，故從之。

夫人陳氏，吴縣人，諱某。考諱紳，字用章，自太學生爲安福丞。母王氏，以正統己巳歲五月十日未時生夫人。成化乙未，先考喪先妣徐夫人，先大父參政府君爲先君圖繼室。時夫人已踰笄，猶在室，請而得。己亥，嬪于祝。庚子，生一女。癸卯，先君下世，蓋夫人嬪時年已三十，與先君同室纔四年。從不肖勉事，凡四十有一年而終。先君不幸，不及中壽，不肖不能蚤仕高位，以豐禄久養於夫人。夫人雖春秋七十有六，而腴佚之日淺，獨持貞德慈恩，以下見先人。嗚呼，豈不痛哉！先考諱某，字某，别號仁齋。不肖允明仕惠州府興寧縣知縣，終應天府通判。女弟嫁史臣而寡。孫男一人，曰續，今爲臨江府同知。孫女一，嫁監生王穀禎。曾孫女三。

夫人德性純懿，操履詳順，撫兒女卑幼，咸極仁愛。即小小臧獲，未始輕詈一言，撻一箠，久約而不愠，晚泰而不驕，謐處閨闥，終歲無所出入，夷然安也。自餘善行，纖細不可勝述，亦以委伏荒割，不敢繁爲文辭。少間，謀請名筆表揭先人之藏，或克牽聯書之，不肖忍死以有俟也。不肖孤允明泣血。

東南人傳

東南有一人，其世出甚華。此人近五十而時不能定之，蓋軼絶當時，皆不能言之。言其至，不似驚衆人，衆人因絶不識知之，宜也，知其皮毛而不知中藏。知其皮毛已大譽，推絶群而未至。初無知中藏，知中藏固絶可驚，然不異端也。讀書學爲仕，亦從世格，舉不加力，務亦弗矯而去之，蹇然卑寒，無尤止而光焉。即此時，令、長、三公、丞，一人宏然建平天下，勳爍百代無顛折，顏色聲氣，固凝然無毛末易也。以爲王公皂隸者一，神聖至賊逆乃萬萬耳。自周孔、竺乾、軒老至百流伎，無讓不克爲者。又始無齵工，隨女問斅隨出之，皆詣冥極也，自亦不識何方得之。時與古人對語，翕然敀至，無一簞食，無與于其中。及臨財，亦矻矻交于彼，亦不作硜苦恠節，爲竦人視聽，類鄙貪夫然。然爲人盡掩取去，又無毛末惱，以彼得驩虞，寧粥譏翹侮，不消詳勺量，爲兩曲全之也。寶玉器面擲碎，無一點異色，大略觀貨賄若營護之者，與糞凷一。此誠天予者，由更以賤貨病，不可强從俗情。視俗情皺眉褰而去之，然所履有甚於此者。爲事如倒北，至甚若繆，纓冕之而無榮，撻詈之而莫辱，刀斧之而何畏，死生不問，何有於他哉？又若鈍强無廉棱，其詣處夐然貫日月、洞鬼神，與元極一，而文章與運化流。

或問東南之道：「東南曰大，曰不大？」曰：「吾豈蚋？」又問：「曰實，曰不實？」曰：「豈芻靈？」又問：「曰通，曰不通？」曰：「豈土木偶歟？」東南之言若此，然則其人固不易知，其自語三道者，其所以爲人乎？

九境畸傳

九境畸者，合三才萬物爲其身，總花木繪染爲其色，通風水八音爲其聲，齊有無正變爲其道，同古今精粗爲其事，其大蓋若是。夫人大曰聖，禽大曰鳳，水大曰海。大則畸，故萬載數聖，千秋一鳳，六合四海，故曰九境畸。

系論〔一〕

或問余：「子爲東南、九境二傳，胡不著氏字？」曰：「其志也，蓋其道，無須乎是。」曰：「是則已矣，又烏乎傳？」曰：「如是而不知世過也，余爲世救過。」曰：「如是則誦於市令知乎？」曰：「三千年後有雄。」

【校勘記】

〔一〕按，是篇四庫本僅存目。

昭武將軍上輕車都尉錦衣衛指揮使徐公碑

公姓徐氏，初諱鑄，更諱世良，字嗣勳，著姓吴縣已久。高祖文禎，曾祖子復，祖孟聲，俱前贈奉天翊衛推誠宣力守正文臣、特進光禄大夫、柱國、武功伯。顯考天全府君諱曰有貞，起進士，累官兵部尚書兼華蓋殿大學士，封爵如上。當景皇帝疾大漸，府君密與文武臣數人定策，合力迎英宗皇帝復辟。上以府君功第一，褒先延世，賞典穠越。府君茅土既胙，并授公錦衣衛指揮使，以爲世官，侈禄貸死，昭錫券誓，時天順元年三月。公年始十有二，遂能紆袍綰符，立位莅衆。上復時，賜宣命，引入殿闈，拊賚有加，負戴光赫。未半年，而府君同事閹武不能包承，方懷狂狡，貝錦斐然，兩致詞獄。賴天王聖明，但置南交，而公亦落職，奉顯妣蔡夫人、生母蘇夫人歸守家祀。越三年，上特詔還府君於田。憲宗皇帝登極，又還府君爵服。府君乃遣公游業郡膠，期武經術，舉試未捷，而府君薨矣，公遂依親以居。

今皇帝踐阼，弘施覃霈，追恤遺舊，諸先有命秩者，仍入敍録。公於是載佩國章，沐浴皇治，咏歌圖繪，以寄其尚，别署「味雪居士」。申情自得，踰浹旬紀，以疾卒于弘治壬戌二月壬戌，初生正統丙寅正月庚辰，爲年五十有七。凡兩娶，先陝西按察副使劉公瀚女，蚤殁。繼太常卿崑山夏公昶女，賢明履道，勤家惠下，稱内外之族，偕老聯化，相去逾月。其諱德賢，字惠媛，其生景泰壬申八月庚午，卒亦壬戌正月丁亥，年五十一。子男三人，美承夏出，美朝、美爵别出。子婦都、顧、張三氏。孫男二人，同符、同策。孫女三人，皆幼。以卒歲十一月甲申，合祔邑西貞山祖塋之原。

允明爲公外甥，寔宜述事標墓，播衆詒久。嗟夫！宇宙渺渺，人綱人紀，君欲臣良，臣願主聖，父志子孝，子望父慈。國有爵賞以勸，家有身教以傳，彼此諧值，則國康家肥，極建福錫，厥爲世典大矣。然而氣數消息，理無恒泰，倚伏往復，不膠于常。惟夫明良孝慈，天命凝發，曠世弗墜，何屈伸存亡之隔？何日月陵谷之易？敬用剟要列石，托諸不刊，爲我徐氏子孫，其永法守，以無忘王澤先烈，又廣爲人綱之弘勸焉。

顯妣武功伯夫人蔡氏祔葬志　代母舅作

惟有明成化二十三年歲次丁未冬十二月庚寅，不孝子世良謹奉先妣夫人之櫬，葬于吴縣貞山之塋，祔于顯考武功府君之兆，禮也。夫人姓蔡氏，諱妙真，宋端明殿學士謚忠惠襄之幾世孫，今爲宛平人。夫人之父曰以道，母曰朱氏。夫人既笄，歸于府君。府君姓徐氏，諱有貞，字元玉，爵至武功伯，故夫人如其封。

夫人以永樂丁亥十二月六日生，成化丙午九月朔終，享年八十。有子男一，即世良，娶陝西按察司副使劉瀚女，繼娶太常寺卿夏昶女。女五，長嫁祝某，次樂亭縣知縣蔣廷貴，次朱琇，次王璪，次灤州知州潘齡，皆顯宦家。孫男三，美承、美朝、美爵。世良伏惟夫人慈孝貞順，全婦人之德，貴壽令終。備夫人之福，作配府君，内外合懿，雖傳記所稱，何有加焉！世良不肖，速罰以至大故，顛越荒亂，未能昭發先德，以章示久遠。謹敍其族胤始終梗概，志於壙中如此。昊天罔極，嗚呼痛哉！

王府君妻祝氏碩人墓志銘

碩人祝氏，諱妙靖，長洲王公諱成字彦剛之室，贈朝請大夫、贊治少尹、山西等處承宣布政使司左參議府君字焕文之長女，而允明之祖姑也。以洪武三十二年八月六日未時生，成化二十年十二月二十二日戌時卒〔一〕，春秋八十有六。子男一，諱傑，子婦江氏。孫男欽，孫婦沈氏。孫女五，秀端、秀英、秀貴、秀芳、圓秀，壻沈楠、吕洪、吕韶、陳蒙、陸鉉。曾孫男三，復勝、復吉、復慶；女一，留貞。皆幼。初，傑謀以卒之明年，葬碩人於楞伽山之丹霞塢，未克事。以其年十一月十八日病卒，欽乃以又明年丁未十月十九日乙酉奉二柩葬焉。嗚呼，可悲也已！允明往相之，弔哭之餘，相與追惟我祖姑之遺德。以允明嘗事文字之業，圖所以永其傳者，允明謹雪涕述其概曰：

祝故甲族，由始祖元平江路總管碧山府君以來，世以六藝相承，至朝請府君及王恭人，寔生我祖姑。惟我祖姑，鍾秀聚慶，生有異質，以孝事親，以友處弟，以貞相夫，以慈教子，以儉勤理家，以和抑接族姻，以寬臨下，於婦人之德，蓋無不備者。率所履所言，皆從禮則，一毫不苟，肅如也。資志穎敏高朗，多才藝，涉獵傳記甚富。通書數，善籌畫，記藏聃竺經典，富習深通，蓋心一於善而已。若組紃、籩豆、酒漿之工，又精之。姻黨女婦，咸師效焉。中年不幸以疾失明，而賢能罔愆也。允明嘗記我祖考參政府君之休致也，祖姑寡居久矣。府君與祖妣錢淑人時迎歸於我，蒼顔皓首，友恭周旋，居然類唐李英公家。允明敬侍左右，教言屢及，又時爲諸婦道古孝女、貞婦、慈母故事，或述先德，其言秩秩，有古賢媛風範。及府君之棄背，祖姑猶存。已卧疾牀蓐，神思頗不寧。允明數往問候，則欣然引致牀側，執手話言不衰。允明因問碧山府君遺事，爲之甚喜，鄭重道述，無幾而不起矣。嗚呼，可哀也已，惜哉！允明愚劣，無以章顯弘懿，將謀之執紀述之筆者，以爲不若允明之真悉也，遂不敢已。銘曰：

女則孝只，婦維貞爾，母亦慈矣。生德罔愆，死範久存，賢哉碩人。有厚玄宫，完璧永封，無或壞崩。哀哀孫子，追遠如始，于千百祀。

【校勘記】

〔一〕按，「成化二十」下，嘉靖本爲墨丁，四庫本作「缺」。

明故南京太僕少卿李府君室恭人王氏墓志銘

栝松陽之王，出唐觀察使朗，自閩來徙。至宋以從龍功，得官者十三人。至高州助教利政，生大理評事祖光，二傳爲元國子祭酒宗儒，又三傳，即景彰府君。國朝以文學起家，受知高皇帝。初以舉人授教諭，詔徵天下博學士，浙藩以聞，留日直翰林，陞知開州〔一〕，御書名于策，終翰林學士。援經擢緯，繪繡皇卷，頡頏宋王，爲大明文苑宗家。

翰林生五子，季貫，終溧陽教諭，是生恭人，諱某。天授懿淑，家凝徽慶，抱操静一，秉禮堅定。平生言無譁猛，服弗藻麗，動罔專事，門不數出。晚益泯默，寬然靖莊，以迄于盡。享年七十，生於宣德己酉七月六日，殁於弘治戊午四月望日。初，溧陽頻仕畿地，而生恭人。吴郡李氏游居南都，世望肩埒，故恭人歸于太僕府君貞伯父，歷膺命封，同歸于蘇，偕老繼化。恭人出一男，曰系，爲府學生，卒。二女嫁長洲祝允明、武進張廷瓛，皆舉人。嗣子一人，曰紹，出於側室，年將及童，問聘袁氏。其未誕時，府君以猶子佖綜其家，至是輔紹卜祔恭人於郡西横山府君同穴，以辛酉八月庚午窆。嗚呼傷哉！允明之喪府君也，未達，不能殫職分而慰遺志，以爲且妄有待。今喪恭人猶然，是用前後悲愧無已。雖然，幸有紹矣。銘曰：

煒煒王宗，淵淵李世。神作嘉耦，人兼允懿。四海之顧，太僕不顯。恭人伉清塵，其則不遠。甥銘即幽，以綴家史，有弘焯于遐，載右嗣子。

【校勘記】

〔一〕「開」，四庫本作「閬」。

徐府君妻孺人高氏祔葬志銘

嗚呼！孺人吾先妣之季母也。吾自劍提比長時往拜，甚依戀，然且畏之，蓋其仁有禮如此。今亡矣，允明方悲，舅氏命記遺淑，將瑑石以棺同瘞，敢不是奉？謹書曰：

徐爲吴望姓，自孟聲府君國初以富户徙畿赤。有子三丈夫，叔者武功府君，吾外祖也。季曰元瑾。府君少長在京師，孟聲令之曰：「吾欲内爾婦，須故鄉人，吾故人高德進有淑女，孺子圖焉。」府君承令内之，即孺人也。諱妙安，時年才十七，受母周教甚至。既偕來，而姑已没。事舅極篤，舅又没，乃與府君歸先里。府君悉以廬舍與伯兄，别就荒地，縛茆葦稍障風露，孺人手井臼者數年。府君出商湘潭、閩、蜀，輒經歲乃歸，安其事，若無家焉，以孺人也。既富矣，孺人曰：「家自約入饒也，則保之有道矣。無若輯安先祠，辟治塋兆，立穡事爲子孫恒守。」迺薦以教之爾。府君曰：「是會吾意，至當。」悉從焉。天順初，武功公謫金齒，蔡夫人暨舅姨留京師，府君往迎還養之，孺人調撫之力尤深。踰五年，天子特旨賜武功歸田，萬里自天而下，骨肉聚唁，夫人、舅姨等交口謂：「頃都下忍禍離别，行者留者，投荒去旅，卒卒各南北，兩莫能計，母息惙惙焉。叔之迎護，娣之矜煦，何恩也？」武功曰：「吾悌弟淑婦，素也，至不以難遷則非。今日竟没没，吾失耳矣。其若庾衮，若王覽之婦，將無與遜焉。」

蓋府君性極好施，而孺人尤善將迎裨補，俾勿怠事。不獨此，若贊府君應官格助軍受冠帶，若養給宗黨及嫁娶貧獨，藥疫棺暴至瘞治官塗甬，往往不受豐費，又善讓惡譽。雖惠力在人養，其辭孫心推若不及者，子姓女婦咸化焉。家俗持厚如古義門，雖能散，然無失當。家奉無僭靡之具，時語諸幼屬以立家時辛酸事，或至灑涕曰：「若曹所受成，孰非吾此中來，今不復必以此望若曹。唯確守不廢，則亦莫吾愧矣！」皆惕惕畏服。孺人儀法莊整，不作侯門靡風。雖房院裀複，臺婢纖纖，入其堂户，謐然若無人焉者。與武功夫人既恩義相洽，而夫人柔貞之德又越當世，而仿佛古之聖媛。晚暮娣姒相聚，皓髻輝映案席。府君卒，孺人亦中風，逾月屬纊，時弘治癸丑五月某日，春秋八十二矣，生乃永樂壬辰二月某日。子男二，曰世英、世傑，世傑蚤死。女一，歸楊黼。孫男五，曰美中、美德、美輝、美恩、美質。美德，府學生。女四。曾孫男五，女八。葬以乙卯十月某日，冢在縣西北騎龍山珍珠塢祖兆内，與府君祔。舅命美德敍事以來，允明既詳纂，且綴之銘詩。其詩曰：

坤陰含弘道成女，女生蓁蓁雜鼠虎。孺人粹矣抱淑賦，篤性好修行有序。曰婦而婦母而母，弗爲吝嗇爲均予。飾禮充義涣其聚，邇族疏媚逮鄰伍。助吉安凶濟涼窶，澤出貞閨内斯普。峨峨春秋倏遐舉，德建慶集無遺祜。騎龍之山珍珠塢，巖巖左龍伏右虎。土膏泉清氣膴膴，青輝白彩藏珪琥。群昭群穆欽爾祖，封塋有樹廟有主。時禴時烝警霜雨，與澤偕延永亡斁。

外祖迪功郎江西安福縣縣丞陳公誌銘

公陳氏，諱紳，字用章，吴縣人。考志善，妣朱氏，生公，有良質。弱冠從奚進士昌學舉業，五試不利，卒業太學，入選授丞于安福。安福，江西大縣，俗不尚同，辭牘充斥，通官顯人，家滿鄉邑，東連西引，人人以第望自負。吏政齗齗不易，公舉其職，岸然無回也。餽輸尤難事，公任之有餘力。令去，權綰邑篆，亦優優焉。任四歲而老民知思之，君子以爲得其心，非得他民心類也。平生和氣藹藹而不流，孝友忠信，觴吟自娱，春秋六十有六，終于正寢。明年冬月，言歸玄宅。允明，公之外孫也。哭奠之餘，謹依公友人周君所書公事，撮類爲銘，以刻之墓石。

公配王氏，子男三人，瑛、環、球。女二人，長即允明母，先人曰祝氏瓛；次歸吴汝鎔。孫男四人，女三人。公生以宣德元年正月十六日，没以弘治四年正月九日，葬以五年十一月三日，日曰庚申。墓在薦福山。銘曰：

士也業成，宦也志行。老也居寧，高朗令終。子孫繩繩，安哉九京。

登仕佐郎鴻臚寺序班湯府君墓志銘

湯貫吴縣，於今以大族稱最郡中，不特以富而戢，蓋他大族鮮以九族數千指聚食，故多讓焉。獨未得其轉徙之悉，今第知故爲中原人，從南宋遷江陰，吴又江陰分條也。始來者曰潤卿，潤卿生均澤，均澤生彦祥，彦祥第二子曰宗本，是生府君。府君諱瑄，字文瑞，母周氏，繼徐，繼王。府君小學之年則已知孝，皇皇犇問，求所以報親者，弗得。或曰浮圖氏有茹素資福之説，遂三年不鮮食。弱冠，大母有疾，刲股藥之，弗效，傷慟作疾。繼事三母，先後一致，終無衰減，而養事宗本，盡五致之孝，尤稱能敬。

始在髫總，已蓄大志，自以爲吾長也，吾父母當驅吾入仕用路矣。既屬孤凶，夙稟薄弱，宗本閔惜，以爲不任弦誦勞也。少逸之，將俾壯而理男事。府君殊不肯自逸，密竊市典册，辦螢雪，聖聖自厲弗休，竟展轉羸憊，以大病而學緒中斷焉。年二十五，始娶允明姑氏。湯、祝鄰密逾百年，彥祥奇姑氏，聘之，亦以病故。至是始昏。時先大父維清府君參山西藩政，府君數千里來逆女，無何，與姑氏同歸于蘇。

宗本方總家政，御衆分職，舉禮理財，綱紀煩冗，殆猶公府。府君承令，與群從更翻行貨京師，轉以饒益。鄉之仕於朝者，結合相與，通懷達志。會有旨，善書者授秩署雜事，府君曰：「時乎時乎！」即奉例入，授鴻臚寺序班，階登仕佐郎。越三年，勾當江南，已而曰：「吾雅志簪組，失其階塗，今忽以韋素超侍禁宥，專馳使牡，吾復何以塞吾君恩？」事竣，遂不復起。居久之，病淋不愈，改病肺，外枯中乾，榮衛竊消，又加痰咳益劇，或時迷昧失神，猶自支厲。一旦音語如常，忽然而往矣，弘治戊午四月甲午。生以正統辛酉十二月丁酉，年五十八。遺男子二人，長正倫，爲本縣儒學生，娶顧氏，今湖廣按察副使逢原女。次健，庶出，聘鄭氏。女子一人。孫男女二人，咸幼。正倫卜是年十一月十一日奉葬于郡西靈巖鄉吴山之麓。府君操性臯緩，慎重不妄，蓋孔子所稱「以約失之者，鮮矣」，則府君其人也。雖身不充志，逸享未足，然正倫秀朗顓勤，才業充利，大振府君，不在兹乎？惟先顯考終鮮兄弟，惇友姑氏與府君，猶夫兄弟也。而允明辱愛尤深，存亡之感，實鍾厥心。與正倫哀弔之餘，拾綴遺美，丹書玄石，倚之外棺，期重悠永，又申之以詩焉。其辭曰：

人各有懷，翔高潛深。蜂蟻之義，夙尚吾心。孰司我彝，繫此柅金。綿綿髮膚，先切淵臨。大人有命，我敢弗欽。君陳張仲，獨愧纓簪。貢蠡之業，道亦無侵。同居千言，不間於人。蘭茁其芽，既遏而湮。西商作肅，更特逢春。曶驟而喬，蔚爲穹林。六藝之用，殊進同倫。寓稱大鴻，楮聿斯任。使命煌煌，手捧而南。還榮鄉郡，允若買臣。河漘伐輪，我不素飧。殆辱知機〔一〕，長卧故岑。我馬玄黄，西旭移陰。尊有旨酒，未暇盈斟。褰裳去之，回元太純。江源悠悠，可濟烝雲。防而弗宣，執承以奔。粲粲文胤，既道于岷。沛物之動，匪遥伊今。巖巖吴山，中藴瑶琨。德人比之，輝采宵騰。録録小子，增恤于忱。鋪華垂烈，慚此蕪湮。永奠隧墟，侑以悽吟。君蒿有融，三難斯音。

【校勘記】

〔一〕「機」，原作「譏」，據四庫本改。

王烈母江氏壽穴銘

允明祖姑歸同邑王公，公居閶門下塘，業故殽。公卒，子宗善處士，紹厥有家。

處士賦性豪偉，有雄才，闊量竑然，鄉卓特人也。於其家，冠昏、喪祭、姻友、慶弔、伏臘、迎餞，問遺無失禮，又熹周賑人，多所給施，凡若是，皆倚辦於閫内。日日舉其所爲，操施浩然，頤指而集，取諸囷橐，猶原泉不知其所自來。後又罹宗人之訟，處士胥靡于官，疏牒、胥伯譁擾歷歲，支費益不勝計，於時蓋主閫者爲江孺人。江孺人性氣略如處士，而材幹尤敏利，故克有功。時凡爲族爲姻，若鄰友於王而知江者，無不交曰賢也。先王父參政府君示姻曹曰：「婦任宜師江。」已而處士死，一兒欽纔弱有室，三女未行，家稍束矣。江孺人撫者嫁者無隳焉。無幾，老姑又亡，欽又亡，於是惟與嫠子婦摩鞠四嬰稚孫以居。歷暑雨，涉荒饉，持門户數年，不少仰於人，烈矣哉！孺人之力歟？孺人稟執聰明，遇事機糾紛，人情竄伏，一聞之，立有裁擇判決，億之屢中。又意氣剛果，既事無遁情，而行以敏捷，故罔弗濟。又言論順直，容度高潔，黨分間不肯以一豪爲人謾欺若挫抑之。即或有是，正辭折之，無小不忍之態。雖私親内屬，倘有忒儀，亦正之，不能隱忍也。又動履嚴重，密姻之家，不苟還往，曰：「彼無以其富也，而我易近之乎？」又多藝能。孺人之賢衆矣！其最大者，事嫡瞽姑三十年，又事生夫姑二十年，皆備極子道，無一髮缺，一日怠，其至且久如是，何其賢哉！予每接見，敬奉不敢忽。今年將如京師，孺人命志其履系成章，曰：「即子遠去，吾當刻諸石。他日寘吾藏穴，使後子孫知我於王，不敢負舅姑、夫子之事如此者。」噫！坤德之樞機，有家何其闊歟？爲孝婦，是爲孝子良臣也；爲賢母，是爲明君賢父也。是君臣、父子二道偕也，與其本爲夫婦者而三焉。則人綱灼灼乎在天地之間，如其全人者，當幾何哉？當幾何哉？若夫以嗣以續，繫宗祊之重也，而又治亂持危，與蹇蹇匪躬、託孤寄命而不奪者同科，則偉哉乎！功德均隆而忠良並殫者歟？敢僭進以稱曰：王氏烈母，舉功之不群也。以詔于來，以慰奉其志。

烈母名某，父曰景昭。子男一人，即欽，娶婦卓氏，復姓沈氏。女五人，孫男四人，璛、琫、瑜、珮。烈母以宣德五年四月十一日生，今弘治甲子，歲七十五矣。氣貌澄健不少衰，所治壽藏，祔先處士楞伽山之丹霞塢前岡也。綴之以詩，曰：

氣剛肅兮才明通，既果敏兮又順雍。將大施兮沛無壅，始履達兮楣棟隆。中罹擾兮鼠穿墉，終投艱兮哀恤從。閱寒歲兮知彫松，嗃嗃厲兮卒無凶。德備懿兮功特崇，亦慈孝兮兼明忠。人綱三兮萃一躬，丕哉烈兮懸王宗。樹沃朸兮食當豐，睇桑榆兮延西舂。尚福禄兮來攸同，爾繩繩兮養奉充。世報德兮思元功，美哉壤兮有壽宫。後百歲兮雙劍封，受介福兮王母降，回源澤兮流亡窮。

孺人王氏墓志銘

孺人諱妙慶，其生之族曰王，所後之族曰祝，所歸之族曰劉。劉、祝出長洲，王出太原，皆宦室也。初，正統時，予先王父太中府君以刑科給事中，與國子祭酒少詹事劉文恭公同朝，府君爲長姑氏覓壻，因得文恭之從子汝大，館贅於家。既而長姑卒，府君視先考也少，曰：「當圖輔之者壻，故不可離也。」時太谷王妃父兵馬張英知之，語府君曰：「吾中表之族，有王君名郁者，今任太原左衛千户。厥室何宜人，誕二女。其長者則嬪于晉邸，爲王元妃。次在室也，盍後於公而繼贅是圖？」府君曰：「善。」從之。緘詞走伻以諏於劉之尊，劉之尊曰：「可。」遂就醮焉，景泰之甲戌也。明年，生一男，曰幹。成化初，府君致其政還吴，孺人歸于劉，已而居吾家爲多。後幹入京師圖仕進，孺人往依之。又數年，幹被薦，譯夷文於六館，薦以受禄加服，遂授鴻臚寺序班。歲庚申，汝大卒，孺人與幹歸于劉。越二年，乃卒，癸亥正月甲午也。以宣德乙卯五月七日生，享年六十九。卜以某年三月甲申葬于虎丘，合汝大之穴。幹申奉治命，邀余述銘。予之孩提，蓋嘗受孺人襁護之德，其何能默？

孺人性甚婉良，而才識警穎，工巧越倫，又能安時巽履，通塞一致，其賢洽於諸族姻間。而終享壽康，進加榮貴，亦用慰於冥漠矣。汝大以輸貲冠帶，孺人又嘗生一男，夭。今幹弟二人，妹一人，皆側出也。孫女二人。銘曰：

太原彭城，居三族之華。方舟泳游，敦一德於家。或梱之轒，無往不復。子也足母，孰與不足？纘而恔兮，兹謂終福。安玄扃兮，薦歆嗣禄。

湯永之妻徐氏祔葬誌

徐氏，予中表女兄也。徐、湯皆與祝爲連。湯有士曰永之，徐有女曰德莊，年相若也，凡三族歲時嘉吉燕會間，二氏輒相期結好，而未果也。既而各問名他姓，輒參辰不協。久之，湯曰：「結好之願，當不在兹乎？」一往求之，即諧，竟就褵醮。徐氏既就湯，家室攸宜，信睦修篤。而未幾，湯君病，不足蓐食，淹久以死，與徐氏相安，蓋無幾何。時徐氏當英歲，握志確烈，如山不摇，沈寂閨寢。又十五年，乃染疾卒。徐氏有至善貞順之範，倍蓰他婦，辯言巧笑，一生不聞於族侶。其生天順戊寅四月乙酉，殁弘治丁巳六月甲戌，年僅四十耳。父余舅氏，字曰嗣華，前武功伯猶子，母王氏。葬以己未八月乙卯，穴在白馬澗南中麓山之原，合祔永之。徐氏不字，始取永之兄子訓以嗣。至是，其舅以訓來，稽顙曰：「新婦志行良，無寧使銜恨九土，而無如君知也。」予潸然書之，銘詞曰：

身未亡志亡，幾時泠然以往也。婉魄怡怡，從靈修而駕元氣。清霜白月兮，無不同之，幽幽遺璧掩山陲。其年無耆艾，群媪之師。

史在野墓誌

在野爲余女弟之夫，氏史，諱臣，字在野，吴縣人也。以成化戊戌十二月七日生，正德庚辰五月五日卒，年纔四十三。嘉靖癸未十一月二十四日庚寅，葬花園村祖塋。余當銘，然而悲夫在野有志而無年，又悲夫其孤衆室涼，身後落莫，又悲夫予妹之蓼苦也，酸澌不能以筆，然而俾其後得據依以知在野生死大概，又假偁述以少慰冥漠，亦有在於此，即言之。

初，先考仁齋府君，生妹四歲而下世。妹稍長，允明與母陳夫人謂不可誤其歸，有問者多不當意。史氏自處士浩生今隨州守引之，甫室，張夫人生在野，爲冢嗣。乃以妹爲在野求聘，遂從而歸之。無何，隨州往任，在野守廟墓於家。在野有志，修飭自愛，不肯落人後。勤營業，居闤闠，弗溺靡俗，不及爲仕顯，然好學尚文。嘗一往省于隨，歸不數年，遂没。有三子，曰貢，曰賢，曰贊，子婦曰顧，曰顧，曰張。一女，嫁張希載。悲夫！銘之曰：

行不失貞，志在廓而成。孰美其生？靳靳中齒，煢煢諸子。孰厄其死與？短而臧與？抑寧慝而長與？是並非人之願而理之常，在野何否而罹一于此？尚其餘淑之可藉，抑冥相之可假。俾後弗隊以下，殆庶乎佼亡靈而慰存者。悲夫，在野！

賀先生誄

維弘治三年太歲庚戌十二月十一日戊午，吴儒賀先生甫卒於閶門外之里第。明年，葬于黄山。嗚呼哀哉！乃作誄曰：

邈矣慶宗，始顯惟輔。是佐帝乙，效庸肇祜。晉鄭齊克，陳寅與虎。軍戎趙舍，俎豆漢普。衍繁東都，純更以賀。分柢散條，代弗穢譜。沿晉洄唐，指弗遑數。恂恂夫子，有耀爾祖。事我高皇，績在大理。爰及顯考，墾茲儒田。無妄之災，孰厄而顛？夫子承緒，出死履安。僑寄江陰，棲泊丘樊。顓志厲業，不病其身。幹蠱克家，忘其先艱。春誦夏弦，筆墨簡編。菑畬南疇，桑麻東阡。吞酸茹寒，終日乾乾。以壯以强，食力累年。修文起貲，允若計然。屢遷師帳，再造故廛。高閣連衢，書齋數間。小山幽亭，奇花清泉。遠集嘉賓，豆登盤旋。富吟宫商，侑宣管弦。神和氣融，遐齒益健。衆子養色，群孫捧膝。士服儒言，庭宇翼翼。有魁鄉策，有廩黌籍。文源浚流，滂濞沇溢。夫子之志，以莫不適。嗟嗟夫子，不偲不群。剛勿戕中，和非徇人。屏斷僧巫，不諂非神。克勤克儉，富弗濫貧。少靡玩歲，老尤持循。木嗇其根，條柯自蕃。還芭本趾，亦理之然。報施既豐，忽奪于天。淹歲之眚，終不可延。嗚呼哀哉！綈帙收芬，遺草夜炯。塵縢注榼，音絶徽軫。識旗飛翻，黄山之領。草露滋涔，松溪夙暝。頎頎玉躬，漠漠沉影。嗚呼哀哉！小子王母，連姻外支。復有大父，爲夫子師。誼敦歷世，義禮匪虧。小子之幸，撰杖屢隨。豈不感知，巽言忯忯。包荒發蒙，有銜不遺。欲酬之後，雖遂焉追。嗚呼哀哉！孰不有厄？終泰厥否。孰不有死？死不愧士。隱節完躬，顯發在嗣。鄉郡閴寂，澌盡君子。登文旒旗，洟涕曷止。嗚呼哀哉！

仙華先生誄

仙華先生者，長洲趙公與哲甫也，其諱同魯，先自浦江仙華山來，故號仙華生。公以王孫遺貴，而沈盎儒術，振望林表，垂數十年，門第欽重，是稱先生。今則已矣。多爲辭詩，以薦傷惜。太原祝允明奉作誄，曰：

有宋周叔，倜倜恭肅。襲侯南陽，隨國居睦。其孫監税，宦居浦江。良仁再徙，斯吴金莊。金莊六葉，兹惟先生。偉表山峙，吐音鍾鳴。成器知道，力學稽古。上師聖賢，近武叔祖。叔祖維何？曰友同彦如。祗事太宗，爲時碩儒。公有其才，擁而不試。有莘躬耕，曾不忘世。時事得失，生人利病。知無不言，大夫問政。歲則大饑，官無善圖。公策四出，萬言爲書。挾走千里，陳于撫臣。彼搤其謨，而譽其文。公曰咈哉，余豈衒玉。爲民請命，抗論反復。卒用一二，布以恤之。薦于司舉，而亦尼之。湖淫病田，矢謀于公。築之復之，坊與水庸。彼則何知，始怨卒服。公置其功，而任其讟。清籍之苛，驅民入伍。公則往愬，曷逢彼怒。終則以悟，乃更厥武。或執萑苻，導俾誣善。乃用賈賄，公曰其敢。我則隨往，不直不返。乃悚而釋，善類斯倓。條約于族，以義篤親。聚貲公藏，散給用均。老養少教，喪祭冠昏。成美疾惡，憂樂同人。扶爾之顛，匪望報爲。折汝之暴，吾豈畏斯。平以爲執，剛以爲施。通拘立懦，時寓風諧。先生之學，鉅細博綜。天緯地形，醫方仙洞。篇翰葩富，談辯海湧。云胡遐往，内外傷痛。嗚呼哀哉！氣鈞生人，終始有期。踰耄之齒，公豈憾遺。鄉門之戚，失怙斷規。嗚呼哀哉！典刑曷寄，浴爾室徒，尚列名謚。

祝氏集略卷十六

傳志

元故成全郎江浙官醫提舉恒齋葛先生墓表

士抱賦穎粹，砥行修業，綜古聖人經術，固將以自效，達志用時，兼濟上下，流華於方來也。或世代戾契，既不我用，於是背廷闕，面林皋，吾志已矣。然而澤物之仁函乎中，活世之方寓乎手，緬觀斯人，有病心惻。乃有知者，舉而試之。雖地隘施小，吾且應之。亦有以發志成效，不孤天稟，爲聲永身後，則獨非君子之心哉，是亦君子之道也。

宋籙瀕訖，奇傑之士，散落草莽者何限？吾鄉尤衆。其稍出效用於勝國，雖百售一二，固稱於時以貤於後，不可誣也。若葛提舉先生，其最也。先生業行與其蹈履，有黄文獻公晉卿志墓之文。其裔孫懌比治飭遺冢，以文在幽，不得外暴，雖人多憙傳録，故不普，因斫穹石揭其前，特請余屬詞刻其上。因撮黄志大略爲之敍云：

先生諱應雷，字震甫，别號恒齋，世平江人。大父曰宣義郎思恭，父曰進義校尉從豫。先生始受周禮於季父某，爲舉業，業成而宋亡，無所用之。進義故儒者，而學多能通九流百家，醫尤工。先生既無意干禄，儒業之外，遂專治父所遺醫法。黄帝樞、素諸篇，搜抉研核無餘力，自得甚深。以爲當世所謂醫者，株守近代意見，論病執方，如檢畫一，絶不識原委，誠異古法。乃推運氣之標本，察陰陽升降之左右，以定藏府虚實，而合諸經絡氣血之流注，於是疾病之候，死生之期，無能逃焉。從而立方法爲之湯液、砭焫，自不能雷同他人，奇效乃著，聲華日騰焉。

時浙西提刑按察司判官中州李某，推醫名，嘗治其父疾，亦致先生决之。先生爲之語云云，李父子驚，相顧謂：「南方乃亦有斯人乎？」因盡發藏書，河間、潔古諸説，相共討尋，凡先生之語，無弗諧合，去益以其道行。南方之醫，始能言劉、張法者，先生啓之也。

先生嘗謂守真若子和，當女真强盛時，人氣勁悍，故宜多用宣泄。逮其兵鏟衰殘之餘，民瘁氣困，於是潔古與李明之輩，乃加以補益，此其下工也。宋既抄末，醫多襲目見，務守護，不能爲攻伐，是謂養病，非治病，此由不知醫當視時勢盛衰，不知通變者也。故所著書曰醫學會同，凡二十卷，大旨類如此。於時近遠病家，乞治無曠日，幣馬塞門。大夫士内交益衆，皆敬禮推譽。

大德十年，遂被薦授平江路醫學教授，先生亦不辭。爲之治田疇，嚴廟祀，教育其徒，往往去爲善醫。無幾，省臺交舉，擢江浙等處官醫副提舉，進提舉，階自醫愈郎至成全郎，延祐之某年也。至治二年，以内艱歸，執喪過毁，竟不久卒于家，三年正月十八日也，享年六十。其子乾孫，以泰定元年春二月二十八日，葬之于吴縣至德鄉望墅墩先域之次。乾孫，字可久，其學得諸先生而發之益奇，取績轉神異，世傳不衰，吴中視爲文獻家。自先生□世乃至懌。

系之曰：士惟無所可見，見之或無本，抑淺局，故其所及名實，廣狹以之。有如先生劇心群經，且將用周公之典以輔斯世。既不果，退用其餘以被物，亦取十全功，蓋亦得上古聖人之秘。其震於時而引於後，何有也？黄公謂先生既棄去時業，更以詩授乾孫。又云先生質和粹，識量明達，外嚴内寬，孝友篤于家，而惠賑澤在閭里。

然則先生誠德人偉丈夫。文獻重吾邦，邦人世當重之，豈獨其子孫恭慎乎丘樹而已也？

葛先生墓補志

修行立節人之彦，慶餘澤引慈之契，敬宗傳美孝之鉅，發德實録辭之善。自夫伯翳俶封，葛屬肇氏，拔分五爵，散部四民。蕭規曹隨，傍流達兼之澤；伊耕姜漁，鞏用舍藏之具。君子不斬，文獻能徵，千載之間，爛然充觀。若夫唐靈斯薄，周民或遺，時則道明。府君違淮南而之一邦，卜澄江以宫一畝，爾來不億，尤引無極。大概宋富顯公，元多逸夫。殘胡負乘之末，真人出庶之先，則兹野樵先生昉宗於吾蘇焉。蓋歲駕丁酉，江人恤戎，先生從父益之而來。洪武初紀，遂綴版長洲而授廛城市。

先生諱倜，其字天民。起居六藝，飲食一經，本窮羲、文，枝獵王、鄭，研幾陰陽之緼，觀象剛柔之賾。至於融陶性情，比排宫商，近嚴聲病之度，遠守經緯之旨，隨時言志，夷然自獲。辛未之歲，應辟人材，授雲南大理府同知。力以病謝，浩然東歸。河干伐檀，韞匱藏玉。聞詩乃興，志從劉王之招；學易無過，神符阮君之遯。

董帷尚下，馬帳亦縣，生徒執業，遐邇烝集。永樂戊戌，凝然告終，閱受春秋七十有八。

配室顧氏，二子華、倫。始益之造居，在本縣二十四都陳公鄉之雉瀆。及先生遷築考命，遂即雉瀆之址爲幽宅焉。又越四世，其孫曰弘。時游大黌，力述祖德，更整系譜，還輯遺吟。復以石文無見，玄美未傳，固乞追纂所知，章揭崇石，庶幾終世有考，來哲知欽，源長祥餘，墟穸永妥。

明故文正書院主奉范公墓志銘

自文正書院立世，遴一人統司之，曰主奉。魏公千載不斬之澤，行諸其身，責不輕矣。然恒視其人爲低昂。由魏公長子監簿。公嫡支而下，十世曰廷幹，嗣爲之。當洪武初，資業甲吴一邑。邑舉總民税，税多逋，坐當除名。詔執歸京師，廷幹與室陳夫人訣曰：「吾罪即死應爾。獨世澤斬於我，吾何以入厚土，何以面先公？」夫人曰：「即償之，須幾何許？」曰：「二十萬。」曰：「計妾奩飾猶贏，并益以君產，當足償，奚若以易覆宗之禍？」廷幹曰：「善。」立舉粥如民負輸之。即就繫及京，見上，上釋其罪，更加奬賜，遣歸。由是義田之寄長洲、吴江族籍者坐廢，而吴籍獨完存焉。

廷幹生天鑒，穎秀，抱遠略，有文行，讓嗣職于他，不居。其人乃弗克負荷，至售手澤，質公田義職以蠱。連族病之，更合議還，屬諸天鑒之子元理。元理儒行惇潔，博通經典，有大度。乃拮据黽勉，裁節冗濫，復手澤，清義田，别户籍，立提管一人專領之，十載一易，以革賃售之弊。作砧稽簿四册，請于巡臣郡守印記之，分畀主奉、提管、掌莊、天平墳寺各傳守，以備參察失遺。又修正家規圖乘，損益給助。白長吏，列刻木榜，縣示遠久，更新忠烈廟，若義莊，若家廟，主奉之任，於是爲大舉。娶周氏，是生公。

公諱從規，字圓吉。賦性沖厚，操履中庸，力思紹述親事，充振先烈，如新歲寒堂，改塗書院，易建石表。凡祠事既董正周備，又以文正、忠宣而下累世宅兆在洛者，久缺封掃，請于官，求自往省，遂給過所以去。至萬安山尹樊里，省奠封掃如儀。自魏公祔位諸冢，遺封故存，獨忠宣之兆越五里，至則無所見，問知爲屯戍所平久矣。因望祭悲號，削蓁蔓，披砂礫，肆蒐不得。乃禱于空，跽泣連數日，天忽大雨。三日夜雨止，滌土去，深三尺餘，露斷碣數尺，題曰「宋丞相范忠宣公之墓」。公大驚喜，亟白于守御分閫官，敕戍卒還。公始案圖譜，加封樹，作墉屋，辨止界，正神道，植望獸以表之，勒石記事訖。又爲外舍，屬褒賢寺僧居守，又遣吴中支族一人，往協相僧以居。然後丘隴之職，始與祠事並盡。既復以今族食指百倍於舊，而莊課不登，乃合衆協謀，取湯沐之樹，易田百餘畝以附益之，族禄始贍。其意建樹，多績效，大帥如此。始，范家園故地殘圮，公大新之，鑿池立亭，蒔花木，育魚鳥，中歲養息其間。天平故有卧雲書院，公時往還自得，因别號「卧雲」。族人或盭繩笵漁鹺，稟家憲當罰，公惟舉憲風示，而卒以厚度包容之，不致罰。或曰：「先生傷圓乎？」公曰：「吾家自咸通柱國府君以來，積德百餘年，而發於文正、忠宣、恭獻、清憲諸烈祖，奕世大顯，至于今又六百餘年而不衰益熾，孫子千億〔一〕，蹈儀循度，不致散背者，獨持一『義』字保之故爾。人之格不齊，惟義可以和之。至如條法懲責，先君特緣是垂教，閑人心耳。吾所以兩調之如是，將以不失先君意，而默有以永保義之心也。」聞者以爲然。其特見御務，務爲寬雅微遠又如此。公生於宣德戊申九月乙卯，卒於弘治丁巳三月甲寅，享年七十。

配盛氏，故太醫院御醫叔大之女，誠一惠和，有古賢媛風，稱爲世家主婦。公初昏，從外贅處盛氏，尋共歸，治婦母之道並無違。以辛亥六月己亥生，後公一載二月庚辰卒，年六十七。初不育，常祼公弟太學生鳴吉少子汝舟，將以爲後。既而貳室譚乃生子男二人，長曰汝輿，今補郡學弟子員，嗣主奉；次曰汝輅。女一。孫男、女各一。汝輿等卜以明年戊午月日，奉公與碩人合葬於雅宜山之新穴。倩其族兄吴縣學生昌辰敍總遺行，將著之不朽，以允明與有姻分，知仰切悉，來以爲委。謹爲撮書，復綴作銘。其詞云：

君子之澤，如水行地。達之斯達，壅則以滯。苟達而滔，奚遠無濟。洋洋魏公，仁源義委。勤矣卧雲〔二〕，載宣載匯〔三〕。清廟既嚴，穹丘亦治。德豐行卓，全歸善瘞。拜瞻先公，不忝九地。江水泱泱，沛於終世。

【校勘記】

〔一〕「孫子」，四庫本作「子孫」。

〔二〕「矣」，四庫本作「以」。

〔三〕「匯」，四庫本作「止」。

薛先生墓志銘

吴有隱君子薛氏，力學脩道，七十而没，未嘗一日同時世浮詭者。既没，孝嗣應祥謂允明與皇甫録曰：「先處士多門人，傳遠之託，吾以委吾門人者，要至先人之終而貴備也。」録乃退，爲行狀甚詳，允明相爲參補，謹誌之，以薦于吾師。曰：

先生諱英，字時用，貫長洲縣。曾大父名遠，大父弘道，父繼周，代傳六藝。繼周娶于程，生先生，而家計不充。然繼周不以家故遷守易業，教先生轉嚴，先生亦轉刻厲，學成而志不在顯赫。養親之餘，稍以膏馥惠後來。劉僉事廷美，沈二隱君貞吉、啓南皆知之，遞請尸塾席。先生學則方肅，授諸生悃悃端實。居常時慎確寡語，對人不能爲佞詞。和顔雅衣，儀度沉厚，御家不偏於侈陋拘肆，自以貨殖、聞達、機智之間，舉不巧於是，自稱「養拙子」。微飲諧歌，熙然忘老。初，爲郡大夫致鄉飲酒二十年，後亦倦辭。弘治甲寅，年七十有四，得疾，十二月己未終于正寢。將加纊，猶命筆自書寄顔云云，語意可慕。其生永樂辛丑七月癸未也。

配劉氏，中書舍人孟功之孫，祭酒文恭公之姪。生子男二，長即允明師，寓迹縣學；次曰得祥。女三，太學生王頤及劉侍、范昌璧，壻也。孫男二，曰金，曰銓。女三。葬以丙辰正月甲申，穴在金鵝鄉孟字圩之原。銘曰：

鼎鼎詩書，翼翼冠裾，吴何多儒。匪儒之易，厥或異趨。將守之缺，而施則餘。肫肫先生，實乃越譽。高明考終，安此幽墟。煒煒我師，踵弓以箕。揚顯方來，將煩命書。有隕自天，匪志之需。後者而過，煩下其車。兹唯公宜，豈曰室徒。

故處士顔公墓銘

長洲處士顔公將老，自爲石椁以俟命，既十三年乃卒。又三年，哀嗣復等乃奉以歸厝於是。處士德行大致，今吏部侍郎吴公嘗著列，因椁以爲銘。復之將掩封，更圖文方石内椁中，爲陵谷革易之慮，邀其筆於允明。允明少從先參政接處士，不能以辭。文之傳遠者，既具矣，不必以溷。惟其慮且不可以廢，是爲述。族屬經閲一二，兼衍前文之實，爲繁辭以系焉，庶幾以貽重來世。曰：

處士諱昌，字公懋甫。曾祖天澤，字潤之，不受張士誠僞元帥府副使之命，隱死于皇朝。祖天泉，字濟民。父琇，字季栗，是爲哭父死吴之達孝者也。母李氏，妻盛氏、夏氏。子男四人，泰、復、升、大。有女一人。孫男六人，閔、曾、言、孟、冉、宓。女二人。處士之生永樂丙申五月二十七日，卒弘治庚戌十月七日，年七十五，葬癸丑十二月壬申。墓在本縣金鵝鄉古字圩。銘曰：

顔以孝聞，振于昔今。敷華胚渾，有啓而承。處士之稟，弗涣其淳。孩提而知，知愛曰親。親足傷爪，我踣而呻。哀哀失恃，學樂之年。充充猶猶，以罔弗誠。窀穸之事，我力斯勤。左簀右函，指皷搤龜。祥忌烝祧，祀事員員。建本立儀，既信而倫。敏敏春秋，通于亡存。我憯我考，烈孝亡群。我耀我考，我力需人。人孰諒只，三年亡葷。上下以動，州司升聞。孝理天下，將徼勸恩。孰爲格之，國典斯湮。我身我心，孰道以信。口及我先，我涕涔涔。疇昔之夕，既息我形。有赫我父，下教其訰。爾志我顯，胡究我心。爾祖遺休，盍焕于文。勿以贇脩，而沮于貧。有餽爾相，爾伺于晨。詰旦占之，孰繇孰徵。有客有客，不速而臨。有餽者器，符夢之名。迺上太史，賁詞份份。一氣之靈，緊孝是根。既立道本，亦多旁仁。岐伯之法，我庸孔神。或乞醫焉，既施既平。有病于旁，孌孌女生。一匕下之，亦底于寧。宵闖我寢，曰寔感君。何以酬之？君活之身。我頩以迕，孰是賈婬。孰涅我緇，孰磨我磷。麾之不回，我匪懷春。我身曷生，我感曷申。嗚呼噫嘻，昧哉愚陰！女則何知，酬以潔清。女乃遄往，化此魯男。處士之容，令氣氳氳。座不苟同，詞不粗陳。鄉飲社聚，方裾脩紳。頔頔威儀，亦孔莊温。孝子是呼，下徹臺臣。前以父作，後以子因。巍巍齊女，孝子之門。玄運莫留，殲我孝君。墻翣戒完，即此靈辰。生晦死蘳，千古之珍。周棺有碣，勒此鴻芬。廣之邦閭，永之子孫。千秋萬年，其無震傾。陵壞谷移，或换高深。孰有見諸，勿毁勿堙。凡百君子，念此孝墳。

錢處士誄

高陽苗裔，彭籛孫子。厥名曰孚，爲周上士。職典錢府，因官命氏。望于彭城，世有彦美。爰及李唐，懿僖不綱。九縣俶擾，繆乃辟疆。趙魏分茅，桓文尊王。比入宋室，忠懿來歸。顯列班序，笏紐陸離。維此磚橋，忠獻之枝。公達昉遷，維常亢之。維常閎義，格于英宗。綸音表宅，龍光蕩空。公生令稟，仁冠義衽。大川外達，冰鏡内審。詩書廣才，智禮成性。孝友大節，信惠百行。父有富業，胼胝幹蠱。父有殆疾，斷膚覬瘉。豈不知禮，因心切至。暨其執喪，戚易兼致。兩弟短折，死葬生給。擇族繼絶，厚嫁三息。父妾弟妻，守節孀嫠。豐養日奉，衣糧歲支。内外中表，逮諸屬眷。彼其或匱，吾此能贍。翼翼先祠，累累世丘。祭薦參告，謁掃封脩。綿聯譜牒，熠耀文獻。玉裁宋册，鐵鑴唐券。先生謝表，蘇公碑觀。累代名鉅，英辭妙翰。石磨梨刻，覆護流散。三華家集，名賢碓論。并歸刊布，籤帙充衍。既圖紹述，亦志兼善。君子攸依，小人復賴。爾涉予梁，爾暴予㮰。減額而税，不息而貸。年凶勸分，發粟一再。乃至于三，曾不少怠。有司承制，懋賞以秩。始用郎級，繼之右職。公咸曰辭，豈賈受直。官不可回，以歸燕翼。比及其終，堅郤猶昔。官曰得之，亦有故實。重門載旌，風聲還籍。有秩鄉飲，幸公臨席。流謙自牧，華聞滂溢。元公上卿，交贄請識。褒篇贊章，璀璨縟繹。公度既達，公心孔安。崇樓高齋，瀞沚芳園。觴歌悦生，翔植怡顏。七十而卧，翛翛大還。嗚呼哀哉，孰不有生？生斯負之，詭隨浮休。鳥獸同期，公則大完。始終弗虧，今其止矣。紹者伊誰？嗚呼哀哉！孰不有世？世彼我此。鄉原亂德，楊朱爲己。公施溢分，曷畦曷涘。世則逋公，今曷酬只。嗚呼哀哉！深山大澤，寔居龍蛇。公歸九原，胡邇胡遐？止水不滓，蘊璞非瑕。清魂夜游，上下無涯。風霆共運，星月同華。公其快哉，元氣爲家。嗚呼哀哉！緊予二祖，通好于公。祝徐而錢，鼎趾同風。公不遺予，包荒發蒙。耉成後彫，邦社漸空。海宇之嗟，曷以私恫。最行文旗，昭明有融。淵淵德聲，川壤齊終。嗚呼哀哉！

故詔旌義民錢公惟常遺像贊

陽秋中藴，制事之義，而宅心之仁，金玉外相，秩乎其言而睟乎其面。展也君子，今不可見，章服威儀，千載毫練。于何考德，諸老紀傳，吾萃以爲其裔流之詔焉。蓋曰：

金孟愚先生家傳

金孟愚先生者，吴郡長洲人也。其初自汴隨蹕南徙，籍于此，世有佳士，而不爲仕。至父伯廣，學行尤茂，爲里中子弟師。時葑門亦多儒士，夏建中者尤名，薦爲儒學訓導，以女妻伯廣，生孟愚。

既出詩禮家，資賦又明穎，文籍一誦讀不遺，由是少弱已淹貫經史，繼爲里師。律身謹，而造士勤，齵然自重，與伯廣一轍。性寡欲，無俗好，以介自命。舉措每不徇同時衆，其甚也，人目以迂以矯而不辭，蓋誠志乎狷者。既鮮合，所還往無幾人，亦毋友不如己云也。如陳僉憲永錫、杜先生用嘉、邢隱君用理、顧隱君寅仲，其合志者也。致孝祖先五祀，而痛斥淫祠巫覡及老、釋之教，至野師、陰陽、宜忌最不信。成化末，郡守嘗要與鄉飲酒，然其視官政失得，民俗美惡，恒不能忘言。尚書三原王公來巡撫，孟愚謂其賢，疏民務九端上之。逮後御史巡按至，亦以時弊往陳，亦其志不自已也。比老，取素所讀書中集其關人倫事理可法者，爲編曰群書會萃，所爲詩文有草，藏于家。初别號「近思」，後曰「竹雪迂夫」，以自表其高潔絶世之意。贊曰：

遁之時義，以遺世自善爲是者，必與斯人寡群，亦勢爾也。然而有不盡絶世念，孔氏亦與之耳！吴最多隱君子，若杜公者，函中蹈靖，何其鳳德之盛與！其一於狷獨者，邢氏與故沈誠希明。有名隱而專與世事者，趙同、魯與哲、顧亮亦然，而金孟愚乃略同之，亦各從其志也。今杜、趙之後，迺涉榮塗，邢、顧、沈皆無聞。金之子成性守素慕文，不令家聲委地，輯述先事甚勤。又乞余特傳之，亦孝矣哉！

柳義士歸金贊

故御史柳公華居憂，嘗起復。嘉定陸坦與傾交，持白金五十兩來贐，公不受，以貸則受，乃受去。公起巡閩中，死鄧茂七之亂。貸金事時，獨公兒謙數歲侍傍，他無一人知。比謙從錮没，赦還，陸已死久，謙亦翁矣。持子本，侑醴食，往歸陸之子。陸子曰：「無之，我固不知，知獨父持金贐行客耳。」謙陳狀，固予之，往返三數，陸始强受。賢矣哉，二義夫！古罔斯艱，於今走九土覓，若一個不得也。激爲贊曰：

二老去矣，二子克承。孝達事亡，信歸平生。二老俣俣，偕游地下。亦讓亦悦，含笑栩栩。揮金見義，雅不見金。金亦戔戔，義權不任。維古斯易，今力倍蓰。完域寄孤，反手於兹。義如崇丘，泰華終古。哿矣富人，大盈郿塢。

徐處士碣

吳光福多才賢士，新故接耀，而徐族最。徐之最，如良夫、樂餘、克昭而來亦接耀，而近時特以處士孟祥爲魯靈光。處士没，門人王復列遺美爲傳，嗣子鼎又自誌，以畢未備，至于今十有七年。仲子頤乃更以碑章請於予，曰：「其有待也，自先君之意則然矣。」於乎！予不足以盡之，按成傳，舉前聞，類著於不刊。

處士諱麟，字孟祥。其爲人也，體具陽秋而道孚華實。少歲孤薄，稚弟三人，繼母戚之，還就弟食。處士如不可生，亟往省視，尋迎致事，孝友終身。推而敦族，外而信友，夐縣時情，卓樹古義。嘗失器，疑在臧豎。家人曰：「究之。」處士曰：「無問也。」嘗售貨賈從販夫，家人曰：「縮之。」處士曰：「無校也。」鄰媪疫，無家，倚墻俟死，處士舍而理之，遂存。川梁之杠缺，病涉恐行，處士葺復創之，乃濟。至於儒謝小人，學務爲己。綈緗飫乎腑腸，組繡爛於指掌。實之而粟布貴，精之而糠秕去。昏旦益觚槧，倏忽就篇什。上師必名賢，下授多高第。時哲達官，承風欽躅。然而山嶽静肅，曦暘動温，驩吟緩嚼，百觥裁醉，猶夷然無變度焉。成化壬寅，卧疾不禄。甲辰秋日，安厝於此鄧尉山之南麓，其年七十又一。前後系屬，悉述先作。

嗟乎！稱士衆矣，難乎核實，有如孝義植其本，文華達其枝，行治浮其聲者，非士之真而宜傳。易家以邦，一邦以天下，一日以百千世，私以公者與？彼不尚德，乃弗知傳此，欲傳者必先求之，求之無於他焉，處士是也。

韓公傳〔一〕

韓公名襄，字克贊，長洲人也〔二〕。韓自武王庶子昉封，及王室東遷失國，而子孫遂氏之。後更受採地于晉，至景侯虔，復受天王命，列爲諸侯，迨秦而滅。漢興，王信復封，傳四世國絶。孽孫説以功封龍雒侯，子增嗣。增子寶，無子，國除。寶弟騫，遷南陽。自騫十世爲河東太守純，其七世孫播徙昌黎，乃祖純而爲昌黎之族。播生後魏揚州别駕紹，紹生北齊膠州刺史胄，胄生後周商州刺史護，護生隋邠州刺史賢，賢生唐巫州刺史符。符三子，仲大智，生休，相玄宗；休生滉，相德宗。當安史之亂，洎自鹽山徙博野。唐末徙贊皇，五季徙安陽。入宋，惟潁川、安陽二族爲大。安陽再世爲魏忠獻王琦，當時稱爲相韓，以别潁川族。琦生駙馬都尉太師秦端節公嘉彦，嘉彦生紹慶路節度使諮，諮生保信軍節度使仰胄，仰胄生浙西路兵馬都監廖，始居平江。廖生浙西路兵馬步軍副總管性卿，性卿生龍，龍生榮甫，始業醫。榮甫生信仲，信仲生斗一，斗一生凝，凝生奕、夷。當皇明永樂中，夷與從兄奭並事太宗皇帝以醫。太宗皇帝官奭爲太醫院院使，夷爲院判，寵賚優渥，多越常典，而奕尤以儒行表於山林間。當時視其族如宋世之視朱、張、顧、陸矣。

公爲院判長孫〔三〕，蓋仲子布出也。幼而孤，後布之兄存其行，首諸房，孱苦成立，獨精先業，明允確廉，不隨不同，侃侃如也，介介如也。老益恬淡，無干于時，而平生以其術澤人者，則弗勝紀〔四〕。王氏婦〔五〕，體碩年老，升樓蹶而仆，諸醫都不終脈〔六〕，摇首言中風立死耳。後至公，公曰：「病是跌撲，家授藥融導氣血，氣血平，當瘉。」已而果然。從兄之子之夫嚴，恒病胸膈閼滯，溺赤精滑，作寒熱，吕骨族間成核，如胡桃比一枚，特熱而痛不能言，發在間日，既三年。公視之〔七〕，曰：「病自虚火之動。」爲滋陰降火藥丸，引以龍腦，服一月熱止。更爲參耆補，兩月病已。病得之心切於生財而不定也，所以知者，診其脈，六部虚大，時數數然也。將歸，姪女止之，公言：「留無爲，特留一冬藥耳，明年春應來蘇，吾遠迎矣。」卒如之。相城沈大隱君貞，歲八十，公去賀壽〔八〕，賀頃倏忽不寧〔九〕，便沈劇。公脈之，報無害〔一〇〕，飲以湯齊訖，君就枕席，公與客宿隱君猶子今隱君周舍〔一一〕。丁夜，聞内大哭聲，客李者嗤：「先生誤邪？」公言：「事有非理所必，吾終不見其死耳。」黎明問焉，蓋哭以他故。所以知者，脈惟虚，無他，八十之人應然也。今隱君室陳碩人，病咽喉結丸小腫，不痛不癢，衆醫並以爲痰癥也。公謂隱君非痰症，一潰應死。隱君戚其言，姑從衆謀攻痰。無幾，丸決破，越日便逝。所以知者，其脈弱，其形衰，其年及耆而不復榮滋，部分在開闔也。宋德妻病〔一二〕，其友深夜叩公門請決治〔一三〕。公往從，帷前秉燭望見之，即回步，不施藥。强之診脈，亦竟許以死。明日更醫，無言同者〔一四〕。三日以死。問之，公云：「白如枯骨，死也。」金陵軍人妻獨居，暴怒，口鼻頓出血五六升。公視之，面壁卧，不能吐一語，氣欲屬不屬，奄奄然。診之，六脈盡脱，取參膏加地黄、生犀飲之，三日夜止。龍塘橋陳家娣姒有言，齊成疾，居一年，姒死，娣甚恐，力求醫，連易數子，弗瘳，皆委去。公治之，刻以兩月可已，從之，良已。公曰：「形不衰，脈有根蒂而已。」周生内年二十八，中風不語，諸治者束臂矣。公藥之，任以亡慮，既而曰〔一五〕：「所以然者，外無六經之形證，脈虚遲，本情爾也。」上元人潘病瘵死，未死，無或以死告，告死獨公。公後告人：「大骨槁，大肉脱，是謂形脈俱壞。」羅僉事中風，公診之，其脈如弓弦。曰：「入鬼録，遲三日程邪？」遲三日遂亡。成化元年，公省婦翁張御醫豫于京師。閣老南陽李公延張治塾賓南海貢士梁淑一〔一六〕。晨間，張入直，李以請公。公告李，梁病犯厥陰，六脈絶，不可爲已。言訖，趨而出，李與數達官共訝之，復併命三五醫，雷然薦湯液，暮而死矣。周善婦病於娠，公斷尺脈不固，胎雖成，其下也，母命其偕乎？莫不誚笑，不三辰，如言焉。相城僧病腫脹喘逆〔一七〕，旦夜返覆，不能寢一息。公爲沈公邀視，視既語云：「急矣，病得之酒。」遽投辛熱味爲救，俄而甦，咸以爲慶。公曰：「胡慶爲？病本猶未斷，慶在他日耳。」果三年二發，甫除，乃以好酒不能禁，好厚味不能禁故。所以知更發者，診其脈伏逆不應也。又姻家趙郎，年未壯，好酒甚，酒不離朝夕，以酒廢食。忽病肌腫浮漫，腹彭彭而皷滿，時狂憒可愕，家人謂之妖，禦以祝由，病益劇。公觀之，趙神方清，言無變異也，須臾，病乃發。公曰：「病得之酒，酒以亂神，祝何由闢焉？噀之水，麾之劍，符祝嘈雜，重實其實、虛其虛也。」令悉屏去，留身，對病者徐徐譬解之，陳以正説，戒之絶飲、重命之要，間以湯飲，遂安。所以知其非狂邪，脈無怪無絶，色無惡也。戚女倪氏，室而抱病，公曰：「疾無傷，祇憂夭乎？」衆驚問故，公曰：「質微脈細小，是謂形脈不應。」尋而病果已。已無何，嫁張生，嫁無何，得娠，産亡焉。太伯鄒節婦八十，傷寒，不終朝便委頓欲絶。公診之，語其孫炯：「脈洪而無根，然年高氣弱，將無虞。」炯謂市醫探利恒態，獻白金如干挺，公却去，與之七劑〔一八〕，越日遂瘥。王侍郎仲兒四十，患痰喘，晝夜不得休。伯氏評事請公與盛用美氏議治，許酬銀於二公。公曰：「藥當出盛君，療而酬亦當盛君，僕則不能。」評事問所以然，曰：「脈往來啄焉漏焉，候厥逆也。」評事心竊惡之，已乃符其說，王家遂謂公口不利，絶不復乞醫矣。公之不震貴富又然也。

弘治己酉，允明秋試南都〔一九〕，館舅氏符臺李公貞伯齋宇。曉起翻閲縹帙，入夜飲酒數卮就寢，自謂和神也。積濕熱浹旬，漸憒憒不舒。八月三日，肌大燔灼，徹曙，自謂困伏，故出遨游數里，愈不舒。亟返歸，中路遇旋風，吃吃忍之，還齋，不及解衣，俯几一大嘔。即伏枕，頭岑岑如擊碎，夜誤飲表劑，汗如湢不解〔二〇〕。明日添重，易以痰劑，亦不解。又明日成痎，又易醫，易痎劑，乃稍定。扶歸蘇，痎尚未已，乞救於公。延久憊甚，公變換救之，歷五十日迄痊云。允明生晚而慕翁〔二一〕，居姻家〔二二〕，幼行三類〔二三〕，欽感既久，因從翁叩得治狀一二〔二四〕，筆述如右。所覬傳之爲報，而猶惜不能以盡公。贊曰：

公之善也，夫心行淑焉，道業良焉，胤胄華焉，公善蓋三矣。昔韓伯休假於賣藥，以存其隱操，公既先伯休，行業又然，蓋三善兼肖之矣。斤斤然君子哉！

【校勘記】

〔一〕按，是篇又見祝氏文集卷二，題作「韓先生傳」。

〔二〕「韓公」以下至此，祝氏文集作：「宿田翁者，韓氏，名襄，字克贊父，長洲縣人也。」

〔三〕「公」，祝氏文集作「翁」。本篇下同。

〔四〕「而生平」以下至此，祝氏文集作：「其所自稱，蓋託禾之卒於畋畝，知者特爲世惜遺材，而翁之澤於私者則多矣。」

〔五〕「王氏婦」上，祝氏文集多「閶門」二字。

〔六〕「諸醫」下，祝氏文集多「來」字。

〔七〕此句上，祝氏文集多「致」字。

〔八〕「公去」，祝氏文集作「翁往」。

〔九〕「賀」字疑衍。祝氏文集無。

〔一〇〕「報」，祝氏文集作「告」。

〔一一〕「客」，祝氏文集作「群客」；「猶子」，祝氏文集作「姪」；「周」，祝氏文集作「啓南」。

〔一二〕此句下，祝氏文集多「既篤」二字。

〔一三〕「其友」，祝氏文集作「友馬生等」。

〔一四〕「同」，祝氏文集作「同翁」。

〔一五〕「曰」，原作「然」，據祝氏文集改。

〔一六〕「李」，原本無，據祝氏文集補。

〔一七〕「相城僧」，祝氏文集作「相川西菴和尚玉如」。
〔一八〕「七」，原作「匕」，據祝氏文集改。
〔一九〕「允明」，祝氏文集作「某」。
〔二〇〕「滆」，四庫本作「注」，祝氏文集作「瀋」。
〔二一〕「允明」，祝氏文集作「某」；「而慕翁」，原本無，據祝氏文集補。
〔二二〕此句上，祝氏文集多「又」字。
〔二三〕「三類」，原本無，據祝氏文集補。
〔二四〕「翁」，原本無，據祝氏文集補。

朱丈人小傳

惟朱令族，蔚望中吴。善源洪流，德風長競。故明仲處士，崇實收華，培根待秀，高行埃壒，雄表郡邦。處士既往，更大發於今公焉。公稟負硡碩，操施汗漫，意量浩闊，質幹堅凝。内覃九族，外及八遐。吉彼之不能吉，凶彼之不能凶也。發篋無匱，老吾老以及人老，幼吾幼以及人幼也。運掌奚難，是以尊之於臺閣屏翰，卑之於甿黎輿皂，邇之於鄰夫邑子，遐之於越季秦昆。往往欽仰英聲，挹清飈而懷卿靄；飲受龐惠，襲縑纊而飫醍醐。信拔俗之偉夫，超時之豪材也。雖魏顆之草多結，而鄭莊之紀未聞。小子因撮大該，傳示遐永。公名繼，字宗遠。

論曰：人之謂公如田文，即微之猶鄭當時。其揮斥貨寶，濟輔空急，通貫貴達，依歸凶極，信然。抑文爲大國公子，彼將以争彊當時。當時亦位太子舍人，交内間宜是。公當今天下混平，位不在九品，中外之在位若不在位，更倚以綴屬來往，猶群家尹令，其爲是，豈文、當時意哉！蓋子夏之云四海之内皆兄弟也，寔其有之。而老安、少懷、友信，吾夫子志也。公固願學者歟？

贊曰：百嶠望嶽，千流澤海。九族恩孚，百夫力逮。庇厦俱歡，弊裘或隘。風行當世，聲貽曠代。

祝氏集略卷十七

傳志

封刑部主事伊公傳

伊氏出阿衡，而伊水在洛陽之南。今淮安府之沭陽縣則有大小伊山，伊水經焉，而大姓伊氏居之。蓋山以有水，故名伊氏；自其世居，意或者居者大而久，山由以名，未可知也。至宋都南移，細四府君始遷于吴。五世孫元裕生嗣賢，在國初又遷建康。生彤，封尚寶少卿。少卿生恒、悌。恒侍仁宗皇帝于監國時，仁宗即位，授工部營繕所正，命待詔思善門。英宗皇帝即位，特敕授尚寶少卿。悌性通廣，有才辯，多交名輩，是生公。

公名溥，字紹方，敏而好學，篤人倫，勇爲義，胸度惇厚而中抱氣節，不苟從時低昂，事親睦族，御家有禮。先丘在吴查山，姦人計噬之，宰木刈而赭。愬諸官，復之，加以封樹。猶子少孤，待若所生。田之在吴者僅三十畝，族人粥女，懼其失身也，舉租贖歸，嫁之。吴毗以貧將棄妻，張寧將賣女，各資給之，賴以完。浦君闔室疫，姻友削迹，獨數往視，迄無染。一丈夫子曰乘，德學懋肖，而愛勞之尤切。乘舉進士，官南京刑部主事。既家于京四世矣，群從數十人，姻屬滋蔓，不能無干請，先生一切嚴絶，不以及刑部，刑部益得充其守。刑部遷四川按察僉事，臨江送之，示之詩，以張文紀、趙閲道爲厲，以趙嘗仕蜀而張蜀人也。僉事政譽益佳，及一考，以工程便省，裝無蜀物，則爲之甚喜。比僉事入奏事竣，當復任，面乞歸養，上特允之。僉事歸，公又喜。公素往來京吴，投老止姑蘇，居閶門外小曲。僉事日侍左右，歡然終日。公觀時貴遷躐之速，園廬服御之盛，一不動于中。二孫伯熊、伯羔游業京學，撫教尤至。每入試，輒往視，試不捷亦不愠。尚德憐才，渴若弗及。在晚後者，忘年相與，眉宇申申，和氣盎溢。然不諂鬼神，不信佛老，其執毅然。今八十五矣，手卷不釋，燭下讀書作字，徒步數十里，陟山顛，不少倦。每有興寄，發之篇章，温厚典雅，有唐人之度。以京第近天闕山，自號「天闕山樵」，號詩伐柯吟稿，凡數百篇。

祝允明曰：甚哉，伊世之濟美也！建康之作譜，金學士問敍之。封君之葬，王文端公直銘之，學士又傳之。思存之歿，劉大參昌銘之，周先生鼎傳之。其他不勝紀。好是懿德，誰非樂道焉？非鄉人之好也。於乎，豈惟人哉！固多有出之絲綸之言者，而天之意方灼灼也。余於公，年殆幼以倍，而公遇之過，每别去，未始不追想彌日，恒欲紀録其言履，可爲倣依。會提刑有請而成此，愧弗類也。大抵德人往往善興起人，伯夷、柳下惠有以起百世之下者。公德多端，抑其和而介者，則群懿之幹夫？則其起夫人也，殆不猶展公之徒與？於乎！惠，聖人也。允明曰：聖人予不得而見之矣，得見君子者，斯可矣。

陳公季昭墓志銘

吾郡有陳公季昭氏，藝畫六十年，遠近知畫者，莫不知有姑蘇陳季昭。既没，其家請誌墓之文於予，予感重焉。蓋自昊羲之水火，倉史之日月，立象垂文以窮理御事，而書畫起。可聲曰書，徒形曰畫，語其上，則形聲皆贅也。以不可偏廢者，則其究至于絲髮，不可略矣。其若一筆一點，脱驪黄，易牝牡，曰在神不在質者，或一理也，而非其全矣。公之畫不然，人必耳目，室必梁棟，非古人無師，非定見無發，若限而不滯，若質而有味。比於工事，不爲飛題浮楹，而青陽總章可累而致也，亦藝之成者歟？

公性氣慤簡，不喜親世事，寡出户庭，仕者請畫，多不予，曰：「彼將與巾幣同棄於憧憧者。」郡大夫致鄉飲酒，一與永辭，曰：「其殆以吾以藝爲酬酢乎？吾不能郤棼然之求矣。」居舍側隘，或曰：「力可稍廣乎？」曰：「吾志不於是，匪力故也。」性且孝，一生凡三刲股救大父母、母疾，而母功尤深，一時耆德如東原先生輩，多友重焉。弘治初，年八十，詔賜冠帶。後一紀，歲行丙辰十二月某日，無病而逝，春秋九十二矣，其生永樂丙戌七月某日。

公諱暹，字季昭，貫吴縣。父希昌，母王氏，配某氏。子男三，曰嵒、岊、峇。女三。孫男一，曰奎。女三。曾孫男一，曰慈。葬以明年九月某日，墓在武丘鄉曹巷。銘曰：

藝士也成，行士也貞，其亦可謚於先生矣。

潘公孟誠夫婦合祔之碑

家以德久，以禮義振，以文顯。主者知之，配者成之。如是也合焉而謂之大，不爽也。蓋嘗稽之，往往而然。吴邑香山之柳溪有潘氏，自其里稱之曰大家，廣而之鄉之邑，則莫不然。吾聞之久矣。一旦，其塾師徐君正夫以其家葬文事來告。讀徐君狀，而犁然信前語不爽也。狀曰：

潘故湖人，宋元以來一徙吴縣坯村里，再徙今地。在國初，則已長鄉賦，爲鄉族最。至懷德府君澤仁，承先德先事，益大之。娶于朱，生三子，其伯曰孟誠甫，則今之將葬者也。其諱諫，抱賦敏重，幼便不群，弱冠繼父事公事，先輩同父事者，推其父爲有子也。既而與仲、季治産作業，益隆然恢闊。然持之以禮義，孝友悃悃，周仁喜施，築甬濟涉。其可見者，居處樸，與人誠。嘗自稱曰好古人與其爲，果然也。懷德君既以壽大耋，受國養之典錫，被冠帶。孟誠亦已杖國，猶共老萊氏之職不衰。後十年，始病痰隔以卒，則弘治乙卯三月己亥也，享春秋八十一載矣。鄉人歆其年而悲其善焉。其配魏氏，諱懿真，亦塘灣名家，父宗德，母張氏，生魏，具婦德，莊勤惠柔，宜家式族。其卒先孟誠一年，甲寅十一月庚寅也，年八十三。茲以丁巳玉音華衮，事英廟之忠；金券汗青，紹武肅之孝。五品孫而一家肥，似古君陳；隱從親而貞在俗，類郭有道。活凍餒也，從范堯夫之棄舟；折闔饔也，非王孫賈之媚竈。幽潛屢書，存殁一道。嗚呼！鴻山巍巍，中有大寶。偕此風神，與天不老。

記吾鄉二老者

馬皓，字公素，嘉定人。舉止迂固。鄰夜火，家具一不取，惟頂巾躡履，執大袍，凝立通衢中。行遇深峻，必舍舟車而徒，回曲淹滯而不厭。在舟展佛經香供，跏趺唄誦振響，人夾堤佇看，不顧。或稱以痴，擊掌大笑。遇鄙客錢虜則以苛禮律之。讀書專博，鈔積甚富，受妻家膏田，悉以與人。有白庵集。

沈誠，字希明，長洲人。言必信，行必果，立不易方，一介不取不予。淹貫經籍，而家無方策，詩篇文筆，一字不作。居市間，密鄰不識其面，聞其聲，登橙竊窺，喜曰：「今日纔識沈先生也。」

十一月甲寅，合祔先兆穹窿山大院嶺。

右狀云爾。嗚呼！是所謂以德久而禮義振者，非與？其稱大鄉邑不繆，宜文以顯，惜余未之盡耳，然而不可辭。孟誠有一子曰綱，爲義官，後父一年而卒。女嫁葉鮮，亦卒。一孫曰鉞，娶范。女許嫁吕氏。一曾孫幼，其從子敍等相鉞共治大事，敍是以從徐君來。銘曰：

善也餘其身，無畢陳，陳以告未聞。祉也離之盡，無留恨，言以慰族胤。高山厚土雙玉殯，豐碑有揭讀者信。

文林郎南京光禄寺署丞李公夫婦合祔誌銘

李公諱浩，字景洪，吴人。父伯盛，母張氏。公資賦峻確，十四入郡學，無外習，已而中鄉試。會試落副榜，不就，選入太學。久之，授太常寺典簿廳典簿。司樂某考滿，無他過，法應致仕，公爲規援，得復任。某密懷白金餽謝，力辭之。成化乙酉，詔纂先帝實録，堂委公脩本寺書，書成上之。丙寅，上書列卿及工人，各奏保爲本寺丞，皆不報。尋授敕命，進階贈父官，封母及妻徐皆孺人。又久之，丁内憂，起復赴銓。踰四年，裁改光禄寺珍羞署署正。明年，前官復職，而南京適有是官缺，又調公補之。奏乞添厨役、月糧，疏再上，不果從。居亡何，以病在告，淹彌經歲，遂歸吴。屏迹息交，不涉公府，閭里亦罕見顔面。甲寅之歲，重得疾，乃以七月辛亥卒於家。

公負氣，不肯委附逐時，故在仕地，偃蹇戾契不得申。雖常格所得，猶淹回不即得，而終不以奪氣性。顓顓記纂大官之選，伺時既久，居京邸，無政務，不能自逸，因取司馬氏通鑑、朱氏綱目爲本，又上獵尚書、史記，下逮宋元史，本朝續通鑑綱目，統會之，以君紀、臣傳分部，摘其事略，從朱氏例節書，而以先輩論釋萃系其下，時附著己見爲書，名曰通鑑斷議，凡二百四十三卷。弘治初，上諸朝，優詔答之，兼賜楮幣。奉常時彙總寺事疏條爲六卷，題曰太常總覽。又集本朝輿地、圖乘及禮樂官爵制度、政目刑條諸定格之略，爲大明制略二十卷。又有書傳評義二十卷，并他脩齊銓訓成編者尚多，其勤可知也。

公生以洪熙乙巳六月朔，享年七十。子男二，曰瑄，曰瑁。女一。孫男二，曰大有、同人。女四。瑄輩以卒後四月壬寅爲十一月十七日，奉葬於縣郭横山之塋，以徐孺人祔。孺人諱素芳，亦具婦行，甚勤。與公齊年，誕稍遲，曰十二月十七日。卒先一年，乃癸丑十月八日。瑄奉太學生翁君狀來求銘。銘曰：

稱德者驥，亦既驂駟。胡然跲蹛，曾莫讃以憒。脩業維勱，亦允其懿。而又頃逝，宜歎噴忌。尚千百斯祀，式奠玄位，以偕厥儷。

唐子畏墓誌并銘

子畏死，余爲歌詩，往哭之慟。將葬，其弟子重請爲銘。子畏，余肺腑友，微子重，且銘之。

子畏性絶穎利，度越千士。世所謂穎者，數歲能爲科舉文字，童髫中科第，一日四海驚稱之。子畏不然。幼讀書，不識門外街陌，其中屹屹，有一日千里氣。不或友一人，余訪之再，亦不答。一旦，以二章投余，傑特之志錚然。余亦報以詩，勸其少加弘舒，言萬物轉高轉細，未聞華峰可建都聚。惟天極峻且無外，故爲萬物宗，子畏始肯可，久乃大契。然一意望古豪傑，殊不屑事場屋。其父德廣，賈業而士行，將用子畏起家，致舉業，師教子畏[一]，子畏不得違父旨。德廣嘗語人：「此兒必成名，殆難成家乎？」父没，子畏猶落落。一日，余謂之曰：「子欲成先志，當且事時業。若必從己願，便可褫襴幞，燒科策。今徒籍名泮廬，目不接其册子，則取舍奈何？」子畏曰：「諾。明年當大比，吾試捐一年力爲之，若弗集[二]，一擲之耳。」即墐户絶交往，亦不覓時輩講習。取前所治毛氏詩，與所謂四書者，繙討擬議，衹求合時義。戊午，試應天府，録爲第一人。己未，往會試。時傍郡有富子，亦已舉于鄉，師慕子畏，載與俱北。既入試，二場後，有仇富子者，抨于朝，言與主司有私，并連子畏。詔馳敕禮闈，令此主司不得閲卷，亟捕富子及子畏付詔獄，逮主司出，同訊于廷。富子既承，子畏不復辯，與同罰，黜掾于浙藩，歸而不往。或勸少貶，異時亦不失一命。子畏大笑，竟不行。放浪形迹，翩翩遠游。扁舟獨邁祝融、匡廬、天台、武夷，觀海於東南，浮洞庭、彭蠡。暫歸，將復踏四方，得疾，久少瘉，稍治舊緒。

其學務窮研造化，玄藴象數，尋究律歷，求揚馬玄虚、邵氏聲音之理而贊訂之。傍及風鳥、壬遁、太乙，出入天人之間，將爲一家學，未及成章而没。其於應世文字、詩歌，不甚措意，謂後世知不在是，見我一斑已矣。奇趣時發，或寄于畫，下筆輒追唐宋名匠。既復爲人請乞，煩雜不休，遂亦不及精諦。且已四方慕之，無貴賤貧富，日詣門徵索文辭、詩畫，子畏隨應之，而不必盡所至，大率興寄遐邈，不以一時毁譽重輕爲趣舍。

子畏臨事果，事多全大節，即少不合不問。故知者誠愛寶之，若異玉珍貝。王文恪公最慎與可，知之最深重。不知者亦莫不歆其才望，而媢疾者先後有之。子畏糞土財貨，或飲其惠，諱且矯，樂其菑，更下之石，亦其得禍之由也。桂伐漆割，害儁戕特，塵土物態，亦何傷于子畏？余傷子畏不以是。氣化英靈，大略數百歲一發鍾于人，子畏得之，一旦已矣。此其痛宜如何置？有過人之傑，人不歆而更毀；有高世之才，世不用而更擯。此其冤宜如何已？

子畏爲文，或麗或澹，或精或泛，無常態，不肯爲鍛煉功。其思常多而不盡用。其詩初喜穠麗，既又放白氏，務達情性而語終璀璨，佳者多與古合。嘗乞夢仙游九鯉神，夢惠之墨一擔，蓋終以文業傳焉。

唐氏世吴人，居吴趨里。子畏母丘氏以成化六年二月初四日生子畏，歲舍庚寅，名之曰寅，初字伯虎，更子畏。卒嘉靖癸未十二月二日，得年五十四。配徐，繼沈，生一女，許王氏國士履吉之子。墓在横塘王家村。子畏罹禍後，歸心佛氏，自號六如，取四句偈旨。治圃舍北桃花塢，日般飲其中，客來便共飲，去不問，醉便頽寢。子重名申，亦佳士，稱難弟兄也。銘曰：

穆天門兮夕開，紛吾乘兮歸來。睇桃夭兮故土，回風衝兮蘭玉摧。不兜率兮猶裵徊，星辰下上兮雲雨灌。椅桐輪囷兮稼無滯穟，孔翠錯璨兮金芝葳蕤。碧丹淵涵兮人間望思。

【校勘記】

〔一〕「師」，四庫本作「歸」。

〔二〕「集」，疑作「售」。

秋月生小傳

秋月生幼讀儒家書，兼通律曆、五行諸家，以其緒餘，賣卜推禄命，往往奇中。交余家最久，余幼比長習接焉，以爲良術師耳。後接益密，得其所存，甚宜恭以親。生事母孝，家庭雍睦。既洞識天造物理，御其身，欣戚愛憎一不寘於中。居暇時，每獨坐鼓琴銜杯，吹洞簫長笛，作一兩曲，興寄悠然不測。客來燒香，與圍棋握槊，小醉而解。或時挂杖頭數十錢，浪步以游，或便登山臨水，視時以財官雄者，眇如也。生業既精，余極欲與討論，以求未至，恨多事，浸浸違去未能。間興懷慕，因略述大校投之，覬異時終余志。生氏李，字文榮，自稱秋月生，或以謂鑒别理數之況，然生之本意未可知。

贊曰：人慕外，輒出位掇禍患，以不知命，至知者尤患焉。達矣，秋月生！知而遂之。嘻！安得人盡生？生之業，他日必有以名者。

燕山三氏小述

一人曰杜謹言符，畜奇氣孛孛，木火成性，通明亢升，物不得揜之。自研磨要理，兼總形實，將施利當世，假令遂順，將無煩究盡足矣。乃復梗塞，今漸老矣。

一人曰仇潼東之，中外厚結，鼎鼎焉任重之器，學殖萬鍾室也。至其執，則太行回峻，昆吾失銛。

一人曰釋徵起宗，秀抽南筱，明寓西燈，緯代之材，委止遐寂。然如如之妙，兼我五總龜，而得得之功，乏師一鐵杖。

贊曰：予之京師，求觀四方士，恨未得。得者獨三士焉，然皆先得者矣。嗚呼！

熊先生小傳

先生熊姓，永昌名，某字，家酆都之遥谿。先生學聖賢之道，務求内以率性，而外以鑄人，近以達家邦，而遠以理百職。統經綜史，博擷群籍，舒爲文辭，如春熙水流，陶熔性情，寓發詩雅，宛然唐風。然而仕限於格，半生儒教，臯比屢移，徒使經濟之略，廣付四方英髦，而未克出諸其身。雖然，尼山萬世道祖，厥勛被當年，亦獨三月魯司寇澤爾。其教散于三千，粹于七十，功績乃度越官守百倍。先生胡少焉？先生在吾長洲數年，聲效尤赫。上官纍推薦。今資滿，當揚明于天曹，宜必有大擢授，近侍天子，或膏澤蒼黎，功不止士類已。然使非以資丞疑，可也。先生平日交友臨衆，隨所地有建樹。余生顓蒙，受益殊弘，當別，莫所爲言，聊述大概爾爾。今天下凡於師儒職，無賢不肖、貴賤、密疏，悉以先生稱稱。而稱者指幾屈〔一〕，如吾熊先生稱稱者一人乎？先生哉，先生哉，宜無間於天下。

【校勘記】

〔一〕「幾」，四庫本作「既」。

徐君墓志銘

徐氏自宋汴京來，靖康之難，太學生揆死之，而其父附駕南奔，遂定室吴縣西光福里，是爲汴河五府君。十有三傳至魯。國初，爲殿廷儀禮司序班。魯生栻，栻生君。

君美風儀，喜自藻飾，闊巾博褐，鬚眉蕭颯，引杖笑步林谷，如古遺民。性闓朗不羈，有滑稽之致。然不廢生作，家殖既饒，而務民之義，賻死濟弱，或至燒券以安逋客。人疑近名，君無遷心焉。晚年築舍萬安山傍，飲歌其中。其歌曰：「息我之凝然，寧息我之泠然。」既數年，化去。其子遵遺志〔一〕，就墳焉。先事與余友二朱君瀚良、育來丐銘記。二君道君大致如右，因從而文之。

君諱暘，字仲熙，永樂庚子六月九日生，弘治庚戌八月某日卒。始贅新豐錢氏，再娶于王。子男三人，進、登、順。登，縣學生。女二人。孫男女四人。銘曰：

維弘治之壬子十有二月，吉日庚申，封我徐君。徐君遺志在嗣人。樂哉，君鄰乎青山白雲！

【校勘記】

〔一〕「遺」，原作「餘」，據四庫本改。

周山人墓誌銘

山人周君，諱琇，字公瓚，長洲相城人也。先自汴來，祖考達學偉文，並晦處茆華。至君風操尤勁，惡圓尚直，不撓爵顯，生未嘗爲謦人語也。君期歲而孤，事母朱氏，不損子理。君嘗過市，見金於肆，知主之遺也，呼出告之，乃去。君學通楚騷經，得三閭之幽旨。平日所尸塾席，如西莊沈隱君貞、薛涇劉僉事珏、荻扁王處士錡，皆故家賢主，相爲劘切。蓋學詩於沈，學畫於沈弟小隱君恒，而君之室，則又二君之姊之夫馬隱君囂之女也。弘治戊申十二月某日，君方擁膝而哦，成七言「天寒地凍阻歸舟」一句而卒，其涼猥之興有寄云，享年六十有九。明年月日，三子鏞、鍾、鐸葬君本縣益地鄉新穴。先事王處士爲治石，以書來，曰：「公瓚嘗從我讀子文而喜之，且曰：『吾平生寡知，知惟公。吾死，得公序吾行，得祝君銘之吾墓中，吾且亡恨。』我固諾之矣，子今日當無辭。」余不識君面，而數從沈、劉、王諸氏微聞君。今得王書，悲其言而從之。銘曰：

悲乎君，君亡矣！悲乎君，悲匪君！悲鄉人，亡此侃侃風！

處士金君墓碣

長洲金氏，自宋元以來，世以儒術承傳。有曰繹，與其子釗，釗子維則，皆號名儒。維則爲四明陳先生子桱之外孫，沈處士良琛之婿，而師毘陵倪元鎮爲詩。陳五經嗣初銘墓，稱其講學聞道，習禮有容，其詩直而不俚，微而不晦，暢而不蕩，異乎今人。維則生允端，忠信孝友，家學不衰，所著有江村八咏、盟鷗軒集。娶樓宣獻公大防六世孫，生以賓，與良琛、啓南隱君爲兄弟行，少同事聲律，相倡和，娶邑中沈公望女，是生處士。

處士諱儀，字文表，幼嘗業進士。及長，贅同里李氏。無何，婦翁死，家向微，遂不克畢其業，去，治貨殖而不廢學焉。其爲人益良，旦夜勞勤，臨務好謀，至謀決，又有膽略，行之不貳。故動無僨事，家以致饒，此其爲貨殖者也。孝則一息不忘其親，兢兢以忝祖爲懼；弟則讓先業于厥兄；賓敬夫婦，則不畜妾。憙静而惡奢，慕古而簡勢。雖居度容含，而尤慎交不黨，親賢遠俗，矜持自愛，或引觴獨醉，熙然忘世。有勸出金穀爲簪紱圖者，笑謝去，此其爲人者也。誦讀歌吟，家風宛然，遣子游學，善教克成，此其爲學者也。正德己巳五月日，以疾卒。生天順戊寅月日，年五十二。一男子曰岳，郡學生，娶沈氏。孫男二人，曰元嗣，聘陳氏；曰支。孫幼女一人，曰元愛。岳以明年庚午月日葬于某地，手狀請纂遺美于碑。爲述而銘之，曰：

體博逢掖，聲中度律。兹學之華，尚在踐實。百行敕脩，斯儒究職。有煒金宗，儒耀不息。維容庵父，功豐紹述。文既在兹，室亦允殖。尚有國光，觀在燕翼。文獻永徵，君其瞑息。

顧烈婦傳贊

顧烈婦事在弘治九年，良有司兩表于朝，乞旌恤之。以非常格所具，議禮之旨未下。於時閣老禮部尚書吴公特書本末，而大夫士作詩美之累什。余贅爲贊，激俗傳善，期縣之不刊。

人參二儀，氣運五靈。大信崇節，剛毅以行。雍雍顧閨，肅肅俞媛。禮浸義濡，孰教而善。靈脩疾革，吾目胡寓。即瞭無睹，胡不即瞽？抉之眜眜，瞳則不脱。以刃則割，流血活活。左既不留，右將焉求？孰梶吾刃，姑鶩且休。血竆精枯，絶矣而蘇。冥冥索塗，唯見吾夫。碩人傾傾，美目盼兮。豖睆狐闚，曰人盡妻。宛宛弱嬪，荑柔不任。握一寸鐵，完萬古心。嗤高矐愚，並伍縣忠。惟房公妃，千載齊風。家風四開，王道無涯。王道無涯，表樹斯來。

文林郎河南汝寧府光州判官趙公墓誌銘

公姓趙氏，諱貞，字履正。其先河南，從宋南遷，至今爲吴人。父倫，刑部主事，妣安人某氏。刑部居官，公侍左右，少儀謹熟，嶄嶄若老宿，父行見，輒器異之。前太子少保、兵部左侍郎嘉禾俞公綱以子妻焉。景泰中，以善書授中書科中書舍人。天順初，改光州判官，吏事亦辦。息縣缺令，長官檄往攝政，輒四三年，息人安之。後有寇作部中，公亦能殲渠魁，釋脅從，不違儒言。已而致仕歸，刑部既先之矣。父子復聚故里，家庭斑白，袍組輝照。公益執禮養色，衣膳湯藥，朝夕子典不衰。居二十年而刑部没，公喪如禮。又二十年，以年月日卒，年若干。

繼娶許氏。子男四人，淵、淳、深、溥。女幾人。淳娶祝氏山西布政司右參政維清女，即允明之姑也。孫男女五人。曾孫男女幾人。公之没，淵已死，淳乃以年月日葬於某地，倩爲銘。公性顓執，頗近狷，舉措操棸墨，不肯與時移推。在光時，識劉君於學判，異禮之。劉果起進士，授御史，適按于蘇，時公已衰薄，辜者以重賄來乞公，公拒斥，欲執于官。終歲無毫毛私，其守如此。銘曰：

羌習禮而精書兮，儒其藝；亦申志而完名兮，膴其仕。蓋君子無病無財兮，病無稱於没世。使孔子稱公兮，吾必其士。蓋聞諸子貢之問兮，曰行己有恥。

湯君墓志銘

湯自宋世占吴籍爲大族，在元尤盛。至君父彦祥，克惇德衍慶。娶楊氏，生君及弟數人，咸樸茂祇飭，競亢厥宗。

君諱濱，字宗潤，壯時以白圭之方充展家業，水陸南北，歲歲無間程。中年而弟渭出仕，尹赤縣，贊宗府，君與諸弟更番出入，君稍以休居。當是時，允明見君，昆季交聚堂寢，周旋友于，怡怡如也。子姓數十伯人，給侍左右，儀範甚安整。君出則温顔，忠語恂恂，市里閭人，莫不親而敬之，風致可挹也。君性寛惇無矯，貌龎而清，多笑容，所存甚厚，煦煦然，恐一人不入其度中。自鄉邦士大夫，皆多其爲人。君得子晚，有側出一人，曰琮，早死。君方戚，復得側出孿兒二，曰長吉、長慶，又皆死。君不能無悲於中，霑疾凡二年，日就委頓，遂以弘治元年七月二日卒于正寢，年七十有六。其生永樂十二年五月五日也。

配袁氏，甚賢。有猶子，君取之以子視焉，名曰珪。三殤子之未生也，君又以季弟瀚之子璽爲後。至是，璽與珪以其年十二月庚寅朔，奉君柩葬盤門外鳳凰墩上新窆，蓋君所豫營也。君嘗請先參政記之，而其子今以卒葬之期，來使允明續爲銘，遂銘。銘曰：

終有以慎，而遠有以追，君於此，其無可悲。

守齋處士湯君文守生壙誌

舉吴之族大而久者，最湯而又善也；舉湯之胤長而嫡者，最君而又賢也。嗟乎！有埒封之富，不操籌而懸鑰；有囊智之才，不椁汲而矛淅；有明經之學，不及用而不愠也。儇子錢十萬，便買一級，用耀妾僕，君其不然，布衿華於鳥章；鄙夫見人一第，趨拜車塵，以結盟好，我則異是，蜩枝暢於蠅附。雲逵漸鴻，河滑伐檀，不知老之將至，亦賢矣哉！然而無怨鐘漏，不諱窀穸，長房柩杖，從其自好，臺卿壽藏，寔唯我師。若夫端木之望壙，季孫之樹櫝，齊一機也。於是以弘治辛酉，卜地筮位，創爲規橅。正德乙亥，成真宅於城西缺二字鄉敕山之原。時有今判德慶州進士彭君寅仲、太學鄉舉進士王君天文前後爲記，山谿之勝，椁隧之美，粲然著矣。余昨返初，君旦暮過從。一日，語我：「平生獨子知也深，他時將乞銘吾藏。非子爲之，猶弗爲；爲之吾不目，猶無爲者。且古者陶令、傅史輩，故有自爲之，吾假手於子。子念諸余少君一年，髫髦共筆研，居第門相對，又姑氏爲君從嫂，長亦同業，率親故契密無過君，不爲是，其何辭？」

君之先自江陰徙，大父彥祥用君叔父仕，贈大興縣知縣。考之輩八人，曰順庵宗潤，爲宗子。嬪袁氏，無出。弟承事君宗大，嬪徐出。君爲叔子，乃以爲宗潤後。宗潤卒，無子，故君爲湯大宗之嫡長。其輩數百指，指在卑幼殆僅千，君資最秀雅。始讀易，治進士，後爲家政，勢弗可兩，遂置去，稍循家素業。往北都，還往齊魯、徐宋間，外爲貿遷，中攬收山河雄渾，土風勁婉，多接士類耆老，用以儲見聞，博游趣，充然也。無何，覺倦游，便歸安林澗，調睦族屬。族屬有疑紛，扣請裁綜，必沛然與人，和而不泛。又善教子，積書隆師，用底于成。又多能儒術，民義之外，人間百事幹藝，無弗尋究。醫藥、卜筮、命相、天官、地形、老釋、神仙之道，往往通解，然而弗泥溺一端，以障通塗。性又至曠朗，纔四十，即舉務，此其達絶人遠甚。其高行善履甚多，前所徵其最者爲作詩，令刻玄堂之砥壁，其詞曰：「才通明兮氣懿淳，椅梧秀兮鳳鸞文。業充融兮嗣騰騫，安真歸兮先蕭辰。枕蒼崖兮封白雲，璧來櫝兮更幾春。吾與子同歸兮，遲三紀以爲信。」今而往，與君花時月宵，攜壺抱琴相往來，觴歌以玩西照，時取此辭謡而舞之，亦樂只且。君以天順己卯六月九日生，今嘉靖三年甲申，閲世六十六年矣。

君先配吴氏，賢而蚤世。一丈夫子曰儔，自邑庠爲太學生，有文，娶袁氏。孫男一，曰科。孫女三，長館婿王洪于家，次歸光禄寺監事張汴，次歸禮部員外郎陸尚德之子府學生焄。孫女二。

祝氏集略卷十八

傳志

中憲大夫廣西南寧府知府蔡公行狀

公姓蔡氏，諱蒙，字時中。其先自汝南徙汴，曰世洪，仕宋爲秘書郎，直焕章閣，從國南遷。子太伯僑居包山，後遂爲吴人。數傳至仲簡，國朝以人材徵至京，未授官，以疾告歸。生桂芳，桂芳生景東，娶徐，得處士庭柏女，是生公。

年十一，在鄉學，父老舉于郡，乞升邑學。太守況公撫其首曰：「此子異時官當至吾位。」即補爲縣學生。三試于鄉，不捷，貢入胄監。兵部尚書馬公昂奏以「曹務機要，上下疏牘所係不輕，不宜專委胥吏。當簡太學生文行明慎、綜達時務者，俾專司繕録，因録其功，以高其入銓常資」，詔從之。公在所簡。歷事僅半年，天順甲申，吏部校績優等，授浙江温州府同知，階奉政大夫。莅官勤，養民惠。

成化戊子，銀發屬邑泰順山中，閩栝流寇群聚來劫，據山礦挺兵，殺傷遍野，邑里騷動。藩臬以聞朝，命中使來督官兵剿禦之。賊聞兵且至，焚野撤橋，壘石塞要路，候吏馳報公。時夜漏下二鼓，公驚起，曰：「橋斷路窒，兵何由進？」遽帥壯健五百餘人，往撤石通道，伐木爲輿梁，官兵且至，乃渡。會大雨雪，不可進，凍死甚衆。衆議募民壯補伍，擣賊巢穴。公請曰：「彼皆平民烏合，覬僥倖之利，非有團固心。苟益兵，制其死命，其勢蹙，必衝突轉鬭，屠戮更多，傷良民，非計。無若遣一職，諭以福禍，當免兵而戢矣。」中使宣言于衆，當從蔡同知言。衆言固當從，獨難其人，其人將非蔡同知不可者。中使曰：「然。」公毅然請行，即深入賊窟落，反復諭之。賊感悟，推其魁詣公曰：「民等愚惑，冒干天誅，公賜我數千人得生路，敢不遵伏。當就公前請餘命，復歸事農，爲太平民。」語罷立解散，兵休而還。公復建久計，取民之强勇丁衆者，立爲銀賦長，領坑夫若干事採鑿，取富殷者即坑側爲廬舍居之，俾禦寇，各給糧餉，事集而民寧焉。樂清田數千頃，爲山潦衝嚙，壞爲沮洳場，而公税如故，破産者甚多。公往相地，得水所由道，命因其勢浚渠築塍，時畜泄，慎防護，田遂還爲膏腴。御史、藩臬咸上其事，朝廷嘉之，錫以旌異之典，封父如其官，母、妻皆宜人。

癸巳，浙西饑，上意有司不職，命工部侍郎曾公、都御史劉公繼往綏撫，兼覈屬吏臧否，存黜之。公聞命，豫規畫，積粟五萬餘石備賑貸。及二公至，果徵粟於有司，公舉而發之，如發囊。二公大奬異，遂委公考察府僚以至屬邑官吏。公疏條某賢若某狀、某不肖若某狀上之，二公多從焉。於是註公績爲通省十三府最，將薦諸朝。適公秩通滿，赴天官，而郡方缺守。民日擁憲司，言：「蔡侯當遷擢他土，民等失慈父，願爲達天子，借蔡侯守此，終子我温人。」於是憲臣偕藩省上疏，道百姓意。未報而奉政之訃自家至，公奔喪歸。戊戌起復，陞任湖廣辰州府知府。之任，道間太宜人之訃又至，遽馳還。辛丑起復，改廣西之南寧。下車集父老，問土俗，拔弊通利，民甚便安。又以郡庶華夷雜揉，易養難教，特加意於是。三年俗成，如中邦。宣化縣民競渡誤死，被逮，入故殺律，連七人，訟繫淹久，累政不決。公得其情，即釋之。田州府土守岑浦，驕悖不法，與其族爭襲弄兵，相攻殺傷人，其僚佐素畏之，唯唯承附。公獨往，以直詞曉諭，皆感服釋仇。其喜建事，多類此。

久之，疏乞骸骨，得命致仕。明年，今上即位，詔致仕四品以上，進一階。公得中議大夫。越七年，癸丑八月七日以疾卒。生以宣德丙午八月五日，春秋六十八。配沈氏，生女一，適馬某。次室秦氏，生男一，曰習；女二，長贅勞某，次適徐某。公之没，習始九齡，諸婿相之，以某年月日，奉柩葬于綺里轂堆山陽。先事以公遺行請予爲狀，謹狀。

伊府教授吴公妻宜人鄒氏墓誌銘

宜人姓鄒氏，諱某，其先自江右隸赤籍來蘇，父某，生宜人。閨幼之日，性氣淑靈，儀則莊整。柯斧者至，父母輒曰：「是不足以當吾女。」時鄉先生福建右布政使吴府君好德，有季子方游郡黌，即今國教公公美也。府君既下世，公妣張夫人聞鄒女良，令媒來以請。鄒二親曰：「此真吾所伺者。」立許之。

宜人既婦，侑公事張夫人，循職罄力無怠，時稱爲簪組大族婦。公釋褐筮仕，爲寧晉縣學訓導，繼擢岷王府教授，宜人隨以居，多將助功。已而公以養親得告，與宜人奉張夫人還吴，宜人共事，尤備誠孝。三年，張夫人没，協治葬祭，咸中禮校心。公服除，改銓爲伊府教授，宜人亦偕行。公性堅毅，每在官，遇事即直前爲之。宜人往往調之以婉潤，公於是得之爲多。平居，御下有制節，而以恕行之。至撫飭二子，乃特諄切，然未嘗傷於苛，蓋其資度之良，得中如此。弘治戊子七月某日，以疾終於武岡之廨宇。始生正統庚申十二月某日，春秋五十九。子男二人，曰用，曰岡。女四人。孫男三人，女四人。宜人歿未幾，公遂懸車之請，乃攜殯以歸。明年月日，葬於本縣城西北四十里烏龍山先域之下。用以郡學生沈君漢昭所述事狀，請爲銘。銘曰：

坤陰之賦，剛柔鮮克。剛傷驕戾，柔惟姑息。允懿宜人，温栗至中。執之堅貞，施以沖融。勳章夫子，恩膺朝國。象服命階，完祉善没。奠魄故塋，冥祥長發。尚百斯年，干邪載合。

蘇州府醫學正科盛公墓誌銘

盛在蘇著且久，自宋相文肅公度、吏部尚書章時，則以文學、政事顯。其後居蘇，代有華彦，而恒業醫。至逮，在國初，辟賢良，有高節。逮生起東，有勁氣傑才，且能文，初爲郡醫學正科。以其術徹太宗之知，一旦召見，敷對稱旨，留近侍，授御醫，承寵顧。褎然自見，醫效亦奇絶，太宗呼「醫中狀元」，時則以材諝奮。御醫有十子，及老復得公，行十一，生四月而御醫没，遺命第六子汝德撫教諸弟，公藉以長立。

諱偱，字汝弼，智識超特，幹力雄敏。少弱，稍用以立事亢宗，家政有不足治，廣而鄉黨，裁疑發謀，出必邁人意表，事效沛如。成化中，丘公來守郡。郡缺醫正科，有薦公於丘公，丘公固信重公，又公兄汝愚，丘公同年進士也，即奏以授公。公既仕，所以攄達猷，爲鋒銛而鑒瑩，囊畜而輠轉，時則以幹用鳴，故論者謂公稱其世。然至施其術以起聲，立其節以正物者，猶有述焉。西江醝賈倚丘公鄉土，中郡中駔以法，駔衆斂百金壽公乞解。公曰：「吾利也，而公蠹丘公法，私負丘公，知吾不爲。」駔去，更屬一時宦，時宦祝丘公，更峻其語。丘公益怒，將重其手。會丘家人疾，召公，丘公道其事，公曰：「駔固當辟，自有常刑。如以迕重之法，不平抑，將非公鄉井利。」丘公意解，就末減。駔知，還餽公金，竟却之。徐氏二子，父死，訟論財。其少内五十金，請公助。公言：「若理曲，能倍金，吾爲若處之。」少倍以進。公召其長，數曰：「而父骨未寒，而若是不戚，咈父衷，冒鄉邦，靦邪？然而窘，而弟少裕，吾諭而少，少裨周，若得否？」長感泣。即以金畀之，二子遂寢訟，睦如初。大商與郡貳姻，匿税，公帥部人發之，論如法。周氏子負博，進懷寶玩，質錢約厚息。公以交其父，謝去。語父：「亟收治，行破君家矣。」父感從而免。袁養正先富後落，妻病心殆，袁持金求治。公曰：「君婦用貧病，復減金以加病乎？」辭而予之藥，良愈。汝愚登第而卒，養嫂撫孤，爲植業二十年無怠。王氏婦病，衆爲陰虚治，轉甚。公視之曰：「腹瘍耳。」令其夫按患處，痛殆絶，灌以潰癰藥，數日已。王端毅公撫江南，得疾，卧南京，衆治以痰結。郡守劉君進公往，公視謂「痁也」，從而瘥。暢侍御當暑病寒，被數重裘裹衾，閟墐室中，不勝冷。或治爲傷寒，後邀公，公望而切之，所謂熱極似陰，是爲中暑。啓室，褫衣被，塗以搗葱，進香薷湯，一啜而蘇，再索食，三病已。尚書似公患風蹶，公飲之藥酒，盡三石起。似與冢宰馬公，吴文定、王文恪二公群薦入太醫，辭以止。

公頎體疏髯，談議辨亮，一時名卿結納遍四方，略如鄭當時。位官守，行其志者四十年。得子亦晚，既踰六十，舉其猶子早以自代，遂致仕，别號「春雨」以見志。業豐，享西景又數年，子曾長，早致仕，還舉以代焉。凡所述公才行述業如右，皆其甥朱臣所爲狀云。然而狀所舉猶多，狀不言，言於鄉人者亦更有之。公既没，其子曾、魯奉狀請予銘墓。

予少公二十年，幸交忘年，憶公嘗語予：「吾盛在宋，姑未論。元及國初皆業醫而根儒，時術人視世墓，謂後來宦顯雖不絶，儒醫之巾殆充棟。今吾幸不落吾所望者，不願子孫以時宦易世儒也。」予恒念其語爲可傳，今亡矣夫。

公生正統辛酉四月十七日，卒嘉靖癸未九月五日，享年八十三。嫡母顔氏，生母沈氏。配吴氏，繼陳氏。子男三。曾出鍾氏，娶劉氏。魯出缺一字氏，娶李氏。昔娶陸氏。女七，長適常熟章沐，次適即朱臣，次適曹鉞、徐欒、都鉞，次許錢坦，其一以疾癈不行，先卒。孫男七，女四。曾等以歲甲申某月某日，葬公於吴縣某鄉奇禾嶺新地。銘曰：

成務者才，運才以智。好謀則獲，聰作斯貴。赳赳其才，析糾合戾。華先朠後，康身行世。英英之智，依仁比義。握機中綮，鈎深抉秘。通躅鄭莊，辯諧木賜。發强我任，曾不詘氣。從政之譽，展也孔氏。既達而果，或益之藝。庶幾三賢，殆其近是。世獻之徵，永言銘記。

散官李公并室太恭人高氏合葬誌

弘治初，朝廷有骨鯁之臣曰監察御史李端，以直道事上，後竟坐左遷。既十三年，上察其賢，即所任簡授廣南知府。命出于廷，而君之二親，前散官府君洎太恭人，四月之内薦繼奄逝。家人前後以訃至，部符亦降。於是君肅戴新旨，面闕謝恩訖，遂奔喪歸。瀕發，以二親遺行授太倉州學正甘仁夫輯狀，投允明爲誌，將刻石以掩幽。

按李氏，襄陽棗陽人。府君諱和，字介夫。其考曰某，妣曰于氏，生府君，七年而孤。賴母抱節撫鞠，酸情苦力，相與爲命。每教府君以保身、務生、亢家之方，詞旨淒懇。府君性質天美，弱冠遂能承訓勤確，共造其家於荒蠱之餘。時同邑壺關令高舉有女五，姐德容周淑，府君求而得之，是爲恭人。凡府君於脩齊典法罔缺，而恭人猶能賓敬勖事，逮下多惠，非祭不踰中閾，雖老不廢内紅。已而諸子婦孫集數百指，府君、恭人撫御均洽，臨莅莊肅。遣太守遊邑庠，其餘因材授事。太守果登進士，宰宣城。府君、恭人心期高遠，嚴誨不弛。宣城政譽騰溢，乃有風憲之拔，入南京江西道，尋謫永寧宣撫司經歷，府君、恭人猶且賞其往而厲其來云。已而遷知石泉，又改富順。丁巳，國家立太倉州，拔知州。事三年，載有專城之拔而忽銜恤矣。時年既耆，傷毁怵迫，猶在孺弱。

據狀，府君生以某年月日，卒以辛酉二月某日，年若干。恭人生以永樂甲辰五月二十五日，卒以弘治庚申十月庚寅，年七十七。子男十一人，太守長也，次靖、竌、竑、竬、翊、竧、𥫃、竴、𥩟、竲。女二人，歸丹、咸，已嫁娶。孫男十七人，汝工、汝式、汝經、汝器、汝貢、汝賢、汝贊、汝資、汝質、汝寶、汝梅、汝仝、汝辰、汝佐，某某工經，補縣學生。女十四人。曾孫男三人，糾孫、言孫、諫孫；女四人。卜以某年月日合祔，墓在縣東北祖塋之次。銘曰：

華望維李，芒寒列史。太守曰冰，柱史者耳。勉寔尊朝，紘無紐勢。重光昌代，廣南爍矣。前鍾後發，繄若考妣。枌榆勸德，綠綸列義。甘棠古柏，陳根之自。恭人好逑，徽音世嗣。思媢于承，式穀爾似。閟丘無塵，風號露涕。山輝宵燭，銘詩斯在。

方承事墓誌銘

餘杭方氏，宗唐玄英先生干。始祖叔恭，宋寶慶間，從嚴州來通判臨安，其子榮遂占籍焉，至將仕郎勝爲元太平路當塗縣主簿。承事，其玄孫也。父曰讓，承事行十二，諱祥，字彦□，家故饒。讓宣德中以掌税事，没于京，承事方幼。

稍長，母舉存篋并珈珥，畀使營殖。乃以之積粟貸人而取其息，赢轉遷之；然取不過制，又輔以寬慎。既發粟，歲大侵，在在病田，其所流布在白社、萬石、仙宅諸鄉間，輒復稔。見者從而繼貸其地，即轉之他鄉，他鄉亦輒復稔。諸貸者異之曰：「此天富方公也。」又樂其息薄，竟無負者，雖逃亡，亦獨償之而後去。且以其貸地卜豐凶焉，既獨執淳實，不欺以爲利，而果以自得，所向罔弗獲，業復舊而益熾，猶雲烝泉湧。然所執愈謹，其效亦不忒，往往質諸鬼神。靈岳寺僧貸金去，已而死，其師無償意。忽其小沙彌發狂作亡僧音，奮迅白師言：「弟子前以某費得貸於方長者，方長者則何可負？何可負？」師乃歸金。嘗買山於古城山主朱氏，既畢事，朱復誣謂未受直，與其徒三人邀議於山舍。承事弗校，即更與之，第指天矢之曰：「吾苟負若，出門即死於虎。若負吾，若死於虎。」朱出門上馬，已覺體戰栗，轉顧，虎突來，攫其騎，咥其臀。承事奮呼，舉火燎虎，虎乃釋去。朱以緼著厚，得不死，乃自訟而語諸人。其他動與吉會非一端。一日黎明，凌霜過潘版橋，橋布木狹而脩，下瞰湍流甚險。行將半，見彼岸縞衣偉男子大言：「梁斷矣，勿過。」因即返，候明桴而渡。視梁果斷，霜路無偉人迹，意村叟也。訪謝之，通村無此人，而旁有周赧王祠，疑神助，每過必入拜焉。又初生之夕，家人見産室外火如斗，旋轉不休，比産乃没。又初由苧山徙石闌，買居葺築之，見所題落成歲時，即其生之期也。每宅心惠濟，或乘馬經行畦澮，加馭銜勒，不使嚙一穗。并回戒從騎，謂：「穀以人若牛力而成是，奚以供馬？」或誤觸覆負戴者物，須下馬慰謝，問價而償之。

鄉井急難，赴救惟恐後。時公家有一事，厲衆往匡植之，至厚糜金粟，弗厭。衆既推服，聲聞于上。郡邑藩臬有賑恤之政，必致諏議。承事爲調酌，動合機宜，而首自輸助族，雖蕃裕不以及之。丁酉之賑尤厚，是有邦秩之賞。平生孝廉好禮，燕居雖袒裼無惰氣，交納益友，恒遠暴慢，稟姿臞而精勵，修眉茸緑，意度明爽。

弘治庚申十二月二十一日以疾卒，生宣德辛亥十月十七日，享年七十。母顔氏，生母朱氏，配郎氏。子男三，長乾，善書，次坤，次翼，皆治易，爲邑庠生。女一，適郎瓚。孫男六，曰鼎、鼐、漢、冕、似龍、世隆。女三。三子以乙丑十月二十五日葬於舟枕山北麓新塋。先事坤列手狀，謁予請誌。予雖未識承事面，而承事不予外。曩遺坤、翼從予受經，竊喜二子之英拔，而謂承事之宜食其報也。比隔歲不聞問，而承事已矣。惜哉！銘曰：

大郡維杭，大姓維方。達於家邦，於爍竹莊。胥矣富人，服義冠仁。薄之如雲，盎之如春。誠孚表裏，信格鬼神。申祐于來，其祉藹藹。白駒在谷，風塵不辱。清揚粲兮，霜梧雨竹。膴膴舟枕，長奠幽寢。雲封松蔭，其樂孔甚。三雛翹翹，殊有鳳毛。載炯公華，將翔將翱。

王衛使哀辭

衛使王氏，字廷瑞，其人恢闊義惠，業阜而持以謹，勢順而發以和，在名理事，力可到者，輒力爲之。以是數者集其躬，故遂爲偉夫吉人。如其以財助國，錫爵則歸于忠；事親有禮，善述則歸于孝；交友會文，輔仁則歸于信。斯三者，又其立身亢家之本也。歲十月，余遊淮楚，寓其家。君已疾，攜手傾倒數日。余歸，不期月而訃至。哀其人，積於中，泄之以辭，其大行見諸狀誌，稍撮布焉。

元化幹流兮，結靈謂人。世善積遘兮，誕胚令醇。緊子之室兮，亶富有宿。孅子秋秋兮，厥承以穀。勺象適舞兮喪其妣，煢無違兮里觀禮。繼考徂兮益用情，志事述兮不改其政。加以廣兮義茂成，肖聖哲兮像于廟。成室家兮仁無告，藥厲病兮飦饘莩。槽而冢兮救焚暴，鑿邑井兮築梁道。已逋責兮釋竊剽，既利小人兮曷贊君子。文武之籍兮屢鍥文，梓賓從并兮酒有旨。尋奕射兮游圖史，禮樂交兮于胥喜。居有養兮纘有子，胡不適兮忽其逝。氣披披兮信大機，糾錯出入兮何必絜。齊淮湯湯兮亡涔期，爲君哀兮亦爲熙，幹其棄兮聞斯詒。

王氏招魂 代唐寅

魂歸來兮，毋四方些。東沈弱波，漂榑桑些。西溝虓虎，實虐腸些。祝融灼肌，南沸湯些。玄冰沍疊，北裂肪些。魂歸來兮，毋上下些。層閽沓九，入亡罅些。缺一字淵洄洑，出亡駕些。魂歸來兮，毋趨隅些。荒土無通，蒼門墟些。衆安沆澤，陽之間些。火土丹澤，沙所幽都些。千沴萬眚，不可以居些。魂歸來兮，入淮陽些。故土之樂，安靡彊些。重城復湖，渺翠蒼些。喬閎邃堂，綴洞房些。食有八珍，服有五章些。帶金冠紗，奕世煒煌些。耳諧絲簧，目丹黄些。青編積架，古圖懸墻些。嘉賓日合，飛清觴些。燕歌趙舞，妙不雙些。優游夷羊，懌悦靡方些。魂昨去兮亶來今，淮之陽兮江之陰，戎極目兮毋傷心。

朱守中家傳

多澆風而長厚爲金玉，寡文學則藻雅爲麟鸞。鄉里不得終仁，士友弗獲全益，乃亡朱守中。守中既亡，余從京師宦南海歸，即遷左畿郡，不遑往哭之。無何，返初，守中嗣太學孔年來脩繼好，孔年亦時名士。余也弔慶交懷，無以答亡友。既用不自已，立纂亡友遺美，參采邢處士參所纂墓記，爲朱守中傳，授孔年，并入家牒。遠久知守中名，尋其行者，可從其家，以斯文得之。

守中名正，字守中。朱氏世居吴郡葑門之郭，富而穀之室也。至守中，特高出族里，爲稟仁而秀，孝於親，令於族，信義於朋友，蓋惇於五品，其最善也。優文藝而良醫藥，其餘也。始，守中生未彌月，失父，母華節婦守之，世父瓚鞠之。九齡從里師金孟愚，授讀甚嚴，守中亦甚敏且勤。成童時，都少卿玄敬未仕，守中宗人堯民，致主家塾，守中往從之。雖指授與衆同，守中每見推。於是時使入庠序，捐家政，一力科舉業，其大成沛然，當大振揚。華節婦與老姑謂：「久大之家，胤遺獨但守中，單然一綫綴世緒，愛其軀不遑愛其志，俾得遂也。」然而守中居常慷慨，恐落其操尚，讀書爲文辭，皆不少倦廢，詩律嚴密，字畫秀潤，知者珍愛之。守中性最倜儻，顓尚信義，周恤人急，發篋如拾芥。憙結納還往，名卿滿座，過金滿堂也，而余其最契協，燭照肝膽者。弘治中，余當往京師，不忍别，爲言留貽之，曰：「余觀物之稟良于天也，而用殊也，可勝道哉！世多爲咎于人。嗚呼！天也。今夫玉，地理色澤不相遼，爲璣衡與天爲徒，等而下之，極至爲含于死愚人，以臭腐同歸。又若同作器飾，或賢人小人、貴賤，重不重，不同用之；又若並雜惡石，抑揚倒錯施置，其悖亂何如也？今夫以士入衆庶，而商農且獵而仕，獨且奈何哉？余守中，璣衡玉也，亦彫於玉人，已而今在野。余接之，良粹之氣充充爾。嗚呼！余觀今人，妄庸顯而尊，盡凷礫也。以視余守中，獨且奈何哉？吾茲當與守中別，相爲言之，嗚呼，守中毋以繆亂而敗脩矣！抑或當有後期。」既而守中終戾契於時，然襟素浩然，適陶然樂也。治亭圃泉沼，種樹畜魚鳥，謂之「僻圃」。日坐所謂碧沼軒，玩物養性，吟著日富，所爲書有詩摘要、僻圃吟稿。其舅氏，醫也，守中以餘力攻其説，遂至超詣，往往治人取奇效，郡縣因以名醫應詔，徵起之。守中雖籍于有司，未行。正德辛未，爲督上道，與張揮使延德同舟。延德道病，瀕死，守中一投藥即甦，他醫謂專門無此見也。既至，以母節未受旌典，辭其事以歸。壬申，病傷寒，纔三日，自切脈云：「吾何死之亟邪？」涉旬，果卒，僅四十三歲爾。守中，長洲人，父曰琳，祖昱，有孝行，代父戍南京，受知王靖遠，以眚不及用，歸。

嗚呼，世澆夫！務碩苗者多涼德，有克富穀交培，而嗣者安之，不能學也。或學而仕，示其來以侈儇，率如是，亦自詒感。守中藐孤，承先豐室，而以學華大之，又能使孔年襲休，其不謂孝子碩人者與？而孔年亦難能矣乎！余少嘗述交友爲金石契，其時守中且幼，無守中。守中且刻之木，以其後量之，書中人及守中者幾何？

余適謂當與守中罄皓顛驢，曷至是也？故繫辭以傳守中，非以守中情誼云爾。

施處士哀辭

施處士以其道昌其生，安其死於吴興。死後，子起家進士，將崇烜于時，其學將皦然樹丕謨弘勳，一驅古人列，處士於是食享不可量，弥其本道自茂哉！處士薖于澗阿，雖持賦集政于公，繇縣官辟之，事已皭然去，曾不終列一主。捕魚司水防吏曷道之云：「嘻！身而剛亮有執，于其家，孝孝、弟弟、慈慈。鄉則賦平惠流焉。此天之能政者，何必政于笏綬中？」曰：「道乎哉！夫以道既行，不罪于天，則可哀以道。可政于笏綬，而否亦可哀，哀其道不哀其身。人誰其不死？如哀其身，則進士之道也。爲進士友并爲哀，其哀亦無侵哉！」處士名某，字某。進士名儒，字聘之，吴郡祝允明爲辭。

秉高明兮履中直，展貞亮兮洵堅特。既縝栗兮又坦平，施于家兮奚爲政？長願其爲幼兮卑願爲尊，内不怨兮外稱仁。誼蘭馨兮操松茂，剛柔節兮玉鉉宜。壽厥不壽兮哀則那，孤之奮兮傷如之何？孤志學聖兮尚賓王，政由求兮文偃商。教誠善兮躬自道，道曷哀兮哀孤孝。苕湯湯兮霅彌彌，弁蒼蒼兮天目天。倚魂爲山兮氣爲水，儷深高兮共無止。我有哀兮哀有辭，公知不知兮知將我嗤，蹇呼歌兮徒噓唏。

侃齋徐公墓誌銘

人之於天也，碩厥受矣，而護固之，條遂之，不傾於既構焉，則盈厥享。天之於人也，扈厥初矣，而視聽焉，而消息焉，而應焉，則贏厥終。惟天人之際不可欺，卓哉！徐公斯其驗焉。

公之先，從宋蹕由汴移吴之常熟，至省八公珵，爲元海道萬户，佩金虎符。生恢，祖居邑之漁梁，以開緒立業。生舉，舉生德賢，德賢生訥，字敏叔，益以豪偉聞。生八子，公行四。德賢、敏叔皆以侍郎恪恩，贈通議大夫都察院右副都御史。德賢配鄒，敏叔配周，與公生母張皆贈淑人。公即侍郎之兄也，諱懷，字公允，性温而慤，外簡而中穎，外柔而中毅，居度充舒有父風，而自持嚴重，不喜諧謔。讀書執禮，署其齋居曰「侃」，即其守可見矣。初，敏叔富且好禮，嘗作家譜，以聯族屬；又作同居集，以示省勸。公恒曰：「欲不怍爲人，視吾考；欲不怍吾考，視家集。」以是握心厲行，期以副之。率所履務循繩墨，孝友爲政，閨闈肅然，鰥居殆二十年而不畜妾媵，惟命兒孫温足，小蒼頭事饋食耳。弟公度，攜家赴湖廣長寧令，爲之營室治田，俾勿斁。及侍郎公肅，初仕四方，亦爲理田宅，如視長寧。平居與人誠信，熹周振，割田助宗人空急。鄰有孕字，迫凍餒，畀之薪米，以全活。病不能致醫者，市藥作丸劑，審而給之。衢杠壞，病涉，輒爲整葺。遇途丐，隨予之穀粟。初，自漁梁往鶩山，山西有隙地，因買治爲塋，貧死無棺斂者，量相之，使瘞于是。成化間，應公家興發拯飢，遂被冠帶之旌。然自奉又廉約，邑令長舉從鄉飲不往。逮高年，稍一出主賓位，便謝不再赴。前令楊侯乃致饋于家，人謂其交稱也，日月益隆而自修不衰。弘治癸亥二月十九日，方坐堂上命觴，子孫進牛乳酒，飲一巵，命冠帶服之，復端坐而逝。其生永樂甲午十二月七日，享年九十。

配王氏，賢而先卒，王文肅公僎銘其墓。子男三人，曰紀，曰維，亦皆先卒；曰緗。女二，適趙偉、許浦。孫男十二人，珙、琥、瑀、瑢、球、瓏、玭、環、瑮、瑞、珍、玖。女六人，皆有歸。曾孫男十二人，文、恕、慈、惠、恩、德、愚、佾、健、俸，餘幼未名。女十三人，悉幼。玭，郡學生，文，邑學生。緗卜正德元年十二月十六日，舉柩葬陸臺之原，即王氏穴以祔。先事奉塾賓夏元玉狀來徵銘。嗚呼！公之生壽而富，好德考終，多男子如是也，其得諸天，信亦盈而嬴者矣夫。贊之銘曰：

視應而全，視全而延。曷不應之，而以全以延。兹銘也以天。仁不侵富，義不妨利。曷不務之，而以富以利。兹銘也以世。惟天惟世，其不爽也，若影與形，而以徐徵。惟徐之徵，惟徐之銘，惟徐之勸，徐勸亦弘。

袁介隱誄

袁出濤塗，世望寔都。逮于建初，有倬司徒。雪僵昭操，日愛興愉。世導而流，有滙于吴。萬户五傳，乃及夫夫。凶割夙鍾，舞勺哀孤。上無二親，下有兩弟。屹如成人，山岳其氣。維持家觀，勤渠生計。綴旒之纖，頹綱攸繫。維纖以堅，繫則罔隊。咢矣俞翁，鑒兹美器。妻以愛息，聿來館贅。益懋益力，焦晨惕夕。如川斯楫，如吹斯翼。既亢袁宗，亦弘俞室。義惟制事，仁斯愛物。煢煢幼季，眇焉無因。左挈右攜，迪爾成人。嗟嗟兄子，二孺其貧。芘爾居廬，完爾婚姻。棠杕其華，鶺鴒在原。何以方之，張仲君陳。家澤允瀦，餘波肆潤。爾乏卬振，爾負無問。有負而惶，乃計行遯。曰其來歸，卬不女困。女曷不信，歸爾劑券。善積欲餘，祥來式符。家肥業腴，翹然三雛。伯也其士，雍頖涵濡。帝曰善教，往職師儒。仲季克家，幹父用譽。承顔善志，並玉環除。天迴地游，玄造靡凝。無始不終，無平不傾。儵然還化，大耄之齡。嗚呼哀哉！公有誠德，侃侃悃愊。尚絅其質，如弦厥直。爾何噂沓，卬不爾惑。今也則亡，脂韋膱膱。公有敏材，獵綜群史。堯夫喜吟，子雲奇字。歷代治忽，人物臧否。貫弗鑒别，粲然掌指。朋來樂意，今則亡矣。公有隱節，執之以介。始從官勸，分羸拯憊。輸我廪廛，却爾冠帶。載遭涣汗，賜級耆艾。公亦曰辭，匪我之惠。褐寬終身，其榮則大。霜松雪竹，鴻冥鵠邁。穆然清風，今其安在。日月弗居，往則玄墟。靈旗風薄，發引須臾。考行抉潛，揭我華書。恔厥燕翼，以廣州閭。

吴羅公壽藏之銘

羅出祝融，妘姓，周末，國爲楚滅，子孫因以爲氏，歷葉有人。至宋，通奉大夫兩浙路提點刑獄某生壽山，爲平江録事，因家于吴。壽山生聖儒，聖儒生迪功郎謇，謇生瀫，瀫生瑩甫，瑩甫生公約，公約生仲華。世守儒術，而家饒貲積，號「金銀羅家」。仲華生感，字守信，國初以賢良徵，不就，寓業於醫。生肅，字原敬，修身繕性，克紹父業，而歸心玄寂。配許氏。

乃生公，名繹，字文賓。少將學爲仕，以家落去，與其黨楊公玉同服賈。無幾時，視所入利越常算，公玉疑有未歸人者，相與檢校數日，無有也，始分取之。

公玉因道諸人："羅君殆所謂天富善人者，後其興乎？"已而行貨京師，一往後，不能遺其親，乃不復往。居殖益雄，四方商日集爲貿遷，公爲裁平物價。既乃曰："吾寧能爲老駔？"謝不爲。性孝弟，事親盡理。婦馬氏，有容德，而失意於舅姑。公曰："訓有之矣，子甚宜其妻，父母不悦，出。"竟遣歸其家，後馬父迫馬更嫁，馬不從，以死徇之。公之母乃悔，命公祀于寢，公亦不敢違也。馬既没，同里周參議欲納爲贅婿。公曰："周公女出富貴，安知非庸奴其夫而傲舅姑者？吾不能向人喉下取氣也。"謝之，其高亮又如此。初，以兄疾，門户事多自持之，十年費六百金，皆自其力。後分爨不校，但指其居曰："此先人之廬，予我數椽，遺子孫足矣。"親没，竭力喪葬，不以累兄，曰："親亡自應葬，兄勞自應代，吾不知其他。脱獨生我，則將誰歸歟？"聞者韙之。兄感動，友愛彌篤。兄子疾，護視醫理，至廢生業。持身周慎，行必再思，取予務當義，雅尚含容，多所施濟。江西廖某誤遺金二斤有半，訪而歸之。又清江客遺四鋌，復歸之，客請留一以酬德，公曰："吾不以義，顧不以四而以一邪？"竟却之。或竊帛數十束，爲他人發之，公曰："非吾帛也。"鄰人築室稍侵地，或請語之，不從，曰："語而不從，則當訟之，傷鄰好矣；且訟必横費，曷若以貿他地？"無幾，鄰竟售居於公。家落時，嘗受惠於妻兄姜仲安。姜没，子且窘，乃居之室，給之費，死營其喪，比葬，又買田以給其祀。官脩築閶門埤及麗譙，及越城、通濟、壽安諸橋，皆屬公董役，具著勞助。壬子歲饑，官勸分，既以姓名應之，得賞級。俄而里正復以其字聞縣令。史君致之來，公持檄白令云云。令笑曰：「此義事，能重應之乎？」公曰：「然。」復輸之。令復與檄。公持二檄，詣巡撫都御史侶公，謝曰：「民志不在簪組，請辭。」侶公曰：「國恩也，不可。」公乃受，非大禮典，不之服焉。

公於儒、醫、龜卜、陰陽、釋老，皆能通之，游玩、博奕絶於身。家積書，以教子孫，勸督勤厲。食指八百，禮齊法守，閨庭肅雍。與人誠而和，或就諮議，忠告善道。不良飲，而盡人歡，莊人文士多樂與交。然不喜趨附，郡致鄉飲酒，數往後乃止，曰：「吾恐以數取慢耳。」年既高，豫治壙於武丘鄉花園浜先域之次。以屬予銘，因爲序而贊以銘。

公配初即姜與馬，繼以周及吴、朱二側室。所生子，曰節，周出，娶王；曰良，娶劉，頤，娶楊，皆吴出。初，子未生時，有表姑之孫德良，孤貧無怙，公助育之，今名謙，娶唐氏。女曰咸，朱出，適高麒。孫男五人，曜娶朱，曉娶徐，昉聘金，煦聘陳，昇尚幼。女八人。曾孫男一，曰正。孫女一人。公以宣德癸丑十一月壬寅生，今歲行庚午，年七十有八，彊捷如壯夫〔一〕。其銘曰：

凡壤之貴，視藏以卜。美木嘉穀，兼金良玉。人滿九土，幾何不辱。艱哉善人，恒百而獨。公則罔艱，仁至在欲。懿兹膏墳，將俟韞匵。日月其徐，大寶於伏。宜曰仁丘，諮爾陵谷。

【校勘記】

〔一〕「捷」，四庫本作「健」。

劉介翁墓誌銘

介翁劉氏，諱某，字希福，其先沛人。始祖某，仕宋某官，居汴京，扈國渡江，再徙今吴邑。世承仕學，曾祖文昌，祖景暘，父宗美，母陸氏，贈監察御史繼昌之女。

介翁生有高志，性喜推予，自其幼已然。既長，讀書崇禮，不慕聲利。雖身世戾契，未嘗詘己干物，務義事，不視盈歉爲盛衰。有於氏奴，竊金一篋來投，乞收匿以侍，叱不内，復喻主奴恩義，奴感悟，還於於。王福歲除夕爲市易，誤贏金數兩，追還之，且戒其勿怠。途行得遺帨囊金鈿，止道傍以俟。俄頃，女奴泣而來，訊之，實也，即畀之去。時方飢，家無贏儲焉。客徐州時，同邑葉蕙病疫，同邸皆引去。爲治藥省視，久不倦，蕙賴以起。見人事紛揉，循理辯論枉直，排群譁弗顧，皆嚴憚之。或勸非遠怨計，即作氣曰：「天下之理直焉耳，吾寧能辟怨以畔理？」人更歎服，每多諮決焉。見崇飲荒逸者，惡而斥之，人方以陶士行。平生服食整潔，不惑左道。示其子曰：「利害二言，皆非義所校，然臨世不可不特慎於是。苟利顯於己，害必歸於人，惟應以義公好惡，則寡過矣。」與鄉人少者語，亦以是。病革時，聞有讀時臣直諫章疏，猶呼子聽之，曰：「作人如此，庶幾無愧與？」其方亮合道，每如此也。生景泰癸酉八月六日，卒正德丁卯七月七日，春秋五十有五。

配章氏。子男二，漳、浣。女一，適陳言。卜以某年月日，葬本縣下倪村祖塋。浣文業豐茂，當益大翁者，手遺美來徵銘。嗚呼！以義而廢利，持正以裁枉，斥荒推其有以續匱，皆斯世絕難事。君中歲以「介翁」自命，於是信然。銘曰：

古有黔婁，一髮無苟。亦有季路，生不迴口。往者其難，今莫復覯。有重吾邦，緊子劉子。其義近婁，其直近季。介哉介哉，古之遺美。

處士丁君墓碑銘

丁氏世居常熟柴涇村，號「柴涇丁家」。其先出于汴，曰良之，從宋南遷。蒼黄師㪅間，譜誌狼藉，故其先後無徵焉。迨子敬生仲玉，仲玉三葉曰望山。望山以義賑賜級，娶同知濟寧州金和夫女，迺生君。

君諱森，字符秀，天賦豪邁。少時志規仕顯，後弗克業，性孝友。望山有別宅，在廟涇村，去柴涇數百步，君既壯，使居之。君雖承命去，每晨夕返親舍定省，不廢子職。且恐承事來視，日具膳羞茗醴，謹伺之。至則安奉侍養，愉愉終日。素情固樂放逸，比在親側，輒斂語攝體，不敢少肆，一食飲亦縮縮，不求如意。時序敬脩祖祀，意氣惻怛。平生倜儻自命，不爲瑣尾態。居度雄闊，憙尚華侈〔一〕，未嘗逐逐利殖間。見人有務儉固者，曰：「貧富天也，人生貴適意，何以自苦爲？」乃盡出所藏，飾垣宇，葺梁道，令悉新麗，肥鮮綺紈，未嘗離口體。既以身不遂士業，比得一子，喜其頭角巉異，曰：「此足以畢吾志矣。」遣從師游，日夕督厲成業，或乏束脩以上，即粥田以繼之。得賈徑歸之師，無少留吝，曰：「寧棄吾産，無寧棄吾兒云。」其後産益薄，然益浩然，若罔聞知。丁既素爲鄉曲尊信，人有小不平，往往來質。君獨以仁讓宅心，睦于家，遜于邦，以是寡怨。凡質成者，獨不肯與其事，毫髮無苟取焉，嘗署其堂曰「種德」，以見志。又以家占虞山尚湖之勝，放情杯觴，以恣真賞，世紛一不經懷，因自號尋樂居士。然竟以酒致疾，淹頓牀蓐，踰四三年。弘治乙卯八月十日且革，無戚戚色，呼其室，曰：「來，吾與汝別矣！」呼其孤，曰：「成敗由爾，非吾事矣！」遂暝，年三十六。後二年丁巳，葬於虞山邵家灣。又十年，而孤起進士，爲南京吏部文選司主事。思暴君善於碑，持事狀以屬允明，乃摭列而繫之銘。孤曰奉也。銘詞曰：

虞山崔崔，尚湖洄洄。傍有隱君，長眠化臺。維此隱君，豪闊之材。意拔群夫，氣游八垓。彼哉鄙人，斗筲爲儕。珠璣盈頰，糞礫在懷。隱君曰嘻，取類奚乖。人生本適，何自梏之。有美不御，積笥蠹灰。華堂錦裘，有金且揮。蕙殽蘭蒸，名醴滿罍。山光湖波，笑口日開。彼世是非，浼賄集菑。何有於吾，衣不可埃。乃養于尊，乃訓于卑。破産贄師，産罄亦宜。玉芝不培，豐稷奚爲。芝也克榮，三秀葳蕤。彤蓋王庭，瑞慶大來。尚有崇階，絲綍褒貤。淑矣隱君，終耀亡涯。自厚其生，樂只有骸。大閑皎然，自作穹祇。式薦嘉名，宜曰達哉。

【校勘記】

〔一〕「意」，四庫本作「意」。

朱维铮史学史论集

朱维铮　著

復旦大學出版社

整 理 说 明

这部论文集共收录朱维铮先生已刊史学史论文十一篇。

其中,《史学史三题》、《历史编纂学:过程与形态》、《历史观念史:国病与身病》、《司马迁》、《班固与〈汉书〉》、《班昭考》、《史官与官史》、《论“三通”》等八篇,朱先生生前已接受复旦大学出版社建议,拟结集刊行,后因病笃而未及实施。

在这八篇基础上,今增加《王沈〈魏书〉的考证》、《“乾嘉史学”:方法与争论》和《唯物史观在中国萌芽形态的历史考察》等三篇论文。第一篇为遗稿,系朱先生辞世后,学生从手稿中发现,经整理后刊于《复旦学报》。

整理者核对了论文中的引文,改正了由排印造成的错字、讹文。其他各方面,如标点符号和书名号等,为保持原文原貌,一仍其旧,基本未作改动。

廖梅　姜鹏

二〇一五年四月

目　录

史学史三题

中国史学有史，始于“五四”以后。梁启超、李大钊、傅斯年，分别从不同角度为这门学科史提供了开拓性的思路。尤其是梁启超晚年在清华国学研究院再度讲授中国历史研究法，创设“史学史”之名，并给出中国史学史怎么写的初始方案，使他成了这门学科史的“教父”。〔1〕

复旦大学历史系自一九五二年院系调整以后，便逐步形成重视中外史学史的传统。这首先要感念当时相继主持系政的东西二周。“东周”周予同先生，于一九四一年在“孤岛”上海，发表长文《五十年来中国之新史学》〔2〕，被认作是中国近现代史学史研究的

---

〔1〕 依时序，李大钊于1920年在北大所编《史学思想史讲义》，较诸梁启超于1922年在南开讲授《中国历史研究法》，早一年。但梁氏讲义概述“二千年来中国史学经过之大凡”，虽重在史料考证，却被以后重编纂史而轻思想史的史学史主流视作滥觞。1926年至1927年间，梁氏在清华国学研究院重讲“中国历史研究法”，讲义在他身后由他的学生整理出版，题作《中国历史研究法补编》。内中提出应该编撰“文物的专史”，特别强调“史学史”做法的四部曲，即史官、史家、史学的成立与发展、最近史学的趋势。以后出现的中国史学史专著，如金毓黻、魏应麒、李宗侗诸书，无不墨守梁氏设计。也有的讳言梁名而实袭梁说。但透过其中的意识形态化术语，察其述史思路，很难说已经实现对于梁氏四部曲的超越。

〔2〕 已收入拙编《周予同经学史论著选集》，上海人民出版社1982年版，1996年增订版。此文末附抗日战争发生后中国史学家的著作目录，指出选择标准是民族主义史学，可知先生当时身处“孤岛”上海，向暨南大学师生讲授中国史学传统的心境。抗战胜利后，周予同先生转入复旦大学任史地系主任，又以公开抨击国民党政权腐败著称。复旦大学开设中国史学史课程，周先生也是第一人。

开山名作。“西周”周谷城先生，早因一人写出两部通史而蜚声学界。他与周予同先生都强调史学史是文化史的核心成分，史学专业应该同时设置中国史学史、世界史学史两门主课，以及与之相辅相成的原典教程。[1]

经过多年政治运动的扰攘，到上世纪六十年代初，两门史学史同时讲授，才在复旦历史系变成现实。一九二七年便在清华国学研究院以《明史稿考证》为题的毕业论文而受导师梁启超激赏的陈守实先生，率先更新了中国史学史的通行陈述体系，从史论结合的角度，特别关注史学映现的社会结构和时代思潮，强调从矛盾的历史陈述中间才能清理出真的史实[2]。早年留美并长期从事时事评论的耿淡如先生，作为列入全国科学规划的世界史学史项目主持人，特别留意对于前苏联史学以外的西方史学的整合性研究。两位先生讲授的两门史学史课程，都以独特的风格，吸引着青年师生，并且各自都在本系带出传人。[3]

上世纪七十年代末，谭其骧先生重主系政，十分注意恢复和改进复旦历史系在教学与研究方面的固有传统。于是中外史学史重开了，中国历史文选、中外史学原典解读、西方史学流派文选等等，

---

〔1〕 周谷城先生在复旦大学内迁重庆北碚时期即任教史地系。1952年院系调整中，继已晋职大学副教务长的周予同先生为系主任，通过智谋，为复旦历史系赢得谭其骧、胡厚宣、马长寿、蔡尚思、章巽等知名专家来系任教。其后，周谷城先生改授世界上古史，但给我的印象最深的，是这位“西周公”当年在学术辩论中的顽强精神。

〔2〕 陈守实先生中年与郭大力合作研究《资本论》，从此终生服膺马克思的社会历史方法，而对“苏联牌”的历史观念不愿理会；对于国内史家唯独钦服陈寅恪，而极不喜郭沫若。一九五九年因拒绝参与批判陈寅恪，被指斥为学考茨基“修正”马克思。他的“傲骨”，他的文章高度凝炼并充满思辨色彩而被称作“天书”，都给学生留下深刻印象。

〔3〕 当时陈、耿、二周在本系并称“四老”。陈、耿二先生都已不再“参政”，恪守教授本职，反而对本系的学术薪传的实际贡献较大。

也都以新貌再现[1]。那以后,包括中外史学史在内的专门史研究生,数量一直增长,同时陆续引进的各科史学专家,更给本系发扬特色注入活力。

三年前,复旦历史系博采众议,决定以自由组合的方式,突破专业分工过细的畛域,通过共同研究一个课题,各展所长,互磋互磨,合撰一部展现本系传统特色又具新意的专著。众多同仁都赞成将主题定为史学史。于是就有了正在撰写的三卷本《中国史学的历史进程》,并命我承乏主编[2]。

《复旦学报》支持这一项目,设专栏分期发表同仁诸稿,因草此小文,略陈私见。

一 关于经史关系

谁都知道,中国的传统史学,由经史不分,而自成一部,而著作数量压倒经部,以至反过来宣称"六经皆史",那是一个长而又长的历史进程。

中国很早就有"史"。即使不谈遥远的神话传说保存的先民记忆,单看近代的考古学提供的物化文献,便可证至迟在公元前二千

---

〔1〕 谭其骧先生在一九五零年代后期首次主持系政,旋因受命改绘"杨图"(即后来名闻遐迩的《中国历史地图集》),由胡绳武副系主任代行其职。胡先生十分注意本系教学科研的全面建设,总设法使每位教师展其所长,屡因此被指作政治"右倾"。正因为胡先生与另一位先生再三敦请,陈守实先生才肯开设中国史学史课程,虽只主讲两届,却使我们得以跟着讲。文革后谭其骧先生重主系政,不顾谤议,同意我接续已故的陈守实先生开创的中国史学史课程任主讲,并且多次与我讨论中国史学史该怎么讲。凡此均使我感知前辈史学大师以学问为生命的真精神。

〔2〕 项目拟题《中国史学的历史进程》,拟分《中国历史编纂学史》、《中国历史观念史》、《中外史学的交流与比较》三卷,以及各卷的暂拟结构和分章,都是我与合作同仁多次研讨后所订。

纪,先进于文明的殷商王国,就有了称作“史”的职业分工。

上个世纪初王国维曾著《释史》〔1〕。那以后中国的古史学者,运用王国维完善的所谓二重证据法,从文物与文献互证的角度,不断证明商周时代,“史”是诸王国不可或缺的高级专家。因为他们负责保存历史档案,熟悉列朝列王祖先和部族神祇的过去,也记载在位君主贵族的言行,并且通过家族世袭而形成具有垄断性的专长。

相形之下,“经”的名目,远晚于“史”。孔子曾说“吾犹及史之阙文”〔2〕。他指的史,无疑是职掌文字档案的专家。孟轲曾说孔子作《春秋》,“其文则史”〔3〕,那涵义只可释作《春秋》的编纂形式,与同时代列国“史”的文字表述方式一脉相承。因而,自汉至清,经学家们争论了两千年的一个问题:“经”是孔子生前死后一切重要典籍的泛称呢,还是归于孔子名下的六种或五种著作的专称?都只涉及秦焚书后重新流传的古籍作者与性质。即使单看典籍而不问职守,“经”也至多可称上古史官的某种记录遗存。〔4〕

中国史学史研究,大可不必理会六经或五经是孔子之“作”还

---

〔1〕 见《观堂集林》卷六。王国维此文撰于1916年,是利用文物与文献史料互证,而通考古“史”职守与功能的首出名作。顺便指出,王国维由沉湎叔本华哲学而转向古史考证,固然与罗振玉提供甲骨史料攸关,而从治学取向来看,更明显受沈曾植的影响,惜此点迄今未见专文考察。

〔2〕《论语·卫灵公》。此“史”当指春秋晚期尚存的前代史官整理过的档案史料,所谓“阙文”则指官府档案以外的散存的前代史官的记载。

〔3〕《孟子·离娄下》的这则说法,在西汉经今文学诸传论及《史记》中均未见引用,至唐宋经学更新运动过程中,才备受“新儒学”论者重视,到明清更成孔子“作”《春秋》的最早证据。但三百年来的“疑古”学者,都怀疑孟轲说古史大半属于想当然。近年在古楚地不断出土的战国时代简牍,内有若干片断与传世《礼记》某些语句相似,于是有的学者竟相发挥想象力,乃至断言昔人疑古全错。问题是楚国祖先早就自称蛮夷,由屈原留下的《离骚》《天问》《九歌》等名篇,更可知道战国间,江汉流域的荆楚文化,在总体上自有特色,因而表明逻辑推论不能代替历史事实。

〔4〕 说据章炳麟(太炎)在清亡前刊布的《国故论衡》。

是“述”的古老争论，却不可不正视这样一段历史公案，那就是中国进入中世纪，作为某几种古史化身的“经”，特别是《尚书》和《春秋》，怎么反而迫使史学成为它的附庸？

《汉书·艺文志》便是显例。此篇是今存最早的古典文献的目录提要。它的原型，是公元前夜刘歆写定的《七略》。[1]

作为刘邦幼弟楚元王的后裔，刘歆和其父刘向，都是西汉宗室内罕有的学者。楚元王是荀况的再传弟子，对于《鲁诗》和《春秋穀梁传》的传授都有贡献。汉武帝初期田蚡尝试独尊儒术，就曾借重楚元王重文的令名。楚元王的子孙多纨绔，但五传至刘向，却复兴祖学，并受命整理改编宫廷藏书。刘歆子传父业，对积累二百年的宫廷藏书，系统清理，分门别目，取长补短，撰写提要，在刘向《别录》的基础上续成《七略》，由此留下中国早期文明史的一部完整的文献历史记录。清末章太炎盛称其功不在孔子之下，当非过誉。

刘歆最大的贡献或者错误，就是在宫廷藏书中发现了《左传》。他对这部编年史，如此着迷，以至令家中婢仆熟读的同时，还违拗其父刘向的意旨，要求朝廷立于学官，作为可与《公羊》《穀梁》并列的“春秋传”。他的企图得到怎样的失败，史有明征。有一点需要指出，那就是刘歆揭露西汉帝国末日学界黑幕的致太常博士的公开信，与后来的僭主王莽无关，因而钱穆指出顾颉刚们论此事背离史实，是有根据的。

这里需要说到刘歆的先辈司马迁。

---

〔1〕 西汉末刘歆继承刘向主持整理宫廷藏书，增订刘向《别录》为《七略》。除总论性的首篇“辑略”外，“六艺略”以下六篇，全部被抄入《汉书·艺文志》。这是中世纪经学史家都不敢明白否认的史实。参看晚清章宗源、姚振宗分作的《汉书艺文志》的考证，均收入《二十五史补编》。

司马迁继承父职，担任西汉帝国的太史令，很快主持完成了修“宪”即改历大业，证明他确有出色的科学事业组织能力。但司马迁也与司马谈一样，在立志恢复早已中断的“史”的世业，即记述“天下之史文”的同时，忘记了孔子关于君子思不出位的遗训。就是说，他虽位居太史令，但在“儒术独尊”以后，古代史官曾经世代拥有的历史记述权，已经被君主信用的经学家，特别是董仲舒、公孙弘为核心的所谓《春秋》公羊学派夺去了。

因此，司马迁主持制订《太初历》成功，随即履行司马谈遗训，着手撰写通观古今历史的著作，就立即招来君主代言人的指斥，说他竟敢自比作《春秋》的孔子。那时董仲舒一派经学家，不仅把《春秋》说成孔子接受天启为汉朝预制的一部“宪法”，还成功地垄断了它的解释权。这里不拟重述在汉景帝时代刚出现文本的《春秋公羊传》，只过了十多年，到汉武帝初期，便成了“儒术独尊”化为国策之后最为重要的“五经”之首。欲知其详，不妨参看周予同先生的《经今古文学》、《纬谶中的孔圣与他的门徒》诸著，或者拨冗一阅《经学史：儒术独尊的转折过程》等拙文。

这里只说一点，即以董仲舒一派的《春秋》解释，高踞汉廷认可的意识形态化的经义核心地位以后，有关历史的写作，特别是涉及当朝人事或制度的历史陈述，就变得十分危险。因为据所谓公羊学者的说法，一部简单到有时每年除时间记录外仅有一字的古老编年史，字里行间竟隐藏了那么复杂的“微言大义”，怎能不引起君主和他们的大臣，对于新出的历史著作说古述今，是否别有用心，感到狐疑呢？于是汉武帝首先抽查司马迁记述他和其父在位大事记，“大怒，削而投之”；于是汉武帝借李陵案将司马迁下狱，施以腐刑后任命他为宦官头目以示侮辱；于是司马迁终因坚持忍辱写作

《史记》,而不明不白地从人间消失,这一连串的悲惨遭遇,便不难理解。

还在司马迁因著史而受皇帝亲信大臣指责,说他竟敢在太平盛世效仿孔子著《春秋》为后王制宪,那时他就表白,自己绝无希踪“素王”的野心:“余所谓述故事,整齐其世传,非所谓作也,而君比之于《春秋》,谬矣!”但对于已被董仲舒、公孙弘之流公羊学者“以经术缘饰吏治”的策略迷倒,或者有意迷倒的汉武帝及其子孙,怎会相信这位史学家的真诚?因而直到百年以后,帝国御前会议仍然判定迁史暴露了刘邦及其布衣将相造反成功的秘密,而拒绝一名藩王抄录《史记》副本的请求。因而同样造反起家的东汉王朝,直到崩溃前夕,短暂当政的王允,仍然声称汉武帝不杀司马迁而留下“谤书”,必须引为历史鉴戒。这也不难理解。

难以理解的是《汉书》作者班彪、班固父子。他们的陈述西汉和新朝兴亡史的著作,分明是《史记》关于西汉前期五朝史的续作,却斥责司马迁诽谤刘邦及其子孙。但由《汉书》的《艺文志》,抄袭刘歆的《七略》,仍将司马迁的“太史公书”,与《楚汉春秋》一起列为儒家经典《春秋》的附庸,便可知时至公元一世纪初,学者仍然经史不分,把述史看作解经,就是说论史等于论政。当然从此以后,写历史必须将有利还是不利政治现状,放在著述的出发点和归宿的地位。因此,从东汉到满清,不是《史记》,而是《汉书》,便被列朝统治者认作正史的楷模。

不消说,班固仍列迁史为《春秋》的附庸,也起了反作用。首先他本人续作《汉书》,便被指控“私改国史”,从此近现代史的编纂,便直接由宫廷监控。其次导致列朝当局越发夸大史学的社会功能,例如东汉末权相王允总结的“历史教训”,直到明清二朝为胜朝修史,还被君主奉作圭臬。

全部中世纪史表明,第一没有一个王朝能够遏阻权力导致的体制腐败取向,第二没有任何一名圣君贤相能够真正箝制民意,第三即使在思想文化领域擅长运用软刀子杀头策略的专制者,也没有一人真正实现李斯向秦始皇所献的“安宁之术”,达到“天下无异意”。

于是,在东汉帝国通过“东观修史”,厉行控制“国史”编纂以后,接踵出现的却是三国史记载的兴旺。西晋末统治集团内部的“八王之乱”,直接导致了民族大迁徙和南北诸王朝的长期分立,在史学领域引发的效应,便是官方史学互斗,私人史著繁荣。单是记载西晋一统到东晋南迁的史著,到唐初还剩十八家之多。

正因为史学脱离了经学的控制,附庸已蔚为大国,因此两晋王朝清理宫廷藏书,不得不面对现状,将《史记》、《汉书》以来的各类历史著作,从经部分出,归为一部,并迫于数量巨大,将它从丙部晋升为乙部。

北宋的理学先驱程颐,曾想直接干预司马光《资治通鉴》对唐太宗的“评价”,要求给予“篡名”,并且要求从忠臣不事二主的角度否定魏徵。他的干预没有成功,或许这是朱熹最终将司马光排斥出北宋道学宗师系统之外的一个理由。

然而司马光不肯屈从程颐关于唐太宗、魏徵的“评价”,终究表明自从史部独立以后,没有任何正统学者,可以强迫史学回到完全是经学的奴才地位,不待说这并不表明自命道学而憎恶史学的正统论者愿意放弃努力。

朱熹便是显例。他自拟大纲,指使门徒摘抄司马光书内可资明道的段落,编成《资治通鉴纲目》。他晚年索性反对门徒读史,表明他沉湎于孔孟之道宗教化,已使他认定史学只能充当以道学教义淑世的一种手段,“存天理,灭人欲”的一种鉴戒,至于历史本身是怎么回事,毫不重要,重要的是它的应用必须服从价值取向的左右。因而他以论代史,提倡纲举目张,便隔代相传,特别在清初成为君主通过扭曲历史以辩护现状的一大法门。

清修《明史》是世称廿四史的最后一种,却从清顺治二年(1645)设馆编纂,到清乾隆四年(1739)才正式刊行,凡历四帝九十四年,时间之长,没有别的正史可比。但陈守实先生早有考证,其实康熙中叶这部史稿便由万斯同改成,以后全稿被王鸿绪窃取,又稽迟数十年始得面世。事实是清楚的,背后的曲折更值得深究。关键便在于权力对胜朝史编纂的监控越来越烈。《明史》编修真正的开端,是康熙十八年(1679)诏征“博学鸿儒”。这一特科,修明史乃借口,满洲征服者的真实意向在于牢笼汉族文化精英,将大批学者关进史局,所谓既食周粟,便做不成夷、齐,当然也不再可能再在民间散布思明敌清的言论。不过接着轮到统治者担忧,唯恐暴露满洲在晚明悖德逆伦、从在明朝边疆闹独立而乘明廷之危以攘夺宗主天下的历史真相,于是便出现康熙帝屡次警告监修大臣必须慎重处理明末最后三朝的历史,也导致投机成性的王鸿绪乘康熙中叶宫廷内讧而向君主隐瞒《明史稿》已成的事实,敢于在康熙末才向朝廷报送已被他窃改的部分书稿,敢于到雍正朝颁布《大义觉迷录》后奏呈剩余史稿。

从康熙晚年大讲“真理学”,到其子雍正“以理杀人”,到其孙乾隆将理学迂儒也列入文字狱打击对象,一切学术都只能按照满洲大君钦定的所谓朱子学的教义“躬行践履”,史学特别是牵涉到征服民族源流的历史研究,难道可成例外吗?《明史》编撰的时间与成稿可信度的巨大反差，只可由此说明。

中世纪的君主独裁体制，到十八世纪雍正、乾隆父子在位时期，可说达到极致。乾隆晚年更是举朝鸦雀无声。但正如稍后龚自珍所形容的，衰世与治世，只在表象相似，紧接而来的，就是乱世。乾隆末季，白莲教等等以迷信为集结纽带的秘密组织已遍布华北民间，并由北向南扩散。各地民间秘密组织的动因与形态极其复杂，多半起于自保社区现状或寄托身心安宁，然而朝廷一律指为邪教而进行镇压。所谓官逼民反，乾隆刚死，其子嘉庆刚通过惩办和珅以阻遏政权腐化趋势，打着白莲教旗号的造反活动已蔓延到川楚七省。清廷倾力进行武装镇压，但重获安宁没几年，突然在紫禁城爆发的天理教政变，几乎使嘉庆皇帝沦为流亡塞北的废君。

这表明，专制君权的历史进程，犹如登山，费尽曲折爬到顶峰，随即就只好下坡，说不定前路更加崎岖。雍乾间的文字狱，已由打击民间私修晚明史，转向民间借宣传历史鉴戒而恢复朱熹理学原教旨的种种"假道学"言行。岂知历史决不会服从意识形态画定的路线，它或因政治干预而发生位移或变形，但必定坚持走自己的路。由秦始皇死而地分，到清高宗死而权失，中间的先例俯拾即是。

也许正因为中世纪的列朝帝王，无不以自己的观念依据为"经"，而无不以经衡史，于是在学者中激发经史相关度的世代探究。任何学者，只要对历史真有尊重，便只能承认史先于经，而经书的原型正是史书，所谓六经皆史。

相传六经皆史说，出于隋末王通。但《文中子》是伪书，王通的事迹也难征信，因此追本溯源，将晚明王学与六经皆史说传播，说成有因果联系，大约更于史有征。

也许出于对王学的偏见，也许因为与官方理学拉开距离，也许二者兼而有之，十八世纪兴旺起来的清代汉学，通常不对经史关系说三道四。然而不论吴派或者皖派的汉学家，无不通过各自研究传统经典的成果，表明他们无不把所谓圣经贤传，看成历史的产物，看成每种每篇乃至每章每节都有时空连续性的痕迹。就是说他们竞相采用并不断完善的音训考辨之类方法，出发点都是将构成传统信仰系统基石的什么五经四书，当作可以考出发生、转化和定型过程的特种历史材料，没有神圣性可言。

所以，倘说清代汉学的共同表征，在于将六经皆史说，由言化作为行，甚至在实际上改变了此说内涵，同认"六经皆史料"。那大约近于历史实相。问题在于，既然人们"评价"古今政治，都强调实践是唯一尺度，为什么论清代汉学，另立标准？

说到另立标准，便不能不提及章学诚。由于清末民初章太炎、胡适之等的表彰，章学诚和他的《文史通义》，已成六经皆史说的圭臬，而照上个世纪中国史学史论著的通行说法，在八世纪刘知幾《史通》问世以后，度越千年，才有章氏《文史通义》与之比高。

是这样吗？二十多年前，我修订《中国历史文选》，通过考证其人其书的历史，便曾提出："章氏生前死后，长时期中，少被人知；直到清末，才渐受注意。至于他的著作全部刊行、学术思想被人研究，则是晚近数十年的事。"章学诚生前已对人们将他比作刘知幾感到愤然，声称刘氏仅知"史法"，而他才懂"史意"，可上比孔子作《春秋》。但依据我的考察，《文史通义》不但力为满清君主利用程朱理学辩护，而且他是歌颂六经是史学的楷模，他痛诋戴震、汪中"诽圣谤贤"，他论史再三声明旨在反对"乱臣贼子之居心"，诸如此类都清楚证明他关于六经皆史的理论，与同时代的汉学家从史料真伪角度解构经传的实证取向正好相反。

关于章学诚其人其书,我们将另行讨论。这里只拟通过此例,表明时至十八世纪,中国的传统史学,已接近它与传统经学的悲欢离合的漫长旅程的尾声。然而尾声并不意味着过程的终结,相反,堪称尾声的六经皆史说,由于《文史通义》受到近代学者过度重视,再度引发经史关系的争论。

十九世纪出现了经今文学的复兴。清代汉学的这个内部异端,没有刘逢禄便不成学派,没有龚自珍便不成气候,它将六经皆史说推到极端。倘说廖平的经学四变,还是晚清学界企图复活经史不分传统的尝试,那末康有为及其门徒在戊戌变法前夜赶制的《春秋董氏学》、《孔子改制考》和《皇朝经世文编》诸书,都表明这个提倡帝国自改革的学派,昧于学术为政治服务的陈腐偏见,如何以今律古而扭曲历史。

二　关于"经世致用"

史学有没有"经世致用"的功能?这在中国史学史上,似乎是个不成问题的问题。

难道历史的经验不值得注意么?难道历史的教训不值得记取么?难道历史的兴替不值得借鉴么?难道历史上的圣贤忠义不足以垂范后世么?难道历史上的昏暴贪诈不足以警示来者么?既然如此,倘若说治史读史,都为了"鉴往知来",目的在于"经世致用",岂成问题?

很有趣,类似的疑义,中国有,外国也有。人们很早就熟悉黑格尔的观察历史三分法,其中第二种称作"反省的历史",也即目前通常所称的“反思史”。这种反省的或反思的历史，又被黑格尔区分为四类，而第三类所谓“实验的历史”，如今又常被引用者改为“实用的历史”。〔1〕据黑格尔的叙述来看，那类在十八世纪初叶仍然盛行于德国的“实验的”或者“实用的”反思史，活像经世致用论的西方版〔2〕，可谓东海西海心同理同的显例。

于是，对于史学究竟能不能起到“经世致用”的社会作用，略作再考察，似非多余。

人所共知，所谓“春秋经世”初见于号称庄周本人遗作的《齐物论》〔3〕，《庄子》外杂篇还不止一次提到孔门的“六经”，但所述原始儒家的言行，又大多数不见于同时代的孟、荀等自命孔门真传的遗作。因而庄周及其学派说孔道儒，是否属于“寓言十九”的范畴？诠释者历来争论不休。

---

〔1〕 黑格尔将“观察历史的方法”，区分成三种，见王造时译《历史哲学》的“绪论”。王译本于一九五六年由北京三联书店初版，于一九九九年由上海书店出版社改为简体字重印。据后者的出版说明，重印本曾对照王本转译所据的一九〇〇年英译本修订版作过校订。此后未见新译本。但近阅有关译著或文章，引述《历史哲学》区分三种历史，却将其中的关键词语均予改译。例如“原始的历史”改译为“本源史”，“反省的历史”改译为“反思史”。而“反省的历史”中间又分四个类型的名目，也逐一改译，如“普通的历史”改作“一整部文明史”，“实验的历史”改作“实用历史”，“批评的历史”改作“批判史”，“专门部分的历史”改作“专科史”等。上举关键词语的改译，较全面的可参看法国阿隆著、梅祖尔编注的《论治史》的冯学俊、吴弘缈译本，北京三联书店二〇〇三年八月版，特别是《编年史与历史》一节(该译本页113—123)。任何一种涉及基本概念或观念的名词术语，由一种文字译成另一种文字，都很难做到既准确又达意。由于王译本《历史哲学》通行已久，如别的译者或作者以为王译本关键词语不确乃至有误，需要改译，最好有所说明。

〔2〕 前揭上海书店出版社重印的《历史哲学》王造时译本，“实验的历史”(页5)，据该书附录一重要词语对照表，英文译名为 Pragmatical History，按照通行译法，改译成“实用的历史”，较妥。王译似乎受胡适《实验主义》一文影响，或因译此书时正值国内大批胡适“实用主义”之际，故有此译。

〔3〕《齐物论》列于今本《庄子》的“内篇”。历来解庄者均谓内篇体现庄周本人的思想，章太炎于清末民初作《齐物论释》及其“定本”，至谓此篇能体“忠恕”、“道通为一”。但后起的中国哲学史研究，对此颇有异说，或以为外篇杂篇才较多保存了庄周本人的言行。世传古典时代诸子作品，结集多历年所，几乎没有一种纯属个人著作，至多可视作某个学派主旨的体现。

就说《齐物论》那句名言吧,“春秋经世,先王之志,圣人议而不辩”,其中“春秋”一词,到底指时代呢,还是指相传孔子晚年笔削而成的那部儒家经典?即使在清末,墨守清代古文经学传统的《庄子集解》作者王先谦,便以为唐代道士成玄英的疏解正确,断言“春秋经世,谓有年时以经纬世事,非孔子所作《春秋》也”〔1〕。可是行辈虽后而同时诠释此语的章炳麟,却以为“春秋”应当释作书名,即孔子据鲁史改编的《春秋》〔2〕。谁说学派相同就必定见地一致?“经世”说的源头与孔子《春秋》的相关度,在研究治史的学脉一致的两大巨匠笔下,诠释便如此相反,怎不使人对它的本义是什么,发生疑问?

再看“经世”一词的由来。《易传》非孔子所作,其中两篇《系辞》同样来历不明乃至具有杂凑性质的说法,迄今也不新鲜。因而上《系》所谓“备物致用,立成器以为天下利,莫大乎圣人”云云,第一绝不可能出自孔子的笔或舌,第二似与战国孟、荀诸派儒者也没有明显联系,第三可证“致用”一词初见于文献,便散发着形而下的气味。〔3〕

令人感兴趣的,更有“经世”与“致用”二词连缀成一个复合术语,始于何时?

---

〔1〕 参看王先谦《庄子集解》卷二《齐物论第二》,引成玄英疏及按语。王氏《集解》成书于清宣统元年(1909)七月。

〔2〕 说见《春秋故言》,《检论》卷二,朱维铮编校《章太炎全集》第三卷,上海人民出版社一九八四年版,页407—412。按章氏以为周宣王时代太史官始作《春秋》,其后世世有续作,孔子依赖鲁史官左丘明,据鲁史共同著成《春秋》经传(传即《左传》)。但他虽谓庄子言“春秋经世”,乃确指孔子与左丘明同修的《春秋》,却又说“经世者,犹云世纪编年矣”,与王先谦《集解》引成玄英语,解释相同。

〔3〕《系辞下》又有“精义入神,以致用也”二语,王、韩注释作“乘天下之微会而通其用”,颇玄妙。

恕我寡闻,在中世纪前期的经史论著中间,没有找到“经世致用”四字连用的先例;即如《庄子》所称“经世”一词,也才在晚唐五代的诗文中偶有发现。北宋王安石驳斥反变法者批评他但知“经术”而不识世务,曾说“经术正所以经世务”。于是,熙、丰变法,便以重订“经义”造势,以改革教育塑人,而打着周公原教旨旗号并以急功好利为特色的荆公新学,便凭借专制权力,骤成显学。正所谓权力导致腐败吧,新党很快便成为奔竞权势而不择手段之徒的渊薮,他们的格言是“笑骂由尔,好官我自为之”,他们的策略是包围急于“治世”重现的君主而假新法之名攘除异己,最后连王安石本人也被他们挤出新政舞台了。这是不是王安石新法新学迅速变质的一个理由?姑且存疑。有一点似无可疑,即当时批判乃至否定新法新学的人士,例如司马光、文学家苏轼、经学家程颐等,其实治学论世都与王安石取向接近或类似。比如王安石藐视孔子的《春秋》,司马光《通鉴》也声明效法荀悦《汉纪》,而不取法《春秋》“诛心”。比如程颐,不满汉唐经学而致力于重构经学原教旨系统,特别提倡“尊孟”,更是接过王安石的口号为我所用。可是他们都不认同新学,显然由于恶其党而憎其术。

从程颐到朱熹,完成了中世纪经学形态的重构。道学作为经宋学的主流,与佛、道教义的复杂关系,已有种种讨论,但它渗入中世纪后期史学的过程,仍不能说已经厘清。这里也只说一点,即程朱及其之徒,也说“经世”,却都看重概念中寄托的所谓先圣义理,而讳言“致用”。程颐晚年甚至声称,“道着用,便不是”。朱熹可能接受姻戚吕祖谦影响,中年一度究心史学,编过《资治通鉴纲目》、《八朝名臣言行录》、《伊洛渊源录》等史著,尽管每种都有“以理论史”的强烈主观色彩,终究可称不废史学的体现。但晚年却一再抨击吕祖谦的史论史著，如说吕著《大事记》背离孔子作《春秋》本意，“恐其所谓经世之意者，未离乎功利术数之间”云云，进而否定既往史著，蔑称看历史不过看人“相打”而已。梁启超在清末指斥二十四史乃地球上一大“相斫书”，其源盖出于朱熹语录。

然而正是梁启超，在“五四”以后，论说由明末清初到清末民初的“近三百年学术史”，又赞颂“经世致用之学”，将它描绘成贯穿这三个世纪的思想学说的一根主线。照他的说法，晚明入华的西方传教士利玛窦等，与本土的士大夫徐光启等，共同促使“欧洲历算之输入”，“中国知识线和外国知识线相接触”，造成学界空气变换，因而此后的清代学者，“最喜欢谈经世致用之学，大概受利、徐诸人影响不小”。梁启超的这一见解，晚清的洋务学者和在华外人都曾说过，并不新鲜。新鲜的是他把清学史上的历史观、价值观及治学方法往往大异其趣的学者学派，都串在中外难辨的“知识线上”。然而，对于明末陈子龙、清初陆耀到晚清的贺长龄、魏源，以及清末竞相上市的那一大批“经世文编”，不断以集合方式体现的“经世致用”的实践思潮及其与时俱变的形态差异，梁启超与同时代的钱穆，以及后来的清学史研究，多半置于视野之外，偶有论及，也限于书目提要式的皮相考察。

正因如此，“五四”以后的中国思想学说史研究，包括史学史研究在内，说到“经世致用”，空泛的褒扬与模糊的界定，常常形成明显的反差。比如说它表征传统史学重视教化作用，或者表征中国历史理性特重实践，但那真是中国史学独有的特色么？前引黑格尔说法可作否定的回答。问题更在于概念的界定。毋庸置疑，中世纪到近代的中国史学，尤其是所谓正统史学，越来越偏好将历史当作鉴别时政、预测未来的镜子。关于史学具有“鉴往知来”的特异功能的认知，得到中世纪若干“圣君”的肯定，越发走红。唐太宗、宋神宗、明太祖、清圣祖，无不留下亲自干预或者关注“以史为鉴”的记录。甚至到辛亥革命以后，那个紧握军权而跻身民国总统高位的袁世凯，虽是不学的草包，却深谙“国灭史存”乃传世统治术的诀窍，甫即位就开“国史馆”，又开“清史馆”，牢笼逊清学者名士，免得此辈在外指手划脚地讥弹时政。效应呢？自唐初到民初，由“正史”可证，还只可套用古语，说是“殷鉴不远，在夏后之世”。

可是我们的史学史研究，经常显示比梁启超更缺乏历史感。梁启超谈“经世致用”，还限定于清学史，并随即用“学术主潮”、“一个支流”等提法，表明概念的时空限定。史学史研究却将梁说扩张到中国史学的全部传统。似乎梁说清代学术主潮，所谓“厌倦主观的冥想而倾向于客观的考察”，以及梁说清代起伏不定的一个支流，所谓“排斥理论提倡实践”，都可挪用来形容全部中国史学史的本土特色或历史理性。休说梁启超论“经世致用”，以为近代起点在于晚明利玛窦、徐光启合作的中西合璧的历算学，已经大悖朱熹否定经世史学等于功利术数的教旨，就说梁启超所指的理论，意为满洲君主肯定的朱熹理学，而所指的实践，也特定为清康熙帝钦定的所谓真道学的躬行践履准则，用其孙乾隆帝的钦定诠释，那准则便是“忠君亲上”。准则的反题，当然是韩愈吟唱的“臣罪当诛兮天王圣明。”梁启超不承认满清君主的这类准则是一回事，但他称道“经世致用”是清代学术的历史特色，蕴涵的逻辑与历史的矛盾，又是一回事。

谁都知道梁启超曾自称是清末思想界的陈涉。陈涉即陈胜，在秦末首先说出“王侯将相宁有种乎？”点燃了颠覆大秦帝国的篝火，但他才称楚王，便立即追步秦始皇，背叛了当初与贫贱农民弟兑"苟富贵，毋相忘"的诺言，很快落到众叛亲离的下场。梁启超在晚年论清学史，自比陈涉，把自己封作晚清学界革命的首倡者，可惜不合历史事实。梁启超对于清末"思想解放"的作用，前不及康有为，后不及章太炎。假如不顾比喻不伦，那末梁启超至多可以譬作汉初以"识时务"著名的叔孙通。当然时代与境遇不同，梁启超没有以"面谀得亲贵"，在民初先拥袁而反袁，先尊师而叛师，乃至章太炎对他盖棺论定，以为当称"再造共和"的功臣。正如他在民初政治中力求用世一样，梁启超晚年无论说传统文化，还是论清代学术，仍然情系"经世致用"。当然他的关注重心越来越由现状移向历史，似乎与戊戌变法时期他策划辑集《皇朝经世文新编》的目标，已有显著区别。然而区别仅止于浮面，由他晚年依然积极促进"联省自治"，希望借此平息源出北洋的各派军阀的混战，共同阻遏广东军政府发动的北伐战争，可得确证。只是他和他的派别的这种努力屡遭挫折，反过来也促使他寻找"理想的政治"为什么止于理想的原因。他找来找去，自以为发现了症结所在，便是"政治是国民心理的写照"，积极的表现是为建设理想政治努力，消极的表现就是安习或默认现行政治。"所以研究政治，最要紧的是研究国民心理；要改革政治，根本要改革国民心理。"据他说，国民心理的根核在于历史遗传，而历史遗传"以先代贤哲的学说为最有力"。因而他认定，要改革政治，必须首先"看清楚国民心理的来龙去脉，才能对症下药"。

用不着特别指出，梁启超此说，并非他个人的创见，而是"五四"时代包括《新青年》若干主将在内的强调"国民性"的改革者的共同心声。梁启超的这一见解，所以值得史学史研究注意，就在于他晚年讲授先秦政治思想也好，讲授中国文化史也好，都围绕"国民心理的来龙去脉”这一主题，以史论为政论，抒发他的“经世致用之学”。

从梁启超晚年论史的种种著作来看，这时他赋予传统史学的“经世致用”的社会功能，没有超出中世纪官方史学“鉴往知来”范畴。

所谓鉴往知来，已经成为中国现代史学的作者、读者的共同情结。它的现代起源，也可理解。

难以理解的，是半个世纪以来的中国史学史论著，提及“经世致用”，便众口一词地称道那是中国史学的优秀传统。

难道忠于鉴往的《史记》，不曾被后来统治者斥作“谤书”么？难道志在“资治”的《通鉴》，不曾长期遭受冷遇而被朱熹看作背叛孔子作《春秋》之微言大义的反面典型么？指斥者受指斥，因为从《汉书》、《汉纪》以后，没有一部纪传史或编年史，真正起过预测未来的历史走向的所谓社会作用。

于是又要回到黑格尔的《历史哲学》，这部讲义，关于观察历史的三种方法的见解，至今仍是欧美史学界讨论历史研究本质的出发点。既然我们的史学史，讨论的出发点和归宿，无不在于历史的经验，或者历史的教训，那末黑格尔也许仍可作为他山之石。

以下引自《历史哲学》王造时译本，关于实验的历史即今称实用的历史的表述：

> 这里必须特别注意那种道德的反省——人们常从历史中希望求得的道德的教训；因为历史家治史常常要给人以道德的教训。不消说得，贤良方正的实例足以提高人类的心灵，又可以做儿童的道德教材，来灌输善良的品质。但是各民族和

国家的命运，它们的利益、情况和纠纷复杂，却又当别论了。人们惯以历史上经验的教训，特别介绍给各君主、各政治家、各民族国家。但是经验和历史所昭示我们的，却是各民族和各政府没有从历史方面学到什么，也没有依据历史上演绎出来的法则行事。每个时代都有它特殊的环境，都具有一种个别的情况，使它的举动行事，不得不全由自己来考虑、自己来决定。当重大事变纷乘交迫的时候，一般的笼统的法则，毫无裨益。回忆过去的同样情形，也是徒劳无功。一个灰色的回忆不能抗衡“现在”的生动和自由。从这一点看起来，法国大革命期间，人们时常称道希腊罗马的前例，真是浅薄无聊极了。

列宁《哲学笔记》曾摘抄黑格尔的这段论述，且在旁注赞赏“聪明极了”。不消说，假如同意列宁这个赞语，那就对任何自称马列主义却又力倡史学“资治”者，煽了一记耳光。我不以为黑格尔论史学符合中国史学的历史进程，却以为反思近代中国史学是否以“经世致用”为主流取向，前引黑格尔的这段话足资参照。“一个灰色的回忆不能抗衡‘现在’的生动和自由”，谁若反其道而论之，岂非恰好证明缺乏列宁肯定的“聪明”？

我赞成黑格尔对于实验的或实用的反思历史学的批判。因为对照清末民初以来中国史学史的研究，几乎没有一种的出发点和归宿，超出“经世致用”的陈腐说教之外。

三　关于史学史结构

如所周知，梁启超晚年首倡中国史学应该“独自做史”，并且设计了“做”史学史的四部曲，包括史官、史家、史学的成立及发展、最近史学的趋势。

那以后，便出现了“以梁氏之条目”撰写的中国史学史的首出专著。迄今近七十年，在这门学科史的领域里，论著日增，但对史学的诠释，对史学史的编纂思路，有没有从根本上超越梁启超呢？似乎不见得。

不能说梁启超设想的史学史结构没有道理。一如他的老师康有为，梁启超也很爱讲“学术源流”。他晚年提倡研究中国学术史，就说史学史应该成为学术思想史的一个分支。有人说他晚年已经变成“新传统主义者”。可是他改变的主要方面，是对传统学术文化的价值判断，而对中国历史过程的基本认知，便没有大变。

比如说对中国“旧史学”的看法。从前梁启超曾用社会达尔文主义判断它属于“劣败”一边。晚年梁启超却改信东方精神文明高于西方物质文明的欧洲某些哲人的说法，判断重历史就是中国文明“优胜”的表征。怎么见得他的基本认知没变？因为梁启超没有放弃过人类社会总是由低向高“进化”的信念，并始终认为史学具有“经世致用”的功能。

很难厘清梁启超的认知来源。他学问混杂。就像他宣称史学史应归入学术史，而学术史则是文化专史的组成部分，似乎在复述培根关于学问分类的见解；但他认为不断进步是历史的主线，又似乎取自费希特；他强调史学的最终任务在于寻找导致人群进化的公理公例，又明显受到严复介绍的孟德斯鸠《法意》的影响。同时也不能排除他在各个时期的师友乃至论敌，也对他的史学见解，起过不同作用。

也许因为认知来源之杂，反而呈现做学问可以兼收并蓄的色彩,因而梁启超设想的史学史的结构,给研究者从不同角度进行陈述,留下了可供回旋的较大空间。自从上世纪三、四十年代金毓黻、魏应麒、李宗侗等,相继按照梁启超的方案写出《中国史学史》以后,作者踵出,也包括若干新编的《中国历史研究法》在内,陈述重点或价值尺度虽有差异,但总的架构却很难说都已跳出梁启超的窠臼。

不妨引用黑格尔所述"观察历史的方法"进行比照。黑格尔曾将历史分作三种:本源史、反思史和哲学史。其中反思史,或"反省的历史",又被黑格尔分作四类:普遍的历史即通史,实验的历史即致用史,批评的历史即批判史,以及艺术、法律、宗教等等专门史。按照我们的积习,"对号入座",那就只能将史学史归入反思史的第三类,即批判史。

关于这一类反思史,据黑格尔说,它正是他在柏林大学讲授《历史哲学》的十八世纪初叶德国通行的治史方法:"它并不是我们这里所提出的历史的本身,而是一种历史的历史;它是对于各种历史记述的一种批判,和对于它们的真实性、可靠性的一种检查。它在事实上和旨趣上的特质,在于著史的人锐利的眼光,他能从史料的字里行间寻出一些记载里没有的东西来。"

这里说的,不正是我们称作史学史的那种历史么?末句关于"特质"的指陈,也立即使我们记起从康有为到顾颉刚"疑古"的眼光。

可惜黑格尔紧接着借抬举法国史学家来贬斥他的德国同行:"人们曾经假借了'高等批判'之名,就荒诞的想象之所及,来推行一切反历史的妄想谬说。这样,我们又添了另一种方法,使过去成为一种活跃的现实;就是以主观的幻想来代替历史的记录;幻想愈是大胆,根基愈是薄弱,愈是与确定的史实背道而驰,然而他们却认为愈是有价值。”

史学史不应该只是既往史学的批评史,却更不可以变成单纯的历史编纂史。“学之为言,觉也,悟所不知也。”这是公元一世纪中叶参与白虎观会议的东汉几十名学者通过辩论所得的共识。时近两千年,倘若我们的史学史论著,给人的一般印象,多半只着眼于编纂过程、体例得失、材料处理以及作者生平之类已知事项的描述,或者连叙事也不过因袭昔有几种作品,连顾炎武所讥“著书不如钞书”中间指出的“钞”的水准也远未达到,就是说对“学”的认知,甚至不及迷信纬谶的《白虎通》时代的儒者,岂非今不如古?

因此,史学史如果重视治史之“学”,那么不能因噎废食,对于既往的历史批评置诸不理,即使其中也可能充斥着“反历史的妄想谬说”。批评不等于否定,相反经常涵咏着否定之否定。中国自古便是历史的一个巨大舞台。生态环境极其复杂,生活在平原、高地或草原而靠水靠山或靠草谋食的不同民族,通过冲突、同化而走向中心或雄踞一方,建立起大王朝或小国家,各自反思与解释历史,怎会出现相同的音调呢?不同的传统,社会的,语言的,信仰的,风俗的,伦理的,教育的,都会造成对于本族本国以及他族他国的历史,作出差异的理解、误解乃至曲解。因而历史批评从来存在。批评者不限于专业史学家,也不限于那班好讲什么历史经验的君主权贵,也包括处在社会下层的广大平民。中国人似乎全民关注历史,至少到上世纪初,还凸显为文化传统的表征,难怪当时章太炎要说中国人属于“历史民族”。因而,历史批评堪称体现传统的历史观念。观念未必形成理论。但观念的萌生、分蘖、争存或荣枯,却是历史的整体影像,在历代史学遗存特别是非官方的载籍中多有踪迹。除了狭义的史学理论或史学批评,史学史还需要从更高层面系统考察历史观念史。

正如文明社会不可能在与外部世界完全隔绝的状况中生成,中国高度发展的各类古典文明、中世纪文明,以及举步维艰地走出中世纪的近代文明,都无不以内外或中外的文化交往,作为蜕变的条件。史学当然在例内。

可是,我们的史学史研究,也经常陷入上个世纪人文研究那种左右支绌的困境,既要批判固步自封,又要否定所谓西化。但清末风靡一时的"新史学",不正是把欧洲文艺复兴到启蒙运动的种种历史观念,当作开新的尺度么?"五四"以后渐成主流的"现代史学",主张以阶级斗争学说衡量史学进步与否,不又正是另一种西化,即经过斯大林裁定的"苏联牌"历史唯物主义么?姑且不论观念是非,就看中国史学几次变动较大的时期,哪一次不与外来思潮的碰撞无关呢?近百余年的急剧蜕变仅是一例。

因此,正如中世纪经学总在与佛学等来自域外或周边诸异己思潮的交往中改变自身形态一样,在某种程度上,用汉字表述的传统史学,从内容到形式,从论世到述往,必受外来的或周边的非正统史观的影响而不断地变异。

举例说吧,《汉书》以后的"正史",无论采用纪传体还是编年体,辨夷夏都属于题中应有之义,区别的尺度便是相传由孔子论定的"非我族类,其心必异"。然而四世纪初发生的民族大迁徙,根本改变了夷夏分布的空间格局。由南北列朝隔江对峙,到承袭北朝而重建一统的隋唐,都由泛称胡人的非华夏族主宰古华夏诸族活动区域,因而也都自命华夏正统。被迫南迁占据原称蛮夷的吴楚地区并将原居民挤压到岭海百越地区求存的古华夏后裔,又打起文化牌争正统,刻意彰显所谓衣冠礼乐不变。双方都把史学当论战工具,通过官修的王朝史互相辱骂,但双方又都把西来的佛学当作证明统治合法性的信仰手段。这中间随着游移二者之间的道教渗入宫廷,双方的文化都变得内涵与外延分外模糊。时至九世纪初叶,韩愈终于迈出了决定性的一步,即将夷夏的区分标准,由族类改作文化,说是华夏意味着先进于文明,反之则是夷狄。历史仿佛证明韩愈的判断不错,经过晚唐、五代而再度形成辽宋二朝对峙的格局,契丹族建立的辽朝,通过内部体制改革而先进于文明。这曾使同样怀有改革现状要求的北宋学者文士吃惊,愈来愈用较为平等的眼光看待属于夷狄的契丹,甚至承认夷狄从政治到道德都可胜过"中国"。那以后的史家大都倾向于接受韩愈的说法,以为夷夏之辨在文明而不在族类,乃至满清统治者也利用此说替自己的"以满驭汉"的民族压迫行径辩护,宣扬"夷狄而华夏则华夏之,华夏而夷狄则夷狄之"。

类似例证在中国史学的历史进程中很多,可惜多半没有受到史学史研究的充分注意。原因之一在于专业的过度分工导致的认知限制。没有中国史的世界史,不顾世界史的中国史,在史学界久遭诟病,体现于史学史的教学与研究,便是既分中外两门,却不互相沟通。随着人文学科比较研究在近年崛起,比较史学的课题也提上日程。所谓没有比较就没有鉴别,在我们这里是否已经不算空话?难说。比如中外史学比较,首要的前提就是研究者需要对古今中外史学的基本进程有整体的了解,这岂是个别史家所能胜任的?倘若只作个案比较,同样面临可比性问题。人们早就注意历史有共时性与历时性的区别,同时同地的历史过程充斥着复杂的矛盾,没有结局相同的历史事件,也就不可仅从形式来作比较,追寻个案发生的偶然因素或许更加必要。况且要对不同环境条件下发生的事件或人物进行比较,更不可只看局部的相似性而无视整体的差异性。近些年我们的人文领域内的比较研究,经常给人以重形式而轻内涵的印象,所谓历史比较也往往给人以拿主观理念来代替历史分析的感觉,似难否认。

以上的简单讨论,表明我们的史学史研究,在若干关节点上,不是需要深化,便是需要增补。于是,困扰这门学科史研究的老问题,即史学史写什么、怎么写等等,就再度摆在我们面前。问题的涵盖面,也已越出当初梁启超设计的史学史“做法”的框架,不再是局部修补或扩容所能满足。这就突显了史学史编纂应该进行结构改革的必要性。

结构改革的前提,在于承认既往的结构,又合理又不合理。所谓合理,意味着历史逻辑应与历史事实力求一致。历史属于过去。过去种种,犹如铸成的铁板,不再能随某种主观愿望而改变。因此逻辑的雄辩,决不可能改变既成的历史。中国的传统史学,备受权力的干扰,总体取向就是主动地或被迫地适应当前的意识形态,隐讳或曲解史实,乃至伪造历史,以迎合统治者的功利需求。因此中国的史学史研究,长期注目于历史编纂学史,很少涉及学科以外的历史观念,尤其避免讨论域外观念特别是宗教思潮对于中国史学的隐显作用,都可理解,却不可盲从。

史学史的结构改革,第一需立足于传承,不可学秦始皇将古典文化一扫而光;第二需立足于察变,不可以逻辑代替历史;第三需立足超脱,不可追求与时俱进而牺牲客观历史。

假如坚持从历史本身说明历史,那末史学史的结构,可以析作交叉重叠的三个系统。

第一个系统便是历史编纂学史。这是上个世纪二、三十年代以来史学史从业者耕耘的主要园地,收获也堪称丰富,包括通史、断代史和专题论文等不同类型的成果愈来愈多,致使后来者很难别开生面。只是数量不等于质量。编纂学史既需要继续探究各类历史纪录形式的递嬗与衍变,厘清与重要作品攸关的人和事的历史实相,还需要深入考察与作品作者密切相关的生态环境和重大事变。从事后一项工作,尤其需要克服种种非史学的干扰,诸如古为今用、以术代学、以论代史、惟权是尚等等。仅此一端,便可证历史编纂学史的研究,仍有许多事情可做,何况对于这门专题史在二十世纪的历史进程的实相,还缺乏一般的清理。

第二个系统当为历史观念史。历史观念不等于历史哲学。因为在中世纪中国,所谓史观史论,从来是经学的话筒,而所谓经汉学或经宋学,本质上是辩护论,辩护当前统治体制的既得的或正在追逐的权益。上个世纪中国开始出现哲学自主的声音,却很快淹没在种种当今的意识形态喧哗之中。而当今的意识形态总是紧紧抓住历史的所谓经验教训当作护身符,令每次政治恶斗总是拿史学当作祭旗的牺牲。照列宁曾经激赏的黑格尔《历史哲学》的定义,“历史哲学”只不过是历史的思想的考察罢了,那末上个世纪的十年动乱及其前后的岁月,连忠于马列而企图不悖史实的历史思想考察,也无不被判作封资修的变种,岂有历史哲学的生存空间?不过没有历史哲学,不妨碍中国人上上下下都好用自己的眼光看历史,而且各有各的价值判断尺度。价值判断属于观念。看历史的尺度差异,当然表明并存的复杂历史观念,在共时性中具有历时性。若干传统的乃至虚幻的历史认知,得以打中各色人等的心坎,只能从不同时空的“现状”冲突中得到合乎实相的历史解释。史学史表明，自古及今的中国史学，作品作者的关注重心，或隐或显，无不与某种行时或悖时的历史观念有联系。因此，晚近的史学史论著，虽将陈述范围向史学的思想方面扩容，却忽视在社会历史中互相冲突又互相吸纳的复杂历史认知的存在，那复杂性就在于这类认知总是呈现历时性与共时性错综交集的特色。历史观念史尤其需要在这方面做出努力。

第三个系统就是中外史学的交流和比较。中国人很早就对域外历史感到好奇，世代都有目治耳食的记述，致使毗邻区域的若干史实，每每要由考察中国史籍才能清楚。中国人的世界观和历史观，同样受到来自域外的种种思潮特别是所谓异教信仰的影响，而不断改变形态。同域外文化的互动而促使本土文化传统不断畸变的历史，已在人文学科诸领域引起广泛注目，跨文化研究的崛起便是例证。但史学史研究的回应似乎比较迟钝。尽管边疆史地、中西交通史和“西学东渐”、留学异域等方面的考述，在中国早有实绩，却通常被史学史论著描述为园地的增辟，很少从“学”的角度，去讨论这类互动过程，怎样成为中国史学传统克服惰性的内在力量。前述比较史学还没有超出形式类比的混沌状态，或许不算苛评。因此，如果把中外史学的交流和比较，看作支撑史学史总体结构的鼎足之一，而这一足仍然有待铸造，应该说是有理由的。

（原载《复旦学报》2004 年第 3 期）

历史编纂学:过程与形态

一

回顾中国史学的历史进程,应从三个方面分别考察:一、中国的历史编纂学史;二、中国的历史观念史;三、中外史学交往史。

由于中国的史学进程十分漫长,由于中国的史学形态自古多采,由于中国的史学内涵特别复杂,更由于中国的史学资源异常丰富,因而要从任何方面、任何角度或者任何专题,考察中国的史学史,都可能找到足够的材料,实现“征而后信”,或者申说“无征不信”,乃至推论“疑莫难信”。

比如说到中外史学的交往与比较,通常都将十九世纪中叶作为上限。那显然是受外因论的影响,所谓史学也随着社会的变动,被英国侵略者一炮,才由中世纪的荒野被打入近代世界。此说久已引起中国史研究的争议。问题是很少有人正视所谓中外理念的时空相对性,把秦汉至明清诸王朝无不强调的“大一统”,等同于近世的“中国”,又讳言古老的“夷夏”观念的历史内涵。其实,假如承认唐代韩愈已赋予“夷夏之辨”的文化意义具有历史的相对合理性,那就不难认知作为传统文化的重要表征的“中国”史学,与不同时空的“域外”文化的交往互动,决不限于清英鸦片战争前后,也不仅可以上溯到明清之际。

又如说到中国的历史观念史，通常将它等同于传统史著体现的指导思想或理论。但与十八世纪以来欧洲层出不穷的历史哲学体系相比，传统中国以史学本身为思辨对象的理论性著作，似乎除了刘知幾的《史通》、章学诚的《文史通义》，也许再可算上郑樵的《通志》二十略，就别无史学理论体系。早有学者指出这种说法不确，以为《史记》、《汉书》就有的论赞，以及唐宋以后专题性的史论、史评，都表明中国的正统与非正统的史学思想或理论并不贫乏，相反较诸西方以抽象思辨为特色的历史哲学，更凸显关怀现实的品格。不过，历史观念与史学思想，固然关系匪浅，却更判然有别。正像《三国志》体现西晋的正统史学思想，而满清统治者的历史观念，多数袭自小说《三国演义》一样。所谓现实关怀，无非指史学必须褒善贬恶，引导人们注意历史的经验和教训，做到鉴往知来。在这一点上，倒是黑格尔的《历史哲学》说的不错，“经验和历史所昭示我们的，却是各民族和各政府没有从历史方面学到什么，也没有依据历史上演绎出来的法则行事。”看来，依据新黑格尔主义者克罗齐宣扬的“一切历史都是当代史”的说法，来演述中国的历史观念史，同样止以导迷。

然而，从整体上考察中国史学的历史进程，首先需要对中国的历史编纂学传统进行再研究。

二

人所共知，中国传统的史部著作，历经水火虫兵的无数灾害，特别是秦、隋、明、清列朝几个专制君主的查禁和焚毁，到十八世纪末叶登入《四库全书总目》的数量，仍居经史子集四部之首。据清光绪二十年(1894)热河行宫总管对尚属完帙的文津阁四部书籍缮本查点后的清单，史部著述还有五百五十九部，二万二千二十八卷。假定有人为了掌握这笔满清官方遗留的史学资源，又假定他当时年方弱冠，发奋日读一卷，那末阅竟已是八十老翁矣。况且那以后又逾百年，公私旧藏新编的历史文献文物，现身人间的数量，更不知凡几。况且还有如潮水般涌入的域外的种种非汉语史料，令学者每感通天乏术。面对如此浩瀚的史学资源，纵然笃信由钱大昕至王国维提倡的"二重证据法"〔1〕，有谁敢说自己对于传统的历史编纂学史，已达于至善，毋庸再研究呢？

六十五年前，困居"孤岛"上海租界的周予同先生，发愤撰写《五十年来中国之新史学》，便指出研究中国史的困难，"不在于史迹的记忆，而在于史迹背景与关系的了解，而更在于中国史学发展的现阶段的把握。"〔2〕

不消说，通观中国史学的编纂学历程，要做到"史迹背景与关系的了解"，便够难了，而要使考察基于"中国史学发展的现阶段的把握"，更属难上加难。反思我从事中国史学史教学，四十多年了，其间屡次再阅中国史学诸名著，仍然感到先民关于"学之为言觉也，悟所不知也"的界定，真是至理名言。当然，原因或如周先生所示，"吾人愚拙"，除了"低着头去努力"，别无治史捷径，与不读原著或者仅凭他人转述便可构建中外史学史的宏大体系的天才论者，相去不啻万里。

---

〔1〕 应正名为文献、文物和域外记载相结合的三重证据法。

〔2〕 全文见朱维铮编校《周予同经学史论著选集》，上海人民出版社，1983 年初版，1996 年增订本。下引周予同先生文，均同见增订本。

于是,由我承乏主编的这部《中国历史编纂学史》,篇幅虽小,费时甚多,脱稿稽迟,愧负宿诺。

为了向编纂本书的同仁和关注本专栏的读者有以交代,这里谨述拙见大概如次。

第一,中世纪中国的历史编纂学,起点可以追述到孔子据鲁史改编的《春秋》。我不怀疑刘歆《七略》关于"《春秋》古经"在公元前一世纪末的西汉晚期尚存的记录。但传世的这部早期编年史,还在东汉初,便依附于《春秋》三传。由于迄今关于春秋战国时代的考古发现,没有《论语》、《春秋》等早期简牍的出土记录,而郭店楚墓出土的简牍,虽有后来见于《礼记》的若干残片,被学者断为孔孟之间百年的儒家著作遗存,却缺乏年代学的本证。因而孔子晚年返鲁笔削鲁史为《春秋》,至今仍限于孔子卒后三百年才相继出现的文献陈述,如《春秋》公穀二传、《春秋繁露》及《史记》等。两汉之际经古文学家笃信的《春秋左氏传》,虽被上世纪的疑古学派攻击是刘歆伪作,但屡经史家辩白,已可证明大概似为完成于战国初期的编年史著作,却因经传内容不相配合,记载下限也较《春秋》晚二十七年,致使经史学者愈来愈倾向于否定二者的亲子关系。同样,《诗》、《书》的若干篇章,早被中夏诸侯权贵当作神道设教或权力游戏的启示录,相传曾由孔子删节而成为古典文明的教科书。所以,"六经皆史料",是合乎逻辑的判断。单看史料编纂形式,《左传》与《春秋》有同一性,而更凸显时间贯串各类记录的特色,可说是中国编年史的原型。

第二,战国二百五十年,响应诸侯竞雄而活跃起来的诸子争鸣,映现于历史编纂形式,便是不同形态纷然杂陈。除了《左传》,还有多种仿《春秋》的作品。那时代的书面资讯仍不发达,人们交换关于宗教、政治和历史的见解，还是靠口头对话。东周以来区域发展不平衡越发扩大，于是回顾历史的空间差异，也成为各国宫廷的重要议题。这类记录的结集，今存的还有《国语》。由于游说诸侯而博取富贵已成时尚，那班仅靠口舌而致身通显的纵横说士尤其令人称羡，因而正如清末章太炎《论诸子学》所说，热中"致用"的儒法墨各家，无不兼习纵横术。西汉刘向编定的《战国策》，内有策士虚拟的说辞，已由徐中舒等揭示，并得马王堆汉墓简策佐证。但它作为史料不可尽信，在编法上却与《国语》相合，即以"国"分类，以"语"为主，可知表现同时性的相对性，而着重"记言"，正是诸子竞相奔走游说时代的历史记录的一个特色。

第三，于是涉及古代史官问题。上世纪初叶，先是章太炎的《尊史》、《春秋故言》，继则王国维的《释史》，都考证古典常见的"史"，就是史官，职责是记事，并有分工。王国维更从字源学角度论证，"史"自古为要职，"大小官名及职事之名，多由史出"，尽管他也承认，殷周以前，其官之尊卑不可知。他们的说法，是否符合历史实相？姑置不论。但梁启超晚年显然据此说，设计中国史学史的作法四部曲，第一步就要研究史官〔1〕。以后陆续出现的几种中国史学史著作，开篇必述古代史官，所谓萧规曹随，本无可非。但时至上世纪末叶，有的新著仍未超出梁启超设计的窠臼，甚至将传说当信史，断言夏代已设史官，"破世界纪录"云云，那就未免令人起疑了。

史官制度当然值得研究，问题是从王国维起，为了证明"史之位尊地要"，而忽视关于"史"的起源的其他材料。如《国语》等

〔1〕 以下序次为史家，史学之成立与发展，最近史学之趋势。

所说上古有过“家为巫史”的时代，以后出现巫觋专职，“巫主降神，史序神位”：恰因专司记神事，“史”成了辨识图腾和掌握文字的专门家，由巫的助手变为掌书之官，由位卑地微变为君主贵族的辅佐。这后一种看法，不是早由文化人类学、原始社会史的调查研究获得佐证么？倒是章太炎继龚自珍之后鼓吹“尊史”，却从貌似荒诞的《山海经》群巫职能说起，而后考察《世本》，并强调说“中夏之典，贵其记事，而文明史不详，故其实难理”。这样研究“史”的起源，较诸晚出的王国维、梁启超等的说法，岂非更值得参照？

第四，大约在秦汉间完成结集的《世本》，因为司马迁著《史记》，从取材到体例，都显然受其影响，所以早有学者称它是中世纪纪传体正史的雏形。如前所述，在近代中国，章太炎首先认定它对中国文明史研究的意义。然而从中国传统的历史编纂学的发育过程来看，它的性质可能是春秋前周王室史官分门别类保管的历史档案的汇集，似乎躲过了秦始皇焚书的劫难，在西汉前期的宫廷藏书中，受到司马迁的格外注目。可惜我们仅能通过清代学者辑佚的《世本》八种，略窥其概貌。不过，假如对清人所辑八种，去伪存真，那就可说它是历史编纂学由古典形态向中世纪形态转折的一部关键性作品。它本身是史料，但它的客观价值，却意味着传统历史编纂学的新旧形态更迭。

三

战国时代终结之后的一百多年里，在黄河、长江两大流域，发生的变化，可谓翻天覆地。僻处西戎的秦国，在周灭殷八百年之后，再创落后文明征服先进文明的记录。一名血统可疑的青年国王，居然自称德过三皇、功盖五帝的始皇帝。此人颠倒方士邹衍的“五德之传”，推定帝国必将如水灭火，万世不绝。于是他要把古代文明传统一扫光，以便在废墟中重构“法令由一统”的专制秩序。他相信暴力万能，依赖刑杀树立唯我独尊的权威，连民间信仰的湘水女神也不放过。所以，有个欺师尊、灭同门的阴谋家李斯，便深受皇帝信用。后来官拜丞相的李斯，教了始皇帝两个绝招，一曰“天下无异意，则安宁之术也”；二曰严禁“私学”，首先明令搜缴焚毁一切违碍“法教”的图书，其次恢复“学在官府”的教育体制，用消灭历史记忆的政策，强制实现舆论一律。这两招给自汉至清的专制君主或僭主的“右文”提供了策略基础，却没有给秦帝国带来安定。始皇帝不信任一切忠言，却耗国帑买欺谩，待发现替他求长生药的方士伙同“诵法孔子”的诸生，也在背后讥笑他“贪于权势”，一怒“坑儒”，已无法躲过死神追踪。他只得意十年，帝国便如民间预言：“始皇帝死而地分。”

以上故事，是司马迁传下的。汉武帝的这位御前天文学家，并非史官，却继承父志，发愿写成一部史著，“欲以究天人之际，通古今之变，成一家之言。”他因说真话得罪皇帝，坐牢受刑以至充当阉宦，备受凌辱，仍然矢志不渝，终于留下一部人文历史巨著《史记》，那过程已尽人皆知。虽然他身后人们对其人其书的价值判断绝然相反，但谁也无法否认《史记》是中世纪中国史学第一个里程碑。也许由于他受过王莽表彰，公元一世纪的《汉书》作者班彪、班固父子，便一面攻击他的叛逆精神，一面从著作形式到陈述内容，都亦步亦趋地蹈袭他的遗稿。

然而，《汉书》成为中世纪王朝史的编纂楷模，终究遮掩不住司马迁作为中国史学之父的光芒。迄今中外学者关于《史记》及其作者,发表了多少专著宏论,可谓更仆难数。这里不拟回顾研究史。单看司马迁赋予著史的三重使命,由此建构的《史记》编纂的五类陈述方式,至今仍令欧美史家不解,也令我们的论者每生异说。拙作《司马迁》[1],曾有概括讨论,这里不妨撮述一二。

人们最感困惑的一点,无疑是"究天人之际"的神秘涵义。其实只要注意司马迁的写作环境和个人职守,便可了然。司马迁继任太史令,正值汉武帝开疆拓土的鼎盛时期,帝国的远征军和使节团,都使域外未知世界在空间上似乎没有边际,从而历史视野空前拓广。作为朝廷的"天官",司马迁担负整合天文、占星与数学最新成果以制定新历的任务,完成得如此出色,以致身兼元首和教主的汉武帝,要改元太初,宣称历史由他复始,以昭示他的"天子"权威已得表达天意的新历法证实。但正是通过改历,司马迁以为发现了孔子晚年笔削鲁史为《春秋》的不传之秘,即由"天数"体现的天道支配人间社会运转的法则。他的《天官书》,强调"为国者必贵三五","为天数者必通三五",已有上世纪天文史家破解,所据正是他主持制定的《太初历》的阴阳合历的复杂计算周期。尤其令人惊异的,是司马迁依据木火土三个地外行星会合周期的实测记录,肯定天运"五百载大变",却没有堕入孟轲所谓"五百年必有王者兴"的历史循环论的窠臼,相反声明"太史公推古天变,未有可考于今者"。这使他关于"天人之际"相关律的陈述,显得自相抵牾。但通观公元前二世纪东西文明世界的历史论著,有哪一种敢于如此坦陈信仰与历史存在差异呢?似

---

〔1〕 原载《十大史学家》,上海古籍出版社,1989。本文引司马迁说,均见此篇。

乎只有《史记》。

再看“通古今之变”。这是上世纪海内外《史记》研究的重点。论题集中于“通”和“变”。由于司马迁曾说，“百家言黄帝，其言不雅驯”，于是学者以其矛攻其盾，否定《史记》作为通史的可信度。极端的疑古论者，将清末康有为《孔子改制考》的臆断，用貌似实证的默证法予以包装，宣称司马迁说上古史，都将神话传说当作实有其事。哪知王国维据甲骨卜辞，证明司马迁的《殷本纪》所载殷商先公先王的谱系，决非杜撰。接着考古学家发现殷都废墟。提倡论史讲证据的胡适，首先撤消对其门徒顾颉刚“疑古”的支持，又重拾章太炎在清末批判康有为所用的文献考证方法，论说司马迁以及他引据的古典文献，关于殷周之际宗教变动的矛盾陈述，都涵泳着可信的古史。假如没有郭沫若用批胡适的方式替顾颉刚的“层累造成的古史观”张目，假如没有半世纪前藉批判胡适的政治运动强迫史学界改宗斯大林式的所谓历史唯物主义的教条，那就毋需迟至世纪末再谈“走出疑古时代”。

这里不能讨论西方学者对《史记》的批评，台湾杜维运早有专著予以回应〔1〕。这里只拟指出，即使《史》、《汉》烂熟于胸的中国学者，往往也不明司马迁追求的“通”与“变”，既指时间的历史，也指空间的历史。他再三强调的“时变”，必与所谓天下一统的成败相联系。他不像董仲舒说《春秋》大一统体现“天不变”的法则，相反认为天变才表征“天统”，因而实现一统的王政必然具有时代特色，并必然走向反面，救治方法就是“承敝易变，使人不倦”〔2〕。这

〔1〕 见杜维运《与西方史家论中国史学》，台北东大图书出版公司三版，1993。

〔2〕 见《高祖本纪》“太史公曰”，《太史公自序》又谓作八书，旨在阐明“天人之际，承敝通变”，可知所指为制度化的统治方式。

就表明他将历史看作时空连续体,不以王朝兴亡设时限曰“通”,但看政事是否符合“天统”曰“变”。我们可以批评他仍信占星术,说近循环论,却不能否认他依照这样的“通古今之变”的认知,编纂而成的《史记》,非但突破了古典编年史的框架,而且在整个古代世界的历史编纂史上也是创举。

至于《史记》的结构,已有众多论著分析〔1〕。需要一提的,是《史记》的历史陈述,每受中外论著非议。来自欧美史家的常见批评,拿希罗多德、修昔底德的史著当作楷模,指责司马迁不注史料出处,不对史实真伪作区别,缺乏编纂史书所要求的一致性和控制力等等。如此比较,算不算可以攻玉的它山之石?另当别论。古怪的是来自海内学者的一种批评,不是用一种事实同另一种事实进行比较,例如将司马迁记叙的历史事件和人物对话,与其他记载的同说或异说对勘,从中寻找历史实相,而是在文字修辞上吹毛求疵,声称司马迁的文本越有声有色,越属作者增饰渲染,乃至“语有来历而事无根据”,“想当然耳”。可惜这类批评,虽与西来的克罗齐或后现代史学相通,但逻辑的推论到底不能代替历史的事实。司马迁忠于历史,不仅表现于竭力搜求有案可稽的“天下放失旧闻”,包括行万里路的目睹耳闻,而且力求信以传信,疑以传疑,一个显例就是他对老子的姓名年寿都并存异说,尽管他和父亲都推崇道家学说。司马迁还将叙史与论史明白区分。假如不能确证他的叙史悖离史实,那末仅凭逻辑演绎便断定《史记》文本多为“小说家言”,到底谁在“想当然”呢?

---

〔1〕 可参看周予同主编、朱维铮修订《中国历史文选》上册修订三版,所选《史记》各体篇章的解题,上海古籍出版社 1979 年版。亦可参见同书同出版社 2002 年新 1 版。

四

大约公元前一世纪初，司马迁从历史上失踪了。以后百余年，《史记》有人补写，有人续写，但西汉晚期的军政首领，一直严防它向朝野扩散，理由是它暴露本朝叛秦灭楚的历史机密。直到新朝崩溃，一个西汉外戚家族的支子班彪，才靠家藏宫廷图书副本，草成续《史记》的《后传》。遗稿经他的长子班固、幼女班昭，相继改写补写，于是有了中世纪第一部王朝专史《汉书》。

《汉书》在历史编纂学史上的意义，一是调整《史记》结构，使纪传史用纪、传、表、志四种写法综合编纂的模式定型；二是班固、班昭兄妹编写《汉书》，都由当朝皇帝授命，从此替前朝〔1〕编纂兴亡史，便成惯例；三是班氏兄妹受命成为皇帝聘任的修史人员，从此王朝史必由史官编纂，并置于皇帝及其任命的大臣监督之下，也渐成体制。

这样的史官写官史的体制，本质是嗜血的。东汉献帝初平三年(192)，权相王允发现汉史名家蔡邕同情被他谋杀的军阀董卓，坚持将其处死，理由竟是三百年前汉武帝不杀司马迁，“使作谤书流于后世。”时过四十多年，曹魏二世皇帝敲击司马懿的姻亲王肃，又拿司马迁做例，说他因受刑而内怀隐切，“著《史记》非贬孝武，令人切齿。”后来王肃的外孙司马炎篡魏立晋，尽管沉湎声色，对历史的干预却不放松。由蜀入晋的著作郎〔2〕陈寿，著《三国志》，帝魏

〔1〕 后称胜朝，即被今朝战胜的旧朝。
〔2〕 两晋(含十六国)南北朝的史官正职。

而贬蜀、吴，特别抹煞史实以彰显“书法”，生前仍不敢献书稿于晋廷。不久，西晋贵族内讧，引狼入室，导致“五胡乱华”，民族大迁徙，长达近三百年的南北分裂。

但很奇怪，正是在三国两晋南北朝的乱世中间，史部独立了，不再是经学的附庸；史官普及了，胡汉大小王朝无不设官修史；史著增多了，尤其是获得权贵军阀资助的私史层出不穷；史学多采了，既出现编年史的复兴，又出现非传统的名士或僧侣的史传。相对于东晋南朝的史官成为贵胄竞逐的清职，北国的征服民族统治者，更在乎自己的历史形象。北魏的崔浩因直书拓跋魏的先祖史，而被灭族；北齐的鲜卑化汉人僭主高欢，当众警告史官魏收：“我后世身名在卿手，勿谓我不知。”于是，真史毁灭，秽史流传，怎不成例？隋唐再现一统，都靠阴谋加武力，却都急于藉修史证明权力的合法性。通过杀兄逼父夺取帝位的唐太宗，尤其热心改写近代史。他重视“以古为鉴”，尤其防范将铸造这面镜子的责任交给个别史官，于是组建史馆，将“五代史”〔1〕的编纂，置于宰相控制之下。从此列朝“正史”，领衔署名的第一作者，都是不了解或不知历史为何物的达官贵人。

“五代史”成书，仍令唐太宗不满，因为从中没有提供他发动玄武门政变的历史合理性的依据。他索性赤膊上阵，命令史馆重修《晋书》，亲撰司马懿(宣帝)、司马炎(武帝)两篇史论。于是全书号称御撰。倘说唐太宗的“制曰”，对司马懿父子世袭僭主的批评还像解析历史的话，那末他写西晋短命归咎于晋武帝不忍废除弱智的储君，就是露骨地借历史为自己的夺嫡行为辩护了。他还坚持

〔1〕 北朝齐周，南朝梁陈，以及隋朝。

要审查史官对自己言行的记录，又开了权力干预当代史的恶例。

从王朝史的编纂来看，传统廿四史有八部成书于初唐。尤其是魏徵等编纂的《五代史志》[1]，清理南北分裂结束时期制度与文化的史料，价值胜过《宋书》、《魏书》和《晋书》诸志，开启了中唐"政书"体的历史编纂新门类。这当然表征设馆修史的成就。

然而由唐太宗定型的史馆体制，一直沿续到清末民初[2]，唐太宗钦定的古为今用导向和权力干预机制，自始便决定了史馆必成统治意识形态的应声虫和传声筒，必随权力的腐败而腐败。这个机构设置不过半个多世纪，便已丧失生气，一瞥曾经三入史馆的刘知幾，在七世纪末八世纪初私撰的《史通》和《上宰相书》，揭露的史馆黑幕，已够令人吃惊了。再看九世纪初，曾与柳宗元相约修史的韩愈，真被朝廷任命为史馆领班，却大感恐慌，说是"为史者，不有人祸，则有天刑"，他最害怕的正是监修贵臣的政治干预。

因而，自唐至清的所谓纪传体"正史"，代有续修。特别是辽金两宋的朝野舆论，似已克服夷夏偏见，形成"国亡史存"的共识，都很重视编纂胜朝史。以致感化了自命草原狼种的蒙元权贵，终于在造反声浪中编成了辽宋金三胜朝史。

所谓廿四史，成书最速的当属明修《元史》，二度开馆，不到两年，就完成了；但编纂时间最长的，却是清修《明史》，凡历顺康雍乾四朝，累计九十多年，才告竣工。讽刺的是这两部"正史"，编纂速度恰好相反，特色却都堪称"神奇复化为臭腐"。《元史》的编纂官员，无人识蒙文，更不会利用域外异语记述的材料，但欺明祖是半

---

〔1〕 后并入《隋书》。

〔2〕 参看金毓黻《中国史学史》第五章附录"历代史官制度沿革表"，1944 年初版。

文盲又好大喜功,以速成为尚。可是满洲君主权贵,在关外便仰慕汉族文明,乃至将小说《三国演义》当作历史经典。他们入关后备受故明臣民抵抗,而对胜朝文明,了解越深,疑忌越深。顺康间"史狱"成为征服者文化打击的重点,而康熙开"博学鸿儒"科,网罗遗民修《明史》,便是刚柔兼济的两手。《明史稿》其实早由万斯同草成,但明史馆没有一任总纂大臣,敢向皇帝报告史稿已成。直到以告密博得康熙帝赏识的王鸿绪,将万斯同遗稿篡改为己作,乘君主易代之际,献给朝廷。又被新即位的乾隆帝利用,命张廷玉稍加修改,便成了钦定《明史》。那前辙将成后事之师么?不然。隔代修史的传统,没有展现于民国史,却转向时隔已近百年并已有成稿的清史,便令史家困惑不已。看来,设馆修史的中世纪传统,远没有变成"古代史"。

五

尽管自汉唐至明清的英主或暴君,总称自己是历史特别是"国史"该怎么写的绝对权威,却遏制不了"正统"史学的腐化态势,更遏制不了在野的和民间的史学走自己的路。

就看初唐史馆体制定型以后,突破王朝史传统框架的编纂形态反而越来越多。依据十八世纪末清修《四库全书总目》的史部分类,便有十五种形态,而"正史"仅居其一。

造成编纂形态越出正史藩篱的因素,大致有三。一是技术的。造纸术普及,印刷术发明,给十世纪后的文化下移以前提。书籍的商品化,更使读史写史变得权力难以禁绝。二是社会的。历史原是社会的过去,所谓文化认同必由解释既往历史开始。北宋以后经史印刷品无远弗届，为向平民口述历史提供了资源。这就是文学史家无不重视的宋元明清讲史演史一类文艺形式在民间盛行的一个重要原因。但民间的历史认同，无论真假，一旦形成舆论，反过来也变成某种强制因素。前述满清统治者将《三国演义》当作治国治军乃至萨满巫术指南的万宝全书，反而引导汉族士人崇拜武圣关公甚于文圣孔子，就是显例。三是域外的。有史以来，中国从未与世隔绝。休说鲁迅赞叹过的汉唐史上的“拿来主义”，即看上世纪末讴歌林则徐或魏源是“睁眼看世界第一人”的论者，无不痛诋的明清二代，真的闭关锁国么？我曾屡举早经海内外学者证成信史的货币银本位制由来，鸦片由西药转化为毒品，原产美洲的番薯、玉蜀黍等引种成功与中国人口暴增的相关度等等，都发生于排外思潮甚烈的明末清初，难道不值得饱受苏制历史教条熏陶的近史论者三思么？

回头再说中世纪的历史编纂学。由《四库总目》列举的史部分类，异采纷呈，也许只能证明唐宋至明清的历史编纂，形式的多样掩盖了内容的单调。

的确，较诸《史记》挣脱《公羊春秋》以论代史范式的羁勒，较诸《汉书》改通史为断代史而为描述中世纪王朝更迭运动提供了先例，较诸《三国志》映现同时代历史的空间差异的建构，乃至较诸八家后汉史、十八家晋史的作者们陈述历史力避雷同，初唐八史以后，特别是北宋以后，历史的编纂注重形式的创新和史料的别择，但叙史日趋偏重权力消长，论史越发注目政治实用，因而内容平庸，见解陈腐，议论浅薄，也成为那千年间各体的史著的共同表征。

不过多元的编纂形态，规定了历史陈述各有重心，也必因注目焦点各异，治史方法不同，导致论著反射的历史光谱的位移，并因位移彰显论著价值的反差。

不妨举司马光的《资治通鉴》和它的三种续作为例。

《资治通鉴》也可看作设馆修史的产物。但不同于在先共同主编《新唐书》的欧阳修、宋祁,司马光得到皇帝设馆修史的授权,却因政敌王安石等将他投闲置散,反而赢得了用官方资源编纂一家之史的特权。他历时十九年编成的《资治通鉴》,自称模拟东汉末荀悦的《汉纪》,理由固然在于荀悦由《汉书》改编的西汉王朝的编年简史,形式不像它的原型《左传》,是“史”,而非《春秋经》的一种“传”;但司马光更看重的,是《汉纪》乃是得到皇帝授权而编纂的第一部帝王历史教科书,尽管汉献帝不过是曹操“挟天子以令诸侯”的一个有名无实的所谓一统至尊。

司马光终于在宋神宗元丰七年(1084),将全书呈献给朝廷,并由皇帝赐名作序颁行,却没有符合他的预期,起到照亮治道的镜子的效应。原因呢?

首先无疑在于篇幅浩繁。《资治通鉴》叙史长达一千三百六十二年,完帙多达二百九十四卷。虽然由刘攽、刘恕、范祖禹三位能干助手分任的“长编”即初稿,取材更详尽,可是由司马光认真改定的全书,还是太庞大了。因而它的结构和内容,系统严密又实在,文字也很精美,却意外地凸显人们阅读《左传》和《史记》所早已感到的双重不便:编年史“或一事而隔越数卷,首尾难稽”;纪传史“或一事而复见数篇,宾主莫辨”[1]。司马光预感到这一问题,给全书做了提纲式的编年目录,仍然不能引发他设定的读者对象的

〔1〕 参看《中国历史文选》下册,拙撰《资治通鉴》、《通鉴纪事本末》等书解题,上海古籍出版社1980年版、2002年新1版。

兴趣。他曾悲哀地承认,《通鉴》颁行以后,满朝官员中通读一过的,只有一人,别人都是略阅数卷,“已欠伸思睡矣”。

司马光没料到问题也在他本人。《通鉴》颁行不到一年,宋神宗就死了,他的母亲监护幼孙哲宗登极,任命司马光执政。这位新宰相比他的政敌王安石更执拗,上台就全废新法。不幸他数月后也死了,而他任命为帝师的程颐,对付小皇帝一味严厉。于是太皇太后才死,亲政的哲宗郁积八年的愤恨,立即成为新党反攻旧党的借资,诱导皇帝“绍圣”,恢复被司马光否定的亡父新政。从此改革反改革完全堕为权力争斗,直到将北宋王朝闹完,连自命新法保护神的宋徽宗,也与其子钦宗,化作金朝的囚徒。不待说,那中间三十年,被列作逆党首领的司马光的编年通史巨著,同样变成违碍书籍,乏人问津。

说来也怪,就在司马光去世八十多年以后,随着偏安江左的南宋第二代君主孝宗的政权稳定,《通鉴》也似乎时来运转。短短十年,出现了以“通鉴”命名的三部书:朱熹的《资治通鉴纲目》,袁枢的《通鉴纪事本末》,李焘的《续资治通鉴长编》。

李焘的《长编》于淳熙九年(1182)向宋孝宗进呈。但他始编于北宋亡后十六年,那时朱熹、袁枢都没成年。这是接续《通鉴》而记载北宋一代的王朝编年史巨著,记录宋太祖黄袍加身至宋钦宗肉袒降金一百六十八年史事,原书加附录便达一千零六十三卷,今本仍有五百二十卷。亲历靖康亡国惨祸的李焘,显然以为“国灭而史不可灭”,虽然在口头上还是颂扬宋高宗“中兴”。所以他将搜辑前朝史料当作第一义,守则正是司马光的规定:“长编宁失于繁,毋失于略。”他的书无疑可作“史学即是史料学”的一个楷模,但价值也只在于给宋史研究预备了一个资源富矿。

生于南宋初年的袁枢，在临安太学度过了九年生涯，孝宗初中进士。新皇帝好谈史，常引司马光、苏轼的史论，也欣赏李焘《长编》的已成书稿，导致朝廷内外竞相引经说史。袁枢自不例外，喜读《通鉴》，却又"苦其浩博"。大约乾道八年(1172)，他由太学学录外放严州教授，一个位仅八品的州学教官。于是专心简化《通鉴》。办法是同类项合并，对于散见各卷的同一事件，先分段摘抄，再按年排列，然后安上自拟标题，辑成正编二百三十九目，附编六十六目，所谓"因事命篇"。这正是近代西方史家讥诮的"剪贴史学"，但在十二世纪，却如清修《四库总目》所说，"使纪传、编年贯通为一，实前古之所未有"。它被命名《通鉴纪事本末》，究竟是袁枢无心插柳成树呢，还是有意栽花的蓓蕾？总之在中世纪历史编纂形态上实现了一大突破，立即受同代学者杨万里、吕祖谦、朱熹等赞赏。正值袁枢的福建同乡龚茂良做了参知政事，便将其稿进呈皇帝。"孝宗读而嘉叹，以赐东宫，及分赐江上诸帅，且令熟读，曰：'治道尽在是矣！'"时在淳熙三年十二月至四年五月之间。〔1〕

朱熹的《资治通鉴纲目》，因何而作？是否自作？成于何时？在他死后，其徒已有异说，后人更争论不休。事涉历史观念史，当另行考察。有几点应属史实：朱熹生平反对吕祖谦提倡史学，他在孝宗乾道八年(1172)初拟《纲目》凡例并有序，表明他想通过此书宣扬他的道学理念。因为孝宗醉心苏轼而不喜程颐，并赏识李焘、吕祖谦、袁枢由史学追究"治道"的做法，可能是朱熹迟疑不编《纲目》稿的一个缘由。"其实此书因司马光之《资治通鉴》，而强施

〔1〕 1177年春夏间。因龚茂良于淳熙四年六月罢相，并使孝宗怒斥"福建子不可信"，故知"分赐江上诸帅"，必在龚氏罢相前，参看毕沅《续资治通鉴》记此事的"考异"。

以所谓《春秋》之书法；惟凡例一卷出于朱熹手定，其纲皆门人依凡例而修，其目则全由赵师渊任之。”周予同先生在《朱熹》一书中，再度肯定清四库馆臣的这一考证结论，迄今仍未能被否定。

但从历史编纂形态来看，《纲目》另有历史意义。主要意义就在于它企图恢复孔子“作《春秋》”的原教旨，也就是孟轲首先强调的《春秋》之“义”。这在南宋君臣纷纷模拟唐太宗，按主观的政治需要汲取所谓历史经验教训的潮流中，无疑别出心裁，告诫权力者“以史为鉴”，未必真有裨益于“治道”。问题是朱熹本人对孔子寄寓于《春秋》中间的“微言大义”，已有先入之见，即认定孔孟首先要求“正心术”。而所谓心术首先体现于明道统以扶正统。结果朱熹设计的架构，要求凸显纲举目张，而所谓纲又凸显董仲舒所谓《春秋》“诛心”，更凸显韩愈、程颐所诠释的“道心”，于是其书的历史效应，只可能与他想纠正的当世君相的历史认知殊途同归，成为以论代史的样板。

需要指出，以上所述《通鉴》在南宋的续作或改造，尽管都很快引出仿作，但形式的变化终究不敌传统的顽强。两宋均非汉唐意义的一统王朝。因而蒙古人自北向南，相继扫夏灭金又吞灭自立数百年的大理，最终征服南宋，实现了空前的大一统。待到元朝晚期重修辽宋金三史，依据宫廷藏书编写两宋的《艺文志》，仍将李焘《长编》、袁枢《纪事本末》和朱熹《纲目》，同归于史部编年类，当作《汉纪》、《通鉴》的产儿。这很使我们的史学史论著，总在寻求编纂学创新自觉性的解析，显得黯然无光。怎么办呢？历史就是历史。

六

史学史家早已注意，公元前夜由刘向、刘歆父子相继主持编制的宫廷藏书目录提要[1],《史记》等史著,被列作“六艺略”春秋家之末,成为五经的附庸。

《春秋》在“儒术独尊”以后,列于两汉官方五经,定性为孔子接受天启,给“汉绍尧运,以建帝业”,而预制的“宪法”,在周予同先生《纬谶中的孔圣与他的门徒》一文,已有生动翔实的考证。所以,刘歆的《七略》和班昭的《汉书·艺文志》,把司马迁私著的“史”,升格为《春秋经》的“传”,而据西汉宫廷档案编辑的《高祖传》、《孝文传》等,反而降格为诸子十家中的儒家言,无疑是褒非贬。

问题是《汉书》完成,《东观汉记》踵作,汉末三国公私所撰的编年、纪传诸史,纷沓而出,总不能都归入“麟经”的诠释吧?况且僭主军阀的干预,使历史陈述互相矛盾,以致非议篡夺相寻的名士们,扬言“非汤武而薄周孔”,难道还可按照《汉书·艺文志》的套路,强分新旧史著为“经”、“子”么?于是两晋一再清理皇家图书,便必须改变分类,将数量膨胀最快的古近史著另立一部,而以《史》、《汉》置于由丙部升作乙部的“史记”前列。清代钱大昕对这变动过程有简要描述[2]。

史部脱离经部,宣告独立,效应立现,那就是三世纪末至七世纪初,长达三百多年的民族大迁徙运动,以及相伴而来的军阀混战和王朝更迭,经学大分裂,佛道异教争地盘,文学家们各发哀音,唯独史学似乎备受华夷列国列朝君主权贵重视。据吕思勉、杨翼骧等研究,乘乱在北国崛起的“五胡”诸君,都重视设专官修国史,也

---

〔1〕 定本称作《七略》,约在一世纪末、二世纪初,由班昭“删其要”,改称《艺文志》,收入由她续补的《汉书》。

〔2〕《经史子集之名何昉》,参看前揭《中国历史文选》下册所选此文,拙作解题和注释。其文缺点在于没有指出图书重行分类,必在宫廷藏书散而复聚之后,因此南朝王俭、阮孝绪等,企图恢复刘向、刘歆父子的七部分类法,仅有目录学史的意义。

给众多保守“实录”传统的史官，惹上杀身灭族之祸。因而鲜卑族主导的北朝，首先形成史馆雏形，便可理解。自命上承华夏衣冠礼乐正统的南朝诸君，在控制史学方面未必更显文明。佞佛成癖的梁武帝，特别要求大臣著胜朝史乃至“通史”，都需彰显所谓儒学的夷夏之辨。这很像文教自悖于宗教，其实正是因袭学随术变的传统。

所谓学随术变，是我对中世纪经学形态变异的一种概括〔1〕。清末章太炎《论诸子学》，已指出“中国学说，其病多在汗漫”。“汉武以后，定一尊于孔子，虽欲放言高论，犹必以无碍孔氏为宗，强相援引，妄为皮傅，愈调和者愈失其本真，愈附会者愈违其解故”。但这毛病在清亡以后仍然周期性发作，甚至令人不断感叹“于今为烈”。那病因很复杂，有一点早被司马迁道破，就是汉武帝和公孙弘、董仲舒之流，看重的是“以经术缘饰吏治”。稍后贵为宫廷师傅的夏侯胜，说得更露骨：“士病不明经术；经术苟明，其取青紫如俯拾地芥耳。”所谓术，即指“君人南面之术”，也即法家李斯告诫秦始皇的“安宁之术”，根本要点在于实现“天下无异意”。

假如注意这个根本要点，那就不会对于自汉至清的大小王朝，无不标榜尊孔重儒，又无不鼓励不学有术的黠儒愚儒腐儒，为博取功名利禄，而揣摩君心或迎合时尚，感到奇怪。当然更不会迷惑不解，何以假孔子形象越变越诡异，“真孔学”教旨越说越离奇。

---

〔1〕 拙著《中国经学史十讲》，有多篇言及此点，请参看该书的复旦大学出版社2002年及以后诸版。

七

不过清末民初的章太炎、梁启超，以及他们在文史学界的同道，虽都重申“六经皆史”，却通常忽视清代汉学家已经形成的一个共识：没有史学便没有经学。尤其是在上世纪三、四十年代，奉梁启超《中国历史研究法续编》所谓史学史做法为圭臬的学者，没有谁不把清修《四库总目》史部正目存目所列二千一百二十八种古今史书提要，当作传统史学的最大资源，但几乎无人注意比照其书经史二部总叙，映现的乾嘉经史考证学家的上述共识。

两篇总叙当由四库馆总纂官纪昀拟稿。此公在经学上倾向戴震，在史学上服膺钱大昕。他草拟的《总目》经部总叙，虽肯定“经禀圣裁”，是孔子的遗产，紧接着便撇开它的前史，直接由西汉中叶说起，以为那时至今近二千年，经学的特色是“变”，按时序凡六变，每变都因“学”久弊生，背“圣”愈远，特别强调当时互较短长的汉宋两家，胜负未分。倘知清沿明制，顺康雍乾四朝，历时逾百年，仍以朱熹理学为意识形态正宗的道统柱石，那就可知纪昀在替反经宋学的经汉学张目。

更奇怪的是《总目》史部总叙，劈头便说孔子“作”《春秋》，与《左传》详其史，非但互为表里，而且非史无经：“苟无事迹，虽圣人不能作《春秋》。苟不知其事迹，虽以圣人读《春秋》，不知所以褒贬。儒者好为大言，动曰‘舍传以求经’，此其说必不通。其或通者，则必私求诸传，诈称舍传云尔。”而后总叙就历举《通鉴》以下诸史，都先作史料长编，对正文取舍理由，以附考异。接着又谴责唐以来私家记载，特别是宋明史论，门派偏见杂陈，但笔锋一转，又说断疑狱必“合众证而质之”，判虚词必“参众说而核之”。于是除正史而外，又详录编年至史评十四类史著。作者对史学的宽容，与对经学的苛求，恰成反比。难道不是那时代的汉学家，对于不知经史为何物的假道学的一种否定？

然而这还透露另一个信息，就是满清前四朝对付史学传统的已有效应。一六二六年（当明天启六年）去世的英国哲人培根曾说：“历史使人聪明，诗歌使人机智。”[1]我不知这一箴言内是否涵泳培根所闻的中国史学传统？不过在培根死后十八年开始征服全国战争的满洲权贵，却很快感受到历史传统的惰性力量。他们将明廷空喊的“以夷制夷”的教条，反过来化作“以汉制汉”的征服策略，在军事上获得成功，但在文化上屡遭挫折。抵制主要来自文明程度最高的南国士民，而动员抗清的一个方式，便是唤醒思念故国的历史记忆。一六五九年（清顺治十六年），南明余部郑成功、张煌言联手北伐，虽然失败，但清廷惊魂甫定，便发现江南那班已经剃发易服表示归顺的文人领袖，如钱谦益之流，一当郑军出现，立即主动呼应，原来依然心怀故明。这使满洲权贵将文化征服的重心移向消灭汉人的历史记忆。康熙二年（1663）湖州发生的“明史案”，其署名作者庄廷鑨或没学识，但所列参订姓氏多江浙名士，更引起满清当局要控制“史权”[2]。

那手段无非袭用历代专制者的老谱，一禁私人著史，二开馆修明史，三搜缴民间藏书，四厉行图书审查，五不断制造“史狱”。但满清君主对涉史诸案，猜疑吹求，惩办株连，禁毁篡改，务绝其根，

---

〔1〕《论学问》，作于培根卒前一年的1625年。

〔2〕柳诒徵所创术语，说见氏著《国史要义》史权第二，中华书局，1948。

那心态的阴毒，手段的恶辣，相对于他们追步的明太祖、成祖父子，有过之而无不及。例如康熙帝重开明史馆，借征博学鸿儒修史为名，欲将海内名士一网打尽，成百学者一旦入彀，他又设置意识形态化的种种限制。此后至他猝死凡四十年，《明史》尚未完成，而万斯同整合诸稿，反被告密起家的王鸿绪剽窃[1]。然而这位"仁皇帝"，并不一味用柔术。为他制历造炮而对统治稳定有功的比利时籍耶稣会士南怀仁，任钦天监西洋监正，著《穷理学》，指出一切知识记忆，不在心中，而在脑内，否定孟轲"心之官则思"的误说。康熙帝便从朝议，指其书非圣无法，立命焚毁。翰林院编修戴名世，著《南山集》，多采桐城同乡方孝标的《滇黔纪闻》所记南明永历朝事，又以为清朝一统应从康熙元年算起，因此前南明未亡，依朱熹《纲目》帝蜀例，顺治朝不算正统。这本来合于皇帝御撰的《春秋》讲义的宗旨，岂知皇帝震怒，说桐城方姓之人"俱系恶乱之辈"，戴名世逆书，也不可恕。后虽表示恻隐，对戴名世以斩首以代替凌迟，方、戴二族都充军或入旗为奴，其中就有桐城派开山的方苞。又如雍正帝在位仅十三年，诗狱史祸不断，特色都在打击朝野私议当代史，辩护自己继统的合法性，诛杀功狗的正当性。尤其是他借曾静案亲撰《大义觉迷录》，拿已死四十多年的浙江朱子学信徒吕留良充当第一被告，斥其宣扬辨夷夏高于正君臣，"追思明代，深怨本朝"，非但不知大一统之义，而且狎侮周程张朱的道统，真是名教罪魁。此书暴露康雍之际宫廷隐恶太多，迫使其子乾隆帝才坐龙廷，便将它收回销毁。然而雍正帝在书中极力强调移孝作忠，"尊

〔1〕 参看陈守实先生《明史稿考证》，清华研究院《国学论丛》1卷1号，1927；又，复旦大学历史系编《切问集》上卷，2005。

君亲上”，才是孔孟程朱一贯之道的实践标准，却是乾隆帝越发频繁地制造文字狱的行为指南。据统计，清前期顺康雍乾四朝一百五十年间，有案可稽的文字狱，凡一百三十九起，内乾隆一朝便有一百十二起[1]。其中不乏满汉文化隔膜，造成冤假错案，但至少数十起震动汉族学界的要案，多半涉及明清易代史或君位更迭史的政治性议题。考察每一个案的本末，不难发现一个共同点，即叙史愈近真，受害愈惨烈。

求索历史实相，所谓实录直书，向来被传统史学誉作美德。相传孔子笔削《春秋》，行文隐晦，还将不便明说的“微言大义”，私下告知文学科的高足，以保存信史。朱熹鄙视史学，说历史都记你争我斗，“相打有什么好看?”可是他也不得不以史证道，学孔子用历史编纂的形式，寄托他自以为是的孔孟原教旨。哪知满清统治者，浸淫被征服的汉族文明愈深，却对本族由野蛮进入文明的历史愈耻。以《明史》编纂为例。倘说康熙重开明史馆，意在收揽在野的汉族文化精英，倘说雍正炮制《大义觉迷录》，意在打击以道统否定满清继明为正统的历史合理性的思潮，那末乾隆不断诏令修正明史，用“国语”即新满文置换传统术语，按“尊君亲上”原则重定胜朝史的褒贬议论，效应必使恪守传统的经史研究，以远离现实的面目呈现。[2]

清代史学的历史进程，再度表明越受权力摆布的历史著述，越无传世价值。康熙帝晚年决策把朱熹当作孔孟之道的化身，以致

〔1〕参看叶高树《清朝前期的文化政策》第四章附顺康雍乾四朝“文字狱”案一览表，台北稻乡出版社，2002。又，相关案例始末，可参看彭国栋的《清史文谳志》，台北商务印书馆，1969；郭成康、林铁钧的《清朝文字狱》，群众出版社，1990。

〔2〕章太炎在清末所撰《哀焚书》、《哀清史》等篇，对清前期文化政策的体现及其效应，已有全面揭露。参看我编校的《訄书》重订本的导言和正文，北京、香港三联书店，1998。

在意识形态领域,“宁道孔孟误,不言程朱非”。结果呢?雍正帝已发现,最墨守朱子学原教旨的吕留良辈,最不服满洲传统的君臣即主奴的伦理道德。

乾隆朝故明遗老都已死光,而顾炎武申论的“遗老不世袭”,由他不责难外甥三徐均在清廷官运亨通而树立表率,已成南国士大夫世家的格言。于是乾隆帝对付传统史学,便无所忌惮。将王鸿绪献出的《明史稿》再加篡改,变成钦定的《明史》,是一例。重开博学鸿词科,但令中选者入翰林而不使修史,以粉饰太平,是一例。因憎恶明末野史“诋触本朝”,严令各省特别是东南诸省督抚收缴,连原书残页,也送京销毁,指望把有关暴露满洲野蛮史的所有著作一扫光,又是一例。卑劣嘴脸无疑需要戴上正经的假面。乾隆帝常戴的假面,半边是乃父绘成的“卫道”,半边是他自诩的“右文”。而由汉臣朱筠等献策,并经这位满洲大君睿裁,通过整理《永乐大典》,编校《四库全书》,贯彻只许“朕”一人有评断史统与裁决褒贬的至上特权的专横意向,当然更是显例。

关于以上诸例所呈现的文化史实相,清末民初以来学者揭露甚多,为之辩护者或赞赏者也不少。可是由此对传统历史编纂学发生的作用,至今未见鞭辟入里的历史说明。

譬如说,由《永乐大典》辑佚书,由四库馆臣校史籍,就直接促使经史考证方法的缜密化。即使乾隆帝出于独裁者特有表现欲,对进呈书稿竭力吹毛求疵,动辄记过罚俸降职赔补[1],也在技术层面上有益于版本、校勘、文字、音韵、辨伪、考订等学术规范趋于

---

〔1〕 中国第一历史档案馆编《纂修四库全书档案》二册,内所收这类处罚文件很多,上海古籍出版社,1997。

严整。

又譬如说，传统的历史编纂学，至十八世纪中叶，似乎已臻极盛。乾隆口称"稽古右文，崇尚儒学"，其实设置的新老文化机构，四库馆、三通馆、国史馆、方略馆，以及非常设的实录、谕旨、典志等编纂处所，五花八门，叠床架屋，无一不以"史"为主。

然而名目立异，不等于史学多元。官修诸书，尽出众手，卷帙无不浩繁，形式无不陈旧。四库纂修官员，不乏专门名家，编校可用资源，堪称海内无匹，但已入著作之林的若干书目提要，唯以考古见长，仅具文献学史或史料学意义。并非那些作者才短识陋。内如总纂官纪昀，分纂官戴震、邵晋涵、程晋芳、周永年、王念孙等，都是所谓乾嘉时代一流的人文学者。但他们在四库馆，首先是"官"，其次才是"史"，即传统意义的通经究史的大家[1]。因为是史官，不得不奉旨说话。况且乾隆帝猜疑成性，愈说"朕从不以语言文字罪人"，愈使馆臣畏惧因一语一字陷入文网。所以《四库总目》，即使古籍提要，行文也小心谨慎，偶有新意，不拉古人作证，便称出自圣意，盖知皇帝年老健忘，但称是他发过的"天语"，虽刺目也默认，正所谓愚民必自愚。当然这无补于官方史学的整体平庸，著述数量的空前庞大，与著述内容的普遍陈腐，恰成反比。

于是，传统的中世纪历史编纂学，无论形式与内容，体裁与取向，叙史与论赞，到这时都已封顶。四库史部分别新旧史著为可传与备忘两大类，常由提要暗示还有更多近人史著列入所谓违碍书

---

〔1〕 纪昀曾评戴震，谓其"研究古义，务求精核，于诸家无所偏主；其坚持成见者，则在不使外国之学胜中国，不使后人之学胜古人。"见民初汤寿潜选辑《纪晓岚诗文集》卷四"与余存吾太史书"。戴震曾为纪昀家西席近十年，入四库馆又任纪昀主编的《四库全书》经部诸书主要编者和提要作者。可知不必迟至清末民初的章太炎、胡适之，才能了解戴学。

籍,被判犯了今圣指斥的原罪,那不啻为中世纪历史编纂学出具了病危通知。

拯救者自然有人,显例又见戴震。这位清代皖派汉学大师,生前没有目睹四库总目提要成稿受乾隆帝嘉奖的光荣〔1〕,却在临终前(1777)函告高足段玉裁,说是生平学说,凝聚于《孟子字义疏证》一书。百余年后他的四传弟子章太炎,便说这本小小册子,是痛斥雍正用"理学杀人"的〔2〕。他的反题是呼吁法治。然而君主独裁体制不改,能够变革"有治人无治法"的传统么?作为乾嘉汉学的领袖,戴震可谓呼唤帝国"自改革"的先觉,但终清一代,他的影响没有超出经史考证学界,套用古话,"其故可深思矣"!

八

自从三世纪末史部脱离经部宣告独立,它的内在形态区分,也就日显必要。

原来,四部分类,不过是两晋都曾在乱后重理宫廷藏书,按数量较多又性质相近的图书分别贮存的一种粗略办法〔3〕。但两晋末至隋统一,近三百年,社会动乱不止,因为民族、地区、权力、战争、等级、宗教、文化种种因素交织,造成的许多特殊矛盾的异常表

---

〔1〕 时在乾隆四十六年,当西元1781年,参看前揭《纂修四库全书档案》七五八至七六一件,《纪晓岚诗文集》卷四"钦定四库全书告成恭进表"。

〔2〕 见章太炎《演说录》,《民报》第六号,1906年7月。这是章太炎因给邹容《革命军》作序,又撰《驳康有为论革命书》,被囚上海租界监狱三年,刑满由同盟会迎赴日本,在东京留学生欢迎会上的演说。据研究,戴震此书曾三易其稿,初著当在以翰林院庶吉士任四库馆分纂官期间。

〔3〕 参看《吕思勉读史札记》556则"四部",上海古籍出版社,2005,增订本中册。

现,引人注目而见于著述。除了君主僭主的御用史官,更多的私家著述,作者原无意修史,或因议政,或因抒愤,或因述奇记异,或追逐美誉文名,自然不受编年、纪传的史例限制。但时移世异,这些作品又各显为“藏往”的特殊形态,而且累积甚多。于是史部再细分类目,就成史家议题。

率先重编类目的萧梁处士阮孝绪,著《七录》,内“记传”即史部,始分十二目。他没有机会付诸实施[1],却是《隋书·经籍志》分史部为十三目的滥觞[2]。

以后直到清修《四库总目》,官私史志书目,都沿袭隋志先例,只是名目略有调整。[3]

《四库总目》史部总叙,强调读经必先学史,虽圣人也不能离史说经,对照经部总叙宣称自汉以来经学总是弊极生变,可知撰著《总目》的汉学家群体,“十年磨一剑”,击刺的目标是把持思想文化领域的“假道学”。此点已见前述。这里再补说一点,即撇开《总目》全书体现的所谓汉宋争论,通观其书史部十五类连同子目的小序,通计所录史著提要二千一百二十八篇[4],便可发现它已涵盖了十八世纪中叶以前已在中国史上现身的所有历史编纂形态,也从文献学角度陈述了每种形态的发生衍变的大体进程。尽管字里行间常常隐含学派偏见,尽管有关满清历史与现状的篇章无不散

---

〔1〕 书亦佚,仅存序例于《广弘明集》卷3,盖编集者释道宣因其主张将佛典另立一录。

〔2〕 隋志称纪传王朝史为“正史”,列于史部之首,也袭自阮说,尽管魏徵等用其议而讥其书。参看《隋书》卷32经籍志序,卷33经籍二史部诸目小序。

〔3〕 参看谢国桢《史料学概论》第二章附表“黄侃七略四部开合异同表”、“史部诸目同异分合表”,福建人民出版社,1985。

〔4〕 内正目563篇,存目1565篇;此据我随读随数所作的初步统计,或有衍漏。所据乃中华书局整理影印本,1965。

发辩护论的臭味〔1〕,这部巨帙仍可谓中世纪历史编纂学的一部总账。

岂知这部总账,没有起到大清皇帝期望的歌颂盛世的轰动效应,相反成了传统历史编纂学从过程到形态都面临绝境的恶兆。只要一瞥史部十五类正存诸目,所有涉及明清易代史迹的著述提要,就不能不说那是假话的集成。历史实相的考证让位于以今律古的诡辩,所谓"实事求是,护惜古人"的职业道德淹没于对"今上"乾隆大帝的令人作呕的颂声。也许可用"不得已"三字,替"真汉学"与"假道学"为何一旦碰到历史与现在相关的议题,便同流合污的言行辩解。可是这种说法,不是早在清末已由章太炎《驳康有为论革命书》,通过详述满清文化史,给予历史否定么?〔2〕

应该说,包括四库纂修官在内的汉学家们,在政治上多属侏儒,在学问上多半可称巨人。他们还在康熙晚年决定把尊崇朱子学当作国策的时候,已纷纷转向经典考证。在以沉默方式熬过文网密布的雍正时代以后,潜心经史考证,已在南国学界蔚然成风。纨绔习与性成的乾隆帝,也以为鼓励汉学名士埋首书斋,老死于古籍的音训考辨,是假借"稽古右文"而达到"天下无异意"的最佳南面术。的确,在他晚年由皇帝而太上皇,已使朝野万喙息响。哪知他刚陈尸龙廷,他最宠幸的领军机大臣和珅便被捉拿治罪,接着他的继承人嘉庆帝,又被迫下罪己诏,承认自己知人不明,已招致天怒人怨。意外的是两次事件的主角,都是南国汉学家,王念孙与洪

〔1〕 辩护论的界定,参看马克思《〈资本论〉第一卷第二版跋》,《马克思恩格斯选集》第二卷,页213,人民出版社,1972。

〔2〕 参看《章太炎选集》所收此篇,以及我所作的注释。上海人民出版社,1981。

亮吉。[1]

然而，满清文化政策被迫调整，不能遏止学术转型的态势。传统史学，正如传统经学一样，早在乾隆晚期便已走上告别过去的不归路。所谓乾嘉汉学，历史效应怎样估计？另当别论，但它对清朝统治学说和主流史学造成的损伤，则是任何辩护士都难以否认的。

于是，倘要考察中世纪的历史编纂学史，也只能在十八世纪最后一年暂时打住。

（原载《复旦学报》2006 年第 6 期）

---

〔1〕 参看拙作《和珅案》，载《走出中世纪》，上海人民出版社，1987；《洪亮吉案》，载《音调未定的传统》，辽宁教育出版社，1995。

历史观念史:国病与身病

——司马迁与扁鹊传奇

(一)

今本《史记》的《扁鹊仓公列传》,于历举扁鹊医案以后,有这样一段议论:

> 使圣人预知微,能使良医得蚤从事,则疾可已、身可活也。人之所病,病疾多;而医之所病,病道少。故病有六不治:骄恣不论于理,一不治也;轻身重财,二不治也;衣食不能适,三不治也;阴阳并,藏气不定,四不治也;形羸不能服药,五不治也;信巫不信医,六不治也。——有此一者,则重难治也。

由于迄今为止的《史记》文本研究,没有出现过这篇传记出自司马迁之手的怀疑;由于秦始皇三十四年(前213)的焚书令,有"所不去者,医药、卜筮、种树之书"[1]的声明;又由于这篇传记在录毕扁鹊三则传奇医案之后,并在叙述

---

〔1〕《史记·秦始皇本纪》。

扁鹊“以其伎见殃”[1]的结局之前，插入这段概括性很强的“病有六不治”的名论，而且没有标明它出自扁鹊，因而引人生出如下两点疑问，是合乎逻辑的。

哪两点呢？第一，它是谁的见解？第二，它的涵义是什么？

（二）

关于第一疑。

司马迁写扁鹊即先秦名医秦越人的传记，必有文献依据，已由稍后刘向编定的《战国策》，也有类似记载，可作佐证。

然而这篇传记，除了首尾简述扁鹊生平以外，作为叙史主体的扁鹊三则医案，其历史真实性，早已引起人们怀疑。比如《史记》三家注，都曾指出每则医案的发生年代无不可疑：赵简子在晋国“专国事”，发生在晋昭公死后很久；还在三家分晋以前百余年，虢国就已被晋献公攻灭，国既不存，哪有“太子”？齐国或田齐，都没有“桓侯”，怎会有扁鹊屡见齐桓侯言其已病的故事？[2]

---

〔1〕《扁鹊仓公列传》“太史公曰”。同卷扁鹊传：扁鹊入咸阳，“秦太医令李醯自知伎不如扁鹊也，使人刺杀之。”

〔2〕参见前揭扁鹊传三家注。关于赵简子事，张守节《正义》谓据此传及《赵世家》，当在晋定公十一年(501B. C.)。虢公子事，裴骃《集解》引傅玄说：“虢是晋献公时先是百二十余年灭矣，是时焉得有虢？”司马贞《索隐》：“然案虢后改称郭，春秋有郭公，盖郭之太子也。”齐桓公事，《集解》：“傅玄曰：‘是时齐无桓侯。’骃谓是齐侯田和之子桓公午也。”司马贞《索隐》同裴骃说。按，《田敬仲完世家》“齐侯太公和立二年，和卒，子桓公午立”，《索隐》引《春秋后传》有“田午弑田侯及其孺子喜而兼齐，是为桓侯”云，则司马贞说亦有据。又据该《世家》，田齐桓公立十八年卒，当秦孝公五年(357B. C.)，则扁鹊逃齐，入秦，必在此年后，上距赵简子事已逾一百五十年。倘司马迁所记扁鹊医案，非传奇，则扁鹊在秦被刺，将二百岁矣。

类似疑问，在历代《史记》的研究作品中间，提出更多。假如注意司马迁生活的时代，所谓"《春秋》之义，信以传信，疑以传疑"的说法〔1〕，已在学界传播，那末司马迁著《史记》，对于三、四百年前就名闻天下的名医扁鹊的种种传说，采取传疑的态度，也许可以理解。况且时间记录的舛误，未必等于其事乌有。

令人惊异的，倒是前引扁鹊传的那段名论，就我寡闻所及，无论中医学史还是中国科技史的论著，似乎都将它的版权，归诸扁鹊。例如有部中国科学技术史稿，述及春秋战国时期医学理论，便特别称道扁鹊在医疗实践中提出了"病有六不治"的原则，说是其中否定"信巫不信医"的一点，"反映了扁鹊与巫祝迷信不两立的唯物主义态度"云云。那依据，当然是《史记》。

可是略考原文，便可知司马迁所述的扁鹊医案，头一则就凸显扁鹊本为巫医。他诊断赵简子昏睡不醒，并非身病，而是神游天国，证明的理由，便是"昔秦穆公尝如此"〔2〕。这不是以巫术济医术之穷么？

扁鹊的第二则传奇医案，是让虢太子起死回生。离奇的是他路过虢国宫门，没有见到尸体，便断定太子病名为"尸蹷"，而且不待切脉、望色、听声、写形，便可保证治愈。如果没有巫医的未卜先知式的自我迷信，他敢如此神化自己么？

至于扁鹊见齐桓侯的故事，说他从初见到四见，每见必说齐桓

〔1〕 语见《春秋穀梁传》桓公五年。按《史记》卷121《儒林列传》："瑕丘江生为《穀梁春秋》。自公孙弘得用，尝集比其义，卒用董仲舒。"可知司马迁读过《穀梁传》，并闻见汉武帝召开御前会议，命江公与董仲舒辩论《穀梁传》、《公羊传》何者义长，由于任裁判的丞相公孙弘，偏袒董仲舒，而使汉武帝否决《穀梁传》可立于学官。《史记》卷13《三代世表》序强调孔子作《春秋》，"疑则传疑，盖其慎也"，即取《穀梁传》文。

〔2〕 《史记》卷43《赵世家》，亦记同一故事，与此传全同。

侯之病，由表及里，正在层层加深，最终发现齐桓侯之病无可救药而逃走，过程似不神秘。可是单看颜色，就断定其人病入骨髓，难道不是未脱巫医积习的一种表现么？

论史首重本证。由司马迁详述的扁鹊三则医案，无不反证他不可能否定“信巫不信医”的传统观念。

据《史记》，扁鹊在齐、赵行医的时代，大约与孔子同时或稍后。孔子有则著名的语录，说是“南人有言曰：‘人而无恒，不可以作巫医。’”〔1〕从肯定恒德的角度，将人们寄托生死的医，与藉以交通鬼神的巫，同样推许。连孔子那样的智者，也不否定巫术信仰，至多“敬鬼神而远之”，略示心存怀疑而已。这也可证，扁鹊自称医术得自神授，正是巫医仍然不分的时代风尚的折射。他怎能在这样的时代，向病家提出“信巫”还是“信医”的难题？不错，相传他使虢国太子起死回生以后，曾否认自己“能生死人”，也就是否认自己是神巫。但司马迁所记这则医案的可信度，既然早受研究者质疑，当然不可视作扁鹊“与巫祝迷信不两立”的本证。〔2〕

因此，信巫还是信医的难题，以及前引扁鹊传的那段“病有六不治”的名论，只可能出自传记的作者司马迁。

---

〔1〕《论语·子路》。此则下有“不恒其德，或承之羞”二语，乃今本《周易》恒卦九三爻辞，下又有“子曰：不占而已矣”一语，论者每谓此即孔子晚年学《易》之明证。然前一“子曰”，确指“人而无恒”，为南国之人的习语，故下云“不恒其德”二语，当为孔子对所引南人习语的解释。本语“不占而已矣”，复加“子曰”，朱熹注以为“以别《易》文也”，但通观此则全文，实难说通，故朱熹只得承认“其义未详”，见《论语章句集注》卷7。倘若咬定“不恒其德”二语，为孔子引用《周易》爻辞，岂非以不通为通？

〔2〕例如杜石然等编著《中国科学技术史稿》第三章第九节，有专述扁鹊一目，便全据司马迁的扁鹊传。见该书上册，科学出版社1982年版，页138—139。

(三)

关于第二疑。

《扁鹊仓公列传》,在《史记》七十列传里,序次第四十五。它的上一篇《田叔列传》,是文、景二朝一位著名廉吏的传记;下一篇《吴王濞列传》,则是对抗汉景帝的"削藩"政策而组织吴楚七国联盟起兵反叛的那位著名藩王的传记。作为全书唯一的名医传,夹在藩国名相名王二传中间,当然令人感到突兀。隋朝史官王劭,便说:"此医方,宜与《日者》、《龟策》相接,不合列于此,后人误也。"[1]然而七十列传的序次,是司马迁自定,并非"后人"更改,有《太史公自序》作证,可知"误"的倒是批评者。唐代《史记正义》的作者张守节,同意王劭的批评,却弥缝说:"以淳于意,孝文帝时医,奉诏问之,又为齐太仓令,故太史公以次述之;扁鹊乃春秋时良医,不可别序,故引为传首,太仓公次之也。"[2]这话也似是而非。论官位,淳于意乃藩国下吏,答汉文帝医问,已在免罪家居之后,在政治上没有影响。论叙事,全传重心分明在扁鹊,如按时序排列,至少应列入前十篇里面,也不妨碍继述仓公传,因为司马迁将时代相隔很远的人物置于一传,有老子与韩非同传的例证。所以,就形式论形式,即使单作编纂学史的研究,也难免逻辑与历史相悖。

其实,司马迁很清楚所谓儒学的一种传统偏见,即医卜星相之

---

〔1〕 传题司马贞《索隐》引王劭云。按,王劭早仕北齐,入隋官秘书少监,曾著《齐志》、《隋书》,是隋统一后与李德林齐名的北方史家。其二书虽为唐初官修《北齐书》、《隋书》取代,但重名不减,刘知幾《史通》就有多篇议论他的史学。司马贞、张守节注《史记》,屡引其说,可证他对《史记》也有专论,但今已不存。

〔2〕 同上注,传题张守节《正义》。

类都是百工之事，属于子夏宣称君子不为的“小道”[1]。司马迁给各类“小人”立传，那总体意向，或者说历史观念，是另外的问题。但他给时代相距三百年的两位名医合写一传，却既非为“小道”张目，也非为保存医案，堪称别有用心。

那用心，从负面来看，已明见于传末的赞语，照录如次：“太史公曰：女无美恶，居宫见妒；士无贤不肖，入朝见疑。故扁鹊以其伎见殃，仓公乃匿迹自隐而当刑。缇萦通尺牍，父得以后宁。故老子曰‘美好者不祥之器’，岂谓扁鹊等邪？若仓公者，可谓近之矣。”

由“扁鹊等”的一个“等”字，便可知司马迁写作本篇时，心目中为之抱不平的对象，决不止于仓公，也决不止于古近名医。由司马迁的《报任安书》，说文史星历，在君主眼里等于倡优，视作弄臣，可以反证他述说扁鹊、仓公医术那样高明，最终不是惨遭暗杀，便是幸免肉刑。谁都知道，司马迁就因为替李陵战败原因，作了鞭辟入里的分析，便被汉武帝以诽谤罪投入死牢，被迫接受宫刑——最重的肉刑，也反证汉文帝四年（前 176），至其孙汉武帝太始元年（前 96），快八十年，废除肉刑的诏书依然是一纸空文，——可是他出狱后，却被皇帝任命为“中书令”，只有宦官才能充当的宫廷文学侍从，这不分明是“戏弄”吗？[2] 因而我据此断定，《扁鹊仓公列传》必定是司马迁晚年忍诟含耻续写的《史记》名篇之一。

不过，假如据此篇论赞，判断司马迁为两大名医立传的用心，那就只可能说他借题发挥，悲二人的不幸，抒自己的愤懑，不仅格调太低，而且令人感到他正如东汉末权臣王允所诬，利用汉武帝不

〔1〕“子夏曰：虽小道，必有可观者焉，致远恐泥，是以君子不为也。”朱熹注：“小道，如农圃医卜之属。”前揭《论语集注》卷 19。
〔2〕参见拙著《司马迁》，原载《十大史学家》，上海古籍出版社 1989 年版。

杀之恩,完成了一部“谤史”。

事实正好相反。司马迁在赴死与辱生中间,作出非活不可的选择,唯一理由就是争取时间,完成《史记》的写作。当他重读扁鹊传奇和仓公对策,油然产生同情,在篇末借史抒愤可以理解,却不能认为表达了他的真正意向,因而我以为这段赞语,只表白了他负面命意。

前已提及本传在七十列传中间的序次问题。序次表征司马迁所设计的“列传”的整体架构。通过不同时空或同一时空在社会生活各个领域的历史人物活动,展现自己的这个世界的历史,是怎样被创造、被改变和被转化的,也就是“通古今之变”,无疑是司马迁对于历史编纂学的一项巨大贡献。然而历史人物现身于特定时空的共同舞台,总以个人面目登场,总扮演着某一种特殊角色,怎能展现形形色色的个人活动,在“古今之变”中间,都不可或缺,都对自己生存的共同环境,起过或大或小或隐或显的作用呢?七十列传的序次,以及必受荀况“合群明分”思路启迪的专传、合传、类传以及外国传的类型区分,便透露了司马迁关于“列传”体整体架构设计难题的解决方案〔1〕。

由此来看《扁鹊仓公列传》的序次,被定位于田叔、刘濞二传中间,就不是随意的。田叔是汉初的三朝元老,曾被汉文帝称作“长

〔1〕 今本《史记》的八书首篇《礼书》,内有大段议论,与《荀子·礼论》相同。因《汉书·司马迁传》,谓《史记》阙十篇,“有录无书”,颜师古注引张晏说,阙文内包括《礼书》。故后来研究者,多以为今本《礼书》,即后人移荀况《礼论》所补。清代王鸣盛《十七史商榷》,于考迁书之“十篇有录无书”一则,以为除《武帝本纪》全亡,《三王世家》、《日者列传》、《龟策列传》三篇乃未完成稿。此外不见所亡何文。据此,则《礼书》与《礼论》的关系,尚待研究。但司马迁对荀况的隆礼论,如谓礼制起于养欲给求,礼义的内涵是合群明分,礼法关系是从未然和已然相反相成的角度保障社会秩序等等,是赞同的,由天官、平准诸书,货殖、游侠、酷吏诸传,均可证明。因而,我以为七十列传的结构设计,一个重要的指导理念,便是取自荀况的合群明分思想。

者”，而他主要名声，来自调停汉景帝与同母弟梁王的紧张关系，以及出任鲁相，诱导鲁王改恶守法，是孔子所称“居是国必闻其政”的良吏楷模。[1] 同样，司马迁写刘濞传，也凸显这位早与景帝结怨而首倡起兵反对削藩的吴王，统治吴国数十年，“能薄赋敛，使其众，以擅山海利”，实现了刘邦封他以求东南稳定的期望。但也因此使汉景帝感到他对君主集权的威胁，改变汉文帝的安抚政策，而且这位皇帝用人多疑，既从晁错建议下诏削藩，又与袁盎密谋杀晁错以图遏制吴楚诸侯联合造反。[2] 司马迁显然认为治国如同治病，不可讳疾忌医，更不可弃良医而信庸医，致使轻恙变重症，自招乱亡。他写田叔“义不忘贤，明主之美以救过”的故事，再写景帝用人多疑而终于激起诸侯造反乃至君位几失的故事，在二传之间忽然插入古近两位名医因医术高明反遭不幸的故事，那序次编定，岂非无意？

正因如此，我以为司马迁依据宫廷档案，详录汉文帝与淳于意关于医术的九问九答，由医案到医道，完全不夹评论，但一再实录淳于意向皇帝陈述，医为“国工”，除了“大识其病所在”，还应“好数”，可比“圣儒”[3]。难道只是“录其医案”[4]？

汉文帝是“今上”即汉武帝的祖父。中国史论者每好艳称“文

---

〔1〕《史记·田叔列传》。

〔2〕《史记·吴王濞列传》。

〔3〕 淳于意对策中述其师公孙光称赞他“必为国工”，又向后师阳庆推荐他：“意好数，公必谨遇之，其人圣儒。”均见《史记·扁鹊仓公列传》。

〔4〕 清代章学诚曾为司马迁的著史体例辩护，以为后人批评《史记》义例不及《汉书》严谨，是因为不懂撰述与记注的区别，而迁书通变化，“体圆用神，多得《尚书》之遗”，纪表书传，“本左氏而略示区分，不甚拘拘于题目也；”“《仓公》录其医案，《货殖》兼书物产，《龟策》但言卜筮，亦有因事命篇之意，初不沾沾为一人具始末也。”见《文史通义》卷一《内篇》一《书教》下。其说有见，但对司马迁列扁鹊、仓公传的序次命意，仍乏理解。参看周予同主编、朱维铮修订《中国历史文选》下册，关于《文史通义》及《书教》下篇的解题。该书由上海古籍出版社 2002 年新版，页 221—224。

景之治”，理由是这对父子，作为西汉帝国第三、四代皇帝，做到了黄老学说提倡的“与民休息”。其实呢？汉文帝因为相士预言他的男宠邓通必将饿死，而赏给邓通一座铜山，致使“邓氏钱布天下”[1]，便揭穿了帝国这位三世皇帝提倡节俭的虚伪。其子汉景帝，虽迫于母后严命，不得不读《老子》，却欣赏儒者关于君臣等级现状不可改变的议论[2]，又为集权个人而激化藩国与朝廷的矛盾。其子汉武帝“独尊儒术”，如他的一位鲠直大臣批评的，“内多欲而外施仁义”[3]，或如司马迁揭露他的御用经学家董仲舒、公孙弘等所讽刺的，“以经术缘饰吏治”[4]。司马迁给“今上”及其亡父，都写过编年史。但现存的《史记》，《景帝本纪》全抄《汉书》，《今上本纪》也与《封禅书》雷同。从东汉起，人们便指出，造成这古怪现象的，是汉武帝。因为“今上”得知太史令司马迁写了一部史书，便索阅其书，他最感兴趣的，首先是司马迁怎样写他和他的父亲。没想到这位年薪仅六百石小米的占星官，居然秉笔直书，毫不顾及圣天子及其父君的颜面，于是“大怒，削而投之”。两篇现代编年史从此消失，也种下作者断子绝孙的祸根[5]。

由此可见绝对权力多么可怕。但绝对权力也决非不受挑战。

---

〔1〕《史记·佞幸列传·邓通传》。

〔2〕参见拙著《中国经学史十讲》，复旦大学出版社2002年版，页75—77。

〔3〕这是汉武帝亲政后招文学儒者，诏书内有欲施仁义云云，引发主爵都尉汲黯的批评语。汲黯家族自战国末到西汉初，世代为卿大夫，到他已传七世，本人习黄老学说，“治官理民，好清静”，又有侠气，鄙视汉武帝母舅田蚡等政治暴发户的行为，以敢于面折廷争，博得年青皇帝的敬重。语见《汲郑列传》，《史记》卷120。

〔4〕“习文法吏事，而又缘饰以儒术。”参看《平津侯主父列传》，《史记》卷112。平津侯，即公孙弘。

〔5〕据《汉书》，司马迁仅有一女，嫁与汉昭帝时任大司农的杨敞。自从孟轲提出“不孝有三，无后为大”(《孟子·离娄上》)，至西汉诸帝均标榜以“孝”治天下。曾通令天下诵《孝经》的汉武帝，明知司马迁无子，却以受宫刑当作免其死罪的条件，随即任其为中书令，彰显其“不孝”。倘由此重读司马迁《报任安书》内的死生之辨，或近乎史实。

司马迁为了完成《史记》，宁受宫刑，宁受充当宦官带来的更大屈辱，却于出狱后续写的《扁鹊仓公列传》，继续申述他早已认准的真理，就是医国也如医人，都必须依靠良医。

淳于意答汉文帝九问，都在侥幸免罪后的“家居”时期。司马迁没有交代他应诏对策以后的历史，不言而喻，说明汉文帝不认同这位“圣儒”的治术。比较起来，虽悠远难考，却提供了据以立论的想象空间，于是司马迁可以借其传奇医案而抒发己见。

（四）

不妨从“述往事，思来者”的角度，看一看司马迁关于“病有六不治”的论旨。

“使圣人预知微”，作为假设应该洞察先机的“圣人”，指谁？

这里又需略说圣名史。自从孔子声明他没见过活着的圣人〔1〕，他的门徒便在谁可称圣的问题上，陷于纷争。相传孔子死后，子夏、子游、子张曾共同拥立有若为掌门人，因为曾参反对而取消。据孟轲说，有若尽管像孔子，却做不到以德服人，因而孔子与伊尹、周公、伯夷等一样，都是“古圣人”，所谓“大而化之之谓圣”，其身后尚无传人〔2〕。荀况否认孟轲有继承孔子做圣人的资格，说此子“略法

〔1〕 孔子曾说：“圣人，吾不得而见之矣，得见君子者斯可矣。”见《论语·述而》。那末，孔子自我估计，是当时圣人吗？他死后，晚年四大门徒，子夏、子游、子张和曾参，意见无二致。前三人与曾参的分歧，在于子贡所称“天纵之将圣”的这位老师，有没有合格的继承人。据孟轲说，前三人“以有若似圣人，欲以所事孔子事之”，但遭曾参反对作罢。见《孟子·滕文公上》“有为神农之言者许行”章。从此孔门分裂，“儒分为八”，“皆自谓真孔子”（《韩非子·显学》）。

〔2〕 今本《孟子》七篇，辨“古圣人”的言论甚多。孟轲力称孔子死后无圣人，可参看《公孙丑上》“宰我子贡善为说辞”章，《滕文公上》“有为神农之言者许行”章，《尽心下》“由尧舜至于汤”章。孟轲以百年来继孔而生的今圣自诩，跃然简牍，不必待千年后韩愈《原道》推崇也。

先王而不知其统”〔1〕。他从学知言行等不同角度界定“圣人”的论说很多,也不否定有“圣臣”,但称道最多的是“圣王”、“圣君”,特别强调有“国”与有“天下”不可等视:“国者,小人可以有之,然而未必不亡也;天下者,至大也,非圣人莫之能有也。”〔2〕这位中世纪早期经学的教父,在秦汉一统帝国创建过程中的统治学说领域,权威远高于孟轲。他既然再三再四地宣称,唯有得天下的“天子”,才配称“圣”,那在多少受其影响的政论作者脑中,无疑起着导向作用。

汉初仍然奉行秦朝的“挟书律”。首先破例的是陆贾。这位靠口辩说服南越国王向汉廷称臣而超升太中大夫的皇帝近侍,居然向自称天下“居马上得之”的汉高祖称说《诗》、《书》,又居然促使不改流氓习气的刘邦,命他著书,讲讲秦亡汉兴的道理。于是汉朝由汉臣著于竹帛的第一部书,便由陆贾写出了,名《新语》。〔3〕今本《新语》,也许不是原貌,但宗旨很清楚,就是宣称“圣人不空出”,“杖圣者帝”〔4〕,不言而喻,便是将在位皇帝刘邦,尊为活着的“圣人”。

---

〔1〕《荀子·非十二子》。关于孟荀学派对立,参看朱维铮编《周予同经学史论著选集》所收《从孔子到孟荀》一文,该书由上海人民1983年初版,1996年增订本,页807—824。此篇乃我据周先生残稿和授课笔记综合整理而成,原载上海《学术月刊》1979年4期。

〔2〕引自《荀子·正论》。按此篇驳“世俗之为说者曰尧舜擅让”说,自杨倞注谓“擅与禅同”,后世注家多从其说。按,“唐虞禅”见于《孟子·万章上》“万章曰尧以天下与舜有诸”章。孟轲答语,声称“天子不能以天下与人”,但怎样解释古典相传的尧舜禹三代“禅让”的历史呢?孟轲只好乞灵于“天”,编造故事,说是尧已荐舜于天,命舜治民,结果尧死后,舜避尧之子而居化外,岂知诸侯百姓都跟着他跑,于是舜只好回到“中国践天子位”。荀况主张“天人相分”,反对用天意附会人事,因而他驳“尧舜禅让”说,改“禅”为“擅”,决非无意。擅者,自专也,即谓尧可以自作主张,将天下大君地位擅自授予舜。在荀况看来,尧舜辞让其实都不得已,不得已的原因,就在尧晚年“不德”,无奈只好先嫁二女给舜,而后“任以事”(见《成相》“道圣王”节)。这符合荀况的人性论,所谓人性本恶,礼起于“伪”,由后王陆续制定的礼和法,不是“圣人”预设的人类行为规范,便是“圣王”为了惩罚越规行为的条例。荀况理想的“天下”,“非圣人莫之能有”,无疑在呼唤未来的大一统。

〔3〕《史记·郦生陆贾列传》。

〔4〕引语见今本《新语》的“思务”、“辅政”诸则。

在这以前，曾起朝仪而博得刘邦感叹“吾乃今日知为皇帝之贵也”的叔孙通，因为带絜弟子们名利双收，而被其弟子称作与时俱进的“圣人”[1]。但在《新语》受刘邦肯定以后，后来的学者们，岂敢随便把“圣人”之名，加到当世君主以外的本朝人物头上？[2]

于是，司马迁讲述扁鹊传奇医案之后，忽然插上一段议论，说是“假如圣人预先察知幽微，能够下令良医及早处理，那末疾病可以医疗，病人可以救治”云云，这话似乎没头没脑，但在了解汉初以来唯有皇帝才可以称作“今圣”，臣下对其言必称“圣主”、“圣天子”，就可知司马迁在这里所称“圣人”，非指别人，正是指在位的汉武帝。

司马迁写过汉武帝的大事记。然而，今本《史记》的《孝武本纪》非原貌，是后人摘抄《封禅书》的补作，早为学者熟知。因此，东汉便有传说，司马迁的原著，被索阅其篇的“今上”亲手毁掉了，是可信的。不必重述以往论著关于司马迁写他那时代的历史如何尊重事实的考证，就看他批判汉武帝缺乏洞察先机的才智，用人不当，导致帝国病患愈来愈重，所谓“六不治”，已可得知他怎么会以身殉史[3]。

---

〔1〕《史记》卷99《刘敬叔孙通列传》，此篇记叙叔孙通曾为秦博士，在秦末到汉初的短短五年里，“所事者且十主，皆面谀以得亲贵”，而他的最后也是最大的功业，便是窥知已称皇帝的刘邦，无法对付下属那班布衣将相“争功”，因而“颇采古礼与秦仪杂就之”，诱导新朝文武权贵在朝堂上遵守等级秩序，获得成功。刘邦大悦，说是“吾乃今日知为皇帝之贵也”，即拜叔孙通为太常（原名奉常，秦官，掌宗庙礼仪，为九卿之一），赐金五百斤。叔孙通乘机请求刘邦给弟子们封官，于是刘邦不问姓名，全部命其弟子为“郎”，即禁军侍卫。“叔孙通出，皆以五百斤金赐诸生。诸生乃皆喜曰：‘叔孙生诚圣人也，知当世之要务。’”

〔2〕据《汉书》本传，叔孙通因起朝仪而在弟子中赢得“圣人”之名，时在高帝七年(200B. C.)。陆贾奉旨著新语，在何年？《史记》本传未载，《资治通鉴》卷12汉纪四，系此事于高帝十一年(196B. C.)，当据司马迁著《南越列传》所记陆贾事迹，与本传叙事次第比照后推定。迄今尚无史料可作反证。因此在陆贾《新语》问世以后，帝国高祖的无上权威，便足以使得帝国学者不敢逾其规矩。

〔3〕参见拙著《司马迁》。

春秋晚期已流传“上医医国,其次疾人”的名言。据《国语》说,它的发明权,属于秦人医和[1]。《左传》曾详述这位佚氏的秦医,应聘到晋国给晋平公治病,一见便断定其“疾不可为”,说了一篇何以不治的道理,因而被晋卿赵孟叹为“良医”[2]。

司马迁著史,大量征引过《左传》、《国语》,因而对于医和其人其言不置一词,颇令人费解。但无论他是否避免触怒“信巫不信医”的今上皇帝,但他作扁鹊传,忽然紧随四见齐桓侯断其病已不治而逃亡的故事之后,插入指斥“圣人”不会早用良医的大段议论,那批判的对象,在于汉武帝君臣均非医国手,并首列“骄恣不论于理”、“轻身重财”等作为病不可治的理由,意向非在治身,而在治国,强调“医之所病,病道少”,岂有疑义?[3]

汉武帝“骄恣不论于理”,早由他畏重的正直大臣汲黯当面指斥他“内多欲而外施仁义”一语揭露无疑。但近人史著,似都无视此点与“轻身重财”、“衣食不能适”等,所指正是汉武帝时代“国病”不可治的肇因。

《史记》已提供了内证。只消将《货殖列传》和《平准书》稍作对照,便可了然。

《平准书》是西汉帝国创业百年的经济史,陈述重心为汉武帝

---

〔1〕 见《左传》昭公元年,文长不具引。

〔2〕 见《国语·晋语八》医和曰。按,此谓医和对晋卿赵孟语,与《左传》载医和断定晋平公患了不治之症之后,答赵孟的基调相同。

〔3〕 参看王符《潜夫论》第八篇《思贤》。此篇发挥《国语》所载“上医医国”论:“上医医国,其次下医医疾。夫人治国,固治身之象。疾者,身之病;乱者,国之病也。身之病,待医而愈;国之乱,待贤而治。”王符生活在东汉末,正是《史记》被统治者诬为“谤书”盛行的时代,他没有提到司马迁医国病的见解,也没有提到“上医医国”乃《国语》所述医和言,似乎都不难理解。清嘉庆间,汪继培《潜夫论笺》,指出“上医医国”二语出自《国语》,且引《吕氏春秋·审分览》“夫治身与治国一理之术也”,《后汉书》崔骃列传附崔寔传引《政论》“为国之法,有似理身”,均可证此论在秦汉间广泛流传的历史真相。

一朝国家权力对经济生活的干预过程。它的叙事终于元封元年(110B. C.)，只写了汉武帝在位五十四年的前三十年，却展现了一个富饶的帝国，怎样被好大喜功的皇帝和他信用的权臣推行的经济资源国有化措施，闹得财政状况不断恶化，帝国也由盛趋衰的真实历史。司马迁没有来得及目睹汉武帝晚年信任的财政大臣桑弘羊的种种经济垄断措施的破产，但《平准书》的结语，借卜式批评皇帝因旱命巫官求雨的言论，以为灾由人兴，“亨弘羊，天乃雨”〔1〕，便知此篇作意。

实际历史过程已被《平准书》描绘得如此清楚，因而后来史家都只可把它当作论史的依据，而在“评价”上做文章。例如司马光的名著《资治通鉴》，总评汉武帝：“孝武穷奢极欲，繁刑重敛，内侈宫室，外事四夷，信惑神怪，巡游无度，使百姓疲敝，起为盗贼，其所以异于秦始皇者无几矣。”〔2〕由《通鉴》描述前半生的汉武帝编年史，全部取材《史记》，可知司马光与司马迁的区别，仅在结论说明与否而已。上世纪后半叶纷纷以赞颂秦始皇事业为己任的通史国史之类，同样取材《平准书》，却掉头称道汉武帝任用桑弘羊，推行盐铁专卖、铸钱垄断和以重税迫使商人退出流通领域等等利权尽归君主的措施，造就了“西汉的盛世”〔3〕。近年渗入域内的后现代

〔1〕 由此引出一个问题，即《平准书》初创者是谁？史学史一般认为，司马迁在《太初历》颁行后(104B. C.)，著手写《史记》，内有若干篇或据其父司马谈遗稿增改。《平准书》叙史下限终于元封元年(110B. C.)，正是司马谈病逝并嘱司马迁“无忘吾所欲论著”的同一年。三年后司马迁丧终任太史令，即主持改历，至太初元年始著书，而于此前六年盐铁官卖等措施激起民变日甚的情形，不著一词，是否表明他对《平准书》，仅在其父遗稿上修补，未及续写呢？当存疑。

〔2〕《资治通鉴》卷22汉纪十四武帝后元二年(87B. C.)“臣光曰”。

〔3〕 至上世纪末大陆出版的各种历史教科书，仍多持此见，均疏于将《平准书》与《货殖列传》对照，可知不尽出于以论代史。

主义史学，宣称历史不过是历史学者选择某种文本编织的故事，只能称作一门艺术，固然从历史到逻辑都悖论百出，但用来衡量向来自命“科学”的官方半官方中国史教科书，却可谓歪打正着。

如果说《平准书》表明司马迁批评汉武帝既自致“国病”，又“病急乱投医”，使投机与国计民生攸关的工商业暴发户，“大煮盐”东郭咸阳、“大冶”孔仅、“洛阳贾人子”桑弘羊又都成为政治暴发户〔1〕，那末《货殖列传》针对当时经济国策的批判意义，也就可以理解。

有史以来，追求耳目口身的安乐，追求心理成就感的安慰，“使俗之渐民久矣，虽户说以眇论，终不能化。”既然道德说教无法愚民，回到老子幻想的“圣治之极”，那该怎么办？有五种对策：“故善者因之，其次利道之，其次教诲之，其次整齐之，最下者与之争。”〔2〕《货殖列传》的这段总论，是否如班彪、班固父子斥责的，“论大道则先黄老而后六经”〔3〕？另当别论。但司马迁认为历史已经证明，汉初七十余年“国家无事”给皇帝一份丰厚的遗产，“非遇水旱之灾，民则人给家足，都鄙廪庾皆满，而府库余货财。”〔4〕那末由“利道之”以下的治国术的任何改变，都只能看作是“物盛而衰”的变迁，何况汉武帝信用的桑弘羊提出的国策，引导君主滥用权力与民争利，正是亡秦自致灭亡的最下策：“古者尝竭天下之资财以奉其上，犹自以为不足也。”(平准书“太史公曰”)

---

〔1〕 三人受重用，均在武帝元狩四年(119B. C.)。参看《平准书》，及《通鉴》同年全据此书而更集中的记载。

〔2〕《史记》卷129《货殖列传》。注释可看前揭《中国历史文选》上册，页136—140。

〔3〕《汉书》卷62《司马迁传》赞语。清代王鸣盛《十七史商榷》于班氏父子的这段批评，有详细考证。

〔4〕 见《平准书》。这是作者叙武帝前三十年史的引论。段末强调这三十年，“物盛而衰，固其变也”，尤点明篇意。

（五）

于一世纪末基本完成的《汉书》，也有它续补《史记》作者的专传。传中首次公布了司马迁的《报任安书》，是他藉私人通信方式留下的内心独白，写于征和二年（91B. C. ）夏秋之间[1]。那以后司马迁便失去了历史踪迹。

过了不到五年（87B. C. ），汉武帝在杀死指定接班人的生母之后，命人画了“周公负成王朝诸侯”图赐给霍光，也魂不守舍了。他死前曾忏悔自己“愚惑”，受方士欺哄，有病不愿“节食服药”；也曾下诏罪己，承认自己“不明”，因穷兵黩武而横征暴敛，“扰劳天下”[2]；都恰好反证司马迁所指“病有六不治”，是对汉武帝君臣酿成“国病”的病因分析。

也许别有所感，司马光对于汉武帝死前两年“深陈既往之悔”的过程，铺叙尤详，称许此人“能尊先王之道”，“晚而改过，顾托得人，此其所以有亡秦之失而免亡秦之祸乎？”[3]暴君的忏悔真诚与否是另

---

〔1〕 征和二年（91B. C. ）七月，太子刘据，被武帝宠臣江充诬为“巫蛊”，起兵杀江充，与丞相刘屈氂所发兵，在长安城内大战。时长安卫戍部队的统领、护北军使者任安，受太子符节而闭军门不发兵，致太子兵败逃亡。事后武帝以为任安欲坐观成败，与被指纵放太子出逃的丞相司直田仁，均下狱腰斩。政变时，司马迁随武帝在甘泉，回到长安，田仁、任安已下狱。二人均为其友，他念及任安在益州刺史任上，曾致函勉励他既为中书令，当尽心辅佐太子，而此函尚未复，故作了《报任安书》。按西汉执行死刑均在冬月，可推断此书必作于征和二年秋冬之间。又按，司马迁卒于何年，在史学界向有争论。前揭《田叔列传》，末叙田仁坐纵太子，下吏诛死，族灭，其实已暗写任安之死。但他的《报任安书》，在东汉初班固《汉书》中首次公布，当得自班家拥有的宫廷藏书副本。据此推知，司马迁此书，或于送狱时被截留，没入宫廷，因而东汉卫宏说司马迁受宫刑后，“有怨言，下狱死”，可能就指《报任安书》被发觉事。因此，司马迁必卒于征和三年（90B. C. ）春以后。因为这年穷治巫蛊案，至年终才因田千秋上书替太子讼冤而缓和，而司马迁如果由于致书任安而受株连，当在这年间。

〔2〕 参看《资治通鉴》卷22武帝征和四年（89B. C. ）的引语。

〔3〕《资治通鉴》卷22汉纪十四武帝后元二年“臣光曰”。

一回事，而他们的虐政却决不会随着权首的死亡而化作“仁术”。

不是吗？当初设计由皇家造劣币、禁民间煮盐铸铁，命商人申报财产以征重税等药方，以治疗皇帝总患用度不足的金钱饥渴症的，是赫赫有名的酷吏张汤。用恐怖手段达到搜刮目的，是张汤的本行。除了死刑、肉刑，他还发明了“告缗”、“见知”、“腹诽”等恶法。到他本人也被皇帝发觉“怀诈面欺”而自杀，短短四年里，全国因犯禁而处死的平民已达数十万人，中等以上人家大都破产，连财政大臣也因“反唇”论死〔1〕。司马迁目睹了这段过程，更看到苛政恶法没因张汤之死而中辍，相反由新任大农令丞孔仅、桑弘羊弄得越发精细〔2〕，这怎不使他叹息“医之所病，病道少”呢？

传统史家好强调“人亡政息”，其实不然。汉武帝死了，盐铁专卖等仍是国策。汉昭帝始元六年(81B. C.)，蓄积已久的一场争论，终于发生。争论的主题就叫“盐铁论”。争论的详细记录被汉宣帝时一名任地方官的经学家桓宽编成《盐铁论》〔3〕。桓宽根据

〔1〕 前引《平准书》“大农颜异诛”。大农即大农令，位列九卿，主持官府财政。颜异出身济南亭长，由小吏至大臣，因反对强迫王侯宗室购买定价四十万钱的皮币，当作朝贺例献的苍璧的衬垫，后者价仅几千钱，认为“本末不相称”，惹恼汉武帝，借别事将他交付御史大夫张汤审判。张汤原与颜异不和，审出颜异在门客私议盐铁等令难行时，“异不应，微反唇”，即嘴唇微动，欲言又止，于是张汤奏报武帝：“异九卿，见令不便，不入言而腹诽，论死。”司马迁说：“自是之后，有腹诽之法比，而公卿大夫多谄谀取容矣。”据司马光考定，事在元狩六年(117B. C.)，见《通鉴》同年本文及《考异》。

〔2〕《平准书》记武帝用东郭咸阳、孔仅和桑弘羊经营盐铁事，三人都出身富商，“故三人言利，事析秋毫矣。”元鼎二年(115B. C.)，张汤死，其政敌也被武帝处死。孔仅任大农令，桑弘羊任新设的大农中丞，进一步推行工商都由国家垄断政策。《通鉴》据迁史，集中于这几年陈述汉廷以权力干预国计民生的过程，颇翔实。

〔3〕 据《汉书》卷 66 车千秋传附桓宽事，宽字次公，汉宣帝时以治《春秋公羊》，举为郎，官至庐江太守丞，即太守助理，秩六百石。所著《盐铁论》，唐代杜佑《通典》曾节引，宋代曾有刻本，至明弘治间始有涂祯校刻本流传。今通行本为清嘉庆间张敦仁重校重刻本，后附考证。王利器《盐铁论校注》，即以张本为底本，增订本于 1983 年由天津古籍出版社刊行。以下所引《盐铁论》均据 1986 年北京中华书局重印的《诸子集成》本。

宫廷档案编订的《盐铁论》，虽有左袒贤良文学一方的嫌疑，却没有刻意丑化桑弘羊，相反也详细录存了桑弘羊及其属官的答辩言论，包括出面主持争论的丞相车千秋竭力回避是非判断的圆滑发言，都与《汉书》等有关记载相符，因而可作本文讨论问题的佐证。

桓宽分析这场大争论的议题，凡五十八道，连同开头"本议"和结尾"杂论"，全书共六十篇。通观全书，有以下几点引人注目：

第一，争论的双方非但都熟悉儒家经传的典故，而且都很了解本朝历史，似乎都读过司马迁关于汉朝的帝纪、列传或封禅、平准、河渠诸书。《轻重》、《相刺》、《大论》等篇，都记有文学引用扁鹊医术来比喻治术，那些说法显得与司马迁所记扁鹊传奇如出一辙。《毁学》篇记桑弘羊引"司马子言天下穰穰皆为利往"云云，直接出自《货殖列传》。连御史、丞相史等，在驳文学说时，也显示出对扁鹊传奇十分熟悉。

第二，争论议题中有《国病》〔1〕一篇，其中贤良关于汉武帝时代三大臣群趋逐利的大段慷慨陈词，所引故实无不见于《平准书》。《散不足》篇记贤良回应车千秋"愿闻散不足"的要求，将滔滔数千言的议论，归结为两句话："故国病聚不足即政怠，人病聚不足则身危。"可说读《平准书》后，道出了司马迁著《扁鹊仓公列传》的意蕴。

第三，争论表明，就在汉昭帝初，由于扁鹊传奇的流行，以致士绅都认他为"上医医国"的表征，似都不知那箴言的发明者是医和。因而争论双方都以良医比良吏，都以扁鹊比贤圣，都指对方背离扁鹊的医术。例如《轻重》记文学与御史的交锋；文学指责桑弘羊等是"拙医"，"非扁鹊之用针石"；御史就反驳道，桑大夫管理财政以

〔1〕 整理者按：《诸子集成》本目录作"国疾"，正文作"国病"。

来,“事灸剌稽滞,开利百脉,是以万物流通,而县官(皇帝)富实。”“此皆扁鹊之力,而盐铁之福也。”《盐铁箴石》则记车千秋劝告贤良文学注意态度,不可“争而不让”,免得即使出任亲民官,“亦未见其能用箴石而医百姓之疾也”。

第四,争论终于扯出司马迁。据《盐铁取下》篇末,在贤良再度长篇驳斥桑弘羊之后,公卿已罢议止词,上奏说:“贤良文学,不明县官事,猥以盐铁而为不便,请且罢郡国榷沽,关内铁官。”但其下还有十八篇更广泛的议题,表明贤良文学或其幕后人物不肯善罢干休。《申韩》篇记文学再度攻击“今之所谓良吏”,决非“良医”,显然使桑弘羊们激怒了,紧接着御史辩护说,《春秋》不把刑人当人,而如今民犯公法,邻居父兄互相包庇,该责备谁?文学也激动了,声称如今“良民”要耻刑人已不可能:“今无行之人,贪利以陷其生,蒙戮辱而捐礼义,恒于苟生,何者?一日下蚕室,创未瘳,宿卫人主,出入宫殿,得由受俸禄,食太官享赐,身以尊荣,妻子获其饶。故或载卿相之列,就刀锯而不见闵,况众庶乎?夫何耻之有!”这未必确指司马迁〔1〕,但谁听了都会首先想到司马迁。理由并不难解。不仅如前所说,争论双方所引典故,无不见于《史记》数篇,桑弘羊还直引司马迁语,而且司马迁的女婿杨敞,在司马迁任中书令后入仕,这时已官至大司农即财政大臣,虽然“素谨,畏事”〔2〕,没有参与争论,还被桑弘羊下属御史暗示他不管盐铁事〔3〕,却不能

---

〔1〕 引自《周秦》篇。郭沫若有此说,似见于他校订的《盐铁论读本》(科学出版社1957年版)。客居难索此书,或记忆不准确,容后再查。

〔2〕《汉书》卷66杨敞传。他是华阴人,娶司马迁女。武帝死前,以霍光为大司马、大将军,杨敞入其幕府,为军司马,得霍光力,迁大司农。昭帝始元六年二月,“诏有司问郡国所举贤良文学,民所疾苦。”贤良文学都要求罢免盐铁酒榷,均输官。这都是大司农主管的政务,但在争论中未见杨敞登场,令人费解。

〔3〕《盐铁论·轻重》。

逃脱文学的责难并辱及其外舅，都很合逻辑（汉代重婚姻关系，故宫廷政争总与新老外戚争权相关，朝廷亦然）。

接受司马迁的医国论，却又否定司马迁的人格，这在司马迁的身后只是第一例。《汉书》以后对他的否定，由人格、政见而至史论，但直到北宋的司马光，仍然承认扬雄说《史记》是“实录”。不过他的医国论，反而越来越湮没不彰。这并非意味着“上医医国”的观念已经退出历史，相反是因为它已渗透到传统文化的各个领域。比如大约在东汉中晚期出现的道教经典《太平经》，便将“治身”与“治国”并提[1]。东汉末的今文经学家何休，宣称《春秋》三传，唯独《公羊传》得到孔子不宣之秘必须“墨守”，而《左氏春秋》则病入“膏肓”，《穀梁春秋》已患上“废疾”。同时遍注群经的郑玄，用同样手法回敬，著《箴膏肓》、《起废疾》、《发墨守》三书驳之[2]。双方都把经说正误比作诊治疾病。那以后这类例证在政论史论和宗教论著中俯拾皆是，包括习见于戏曲诗词或民俗谚语。

迄今史学研究似未从上述角度探讨过这样的观念对于传统史学的影响和变异，因而对司马迁的医国论，略作考证，或于历史观念史稍有裨益。

（原载《复旦学报》2005 年第 2 期）

---

〔1〕 参见林富士《疾病终结者——中国早期的道教医学》，台北：三民书局，2001 年版，页 65—66。

〔2〕《后汉书》卷 35 郑玄本传。

司马迁

一、小　引

上个世纪初叶，黑格尔在著名的《历史哲学》演讲录里，便曾说过："中国'历史作家'的层出不穷、继续不断，实在是任何民族所比不上的。""而尤其使人惊叹的，便是他们历史著作的精细正确。"(《历史哲学》，王造时译，三联书店1956年版，页161、163。黑格尔在讲演中没有直接提到司马迁，但德国是选译《史记》最早而最多的西欧国家，今存《史记》德译本，最早发表于1857年，参见王尔敏编《中国文献西译书目》，台湾商务印书馆1975年版，页527—531)

列在中国历史上大史学家名单上的，第一位无疑当数伟大的史学名著《史记》的作者司马迁。

然而，生活在二千一百年前的《史记》作者，尽管给古中国众多的人物写过传记，从英雄豪杰到引车卖浆者流都没有忘记，尽管对自己的家族史和著作史也没有忘记，却竟然忘记在自序中补上一笔，介绍自己生于何年何月。同时，他在晚年致一位死囚朋友的信里，述说了对于生死意义沉思后的独白，留下了千古传诵的"死有重于泰山，或轻于鸿毛"的名言(《汉书·司马迁传》)，但以后就神秘地失踪了，没有留下任何材料可供人们判断他卒于何年何月。

由于《史记》的巨大影响，使后人对于作者的谜一般的生平，更加好奇，因此考证日多，歧说愈甚。《史记索隐》、《史记正义》的作者司马贞和张守节，属于八世纪初叶的同代人，关于司马迁的生卒年代便提供了不同说法。后代学者据此争议更加热烈。本世纪初，王国维的名文《太史公行年考》发表，断言司马迁生于汉景帝中元五年(前 145)，约卒于汉昭帝始元元年(前 86)，大概活了六十岁，这以后总算暂时众喙息响。

不幸王国维的考证行文匆促，留下疑点很多。四十年代李长之已作纠缪，认为他将司马迁生年算错了十年。五十年代，人们准备纪念这位世界文化名人诞生二千一百周年，郭沫若作了《〈太史公行年考〉有问题》一文，得出与李长之同样的结论，重开了关于司马迁传记的三十年争端。

于是，我们讨论司马迁和《史记》，仍不能不从清理历史事实做起。

二、“天官世家”

司马迁，是复姓单名，字子长。出生于西汉左冯翊夏阳县，故城在今陕西省韩城县南。离夏阳故城西北不远的高门原，又称马门原，就是司马迁怀念的故乡。

夏阳在黄河西岸，与汾阴隔河相望。距离故城东北百余里，便是相传由夏禹凿开的龙门。它那壮丽的自然景观，已足以催人遐想，而这里作为河东河西的津渡，在楚汉相争之际，曾留下过韩信巧用疑兵计偷渡击破魏王豹大军的故事，更增添了它的传奇色彩。《太史公自序》自报“迁生龙门”，而不按自己立传惯例说是“夏阳人也”,显然是为自己生于英雄的神和英雄的人建功立业之地而感到自豪。

可惜,司马迁忘记交代自己“生龙门”时在何年。据我考察,以李长之、郭沫若的考订比较可信,就是说他生于公元前135年,当西汉武帝建元六年。

建元六年,控制朝政长达二十二年的窦太后死了。她的孙儿汉武帝,这时已二十一岁,从此开始了他个人将近半个世纪的真正统治。在把老祖母尸体送进棺材之后,这个青年皇帝转身就改组政府,重新任命自己的母舅担任丞相,随即恢复被老祖母绞杀了的制礼改制的事业,打击藩国势力,限制贵族特权,建立由地方推荐和御前考试以选拔才士的文官制度,并在此过程中实现集权于君主一身。如此等等,都是在用儒术代替黄老术的名义下进行的,历史上便称为“独尊儒术”。

司马迁便降生在中国文化的这个重大转折年头。

正像屈原自称“帝高阳之苗裔”一样,司马迁也把自己的家世追溯到传说中的颛顼高阳氏时代。据他说,自己的远祖,便是自颛顼至夏、商“世序天地”的重黎氏;到西周宣王时,才失去职守而变成司马氏,但仍然“世典周史”;直至春秋早期,才因周王室内乱,举族迁居晋国的少梁即后来更名的夏阳;此后宗族星散,有一支流入秦国,就是他的直系祖先。

司马迁的本意在于证明司马氏是有悠远历史的天官世家,却无意中透露了他们父子何以被汉武帝选中,而相继担任太史令的原因。

为什么这样说?据司马迁自述,从他的九世祖司马错入秦起,便弃文就武,世代为秦将;不幸七世祖靳追随白起犯下活埋赵国降军四十万的大错误,同白起一道被迫自杀;从此家族日趋破落,他高祖便改任铁官,曾祖在汉初又降为管理集市贸易的市长,祖父仅剩下军功爵第九等五大夫的空名,类似近代的退役上校,只在本乡享有免费乘车之类小特权。由于汉代军功爵可以花钱购买,司马迁也没有提到祖父上过沙场,因此可能自他祖父起,就已沦为平民,无非靠祖上余荫略有田产牛羊,还能混充绅士。

到司马迁的父亲司马谈,大约家道破落得连空爵位也买不起了。然而如同所有破落户子弟最爱缅怀祖先的光荣一样,司马谈记起了远祖的显赫历史。上古巫史不分,都是巫师,只是巫主接神,史序神位。但神职的分工,却导致被称作史的巫师,因为记录群神出没序列等需要,首先掌握了文字,逐渐由专记神事到兼记人事,变成古代有学问的宗教家。甲骨文研究已表明商代卜人是世袭的,既是宗教官又是档案官。所谓重黎氏"世序天地",所谓司马氏"世典周史",从这点来理解,很可能是真实的。证以司马迁晚年自白,"仆之先人非有剖符丹书之功,文史星历近乎卜祝之间",更说明司马谈已沦为布衣,选择了远绍先祖以重振家声的道路。

然而司马谈继承的并非"家学"。《太史公自序》记载过他的学历:"太史公学天官于唐都,受《易》于杨何,习道论于黄子。"就是说,他的学问都来自异姓学者。

唐都是西汉著名的占星家,占星一定兼通天文学。杨何是汉初易学大师田何的再传弟子。《周易》在秦朝免于焚书之祸,因为被看作占卜书。汉武帝仍然用它来占卜军国大事,因而杨何在建元六年汉武帝亲政后,也被专人迎至长安担任备顾问的博士官。黄子当为汉景帝时黄老学派的领袖黄生。"子"、"生"都是尊称。《史记》提到他都不称名,可知在他们父子心目中,他的地位高于唐都、杨何,很可能是司马谈的本师。他的遗说表明他是个矛盾人物,既主张尊君卑臣,又主张维持现状。司马谈的名论《论六家要指》,证实他曾受到黄生道论的深刻影响。

司马谈大约生于汉文帝十五年(前 165),在汉武帝元封元年(前 110)去世,享年大约五十六岁。

据此推断,司马谈先从黄生习道论,约在前 145 年,即汉景帝中元五年前后,时约二十岁;从杨何学《易》,则必在前 134 年,即汉武帝元光元年以后,时约三十一岁后。《周易》卜筮属于术数,以数占星需要有天文星占知识做基础,而唐都曾参加司马迁主持的"太初历"制定工作,时年最多七十岁。他起码比司马谈年长十岁才能充当老师。因此可判断司马谈从他学天官,大约在景、武之际,即公元前 145 至前 135 年之间。

司马迁出生那年,他的父亲正值"而立"之年。司马迁是独子,因而他降临人间,使司马谈快活匪浅。古代诗人请求朋友帮助自己脱离低谷而攀上大树,便吟唱道:"伐木丁丁,鸟鸣嘤嘤。出自幽谷,迁于乔木。嘤其鸣矣,求其友声!"(《诗·小雅·伐木》首章)司马谈给独子取名为迁,字子长,不正是倾注自己的心境吗?

"太史公仕于建元、元封之间"(《史记·太史公自序》)。司马谈开始做官,可能就在这一年。虽然起初充当的只是太史丞,月俸不过三十斛小米(秩二百石),却终究是太史令(即"天官")的副手,象征着远绍祖业的宿愿实现有望,正好此时得子,怎会不以为"迁于乔木"指日可待呢?

司马谈终于升任太史令了,时间大约在他迁居茂陵(今陕西兴平东南茂乡)以后。茂陵是汉武帝为自己营造的坟墓,照例要移民充实陵县,于是在元朔二年(前 127)下诏"徙郡国豪杰及资三百万以上于茂陵”(《汉书·武帝纪》元朔二年)。司马谈的家财未必值钱三百万,但他祖宗八代内有五代获得秦汉官爵,便足以登上“郡国豪杰”的名单,何况他当时已跻身于朝廷命官行列。

于是,司马迁便成为“茂陵显武里”人。那时他大约九岁。

三、宦学生涯

未来的历史学家司马迁,由僻远的夏阳到了喧闹的茂陵,无异进入一个难得的课堂。

汉朝的陵县户口政策,在首都长安附近,造成了一个又一个卫星城市。茂陵是最新的一个,集中了来自全国各地的绅士富豪家族,多半都是景、武之际的新贵和暴发户。他们带来了自己的财产和奴婢,带来了自己的生活方式和文化心态。诸陵县的共同特点,所谓五方杂处,风俗不纯,“其世家则好礼文,富人则商贾为利,豪杰则游侠通奸”(《汉书·地理志下》),在茂陵更其如此。不消说,这里堪称汉武帝时代社会生活的一个缩影。

在茂陵,司马迁由少年成长为青年,度过了人生求知欲和好奇心最旺盛的十年。从这里,他看到了各色人等的脸谱,看到了不同等级的生活,也看到了当代上层社会的概貌。我们有理由相信,他所描述的秦汉之际和汉兴以后各类人物的活动,如果没有这一段经历,那就不可能如此栩栩如生。

汉武帝元朔三年(前126),司马迁十岁了。

“人生十年曰幼学”(《礼记·曲礼上》)。他已到了那时人们认为应当接受正规教育的年龄。司马谈对儿子既然抱有那么大的期望,对他的教育当然格外费心。启蒙教育,大概是父亲自己承担的,不过,正规教育则非拜名师不可。

说来也怪,司马谈本人属于黄老学派,可能算是这个学派在理论上的最后一位大师。但他替爱子寻得的两位导师,却是西汉儒家学派两位赫赫有名的大师,即孔安国和董仲舒。

据司马迁记载,孔安国为孔子的十一世孙。他是西汉《鲁诗》学派宗师申培的弟子,但以通晓《尚书》知名。但他由以起家的《尚书》,版本却不同于汉武帝时立为官方教科书、用汉朝通行文字隶书记录的《今文尚书》,而是从曲阜孔子故宅墙壁里发现的用秦朝文字改革前篆书写成的《古文尚书》。它比《今文尚书》多十六篇,由孔安国首先将它译成通行的隶书。但这个版本没有得到西汉政府的承认,所以孔安国虽然因为老师的缘故在汉武帝亲政后被任命为博士,但只准传授《鲁诗》,他希望把《古文尚书》等"孔壁古文"立为官方教科书的打算,终生也没有实现。但在私下仍然传授用古文写成的儒家经典,其弟子中,最出名的就是兒宽和司马迁。

司马迁自称"年十岁则诵古文"(《史记·太史公自序》)。《汉书》特别指出"司马迁亦从安国问故"(《汉书·儒林传·孔安国传》。按"问故",或以为"故"乃"古文"二字连文,但只要知道古书直行书写,便知不可能有此错误)。因而,孔安国是他的本师,给他以难忘的影响,而且教给他的是用秦以前古文字写成的经典,都是可以证实的。

董仲舒在历史上曾被赋予过大的名声,常被称作说服汉武帝"罢黜百家,独尊儒术"的作俑者,那与历史实际不符,在前已有说明。但他是西汉的《春秋》学专家,运用所谓"《春秋》诛心"的原则,为西汉王朝企求通过法律形式推进君主专制提供了理论说明,把荀况以来世俗化的儒学改造成神学化的经学,则是他的历史业绩。

《史记》作者自序屡说"余闻董生曰",可谓司马迁确曾拜董仲舒为师的自白。董仲舒卒于元鼎二年(前115),而司马迁于前一年便外出旅游,可知他跟随董仲舒问学,必定在十九岁前家居茂陵期间。

司马迁相当了解董仲舒的《春秋》学,并采取半肯定半否定的态度。

那时代,书籍是手抄的,做学问全靠老师口授,得投一位名师已是莫大幸运,而年轻的司马迁在十年间却接连得到三位大师指授。从父亲那里,他学得了天文、星占、卜筮和黄老学说。从孔安国那里,他学得了用今文解说的《古文尚书》,也许还有属于经古文学派的其它古籍,当然还有古文字学。从董仲舒那里,他又学得了以《春秋》公羊学为轴心的经今文学派理论。

于是,年甫弱冠的司马迁,便成为通晓当代主要学问的青年学者了。

汉武帝元鼎元年(前116),刚举行过成年礼的司马迁,离家出外游学。

至迟从春秋晚期起,有志于仕的士人要去官府边服役边学习,叫作"宦学"。以后私人收徒教学的风气渐盛,可在官府以外寻访名师,于是外出游学的士人日多,目的仍在于学习做官本领,仍称"宦学事师"(《礼记・曲礼上》,参见孔颖达疏引《左传》服虔、杜预注)。司马迁正是依照这一老习惯外出游学的。

他的旅行路线,大概地说,由长安出发,先到长沙寻访屈原遗迹,乘船在沅水、湘江巡游,再登九嶷山找舜的遗迹,又向东登庐山考察相传是禹所疏导的九江,而后直奔东海之滨,到会稽山探禹穴,即传说中这位治水英雄的葬处;由此北上,渡过长江,去淮阴寻访汉朝开国元勋韩信的故事,并考察淮、泗、济、漯的水利状况,再渡过汶水、泗水,到达齐国和鲁国的故都,在那里讲习学业,参观孔子故居,并在孟轲的故乡演礼;回头南下,在项羽的西楚王国故都彭城遇险,后来经过孟尝君的封地薛邑,去丰、沛参观刘邦和他那群布衣将相发迹的地方;最后西返,中途游览了魏国故都大梁的遗墟,又返回长安。

这番游学,对他做官未必有好处。对他成为大史学家却是必须的。"读万卷书,行万里路",司马迁堪称那个时代的第一人。

四、初登仕途

汉武帝元鼎四年(前 113)前后,约二十三岁的司马迁开始做官了,担任秩比三百石的郎中。

郎中是皇帝的末等侍卫官。级别虽低,俸钱也少,在以前却是贵胄子弟才能获得的职务。司马谈不是贵族,没有资格让儿子充当禁卫军官。唯一的解释,只能是司马迁靠自己得到这份光荣。

充当皇帝的侍卫官,当然既神气,又易被信用,何况司马迁是那样才华横溢。元鼎五年(前 112),汉武帝就派他担任特使,随军出征西南夷。跋涉了巴山蜀水,深入过自大的夜郎,到第二年新正(元鼎六年十月),司马迁才返朝报告。那时他二十五岁。

司马迁风尘仆仆回到长安,发现汉武帝已经去东部巡视,准备封禅,即登泰山祭天,下梁父(泰山旁小山)祭地。他尾追而去,跑到洛阳,却意外地见到父亲,并且已经病得奄奄一息。

从秦始皇二十八年(前 219)举行封禅礼以后,一百多年过去了,经过两朝八帝,这时才决定重新举行封禅大典。太史令理应充当这次大典的司礼官，岂知半途病倒，怎么不使司马谈伤心之至呢？

“予先，周室之太史也。自上世尝显功名于虞夏，典天官事。后世中衰，绝于予乎！汝复为太史，则续吾祖矣。今天子接千岁之统，封泰山，而予不得从行，是命也夫，命也夫！予死，汝必为太史。为太史，无忘吾所欲论著矣。”(《史记·太史公自序》)

这是司马谈临终前对司马迁的嘱咐。

汉武帝元封元年(前110)，司马谈死了。二十六岁的司马迁，立即辞官服丧。按照那时的礼制，除皇帝以外，任何人为父母服丧都得三年，实际时间是二十五个月。

五、继任太史

果然不出父亲所料，司马迁服丧期满，便被任命为太史令。时在元封三年(前108)，他二十八岁。

西汉的太史令，类似后来的皇家天文台台长，但职责要宽得多。诸如天文、历法、星占、候气等，涉及“天”的迷信与科学事宜，都归太史令掌管。

在西汉，凡“史”都同文书档案有关系。那时全国图书秘籍都集中于宫廷，被任命为太史令的司马迁，很自然地获得了饱览宫廷藏书的特权。没有这一点，他不可能写出《史记》。

但这位青年天文官，刚上任便发现历法混乱。

原来，当时通行的还是秦统一后改定的颛顼历。它以十月朔为岁首，应用已有百年。古代计算不精密，历法愈久，误差愈大。到汉武帝时期，依照这部历法，当晦而月见，当弦而月圆，已成常事。误差使节令失时,贻误生产,妨碍生活,影响祭神祀祖之类宗教活动,影响封建王朝的收益,还间接危及皇帝个人的权威。事实上,当时可能还有十多种历法,在各地流传。

元封六年(前 105),司马迁已逾“而立”之年了。下一年,经过著名经师兒宽主持的博士会议赞同,汉武帝决定接受司马迁和大中大夫公孙卿、壶遂联名提出的建议,从这年起改历,并指定司马迁等主造新历。

于是,一个二十多人的改历班子组成了,其中包括著名的占星家唐都、历算家落下闳,以及从官员和民间选出的治历者,在学术上总其成的是精通数学的历算家邓平。司马迁是一位称职的学术组织者,在他主持下,不到一年,便制定出新的授时历。经过验算和实测,结果令人满意,因而汉武帝下令颁行全国,并明令禁用过时历法十七家。新历造成后,元封七年便改称太初元年,因此历史上称作《太初历》。

限于当时的观测手段和计算技术,《太初历》当然还不够精密,还为了附和皇帝那种一切由我从头开始的专断心意而带有强烈的神秘气息。但以正月为岁首、阴阳合历等原则,一直沿用到清朝,因而在科学上具有重大意义。

六、草创《史记》

改历的大事完毕,司马迁便致力于《史记》的写作。

“史记”本是汉以前史书的通称。《逸周书》就有“史记解”,司马迁在书中也屡称“史记”,那都泛指古史。

司马迁自序中提到“为太史公书”,似乎《太史公书》是他所著书的原名。但东汉初的桓谭对此已有疑问。王国维更详考西汉太史令没有自称“太史公”的规矩,从而以为“原书本有小题而无大题”。这一推断,可由两汉间对本书的称谓不确定得到间接支持。但王国维以为《史记》成为司马迁书的专称乃魏晋以后事的说法,却受到传世碑铭研究者的直接否定,后者证实早在东汉后期已有此习惯。

在司马迁以前,历史记录形式,已有注意历史事件的时间联系的编年史,同代历史的空间差异的国别史,个人或群体的事迹活动的传记史,并且已有多种形式组合而成的历史记录的雏型,那就是《世本》。

正是综合了以往历史编纂学的成就,司马迁开创了历史记录的新形式。它由五类著作组合而成。

本纪,采用编年史形式,记载古今王权更迭的系统大事记,又分合记一姓列王的王朝纪,单记在位君主的帝王纪。在《史记》内凡十二篇。

表,以简明的表格,概括排列历代要人要事,凡十篇。也分两种,一是事件表,综合介绍秦楚以前各时期的重要政治军事活动;一是人物表,分别反映汉初以来统治集团重要人物的升迁浮沉。

书,专叙制度史,凡八篇,分述礼仪、音乐、兵制、历法、天文、宗教、水利、货币等领域的历史变异。

世家,原是《世本》所立周代封国诸侯宗谱的名称,司马迁遂用来记叙自西周至西汉主要的贵族之家兴衰史,凡三十篇。同样分两种,对秦以前独立诸侯国的宗族史,以国名篇;对先秦两汉作为国君辅弼的大贵族,则以人名篇。

列传，依次叙述人物事迹以传诸后世的著作形式，由战国已有的个人传记发展而成，凡七十篇。司马迁立传的标准在于取类型，对象包括社会生活各个领域的代表人物。形式有独传，即一人一传；合传，即二人以上共立一传；类传，描写同类特殊人物的活动与影响；专传，以记周边少数民族统治人物的活动为主。

五类著作总共一百三十篇，相互配合，形成整体。按照司马迁的自述，本纪犹如法令的规条，作为全书主干，而用表说明时势变化，用书说明治道变化，写世家可见得君行道受土的重臣变迁史，叙列传可见因时立功扬名的群英面面观。司马迁以为，这样的组合形式，可以“原始察终，见盛观衰”，交织成历史的全景。

全书以写人为主，十二本纪、三十世家和七十列传互为经纬，十表和八书作为补充。这种编纂形式，旧称纪传体，固然可以显示它以人物传记为主的特色，但不如称之为综合性通史，更可表现司马迁“通古今之变”的初衷。

写作这样一部通史，本是司马谈的遗愿。现存的《史记》中间，除了保存于自序里的《论六家要指》一文明白出于司马谈之手以外，还可能有司马谈的遗篇。这由司马迁在其父弥留之际流泪保证“请悉论先人所次旧闻弗敢阙”云云。已可窥见消息。

合理的解释，只能是司马迁对乃父遗篇都进行过修改，现存那些带有司马谈痕迹的篇章，正是修改未尽或者未及修改的反映。

司马迁何时开始写作《史记》，目前也只能存疑。他自说继任太史令后便“䌷史记石室金匮之书”。石室、金匮都指非有特权不得入内的宫廷藏书处，从这里可以看出他正式着手编书，大约就在太初元年(前 104)改历的次年，那时他三十二岁。

七、直言招祸

自公元前103年起,司马迁除了克尽天官职守,便在从事《史记》写作。岂知草创未就,就遭横祸,因为替李陵辩护,被汉武帝投入牢狱。那是天汉二年(前99),他三十七岁。

祸事的起因,仍得从太初改历说起。

太初元年,汉武帝刚过五十岁。在这以前的三十年里,他连年发动战争,北击匈奴,南征南越,打通了西域,收服了西南夷,扬威于朝鲜,四面出击,大抵得胜,使统一帝国的版图空前扩大,王朝也到达开国百年从没有过的鼎盛局面。这一切,怎么不使汉武帝感到上帝对他特别眷顾呢?因此,新历完成,汉武帝便不顾天寒地冻,亲至泰山向天帝报告改历改元事,祝辞说:“天增授皇帝太元神策,周而复始。”(见《史记·封禅书》)就是说,从此一元复始,万象更新。

不幸,就在此际,潜伏的社会危机却加速发展。除战争需求外,汉武帝日益膨胀的个人奢欲,使他追步秦始皇的后尘,求仙,巡狩,封禅,起明堂,造行宫。单由元封元年到七年,便两度北巡南狩,三度登临泰山,扈从骑兵多达十八万,陆行则“旌旗径千余里”,水行则“舳舻千里”(见《汉书·武帝纪》。关于汉武帝的求仙与封禅,《史记·封禅书》记叙颇详,可参看)。如此豪奢,必须抽调多少农业劳动力,加派多少额外负担,可想而知。然而改历告成那年,汉武帝立即发动对大宛的新战争,次年又再次发动对匈奴的战争,下一年又东巡海上,求仙封禅。大宛远征军蒙受巨大损失不过夺得一批“天马”。北征匈奴的两万骑兵全军覆没,还引来匈奴入侵内地杀掠吏民。

“余从巡祭天地诸神名山川而封禅焉”(《史记·封禅书》太史公曰)。司马迁跟着汉武帝东西南北奔波,身历目睹的一切,引起他的深思,也激起他的忧闷。这样的心情,在《史记》中能不表露吗?

《史记》自序中详记作者和壶遂的一次对话,很能说明问题。壶遂是《太初历》的建议者和主持者之一,颇受汉武帝赏识,有希望擢升丞相(参见《史记·韩长孺列传》太史公曰对壶遂的评论)。他得知司马迁著史,便说司马迁竟想模仿孔子作《春秋》,而孔子所以作《春秋》,是因为“上无明君,下不得任用”,“今夫子上遇明天子,下得守职,万事既具,咸各序其宜,夫子所论,欲以何明”?这个谴责是严厉的。尽管司马迁申辩著书只为履行职守,旨在宣扬天子圣德,不敢自比孔子作《春秋》云云,但能消除汉武帝及其亲信大臣的疑心吗?

不行的。司马迁是真正的历史学家,凡自己相信是事实的,就照述不误。在专制者眼里,这种品格够可恶了,而他写到当今皇帝及其父祖的历史,竟然也临文不讳,当然更属大逆不道。

东汉起便有传说,道是司马迁得罪汉武帝,真正原因就在汉武帝索取他已成的《景帝本纪》去看,发现他对自己父子的错误都有记载,“于是大怒,削而投之”,“后遭李陵事,遂下迁蚕室”(见《三国志·魏志·王肃传》记王肃对曹叡语。《太史公自序》裴骃集解引东汉卫宏《汉书旧仪注》已有此说)。对此传说,有疑有信。我看没有理由不信。今本《景帝本纪》是否原作,尚有争议,但“今上本纪”则确实不存了,为后人取《封禅书》填补。只消一瞥《封禅书》,便可发现那位“今上”既专横又怕死,既自负又迷信,形象酷似秦始皇。

而重用的田蚡、公孙弘、卫青、霍去病之类将相，不是谄谀起家，便是裙带得宠，任人甚至不如秦始皇。这样直言少忌，怎会不招祸呢？

就在天汉二年，汉武帝又发兵击匈奴，亲自部署作战方案，由贰师将军李广利率主力西出，而派骑都尉李陵率偏师奔袭单于龙庭。李陵孤军深入，遭受重围，转战千里，杀敌盈万，终因寡不敌众，五千将士战死十分之九，自感“无面目报陛下”，降于匈奴。

汉武帝本希望李陵用自杀表示尽忠，岂知李陵在最后关头降敌保身，于是大怒，而那些只顾保全自己身家的大臣们，也竞相翻脸说李陵的坏话。司马迁与李陵没有私交，但对他印象很好，以为有国士风格，这回见此炎凉情状，既痛心又不平，很想说几句公道话，劝慰武帝。因而便直陈己见，“以为李陵素与士大夫绝甘分少，能得人死力，虽古之名将不能过也；身虽陷败，彼观其意，且欲得其当而报于汉；事已无可奈何，其所摧败，功亦足以暴于天下矣”（参看《报任少卿书》，据《文选》本。按《汉书》李陵传所记司马迁为李陵辩护语，即约此书语，但将司马迁自述“私心”与对武帝语混淆了，不可全信）。

司马迁太老实了。他不惜冒犯权贵，以谠言回报主上垂询之恩，没想到首先感到被触痛的正是皇帝本人。

原来，这次战争的汉军主将李广利，就是那位“一顾倾人城，再顾倾人国”的绝代佳人李夫人之兄。但这位无赖出身的“国舅”将兵实在无能，几年前统帅远征军西击大宛，直属部队既不缺粮又没打仗，回师时却减员一半，非饿死即病死，“天子为万里而伐宛，不录过”，反而因为前敌诸将主动立功而封海西侯。这回他又率三万铁骑西击匈奴别部于天山，岂知全军进入匈奴的伏击圈，“几不脱，汉兵物故什六七”(《史记·匈奴列传》,按此传叙至李广利降匈奴的征和三年(前90)为止。据梁玉绳《史记志疑》说,传中记天汉二年伐匈奴等事,乃后人所续,但无据。《汉书·匈奴传》所记略同)。当他率领残兵败将狼狈突围之后,正值李陵事件发生,于是这位败军之将再次变成有功之臣。

司马迁显然没意识到自己在说李陵如何浴血奋战,如何立有奇功,句句都是实话,却句句刺痛着汉武帝。这不是明捧李陵而影射李广利吗?这不是借说李陵非战之罪来暗讽“朕”命将不当、指挥失措吗?这不是以史谤主的前科重犯吗?真是“其心可诛”!

“初,上遣贰师大军出,财令陵为助兵,及陵与单于相值,而贰师功少。上以迁诬罔,欲沮贰师,为陵游说,下迁腐刑。”(《汉书·李广传》附李陵传)

就这样,天汉二年秋天,司马迁锒铛入狱。罪名也由皇帝钦定,那就是“诬罔”。

据汉律,被判犯有“诬罔”罪,应该腰斩处死。但犯人也可请求免死,条件要么是交纳“赎死金二斤八两”,要么是甘愿接受腐刑。

所谓腐刑,又称宫刑,是上古遗留的肉刑中最重的一种。施刑即用手术割去男性生殖器,以使犯人永远丧失生殖能力。原是惩罚所谓淫乱罪的酷刑,但汉朝改为赎死手段以后,就变成次于死刑而含有凌辱人格意义的重刑。

司马迁下狱时,任廷尉的是著名酷吏杜周。此人外表厚重而“内深次骨”,“专以人主意指为狱”,“上所欲挤者,因而陷之;上所欲释者,久系待问而微见其冤状”。有人责备他不依法办事,他还反唇相讥:“三尺安出哉?前主所是著为律,后主所是疏为令,当时为是,何古之法乎!”(《史记·酷吏列传》杜周传)

然而奇怪，杜周并没有立即对他判刑，次年即天汉三年(前98)继任廷尉的吴尊仍然没有宣判。这只能说他们还没有摸准武帝的“意指”。

看来武帝的确没有拿定主意。或许是司马迁说李陵降匈奴是想待机立功报答汉恩的话在起作用吧，武帝终于承认李陵兵败是自己的失误，并在天汉四年(前97)春天再度大举发兵击匈奴时，特派公孙敖率一军深入匈奴迎回李陵。岂知此人一战失利，便赶紧撤退，还篡改俘虏口供，编造谎言以掩饰自己怯懦，说是李陵在匈奴教单于造武器防备汉军，他才没完成使命。多年后汉朝政府方知，那是另一降将李绪干的事，公孙敖有意将李绪说成李陵。这一谎言没有救成公孙敖自己，却同时害了李陵、司马迁两家。汉武帝闻报立即下令将李陵家灭族。不消说，这也更使他自信当年指斥司马迁犯“诬罔”罪是正确的。

近两年中，司马迁“交手足受木索，暴肌肤受榜箠，幽于圜墙之中；当此之时，见狱吏则头抢地，视徒隶则正惕息”(见《报任少卿书》)。这是何等悲惨恐怖的活地狱啊。

不料这样煎熬之后，等到的仍是死刑判决书。他曾经幻想有人劝说汉武帝给予特赦，现实却是“交游莫救，左右亲近不为一言”(见《报任少卿书》)。他也曾想过纳钱免死，眼下却是“家贫，货赂不足以自赎”(见《报任少卿书》)，何况当时赎死金价格已上涨到铜钱五十万。唯一的活路，就是被迫接受腐刑了。

想到必须在忍辱苟活与从容赴死二者之间作出抉择，司马迁痛苦万分。他曾在著名的《报任安书》里描述过当时无比痛苦的心境。

经过激烈的思想斗争，他终于得出结论，“人固有一死，或重于太山,或轻于鸿毛"。你看,那些历史上既富且贵的人物,不可胜数,有谁还能使后人纪念?可是,那些圣经贤传的作者,周文王、孔子、屈原、左丘、孙膑、吕不韦、韩非,以及作了三百篇的诗人们,谁没有或遭难、或坐牢、或受过刑呢?他们所以能对后世发生那么大的影响,不正是忍辱发愤、著书传道的明证吗?他们才是死比泰山还重的真勇者。

司马迁决定了,应该身死而心不死。"所以隐忍苟活,幽于粪土之中而不辞者,恨私心有所不尽,鄙陋没世,而文彩不表于后世也。"(参看《报任少卿书》)于是,他以超人的勇气,接受了最不堪忍受的腐刑。那是在汉武帝天汉四年(前 97),他三十九岁。(司马迁受腐刑时间,王国维《太史公行年考》系于天汉三年,当代史家多从其说,其实不确。由上文考证李陵族灭时间,只能在天汉四年)

八、顽强的生

大约在天汉四年末或太始元年(前 96),司马迁出狱了。

入狱前他是大夫,出狱后他却成为阉人。尽管他早有逆料,但由上流人骤然跌落入所谓下流人群,遭到的非议讪谤,仍然使他难以忍受。

"仆以口语,遇此祸,重为乡党所笑。以污辱先人,亦何面目复上父母丘墓乎?虽累百世,垢弥甚耳。是以肠一日而九回,居则忽忽若有所亡,出则不知其所往。每念斯耻,汗未尝不发背沾衣也。"(见《报任少卿书》)

然而他仍然顽强地活着,支撑他的精神的唯一支柱,仍然是伟大的史学名著《史记》。

前面说过《史记》的体制是中国历史编纂学史上的首创。但司马迁最重视的却是宗旨。

什么宗旨呢？就是那脍炙人口的十五字，他想通过此书，“究天人之际，通古今之变，成一家之言”（《史记·太史公自序》、《汉书·司马迁传》）。

“成一家之言”，不难理解。它表明，通过计划中的百三十篇，司马迁要申述自己个人独创的历史见解。

九、“究天人之际”

司马迁做过董仲舒的学生，对于那套所谓《春秋》公羊学的理论，包括三世三统说，质文递变说等，不仅满怀敬意，而且董仲舒阐述的孔子作《春秋》的什么“微言大义”，在《史记》的论赞里时时出现，说明他同样深受这套时髦学说的影响。

然而，司马迁到底是史学家。他对历史的过程越熟悉，对董仲舒所说古今之道不变的结论便越怀疑。特别是将近两年的牢狱生活，使他有充分时间反思人生的价值，进而怀疑董仲舒关于天道赏善罚恶的说教。

人们不是把伯夷、叔齐叫作善人，而把盗跖叫作恶人吗？可是夷齐饿死，盗跖寿终。“若至近世，操行不轨，专犯忌讳，而终身逸乐，富厚累世不绝；或择地而蹈之，时然后出言，行不由径，非公正不发愤，而遇祸灾者，不可胜数也。余甚惑焉。傥所谓天道，是邪？非邪？”（《史记·伯夷列传》）

“今天子”不是热衷于求仙、封禅吗？三年亲郊祠，五年一修封，风尘仆仆，遍祭五岳四渎，可谓虔诚之至。结果呢？“方士之候祠神人,入海求蓬莱,终无有验。而公孙卿之候神者,犹以大人之迹为解,无有效。天子益怠厌方士之怪迂语矣,然羁縻不绝,冀遇其真。自此之后,方士言神祠者弥众,然其效可睹矣"(《史记·封禅书》)。

历史与现实,都证明天道无人性,鬼神非实有,难道还能相信有个俯察人间而为祸降祥的老天爷么?

"太史公推古天变,未有可考于今者"(《史记·天官书》)。人间历史当然也不会重复。可是人们却总爱讲灾异,为什么?那原因,其实在于人祸,不在于天灾。以春秋历史为例。孟轲不是曾说五霸乃三王的罪人么?他们偏在春秋时代"更为主命"。不是说夷狄非人,不受天的保护么?秦楚吴越都是夷狄,偏在五霸中占有重要地位。不是说篡夺君位是反天道么?田氏代齐,三家分晋,其后代都横行于战国。董仲舒相信巫术。不是战国初期"察禨祥、候星气尤急"么?事实是因为那时战争不断,灾荒频仍,"臣主共忧患"的缘故。不是近代占星家的"占验凌杂米盐"么?事实是因为"近世十二诸侯七国相王,言从衡者继踵",占星家们"因时务论其书传"的缘故(《史记·天官书》)。

你看,历史只能证明,恰好是人事反天道,用天道附会人事,而不是相反。

那么,这是否意味着自然规律也不存在,从而天人交会的问题也不存在呢?不然。司马迁曾任太史令,主管天文历法占星候气,主持过修改历法的大工程。实践表明,对于天体运行的观测,主要对于日月和五大行星的视运动周期的观测,精密与否,直接关系着历法的周密程度;而历法的误差,又直接对于农业生产、宗教生活和思想信仰的混乱与否,发生重要影响。这一经验事实,使司马迁不能不相信,天人之间存在着某种相关律。他希望找到这个相关律,而且自以为找到了,那就是以数序为表征的"天运"。

"夫天运,三十岁一小变,百年中变,五百载大变;三大变一纪,三纪而大备,此其大数也。为国者必贵三五。上下各千岁,然后天人之际续备。"(《史记·天官书》)

这就是司马迁"究天人之际"的总结论。奇怪的是,史学史家迄今为止不注意这一结论,原因大约在于不想触及天文历法史问题。其实,司马迁所用术语,只消同《太初历》的计算术语一对照,便立即涣然冰释。

中国古代使用阴阳合历。这种历法最困难处,在于同时依据太阳年和朔望月两个基本周期,而二者相除时得不出整数。现在的太阳年(回归年)长度为 365.242 19 日,朔望月长度则 29.530 587 9日。二者相除,一个回归年等于十二个朔望月,尚余 10.875 135 2日。制订历法,倘用纯阴历,则不能预报季节变迁,倘用纯阳历,则又不能预报宗教、政治和日常生活都需要的朔望所在。因此制历便需要进行复杂计算。但古代观测技术落后,数据粗略,历法制定越久,误差越大,需要重新谐调,使两个周期再度大致相合,这就是所谓改正朔。

根据制历经验,在司马迁时代已得出以下谐调数据:19 个回归年约等于 235 个朔望月,即 76 年等于 27 759 日,称四章或一蔀。27 章等于 513 年,称一会。三会即八十一章,凡 1539 年,称一统。人们发现,制订历法的计算周期,若小于一统,则两个基本周期相除所得总日数,便不成整数,而要使回归年、朔望月和干支六十周期等相会合,最少需要三统,即 4617 年。纪与计算干支周期有关。一纪等于 20 蔀,等于 19×487 个干支六十周期,等于 1 520 年,与一统的年数近似。三纪称一大备,又称一元或一首,共 4 560 年,接近三统的年数。

这样,司马迁“究天人之际”所用术语,便可索解了。所谓大数,意为成数。所谓五百载大变、三大变一纪、三纪而大备,不正是分别约举一会、一统和三统的成数吗?

于是,“为国者必贵三五”,也可了然。所谓三五,即指三个五百年,也就是一纪或一统的成数。

为什么治国(或得国)一定要尊崇这三个大变周期呢?“会”的名称便提供了启示。当时占星家已经熟悉五大行星的运行规则,不仅知道五星公转的顺逆速度各不相同,而且知道五星或分别或全体在天空上同一点定期相逢。他们尤其注意三颗外行星的会合周期,认为这预示着人间将有新的圣王兴起,而木、土、火三星每隔 516.33 年会合一次;金、火二颗内行星由于公转周期短,在这年也可能走到同一点附近,形成所谓“五星毕聚”,就是所谓“会”。《孟子》已有“五百年必有王者兴”的话头,司马迁复述司马谈遗言,强调天历既改,便应有“绍明世,正《易传》,继《春秋》”之作,理由也是“自周公卒五百岁而有孔子,孔子卒后至于今五百岁”(按孔子卒于前 479 年,至太初元年即前 104 年,只有 375 年。司马迁说已有五百岁,显然为了主观需要而有意忽略不足五百岁的事实)。可见,五百年必有大变的神秘念头,在战国秦汉间连孟轲和司马迁父子那样的学问大家头脑里也萦绕不绝,只能从占星术与天文学同步发展得到合理解释。

为什么又强调“三五”周期呢?原来,“五星毕聚”,进入会合点的次序有先后。占星家们密切注意谁在领头。在他们看来,五星各表一“德”,显示着不同的天意,因此相会时某星带头,便是告诉新得天命的圣王用何种方式打天下或治天下。司马迁详述过“五星皆从而聚于一舍”时其下之国致天下的方式,说是率先的若为岁星(木星)表征以义致天下,若为火、土、金、水中某星,则分别表征以礼、重(威重)、兵、法致天下(参看《史记·天官书》)。五百岁既然是三外行星的会合周期,那末在占星术看来,木土火三星在一纪内应该分别领头一次,因而在此周期内新王之德,也应有义、重、礼三者更迭。太初改历,据说正值“五星如连珠”,又易服色,以黄为贵,可知那时占星家测得率先相聚的是土星,而统治方式应该强调“重”,即天子应享有高度权势才能平治天下。

至于小变周期,显然指土星“二十八岁周天”的成数(不久刘歆就已推算出土星的恒星周期为29.79年,更接近真值),这符合太初改历时确定汉朝以土德王的理论。但为什么“百年中变”呢?司马迁只好拿百年之中“五星无出而不反逆行”来解释。但行星都出现反逆行现象,并非以百年为周期,因而这种理由站不住脚。相反,“百年”的界定,却令人想起汉高祖即位时,不是有“五星聚于东井”的说法么(《史记·天官书》。按《汉书·高帝纪》系于汉元年冬十月。自北魏至清代不断有学者对此表示怀疑。这一争议,参见陈遵妫:《中国天文学史》,上海人民出版社1984年版,页812—815)。

以上说明,司马迁考察“天运”,基点是自然界在变,这个变服从数的支配,掌握这个数便可对天运知往占来。于是自然有规律而规律是可知的,就被他说出来了。这不同于董仲舒的“天不变”论是显然的。

同样显然的,是司马迁还没有摆脱占星术的信仰,还受孔子定数论和阴阳五行说的影响。因此,他力图证明天在变,但又力图证明这个变体现着先定的宇宙和谐图景，而他所描绘的这个图景，不是别的，正是地上的秩序在天上的投影。在他的天体结构图里，西汉王朝的政权结构和等级差别，统统有对应的表现，甚至没有忘记给天帝安排后宫、仓库和马厩（《史记·天官书》有详细描绘，可参看）。由此出发讨论天变，必然承认变有合于常轨和脱出常轨二种。而脱出常轨的变，就意味着天人合一的和谐图景受到破坏，预兆着人间将有异事发生，自然需要顺应或禳解。这样一来，他不知不觉又回到了占星术，又回到了董仲舒的"天人感应"论，也就不奇怪了。

"日变修德，月变省刑，星变结和。凡天变，过度乃占。国君强大有德者昌，弱小饰诈者亡。太上修德，其次修政，其次修救，其次修禳，正下无之。夫常星之变希见，而三光之占亟用。日月晕适，云风，此天之客气，其发见亦有大运。然其与政事俯仰，最近天人之符。此五者，天之感动。为天数者，必通三五，终始古今，深观时变，察其精粗，则天官备矣。"（《史记·天官书》太史公曰。这里所说的三五，指三光〔日月星〕之占和对待天变的五种态度，与前面所说三五不同。）

你看，寻找自然变化规律的努力，最终还是同巩固封建君主专制秩序的意向联结在一起，不正说明司马迁"究天人之际"又成功又不成功的两面吗？

一〇、"通古今之变"

相形之下，当司马迁把目光由天上转向人间，追求"通古今之变"，则要成功得多。那原因，固然由于历史不断变异的事实俱在，但也由于司马迁大难不死，反而有机会深刻观省社会的黑暗面，因此对历史的看法，去其天真，增其怀疑，察其幽微，考其成说，力求找到支配变异的秘密。这一来，他的信仰与他的研究，必然发生冲突。司马迁的伟大，正在于他具有史学家的应有品格，坚持从历史本身说明历史，只写出他相信是事实的东西，而不顾经义或时论是否认为悖谬。

有的学者已经注意司马迁写当代史问题(施丁：《司马迁写当代史》，《历史研究》1979 年 7 期)。但如果把“当代”界定为司马迁所见世，那末他最注意的其实是“近代”。

自从陆贾批评刘邦“以马上得天下不能以马上治之”那时起，秦亡汉兴的历史，便令西汉人困惑。盖公、贾谊、晁错、董仲舒，都探讨过。但他们的答案，无不着眼于当前“治道”的实用需要，人各异说，留给司马迁的是更大疑问。

假定承认一统是天地常经、古今通义，那末从虞夏商周到秦始皇的统一，为什么都那么难呢？假定承认一统之君都有“天命”，那末从秦亡到汉兴，不过五年，天下拥戴的共主却换了三个，即陈胜、项羽和刘邦，他们的“受命”与“革命”，为什么都那么快呢？假定承认一统的稳定在于废分封，那末秦始皇把诸侯与天下城堡兵器一齐毁掉，为什么好像在替陈胜、项羽、刘邦相继从民间起兵反秦开辟道路呢？“岂非天哉”(《史记·秦楚之际月表》序)！

假定天意不足据，那末秦朝短命，真像学者诽笑的那样，因为残暴吗？“秦取天下多暴，然世异变，成功大。”(《史记·六国年表》序)相反，汉高祖吸取秦朝教训，大封同姓“以承卫天子”，结果百年间“大者叛逆，小者不轨于法”(《史记·汉兴以来诸侯王年表》序)，累得景武二帝用尽力气，才将割据势力压下去，正好反证秦废分封是安宁之术。

诸如此类的矛盾现象，都是对董仲舒的古今世道不变论的否定，自然也证明治道需“奉天而法古”说的错误。

“居今之世，志古之道，所以自镜也，未必尽同。帝王者，各殊礼而异务，要以成功为统纪，岂可绲乎？”(《史记·高祖功臣侯者年表》序)

这就是司马迁“通古今之变”的方法。显而易见，它同那种为当代帝王政治需要服务的主观方法，同那种专门揣摩“今上”心意而恣意扭曲古人行事的恶劣伎俩，是对立的。用它来研究历史，便可能较少偏见，较合实际。

正因为司马迁特别注意“世异变，成功大”，所以他对秦楚到楚汉之际的王权更迭史的秘密，比前人有更多发现。

他发现了什么呢？

首先是秦何以亡。他赞同贾谊《过秦论》的说法，以为秦朝易道改政并不错，但忽视民心向背，仍用战争年代的旧手段对付渴求在统一后安宁生活的黎民，结果铸成大错，民心由盼望而失望、怨望、绝望，秦朝便完结了(司马迁分录《过秦论》三篇，作为《秦始皇本纪》、《陈涉世家》的论赞，就是他持相同见解的证明)。

其次是楚何以败。项羽归罪于天，自称“非战之罪”；刘邦则归罪于人，讥羽“有一范增而不能用”(参看《史记·高祖本纪》及《项羽本纪》)。司马迁都不赞同，特别批评项羽在亡秦后，已成天下共主，仍然坚持“以力征经营天下”，才是败亡的真正原因(《史记·项羽本纪》太史公曰。以往论者批评司马迁对项羽有偏爱，是不对的，但反批评者也没有看出司马迁的真正见解)。就是说，项羽的错误正与秦始皇相同，结局也是蹈秦覆辙。

再次是汉何以兴。刘邦自诩那是他善于用人的缘故。真是这样吗？司马迁没有正面驳斥，但他所写各篇传记中间出现的刘邦，足以说明问题。这个刘邦，不仅把无赖与无耻、粗卤与狡诈、残忍与阴柔一类流氓品格集于一身，而且将其拿来作为用人术，对付文臣武将，都是阳信阴疑，外宽内忌，越利用者越猜防，越有功者越妒恨，萧何、韩信的遭遇便是典型。在司马迁笔下，刘邦用人，实际连秦始皇、项羽都不如。但这样一个流氓，居然开创一代帝业，号称“大圣”，那秘密当然不在他本人。

在哪里呢？司马迁认为，在于汉初统治集团，特别是相继任汉相的萧何、曹参，都懂得民心期待脱离战争状态带来的苦难，因而采取放松束缚的措施，让疲惫的士民振作起来，安心从事各自的本业。萧何在战时便致力于“使百姓爱汉”(《史记 · 太史公自序》“萧相国世家”提要)，在战后又制订各种法规使士民得到安全感。萧规曹随。在曹参继相后，更注重与民休息，“贵清静而民自定”(《史记 · 曹相国世家》。按此语乃盖公对曹参的建议)，同时进一步除秦苛法，包括使人民愚昧的“挟书律”，争取各派士人同汉政权合作。这才是汉得以兴的真正原因。

司马迁将汉初这套措施，概括为八个字：“承敝易变，使人不倦”(《史记 · 高祖本纪》太史公曰)。他认为，人们所艳称的汤、武之治，奥妙也不过如此(“汤、武承弊易变，使民不倦，各兢兢所以为治。”见《史记 · 平准书》太史公曰)。所以，他著“八书”，也就是在他看来王者得天下必须面对的社会问题的八个方面，那成功的经验也在于懂得治道必须“承敝通变”(《史记 · 太史公自序》关于“八书”的总述)。

问题当然在于如何“使人不倦”。司马迁认为，除了统治者的心态要改，更应设法适应被治者的心态。他说，历史证明，人心无不“患贫”，王侯封君都不能免，何况寻常百姓；历史又证明，“礼生于有而废于无”，国富才能讲礼，而国富的基础便是民富。所以，他认定，最好的治道是因民所欲，听民求富，因为任何说教都改变不了人们追求乐生的愿望，“故善者因之，其次利道之，其次教诲之，其次整齐之，最下者与之争。”（参看《史记·货殖列传》）

一个多世纪后，为司马迁作传记的班彪、班固父子，曾斥责他“崇势利而羞贱贫”（《汉书·司马迁传》赞引班彪语）。那是不错的。司马迁确实感到贫贱不足称道，假如他自己不是“家贫”，也不至于被迫选择受腐刑作为赎死手段。他由此顾念天下人民所以蒙受屈辱，无非因为穷，所以贱。倘若人人求富，那末都可免于卑贱地位，也都会懂得礼节荣辱的重要。应该说，他的理想不错，错的只是他不懂得分辨剥削致富与劳动致富，而他赞美的富人主要是前者。但他敢于承认现实，敢于否定从孔夫子到董仲舒那套以礼让治国的虚伪说教，不是更接触到观念的本源问题么？

我以为司马迁作为一位成熟的历史学家，是在他受腐刑之后。从上面所引“究天人之际，通古今之变”的实例，便可证实这一点。忧患的生涯，在司马迁个人无疑是大不幸。没有类似经历的人，极难想象他当时由痛苦化为沉思的心境。但司马迁有此生涯，而形诸笔墨，在中国史学上无疑是大幸。没有他在沉思后留下这部“五十二万六千五百字”的空前巨著（《史记·太史公自序》。或以为此字数统计乃后人所增），我们也许永远不会系统了解那以前三千年的历史。

一一、神秘的死

太始元年(前96)或前一年,司马迁出狱。不久,汉武帝就任命他担任中书令。

中书令,全称是“中书谒者令”(《汉书·百官公卿表》,无中书令,只有中书谒者,后人多以为是一回事),是汉朝少府即皇帝内务府总管的属官。职责是收发皇帝的机密文书,包括代皇帝起草和传达诏令。此职是汉武帝始设。因为常在皇帝身边,而皇帝最不放心的是得以出入宫禁的人勾引他的姬妾,所以越是身边有才华的人,越要使用宦者。司马迁早以文学知名,又有充当太史令的经历,如今成为阉人,在汉武帝看来,当然是中书令的合适人选。而在世俗眼光里,他出任这一职务,当然是“尊宠任职”(“迁既被刑之后,为中书令,尊宠任职”。见《汉书·司马迁传》。中书令的权势,见《汉书·王尊传》述石显事。)

但司马迁感到的只是侮辱。由于奉旨说真话而得到用肉刑赎死的报偿,已是对他的莫大侮辱。由于受过腐刑而得到唯有男伎才能获得的宠遇,不是对他的更大侮辱吗?

所以,当他读到一位老朋友的来信,信中说到他既然担任中书令,便应做到待人不随和,荐贤要尽力,不可迁就世俗偏见(任安给司马迁书已佚,大意见司马迁《报任少卿书》),所谓“责以古贤臣之义”(《汉书·司马迁传》),那时他胸中郁积的愤懑便开始克制不住了。

任安,字少卿,生平不清楚,但与司马迁私交颇好。古代朋友间有相互“责善”的义务（“责善，朋友之道也”。见《孟子·离娄下》）。大约在太始二、三年（前 95 至前 94）冬春之间，可能听到不利于老友的传闻吧，官居益州部刺史的任安，便给司马迁写了那封信。

但司马迁读到任安来信，则大约在一年另四个月之后。为什么呢？因为太始三年正月，司马迁便随汉武帝东巡。先从长安跑到甘泉宫，继至琅邪，在成山祭日，再登芝罘并泛舟海上；次年又在今天的山东兜了一圈，先于三月登泰山封禅，又于四月跑到不其山祭神，五月才返抵长安东南的建章宫。

起初司马迁对任安信“阙然久不报”（《报任少卿书》）。大约在征和元年（前 92）冬天，任安调至长安任监北军使者。北军是首都卫戍部队主力五部的总称，监军使者相当于皇帝驻北军的特派员，位卑权重，各部校尉都得听其命令。那时已出现用巫术谋害皇帝的所谓“巫蛊”案，武帝怀疑北军参与密谋。这时任安充当监北军使者，繁忙可想而知。与此同时，汉武帝又移驻甘泉宫，生了重病，作为中书令的司马迁当然随侍在旁。于是，司马迁想在任安进京后，作次长谈，诉说胸中郁积已久的愤懑，也因“相见日浅”而失去机会。

就在任安作为监北军使者以后，武帝信用谀臣江充而铸成大错。江充与太子刘据有宿怨，特别害怕武帝死后株连自己，因此于征和二年七月率兵突袭东宫，声称在东宫掘得一个桐木人，作为太子及其母后卫子夫企图谋害武帝的证据。遭诬发怒的太子杀死了江充，却被江充部下诬蔑为谋反。丞相刘屈氂要治太子擅杀皇帝使者之罪，太子被迫动武反抗。他想到了被冤屈的北军，亲至军门用太子兵符调兵。岂知任安接受赤节后，便紧闭军门，“不肯应太子”,使太子只能用乌合之众同丞相调集的禁军作战,最后兵败逃亡。这就是汉武帝晚年的“巫蛊之祸”。

巷战结束,盛怒的老皇帝回到伏尸满城的长安,追究肇祸者。任安不是用计阻止北军参与储君发动的未遂政变么?汉武帝却听信告密者的谎言,认为他受太子节而不出兵,在玩弄老官僚的滑头伎俩,“欲坐观成败,见胜者欲合纵之,有二心”,于是逮捕任安,判处死刑。

任安在巫蛊案中的遭际,与司马迁在李陵案中的遭际几乎一样,都是忠而获罪,都被按《春秋》“诛心”的荒诞逻辑由皇帝亲定死罪。这不能不激发司马迁的愤懑和同情。任安下狱定罪,约在征和二年秋冬之间。按照西汉惯例,死刑犯必须在当年十二月前处决完毕。见死却不能营救,已使司马迁痛苦不堪,而念及老友书信几年未复,更使司马迁感到歉疚。正在这时,汉武帝又决定去雍(今陕西凤翔)祭祀五方上帝。司马迁必须随行,连同任安诀别的机会都要失去了,于是赶作复书,那时约在征和二年十一月。

《报任安书》,是司马迁向朋友述说生平和思想的又一篇自白。它写于《史记》将成书之际,对于了解司马迁的传记,极有价值。司马迁在《史记》写作之初,便受到皇帝亲信的责难,还可能受到皇帝本人的严斥。但被皇帝用李陵事件为由下狱受刑之后,虽然贵为中书令,依然不知改悔,坚持私修历史,还说即使被杀一万次也不后悔。汉武帝越到晚年越猜疑别人,尤其猜疑同床在旁的幸姬宦者。司马迁此信写给在狱中待决的死囚任安,怎么不很快被汉武帝发觉呢?单是信内将任安称作可以诉说衷曲的“智者”,而将其他人都称作没法对话的“俗人”,已足以使自鸣风雅的汉武帝万分恼火了,何况司马迁居然自比为文王、孔子等一长串前贤,那么汉武帝该比作谁呢?

于是司马迁便非死不可。东汉传说他任中书令后,“有怨言,下狱死”,有的学者力辩不可信,在我看来这种辩驳迁得可以。他们最无法解释的一事,便是司马迁在写了《报任安书》以后,何以就失踪了?

在汉武帝征和三年(前 90)之后,司马迁便没有踪迹可寻。合理的解释,便是他已经神秘地死去。那时他才四十六岁(郭沫若考证司马迁死于太始四年〔前 93〕,乃因相信王国维考证《报任安书》作于此年致误。)

一二、赘 语

孔子说他“五十而知天命”。然而司马迁竟没有活到这把年纪,这是值得惋惜的。然而,在中国史学史上,司马迁则以他的两大功绩,彪炳于人间。其一是他综合以往的历史编纂学成就,开创了一种新的历史记录形式,即纪传体。其二是他综合全部的历史记录和传说,撰成了中国第一部纪传体通史,即后人所称的《史记》。

《史记》一百三十篇,到东汉已不全,据说十篇仅有目录而无文字。现存的足篇,有些内容是后人续补,却无法确定哪些篇章是后人补写,补写者又是谁,只有署名“褚先生曰”字样的,可判断大概由西汉后期褚少孙补写。

《史记》原是司马迁的“一家之言”,也就是私人著作。但它的副本,已经收藏于宫廷图书馆。公元前 81 年(汉昭帝始元六年),桑弘羊已引用《货殖列传》,那时距司马迁的外孙杨恽宣布《史记》

还有近二十年。汉元帝时整理宫廷藏书的刘向,在《别录》中也屡引《史记》,并与他的儿子刘歆和学生冯商等相继续作。这说明那时统治者已十分重视这部书。汉成帝时东平王刘宇请求皇帝赐予《史记》抄本,经御前会议否决,又从反面说明它在那时便在实际上获得了官方史著的地位。这个地位,经过东汉史学家班彪、班固父子相继著成《汉书》,被统治者承认是《史记》的续篇,而得到稳定。以后,不论人们对《史记》本身的价值判断如何,司马迁所开创的纪传体,却始终被史学家视作历史编纂的模式,而《史记》也就成为中国第一部"正史"。

自然,对于这部不朽著作的伟大作者,人们也有各种各样的评骘,同情与憎嫌,悲悯与讥刺,讴歌与毁议,代代并存。那又有什么呢?他就是司马迁。他和他的《史记》,已成为中国史学和世界史学的一座丰碑,永在人类文化史上屹立。

(原载《十大史学家》,上海古籍出版社,1989年)

班固与《汉书》

——一则知人论世的考察

(一)

班固出生于公元32年。

这一年,在王莽的新朝被造反民众颠覆后出现的各路军阀的十年混战,正接近尾声。中国还剩下两个“皇帝”,已控制中原的汉光武帝刘秀,在益州建元“龙兴”的成家皇帝公孙述。夹在两大中间的,是陇右王隗嚣、河西大将军窦融。隗嚣已与公孙述结盟拒刘,因而窦融的向背,便是两帝争胜的关键。三年前,窦融已决策东向。据说“为融画策,使之专意事汉”的,即为班固之父班彪〔1〕。到这年,刘秀进军陇右,与窦融会师,击败隗嚣,于是说:“人苦不知足,既平陇,复望蜀。”〔2〕

---

〔1〕 班彪的事迹,见于《汉书》卷100叙传上,袁宏《后汉纪》卷5光武帝纪建武六年、卷13和帝纪永元四年,范晔《后汉书》卷40班彪列传上等。三者的陈述互有矛盾。司马光的《资治通鉴》,汉纪由刘攽任初稿,提及班彪有多处,大致依据范书本传,参照袁纪,但编年及文字,与二书或有不同。此处引文,见《通鉴》卷41汉纪33光武帝建武五年,而《汉书》叙传、袁纪均未提及此点所本;范书亦仅云“彪乃为融画策事汉”,而《通鉴》则改作“彪遂为融画策,使之专意事汉焉”。类似叙述文字不同,尚有其他例证,本文引用,但择信而征,不再逐点详考。

〔2〕 前揭范书卷17岑彭传。传谓乃建武八年(32),光武帝敕岑彭书语。按,岑彭是明帝永平三年(60)表彰的“中兴功臣”,所谓云台二十八将之一,以后班固奉旨作功臣列传,或系范书所本。

又过四年(36),公孙述亡。依然据守河西五郡的窦融岂能安稳？当年即光武帝建武十二年,窦氏全族和所有官属宾客,都奉诏入朝。其中就有从事班彪。五岁的班固也随入洛阳。

在西汉晚期,班彪的姑母被汉成帝选为婕妤,于是北方大牧主班家,顿成国戚。他的伯父班斿,得成帝赏识,命助刘向校书,并被授予向皇帝朗诵新校本的阔差,因而获赐宫廷藏书副本,又顿成文化贵族,“好古之士,自远方至,父党扬子云以下,莫不造门。”〔1〕班彪生得晚,但扬雄死时已十六岁,而且班婕妤仍在,有机会既听扬雄辈高论,又聆近世宫廷秘辛,当然还曾饱读家藏赐书。〔2〕这对他以后续补《史记》,都有莫大影响。

新末大乱,班彪避难前往天水投奔隗嚣。他的选择并非盲目。隗嚣年青时受新朝国师公刘歆器重,被辟为“士”,是国师的属官,可知颇有学问,或许也曾造访班府,参与名流聚会。有一点是无疑的,就是公元25年隗嚣自称西州上将军,天水立即取代三辅的文化中心地位,吸引了大批名士前往任官入幕,宾客名单里就有班彪。〔3〕

较诸在西州参政的经学名家郑兴、申屠刚、杜林之流,宾客只是备顾问的角色。班彪等了四年,到隗嚣复汉七年(29),才蒙主子

---

〔1〕 前揭《汉书》叙传上。

〔2〕 班彪卒于光武帝建武三十年(54),年五十二,见前揭范书本传。据此推算,他当生于西汉平帝元始三年(3),王莽居摄元年(6)年四岁,新朝始建国元年(9)年七岁。天凤五年(18)扬雄卒,班彪仅十六岁。故《汉书》叙传称扬雄为“父党”,必为班彪自纪,指扬雄乃其父班稚一代人。班婕妤在成帝中失宠,此后终身陪伴婆母王政君。由《汉书》卷10成帝纪赞,谓“臣之姑充后宫为婕妤,父子昆弟侍帷幄,数为臣言”云云,可知班彪少年时还曾数见班婕妤,必于新朝中仍在世。又,叙传谓“家有赐书”,乃指班彪次伯父班斿所获成帝赐予的秘书。班斿卒后,由其子班嗣掌管,并决定是否借阅予人。

〔3〕 隗嚣于公元25年在天水自称西州上将军,以好士著名,原汉都三辅地区士大夫多奔附。然所任官属名职,袁宏光武帝纪建武元年,范书本传大同小异。唯《通鉴》汉纪32光武帝建武元年末所记,与袁、范书有较大差异,而称“安陵班彪之属为宾客”,尤为二书所无。当别有所本,今从之。

垂顾,要他谈谈历史废兴。班彪怀恋家族在故国的荣耀,声称“汉必复兴”。隗嚣怫然,说他知往不知来,“至于但见愚民习识刘氏姓号之故,而谓汉家复兴,疏矣;昔秦失其鹿,刘季逐而掎之,时民复知汉乎?”〔1〕

这次对话,显然冲击了班彪的信念,以为“狂狡之不息”,因为群雄都抱有隗嚣同样的心态,“乃著《王命论》以救时难”〔2〕。这篇文章,古近学者引了又引,无论叹赏或者批判,无不在重述“神器有命,不可以智力求”,以及悖命必折寿伏诛之类詈骂之外,很少有人注意文内这样一段话:“唐据火德,而汉绍之,始起沛泽,则神母夜号,以彰赤帝之符。”〔3〕其意谓何? 容后再析。

文章呈给陇右王,回应是拒绝。班彪不得不另投主子。他选择了也是前汉外戚世家的河西大将军窦融,时间即在他与隗嚣辩论的同一年。前述班彪任窦融从事,替窦融画策事汉。不过此事初见于五世纪初叶范晔的《后汉书》,这以前三百年里的史著,如班固的《汉书》叙传,袁宏《后汉纪》光武纪等,都没有提及窦融决定支持东帝刘秀,是班彪的建议。司马光《通鉴》,据范晔的班彪传,继言班彪在刘秀与公孙述决斗中,起了扭转双方态势的幕后机括作用,仍属有待证实的疑问。

也如前述,班彪之子班固生于河西,至五岁方为汉臣。有一点也很清楚,那就是隗嚣穷饿自杀,公孙述拒降被杀,窦融也因利用价

---

〔1〕 隗、班对话,前揭诸书均载,然《汉书》不言何年,范书同;袁纪置于建武六年(30);《通鉴》则系于建武五年四月,今从之。

〔2〕 此为《汉书》、袁纪语,《通鉴》则谓隗嚣称“秦失其鹿”云云,“彪乃为之著《王命论》以风切之。”

〔3〕 按《王命论》,《汉书》、袁纪所载相同,范书仅述提要,《通鉴》则有删节。此据袁纪。

值已尽而被迫举国迁洛,班彪并没有因著《王命论》,或者可能促使窦融附汉,而受汉廷重用。时人已指出光武帝心胸远不如他自认的汉高祖阔略。这个南阳土财主,帮派意识极浓,大者只信南阳宗族故旧,次者但用称帝前后效忠于己的功狗,而对曾拥兵自保或曾事二姓的臣僚,酬庸越厚,信用越薄。窦融便是显例〔1〕。光武帝闻知窦融在河西的文雅章奏,都出于从事班彪的手笔,他还能信用其人吗?所以班彪入汉,得皇帝召见,却初官司徒掾,一任徐令,便长期赋闲,到晚年又任望都长,一个二等县长,就在建武三十年(54)死了,实龄五十一岁。他的长子班固,次子班超,女儿班昭,都曾名垂青史。〔2〕

班彪三易其主,而以事汉终,达十八年,大半岁月在坐冷席,带来的意外好处,便是能够潜心研经讨史;由王充拜他为师,可知也曾收徒讲学。他的著述不多,除《王命论》外,尚存的只有一二篇奏事,以及为《后传》所作总叙性的《略论》〔3〕。

顾名思义,《后传》就是续写司马迁未及见的汉武帝太初以后的汉史,其实也对司马迁关于前汉史的帝纪列传,作了修补。班彪的目光,专注于从刘邦开国到王莽代汉的前汉兴亡过程。由于刘秀与公孙述争帝,特别借姓氏来宣扬自称汉帝的历史合法性,所谓"吾自继祖而兴,不称受命"〔4〕,班彪岂敢据实承认王莽建立的"新

---

〔1〕 参看前揭范书卷23窦融列传,卷24马援列传。又袁纪、《通鉴》对于刘秀任人唯亲,好用权术,自称"吾治天下,亦欲以柔道行之",实则以图谶为圣经,用人决事均依伪造的图谶"神道设教"等等,多有揭露和批评。

〔2〕 参看前揭范书本传附子固传,又卷47班超传,卷84列女曹世叔妻(班昭)传。

〔3〕 《汉书》叙传,未载班彪著《后传》事。事见前揭袁纪和帝纪永元四年,范书本传。但《略论》之名,见范书;袁纪仅称"略曰",文字只引范书所录前半。

〔4〕 见光武帝致公孙述书,载清人严可均辑《全后汉文》卷2。《通鉴》汉纪34建武六年(30),曾节录光武帝此书驳公孙述"自陈符命",称谓署曰"公孙皇帝",可见当时刘秀仍承认公孙述是蜀帝。

朝”？不过他对隗嚣，还说王莽曾“即真”，做过真皇帝，而《后传》的“略论”，又避谈此书的下限，一副欲语还休的窘相，透露他实际以为前朝至王莽代汉已亡。因而不论班彪有心或无意，他对《史记》汉史部分的修补续作，都开创了“断汉为书”的雏形。

（二）

历史编纂由一种形式变为另一种形式，中间总有过渡性论著。司马迁整合古典时代各类历史记录，发现不同形式之间，具有结构的内在联系，可以也应该通过扬长避短而交织互补，藉不同形式来分别凸显历史过程的时空连续性和人事差异性。那贯穿的主线，便是生态环境与人类活动的交互影响，怎样导引着往古来今的历史进程，也就是“究天人之际，通古今之变”。由此司马迁实现了“成一家之言”的历史编纂学创造。人们可以追究《史记》五体的每体都早有范型，可以考证司马迁利用过的种种文献资源，可以批评太史公书的陈述矛盾乃至叙史谬误，却无法否认纪表书世家列传在《史记》中已构成了一种有机组合的全新历史编纂形式。

倘说《史记》的编纂形式有缺陷，就是这种形式着眼于“通古今之变”，难以映现自秦帝国为开端的中世纪王朝更迭运动〔1〕。这不能责难司马迁，因为他虽曾下了最大功夫探索秦楚汉八年三变

〔1〕 本师陈守实先生，于上世纪六十年代初在复旦大学历史系讲授“中国史学史”，首揭汉以后的断代王朝史，意义在于提供封建社会王朝更迭运动的历史实例。此说甚确。当年我继陈先生承乏中国史学史课程讲授，受此义启迪良多。可参看周予同主编、朱维铮修订《中国历史文选》上册《汉书》解题，见该书修订本，上海古籍出版社 1979 年版，或 2002 年新 1 版，页 147。

的历史动因，结论却是“天道”有循环，而秦亡楚败汉兴的嬗变关键都在君臣将相的策略互动是否协调。造成这一认知失误的最大客观因素，就是到他著史的公元前二世纪初，开创“大一统”态势的王朝更迭运动，才有一轮，在司马迁时代还没有出现新一轮必不可免的整体态势。因而司马迁就史论史，将秦汉更迭归诸某种本可避免的人事因素，情有可原。

在司马迁以后，西汉帝国每况愈下。但历史考察特有的滞后性，使得西汉晚期作者辈出的现代史著，都因袭《史记》的编纂形式，而以续作司马迁书为满足。班彪亲历代汉而立的新朝，目睹成王败寇的刘秀击败群雄而变成唯一“天子”的全过程。他在晚年感到“世运未弘”〔1〕，退而探寻王莽代汉而昭示的前汉兴亡的历史秘密，不足为奇。足奇的是他备览从褚少孙到扬雄、刘歆等人的《史记》诸续作，认为“多鄙俗，不足以踵继其书”〔2〕。就是说他仍把《史记》当作写历史的最高楷模。他对司马迁的最大不满，就是扬雄《法言》已说的，没有“同圣人之是非”〔3〕。既然他的志向在于补足司马迁未竟之业，眼睛又盯住司马迁所悖孔子之“义”〔4〕，同时对于刘秀“一姓再兴”后的统治现状感到失望，他在论前汉的必亡和为后汉继统合法性辩护的两难中间游移，最后实则“断汉为书”，却以续《史记》为名，自称“后篇”，人称“后传”，都可理解。

---

〔1〕 说见前揭范书本传班彪传后“论曰”。

〔2〕 同上引传文。

〔3〕 同上引传所录《略论》。按，今本《法言》，多次论及司马迁及其书，既称道《史记》是“实录”，“圣人将有取焉”；又批评司马迁“以多知为杂”，“仲尼多爱，爱义也；子长多爱，爱奇也”，凡此均为班彪《略论》所本。以往史学史研究，讨论《史》《汉》关系，多不及此。

〔4〕 见前揭范书所载《略论》，其说即本上注所引《法言》。

(三)

班彪死时，班固虚龄二十三岁，大约已在光武帝之子东平王刘苍的幕府供职。他照例辞职归里居丧。由他上东平王书来看，他将这个皇子比作周公，向这位当代周公推荐精通帝王治术的六人，顺便也显示自己有知人之明，可知此人的确“所学无常师”，预制可附会经传“大义”的多套对策，随时取用。〔1〕

东汉仍行三年丧，孝子需为亡父服丧二十七月。这对班固未免漫长，幸而在居丧初，便发现了父著《后传》遗稿，以为“所续前史未详”，提笔就改，大悖孔子“三年无改于父之道”的遗训，岂会不遭报应？不久，东汉发生开国以来的首轮君主易代，新即位的汉明帝标榜孝道，凡光武帝的制度一概不改，特别“好以耳目隐发为明”〔2〕。这时见到有人上书告密，指控班固“私改史记”〔3〕，正值

〔1〕 前揭范书班彪传附子固传，述班固出身，首谓“永平初，东平王苍，以至戚为骠骑将军辅政，开东阁延英雄，时固始弱冠，奏记说苍曰”，下引奏记全文，继谓“苍纳之；父彪卒，归乡里。”按此说时序可疑。班彪卒于光武帝建武三十年(54)，此时班固即归里(右扶风安陵，在今陕西咸阳东北)服丧。越两年，建武中元二年(57)二月，光武死，明帝即位，同年四月，任命同母兄东平王刘苍为骠骑将军，位在三公上，开府；次年改元永平。这时班固丧期甫满，即被人告发“私改史记”，下狱；约于同年即永平元年(58)获赦。因而，班固如有向刘苍奏记事，只能在任兰台令史以后。但他的奏记，将刘苍比作周公，说应“为国得人，以宁本朝”，然后向刘苍推荐桓梁、晋冯、李育、郭基、王雍、殷肃“六子”，末盼刘苍“咨嗟下问”。这是可能的。前揭袁纪说他“好傅会权宠，以文自通”，范书本传后论，也对他的品格多有讥评，已初见于给刘苍的奏记。

〔2〕 前揭范书卷41钟离意传。

〔3〕 据前揭袁纪和帝纪永元四年。按范书本传作“告固私改作国史”，不确，因两汉之际尚未建立修史制度，《史记》乃司马迁私撰，虽已受到普遍重视，却在东汉一代也没有列为“国史”。倒是作为泛称的“史记”，经过扬雄、刘歆等对司马迁书的称道，给时人以神秘感，似与光武帝迷信的“谶记”同类，才会引发汉明帝对这道告密信的高度关注。至于“国史”之名，当起于魏晋时，容别论。

皇帝刚处死了班固同郡一个“伪言图谶”的家伙，立即下诏将其逮捕抄家。多亏班超赶紧诣阙上书替兄长申辩。而明帝也颇知经史，见到班固的改稿，反而好奇，给他一个考验机会，召入宫廷校书，以兰台令史的身份，与几位学者共同写成颂扬光武帝发迹建国的《世祖本纪》；接着任命他为校书郎，撰成开国功臣及造反群雄的列传二十八篇。看来皇帝对班固的表现感到满意，“乃复使终成前所著书”〔1〕。

这时已是汉明帝永平五年（62）或以后，也就是班固三十岁或以后。从此班固文名大噪。尤其值得注意的，是班固的史才，得到汉明帝认可以后，在历史编纂学史上引发的如下悠久效应。

第一，由于汉明帝先后任命他为兰台令史、校书郎，负责编撰光武帝一代的本纪、列传，并受命典校秘书，入值东观，即宫廷藏书处，因此开了每轮君主更迭之后便任命史官在东观编撰前代史的先例。从此东汉王朝有了连续不断的官修本朝史，累积而成《东观汉记》。

第二，也从班固开始，兰台令史和校书郎，由临时任命变成专职史官。只是校书郎俸四百石，兰台令史更是秩百石的微员，以后常以他官兼任史官，就统称“东观著作”。于是著作渐成史官专称。东晋南朝的史官，正职称著作郎，副职称著作佐郎，即由东汉为起点。

第三，班固获汉明帝特许，完成“断汉为书”的前汉兴亡史，并署名《汉书》。这又开了“隔代修史”的先例，被东汉以后各个大小王朝群起效尤，都要由朝廷组织专官或专门机构给“胜朝”编写一

---

〔1〕 前揭袁纪、范书，均谓班固正式著《汉书》，自永平时。

部始兴终亡的断代王朝史,并以前朝国号作为书名。

第四,班固是否首创“正统”概念?仍有疑问。然而他将其父对司马迁未能“依五经之法言”的批评,转化为政治谴责,说这名“史臣”(班固明知太史令非史臣,却称司马迁为西汉“六世史臣”,显然指其不忠于汉),竟将本朝帝业的肇建圣人、上承“尧运”的刘邦,“编于百王之末,厕于秦项之列”,并颠倒史实,将司马迁著史说成“薰胥以刑”之后才开始的[1],这无非表明只有他班固真正懂得汉德,“膺当天之正统,受克让之归运”[2]。从这一点来看,他堪称中世纪自觉地以“正统”观念指导断代王朝史编纂的官方史学前驱。历代“胜朝史”,都以《汉书》为“正史”圭臬,可谓不忘本。

第五,班彪修改《史记》结构,取消世家,将本纪变成只写汉朝刘氏君主在位时期大事记的专用形式,已表露一种意向,就是“非刘氏而王”的政权,在先如陈胜、项羽,在后如王莽、刘玄、隗嚣、公孙述等,都属于“外不量力,内不知命”的所谓神器僭窃者。班固的《汉书》,不仅把班彪区别纪、传的形态固定化,而且大幅度调整司马迁十表八书的结构。表名未改,篇减为八。删除非汉四表,原合断汉为书。但增设《百官公卿表》,已证“汉承秦制”无法否定;又添《古今人表》,更可证班固裁量一切真假历史人物,完全依照东汉统治集团确立的道德名分作为尺度。书改称志,或因班固自署所著为《汉书》,避免篇名干犯总名。然而《汉书》十志,对《史记》八书的体系大加改造,正凸显班固与司马迁处理现行体制源流的认知分

〔1〕《汉书》叙传下。下列百篇叙:“呜呼史迁!薰胥以刑,幽而发愤,乃思乃精,错综群言,古今是经,勒成一家,大略孔明。述司马迁传第三十二。”按,司马迁著史,始于汉武帝太初元年(前104),至天汉二年(前99),方因李陵案,下狱受腐刑。参看朱维铮《司马迁》,载《十大史学家》,上海古籍出版社1989年版。

〔2〕班固《典引》,前揭范书本传。

歧。司马迁自述:“礼乐损益,律历改易,兵权山川鬼神,天人之际,承敝通变,作八书。”〔1〕可知八书涵泳着司马迁“欲以究天人之际,通古今之变”的底蕴。班固合律、历、礼、乐四书成二志,更天官为天文,易封禅为郊祀,改平准为食货,新增刑法、五行、地理、沟洫、艺文五志。分开看每志都有很高的史料价值,以致大半都成为如今各门专史的雏形,合而观之呢?只能说班固已经丧失司马迁(在某种程度上还有班彪)的历史通变认识,把十志的改作,当作论证现有权力结构具有历史合理性的著作,充满着辩护论气味。例如增写《五行志》,多达五篇,份量占十志四分之一强,内容则山崩石裂,鸡啼犬吠,变无巨细,都看作天降灾祥的征兆,虽是早期宗教史研究的重要资源,却表明班固迎合光武帝及明章二帝用图谶指导政治的所谓南面术,藉历史以谀君。不过,时移境迁,王朝更迭习以为常。人们但看编纂形式,以为同属纪传史,《史记》求通而难学,《汉书》断代而易仿,尤其新王朝通过编纂胜朝史来论证“革命”的历史合法性,已成惯例,于是历史上官方史学都认《汉书》是“正史”的鼻祖,而班固的历史地位也水涨鸭子浮。这在中国史学史已是常识。

(四)

班固是东汉的第一代史官。他奉汉明帝特许而写的《汉书》,也可以称作中世纪中国的第一部官修“正史”。

因而,从唐初颜师古为之辩护,而南宋郑樵再度痛诋的班固是

---

〔1〕《史记》卷130太史公自序。

否剽窃父书的问题,迟至上个世纪仍属疑案,其实可以理解。

班固在服丧期间便改写班彪遗著,一如班彪续补司马迁书,也是私人修史。因此从东晋的袁宏到南宋的郑樵,用西汉中叶开始膨胀起来的"孝道"当作尺度,讥斥班固袭父书而没父名,顶多适用于班固出任帝国史官之前的那几年。然而,今本《汉书》,分明是汉明帝永平中到汉章帝建初中,由班固奉东汉君主旨意而写作的官修史书。虽然它仍由班固个人署名,虽然它的若干篇章表明袭用《后传》成稿,却不可说是剽窃班彪或司马迁的论著。理由呢?很简单,就是两汉经学家夹缠多年才在东汉初勉强趋同的"三纲六纪"教义所指示的,君为臣纲,既为人臣,便需"移孝作忠",一切功劳归于君主才算尽忠。[1]《汉书》作为史官奉诏撰写的官书,性质已经变成代天子立言的著作,署班固之名也无非表示书有过错应该由他个人负责。对于专制君主来说,哪有什么版权观念?自秦至清,有几个皇帝或僭主,不将臣子代写的文字据为己有?班固任史官而成《汉书》,倘若在叙传等篇中突出亡父的创始功劳,而班彪死于明帝即位之前,如此怎能彰显明帝识拔"良史"的圣知?

这不是说班固的个人品格没有问题。袁宏批评他"好傅会权宠,以文自通",又与范晔都揭露他放纵诸子和家奴犯法作恶[2]。他同意班彪批评司马迁"是非颇谬于圣人","然其论议常排死节,否正直,而不叙杀身成仁之为美,则轻仁义、贱守节,愈矣!"[3]可见他的行为和思想,即使依照中世纪的礼法,也是表里相悖的。

---

〔1〕 参看《白虎通义》。关于此书的编撰,参看朱维铮著《中国经学史十讲》附录:中国经学史选读文献提要6,《白虎通义》,复旦大学出版社2002年版,页266—268。班固奉诏整理汉章帝裁决的经义标准诠释,对他历史观的影响,由其后作《典引》可见。

〔2〕 见前揭袁纪卷13,范书本传。

〔3〕 同上,范书本传赞,即袭用袁宏的评论。

前面说过班彪追随窦融归汉。那以后,班、窦两个家族,结下不解之缘。两家本是同乡,而在窦融决策东向,被刘秀授凉州牧以后,班彪仍任从事,为窦融起草章奏文书。建武六年(30)窦融秉承刘秀意旨,致隗嚣书劝降,遭拒后又上疏请刘秀决定讨伐陇右的出兵日期:"帝深嘉美之,乃赐融以外属图,及太史公《五宗》、《外戚世家》、《魏其侯列传》",并以长篇诏书,论证刘窦两家先祖早成至戚,勉励窦融再建匡扶刘氏奇功[1]。这是东汉初建,皇帝便附会《史记》以达现实政治目的之首次表达。这对班彪的深刻启发,由他在归汉后不受重用,把主要精力用于续补司马迁述汉史的帝纪列传,可窥一斑。

光武、明帝父子都对窦融家族既拉又打,通过联姻平息这个家族对军政权力丧失的不满,就是主要手段。窦融的对策是以柔对柔,越发表示谦恭,保存家族政治实力。当明帝末匈奴通过西域向东汉西疆进逼,皇帝就想起妹夫窦固自幼就随其父熟悉边事,命其率军西征,而窦固也立即想起父执班彪之子班超,召班超为假司马,使班超从此威震西域。[2]但明帝虽任班固著史,却如汉武帝对待司马相如、东方朔的先例,视作弄臣,终其一世,班固"位不过郎"[3]。章帝即位,窦融的孙女由贵人晋位皇后,没两年皇太后马

〔1〕见范书卷23窦融列传。按,外属图,当指西汉外戚世次的图表。司马迁的《外戚世家》和窦婴等传,记外戚诸家世次,均出于武帝太初间。此后诸续作,亦未见有绘制"外属图"的记载。此图或为刘秀称帝后命人所制。

〔2〕前揭范书卷47班超传。班超初为文吏,至汉明帝永平十六年(73),窦固以奉车都尉率汉军出天山击匈奴别部,召班超为假司马,即未经朝廷任命的奉车都尉属官司马。这是班超首次出征西域,可知他与其兄班固一样,都由窦氏家族提携,始得重用。

〔3〕前揭袁纪卷13。按,班固初为兰台令史,秩仅百石,后迁校书郎,属于三署(五官中郎将、左、右中郎将)某一署。三署郎秩由比三百石至比六百石,校书郎秩不详,可能由年次累迁。故班固家贫,其弟班超须替人抄书养母。

氏死了。摆脱养母控制的青年皇帝，专宠皇后，照例泽被后族。窦后之兄窦宪顿时权势大涨。班固也时来运转，证据就是建初四年(79)，章帝召开著名的白虎观会议，统一五经诠释，“亲称制临决”，而代皇帝写成钦定标准经义的正是班固，其书即为在唐代仍题汉章帝撰的《白虎通义》[1]。

班固时年三十八岁，已任校书郎近二十年，骤然跻身“名儒”行列，未免得陇望蜀。他原来崇拜司马相如、扬雄，这时以为相如临终前作赋建议汉武帝“封禅”，扬雄到晚年作文“剧秦美新”，都有缺陷，前者“靡而不典”，后者“典而不实”，唯他才能合二美而达极致，于是“作《典引》篇，述叙汉德”[2]。《尚书》开篇不是《尧典》吗？他奉诏所作的《汉书》，不是强调“汉承尧后”，并且已写进当今皇帝裁决经义的《白虎通德论》吗？引者，续也。他上续《尧典》，岂非超相如而轶扬雄？于是，《汉书》的核心论点，即由高祖开国到光武中兴，“帝业”直接承袭唐尧，“盖以膺当天之正统，受克让之归运，蓄炎上之烈精，蕴孔佐之弘陈云尔”[3]，便由《典引》作了概括。

或许由于代天子立言，或许由于续作《尧典》而声名更噪，据说班固在受汉明帝诏以后，“研精积思二十余年”的《汉书》，也不胫而

---

〔1〕 见124页注〔1〕。

〔2〕 见范书班固本传。按《典引》作于白虎观会议后，班固或以为奉诏成书，代天子立言，当有以表见。司马相如临终作赋，预颂汉武帝封禅成功，扬雄投阁不死，反被王莽封为大夫(前此扬雄历成、哀、平三世，均为校书郎，所谓三世不迁官)，因作赋《剧秦美新》。班固批评二人颂帝文章均有缺陷，如本传云“盖自谓得其致焉”。此篇可看作《汉书》涵义的精髓陈述。

〔3〕 司马迁尝谓汉得“天统”，乃指汉初“承敝易变，使人不倦”，抓住了天道的总束。班彪但言“王命”前定，不可以人力求得。班固谓汉朝(本朝)，自唐尧以来就属于一脉相承之“正统”，开中世纪断代王朝史基调。炎上语指赤伏符，由《汉书》高帝纪便提及刘邦受“赤伏之符”，可知刘秀借此符称帝，必谓此符自刘邦起便秘密流传。孔佐，指纬书谓孔子受天降血书，“为汉制法”，而作《春秋》。

走,开始传播,“世甚重其书,学者靡不讽诵焉。”[1]

《汉书》的扬雄传赞,对于扬雄自汉成帝时任郎,历哀、平二帝,“三世不徙官”,深表同情,而叙及扬雄入新朝官擢大夫,又绝口不提是在扬雄作《剧秦美新》一文献给王莽以后[2]。这是否班固讳言学晚年扬雄的丑态呢?有一点似可作为佐证,即汉章帝元和三年(86),博士曹褒建议皇帝重订汉礼,“帝知诸儒拘挛,难与图始,朝廷礼宪,宜以时立”,特别向玄武司马班固咨询。章帝当然希望得到皇后家族代言人的支持,没想到班固的回应,却是“宜广集诸儒,共议得失”。皇帝生气了[3],班固随即以母丧去官。由此可知,班固作了《典引》,便官拜秩比千石的玄武司马,还有了政治发言权,便越发在朝廷派别争论中首鼠两端,结果终章帝世也不再起用。

(五)

章和二年(88)二月,才三十一岁的汉章帝死了,仅十岁的太子继立,即和帝,于是东汉首次出现太后临朝。年轻的窦太后,原是后宫弄权的能手,因而临朝数月,就开创了帝国历史未有的外戚专政局面。但秉政的太后胞兄窦宪,很快树敌满朝,被前朝权贵抓住把柄,逼迫太后绳之以法。正值附汉的南匈奴,愿助汉廷讨伐陷入饥乱的北匈奴,给窦宪提供了立功脱窘的机会,促使太后力排众

---

〔1〕 袁纪、范书均有此语。

〔2〕《扬雄传》,乃《汉书》中第一长传(王莽传例外),几乎尽收扬雄赋,独遗《剧秦美新》一赋,如叙传不提父作《后传》,均可映现班固心态。

〔3〕 见《资治通鉴》卷47汉纪39,前揭范书卷35曹褒传。

议，决定发动对北匈奴的战争。

战争在次年（永元元年）夏天开始，窦宪以车骑将军挂帅，原定主帅耿秉改宪副手，而班固也复出了，担任中护军，即行营参谋长。

刚被鲜卑击败的北匈奴，怎经得起以南匈奴、鲜卑、羌胡为前驱的汉军打击？耿秉是久防匈奴的宿将，一战便大破北匈奴。窦宪、耿秉一路北追，直登塞北三千里的燕然山（今杭爱山）。这可是足以媲美当年霍去病破匈奴而追至狼居胥山的功业，该由班固显身手了。他当即写出华丽典雅的《燕然山铭》，歌颂"有汉元舅"窦宪建立了奇勋，"光祖宗之玄灵"，"振大汉之天声"，刻石立于山顶〔1〕。既然窦宪功盖卫、霍，奏凯归朝，还能不做位极人臣的大将军吗？

班固还是中护军，但大将军的掾属，权势自非昔比。永元二年（90），班固作为汉廷"大使"，出塞迎接愿入朝归顺的北单于，便以大将军中护军"行中郎将"，可知他已位同于朝臣的比二千石〔2〕。尤其他为窦宪"典文章"〔3〕，主持起草用大将军名义刊布的朝廷文件，那权力岂是位列二千石的九卿之类高官可比。

当窦太后初窦宪掌机密，崔骃就致书告诫他牢记历史教训，说是"生而富者骄，生而贵者傲"，西汉外戚二十家，"保族全身四人而已"，而骄横被杀的后族中间，就有窦氏先祖窦婴。崔骃是班固同学，很赏识他的章帝曾嘲笑窦宪："公爱班固而忽崔骃，此叶公之好

---

〔1〕 其事其铭均载前揭范书窦宪传。

〔2〕 此事见于范书窦宪传，而本传未言班固"行中郎将"。据司马彪《续汉书》百官志二，东汉宫廷宿卫有五中郎将，秩均比二千石，位次九卿。班固本职大将军中护军，非朝臣，而出使匈奴，以朝廷命官身份，即"行中郎将"，可知这个中护军，地位与中郎将相等。

〔3〕 "宪既平匈奴，威名大盛，以耿夔、任尚等为爪牙，邓叠、郭璜为心腹，班固、傅毅之徒，皆置幕府，以典文章。"见前揭范书窦宪传。

龙也。"[1]这话可谓不幸而言中,窦宪对崔骃始终敬而远之,最后将他遣出幕府,而对善颂善祷的班固则宠信不衰。

对于外戚专权的最大威胁,在于小皇帝会长大。和帝原非窦太后亲子,五岁成为皇后养子并立为太子,其生母小梁贵人就被皇后逼死。他十三岁已行冠礼,但太后一党仍然阻遏他亲接朝臣,身傍只有宦官。有名中常侍郑众,职掌安排小皇帝游乐,既亲幸又不遭忌。正是此人向皇帝献策发动政变除掉窦宪,参与密谋的还有被废的太子却与皇帝一起读书的清河王刘庆。

具有讽刺意味的,是两名青少年谋杀部署模仿的"故事",竟出自班固《汉书》已成的列传,主要是《外戚传》和窦婴等传[2]。据说郑众工于心计,计划保密极严。永元四年(92)夏末,十四岁的和帝突然现身指挥禁卫军发难,将窦宪家族及党羽一网打尽[3],而郑众擢升总管宫廷事务的大长秋,"中官用权,自众始焉。"[4]这又开了东汉宦官专权的先例。

班固呢?自然不免墙倒众人推,先被免职,继被下狱。"初,固不教儿子,儿子负固势,不遵法度,吏民苦之。洛阳令种兢尝出,固奴干车,诃,奴醉骂辱兢。兢大怒,畏宪,不敢发,心衔之。及宪宾客皆被系,兢因此捕系固,遂死狱中,诏谴责兢,而主者抵罪。"[5]这时班固六十二岁。

班固死了,留下了一宗疑案,是《汉书》写完没有?

---

〔1〕 前揭范书卷52崔骃列传。

〔2〕 此事袁纪所述略,范书卷55章帝八王列传之清河孝王庆所记较详。

〔3〕 汉和帝与郑众策划的这场政变,是东汉首次外戚专政的结束,也是首次宦官擅权的开端,其后诸书均有记述,以《通鉴》汉纪和帝永元四年(92)六月所述最为清晰。

〔4〕 前揭范书卷78宦者列传郑众传。

〔5〕 前揭袁纪卷13,文字据中华书局2002年版张烈点校《两汉纪》本。

照例有二说。一种说法,依据袁宏《后汉纪》和帝永平四年纪、范晔《后汉书》班彪列传附班固传,都曾说其书建初中已成,受当世推重,学者都相传颂。这话应说不假,前述和帝兄弟曾参照《外戚传》等策划政变可证。

但袁、范二书,也都曾留下异说,可证《汉书》在班固死时尚未完成,并都说未完成的篇章,是八表和《天文志》。

不妨照录范书班昭传的两则记载。其一,"兄固著《汉书》,其八表及《天文志》未及竟而卒,和帝诏昭,就东观藏书阁,踵而成之。"其二,"及邓太后临朝,与闻政事,……时《汉书》始出,多未能通者,同郡马融伏于阁下,从昭受读;后又诏融兄续,继昭成之。"〔1〕不过,据袁宏说,《汉书》所缺七表和《天文志》,"有录无书,续尽踵而成之。"〔2〕后来,《史通》的作者刘知幾,认为《汉书》有缺篇,却似乎在由谁继作问题上,摇摆于袁、范之间,因此既说班固死后,"其妹曹大家,博学能属文,奉诏校叙,又选高才郎马融等十人,从大家受读",派给班昭的角色,是整理和传授,并增添受读者十人的细节;又说"其八表及《天文志》等,犹未克成,多是待诏东观马续所作",用疑词将继作功劳主要归于马续。〔3〕

这宗疑案,到上世纪仍有争论。大概地说,《汉书》在班固生前,本纪、列传和十志的大部分,应已完成,并有单篇抄本在上层社会里流传,当属事实。制表非文士所长,大概除《古今人表》用主观尺度给历史人物分等定级或出班固之手,另外七表(袁宏不称八

---

〔1〕 前揭范书卷84列女曹世叔妻传。

〔2〕 前揭袁纪卷19顺帝永和五年(140)。按范书卷24马援列传附兄子严传,谓马续、马融均为马严子,但谓马续"博观群籍,善《九章算术》,顺帝时为护羌校尉,迁度辽将军"。未言续《汉书》事。又同书卷60马融传,亦不载马融受班昭讲诵《汉书》。

〔3〕《史通》外篇二古今正史。

表),也许仅存提要。今本《天文志》,大半篇幅节录司马迁的《天官书》,却将后者论天人古今之变的段落删光,仅突显占星术记录,而所续部分也集中于占星记录,且非常简单,可推知当为马续继作,也有司马彪《续汉书》天文志序的片语可资旁证。[1]其实,纪传也不全是班固改写。清代学者一再对勘《史记》、《汉书》,都已指出《史记》已有诸篇,《汉书》主要作文字增删,新补材料很少;而《史记》所无,也有多篇直抄班彪《后传》,除元后传等连赞语都用"司徒掾班彪曰"外,元、成二纪"赞曰",一望可知是班固改父论为己作。还有没有别篇如此?难说。比如王莽传,有多处叙史就分明是亲见亲闻的口吻,当然不可能是东汉开国后才出生的班固所写。因而,我们不赞成对班固作诛心之论,所谓窃盗父书云云,但也不可陷入辩护论,把《汉书》看作班固生前已具完型的断代王朝史楷模。

班固还是《东观汉记》的作俑者。这部由东汉历代史官接踵写成的东汉史,有纪有传,在唐以前与《史记》、《汉书》并称"三史",但已亡佚。只能在此一提,希望有人认真研究。

(原载《复旦学报》2004年第6期)

---

〔1〕《续汉书》天文志上:"孝明帝使班固叙《汉书》,而马续述《天文志》。"按此语含混,如司马彪意谓马续已在明帝时奉旨述《天文志》,则大误。因其父马严,其时与班固同著作东观。马严七子,续字季则,当为第四子,其时或尚未出生;否则曾与班固同时修史,在永平五年(62),自少年逾弱冠,而至顺帝(126年改元)出任军职,已逾八十矣,岂有此理?姑以存疑。

班昭考

小　引

哪位中国史学家不知班昭？然而又有几人能够说清楚这位中世纪女性学术大师的生平和遗响？

很惭愧，我从业中国史学史断续四十多年，所知的班昭，不过限于《后汉书》几篇传记的简短记载，以及《文选》、《全后汉文》保存的几篇作品或作品断片，就是说属于知之甚少之列。

近年重新清理《汉书》编纂史，从知人论世角度再看班昭和她的父兄班彪、班固，考察的材料依旧，却感到认知陡新。

新在哪里？原来，除了清代汉学家们从故纸里不辞辛苦地梳理出来的那些旧知以外，也即班昭是《汉书》的续作者和传授者，是东汉四世皇帝的后妃教师，是中世纪妇女伦理教义的集成者等等以外，她在历史上其实发生过更加重要的作用：第一，东汉的女主专权，以和帝遗孀邓绥最长久也最成功，这位青年太后临朝称制十六年，取消“公田”，安置流民，调整权力配置，抑制外戚跋扈，实行右文轻武，减少战争以省赋役等，终于将混乱的帝国整治得相对稳定，她的主要政治顾问就是班昭。第二，邓太后专权时期(106—121)，把东观建成了帝国文化中心，成为学者整理传统文化遗产和编纂帝国历史的基地，甚至宦官内臣也在东观接受轮训，这个中心的灵魂人物也是班昭。第三，即使《汉书》，班昭也不仅从事补缺拾遗，而更将班固的遗稿进行结构调整，因而是中国第一部王朝"正史"的完型作俑者。尽管清朝四库馆臣对《汉书》今本与班固遗本不同这一点矢口否认，班昭的业绩仍然受到偏见较少的民间考史学家肯定。

坦率地说，我从来不欣赏班昭的名作《女诫》。这并非它悖于女权主义。恰好相反，此文七篇，篇篇都用儒家语言，表述老子、韩非早已透彻申说的权术，也就是刘向确切定义的"臣术"。这是无论中外的所有专制体制的共同特色，为臣为子必须获得君父恩宠，为妻为妾必须博取夫嫡欢心，如此才能以柔克刚，由弱转强。所以《女诫》七篇，说是在夫家处理夫妇婆媳妻妾姑嫂种种关系的诀窍，一要卑弱，二要事夫，三要敬顺，四要妇行（德言容功），五要专心（不妬夫再娶），六要曲从（无违舅姑），七要和叔妹（得小姑之心），正是妾妇与臣子都要娴熟的阴柔权术。邓绥以曹大家为师，由贵人而皇后而皇太后，"称制终身，号令自出"（《后汉书》邓后纪论曰），恪守的就是这一套，堪称《女诫》的实践家，或者说《女诫》就是对邓绥在宫廷政治中权力不断扩张的经验总结。我们当然不可以主观爱憎来诠释千八百多年前的这段历史，而《女诫》可说是厘清这段历史，乃至解开《汉书》何以在中世纪总被官方史家称誉过于《史记》的历史秘密的一把钥匙。

自以为有这点新知，于是对史料背后隐现的历史实相更感兴味。但因为务冗而杂，迟疑数年，才决意藉助古旧的历史考证形式，拿范晔《后汉书》关于班昭和她的生存环境的矛盾陈述作为清理对象，先考辨历代记载，包括清代史注史考史补的得失，再将自以为可按时序确定的主要史实，列成班昭生平简表。小题大做，未免贻讥于方家；考辨粗略，唯期就正于同行。当然有必要说明，拙作无论上篇下篇，涉及的具体问题或若干判断，海内外学者可能已有成文论及，而拙作失于征引，但盼识者不吝指示。

上　班昭传记考辨

《后汉书》卷八四列女传：

> 扶风曹世叔妻者，同郡班彪之女也，名昭，字惠班，一名姬，博学高才。

案，同书卷四〇上班彪列传上，谓班彪晚年为望都长，“建武三十年，年五十二，卒官。”东汉光武帝建武三十年，当公元54年，可知班昭必生于此年以前。

彪传谓其有二子：固、超。同书卷四七班梁列传载和帝永元十二年(100)，班超年老思土，“而超妹同郡曹寿妻昭亦上书请超曰：妾同产兄西域都护定远侯超，……今且七十。”可知班昭为班超同母妹，乃班彪幼女。同传谓班超卒于永元十四年(102)九月，年七十一，上推其生年，当为光武帝建武八年(32)，则班昭生年必在其后。

又据上引彪传附子固传，班固死于和帝永元四年(92)，年六十一，上推可知班固和班超同年生，兄弟必非同产，因而得知班超、班昭兄妹，均系班彪之妾所生。此由班超传谓“永平五年(62)，兄固被召诣校书郎，超与母随至洛阳，家贫，常为官佣书以供养”；“久之，显宗问固‘卿弟安在’，固对‘为官写书，受直以养老母’，帝乃除超为兰台令史”云云，可得旁证。如兄弟同母，即超母非妾，而班固不承担“养老母”责任，岂不早被时论斥作不孝？

又，列女传王先谦集解引清沈钦韩曰“唐陆龟蒙《小名录》：班昭字惠姬。《文选》李善注引范书正作‘惠姬’”。今本范书误衍“班一名”三字。北京中华书局本校勘记已指出。

同前列女传：

世叔早卒，有节行法度。

案，曹世叔，名寿，见上班超传文。

据本传所载班昭《女诫》，序谓：“鄙人愚暗，受性不敏，蒙先君之余宠，赖母师之典训。年十有四，执箕帚于曹氏，于今四十余载矣。”由此可证：一、班昭出生不久，其父班彪即去世。而班彪二十九岁得子，五十二岁去世，时班固、班超年均二十三岁。假定班昭卒于安帝永宁元年(120，详下考)，迟于班超去世十八年，即等于他们的年龄差距，那就可推定班彪死时，班昭年仅五岁。因此，二、班昭由童年至出嫁的十年左右，在家随“母师”受教育。母师，即女师，说见《毛诗》周南葛覃“言告师氏，言告言归”郑玄笺。典训，即先王经典的教诫，表明班昭从家庭教师那里，所学不仅是“妇德妇言妇容妇功”，还有传统的经籍教育，于是造就了她的“博学高才”。三、班昭十四岁嫁给曹寿，据前揭诸传，应在班超奉母随班固迁居洛阳的永平五年(62)，或班超在移家前夜，先为其妹完婚。

又案，曹寿，《后汉书》无传。昭传谓其“早卒”，未知“早”指几岁。据《女诫》序，班昭自述有子一人，又有“诸女方当适人”。据近人刘汝霖《汉晋学术编年》卷五引清沈钦韩《后汉书疏证》，以为班昭《女诫》作于安帝永初元年(107)，因谓班昭至此“适曹氏三十余年，尚有未嫁之女，世叔不为早卒。”刘氏反驳沈说，以为永初元年班昭五十八岁，适曹氏已四十五年，“其三十五岁以后所生诸女，至此俱在二十四岁以内，方在可适人而未适人之年，与《女诫》语正合。若世叔与昭年岁相差不远，则当卒于四十岁以内，不可谓不早”(《汉晋学术编年》中册卷五页33，北京，中华书局，1987年据上海商务印书馆民国二十四年再版本影印)。然沈、刘二说均牵强，问题都在于以“早卒”为“早世”，即短寿夭亡。其实看昭传上下文，“早卒”乃指班昭奉和帝诏入东观续补《汉书》之前，曹寿已死，这之后班昭还活了近三十年，所谓先其时曰早，非谓曹寿少壮而亡。至于刘汝霖说班昭“三十五岁以后所生诸女”云云，更纯属臆测。古代妾生子女，均认正室为嫡母，怎知曹寿诸女均班昭所生？假定曹寿较班昭年长二三岁，在和帝永元初已卒，年四十余，所遗诸女俱幼，至永初元年也都可能当至二十待嫁之年，何必硬说曹寿卒于四十岁以内？

又案，曹寿无疑是士人，但出仕与否？据刘知幾《史通》外篇二古今正史：“至(桓帝)元嘉元年(151)，复令太中大夫边韶，大军营司马崔寔，议郎朱穆、曹寿，杂作献穆、孝崇二皇后(传本误作‘孝穆、崇二皇’，据浦起龙通释改)及顺烈皇后传，又增外戚传入安思等后，儒林传入崔篆诸人。寔、寿又与议郎延笃，杂作《百官表》，顺帝功臣孙程、郭愿，及郑众、蔡伦等传。凡百十有四篇，号曰《汉记》。”清浦起龙《史通通释》卷一二注此节：“曹寿，旧注字世叔，即娶班彪女昭者也。”浦氏书首《史通通释举例》，曾谓征引必举书名或篇目,“他若旧注已得者,明书何本;或无书可质者,直注未详。”但此注曹寿,便自违其例,既不明书所引“旧注”为何本,也不注“未详”以示不欺。岂知明眼人一看,便知此注大误。浦氏注此节屡引范晔《后汉书》诸纪传,于此篇前节正文叙及班固死后,“其妹曹大家博学能属文,奉诏校叙”等语,即注引《后汉书·列女传》,谓曹大家,“扶风曹世叔妻者,同郡班彪之女也,……世叔早卒,有节行。”可证浦氏应知曹寿早在和帝命其妻踵成《汉书》前已死。然而桓帝元嘉元年(151),上距曹大家去世,已历四帝三十一年,而“娶班彪女昭”的曹寿,居然复生,官议郎而与边韶、崔寔等四人共撰《汉记》,岂非奇迹?而浦起龙自序,声称其书改过八次,超过李善“至五乃定”的《文选注》,却对同一篇同一事的“旧注”谬误,竟未核实,岂非怪事?

假如《史通》原著就有汉桓帝元嘉元年与修《汉记》的官员内包括议郎曹寿的记载,那就只能断言此曹寿非彼曹寿,即与曹大家亡夫同姓名的另一曹寿。但除《史通》外,后一曹寿未见他书,不知刘知幾何据?姑且存疑。

然令人奇怪的,还有清代考证《东观汉记》编纂过程的几种著作,例如纪昀所撰该书永乐大典校辑本序,据此序迻录的四库全书本提要,以及光绪间姚振宗的《后汉艺文志》卷二、曾朴的《补后汉书艺文志考》卷五等,都曾全钞《史通》古今正史那几节原文,就是说都曾照录述及桓帝元嘉元年曹寿预修《汉记》的原文,却无一人辨正此曹寿非曹大家之夫。如果这些作者不知浦起龙对此曹寿的注释谬误,倒可说成他们态度审慎,因不详刘知幾所本,故而宁信其有。可是纪昀曾著《史通削繁》,扬弃的对象正是浦著《史通通释》,因而他所撰两篇提要,以及四库全书史部史评类《史通通释》

提要，均无只字道及前揭浦注的那一则“硬伤”，便令人不可思议。

同样不可思议的例证，又见于同样将浦著《史通通释》作为纠缪补苴对象的几种近人考证。譬如陈汉章的《史通补释》，前有戊辰(1928)柳诒徵、黄侃二序；杨明照的《史通通释补》，其民国二十九年(1940)自记称与陈汉章补无重复；罗常培《史通增释序》，作于民国三十一年(1942)，乃就其友彭仲铎所著《史通增释》一书而作的论点摘录(彭书出版与否，不详)，盛赞彭书非特刘知幾的功臣，实乃郭延年、浦起龙、纪昀、陈汉章的诤友(三篇均收入《史通通释》上海古籍出版社 1978 年点校本附录)。然而作者序者各三人，都称考据名流，也无一人指出浦起龙混淆两曹寿的谬误。

恕我寡闻，不知六十多年来海内难以胜数的《史通》和《史通通释》的论著中间，有没有一种曾揭露过上述问题？

至于范书本传谓“世叔早卒，有节行法度”，后一语系指班昭在其夫死后的表现，如将《女诫》看作班昭晚年的一种自传性作品，便可了然。

同前列女传：

> 兄固著《汉书》，其八表及天文志未及竟而卒，和帝诏昭就东观藏书阁踵而成之。

案，东晋袁宏《后汉纪 · 孝和皇帝纪上》(卷第十三)：和帝永元四年(92)四月，大将军窦宪被迫自杀，班固免归家，“固党于窦氏也。初，固不教儿子，儿子负固势，不遵法度，吏民苦之。洛阳令种兢尝出，固奴干车，诃，奴醉骂辱兢，兢大怒，畏宪，不敢发，心衔之。

及宪宾客皆被系,兢因此捕系固,遂死狱中。诏遣责兢,而主者抵罪"(张烈点校《两汉纪》下册,北京,中华书局,2002 年,页 260)。范书《固传》所记略同。班固时年六十一。

同上袁纪:"固虽笃志于学,以述作为务,然好傅会权宠,以文自通。其序事不激诡,不抑亢,赡而不秽,详而有体,使读之者亹亹而不厌,亦良史之才也。至于排死节,否正直,以苟免为通,伤名教也。史迁之作,皆推之于谈。彪经序其谋,略以举矣,而固尽有功,岂不胜哉!"这里袁宏赞赏班固有史才,却批评他的人品和史识,并讥他抹煞其父班彪《后传》的创始之功,不如司马迁诚实。

其实袁宏批评相对于在前的傅玄、葛洪等对班固的评论,已属温和。魏末晋初傅玄著《傅子》,就已指责班固"非良史",谓《汉书》"因父得成",然而"论国体,则饰主阙而抑忠臣;叙世教,则贵取容而贱直节;述时务,则谨辞章而略事实"(据清人诸辑本所引《天中记》、《意林》等,文字与《史通》内篇书事简节取者有异,参拙审《传世藏书・子库・诸子 2》,海南国际新闻出版中心,1996 年,所收王东杰整理本《傅子》卷三"吾观班固《汉书》"则,页 1583)。又,东晋初葛洪跋《西京杂记》,"洪家世有刘子骏《汉书》百余卷。歆欲撰《汉书》,编录汉事,未得缔构而亡,故书无宗本,止杂记而已。试以此考校班固所作,殆是全取刘书,小有异同耳。固所不取不过二万许言"(引文据宋《东斋记事》,清顾櫰三《补后汉书艺文志》卷四"班固前汉书"则转引)。因知中世纪史学家争论不已的班马异同,《史》《汉》优劣,乃至班固是否有学问或是否剽窃父书等等,在两晋已开其端。从而可知清代考史学者,右班左马,却回避班固《汉书》的媚俗取向,当作别解。

又案,汉和帝命班昭入东观藏书阁续作《汉书》八表及天文志,今存记载，初见于范书列女传。此后萧梁刘昭为西晋司马彪《续汉书》诸志作序，称"续志昭表"。清姚振宗《后汉艺文志》卷二"班固汉书"条，谓据南宋王应麟《玉海》艺文篇引此说，"以是推之，八表其班昭所补"，而《天文志》则为马续所作。

东观修史，也始于班昭。原来东汉初期的宫廷藏书，先集中在御史中丞管理档案的宫内兰台，因而"典校秘书"兼修国史的官员，初阶为兰台令史，稍迁为校书郎，入值地点都在兰台。汉明帝扩建新宫，在光武帝故宫以北，于是洛阳有两宫。皇帝和临朝太后常居北宫，称禁中，而南宫除安置前朝宫人以外，也成为宫廷各机构的驻在场所。随着宫廷藏书日增，旧档古籍渐移向南宫的东观(范书安帝纪永初四年李贤注引《洛阳宫殿名》，曰"南宫有东观")。范书卷四和帝纪："(永元)十三年(101)春正月丁丑，帝幸东观，览书林，阅篇籍，博选术艺之士以充其官。"可知最迟在这年，东观已代替兰台，成为宫廷藏书中心，从而成为东汉经史研究的官方基地。和帝在班固死后，诏命班昭续撰《汉书》，指定修书地点为东观臧书阁，更可证早在章帝末，东观便已取代兰台而成为宫廷文化的主要地盘。时距和帝驾临东观并扩充其官之前九年。因而这九年间班昭在东观，一面著史，一面聚书，潜移默化，致使东观在和帝死后的邓太后临朝期间，成为帝国现代史编纂制度化的表征。

同前列女传：

> 帝数召入宫，令皇后诸贵人师事焉，号曰"大家"。每有贡献异物，辄诏大家作赋颂。

案,拙撰《班固与〈汉书〉——一则知人论世的历史考察》(复旦学报2004年6期),已考证永元四年(92),时年十四的汉和帝与年长二岁的异母兄清河王刘庆,在宦官郑众的策动下,密谋发动宫廷政变,击倒专权的外戚窦氏集团,事前曾在班固已献给宫廷并在王室秘密传钞的《汉书》外戚传中间,寻觅可供模拟的历史先例。因而,少年皇帝没有料到他钦佩的这位作者,在政变纷乱中会被私敌借机杀害。这由班超家族没有受到株连,可得佐证。始知做皇帝尊贵的和帝,也如当年汉高祖重谢起朝仪的叔孙通的类似心态,并不因班固曾经事敌而对他怀有恶感,相反却感念他的史著于己有用。于是闻知其人尚有一位博学高才的亲妹,立即下诏要班昭入东观续作《汉书》,可谓顺理成章。

那时皇帝居于北宫。班昭在永元四年京师乱后被召入东观,时间不会早于当年秋冬之际。少年好奇,和帝急于一睹班固之妹,在情理之中。所以班昭首次赴北宫受皇帝召见,也不会迟于同年末次年初。

《女诫》表明,班昭多么懂得那时代做媳妇做长嫂做正妻的人情世故。因而,中年练达的班昭,初入宫便博得年轻皇帝与更年轻的皇后贵人们的欢心。她谙熟《诗》、《书》、《史》、《汉》、《楚辞》以及《列女传》,似乎无事不知、无物不晓,而笔和舌都十分了得(可看范书本传和班超传所载她的说辞、上书,以及《文选》李善注对她的《东征赋》引经据典出处的注文),这对读书甚少又鲜知外事的那班深宫少妇,怎不引发敬意羡心?

我们不知和帝何时任命班昭做皇后诸贵人的宫廷女师。据范书卷一〇上皇后纪上,和帝永元四年即选表妹阴氏(光武帝妻兄阴识的曾孙女)为贵人,八年(96)立为皇后,同年冬又封去岁所选美人邓绥(开国功臣邓禹的孙女)为贵人,同时受封而有姓可考的还有周、冯二贵人。

假如将班昭入禁中为女师的时间,定在和帝永元八年冬或九年春,也许离历史实相不远。那时班昭当已四十六七岁。

既任宫廷女师,要专心在东观续补《汉书》,当然很难。和帝卒于元兴元年十二月(106 年初),上距他命班昭入东观修史,至少十二三年了,但他至死没有看到《汉书》完帙。这只能怪他自己。在数召班昭入北宫之后,非但要求班昭教授自己的妻妾,而且效法其父章帝视班固为文学侍从的先例(见前揭袁纪永元四年综述班固生平节),每逢内外藩国朝贡,都要这位女史献上诗文赞颂今上功德。如此一来,班昭必须以正业为副业,而班固未成的八表和天文志,偏偏又都是非专家不能为。制表必须详考前汉宫廷档案和宰辅记录,志天文也必须通晓占星、谶纬诸术。这在班昭,才华虽高,却必须从搜辑前朝文献做起。因而她耗时十余年,能够在任职禁中的余暇,完成《汉书》八表制作,已经很了不起,而天文志只能在她晚年指授其徒马续继作,也可理解。

汉和帝似乎也为《汉书》迟迟未见完帙感到遗憾。前述永元十三年(101),皇帝二十四岁,突然在元旦亲幸东观,巡视藏书和察看书稿之后,决定“博选术艺之士以充其官”。那举措透露的信息,可解读为他已感到将班昭调进禁中,使她难以兼顾本朝史的编撰。不过他的指示,似乎在他身后才生效。唯一原因就在于这位皇帝已经沉湎声色,并且备受妻妾争宠的困扰。

袁宏《后汉纪》和帝永元十四年:

夏六月,封中常侍郑众为列侯。……阉官专权自众始焉。辛卯,皇后阴氏废。……冬十月辛卯,立皇后邓氏。

案,袁宏的时间记录不差,但与后出的范晔《后汉书》同病,丑化阴后而美化邓后。

范书述阴后,称她“少聪慧,善书艺”,立贵人后“有殊宠”。不幸色未衰,宠已移,因为受到新选美人邓绥的挑战:“后(邓绥)长七尺二寸,姿颜姝丽,绝异于众。”“八年冬,入掖庭为贵人。”相对于颀长美丽的邓贵人,身材矮小而才学平凡的皇后,在夫君服母丧期满(永元三年辛卯)以后,依靠家族传统势力,正位中宫,却蛾眉善妬,怎不令她夫君移情别恋?论家世高贵,阃教出众,邓贵人不亚于皇后,但才貌绝伦,邓贵人便胜于阴皇后。和帝时年十八岁,出身纨绔,唯色是幸,况且邓贵人固宠有术。于是阴皇后渐成深宫怨妇,由妬生恨,见和帝生病,反而以为将有临朝机会,说“我得意之后,皆当夷灭之”。就是说必将邓贵人举宗歼灭。这怎不给邓贵人一派提供反击的口实?邓贵人表示要自杀殉夫,声称这一来,“上可以报上厚恩,次可解宗亲之祸,下不令阴氏有‘人豕’之讥。”末一语很厉害,似乎为了避免使阴后仿效吕后对付戚夫人的手法而贻谤后世,其实提醒读过《汉书》外戚传的皇帝,警惕阴氏“将复仿吕氏之大事”。如此“诛心”之论,效应不言而喻。和帝病愈,“其后宫人告阴后巫蛊事,后(邓贵人)涕泣救护,无所不至。”这只能促使皇帝更决意废阴后而立邓贵人为皇后。永元十四年(102)六月,阴后被废,她的家族都受“巫蛊”狱株连,或自杀或流放。同年十月,邓贵人入主长秋宫(《通鉴》述此事取材于范书阴邓二后纪,突显阴后与其外祖母为巫蛊事;然袁纪则谓“阴后素妬,见宠甚,多设方巧欲以危后”云云，叙宫人告阴后巫蛊事，接在邓后扬言自杀而和帝病瘥之后，似较可信，故从袁纪）。

又据范书卷七八宦者列传：永元十四年，“帝念众功美，封为鄛乡侯，食邑千五百户。”郑众于永元四年反窦宪政变后，已以首谋功迁大长秋（后宫总管）；时过十年，又使皇帝念其“功美”，而首开东汉宦官封侯食邑之例，必因其又立新“功”；至邓后反群臣议，立安帝，诛周章，继续临朝，又奖励仍任大长秋的郑众，“益封三百户”。凡此均透露这名大宦官在废阴后、立邓后并助邓后用权的过程中所起机括作用。

班昭于永元十四年，任后宫女师已五年左右，无疑对阴、邓二氏矛盾了如指掌，也无疑善于周旋应对，如她自述生平，总是“战战兢兢，常惧黜辱”。

不过，从阴、邓二氏争宠后宫的攻守对策来看，邓贵人堪称班昭的高徒，而阴皇后则与《女诫》教诲的七章无不相悖。《女诫》成文虽晚（说见下），但既然班昭自称“有助内训”，当然也是她作为女师向皇后诸贵人讲解的要点。文分七章，一卑弱，二夫妇，三敬慎，四妇行，五专心，六曲从，七和叔妹。从章题和措辞来看，都合乎所谓儒家经传关于“礼”的说教，但察其涵义，却贯注着《老子》以柔克刚、以屈求伸、以卑弱自恃而后发制人一类权术。其文屡引《女宪》“得意一人，是为永毕；失意一人，是为永讫”一语，表明班昭认定妇女对待夫主或舅姑，必须专心致志得其爱心，否则长久完美就会变成永远完结。这也可知，《女诫》与其如宋人所称是“女孝经”，毋宁可正名为“女权经”。假如将它的理论同邓后自入宫到临朝的言行相对照，那便不能不令人惊异，邓后真可说是《女诫》的高明实行家。

范书卷一〇上和熹邓后纪：

元兴元年(十二月,当 106 年 1 月),帝崩,长子平原王有疾,而诸皇子夭没,前后十数,后生者辄隐秘养于人间。殇帝生始百日,后乃迎立之。尊后为皇太后,太后临朝。

案,同书阴、邓二后纪,均未载二人曾经生育。但同样无子,邓后终将阴后逐出长秋宫,一个绝招,便是活学活用班昭的一则教导:“《礼》:夫有再娶之义,妇无二适之文,故曰夫者天也。”(《女诫》专心章,下即引《女宪》曰“得意一人”云云。)阴后善妒,正是悖逆所天,因而邓后就反其道而行之。同纪:“后阴后渐疏,每当御见,辄辞以疾。时帝数失皇子,后忧继嗣不广,恒垂涕叹息,数选进才人,以博帝意。”末语颇俏皮,暗示邓后实采欲取姑与、以明不妬的策略同阴后竞胜。此术果然明效大验,邓后二十三岁如愿母仪天下;两年后二十七岁的皇帝龙驭上宾当夜,她便宣布潜抱入宫的婴儿为嗣君,可知太后临朝准备已久。

又,范书卷五五平原怀王胜传谓胜“不载母氏,少有痼疾”。或因生母微贱,故虽为长子,在和帝生前未立为太子。至于这名少年是否真患不治之症?说详下文。

范书卷三三周章传：

〔安帝永初元年(107)冬,章代为司空。〕是时中常侍郑众、蔡伦等,皆秉势豫政,章数进直言。初,和帝崩,邓太后以皇子胜有痼疾,不可奉承宗庙,贪殇帝孩抱,养为己子,故立之,以胜为平原王。及殇帝崩，群臣以胜疾非痼，意咸归之。太后以前既不立，恐后为怨，乃立和帝兄清河孝王子祜（当作祐，见中华书局本校勘记），是为安帝。章以众心不附，遂密谋闭宫门，诛车骑将军邓骘兄弟及郑众、蔡伦，劫尚书，废太后于南宫，封帝为远国王，而立平原王胜。事觉，策免，章自杀。

案，自和帝死到安帝立（106 年 9 月），短短八九个月，帝国便三易其主，而殇、安二帝即位，因和帝尚有长子在，更凸显邓太后背离祖宗传统，使她一再临朝专政，较诸和帝初窦太后的先例，越发缺乏历史合法性。范书周章传这段陈述，与袁纪殇帝延平元年七月、安帝永初元年十月的有关记载相符，表明所述过程属实，而邓太后的举措，遭到外朝大臣的普遍不满，并集矢于邓太后的居心，也应说并非苛责。由周章的政变策划，可知邓太后反传统的支持者，是她的家族和宦官领袖。周章设计的政变步骤，一是闭宫门，这是模仿当年郑众助和帝夺权的故伎；二是劫尚书，这是因为设在宫内的尚书台，早已握有皇帝诏书的起草、副署等权柄，而周章虽贵为三公，要假传新君圣旨，废太后贬皇帝，非得由尚书以诏板发布（参看杨鸿年《汉魏制度丛考》“尚书”节，武汉大学出版社，2005 年，页 87—93）。周章密谋破产，最大问题在于他无视宫廷禁卫军早由宦官首领控制，所以他的密谋一经泄露，便胎死腹中，还赔上老命。

或许受到东汉列朝君主有意抑制外戚的传统影响，邓太后迫使周章自杀，没能吓阻朝议对她擅权的非难。周章失败以后，异见者改变策略，承认安帝的合法性，要求太后归政。永初二年（108），安帝将行成年礼了，有个郎中杜根与同僚居然上书劝告太后归政，被盛怒的太后下令装进缣囊扑杀，侥幸没死，却起到了儆戒作用。

从此直到邓太后病死，安帝二十八岁了，朝廷再也没人提出她专政合理合法与否的问题。

同前列女传：

> 及邓太后临朝，与闻政事。以出入之勤，特封子成关内侯，官至齐相。

案，据这则记载，从殇帝延平元年(106)初，邓太后就将班昭作为政治顾问。

这不奇怪。同书邓后纪："太后自入宫掖，从曹大家受经书，兼天文算数。"袁纪和帝永元十四年十月"立皇后邓氏"，追叙她的前史，也说她自入宫后，"遂博览五经，百家图谶无不毕览，善《易》及阴阳占候希有者。"真如她少年时被母亲奚落的："长大宁举博士邪！"

班昭在教授阴后、邓贵人的七年内，无论怎样保持中立，却不能不因材施教，授予好学的贵人的知识，在广度或深度方面必定远过于只重争风吃醋的阴皇后。到阴氏被废桐宫，老师全力倾注教导新任国母，必定更少保留地传授固宠握权的枢要。

奇怪的是，学生已成太后，临朝政事都咨询老师，而老师却从未如宦官郑众、蔡伦那样，受到外朝大臣抨击。这反证班昭深通老子和光同尘的三昧。

随着邓太后的权力日趋稳定，总想报答在宫禁"出入之勤"的老师。那时还没有封皇后母亲以外女师爵位的先例(太后死后其继子安帝即开封乳母为女君之例)，因按旧例予其子授官赐爵。

班昭惟一子男,即曹成。成字子谷,见《女诫》序,又见赵岐《三辅决录》。在班昭于永元中入宫前,曹成已辟司徒掾,秩比三百石,又以司徒掾身份察孝廉,授长垣(今河南长垣东北)县长,秩四百石。见范书昭传李贤注引《三辅决录》,参司马彪《续汉书》百官志五。“母为太后师,征拜中散大夫”,秩六百石,乃宫廷顾问官,无常事,唯诏令所使。见同前书。

然而,萧梁昭明太子编《文选》卷九纪行上,录有曹大家《东征赋》,首句谓“惟永初之有七兮,余随子乎东征。”今本李善注引《大家集》曰,“子谷为陈留长,大家随至官,作《东征赋》。”又引《东观汉记》曰:“和帝年号永初。”此注有二疑:一、永初为安帝年号,永初七年当公元113年,那时邓太后临朝已近九年,社会仍然不稳,正需班昭“与闻政事”,怎会放她随子至官?二、曹成在其母“为太后师”之后,已被邓太后“特封关内侯”,爵等仅次于有封土的列侯,且官中散大夫,时当在安帝永初年间。陈留(今河南开封东南)虽是陈留郡的首县,但陈留长秩不过四百石,假如永初七年确有班昭随曹成至陈留长任,那对曹成意味着贬秩,对班昭则意味着变相流放,而此事发生在邓太后宠信班昭时期,岂不令人难以置信?

由于《大家集》是曹成妻丁氏在班昭身后所辑,她不可能将其姑其夫的行状记错,因此赋文“永初之有七”,年号必定有误,而注引“子谷为陈留长”一语,也可能有脱文。据李善注引《东观汉记》,谓“和帝年号永初”,知帝号无误(《东观汉记》和帝朝纪传,即撰于邓太后当政时期),而“永初”当为“永元”之误。盖六朝雅学走红,传抄者于《释诂》开篇初、元互训为始之语耳熟能详,或抄录中误元为初,是可能的。唐代注家(未必是李善)不核史实,见《东征赋》传本误作“永初”,《东观记》又明载和帝“数召入宫”,遂注永初为和帝年号,也是可能的。

那么永元七年(95),班昭曾否随子至官？曹成又至何地,任何官？据范书卷四和帝纪,永元五年正月大赦窦宪党人。时司徒为丁鸿,与司空刘方共同提出重定郡国举孝廉名额(见范书卷三七丁鸿传),同年三月和帝下诏重选举。次年初刘方代丁鸿为司徒,三月诏三公及内郡守相举士,选补郎吏。前述永元四年班固下狱死,和帝特诏班昭入东观续补《汉书》,时间或即在五年初大赦前后。她的独子曹成或同时随至洛阳侍母,而由司徒辟为掾,未几以司徒掾被举孝廉,并补郎官,时间当在永元六年三月。这年夏季,有二事对班家有利。其一是和帝自至洛阳寺平反冤狱,"收洛阳令下狱抵罪",此令当为囚杀班固的种兢。其二是西域都护班超报捷,降服西域全境五十余国,次年受封定远侯(袁纪系班超平西域于封侯的永元七年,误,今从范书和帝纪、班超传)。因此,永元七年和帝诏"有司详选郎官宽博有谋、才任典城者三十人","悉以所选郎出补长、相",已举孝廉为郎官的曹成,即在选中,自不足奇。他所补官职,当为《三辅决录》注所说的长垣长。长垣是陈留郡的属县。前述《文选》李善注引《大家集》,谓曹成官"陈留长",引文必有脱误,就从《东征赋》本文来看,曹成所任,正是"长垣长"。

所谓李善注,除征引《大家集》,还证以挚虞《文章流别论》,谓《东征赋》言"发洛至陈留,述所经历也"。但挚虞并未确指曹成"为陈留长",但说"至陈留",可知是以郡名对应帝都。寻绎《东征赋》"述所经历",恰是始发洛阳,终至长垣,而后述"到长垣之境界",考察县属蒲城的废墟,城东南蘧伯玉故乡等观感。因此李善注引《大家集》,班昭子媳丁氏的解题,原文或谓"子谷为陈留长垣长",或"陈留长"当读作"陈留邑长",不可能径指"陈留长"即郡治所在的县长。

假定班昭与曹寿结褵两年后生子,则至永元七年,班昭四十五岁,曹成二十九岁。但曹成即使年近而立,出任时比百里侯的大县长,终究会使惟此一子的班昭忧其能否胜任。于是"随至官",并仿亡父班彪《北征赋》,作纪行韵文《东征赋》,归后献诸宫廷,似合她以文自见的一贯作风。

前由范书昭传李贤注转引的《三辅决录》注,谓班昭为太后师,征拜曹成为中散大夫。据司马彪《续汉书》百官志二,中散大夫是宫廷顾问官,秩六百石,虽与长垣长同属低阶文官,却无常事,仅在宫内等待诏命差遣,是个常由世家子弟充任的清要官。班昭于和帝永元八、九年已为宫廷女师,但被尊为太后师,则在殇帝延平元年(106)邓太后临朝以后。由此可知,班昭在和帝永元七年孟春随子赴长垣,停留多久,虽不清楚,却不会超过一年。

曹成受封关内侯,非但是荣誉和特权(汉爵可按等次免税赎罪)的表征,也显然表明邓太后照顾班昭的家庭生计。因为正是邓太后临朝第一年,殇帝延平元年,她推行廉政,重定官俸。曹成官长垣长,秩四百石,依新例月钱二千五百,米十五斛;征拜中散大夫,六百石,月钱三千五百,米二十一斛(见《续汉书·百官志五》"百官受奉例",李贤注引晋荀绰《晋百官表注》所追述之"汉延平中"云云)。班昭尚有诸女未嫁,仅靠一子任中下级官员养家,境况不免拮据。关内侯虽无土,但寄食所在县瓜分民租,依光武以来成例,月俸二十五斛(见前续志"关内侯"李贤注引伏湛《古今注》)。如此可使曹成月入增多官俸一倍以上。

又,曹成在班昭生前再未升官。证据就是袁纪卷一七安帝延光三年(124),皇后阎姬与兄阎显,宦官江京、樊丰等废太子后,光禄勋祝讽为首的官员十一人"守阙上书,诉太子之冤",那名单中便列有"中散大夫曹成"。那以前四年(建光元年,121),邓太后病逝。可知终邓后当政二十年,曹成一直未迁官。待他为班昭服丧,去职二十七月,这期间邓后死,安帝一党杀逐邓氏家族,他未受株连,无疑得其母之赐。

原来,邓太后临朝初期,也同其姑窦太后一样,重用自己的兄弟邓骘等控制军政大权,并在安帝初拜邓骘为大将军。这使班昭担忧邓后重蹈窦氏覆辙。正值永初四年(110)太后母亲死了,邓骘兄弟请求解职守制。太后既恐失助又怕违礼,向老师咨询。班昭乘机上疏,引经据典,力劝太后藉此向天下显示提倡"礼让为国",并暗示说"以方垂未静,拒而不许,如后有毫毛加于今日,诚恐推让之名不可再得"(疏文见范书昭传)。邓后不愧是东汉曾经先后专制国政的六名太后(章帝窦后、和帝邓后、安帝阎后、顺帝梁后、桓帝窦后、灵帝何后)中间的佼佼者,立即接受班昭建议,同意邓骘兄弟退居二线,"并奉朝请","其有大议,乃诣朝堂,与公卿参谋"(见范书卷一六邓禹传附孙骘传)。因而颇受史家称道,并不忘曹大家的指点功劳,可参范书邓后纪论曰,《通鉴》汉纪四一安帝永初四年等。但不顾史实,彻底否定邓后,将她比作村妇小物俭约、小节退让而得贤名,以论证"母后临朝,未有不乱"的史家更多。如王夫之《读通鉴论》卷七安帝三,因憎恶邓后,而指斥司马光肯定邓后,"非良史之辞也"。

班昭既然警觉外戚恃宠弄权的祸害,那她不会由于贵为太后师,而替家族谋取权益,不仅是必然,还可能过份。她在邓太后末年去世,其子官中散大夫将近二十年,当然不能归咎曹成庸碌。但看安帝死前,反对废太子的诸大臣全都屈从宦官威胁,位卑无权的曹成，则因为母居丧二十七月，复任原官未久，便加入为废太子鸣冤的行列，表明他并非明哲保身之流。

曹成参与鸣冤的废太子，在被废的次年，便因其父安帝的骤死，而引发的一连串宫廷政争，得宦官孙程等拥戴，奇迹般地登上帝位。这个顺帝，滥封功臣，曾列名"守阙上书"的中散大夫曹成，被超授齐相，也合乎逻辑。

齐是光武帝长兄伯升的嫡系子孙的世袭封国。据范书卷一四宗室四王三侯列传，时为齐王的刘无忌，是伯升的玄孙，其国远在海滨，其相虽秩二千石，备位而已。时距班昭去世，至少已有七、八年。

这就涉及《女诫》序谓"圣恩横加，猥赐金紫，实非鄙人庶几所望也"三语的准确诠释。三语上文谓"恒恐子谷负辱清朝"，下文接谓"男能自谋矣"，因而后人对"猥赐金紫"一语，均以为指曹成。同传李贤注引《汉官仪》曰"二千石金印紫绶也"，就明证李贤或其幕客，以为班昭生前已见独子官居二千石。

其实李贤注误。错就错在不明六百年前的官制服色。姑且不谈东汉二千石大臣是否佩紫绶(《续汉书》舆服志下谓"青绶"，与应劭《汉官仪》紫绶说异)，就说曹成曾佩金印紫绶，也是其母生前所不及见。据《续汉志》，六百石的中散大夫，只可佩铜印黑绶。因而《女诫》序谓"圣恩横加，猥赐金紫"，决非指曹成任齐相。到底指谁呢？只可能指班昭本人。她生前没有受过任何封号，但既被邓太后尊为"师"，便与后母新野君等视。故范书邓后纪论曰称她为"班母"，不仅出于美文求对仗工整的需要，也表明班昭晚年在宫廷中仪比公主封君，服紫绶(见续汉志)，所谓"猥赐金紫"，下文才会紧接着表白"实非鄙人庶几所望也"。

同前列女传：

> 时《汉书》始出，多未能通者，同郡马融伏于阁下，从昭受读；后又诏融兄续，继昭成之。

案，班昭是续补《汉书》的第一人，史无异辞。唯袁宏《后汉纪》绝口不提此事，盖袁以名教卫士自许，纪中一概抹煞东汉列女事迹，故全书不出昭名。据《南史》卷五〇刘虬传附子之遴传，谓梁鄱阳王曾得班固于汉明帝永平十六年(73)所上《汉书》古本，昭明太子令刘之遴等参校同异，刘之遴录古本与今本异状十事(《南史》原作"数十事"，然所本《梁书》卷四〇刘之遴传作"十事")。清四库全书馆臣不信古本实有，所撰《汉书》提要，几乎通篇驳斥刘说，甚至斥古本乃刘氏伪造。然而晚于四库提要刊行的赵翼《陔余丛考》却考证梁时的确发现过《汉书》古本，并据北宋宋祁校刻《汉书》，所校旧本内尚有"曹大家本"，卷帙文字都同于今本，因而判断古本改今本，是班昭续成时重新编定的。赵说见该书卷五"《汉书》古本"条，似较四库馆臣说义长。

然而，前揭拙作《班固与〈汉书〉》已指出，同一范书，于昭传所述班昭授马融读《汉书》事，却不载于马融传；而昭传谓"后又诏融兄续，继昭成之"，既不指明何主所诏，也在马续传(见范书卷二四马援传附兄子严传，马续、马融均为马严子)中未载此事。

倒是先于范书行世的袁纪，在顺帝永和五年(140)八月叙马融经历，带叙道："兄续，博览古今，同郡班固著《汉书》，缺其七表及天文志，有录无书，续尽踵而成之。"此说有一得，即谓班固未完成诸表非八篇，因后世学者大都认定《古今人表》是班固自作，故所缺为七表。但袁宏既蓄意抹煞班昭的业绩，故此说有三失，一是将班昭续补诸表的辛劳归于马续；二是为将班昭从纪中除名，连带否定《汉书》已属官书，非奉诏并入东观不得也不能续撰的史实；三失自不消说，将可能仅补述《天文志》而或未获专家认同的马续（参看《续汉书》天文志上叙及刘昭注），奉作踵成《汉书》的功臣。

这就又要说到刘知幾。《史通》外篇二古今正史：班固受明帝诏续作《汉书》，"经二十余载，至章帝建初中乃成。固后坐窦氏事，卒于洛阳狱，书颇散乱，莫能综理。其妹曹大家博学能属文，奉诏校叙。又选高才郎马融等十人，从大家受读。其八表及天文志等，犹未克成，多是待诏东观马续所作，而《古今人表》尤不类本书。"前揭拙文已指出刘说在由谁继作问题上，似乎摇摆于袁、范之间。说是"似乎"，因为刘知幾一方面用范书昭传说，还补充了被选从班昭受读的高才郎连马融共十人，可惜未举其他九名高才郎的姓名和史料出处；另一方面又袭袁纪，将八表及天文志克成的功劳，归于马续，却添加了马续身份是"待诏东观"，可惜也不详所据，况且一个"多"字，暴露刘知幾实不知马续"所作"详情。

刘知幾鄙视《汉书》、《东观汉记》的"表历"，理由是一统时代的公卿王侯既为臣子，不必表其年数（见《史通》内篇卷三表历）。这说法的是非当别论，但上举他对《汉书》续补过程的陈述含混不清，恰好是对他好以论带史的一个讽刺。

譬如吧，他说班昭"奉诏校叙"，下诏者可知是和帝，那么"又选高才郎马融等十人，从大家受读"的是谁呢？依行文逻辑，也应指和帝，但核以史实，却大谬不然。因为马融在安帝永初二年（108）才应邓骘召入仕，四年才入东观，由校书郎而晋校书郎中（范书卷六〇上融传谓此年拜校书郎中诣东观，同传李贤注据谢承《后汉书》、司马彪《续汉书》"并云为校书郎,又拜郎中",已予纠正)。所以,马融从班昭读《汉书》,必定在永初四年或以后,命"选"者只能是邓太后,而范书卷八〇上文苑上刘珍传及前引邓后纪等都提供了佐证。

又譬如吧,刘知幾紧接"从大家受读"语下,说是"其八表及天文志等犹未克成",依逻辑当指班昭至死尚未完成,而下文又谓"多是待诏东观马续所作",则时间必在班昭死后,而"待诏"必有"诏"者,其人又是邓太后么?似又不然。据范书昭传,邓太后曾为班昭之死,"素服举哀",有可能再命人补缀班昭未竟之业。但据范书马融传,安帝元初二年(115),马融上《广成颂》,"忤邓氏,滞于东观,十年不得调",约在安帝永宁元年(120,自永初四年至此年计十年)免官禁锢,到永宁二年邓太后死,安帝亲政之后,才召还郎署。马融因此被排除于永宁元年邓太后诏刘珍等续修《东观汉记》的名单之外(由范书文苑上刘珍、李尤等传述此事均无马融名可知)。马续是马融之兄,虽未必受马融牵连,却未必在其弟方受禁锢,便由邓太后命其待诏东观,补缀班昭未完成的《汉书》缺篇,否则不近情理。

从和帝、邓后都重用班昭主持东观,至班昭去世,前后约四分之一世纪,东观已成为帝国学术中心,"是时学者称东观为老氏臧室,道家蓬莱山"(见范书卷二三窦融传附玄孙章传)。宗室外戚稍有才学的子弟,都以起家东观校书郎为荣。安帝、顺帝都不是好学的君主,但在亲政后都没有改变邓太后的右文传统,不时选取世族名流入东观任史官,既博取称誉又树碑颂德。所以,贵族世家的马融被安帝复召为校书郎,其兄马续也曾在安帝末顺帝初"待诏东观",因他"博览群籍,善《九章算术》"(范书卷二四马援传附侄孙续传),而要他补成《汉书》的天文志,都可谓合乎逻辑又不悖历史。

顺便一说《东观汉记》与班昭的相关度。早在汉明帝永平中,“与班固、贾逵共述汉史”,并为二次述开国史的兰台掌门人,有个皇亲临邑侯刘复。“复子騊駼及从兄平望侯毅,并有才学”,于邓太后临朝晚期,都被召入东观,“与谒者仆射刘珍著中兴以下名臣列士传”(见范书卷一四宗室北海靖王兴附子复传)。这是东汉已历五世六帝,传国九十多年以后,三度编纂“国史”,而由两名皇亲再度扮演主角。那时班昭已达声望顶峰,深受邓太后器重,因而邓太后决策编纂上起建武、下讫永初的帝国现代史,包括修史人选,无疑听取过主持东观修史的班昭意见。这回修史,如清代辑集《东观汉记》的纪昀所考,正式命名为《汉记》,而因著作处在洛阳南宫的东观,后人就习称为《东观汉记》。假如这个考证属实,那么说这部东汉国史,续修、命名乃至体例,都出自班昭的创制,似乎离历史实相不远。

同前列女传:

> 永初中,太后兄大将军邓骘以母忧,上书乞身,太后不欲许,以问昭。昭因上疏曰(中略),太后从而许之,于是骘等各还里第焉。

案,此事略考见前。这里要补说的有三点:一、邓骘拜大将军,时在安帝永初二年(108)十一月,即其妹邓后临朝的第三年。二、邓母新野君病死于永初四年十月,依礼邓骘兄弟都应去官服丧三年即二十七月。他们未必真诚,而邓后也担忧此举将失去臂助和损害家族既得权益，况且帝国四朝史没有提供外戚服丧以日代月的先例。三、班昭上疏劝告邓后守礼，并非不知此举可能危及太后专政，但权衡利害，以为不许邓氏兄弟守制，对于太后专政的负面影响更大。她精研两汉外戚史，深知从西汉吕后到东汉窦后，外戚家族很少得到保全，毛病都出在贪恋权势，给先帝们提供消灭他们的理由。前已指出，邓后很聪明，接受班昭建议，以退为进，将稳住个人的僭主权力，作为扩张家族权益的保证。她是帝国女主专权终身的唯一例证，应该归功于“班母一说”（范书卷一〇上和熹邓皇后纪论曰）。

同前列女传：

> 作《女诫》七篇，有助内训。其辞曰（中略），马融善之，令妻女习焉。
>
> 昭年七十余卒，皇太后素服举哀，使者监护丧事。

案，前已考班昭五岁丧父，可知她当生于汉光武帝建武二十六年(50)。此谓邓太后为她举哀，时间必在汉安帝永宁二年二月(121，此年七月安帝改元建光)邓太后“寝疾”并于次月死去以前。此又谓班昭卒年七十余，而她在安帝元初六年(119)，虚龄已届七十，故去世当在永宁元年，至迟在永宁二年正月，才可称活了七十余岁（前引刘汝霖《汉晋学术编年》影印本卷五，已据《女诫》及本传，推算班昭当卒于永宁元年，年七十一，唯考证过于简略，故未见他书引用）。

同前列女传：

> 所著赋、颂、铭、诔、问、注、哀辞、书、论、上疏、遗令，凡十六篇。子妇丁氏为撰集之，又作《大家赞》焉。

案，班昭即曹大家的著述，历代公私书目多有著录，两晋至两宋的不少文集、类书也常有征引。有关流传情形，清代侯康、顾櫰三、姚振宗、曾朴诸家辑补的后汉艺文志，均有考证，且均收入《二十五史补编》第二册，兹不赘引。

这里仅列举班昭著述对于中世纪文化史的历史影响，主要有以下方面：

第一，关于历史编纂学。人所共知，班彪、班固父子首创"断汉为书"，并将《史记》五体改作纪表志传四体，从此中世纪王朝史中的纪传体"正史"，都奉之为撰述模式。但如本文所考，《汉书》的完型，应归功于班昭，她不仅基本补足了缺篇（只差天文志未成），还调整了班固成稿的结构。

第二，关于古代妇女史。西汉刘向撰《列女传》八篇，唐宋著录均作十五卷，谓曹大家注。但据北宋曾巩"序录"，以为十五卷是班昭重分，并增补了西汉一事，东汉十五事，"非向书本然也"（见前述清诸家补志所引）。因此，班昭也是今本《列女传》的完型作者，不仅作注，还调整了结构，补充了史例。用不着指出她绝非女权主义者，但在中国历史上，由女性按照自己的尺度撰述妇女史，她是第一人。

第三，关于家族伦理史。本文已屡引班昭首创的《女诫》，指出此篇七章，讲述了中世纪早期世族妇女怎样处理家族内部复杂的人际关系,使自己成为家族的内在核心。值得注意的是此篇但讲“妇行”,不讲“三从”,所论实为弱者取得权力的策略。因而它不仅对宫廷“女主”有启示作用,也对所谓“臣道”是一种精致的概括。假如对照刘向《说苑》的《臣术》所谓六正六邪以及所举历史实例,那就可对《女诫》蕴涵的意义,有深一度了解。

第四,关于贵族文学史。班昭是《昭明文选》收录的唯一女性作者。尽管她的《东征赋》,是在模仿其父班彪的《北征赋》,在文学形式上缺乏新意,但她的作品迫使男性中心论的现存第一部文学总集的编者承认,也表明即使在中世纪,女性在文学创作中可与男性名家一比高低。直到清代严可均辑《全后汉文》,还收有她的赋颂等作品多篇,可见时逾一千五百年,她的部分作品仍在人间流传。

第五,关于妇女参政史。两汉有太后临朝和擅权的传统,那是宫廷权力斗争的一个重要侧面,不能等同于妇女参政,并且多半贻祸家族。比较地说,班昭从邓太后临朝初便“与闻政事”,显然对邓太后专制朝政二十年,起了运筹帷幄的作用,却没有受到朝廷党争连累,并在去世不久政局出现翻覆中间,也没有因邓氏家族垮台,而影响班、曹二家族。这可能另有原因,但无疑与班昭力避藉参政以谋取私利,以致独子任散官二十年不调,有直接联系。这或许由于班昭从班固“不教儿子”(《后汉纪》卷一三和帝纪上)致杀身之祸中间引起警觉,但人尊言重,却能“战战兢兢”(昭传),至死不渝,在东汉宫廷女师中,也仅此一例。

下　班昭生平简表

〔说明〕本表编年,凡公元纪年仅标阿拉伯数码,王朝纪年依次标出东汉诸帝号、年号和近人推算的干支纪年，而年龄则依中国传统算法。

50　光武帝建武二十六年庚戌　一岁

班昭生。昭字惠姬，东汉右扶风安陵（今陕西咸阳东北）人。

父班彪，字叔皮，是西汉成帝婕妤班氏的内侄。伯父班斿，曾参与刘向校书，得成帝赏赐宫廷藏书副本。班彪得以博览群书，聆听父党扬雄等的议论，并得闻姑母班婕妤所谈宫廷秘辛。新朝末三辅大乱，班彪先往天水，在西州大将军隗嚣幕府为宾客，继改投河西大将军窦融，掌书记。窦融降汉。班彪于建武十二年(36)随窦融入新都洛阳，初任司徒掾，再任徐令，接着赋闲家居，著《后传》，晚年任望都长。班昭大约即生于望都（今河北望都西北）。

有兄二人，长班固，字孟坚；次班超，字仲升。固、超同生于建武八年(32)，时年均十八岁。班昭与班超同母，当均为班彪次妻所生。

54　武帝建武三十年甲寅　五岁

班彪卒，年五十二。有遗稿《后传》百篇。弟子王充曾读其稿。

班固先在东京太学就读，并结交贵胄名士，此时归家居丧，开始改写《后传》。

班昭约于是年从母师读书。

58　明帝永平元年戊午　九岁

去年（建武中元二年）初，光武帝因夜读图谶中风寒猝死，子明帝即位，唯恐臣民利用图谶惑众。右扶风发生伪造图谶案，明帝接获密报，谓班固“私改作国史”，遂逮固下狱。班超立即诣阙上书陈情，值右扶风郡守亦将抄没的书稿呈献。明帝读后“甚奇之”，赦班固出狱，令充兰台令史，与特选官员陈宗、尹敏、孟异等，共撰《世祖本纪》和开国功臣诸传、载记等。

遭此家庭大变,对少女班昭刺激很深,越发“战战兢兢,常惧黜辱,以增父母之羞,以益中外之累”。

63　明帝永平六年癸亥　十四岁

出嫁。夫为同郡曹寿,字世叔。

这年或稍前,班固已由兰台令史晋职校书郎。班超因家贫,奉母迁居洛阳,与兄同住,或因此在移家前,先行嫁妹。

曹寿事迹无考,行年亦不详。仅由班昭晚年所著《女诫》及范晔《后汉书》列女曹世叔妻传,可知他“早卒”,生前与班昭育有一子,名成,字子谷,另与班昭或妾媵育有数女。唐代刘知幾《史通》述东汉桓帝时《东观汉记》续撰史官,屡举曹寿名。清代浦起龙等遂谓此曹寿“即娶班彪女昭者也”,大误。本考上篇已详辨其非。

73　明帝永平十六年癸酉　二十四岁

这年五月,班固向明帝献上《汉书》,大约只是本纪、列传和部分表志稿,编次也与今本有异。明帝没有准予颁行,但在贵族大臣中已有私传抄本。

同年次兄班超也时来运转。原来,班超奉母至洛阳,因班固位卑秩低,家贫如故,不得不给官府抄写文书,以佣资养母。后来偶然被明帝得知,授兰台令史,又“坐事免官”。不知失业多久,却在这一年,父彪故主窦融之侄窦固担任征匈奴统帅,任命班超为假司马,率吏士三十六人,出使西域,以断匈奴后路。从此班超在西域诸国纵横捭阖三十一年。

班昭二兄,同一年在帝国文武两方面开始崭露头角,怎不令宫廷内外注意到他们那位“博学高才”的小妹?

92　和帝永元四年壬辰　四十三岁

这年四月,年仅十四岁的汉和帝,与异母兄也仅十六岁的清河王,由宦官郑众策划,发动宫廷武装政变,一举摧毁了大将军窦宪为首的外戚专政。

政变导致朝廷大乱。首都洛阳的县令种兢,曾受班固家奴侮辱,乘机报复,私自将班固逮捕入县狱迫害致死。待动乱尘埃落定,小皇帝念及私淑的《汉书》外戚传作者,发现其人已死,追究擅杀之罪,洛阳令却推诿于狱吏。

93　和帝永元五年癸巳　四十四岁

这年或稍前,和帝得知班固所著《汉书》,还有七表和《天文志》未毕,其他遗稿也凌乱,于是特诏其妹班昭,“就东观藏书阁踵而成之”。东观在洛阳南宫,它的臧书阁成为国史编纂场所,自班昭始。

94　和帝永元六年甲午　四十五岁

子曹成,字子谷,以司徒掾察孝廉,补郎官。

夏,和帝至洛阳寺(首都官舍),平反冤狱,收洛阳令下狱抵罪。此令盖即种兢。

西域都护班超,收服西域全境五十余国,向汉廷报捷。

95　和帝永元七年乙未　四十六岁

春,班超以平西域功,封定远侯。

曹成出补长垣长。长垣属陈留郡,故城在今河南长垣东北。

班昭随子赴任,仿班彪《北征赋》,作《东征赋》纪行,内叙由洛阳出发,途经河南、陈留二郡的名城胜地,到达长垣并观境内古迹的历程和感受。萧梁昭明太子编《文选》,据曹成妻丁氏辑《大家集》收入此赋,为《文选》所收先秦至南朝的惟一女性作品。然或因传抄致讹,唐初所传文本,已将和帝年号“永元”误作安帝年号“永初”,李善注或六臣注失考,遂传讹至今。辨详本考上篇。

96　和帝永元八年丙申　四十七岁

这年十八岁的汉和帝,立皇后阴氏,又纳邓、周、冯诸贵人。邓贵人名绥,年十六,乃开国功臣邓禹的孙女,才美均冠于后宫。

班昭已返洛阳(离长垣时间不详),因得青年皇帝赏识,屡次被召入后宫。由和帝令,皇后和诸贵人均拜她为师,在宫中号称“大家”。大家者,大姑也,汉代子媳称公婆为舅姑,可知班昭任宫廷女师,地位比于后母。

班昭娴熟经史,练达人情,似乎于物无所不识,而言辞典雅,文章华丽,深受尚属少男少女的皇帝及其妻妾的爱敬,因而“每有贡献异物,辄诏大家作赋颂”。清人考班昭遗篇,有《大雀赋》、《针缕赋》、《蝉赋》、《欹器颂》等名目,或即应和帝诏所作。

100　和帝永元十二年庚子　五十一岁

上书皇帝乞征还班超。

班超在西域已三十年,将七十岁,年老思乡,三年来一再求朝廷允卸西域都护任,此时遣子班勇随安息使节入塞,再度上疏“但愿生入玉门关”。班昭也上书代请。书载范书超传,情文并茂,终于打动和帝,同意征还班超。

101　和帝永元十三年辛丑　五十二岁

正月,和帝前往东观,观书阅稿,或许发现班昭因任宫廷女师,以致《汉书》续补进度迟缓,决定为她增派助手,“博选术艺之士以充其官”(和帝纪)。从此奉诏任校书郎等职,入东观参与编纂“国史”,便成为文士的荣耀。东观因此号称“老氏臧室,道家蓬莱山”。

102　和帝永元十四年壬寅　五十三岁

六月,皇后阴氏,被宫人告发在皇帝生病期间,与外祖母行巫蛊事,迫使皇帝最宠爱的邓贵人企图自杀殉夫,激怒的和帝下诏废后。

八月,次兄班超回到洛阳,凡在西域三十一年,返朝后拜为射声校尉,但仅过一个月,便因旧病复发而卒。或因迎护兄长及助理丧事,班昭得以在宫廷内斗白炽化期间抽身远离。

十月,和帝册立邓贵人为皇后。她与皇帝"同体",入主长秋宫,年二十三岁。十年前曾为和帝策划向外戚夺权政变的大宦官郑众,这时因功封侯,开了东汉宦官封侯食邑先例,彰显此人在此次"国母"废立过程中又起了转捩作用。另一位中常侍蔡伦,即以改良造纸技术而流芳百世的宦官,在邓后专政后也被封侯,可知他在事变中更直接与邓后为伍。

103　和帝永元十五年癸卯　五十四岁

仍任宫廷女师。

班昭没有卷入长秋宫之争,未必没有偏向。邓贵人入主中宫,越发表示谦卑,禁绝方国贡献珍宝,更以皇嗣为忧,继续替皇帝选美,凸显不妬。"帝每欲官爵邓氏,后辄哀请谦让,故兄骘终帝世不过虎贲中郎将。"凡此权术,均与班昭后来形诸文字的"女诫"吻合。

105　和帝元兴元年乙巳　五十六岁

四月,经过朝廷大臣激烈争论,封皇后亡父为列侯,下诏大赦,改元。至十二月(106年初)皇帝驾崩。皇后早有准备,借口皇长子患不治之症,从民间抱回和帝的私生子,出生仅百日的婴儿,在皇帝咽气当夜,立其为嗣君,宣布自己以太后临朝。

范书昭传谓:"及邓太后临朝,与闻政事。"这是不是透露班昭在和帝死时曾参预定策禁中呢?应说可疑。

106　殇帝延平元年丙午　五十七岁

邓太后所立婴儿皇帝,在位仅八个月便夭折了。邓太后不顾大臣反对,仍拒绝立和帝长子,而将和帝兄清河王的一个十三岁的王子,收作嗣子。这位新君就是汉安帝。

这以前,邓太后对帝国官制作了重要改革。改革重点是明定中外官俸,使公卿到中外官吏,职秩和禄俸相符,任何官员都明白职称品秩应得钱谷多少,从此终止了帝国建立八十年来官俸有多重计量尺度的混乱,有利于廉政。

作为太后的政治顾问,班昭在这两大决策中起了怎样的作用?史无明文,也且存疑。

107　安帝永初元年丁未　五十八岁

十月,邓太后擢拔的司空周章密谋发动政变,杀掉宦官首领郑众、蔡伦和邓骘兄弟,劫持尚书草诏,废除太后和安帝,而拥立和帝长子为新君。东汉三公早就虚有宰执之名,调不动禁军一兵一卒,因而周章密谋迅即流产,本人自杀。经此事变,邓太后专政越发稳定。

班昭深隐不露。但邓太后以她为师作理由,召其子曹成入朝,官中散大夫,特封关内侯,使班昭可因独子享有秩六百石和关内侯食租同千石的双重待遇,而家境宽裕。由此表明她“出入之勤”,所“勤”何事。

108　安帝永初二年戊申　五十九岁

邓太后因全国自然灾害,决定将王室和郡国的“公田”分给贫民,以制止流民日增;又仿和帝故事,亲至洛阳寺重审囚徒,发现冤狱,立即将洛阳令逮捕法办;接着撤退征西羌大军,制止军费膨胀和劳役繁剧。但同时拜征羌失败的长兄邓骘为大将军。

邓骘兄弟四人辅政,权势显赫,但较诸东汉先后临朝的六位太后的家族,邓氏兄弟可谓安份,颇能礼贤下士,推荐的朝臣,辟举的幕客，多有清名。马融于此年应邓骘召，为大将军府舍人。张衡也受邓骘激赏，但累召不应。邓氏兄弟不敢恃宠弄权，是班昭规劝邓太后约束母家的效应，已由范书邓后纪论指出。

110　安帝永初四年庚戌　六十一岁

十月，邓太后母亲新野君病死。邓骘四兄弟照例请求解职服丧，引起邓太后对于权力稳定的担忧，向班昭咨询，应该守礼还是从权？班昭上疏力陈藉此提倡“谦让”美德的必要，以为如托辞拒而不许，将使潜在政敌引为假“忠孝”、真僭权的口实，“如后有毫毛加于今日，诚恐推让之名不可再得。”邓太后醒悟，许之。邓氏家族从此不再直接出任朝廷要职。

马融入东观，为校书郎，后拜校书郎中。这时班昭续补并调整结构的《汉书》基本完成。她得邓太后旨意，在东观向马融（或许还有共同校书的其他高才郎官）授读《汉书》，从此《汉书》开始在宫廷以外流传，成为中世纪王朝史编纂的范型。

据范书，本年邓太后重组东观校书人选，命谒者仆射刘珍，与校书郎、五经博士、议郎、四府（太傅、太尉、司徒、司空）掾吏，共五十余人，校定东观所藏五经、诸子传记、百家艺术（术数技艺），“整齐脱误，是正文字”（邓后纪、文苑上刘珍传，编年依安帝纪），参与者有校书郎刘騊駼、马融（珍传），博士良史（宦者蔡伦传）。邓太后又特命长乐太仆蔡伦“监典其事”（伦传），开东汉宦官干预文化事业的先例。

约在本年或稍后，邓太后“又诏中官近臣于东观受读经传，以教授宫人，左右习诵，朝夕济济。”（邓后纪）或因邓太后相信孔子所谓“小人学道则易使”。

凡此均表明，邓太后“从曹大家受经书，兼天文、算数”以来（《邓后纪》），越来越重视文化教育，并以班昭长驻的东观为基地。

111　安帝永初五年辛亥　六十二岁

《女诫》七篇，约在此年前后作成。

篇前班昭自叙，谓十四岁嫁至曹家，“于今四十余载”，则这篇写给曹寿“诸女”（非必班昭本人所生）诵习的文章，必作于五十六岁至六十三岁之间。昭传谓“马融善之，令妻女习焉”，而马融于去岁初入东观，成为班昭的亲授弟子，得有机会首先读到此文，故《女诫》之作，当在班昭六十二、六十三岁之际。

昭传又谓曹寿有妹，名丰生，也有才惠，见《女诫》，“为书以难之，辞有可观。”然曹丰生致其嫂书已失传，诘责内容不详。

115　安帝元初二年乙卯　六十六岁

马融上《广成颂》，寓谏于颂，以为邓太后临朝十二年，重文轻武，忽视四夷侵侮的危机，有悖“安不忘危，治不忘乱”的帝王之道。“颂奏，忤邓氏，滞于东观，十年不得调”（范书融传）。其寓意仿《汉书》所载贾谊《治安策》。

118　安帝元初五年戊午　六十九岁

帝室平望侯刘毅，在和帝时被褫夺爵位，安帝初，上《汉德颂》，得官议郎。本年又上书安帝，赞美邓太后德政远胜于古人，“宜令史官著《长乐宫注》、《圣德颂》”。安帝立即听从。这时安帝早听信乳母和贴身宦官的密议，认为邓太后诸兄准备废其帝位，“每忿惧”，故命史臣为邓太后撰史著颂，可谓包藏祸心。或因班昭老病，使邓太后不再闻其诤言，无视隐患就在禁中（邓后纪、宦者孙程传）。

119　安帝元初六年己未　七十岁

马融以兄子死于自己官舍为由，自劾归里。邓太后闻奏发怒，下制谓马融“典校秘书，不推忠尽节，而羞薄诏除，希望欲仕州郡”，令免官禁锢（马融传并李贤注）。这是东汉君主明令禁锢名士做官的首例。对于弟子的厄运,班昭没有回应。

本年,邓太后诏征和帝侄男侄女五岁以上四十余人,邓氏近亲子孙三十余人,开设专门学校,"教学经书,躬自监试",并在宫中为更年幼的亲族子孙置师保教导。她诏告二堂兄说,所以如此做的理由,"今末世贵戚食禄之家,温衣美饭,乘坚驱良,而面墙术学,不识臧否,斯故祸败所从来也"(邓后纪)。

120　安帝永宁元年庚申　七十一岁

邓太后下诏,命刘珍、刘騊駼和谏议大夫李尤等,同撰建武以来名臣传(文苑珍、尤传)。而据刘知幾说,乃命珍、尤,"杂作纪,表,名臣、节士、儒林、外戚诸传,起自建武,讫乎永初,事业垂竟,而珍、尤继卒"(《史通》古今正史)。按范书谓,刘珍卒于顺帝永建元年(126)之后,李尤则卒于顺帝时(144 年前),年八十三(文苑本传)。因而刘说含胡,当以范书所载为是。又据清四库馆辑永乐大典本《东观汉记》纪昀序所考,至永宁元年刘珍、李尤奉诏撰建武以来名臣传,始连同以往班固等所作东汉君臣纪传,命名《汉记》,或此名即邓太后所定。

班昭在本年冬或次年初去世,因范书本传谓,昭卒,邓太后为她举行隆重丧礼,而邓太后即于永宁二年三月病死,故昭卒必在此前,考证已见上篇。

乙酉溽暑草于复旦北隅,时右目几盲,尤费时焉。

(原载《中华文史论丛》总第 82 辑)

王沈《魏书》的考证*

《隋书》卷 33 经籍志二:“《魏书》四十八卷,晋司空王沈撰。”〔1〕

《晋书》卷 39 王沉传(沉同沈):“王沉字处道,太原晋阳人也。”“大将军曹爽辟为掾,累迁中书门下侍郎。及爽诛,以故吏免。后起为治书侍御史,转秘书监。正元中,迁散骑常侍、侍中,典著作,与荀顗、阮籍,共撰《魏书》,多为时讳,未若陈寿之实录也。”〔2〕

据《晋书》此传,王沈死于晋武帝泰始二年(266 年),次年武帝下诏追赠为司空。因而《隋志》谓《魏书》撰人王沈官司空,非史实。但号称唐太宗“御撰”的《晋书》,说法也失于含糊,似乎王沈《魏书》,乃魏曹髦正元中(254 年 11 月至 256 年 7 月)与荀顗、阮籍同修,那它“多为时讳”,非王沈的个人问题。

《魏书》是曹魏时代仅有的官修“国史”,厘清其编纂过程与王沈的相关度不仅必要,也可藉以略窥魏晋史官初设时期的实相。

关于王沈与《魏书》的关系,首见于王隐《晋书》的一则佚文:

---

* 本文为朱维铮先生遗稿,经其弟子姜鹏等人整理而成。

〔1〕[唐]魏徵、令狐德棻等撰:《隋书》卷 33,北京:中华书局点校本第四册,1973 年,第 955 页。

〔2〕[唐]房玄龄等撰:《晋书》卷 39,北京:中华书局点校本第四册,1974 年,第 1143 页。按,点校本已将“沉”改为“沈”。

“王沉(沈)为秘书监,著《魏书》,多为时讳,而善序事。”[1]

此说与前揭《晋书》有异。《晋书》但谓王沈罢官复出后曾任秘书监,又明言其典著作,时在正元中官侍中之后,似乎曹芳时代秘书监未必是国史主管。

证以魏晋之际与王沈同朝的荀勖所撰《文章叙录》,内谓曹芳嘉平元年(249 年),即司马懿杀曹爽并改元之后,应璩以侍中典著作,[2]而应璩卒于嘉平四年,可知《晋书》所述不错。王沈典著作,必在应璩死后,且官居侍中的曹髦正元中。

刘知幾很瞧不起贞观中官修诸史,私著的《史通》多所讥评。但其书述“古今正史”,却有如下陈述,谓:“《魏史》,黄初、太和中,始命尚书卫觊、缪袭草创纪传,累载不成。”按,唐人避李世民讳,改世为载,累载尤言累世,指帝位一再更迭。继谓:“又命侍中韦诞、应璩,秘书监王沉(沈),大将军从事中郎阮籍,司徒右长史孙该,司隶校尉傅玄等,复共撰定。其后王沈独就其业,勒成《魏书》四十四卷。其书多为时讳,殊非实录。”[3]末二语属于价值判断,分别袭自王隐和唐初史臣,而卷数也与号称唐太宗御撰的《晋书》王沈传所称的四十八卷不合,这且不去说它。单看前列名单,“又命”出于何帝?应璩以为侍中典著作,在曹芳嘉平间。但阮籍任大将军从事中郎,如刘汝霖所辨,大将军当指司马昭,则在应璩死后。因司马昭继司马师为大将军,时在曹髦正元二年(255 年)闰正月,而应

[1] 引自《太平御览》卷 233“职官部”,《四部丛刊》三编子部,上海商务印书馆影印日本藏宋刊本。

[2] 见《三国志》魏书卷 21 王粲传附应璩传裴松之注,北京:中华书局点校本第三册,1964 年,第 604 页。

[3] 《史通》卷 12 外篇“古今正史”条,《四部丛刊》初编史部,上海商务印书馆影印明万历刊本。卫觊,标点本作“卫纪”。

璩墓木已拱,怎能在死后三年与阮籍同修国史?所以刘知幾称阮籍入其幕府的大将军,必指继父职的大将军司马师。

可知"又命",只可能指曹芳嘉平年间司马师任大将军所命。典著作的是侍中应璩,而王沈已官秘书监,且只参与同修国史,并非两度编撰魏史的主持人。

曹芳于嘉平六年(254 年)九月被司马师、司马昭兄弟所发动的军事政变所废。同年十月,由司马昭妻父王肃出面,迎立年仅十四岁的高贵乡公曹髦为魏四世皇帝,改年号正元。

正元二年(255 年)闰正月,司马师死,司马昭继称大将军,于次年六月改元甘露。因而前揭《晋书》王沈传,谓沈于"正元中"典著作,与荀顗、阮籍共撰《魏书》,必在这一年又五个月中间。

刘汝霖于 1932 年初刊的《汉晋学术编年》,〔1〕系王沈等撰《魏书》一事于魏正元元年。杨翼骧于 2002 年修订重刊的《三国两晋史学编年》,〔2〕则系于魏正元二年。考《晋书》卷 49 阮籍传、卷 33 何曾传,阮籍任司马昭"大将军从事中郎",在正元二年;次年六月改元甘露前,已转任步兵校尉,见刘汝霖所辨。〔3〕然刘氏辨阮籍事虽确,于阮籍任史官时间却失察,因其与王沈等同撰《魏书》,在正元二年二月司马昭称大将军以后,而其于此前尚由司马昭派充东平国相。故参与撰《魏书》,必在正元二年春末之后,杨翼骧系年近是。

---

〔1〕 刘汝霖著:《汉晋学术编年》卷 7,北京:中华书局影印原商务版,1987 年,第 11、19—21 页。

〔2〕 收入氏著《学忍堂文集》,列入刘泽华主编《南开史学家论丛》,北京:中华书局,2002 年。

〔3〕 刘汝霖著:《汉晋学术编年》卷 7,北京:中华书局影印原商务版,1987 年,第 11、19—21 页。

前揭《史通》古今正史篇，所刊与修《魏书》的名士，尚有韦诞、孙该、傅玄，而《晋书》卷47傅玄传，谓与玄“俱以时誉，选入著作，撰集《魏书》”，又有东海缪施。[1]

据《三国志》魏书卷21刘劭传附韦诞、孙该二传裴松之注两引荀勖《文章叙录》，可知韦诞于魏明帝太和中以善书法留任侍中，至正元中已历二十余年，当以耆宿列史官之首。孙该两入著作，(第)二次是在任陈郡太守，迁博士、司徒右长史后，“复还入著作，景元二年(261年)卒官”。[2] 由此也可证，《史通》谓《魏书》，“其后王沈独就其业”，必在魏元帝景元二年孙该死后。

据《晋书》本传，傅玄卒于晋武帝时，年六十二，追封清泉侯，其长子傅咸袭爵，时在晋武帝咸宁初年(275年)。上推可知傅玄入著作，当在正元中。[3] 因为据其本传，他屡次拒绝朝廷征辟，至举秀才，除郎中而入著作，当逾不惑矣。但他不久便转任外官，对于《魏书》撰述出力多大，不详。

缪施的史迹无考，仅由其籍贯东海，与魏文帝首命撰魏史的缪袭同郡，或为缪袭同族。又，《晋书》卷24职官志：“及晋受命，武帝以缪徵为中书著作郎。”[4]这是晋初首次任命著作郎的记录，而首任晋史官的缪徵，郡望和事迹均无考。按照汉魏仍有官世其业的传统，假定缪徵与缪施一样，也是东海缪家子弟，或许不算妄测。

因而，刘知幾说魏代的官修《魏书》，在魏时“其后王沈独就其

---

〔1〕［唐］房玄龄等撰：《晋书》卷47“傅玄传”，北京：中华书局点校本第5册，1974年，第1317、1317—1323页。

〔2〕《三国志》魏书卷21刘劭传韦诞、孙该传裴松之注，第621—622页。

〔3〕［唐］房玄龄等撰：《晋书》卷47“傅玄传”，北京：中华书局点校本第5册，1974年，第1317、1317—1323页。

〔4〕［唐］房玄龄等撰：《晋书》卷24“职官志”，北京：中华书局点校本第3册，1974年，总第735页。

业”，那个“后”的时间断限，上不会早于曹奂景元二年，下不会晚于曹奂于成熙二年黯然“禅让”之前；所谓“独就其业”的时间，至多四五年。

时间是考史的第一尺度。以上关于王沈与《魏书》相关度的判断，表明王沈参与编撰的时间颇长，但独成其事的时间很短。什么原因使他得以变成这项官方事业的终结者？

《三国志》魏书卷 4 高贵乡公纪甘露元年四月(按，当为正元三年，是年六月改元甘露)裴松之注引傅畅《晋诸公赞》：“帝常与中护军司马望、侍中王沈、散骑常侍裴秀、黄门侍郎钟会等，讲宴于东堂，并属文论，名秀为儒林丈人，沈为文籍先生，望、会亦各有名号。”〔1〕可知受曹爽失败的牵连而罢官后，不过五六年，王沈非但复入朝廷，而且官居侍中，成为魏四世皇帝、时年十八的曹髦的首席经学侍从，并获赏“文籍先生”的雅号。

从曹爽的被杀，曹魏政权已归司马氏家族。王沈原是曹爽家臣，而今能深入禁中，成为小皇帝的“先生”，没有时任大将军的僭主司马昭的特殊信任，可能吗？

同上纪甘露五年(260 年)：“夏四月，诏有司率遵前命，复进大将军司马文王位为相国，封晋公，加九锡。五月己丑，高贵乡公卒，年二十。”〔2〕帝死曰“崩”，而陈寿用形容大夫死亡的“卒”字，指在位皇帝之死，当然暗示曹髦的被“弑”，且在死后仅以“王礼”埋葬。曹髦死于宫廷政变，而他信用的王沈，就是促他必死的告密者，史

---

〔1〕《三国志》魏书卷 4 高贵乡公纪裴松之注，北京：中华书局点校本第一册，1964 年，第 138、144—145、144 页。

〔2〕［晋］陈寿撰：《晋书》卷 4“高贵乡公纪”，北京：中华书局点校本第一册，1964 年，第 143、144 页。

无异辞。文多不具引,但引屡受史家采信的一则。

同上纪甘露五年五月“高贵乡公卒”下裴注引习凿齿《汉晋春秋》:“帝见威权日去,不胜其忿。乃召侍中王沈、尚书王经、散骑常侍王业,谓曰:‘司马昭之心,路人所知也,吾不能坐受废辱,今日当与卿等自出讨之。’王经曰:‘昔鲁昭公不忍季氏,败走失国,为天下笑。今权在其门,为日久矣。朝廷四方皆为之致死,不顾逆顺之理,非一日也。且宿卫空阙,兵甲寡弱,陛下何所资用?而一旦如此,无乃欲除疾而更深之耶!祸殆不测,宜见重详。’帝乃出怀中版令投地,曰:‘行之决矣!正使死,何所惧?况不必死耶!’于是入白太后。沈、业奔走告文王,文王为之备。”[1]下文即述曹髦率宫仆与司马昭亲信贾充军队格斗而被贾充命部属成济刺死的过程。

裴松之又引先出的晋人记此事的著述,如郭颁《世语》、傅畅《晋诸公赞》、干宝《晋纪》、孙盛《魏氏春秋》及《魏末传》等,肯定习书虽后出而叙事清楚。仅一点“微异”,即《世语》谓“王沈、王业驰告文王,尚书王经以正直不出,因沈、业申意”;《晋诸公赞》则谓“沈、业将出,呼王经,经不从,曰‘吾子行矣’”。[2]《通鉴》卷77魏纪9叙此事过程全用习书,唯于王沈告密事改作:“沈、业奔走告昭,呼经欲与俱,经不从。”并附《考异》,谓不从《世语》,而从《晋诸公赞》。[3]

看来王经拒绝与王沈一起告密的说法,较合历史实相。

---

〔1〕[晋]陈寿撰:《晋书》卷4“高贵乡公纪”,北京:中华书局点校本第一册,1964年,第143、144页。

〔2〕《三国志》魏书卷4高贵乡公纪裴松之注,北京:中华书局点校本第一册,1964年,第138、144—145、144页。

〔3〕《资治通鉴》卷77魏纪9魏元帝条,《四部丛刊》初编史部,上海商务影印宋刊本。

据杨翼骧《三国两晋史学编年》，陈寿著《三国志》，成书约在晋武帝太康六年(285 年)或稍后。陈书非官史，但作者身为晋臣，所撰《魏书》涉及武帝之父司马昭“弑君”事，[1]虽不敢明白记述，却全引“皇太后令”，借谴曹髦“悖逆不道”——诬其欲举兵“入西宫杀吾，出取大将军”，曲折暴露事变的过程。显然由司马昭一伙炮制的这一太后令，效应只能是越描越黑。但令中表彰王沈、王业见曹髦诏，“即驰语大将军，得先严警”；又拿王经作替罪羊，骂他“凶逆无状”[2](当然指他劝曹髦讨“逆”必亡那番话)，将他及其家属都下狱处死，不正表明王经没有“因沈、业申意”的两面派言行么?

前揭《晋书》王沈传：“及高贵乡公将攻文帝，召沉及王业告之。沉、业驰白帝，以功封平安侯，邑两千户。沉既不忠于主，甚为众论所非。”[3]这里所谓的“主”，无疑一指曹爽，二指曹髦。其间还有曹芳被废。而王沈在受曹爽牵连被罢官又复起后，没有再受曹芳事件的影响，反而接连升迁，由散骑常侍而侍中，可知他已被司马昭视为同党。奇怪的是曹髦居然引他为心腹，连策划攻击司马昭那种莫大密谋，也首先找他商量。这固然可说曹髦无知、轻信，却更凸显出王沈善于为虎作伥，致使曹髦对其鬼蜮面目毫无觉察。

王沈既为司马昭立下大功，“甚为众论所非”，又怎么样？无非暂时外放，成为独揽豫州军政的方面大员，又转任魏吴隔江对峙的

---

〔1〕 唐修《晋书》卷 2 文帝纪赞便指斥他杀曹髦，“终为弑君”，见北京：中华书局点校本第一册，1974 年，第 45 页。

〔2〕《三国志》魏书卷 4 高贵乡公纪裴松之注，北京：中华书局点校本第一册，1964 年，第 138、144—145、144 页。

〔3〕［唐］房玄龄等撰：《晋书》卷 39“王沈传”，第 1143 页。

前线主帅，据说又对吓退吴军有功。司马炎继司马昭为晋王(265年)，即内召王沈以御史大夫守尚书令。“沉以才望，显名当世，是以创业之事，羊祜、荀勖、裴秀、贾充等，皆与沉咨谋焉。”既然替司马炎“受禅”立下运筹帷幄的卓勋，论功行赏，王沈还能不到三公吗？可惜他投机成性，叛“主”成习，由曹营转向晋邦，却有禄无寿，“帝方欲委以万机”，他却在泰始二年(266年)死了，列名晋臣不到一年，于死后次年才被晋武帝追赠司空，“以宠灵既往，使没而不朽”。见于《晋书》本传的这类记叙，几乎令人同情后世人们对此人的辩护。

杨翼骧与叶振华合撰《唐末以前官修史书要录》，初刊于《史学史研究》，[1]凡绍介《竹书纪年》至“唐朝实录”十二篇(内唐历朝实录十六种)，其中特别引人注目的，是对王沈《魏书》的评价。

杨、叶一反旧说，非但以为王沈《魏书》“非实录”的说法过甚其辞，而且重申王隐所称道《魏书》“善序事”，很有道理。[2]

王沈《魏书》，在唐宋间散佚。今存佚文，多见于刘宋裴松之《三国志注》。据杨翼骧通检裴注后发现，“引文计一百九十六条，内有七条受到过裴松之的批评”。[3]

数量和质量未必成正比。况且裴松之所引群书，以注《三国志》，取舍标准并非在于批评前人谬误，更多着眼于证史补史。因此裴注引用王沈《魏书》，只在他认为与历史不合的几个关键性陈述，才用“裴松之以为”一类按语表态。假如把裴注表明已见的数

---

〔1〕 杨翼骧、叶振华：《唐末以前官修史书要录》，载《史学史研究》1991年第4期、1992年第1期。

〔2〕 该篇论《魏书》，亦见前揭杨著《学忍堂文集》。

〔3〕 前揭《学忍堂文集》，第360页及前后。

量，当作他本人的论史素质，则未免以偏概全。

我以为杨翼骧、周一良论魏晋史学，都可谓大醇小疵。宏观层面或不及逯耀东，细部讨论或超过清代考据学家。然而拙文或成多余的话吗？谨俟高明批判。

甲申岁尾草于破壁楼

（原载《复旦学报》2013 年第 2 期）

史官与官史

——韩、柳的史官辩

(一)

韩愈和柳宗元,都不以史学家著称,但他们关于史官问题的辩论,却引起历代学者议论纷纷,以致任何一种中国史学史著作,都非写上一笔不可。我们也不例外。[1]

这场辩论,发生于九世纪初唐宪宗元和年间。现存的主要文献仅两篇,一是元和八年(813)六月韩愈《答刘秀才论史书》[2],一是次年正月柳宗元《与韩愈论史官书》(《柳河东集》卷31,上海人民出版社,1973)。形式都是私人通信,却都在二人生前身后,便传抄流布。[3]唐末五代,雕板印刷术从印佛教宣传品推广到印经史书

---

〔1〕 限于本书(《中国史学的历史进程》)的体例,这里不能详述韩柳史官辩的研究史或批评史。大概地说,自宋至清,论及此题者,多半注意韩柳的处境和居心,而上世纪三十年代以来的史学史,则略进一步,均由韩柳之争,讨论设馆修史的利弊得失,也有海外学者以之与西方面临的类似问题进行比较。

〔2〕 见《昌黎先生集》外集二,四部丛刊影印元刻《朱文公校昌黎先生集》。又,屈守元、常思春主编《韩愈全集校注》"文"元和八年,四川大学出版社,1996年,第4册。

〔3〕 韩愈卒后,遗著由他的门生兼女婿李汉辑编为《昌黎先生集》,却未收《答刘秀才论史书》。此篇初见于宋太宗敕编的《文苑英华》卷690,题作《答刘秀才书》。以后穆修重刻韩文,欧阳修重编《昌黎先生集》,是否收入此篇,不详。但南宋几种韩集,均将此篇列为"外集"。

籍。由刘禹锡编成的《柳河东集》,李汉初编并由欧阳修重编的《昌黎先生集》,至迟在十一世纪中叶,即北宋仁宗庆历(1041—1048)以后,就有刊本在朝野广泛流传。[1]

韩柳辩论的问题,表面看来是史官可不可作?可不可有作为?如可为,应怎么作?其实涉及史官的职责、史官的命运、史馆的建置以及史学与政治的关系等等,可谓中世纪前期近千年以编纂当代史为重心的文化体制的一次总结和回顾。

正因如此,韩愈虽然只是平庸的史官,柳宗元虽然从未做过史官,但他们关于史官是否应该做、怎么做的两通简单书信,却成了中国史学的历史进程中的一道难以回避的论题。

(二)

唐宪宗元和八年授韩愈比部郎中、史馆修撰制:"太学博士韩愈,学术精博,文力雄健,立词措意,有班马之风,求之一时,甚不易得。加以性方道直,介然有守,不交势利,自致名望。可使执简,列为史官,记事书法,必无所苟。仍迁郎位,用示褒升。可依前件。"

君命称制。这道用皇帝名义任命韩愈为史官的制书,是翰林学士白居易起草的。[2] 作为朋友,白居易给韩愈升官草制,当然多说好话。例如说韩愈的史才,可比司马迁、班固,已属当时对史

---

〔1〕所谓唐宋古文运动,实始于北宋仁宗庆历间,范仲淹、欧阳修等发动的政治"革新"的同时。欧阳修等表彰韩愈、柳宗元的"古文",以打破北宋前期仍将骈文当作"时文"楷模的传统。晚明所称唐宋八大家,北宋占六人,而三苏(洵、轼、辙)、王安石、曾巩,都继承欧阳修的古文,并非偶然。

〔2〕《韩愈比部郎中史馆修撰制》,《白氏长庆集》卷11,据四部丛刊本。

官的最高称誉。例如特别表彰韩愈的品格,说他个性鲠直,“不交势利”,全靠自己操行博得名望,更是当时对文士的道德肯定。

有趣的是这道制书,一称韩愈原职是“太学博士”,二说对韩愈“仍迁郎位,用示褒升”。

谁若读过韩愈的年谱或传记,便知他仕途蹭蹬,官职忽升忽降。唐宪宗元和六年(811),四十四岁的韩愈,由河南县令升为兵部职方员外郎,品秩虽低,却获得了日常赴朝参的资格,成了他向往已久的登朝官。〔1〕不料初任郎官,韩愈就惹恼当局,被贬回国子监任博士。唐代国子监有七学,每学都有博士,除了律、书、算三学博士,其它诸学都可统称“国子博士”。由白居易草拟的制书,可知这次实授太学博士,官秩在国子监博士、五经博士之下,掌教四品五品官员及公爵的子孙,仅为二等国学的六名正教官之一。按当时官制,连国子监博士都是非常参官,因而韩愈被调任太学博士,即被取消了参加政府办公会议的资格,当然意味着遭贬。〔2〕

这已是韩愈第四次任教于国学,行年四十六了。他早就不甘心坐冷板凳。唐朝有在农历年初一祓除穷鬼的风俗。元和六年(811)正月晦日,韩愈虽已代理河南县令,本官仍是太学东都分校的博士,于是作《送穷文》,说是穷有五鬼,“为吾五患”:智穷,学

〔1〕唐代两省各部员外郎,虽然品低(从六品下),却可以与五品以上文官一起,日常赴朝参,号常参官,或登朝官。

〔2〕关于国子监七学,以及诸学博士的员额、品级和职司,见《新唐书》卷48百官志三。七学博士的官品有高低,却都属于非常参官。这在当时就意味着贬官,如韩愈的文友卢仝,便写了律诗《常州孟谏议座上闻韩员外职方贬国子博士有感五首》,内第二首有“员郎犹小小,国学大频频”一联,意谓韩愈起先已三度充当国子监诸学的博士,好不容易得任小小的郎官,那知入朝堂未数月,就又贬回国子监任博士。卢诗见《玉川子诗集》卷2(四部丛刊本)。孟谏议,名简,时任谏议大夫知匦事,掌管各方的书面投诉。

穷,文穷,命穷,交穷。[1] 后人多半认为这是游戏文章。其实映现韩愈对于“太学四年,朝齑暮盐”的贫困生涯的焦虑心态。那心态可以理解。自从他的长兄韩会贬死岭南以后,阖家百口的生计就由他负担,而他由二十五岁(贞元八年,792)登进士第,快二十年了,宦海浮沉,没有达到过五品朝官。况且他心高气傲,总以为才学识博取富贵绰绰有余,只是命运不济,又无权力者援手,才落到穷鬼缠身的地步。[2]

好像如今农历正月初五官民用震天炮竹接财神,但财神爷仅光临巨贪之家一样,韩愈自称与穷鬼和平共处,却一度时来运转,在元和六年九月的奏章里,所署官衔已是“行尚书职方员外郎”。[3]

可惜好景不常。不到半年,元和七年二月,韩愈又由朝官贬为非朝官,已如前述。最使韩愈感到命运不公的,或许是宰相更迭。原来,次年正月,首相权德舆罢职,三相李绛升为亚相。这个李绛,正是唐德宗贞元八年韩愈的同榜进士。[4] 韩愈尽管信“命”,到这时也许感到亚相不念故“交”。于是假托太学生与老师的对话,写了一篇《进学解》,大发牢骚,说是自己在太学生心目中,业绩文章

---

〔1〕《送穷文》作于元和六年初。据洪兴祖的《韩子年谱》,前一年韩愈已晋都官员外郎,分司东都祠部事务。但据文本,韩愈仍以太学教官身份“送穷”,因而我怀疑他是以太学博士身份署理都官员外郎,即东都军政长官的司法助理。

〔2〕韩愈家累重,又好客,六品俸禄不敷日用,当属事实。不过韩愈早享文名,替达官贵人作谀墓文,照例必收“润笔”,获酬甚丰。刘禹锡《祭韩吏部文》,谓唐德宗贞元中叶起,韩愈便“手持文柄”,“公鼎侯碑,志隧表阡,一字之价,辇金如山。”见《刘梦得文集》外集卷10。相传有个刘乂,闯入韩家,攫取金数斤,对韩愈说:“此谀墓中人得耳,不若与刘君为寿。”韩愈无法阻止。见南宋洪迈《容斋续笔》卷6“文字润笔”。可知韩愈时常哭穷,主要不是穷于生计,而是如《送穷文》悲叹的命穷、交穷。

〔3〕见《复仇状》。《旧唐书》卷14宪宗纪上元和六年九月记韩愈论其事。

〔4〕前揭洪兴祖《韩子年谱》引《唐科名记》。参看《新唐书》卷203文艺下欧阳詹传,又五代王定保《唐摭言》卷7。

人品，都可上追孟轲、荀况，“吐辞为经，举足为法，绝类离伦，优入圣域”，但遭遇比孟荀更不幸，“动而得谤，名亦随之，投闲置散，乃分之宜”。〔1〕

据说，贞元八年陆贽榜下取中的进士，韩愈和李绛，曾特受古文名家的考官梁肃赏识，列为门下“四君子”(《唐摭言》卷7)。而今李绛贵为宰相，怎能不对韩愈的卑微地位同情呢？史称韩愈在元和八年春写了《进学解》，“执政览其文而怜之，以其有史才，改比部郎中、史馆修撰”。〔2〕下制时在元和八年三月乙亥(二十二日)，新任门下侍郎平章事武元衡尚未上任，执政的宰相唯有李吉甫、李绛。〔3〕

尽管韩愈早有编纂唐史的愿望，但他到底有没有“史才”，仍待证明。人所共知，好读史不等于真知史，真知史也不等于会著史。中世纪的皇帝，包括最好宣称“以古为鉴”的唐太宗，及曾主编五代史(北齐、北周、梁、陈和隋)的魏徵之流，真知史并会著史么？不见得。至少初唐的官修“正史”，尤其是标榜唐太宗“御撰”的《晋书》，整体的“史识”就远逊于“三史”，即韩愈及其门徒殷侑所推崇的《史记》、《汉书》和范晔《后汉书》。〔4〕根本问题在于唐代设馆修史的体制，而不在于个别史官是否称职或尽职。韩、柳的史官辩，也只

---

〔1〕《进学解》，通行诸本《昌黎集》均收，参前揭《韩愈全集校注》册4元和八年文关于此篇的校注。

〔2〕《旧唐书》卷160本传。按，两《唐书》均为韩愈立专传，但宋祁所撰《新唐书》本传，谓《进学解》出，“执政览之奇其才”，便不合逻辑。因亚相李绛为韩愈同榜进士，首相李吉甫也早与韩愈友善，不可能到这时才“奇其才”。所以《旧唐书》或据《宪宗实录》等档案，谓李绛等“览其文而怜之”，更合历史逻辑。

〔3〕参看《新唐书》卷62宰相表中元和六年、八年。

〔4〕殷侑是韩愈赞赏的学者。今存韩文有《冬荐官殷侑状》(816)、《送殷员外序》(817)、《答殷侍御书》(818)等文，可知韩愈晚年，同殷侑的交往密切。殷侑感兴趣的，是《公羊春秋》，但他一再向朝廷建言，要求恢复三史科(《史记》和两《汉书》)。两《唐书》均有传。

能从这个角度考察，才可得到比较合乎历史实相的理解。

（三）

唐廷任命韩愈为史官的那道制书，不是强调恢复它的“郎位”么？执政以此“用示褒升”。韩愈《答刘秀才论史书》，也说这是宰相怜悯他，“苟加一职荣之耳”。

就韩愈本人来说，由非常参官再度晋升常参官，的确意味着恢复名誉，已如前述。不过唐廷给他的本“职”，是史馆修撰，为什么加官却是比部郎中呢？

比部是刑部下属四司之一，郎中即司长，主管各级政府的财务审计。[1]此官与史职何干？这就需说到中唐史馆体制的一项调整。

我们已知唐太宗贞观三年(629)始设史馆，置于门下省，取代了原由秘书省著作局的修史职能。它由宰相任“监修”，却不设专官，凡撰写史事都由他官兼领，即使位卑而有才的小官也可入直史馆。这个体制，较诸前五百年列朝普遍沿袭的专任史官制度，起初优点是明显的[2]，保证了新编“五代史”和重修《晋书》等重要史籍得以完成。但随着史馆的重心转向“国史”，即帝国创业和君权更迭的所谓实录，体制内在结构蕴含的矛盾，即宰相监修体现的权力干预现代史编纂，众手修史造成的意见分歧、互相牵制和无人为定

---

〔1〕《新唐书》卷46百官志一。按唐代登朝官正式资格，文官为五品以上。郎中为正五品以上。

〔2〕本书《中国历史编纂学史》卷(将由复旦大学出版社刊行)，对唐代史馆制度有专章讨论。

稿负责等必至之弊,还在武周时代就已十分突显。《史通》作者刘知幾对此曾予全面抨击。

刘知幾没有料到,他的《史通》在身后曾得到唐玄宗表彰〔1〕,他揭露的史馆体制导致的弊病,反而在"开元全盛时",越发厉害。开元二十五年(737),"监修国史"的权相李林甫,以为史馆地处外朝的门下省,不便监控,应该置于"地切枢密"的中书省旁。于是有个官居谏议大夫的史馆修撰,便立即谄附其意,上奏将史馆移至内廷的宰相所处的政事堂边上。〔2〕安史乱后,仍为定制。

然而安史叛乱不仅造成帝国实际分裂,所谓藩镇割据终唐一代都在挑战中央集权,而君相共治的权力格局,也因皇帝越来越受制于禁军大权在握的宦官,变得脆弱不堪。唐宪宗就是依靠宦官发动政变上台的,在位十五年力求利用宦官与朝臣,以及朝臣间的党争,恢复君主独裁权利,一个效应便是宰相更换如走马灯。不消说,宰相"监修国史",早成具文。唯有元和三年九月至五年十月任相的裴垍,可算例外。这位出自唐代头号宰相世族的裴垍,拜相时尚称"少年",却无纨袴习气,很想刷新朝政。调整史馆编制,就是他的措施之一。〔3〕

裴垍的措施很简单。他将史馆内的兼职史官,分成两个等级。

---

〔1〕 参看《旧唐书》卷102、《新唐书》卷132的刘子玄(知幾字,唐代史官避玄宗隆基名讳,故称字)传,均载他死后,"玄宗敕河南府就家写《史通》以进,读而善之。"

〔2〕 事见《新唐书》卷47百官志二"史馆修撰"下欧阳修自注。

〔3〕 唐代河东裴氏在唐代出过十七名宰相,被欧阳修《新唐书》"宰相世系表"列为第一,并谓裴垍属于裴氏五房的"东眷裴"。裴垍,两《唐书》均有传,但均未记其寿数,却均称其"年少骤居相位"(旧书卷148本传),"年少柄用"(新书卷169本传)。他于元和五年(810)中风罢相,次年卒。而旧书本传谓其"弱冠举进士,贞元中制举贤良极谏,对策第一",以此推之,则元和三年九月"守中书侍郎同中书门下平章事"(新书卷62宰相表中),或年未四十,故称"年少"。

上一级称史官修撰，固定为四员，却必须是登朝官，并以官高一人“判馆事”。下一级统称直史馆，凡非登朝官兼史职，不问品秩，都如此称。[1]这一来，修撰的员额得到限定，且都可与闻密勿，同时必有一人主持馆务，其实是将宰相监修国史的权力部分下放，避免馆臣上下推诿。非登朝官派充史官，也明确身份是修撰副手，减少权力倾轧或意气争执。用不着说，这措施不能根除史馆的体制性弊病，但至少可使它运作有序。

韩愈在元和八年三月被任命为史官，而官衔晋为比部郎中，正表明这时史馆编制，已按照裴垍的新法调整。因而，对史官来说，所授官衔属于何部，并不重要，重要的是能否跻身登朝官。而郎中便是正五品上的登朝官，于是韩愈领史职，成为史馆修撰，就名正言顺了。

问题是韩愈职居史馆修撰，在同列四员中间，是否官最高，得以“判馆事”？看来有可能。当时与韩愈同列史馆修撰的官员，有史可考的，仅一人，即左拾遗沈传师，同修者还有宇文籍。[2]左拾遗是门下省所属谏官，虽列登朝官，却位卑，秩仅从八品上。由韩愈的《进顺宗皇帝实录表状》[3]，可知他领史职以后，接受的一项重要任务，便是重修《顺宗实录》。“臣与修撰左拾遗沈传师、直馆

---

〔1〕 两《唐书》本传均载此事，以旧书本传文义较清楚：元和三年秋，“为中书侍郎同平章事。明年加集贤院大学士、监修国史。垍奏：集贤，御书院，请准《六典》，登朝官五品已上为学士，六品已下为直学士，自非登朝官，不问品秩，并为校理，其余名目，一切勒停；史馆，请登朝官入馆者并为修撰，非登朝官并为直史馆；仍永为常式。（宪宗）皆从之。”由此可知，是时史馆已归集贤院大学士管理，宰相需加此官，方可“监修国史”。就是说，中唐宰相例为三名，但分工主管史馆，仅一名。所谓监修国史的体制的这一微妙改变，始于何时？不详，不过宪宗朝似已成定制。前揭《新唐书》百官志二“史馆修撰”欧阳修自注，系裴垍奏于元和六年，当误，因同出其手的宰相表，已明载裴垍于元和五年十一月罢相。

〔2〕 沈传师，两《唐书》均有传，穆宗、敬宗之际又曾预修《宪宗实录》。宇文籍，在《旧唐书》与韩愈同传，后任史馆修撰，与韦处厚、韦表微、路隋、沈传师，同修《宪宗实录》。

〔3〕 《昌黎集》文集卷 38。前揭洪编年谱，系于元和十年乙未(815)。

京兆府咸阳县尉宇文籍等,共加采访,并寻检诏敕,修成《顺宗皇帝实录》五卷"云云,那口气不容置疑,正表明他是同馆史官的首席史馆修撰。

既然有职有权,那就令人对韩愈《答刘秀才论史书》所述的恐惧心理,所谓"为史者不有人祸,则有天刑",感到格外好奇。

(四)

韩愈去世于唐敬宗即位初年〔1〕,官终吏部侍郎,卒谥"文"。不过这位韩吏部或韩文公,生前死后虽有一批"韩门弟子",为之揄扬,也常被晚唐至五代的诗人文士提及,其实影响逐渐淡漠。五代时后晋史官编撰的《唐书》(今称《旧唐书》),给他立传,综合前朝文献记述,对他的文章与"史笔",所谓评价都很低。不料他死后二百年,北宋四世皇帝仁宗在位的四十年间,他的身价陡然暴涨。

韩愈的《原道》,不是说尧舜至周孔之"道",由孔子传至孟轲,"轲死焉不得其传"吗？北宋的道学先驱孙复、石介,却说不然,孟轲以后还有大贤扬雄、王通、韩愈。韩愈尤为"贤人之卓","不知更几千万亿年,复有孔子;不知更几千百数年,复有吏部!"(石介《尊韩》,《徂徕集》卷7)

然而韩愈的文章早已散乱。这就要归功于欧阳修,他自称少

〔1〕 韩愈卒年为长庆四年,史无异辞。卒日,他的门生李翱《故正议大夫行尚书吏部侍郎上柱国赐紫金鱼袋赠礼部尚书韩公行状》(《李文公集》卷11,四部丛刊本),谓在是年十二月二日,皇甫湜《韩文公神道碑》、《韩文公墓铭》(均见《皇甫持正文集》卷6,四部丛刊本),谓在是年十二月丙子。丙子即二日。按,长庆为唐穆宗年号,但长庆四年一月,穆宗已死,敬宗继立,依例于明年正旦改元宝历。因而韩愈卒时,唐敬宗已即位近一年。

年时在邻家破书筐里发现了唐写本《昌黎先生文集》残篇,中进士后多方搜辑补缀,“而后大施于今”。[1]别的不说,这里考察的《答刘秀才论史书》,原先仅见于宋太宗敕编的《文苑英华》,便由欧阳修重编的韩愈集收入刊印,才得以流传人间。

《答刘秀才论史书》作于唐宪宗元和八年六月,时在韩愈就任史官后不到三个月。前揭唐廷给他的任命制书,通篇美言,甚至说他的史才可同司马迁、班固相比。岂知他反而惊慌不安。恰好有个文士刘轲,写信向他致贺,内容大概以为朝廷史官得人,相信韩愈必可超越吴兢。[2]于是韩愈借机发表了自己的内心忧思。回信显然斟酌再三,否则不会特意将抄件寄给远在永州的旧友柳宗元。

不妨再引一次原文:“孔子圣人,作《春秋》,辱于鲁卫陈宋齐楚,卒不遇而死。齐太史氏兄弟几尽。左丘明纪春秋时事,以失明。司马迁作《史记》,刑诛。班固瘐死。陈寿起又废,卒亦无所至。王隐谤退死家。习凿齿无一足。崔浩、范晔赤诛。魏收夭绝。宋孝王诛死。足下所称吴兢,亦不闻身贵而今其后有闻也。——夫为史者,不有人祸,则有天刑,岂可不畏惧而轻为之哉!”[3]

---

〔1〕《记旧本韩文后》,《欧阳文忠公文集》外集23。据吴文治《韩愈资料汇编》所收此篇“编者按”,谓朱熹校《昌黎集》附此篇的原注引有泉州本,文字与诸本不同,见该编(中华书局1983年版)第一册,页110。

〔2〕据宋代樊汝霖说,刘秀才,名轲,字希仁,后于元和十四年(819)成进士。引见前揭《韩愈全集校注》,卷4,页1921。按刘轲致韩愈书,不存,仅能由韩愈答书略知大意。

〔3〕《答刘秀才论史书》,已收入我重作增订的《中国历史文选》下册(上海古籍出版社即出),有新注及解题,可参看。整理者按:朱先生生前拟再次修订《中国历史文选》,对原书结构、篇目进行调整,收入韩、柳讨论史官、史学的文章,然未及完成。朱先生去世后,上海古籍出版社于2013年,根据朱先生遗稿残篇,修订了少量文字,并增加解题和注释完整的《诗经·公刘》一篇,出版了新版《中国历史文选》。本文提及的《答刘秀才论史书》,因未在遗稿中发现,故未能收入。

在这里,韩愈历数孔子到北朝十四名“为史者”,“不有人祸,则有天刑”,其中直接由于著史致罪的,不过齐太史兄弟、崔浩等四人,也许可算上司马迁。就是说,正如柳宗元所驳(见后),韩愈的这一判断,颇有生拉硬扯之嫌。况且韩愈列举的证据,还有重要遗漏,尤其不该漏举蔡邕。[1] 然而,正因为韩愈所言,基本不符史实,那就只能表明,引发他认定史官不可“轻为之”的缘由,并非“以古为鉴”,而是“以人为鉴”。[2] 他畏惧的人,首先是“监修国史”的宰相李吉甫,其次是在位的皇帝唐宪宗。

(五)

李吉甫于元和六年正月二度拜相,代替病废的裴垍,兼任“集贤殿大学士、监修国史”。此人是中唐山东士族领袖,由其父李栖筠,到其子李德裕,历经三代,形成中晚唐在朝廷内举足轻重的“李党”。对此陈寅恪有详考[3],却没有关于李吉甫的专论。其实要了解历史影响深远的“牛李党争”前史,李吉甫可说是承上启下的转捩点人物。这且按下不表,以免离题太远。不过他由再相到元和九年十月暴病死于相位,监修国史三年九个月,有几件事不可不提。

---

〔1〕 关于蔡邕欲续成汉史而被王允残害的著名公案,本书《中国历史编纂学史》卷,有专节讨论。韩愈关于历代史官命运的知识,除司马迁、班固等有关传记外,当主要来自刘知幾的《史通》,特别是刘书外篇诸文。但韩愈从不提及刘知幾在史馆的致宰相萧至忠书,颇怪。关于刘知幾对唐代史馆体制的批判,可参看前揭《中国历史文选》下册修订本(上海古籍出版社 1980 年初版)的《史通》解题,又本书《中国历史编纂学史》卷,有专章讨论。

〔2〕 均为唐太宗语,见吴兢《贞观政要》。

〔3〕 参看《论李栖筠自赵徙卫事》、《李德裕贬死年月及归葬传说辨证》,均载《金明馆丛稿二编》。二文都论及李吉甫,但陈氏似不甚注意李吉甫在“牛李党争”形成过程中的转捩点作用。此当别论。

一是他主持编纂了几部史地著作。如《六代略》,“缀录东汉魏晋周隋故事,讫其成败损益大端”;《元和郡国图》,“分天下诸镇,纪其山川险易故事,各写其图于篇首”;《国计簿》,“录当时户赋兵籍”;《百司举要》,“纂《六典》诸职”。〔1〕尤其是元和八年成书而后称《元和郡县志》的那部图志,原编五十四卷,现存三十四卷,被认为是中国现存最早的地理总志,历史沿革地理的首出范式。这表明,作为主管国史的宰相,李吉甫的学问才具,都甚称懂行。史馆诸臣,要在他治下讨生活,很不容易。

二是他极力主张君相必须干预“实录”编撰。他获悉唐宪宗喜读《代宗实录》,显然引起警觉。元和八年十月,即韩愈任史馆修撰并可能“判馆事”以后半年,皇帝有次上朝,当众询问《时政记》记何事,为何经常不修?作为监修国史的宰相,李吉甫讲了唐高宗以来撰修《时政记》的历史,说它“是宰相记天子事,以授史官之实录也”,然后便大讲它所以从永徽到贞元百余年间,仅修过两次,原因在于保密,也在于避免臣下侵犯君权。〔2〕这话在皇帝听来悦耳,但对当殿聆听的大臣和史官,不啻是公开警告,不许乱说乱写。

三是他监修国史伊始,便打击前任以树立个人权威。他曾与

---

〔1〕《旧唐书》卷148本传。按《新唐书》卷146本传,但谓李吉甫“所论著甚多,皆行于世”,而不言其晚年任相所撰诸书,均与史官同作。

〔2〕“(元和)八年十月,上御延英殿,问时政记记何事?时吉甫监修国史,先对曰:‘是宰相记天子事,以授史官之实录也。古者右史记言,今起居舍人是;左史记事,今起居郎是。永徽中宰相姚璹监修国史,虑造膝之言,或不可闻,因请随奏对而记于仗下,以授于史官,今时政记是也。’上曰:‘间或不修,何也?’曰:‘面奉德音,未及施行,总谓机密,故不可书以送史官;其间有谋议出于臣下者,又不可自书以付史官;及已行者,制令昭然,天下皆得闻知,即史官之记,不待书以授也。且臣观时政记者,姚璹修之于长寿(武则天年号,692秋至694夏),及璹罢而事寝。贾耽、齐抗修之于贞元(唐德宗年号,贾耽贞元九年任相,齐抗贞元十六年任相),及耽、抗罢而事废。然则关时政化者,不虚美不隐恶,谓之良史也。’”见《旧唐书》本传。新书本传不载。

裴垍互相推戴。但他出将入相,都得宦官首领吐突承璀撑腰,而裴垍却以削弱宦官权力为能事。他代裴垍为宰相并监修国史,“会垍与史官蒋武等上《德宗实录》,吉甫以垍引疾解史任,不宜冒奏,乃徙垍太子宾客,罢武等史官。”[1]他才复出,就不顾皇帝刚给《德宗实录》的主编和修撰颁奖,而借口正名,将后者降官罢职,无疑有宦官集团声援。他改组史馆,递送的信息很清楚,就是前朝“实录”的编撰,必须唯他马首是瞻。

唐宪宗算不算“中兴之英主”(陈寅恪《金明馆丛稿二编》p83)? 是另一问题。但这位皇帝好读“列圣实录”,又曾目睹乃祖德宗“不委政宰相,人间细务多自临决”,反而造成奸佞包围,“朝廷威福日削,方镇权重”,于是放权给宰相。[2]然而他又从列祖列宗的“实录”,读出所谓朋党是君主专断的大害,总怕大臣结党,却无法摆脱手握禁军的宦官对大臣任用的操控。他的办法便是让宰相相互牵制。当他发现李吉甫再相后“多修旧怨”,便提拔憎恶宦官干政的李绛入相,放纵他们在御前会议上争吵。[3]这套权术,既有效也无效。元和年间,正是得到有心“致君尧舜上”的李绛、裴度、崔群等一派的支持,唐廷才勉强取得对藩镇几场战争的胜利。可是宪宗的迷信和贪婪,不亚于乃祖德宗。斗败了两个跋扈的藩镇,便忘乎所

---

〔1〕《新唐书》卷169裴垍传。按此事旧书裴传、李传均不载。

〔2〕《旧唐书》卷15宪宗纪后引“史臣蒋係曰”。按,这段议论,当抄自唐文宗太和四年(830)撰成的《宪宗实录》。蒋係是蒋武(后改名乂)之子,于太和二年拜右拾遗、史馆修撰,与同职沈传师、郑澣、陈夷行、李汉等受诏撰《宪宗实录》,书成晋郎官,仍兼史职。他和李汉都是韩愈的女婿,沈传师曾与韩愈同修《宪宗实录》。由他领衔署名的史论,无疑反映韩愈、蒋武一派不满李吉甫的史官的共识。唐武宗时,李德裕当政,或因蒋係、李汉为“牛党”,并在“国史”中贬抑李吉甫,将二人同贬官。蒋係传均附于两《唐书》蒋乂传。

〔3〕《资治通鉴》唐纪54宪宗元和六年十二月己丑。又,同纪元和七年三月丙戌,二李在御前争论,“退,(宪宗)谓左右曰:‘吉甫专为悦媚;如李绛,真宰相也!’”

以，重蹈玄宗至德宗的覆辙，重用贪官导致朝政瘫痪，服长生药、迎佛骨等招来清议抨击，终于在酒宴中被宦官杀掉(陈寅恪《金明馆丛稿二编》p83)。欧阳修说他“晚节信用非人，不终其业，而身罹不测之祸，则尤甚于德宗”(《新唐书》卷7德宗顺宗宪宗纪赞)，看来并非苛责。

这就是韩愈出任史官的生存环境。我们已经多次指出，中世纪的史官，不论职称是著作郎或著作佐郎，起居舍人或起居郎，还是史馆修撰或直史馆，都首先是“官”，不过在官僚体制内的分工是“史”而已。初唐的史馆制度，由唐太宗因事设置，历经唐高宗、武则天时代建构成政治体制的必要组成部分，名目不同的史职，就处在政府首脑的严密控制之下。玄宗朝权相李林甫，将史馆移至中书省内，而史官仍由监修国史的宰相从其他朝官中选派，看来史官成为枢密官成员，其实更丧失“史权”。〔1〕如果说裴垍对史馆体制的调整，旨在明确兼职史官的职责，那末李吉甫改组史馆，似乎换汤不换药，却将史馆旧人逐除，代之以他中意的官僚，很合乎“有治人无治法”的传统。

也如前所述，唐代的史馆，导向就是史官必须依照权力者的指授著史，因而史官不可悖离官史传统。这传统在唐代已成体制常态，名曰隔代修史，即前君或死或退，继主必命史官给他写一部编年史，所谓实录。正如人们习见的，隔代修史的最大困惑，在于史与论的矛盾：以论代史呢，还是论从史出？古今中外的史学史无不表明，据史直书是一切史家认同的普世价值。中世纪中国史家更将“直书”看作道德准则，用价值信念代替历史实相。韩愈便深

〔1〕 柳诒徵语。见氏著《国史要义·史权第二》。是书初版于1948年，未见，现据华东师范大学出版社2000年新版。

中其毒，述史不忘褒贬，而用来判断历史是非的尺度，就是他通过《原道》重申的所谓孔孟道统的理念。

(六)

《答刘秀才论史书》，表明韩愈在多重困惑中挣扎。

困惑首先来自于“史”。韩愈将历史看作人写的，颇有“后现代史学”气味。但他又说孔子以后的史家，任务在“据事迹实录”，又回到了“前现代”立场，相信历史事迹是实有的。因而实话实说，“则善恶自见”。

可是韩愈又发现“传闻不同，善恶随人所见”。由此引出他的第二重困惑：能不能发现历史实相？有没有世所公认的历史价值？

韩愈不怀疑普世价值的存在，不怀疑人间有如《伯夷颂》所说的“万世之标准”，但它将眼光由古圣昔贤的遗说投向所闻所见的历史，便越发困惑了：岂止没有公认的褒善贬恶尺度，“甚者附党，憎爱不同，巧造语言，凿空构立；善恶事迹，于今何所承受取信？而可草草作传记，令传万世乎！”这段话，写于公元八一三年，那时大唐帝国已历十世十二君(包括武则天，但不计在位数日的少帝)，在德宗以前十君，每朝都有官修的“实录”。正如人们熟知的刘知幾揭露的，身为史官，预修“国史”，却不得不服从政治需要说假话，甚至面对执政内斗，连假话也不知道如何说。《史通》曾谴责权力意志是“曲笔”的由来，说是实录不实，原因正在于统治者用言论罪威慑史官，所谓“古来唯闻以直笔见诛，不闻以曲词获罪”，“故令史臣得爱憎由己，高下在心，进不惮于公宪，退无愧于私室，欲求实录，不亦难乎!"[1]论者以为韩愈怕做史官,畏惧人祸天殃,其说承袭刘知幾,也不尽然。

虽然刘知幾自称"忤时",但他致宰相书抨击史馆体制,引起监修之一宗楚客痛恨,却仍然不许辞职。韩愈历数史祸,至初唐也仅说代刘知幾主修"国史"的吴兢,子孙没有发迹而已。因此,韩愈指责"国史"编撰,"甚者附党,憎爱不同,巧造语言,凿空构立",乃至说没有一种可以征信,只能说主要是在描述中唐已成"实录"的现状。

两《唐书》都有史官合传。比较地说,《旧唐书》将安史之乱前后的史官分列二传,历史合理性胜于《新唐书》混二者为一。此书卷一四九专述肃宗至宪宗五朝史官的几个家族,从中可知所谓国史实录的编撰,既苦于史料散佚,更苦于权力干预。篇末"史臣曰":"前代以史为学者,率不偶于时,多罹放逐,其故何哉?诚以褒贬是非在于手,贤愚轻重系乎言。君子道微,俗多忌讳,一言切己,嫉之如雠。所以(令狐)峘、(张)荐,坎壈于仕涂;沈(既济、传师)、柳(芳、冕、璟)不登于显贯。后之载笔执简者,可以为之痛心。"[2]这批评很温和,却说出了一个事实,那就是政治越黑暗,权力越腐

[1] 《史通》内篇25"曲笔"。参看同书"言语"、"浮词"、"忤时"等篇。浦起龙《史通通释》卷七按语,就说"昌黎人祸天殃之说,戒心不小,惧曲也",隐指《答刘秀才论史书》,从刘知幾此篇化出。

[2] 《旧唐书》有数篇史官合传。卷149于休烈等八传,即中唐史官合传。作者意在叙述史官世家,往往父附子传,且不列入卷目。令狐峘,是初唐史家令狐德棻的玄孙,安史乱后曾预修《玄宗实录》、《代宗实录》,德宗时依附刘晏,被杨炎贬斥;又党附李泌遭贬。张荐是盛唐名士张鷟之孙,安史乱后曾兼史官修撰二十年,德宗时受裴延龄排挤,"三使绝域",死于出使吐蕃途中。沈既济在德宗初被杨炎荐拜左拾遗、史馆修撰,力攻吴兢的《国史》将武则天列入"本纪"并用周历纪年,后杨炎倒台,受株连贬官,曾撰《建中实录》。其子沈传师,已见本文,后曾预修《宪宗实录》,官终吏部侍郎。柳芳是肃宗朝史官,与韦述续修完成吴兢的《国史》,遭时论非议,后在贬所记录高力士口述的开元天宝时事,撰成《唐历》四十卷,号称名著。其孙柳璟,唐文宗时以续修柳芳的《皇室谱》知名,官终礼部侍郎。

败，统治者对于现代史编撰的干预越严厉，所谓“一言切已，嫉之如雠”。这就是韩愈及其前任同职，作为史官的宿命。

尤其是李吉甫的复出，就借《德宗实录》署名事件发难〔1〕，更给韩愈一个眼前教训。前述韩愈改比部郎中、史馆修撰，可能判馆事，必得旧同年的宰相李绛支持，但决定必由监修国史的宰相李吉甫作出。韩愈当然洞悉二李政争，自己必受李吉甫疑忌，唯恐在权力斗争的夹缝中被挤扁，却又不甘心在其位不谋其政。正是这种自感两难的困境，使他通过《答刘秀才书》，一面向宰相特别是李吉甫示弱，说是宰相无非同情他老穷，“苟加一职荣之耳”，没有逼他尽职尽责的要求，“贱不敢逆盛指，行且谋引去”〔2〕；另一面又禁不住抒发愤懑，表达形式是诉说为史的困惑，但前引那几段话，不是对现行的史官体制必至之弊的揭露么？不是明白表示真要履行史官职责，就应该恪守传统史德么？

韩愈向来认为孔、墨各有道理，尊天明鬼的认知尤其相通，所

---

〔1〕 已见前节。据前揭《旧唐书》卷149，蒋乂(即蒋武，迎合宪宗自命偃武修文而改名)是吴兢的外孙，德宗贞元九年(793)即充史馆修撰，元和二年(807)复兼此职，“寻奉诏与独孤郁、韦处厚同修《德宗实录》，五年书成，奏御，以功拜右谏议大夫。明年，监修国史裴垍罢相，李吉甫再入，以乂、垍之修撰，改授太常少卿。”但据同书卷168独孤郁传，这时“判馆事”的史馆修撰是独孤郁，但因独孤郁是宰相权德舆的女婿，李吉甫只好先整蒋武，于元和七年再调独孤郁知制诰，取消其判馆事权力。而韦处厚(本名淳，避宪宗讳改)，原由裴垍奏兼充史馆，预修《德宗实录》，由咸阳县尉晋右拾遗；李吉甫监修国史，即转官左补阙，罢史职；见同书卷159本传。据韦处厚传，谓《德宗实录》五十卷，“时称信史”，可知裴垍监修国史，颇重史才。至李吉甫主管史馆，凡裴垍所用史官，务必逐出，表明他的标准已是以我划线。元和八年正月权德舆罢相，三月韩愈即以比部郎中领史馆修撰，显然是填补独孤郁留下的“判馆事”空缺。这时李吉甫与同相李绛大不协。但李吉甫选中韩愈领史职，除韩愈早有重名，他的老师陆贽在贬所与李吉甫修好，或为一因(参看同书卷148李吉甫传)。

〔2〕 前揭《旧唐书》蒋乂传，谓蒋武习史，得自外祖吴兢熏陶，而蒋武正是被李吉甫当作裴垍党羽而逐出史馆的第一人。韩愈列举“为史者不有人祸则有天刑”的名单，于唐代唯举吴兢，却说“亦不闻身贵而今其后有闻也”，看似生拉硬扯，实则以抹煞吴兢“其后有闻”的蒋武，暗示李吉甫将蒋武逐出史馆是出于公心的。

以虽持不可知论，却宁信鬼神实有。《答刘秀才书》再次凸显他的终极困惑。他一再强调据史直书、褒善贬恶，是史官的天职，也是贯彻“民无信不立”古训的体现。背离这一道德准则，史官必受报应：“若无鬼神，岂可不自心惭愧？若有鬼神，将不福人。”怎能既不受“良心”谴责，又免遭鬼神降殃呢？韩愈说他的选择，是知其不可为而不为：“仆虽騃，亦粗知自爱，实不敢率尔为也。”

这似乎是庸人哲学，很快招来柳宗元的批判。可是李吉甫不信。就在韩愈这通公开信传布不久，李吉甫便扔给韩愈一道难题，改写裴垍监修国史期间的一部史稿——《顺宗皇帝实录》。

（七）

唐宪宗元和九年正月(814 年 2、3 月间)，远在永州(今湖南零陵)的柳宗元，收到韩愈“言史事”的信及《答刘秀才书》，读后就复函，说是得见书稿，“私心甚不喜，与退之往年论史事，甚大谬。”接着便用犀利的措辞，对韩“书”予以全面批驳。这就是著名的《与韩愈论史官书》。〔1〕

柳宗元(773—819)少于韩愈五岁，成进士却只比韩愈晚一年。他早由文章成名，但关心国事更超过致身通显。他三十三岁那年(805)，唐德宗死，唐顺宗立。不幸这位新皇帝，虽早得人心，却已中风失语，事权由近侍倖臣代决。两名倖臣王伾、王叔文，联合外廷一批年青文官，策划改组政府，清除前朝积弊。岂知才动宦官俱

---

〔1〕 此篇原载《柳河东集》卷 31(中华书局上海编辑所 1960 年本)。经我重校重注，收入《中国历史文选》修订重版下册(上海古籍出版社即出)，参看该篇解题和注释。整理者按：关于《中国历史文选》修订版，参前 187 页脚注〔3〕整理者按语。

文珍等把持的禁军指挥权，便招来宫廷政变。即位仅七个月的哑巴皇帝被迫“内禅”，让位给长子即宪宗，并改年号“永贞”。那班主持和参与“革新”的大小官员，都被贬逐。除二王外，还有八名文官，都被发配到边远军州充当司马（州郡长官的民防助理），史称“二王八司马事件”。〔1〕原礼部员外郎柳宗元，就是“永贞内禅”的一名牺牲，谪官永州司马。

韩、柳两家是世交。柳尊韩为丈人行。德宗贞元十九年(803)，韩愈和柳宗元、刘禹锡，曾同官监察御史。柳与韩愈，提及“往年论史事”，稍后又有《与史官韩愈致段秀实太尉逸事书》，再次重提“昔与退之期为史，志甚壮”。〔2〕可知两人在这年同事期间，经常讨论撰写“国史”，并互勉若为史官，决不因循守旧。

不过就在贞元十九年冬，韩愈便因上书言事触怒德宗，被贬到遥远的连州充当县城只有几十户人家的阳山县令（今粤北阳山）。他在宪宗元和元年(806)夏季才被召回长安，充当国子监三等学院的四门学博士，而前一年柳宗元已被流放到永州。彼此都没有忘记旧谊。但参商是隔，到韩愈任史官，已达十年。柳宗元已年愈“不惑”。韩愈虽未“知天命”，但早因发秃齿落，而自叹垂老无成。各自的坎坷经历导致的思想隔膜，更超越空间距离。谁都熟知孔子的名言，“仁者乐山”，还说爱好山景的仁者必定静心长寿。〔3〕

---

〔1〕 参看两《唐书》本传。《资治通鉴》唐纪52顺宗永贞元年，叙“永贞内禅”的过程颇翔实，尤当参看。

〔2〕 见前揭《柳河东集》卷31。据《旧唐书》卷128段秀实传的清四库本考证，柳宗元所撰《段太尉逸事状》，寄给韩愈后，没有被史馆采纳。四库馆臣沈德潜表示不解，或许故作不解。

〔3〕 《论语·雍也》记孔子语：“知者乐水，仁者乐山。知者动，仁者静。知者乐，仁者寿。”柳宗元于元和九年作《囚山赋》，时已谪居永州十年。赋中将楚越万山比作囚笼，渴望冲出此牢，表明他尊孔而又愤孔的矛盾心态。

但就在元和九年，柳宗元作《囚山赋》，将永州的山林比作捉虎的陷阱、圈豕的土牢，“圣日以理兮，贤日以进，谁使吾山之囚吾兮滔滔？”(《柳河东集》卷2)可见他宁可充当孔子所谓爱好如流水一样顺志而动的“智者”。因而韩愈从万山丛中脱出，三脚两步挪回长安朝市，又进入曲江池畔的内廷，实现了晋身史馆的宿愿，却说史官连圣贤都做不好，怎使柳宗元不既迷惑又气愤呢？

韩、柳的散文在两宋已备受称道，到明清更被誉为“唐宋八大家”的魁首。而两人的古文孰优？千年来文学家争论不已。单看文章形式，至少《与韩愈论史官书》，可说文采胜于韩愈的《答刘秀才论史书》。韩书吞吞吐吐，欲言又止，非细绎篇中借古说今的讽谕矛盾，就难以明白个中真意。柳书则不然，有话直说，对韩书的每一论点，都明白驳斥，行文的逻辑助长了立论的气势，令读者不由得对他的文章表示欣赏。

问题在于，韩柳辩论的焦点，知其为是如何做史官，而非比赛做文章。自从东汉明帝将“国史”等同于官史，到唐太宗完善史馆体制，“国史”必由官修，而史官必须仰承权力者的鼻息，无论德才学识是否称职，但能将历史制造得适合当前政治“以古为鉴”的主观需要，便是高明的奴才，必得君主僭主或执政的褒奖。韩愈深明此道，所以晋职史馆，可能被命为“判馆事”的首席史官，反而感到陷入权力角逐的漩涡，深感恐惧，不料遭到柳宗元的批判。

论韩柳争论者，常常忽视中唐经史关系变异的史实。我曾指出，经学是中世纪中国的统治学说，倘说它有一以贯之的传统，那末所谓传统的表征，就是“学随术变”(《中国经学史十讲》p3及以下诸篇，复旦大学出版社2002)。由秦皇汉武构建的“君人南面之术”，迫使任何学说，道法儒阴阳诸派，要跻身庙堂，必须整容，也就是放弃学派传统的纯洁,尽可能吸取诸子百家可以迎合权力需要的成分,重新化妆。尤其需要窥测时势,投间抵隙,迎合君主体制建立或重建个人独裁的态势。韩、柳都曾注目秦始皇。柳宗元的《封建论》、《贞符》等,都从效应判断历史,看来歌颂统一于中央集权是历史趋势,实则宣称“为达目的,不择手段”。他批判韩愈得任史官而心怀畏惧,依据的正是《封建论》等文的同一逻辑。

单看柳宗元对韩愈陈述的史官历史的批判,的确有理。据司马迁撰孔子及其学派传记,孔子作《春秋》是在他晚年返鲁以后,怎能说孔子是作《春秋》后周游列国“不遇而死”?司马迁、班固、范晔,都不得好死,原因真是因为著史吗?崔浩真是死于揭露“暴虏”的先世史吗?况且左丘明因疾致盲,习凿齿因病跛足,与著史何干?历史陈述背离历史,可说抓住了韩愈的软肋。

柳宗元熟悉韩文,知道韩愈喜欢说名应符实。于是向弱点进攻,指出史官不过“以名为褒贬”,而韩愈对正名也感到恐惧,那末真要监督人事或者决定人事,就是说必须循名责实或重视实至名归,他若洋洋得意,心安吗?

批判是严厉的。但假设是假设,韩愈还没有“扬扬入台府”,成为御史中丞乃至御史大夫,掌握纠察百官行为即“褒贬成败人”的实权;他更没有“扬扬入政事堂”,成为“生杀出入升黜天下士”的宰相,而且终身都没有享受在御史台和政事堂“美食安坐”的荣耀。现实是他仅以正五品上的郎官身份兼领史职,仅是监修国史的宰相李吉甫的一名属官,即使真想“以名为褒贬”的职责,也必须遵照宰相的意向,更勿论“国史实录”的终审裁判是自负英明的在位皇帝。因而,史官韩愈面对的现实问题,只在于倘要真做,该怎么办。

其实柳宗元明白这一点。将他发配到永州做山中囚徒的,不正是“元和天子”吗？况且他消息并不闭塞，很了解李吉甫再相后的朝廷动向。所以他一面批判韩愈的史官必有人祸天刑说是乱道，是怕死：“凡居其位，思直其道；道苟直，虽死不可回也。”不过他当然也懂得史官首先要做稳“官”才能“为史”。这又使他不得不设身处地说出替韩愈着想的另一面，所谓“宜守中道，不忘其直”。

然而正是这八字诀，柳宗元的矛盾解释，彰显了他本人的认知矛盾。

（八）

柳宗元给出的“中道”解释如下：“司马迁触天子喜怒，班固不检下，崔浩沽其直以斗暴虏，皆非中道。”这个“中道”，明显是用孟轲对孔子所说“中行”的界定。孔子不是说过，如果找不到“中行”的朋友，那就只好找狂狷两类人物了，“狂者进取，狷者有所不为”〔1〕。《孟子》引此语，“中行”即作“中道”。然而孟轲表示体谅孔子的苦恼：“孔子岂不欲中道哉？不可必得，故思其次也。”〔2〕柳宗元则以为不可让步，说是司马迁、班固、崔浩三大史家的下场，都证明非狂即狷的行为，必定得罪君主，所以史官应该会守“中道”。

“是退之宜守中道，不忘其直，无以他事自恐。退之之恐，唯在

---

〔1〕 孔子语，见《论语·子路》：“不得中行而与之，必也狂狷乎？狂者进取，狷者有所不为也。”历代诠释要点，可参看刘宝楠《论语正义》该章注引诸说。

〔2〕 说见《孟子·尽心下》，参看焦循《孟子正义》该章注引诸说。两宋以后道学家，往往忽视孟轲所谓中道，在孔子原意是中行。行者，人之步趋也。中行，意谓走路必走大道而不抄小径。孟轲将行改为道，将中道提升至抽象层面，或许有意赋予孔子赞美“行不由径”以普遍意义。但柳宗元称引孟轲所谓中道，肯定悖离孔子表彰“中行”的本意。

不直不得中道，刑祸非所恐也。”同一段文字，前面刚批评司马迁、崔浩的“直”，都违反中道，转眼又以正反二语，告诫韩愈注意“不直不得中道”，岂不怪哉！

说怪也不怪，原来柳宗元对“直”有别解。我曾指出，唐宋间存在着经学的更新运动，表征一是重构道统，二是重估经传。韩愈力倡尊孟，《原道》甚至说古代圣王的道统，传到孟轲就中断了，等于否定唐太宗至唐玄宗钦定的儒学传授系统。柳宗元是陆淳的门人，不仅追随啖助、赵匡至陆淳(后避宪宗讳，改名质)一派质疑《左传》的经典地位(《中国经学史十讲》附录9提要)，而且就在永州著《非国语》，指责这部“《春秋》外传”非圣无法，诱导学者“不得由中庸以入尧舜之道”〔1〕。他自称交结也是陆淳门人的吕温，“而后知中庸之门户阶室”，可是贬官永州，“而后知慕中道”。〔2〕他曾向内弟杨诲之函授所谓中道的要诀：“圣人所贵乎‘中’者，能时其时也；苟不适其道，则肆与佞同。”〔3〕他说的肆，就是前述司马迁、崔浩的“直”。既然如此，他要求韩愈信守“直”是中道的价值核心，这个字就只能是孔子赞美的涵义：“直哉史鱼！邦有道如矢，邦无道如矢。”或者

〔1〕《非国语序》，前揭《柳河东集》卷44。按《国语》为左丘明《春秋传》的外传，自东汉以来便为《春秋》经古文学者所公认。柳宗元著《非国语》，仍称《国语》为左丘明作，但称“其说多诬淫，不概于圣”，暗示左丘明的《春秋》内外传，都离经叛道。柳宗元说《春秋》，特别推崇《穀梁传》，证明他心目中的孔子原教旨，但以汉宣帝钦定的是非为是非。近一世来时贤对此似无正解。

〔2〕说见《与吕道州温论非国语书》、《与杨诲之第二书》，前揭《柳河东集》卷31、卷33。按，吕温是柳宗元的政治同道，与王叔文关系尤密，因贞元二十年奉使吐蕃被扣，幸免于永贞元年“二王八司马”之难。此人的“中庸”，见于行事，可参两《唐书》本传。

〔3〕杨诲之，名不详，由柳宗元致其二函，知其为杨凭之子，柳宗元前妻之弟。他崇拜柳宗元，却误解柳宗元要他内方外圆的教诲，认为韩愈的《毛颖传》，比柳宗元的《说车》更高明。柳宗元于是再致其长函，用个人坎坷经历，教训他做人当守“中道”。这是柳宗元从吕温学得“中庸”之道的体会。以后李翱的《复性书》，论旨分明袭自柳说。惜近代哲学史论者均未注意及此。

如他自述“以直躬见抵”的语源所示:“父为子隐,子为父隐,直在其中矣。”〔1〕

很可惜,这样的“直”,至迟从汉晋间史官制度纳入权力机制起,便成为官史编撰的通行准则。十六国到北朝,有那末几个史官,奉旨修“国史”,略略涉及皇家隐私,便被杀头。唐初大修前代史,号称英主的唐太宗以为单单辩护隋唐易代的历史合理性还不够,还必须再铸造一部“古鉴”,证明他本人夺取帝位合乎“直”道。从此新修《晋书》,便成为帝国列朝“实录”的楷模。

不过柳宗元关于“中”的界定,用了当时尚未变成独立经典的《礼记·中庸》“君子而时中”的典故,应该对史官韩愈起了鼓励作用。孟轲不是称孔子是“圣之时者”么?荀况不是说“君子时绌则绌、时伸则伸”么?自从汉武帝通令“独尊儒术”,这样的“中道”,早已遍行于官场,谁不善用乃至拒用,谁就会吃眼前亏。从这一点来说,柳宗元说他流放永州,“蚤夜惶惶,追思咎过”,才觉悟它真是“圣人之道”,是比他当年不计利害而勇于除弊的认知,转向“保守”了呢,还是“与时俱进”?要看论者的价值判断角度。但有一点无可怀疑,韩愈在得到柳宗元复书以前,已经接受李吉甫下达的任务,重修裴垍主编的《顺宗皇帝实录》,反证他《答刘秀才书》不过就“功役”的话头,说说而已,也许是为日后免于君相谴责,预留地步。

〔1〕 孔子二语,均见《论语》。史鱼,名鳅,字子鱼,卫灵公的大夫,相传曾“尸谏”,见《韩诗外传》。《论语·子路》:“叶公语孔子曰:‘吾党有直躬者,其父攘羊而子证之。’孔子曰:‘吾党之直者异于是。父为子隐,子为父隐,直在其中矣。’”柳宗元《复杜温夫书》,承认自己的行为合于“直躬”(见《柳河东集》卷34),表明他所谓的“直”,应是孔子答叶公语对“直”的界定。

不过韩愈似乎还是很重视柳宗元的意见。一则由前引柳宗元《与史官韩愈书》，说“前者书进退之力史事，奉答诚中吾病”，又说“退之平生不以不信见遇”，都是向韩愈表示歉意，承认韩愈对他的反批评有理。韩愈对柳宗元的这通答书，与柳宗元前函提及的“获书”，均已佚，内容不详，却有柳函可证韩愈将他引作知己。二则可由此后韩门弟子，作文论及修史，往往明征韩愈，暗引柳文。李翱是韩愈的侄婿，因年龄科名相近，故称韩愈为兄。宋元以后的理学之徒，推崇他的《复性书》，说是首先发明《中庸》奥义，对孔孟之道的认知胜过韩愈，所以不肯称韩愈为师。[1] 持此论者，显然不知或故意抹煞柳宗元力倡“中道”，正是李翱宣扬“中庸”说的前驱。他于元和初和元和末再兼史馆修撰，曾想重修吴兢、柳芳的《国史》，却徒托空论，只由今存他与皇甫湜论修史书，便可知他所谓“用仲尼褒贬之心，取天下公是公非以为本”云云[2]，见解不过袭取韩柳的史官辩。倒是自命韩愈遗嘱执行人的皇甫湜，好酒使气，终生无缘入史馆，却留下《东晋元魏正闰论》、《编年纪传论》等名篇，承袭韩愈的《原道》，又取柳宗元关于史官“宜守中道，不忘其直”的说法，强调道统论用于历史编纂，首要任务就是辨正闰，明正统。饶宗颐认为皇甫氏此论，“实对后来欧阳修《正统论》有极大之启发焉”（见饶宗颐《中国史学上之正统论》p35、p86—88，上海远东出版社1996），应说合乎历史实相。

---

〔1〕 欧阳修曾将韩愈、李翱，并称韩李。宋明理学家于是盛称李翱，甚至说他称韩愈为兄，是他不肯屈尊认韩愈为师的表现。明初宋濂根据宋人议论大张此说，清代全祖望更加推论。见全著《鲒埼亭集》的《李习之论》。我在前已指出，李翱的《复性书》，理论先驱是柳宗元。

〔2〕 李翱的史学见解，以往史学史论著很少注意。瞿林东可算例外，见氏著《中国史学史纲》，北京出版社，1999年，页415—416。但瞿氏谓李翱任史馆修撰，自元和初直到元和十五年，或失考。

（九）

韩愈、柳宗元都曾希望参与编撰“国史”，尤其希望能任史官，从事自己所闻所见的现代历史“实录”的纂修。

他们都曾亲历唐德宗到唐宪宗那三朝的政局急剧转折的过程。转折的关键，在于唐顺宗由皇帝而太上皇的那短短半年稍多的时间。假如说“永贞内禅”，对于仍在荆州江陵等待新君判决的韩愈还是隔岸观火的话，那末对于已经深陷宫廷政争漩涡的柳宗元，便是由泰至否的命运转捩点。

自从永贞元年(805)冬天柳宗元被再贬为永州司马，尽管唐宪宗有明诏，王叔文的党羽，“虽遇赦无得量移”，可是同时被贬的“八司马”之一程异，在元和四年(809)被皇帝任用为主管帝国财政命脉的“扬子留后”(《资治通鉴》唐纪53)，似乎给了柳宗元以脱出群山囚徒的新希望。那年他连连给在朝廷居要职的旧友去信，同一要点便是要求他们伸出援手，帮助自己回朝。均无响应，未必是旧识不重友谊，而是无力回天。元和八年，柳宗元被贬零陵近九年了，忽得韩愈书，告知已任史官并述个人心情。在柳宗元看来，未免福至心不灵，不禁怒气冲冲地写了一通复函。与其说是教训韩愈如何做史官，不如说是发泄自己没有获此机遇的牢骚。

时移势异，韩柳当年辩史官可不可为的历史生态环境，早被后人忘却。北宋的欧阳修、王安石、苏轼苏辙兄弟，或许对韩柳的处境，还有陈寅恪所谓“了解之同情”。但由王安石与司马光这对政敌，论及韩愈的经史见解，都只有否定的批评。可知上世纪晚期中国主流思想界，扬柳贬韩，其实由来已久。

柳宗元只活了四十七岁。自从三十三岁被贬为永州司马，苦熬十年，至元和十年(815)，才被召回首都。但皇帝和宰相都讨厌他和刘禹锡，借谏官攻击，“皆以为远州刺史，官虽进而地益远”。[1] 柳宗元于是被任命为比永州更南的柳州刺史(治今广西柳州)，距当时首都长安五千四百余里，最后死于此地。

秦始皇以后，舆论赞赏“大一统”，并且形成帝国首都表征文明先进中心的偏见。韩愈的一大贡献，正在于否定政治与文化同一论，宣称唐太宗钦命孔颖达之流所作《五经正义》伸张的历史传统，悖离孔子的原教旨：“孔子之作《春秋》也，诸侯用夷礼则夷之，进于中国则中国之。”(《原道》)就是说，判断谁代表“中国”，既不在种族，也不在地域，而在文化。

由今存柳文来看，柳宗元是与韩愈同调的。二人的分歧，没有毛泽东赞赏的章士钊《柳文指要》夸张的那么大，当然更与那十年间所谓儒法斗争史的胡说大相径庭。

就史论史，韩愈和柳宗元，都自命已得孔子的原教旨，其实都在借古讽今，悖离孔子教导弟子的本意，不可以道里计。例如《原道》弘扬的道统，真是孔子的认知么？至少《论语》没有提供可以征信的依据。因而，《原道》所说尧舜禹汤文武周孔的道统，于史无征，所谓斯道“周公传之孔子，孔子传之孟轲”，当然更属韩愈的主观假设。不过它是两宋将旧经学改造成新经学的直接先导。这种新经学的特色是“尊孟”，并将韩愈所谓孔子传至孟轲的粗糙假设，构造出师承与文献相结合的所谓道统体系。虽然从王安石、程颐

---

〔1〕《资治通鉴》，唐纪 55，宪宗元和十年，此年柳宗元应诏到长安改官，是他与韩愈相别十二年后的首次会见，也是最后一面。

到朱熹，对韩愈见“道”不醇的批评日甚，例如王安石斥韩愈颂伯夷乃否定武王是仁君，拒绝欧阳修将他比作当世韩愈，朱熹也按程颐的调门，挑剔韩愈的居心，屡向门生说韩愈论道不及王通有公心，但那都可说因袭“逢蒙杀羿”的故技，争夺孔孟原教旨的发明权。这不是本文讨论的范围，当另作别论。

这里需要指出，柳宗元《与韩愈论史官书》，最后批判韩愈借鬼神事卸责，颇受近人称道，以为表明柳站在唯物论立场上反对韩的唯心论。这是谬说，盖不知柳宗元的佞佛，远过于韩愈的鬼神不可知论。柳书结语，要韩愈对愿不愿履行史官职责，从速作出决定，甚至说：“今人当为而不为，又诱馆中他人及后生者，此大惑已，不勉己而欲勉人，难矣哉！”看来义正辞严，实则也可说隔岸观火。如前已述，元和八年十一月，即韩愈得柳宗元复书之前数月，他就接受李吉甫交办的改写《顺宗皇帝实录》的任务。由现存韩愈二通《进顺宗皇帝实录表状》来看，韩愈是尽职的，带领沈传师、宇文籍二史官，至迟在元和九年夏秋之际，便完成了这部《实录》的改编，送呈李吉甫审查。倒是这位监修国史的宰相，原先丢给韩愈一个烫手的面饼，欲收既打击裴垍又刁难李绛之效，不料韩愈重制的面饼更烫手，致使“吉甫慎重其事，欲更研讨，比及身殁，尚未加功”（《进顺宗皇帝实录表状》）。于是韩愈借口皇帝追讨，在元和九年十月李吉甫暴病死后，从李宅索回初稿，重作修改。修改无疑去除迎合李吉甫意向的论述，专注于揣摩皇帝“圣意”。

韩愈没有想到，元和十年夏秋之际，他用大半年重改的《顺宗皇帝实录》，进呈今上，不过五六天，就得到宪宗的斥责，说是“其间有错误”，命他按照皇帝批注，“重令刊正”。韩愈只能将“诠次不精”的责任，推给沈传师等。

《顺宗实录》，今存五卷，至今仍是唐史研究唐顺宗在位七月历史的首出史料，也是我们研究中唐史学进程的关键例证，本书另有专节讨论。这里只拟指出，在韩愈死后，《顺宗实录》作为官史，是否体现史官应该遵循的孔子作《春秋》的笔削准则，已成唐宪宗子孙任命的史官的争论课题。或许由于韩愈的女婿李汉、蒋係，在韩愈身后都跻身显贵，因而在他死后《顺宗实录》仅略作更改，保住了官史的权威。

这里也不拟讨论韩愈的历史观的后续影响。朱熹号称经宋学的集大成者。他尽管对韩愈论道指斥不已，晚年被打成“伪学”头目，却在寂寞中著成十卷本的《韩文考异》，至今被认为是韩愈文集编年考证的最好研究，可知所谓程朱理学，割不断与韩愈的血亲联系。

由此提出的另一问题，朱熹尸其名的《通鉴纲目》，那关于中世纪史的迂见或卓识，与韩愈历史观的联系如何呢？也应认真讨论。

（原载《复旦学报》2006 年第 3 期）

论“三通”

《通典》、《通志》和《文献通考》，并非同类著作，却被人们合称“三通”。

至迟在十八世纪中叶，乾隆命开“三通馆”，编撰“续三通”和“清三通”，所谓三通、九通之类名目，就由此入了中国目录学史，并为中国史学史所沿用。

以往的中国史学史，多半是历史编纂学史，向来赋予材料的分类以过大的注意。但即使依照乾嘉以后流行的史部分类法，“三通”之名，也说不通。杜佑的《通典》，与马端临的《通考》，无疑有亲缘关系。而郑樵的《通志》，则分明属纪传体通史，怎能视作杜、马二书的族类呢？

清朝的四库馆臣，显然已感觉这个矛盾。证据就是《四库全书总目》，将杜、马二书同列于史部政书类——“惟以国政朝章六官所职者入于斯类”〔1〕；而置郑书于史部别史类——“命曰别史，犹大宗之有别子云尔”〔2〕。不过，他们当然知道“三通”之名乃乾隆“钦定”，因而还是恭维郑书“至今资为考镜，与杜佑、马端临书并称三

---

〔1〕《四库全书总目》史部政书类序。
〔2〕同上引，别史类序。

通,亦有以焉”〔1〕。

然而我们也不妨根据约定俗成的先例,有限度地继续使用“三通”之名。限度就是同意《通志》有价值的部分唯在“二十略”,而这部分与《通典》《通考》的编纂形式相同。这样我们便可将它作为二者间的过渡点,大概了解唐宋史学中一个特殊领域的开辟过程。

需要说明,“三通”都是巨著,《通典》有二百卷,《通考》达三百四十八卷,《通志·二十略》也有五十二卷。本文只拟考察它的历史编纂形式,怎样在五百年间发生和发展。

(一)

编成于九世纪初的《通典》,作为一部奠基性的著作,无疑应首先讨论。

今本《通典》分为九门,依次是食货、选举、职官、礼、乐、兵、刑、州郡、边防。它的原型是传统纪传史的书志体,它的特点是把历代典章制度作为一种独立形态来叙述,它的影响是促使制度史的专门研究蔚为风气。如此等等,都已属于史学史的常识。

黑格尔说过,所谓健全的常识,常常是不健全的。即使只讲编纂学史,以上描述也留下一个疑问:何以这样的历史记录形式,正好在中唐形成独立的体系?

梁启超最早企图作出解释,以为原因在于典章制度大都承袭前代而有所损益,造成纪传体断代史作者面临两难处境:“苟不追

〔1〕《四库全书总目》别史类《通志》提要。

叙前代，则源委不明；追叙太多，则繁复取厌。”于是有“统括史志”的必要，于是有适应这种要求的《通典》出现[1]。他的说法当然有理，但指出逻辑的矛盾并不能代替历史的论证。《汉书》以下诸史志都曾遇到这一两难问题，唐初撰修“五代史”的史馆诸臣已认识到需要“统括史志”，因而才有《五代史志》的单独编纂，但为什么没有撇开纪传史而对制度沿革进行独立研究呢？

可见，就编纂形式论编纂形式，如同就史学思想论史学思想一样，说不清楚问题，相反造成一种似是而非的满足，妨碍人们深入一步去探究原因。

但原因还要从编纂形式说起。如所周知，到唐初，历史著作仍不外纪传史和编年史两种形式，即刘知幾说的“二体”。唐太宗和唐高宗父子曾对编撰前朝纪传史以特殊重视，设置史馆，集中名家，修成《晋书》《隋书》等六部纪传史，加上李延寿所修而得唐高宗承认的南北二史，在数量上居于今称二十四史的三分之一。同时，他们对编撰前王编年史即先帝实录也十分重视，终唐一代都在进行。

尽管唐代列宗都把修史看作大事，史馆编制总是满员乃至超编，史馆需要如征集史料等得到政府法令的保证，然而恰是用传统形式撰写的史著，如纪传史，除初唐八史外，至今未留存一部；如编年史，留存的也只有韩愈《顺宗实录》一部。相反，曾在盛唐时期三入史馆的刘知幾，便发牢骚说公卿大臣对修史愈是关心，愈使史官不敢动笔，“头白可期而汗青无日”[2]。韩愈在唐宪宗时被任为史

---

〔1〕 梁著《中国历史研究法》第二章。
〔2〕《史通·忤时》。

馆修撰，本是实行“文以载道”主张的良机，反而恐惧到要说“为史者不有人祸，则有天刑”〔1〕。稍后有个殷侑向唐穆宗上书，就哀叹道：“比来史学废绝，至有身处班列而朝廷旧章莫能知者”〔2〕。可见，修史日成畏途，读史日同嚼蜡，这是封建时代官方史学必至的弊病。

无论纪传史或者编年史，都主要反映历史的动态，前者主要写某一个或某一类人物的历史活动，后者主要写在时间中展开的人的历史活动。因此，这两种编纂形式在唐代日趋冷落，正意味着历史的动态研究的中衰。

然而唐代统治者重视向历史“问政理成败所因”，是同实现封建制度法典化的过程相联系的，结果影响到史学一个新领域的开辟，即《通典》式的静态研究渐成风气。

唐朝继续隋朝的重建封建大一统事业，为克服前几世纪南北分裂造成的制度文化差异，用过很大气力。不如此则王朝难于稳定。而制度文化的统一，没有法的保障是不行的。还在北朝末，西魏僭主宇文泰和他的有远见的谋臣苏绰，就在模仿周礼六官的形式，制定系统的成文法典，隋朝在这个所谓北周六典的基础上，由高颎主持继续制定了各种统一措施。唐朝又改进隋制，经过一个多世纪，到唐玄宗时才大体完成封建制度法典化的漫长过程。

唐朝完成的法典共三部：《唐律疏议》，即刑法民法的综合法典及其官方解释；《唐六典》，即政府组织法和各种专门法令汇编；《大唐开元礼》，即封建等级法和道德宗教守则汇编。三部法典的

---

〔1〕《答刘秀才论史书》，《昌黎外集》卷二。
〔2〕参顾炎武《日知录》卷十六史学条。

基本原则，明清二代仍在沿用，表明它们确实较完备地体现了稳定封建制度的需要，但反过来也成为路标，证实中国封建社会由唐中叶开始进入发展迟缓阶段的意见是有道理的。

法典的制定过程，必定是制度文化的研究过程。例如长孙无忌为《唐律》所作的解释，就详考古律源流，说明取舍存废的理由，因而也成为现存最古的法律史著作。封建法典又是封建统治原则固定化的表现，它的各项内容必定早已用成文或不成文的形式在现实生活中通行。这些内容既经变成人们必须服从的规定，积极作用是稳定封建统治的现存秩序，消极作用便是遏制对现存秩序进行破坏的力量或事物的出现。这就决定了封建法典的性格，必然是要求现存的社会结构不变，要求现实服从原则，而不是原则适应现实。

由于这个缘故，伴随着制法过程而来的制度史研究，无可避免地要把封建制度看作静止状态，仿佛它是先验的存在。所谓制度本是特定历史时期人们社会关系的凝聚形态，但这时在制度史家眼里，却仿佛变成某种异己力量，尽管王朝在更替，君主在轮换，各类人物在匆匆过往，它却总是屹然不变，至多有修正补充而已。杜佑陈述编著《通典》态度时说的几句就很典型：“臣既庸浅，宁详损益，未原其始，莫畅其终。”〔1〕如果记得孔子关于三代之礼以“因”为主而“损益”可知的说法，那末我们便不会把杜佑“宁详损益”说成是主张历史永在变化。

这样，《通典》和纪传史书志在编纂学上的区别，似也不难了解。书志虽然同以制度为记录对象，但只是纪传史的组成部分，反

〔1〕 均见《旧唐书·杜佑传》。

映的是封建主义运动过程中相对静止的断面，而《通典》则是将断面作为独立形态进行考察。

(二)

为《通典》初稿作序的李翰，为杜佑作墓志铭的权德舆，都说《通典》是创制。至《旧唐书》出，人们方知它有蓝本，就是唐玄宗开元末刘秩的《政典》。

《政典》已佚，如今只知它是分门书，分门的原则便是“取周礼六官所职”，凡三十五卷。据说杜佑读后，琢磨它的宗旨，“以为条目未尽，因而广之，加以开元礼乐”，撰成《通典》。杜佑本人虽未明说受到《政典》启示，但在《通典》中引述过刘秩的议论，并且强调自己编书的准绳就是“周氏典礼”[1]。因此，北宋苏轼直指“《通典》虽杜佑所集，然其源出于刘秩”[2]，这说法是可信的。

按照今存一鳞半爪的记录，可以大体推知《政典》与号称唐玄宗所撰的《唐六典》的编写形式相仿。刘秩可能意在做它的历史篇，因而专详制度沿革，涉及礼的部分必定很少，因为那时有关礼乐的令式都另编入《大唐开元礼》。而杜佑“加以开元礼乐”，说明《通典》的礼乐二门都是新增部分。那数量相当庞大，全书二百卷，礼门即占一百卷，乐门七卷。而礼门中又有三十五卷是《大唐开元礼》的节编。因此，倘说《通典》主要是替盛唐颁布的两部法典提供

---

〔1〕 均见《旧唐书·杜佑传》。

〔2〕 房琯陈涛斜事，《志林》卷4。

历史论证.也许更接近客观实际。

不过，刘秩、杜佑都把自己的书命名为“典”，所谓“言常道也”[1]；杜佑又说自己探寻的是“法制”、“政经”，著书的意图是“将施有政，用乂邦家”[2]；这都说明他们在主观上是想依据《周礼》设计治国法典。

《周礼》是古文经学的主要经典。它描绘的所谓周代典礼，本来是战国后的儒家对于往古制度的一种想象，而经过刘歆、郑玄到贾公彦等汉唐经学家，接连给它涂上斑驳的色彩，越发成了真假难分的遥远历史的回忆。随着社会由纷争进入一统，封建制度模式化的要求照例发生。“郁郁乎文哉”的周礼，很自然地被当作“经邦之轨则”[3]。尤其因为将近两个世纪的封建制度法典化过程，始终在复兴周礼的幻想笼罩下进行，更使封建政治家经学家对它滋长了迷信。但正当封建制度法典化接近尾声之际，即唐玄宗开元年间，人们忽然发现《周礼》“殆将废绝”[4]。紧接着，就是“渔阳鼙鼓动地来”。唐王朝虽然勉强渡过了地震，却已失去了昔日全盛的威灵。这在信仰观念决定论的封建士大夫看来，原因自然在于背离了周礼的常道，杜佑在安史之乱的战火方熄的唐代宗初期，立即着手改编《政典》为《通典》，宣布改编的蓝图是《周礼》，并且不辞辛苦地考索古礼损益和节钞《开元礼》。对此，人们或毁或誉，都不能不承认他把恢复和实施法典化的礼制，看作是收拾乱局的最大急务。明乎此，才能对《通典》编纂体系的矛盾作出恰如其分的估计。

---

〔1〕 参伪孔安国《尚书序》，并参孔颖达疏。
〔2〕 通典进书表，见《旧唐书·杜佑传》。
〔3〕《通典》选举三引唐开元八年国子司业李元瓘言。
〔4〕 唐开元十六年国子祭酒杨瑒言，见《旧唐书·杨瑒传》。

这个体系,他自述如次:"理道之先,在乎行教化。教化之本,在乎足衣食。《易》称聚人曰财;《洪范》八政,一曰食,二曰货;管子曰仓廪实知礼节,衣食足知荣辱;夫子曰既富而教:斯之谓矣。夫行教化在乎设职官,设职官在乎审官才,审官才在乎精选举。制礼以端其俗,立乐以和其心。此先哲王致治之大方也。故职官设然后兴礼乐焉,教化隳然后用刑罚焉。列州郡俾分领焉,置边防遏戎狄焉。"[1]

所谓天理,在古代有着非常不同的解释。杜佑无疑是指封建的统治与被统治的关系合乎自然。在他看来,这种关系以周礼的规定最合理。只消按照盛唐时期几部法典行事,就意味着按照天理实行有效统治了。

"教化之本,在乎足衣食",是个引人注目的命题。《通典》以"食货"为首,而"食货"又以"田制"为先,在历史编纂学史上确属首创。它的客观意义,在于把封建社会的经济结构,尤其是土地关系的变革,放到制度史的首位,在以前还没有人作过如此尝试[2]。但从历史认识史上看,这个命题并不是杜佑的发明,而同他的先辈对照也不算突破,相反在基本点上是个退步[3]。不过,与同时代人如韩愈《原道》所表达的认识相比,杜佑以为要建立理想的封建秩序,主要办法是理财以增益赋税,而增益赋税就必须让小农不愁衣食,也就是不能只以搜刮为能事,这一点应该说触及到了所谓行教化的根本性问题。

---

〔1〕《通典》自序。

〔2〕参周予同主编《中国历史文选》下册《通典》解题,上海古籍出版社 1980 年版,页 40。

〔3〕参拙作《唯物史观在中国萌芽形态的历史考察》,载《马克思主义研究的几个问题》论文集,复旦大学出版社 1983 年版,页 56—78。

杜佑既然看到了足衣食为教化之本，而盛唐时期的土地兼并已比西汉末期还严重[1]，那末，逻辑的结论必然是行教化在乎抑兼并。假如他这样说，也无非是重复西汉以来无数政论家都设想过的方案。但杜佑也不愿说或者不敢说。他生活在安史乱后各种社会矛盾都很紧张的年代，只替稳定唐王朝的统治打主意，就一定要将法令弛坏诿诸官吏无能，因此寄希望于改良官员的选举考核制度。不过，倘将这个逻辑贯彻到底，必然得出整个封建政权需要改造的结论，那也不失为一种触及时弊的治国方案。可是《通典》也论不及此，只抨击进士科代替明经科成为主要登仕门路，以致“考言唯华”，“以言取士”，造成官不能称职云云[2]。但谁委派喜好浮华的大臣去主持科举考试的呢？能指望以言登仕的公卿大臣不再以言取士么？这又是难答的问题。杜佑只好回避，于是不得不沉溺于更大的幻想，就是指望唐王朝来个重整道德的运动，通过制礼立乐来正风俗，和人心。他将兴礼乐说得高于一切，恰好否定了开篇就引用的《管子》关于仓廪衣食与礼节荣辱关系的名言。

同样，杜佑明知所谓“教化隳”即封建统治秩序被破坏的根本原因，在于土地兼并造成的百姓困穷，但他提出的办法也只能是加强镇压。但即使在这里也有矛盾。他指出“大刑用甲兵”[3]，古怪的是论兵单录古兵法，包括火鸟火兽之类也罗列不遗，唯独不提当时唐王朝迫切需要解决的兵制问题。这一部分大遭后世学者诟病，以为几近废品。其实批评者也不了解杜佑的隐衷。因为涉及兵制，便必然要对跋扈的藩镇割据发表意见。他任节度使多年，虽

〔1〕《通典》食货二唐开元二十五年均田令末自注。
〔2〕《通典》选举门序。
〔3〕《通典》自序述刑门下自注。

未必跋扈，却未必赞同消灭方镇。所以他对此绝口不提，正表明他所谓施诸有政的方略，着眼于维持现状，但希望现状更能秩序井然而已。

《通典》编纂体系存在的矛盾，反映杜佑思想体系的症结所在。他向往改革朝政，又唯恐触犯现状，因而问题提出颇尖锐，结论却极其平庸。这样，尽管《通典》的具体论述不乏特见，例如否定三代以前是理想盛世，例如否定夷夏分野绝对不变等，然而总的看来，他的历史观是形而上学的，认为周礼出现以后封建制度相因为主，损益为次，其趋势是这个制度将循着周礼提示的理想途径而止于至善。

所以，作为治国法典，杜佑的设计无疑属于不可能实现的幻想。但作为以静态方面研究封建典章制度的尝试，《通典》的编纂则无疑属于中国史学史上值得特书的事件。以往学者或从熟悉掌故的角度，或从鉴往知来的角度，称颂它是"有用之实学"〔1〕，这是以缺点为优点。有的学者则批评它体例不完备，取材欠精审〔2〕，这又是苛求于开山者。我认为，假如从历史编纂形式和历史观念发展的矛盾来剖析，那末问题似可得到澄清。

（三）

生活于十二世纪的南宋史学家郑樵，上距杜佑已近三百五十年。这几百年间，中国不仅经历了多次王朝更迭，而且自五代起，

---

〔1〕《四库全书总目》史部政书类《通典》提要。

〔2〕参马端临《文献通考》自序。

历史又似乎重演了南北朝对峙的局面。史学也走过了漫长而曲折的道路,最重要的事件是同一题材的纪传史的改编,通贯古今的编年史的复兴。前者的表征为欧阳修主编的“新”《唐书》和《五代史记》,后者的楷模则是司马光主编的巨著《资治通鉴》。这两大事件给郑樵的印象如此深刻,以致他竟然发愤三十年,企图像《通鉴》那样打通王朝界限,而改编《汉书》以下所有纪传体断代史为一部纪传体通史,以上续《史记》,命名为《通志》。结果呢?其志可嘉,其力不及。此书岂止编写形式无所创新,大半篇幅也是袭用旧史,并且仓促写定,史料都没有下功夫考核,以致它的纪传谱部分罕有读者。学者常提到的二十略,除礼等五略“本前人之典”以外,郑樵自诩为“汉唐诸儒所不得而闻”的十五略[1],也只有氏族、六书、七音、都邑、昆虫草木五略算是新制,其它十略均被人摘发其“闻”自汉唐学者,乃至全钞《通典》。

郑樵行与言违,一面大唱“学术超诣本乎心识”,大骂班固“专事剽窃”,一面大钞《通典》并不言所本,还对宋高宗说是“臣之二十略,皆臣自有所得,不用旧史之文”[2]。这种学风怎能不叫后代学者愤然呢?

我们自然不能苛求郑樵,他到底生活在九百年前。我们需要的只是了解《通志》二十略与《通典》的关系,以便对它们作编写形式的比较。

二十略序次如下:氏族,六书,七音,天文,地理,都邑,礼,谥,器服,乐,职官,选举,刑法,食货,艺文,校雠,图谱,金石,灾祥,昆

〔1〕《通志》总序。
〔2〕同上。

虫草木。

与杜佑所分九门对照,可以看到同样属于封建社会的静态研究,《通志》的分类加详了,领域变宽了,序次改动了,在体系上和《通典》其实已不同。

自从书志成为纪传史的必要补充形式以后,它的发展就始终受到纪传史体的制约。纪传史愈来愈成为封建政治史,书志的内容也愈来愈收缩在朝章政令的狭窄范围内。杜佑使制度史脱离了纪传史的附庸地位,但辑录的材料和区分的门类,仍然没有越出传统领域。

郑樵开始打破这个壁障。《通志》虽是一部纪传史,但二十略的编纂没有受书志形式的约束。郑樵说修史"惟有志难"。如果单看史料辑集,则二十略当受訾议。然而进一步讨论编写体制,则不能否认二十略的序次,表现出一种新的形式和一种新的认识。

封建时代史学是经学的婢女,表现之一就是史学家几乎人人强调自己确定的历史编写形式,原型出于圣经贤传。关于书志体,刘知幾曾说:"刑法礼乐,风土山川,求诸文籍,出于三礼。"〔1〕这个意见无疑有代表性,而且易为人们接受。因此他的儿子刘秩开始把书志体从纪传史中分立出来,便强调以《周礼》为原型。杜佑更将制度史变成以礼为重心。

郑樵却宣称"志之大原起于《尔雅》"〔2〕。人们知道,《尔雅》虽然列于"经部",且自扬雄、刘歆提倡之后,几百年间研究甚盛,形成"雅学",但它究竟只是一部辞书,只是研习五经的入门,属于"小

〔1〕《史通·书志》。
〔2〕《通志》总序。

学"。郑樵以它为书志体原型,来否定书志出于雍容华贵的三礼的意见,这无异于否定"婢学夫人",而主张"婢学小星",怎能被封建学者所接受呢？难怪清朝学者对于郑樵的说法,或者置之不理,如《四库总目》作者,或者是刘非郑,如章学诚[1],而他正是以"申郑"著称的。后来的研究者,虽然承认二十略的若干部分扩大了历史研究的范围,但都不提郑樵关于志体原型的见解,看来多少受到清朝学者的影响。

其实,刘知幾的说法,不过是对汉隋诸史志形式的一种描述,而指三礼为原型本属附会。杜佑虽说在理论上承认这种附会,但在实践上已显出困惑。他生活的时代,传统的经学已出现向理学变化的征兆,就是怀疑圣经贤传的可信性。例如啖助及其弟子赵匡、陆淳对《春秋》三传的怀疑,即为封建经学更新运动的前奏[2]。杜佑已注意到经学的这一变化,虽然还强调《周礼》的神圣性,但为了论证自己把食货放在领先地位的叙述形式有理,已不惮于攀附所谓法家鼻祖的《管子》。郑樵生活于封建经学更新运动接近完成的南宋初。那时不仅《春秋》被讥为"断烂朝报",连《周礼》也被斥为"战国阴谋之书"。郑樵原是怀疑派的健将。他的《诗辨妄》抨击《诗经》毛传郑笺,给朱熹撰写《诗集传》提供了灵感。因而他从事封建社会的静态研究,不再受所谓周礼的拘束,便很合乎逻辑。

但郑樵也如他的先辈欧阳修、苏轼、苏辙一样,还只满足于充当经学的怀疑派,所以他在史学上依然认定要从经书中获得编纂形式的启示。他自称启示来自《尔雅》。

---

〔1〕"书志之原,盖出官礼",见章著《亳州志·掌故例议上》。
〔2〕参拙作《中国经学史研究五十年》,《中国哲学》第7辑(三联书店1982年版)。

《尔雅》在今人眼里无非是训诂书,而在经学家眼里却没有那么简单。曹魏的张辑已说它是周公解释制礼以导天下意义的著作[1]。其后学者虽有异说,但直到宋朝,雅学家尚无人怀疑它并非释礼或释六艺之作,雅学家郑樵自不例外。倘以为他推崇《尔雅》,仅着眼于其中有释鸟兽草木诸篇,那是误解。不是的,他是为了寻找一种经典,一种可以替代《周礼》的启示录,来充当他关于社会历史总见解的合法装束。那是怎样的见解呢?

二十略是以姓氏学研究开篇的。"三代之前,姓氏分而为二,男子称氏,妇人称姓";"氏同姓不同者,婚姻可通;姓同氏不同者,婚姻不可通"[2]。郑樵以为,"生民之本",即在于此[3]。不消说,他并没揭开人类起源的奥秘。但他提出了关于社会发展的一个重要猜测,那就是以男子为主体的家族,所以成为宗法封建制度的支点,古近官礼私仪的轴心,既同严格婚姻制度密切相关,也同维护等级制度密切相关,因而一贯注意姓氏区别,所谓"姓所以别婚姻","氏所以别贵贱"[4]。现在知道,前者出于人类保种的自然需要,后者出于保护私有制下财富特权的历史需要。郑樵以此作为剖析封建社会结构史的起点,无疑比柳宗元的"封建"起源认识前进了一步。

紧接着,郑樵就考察"书契之本"、"天籁之本"。中国的语言文字不统一,在郑樵看来是传播华夏文化的最大障碍。因此他认为明氏别族之后,就要统一文字以明经旨,统一语言以布教化,"所谓用夏变夷,当自此始"[5]。人人皆知礼义以后怎样呢?"民事必本

---

〔1〕张揖上广雅表,见《广雅》卷首。
〔2〕《通志》氏族略序。
〔3〕《通志》总序。
〔4〕《通志》氏族略序。
〔5〕《通志》七音略序。

于时,时序必本于天”[1],因此知天象是重要的。“山川之所分,贡赋之所出”[2],因此知地理也是重要的。但人们不可无王,王者不可丧失安全,在郑樵看来自梁至宋屡受辽金欺侮,毛病就在王都没选好,因此必须考察建都史“为痛定之戒”[3]。这三者显然意在说明人们生存环境之“本”。但对王者来说,最要紧的是实行有效而稳定的统治。恰是在这方面,郑樵现出了政治庸人的本相。自礼略至食货略,不仅大部分内容以抄袭《通典》为满足,而且序次又回到汉隋诸史志那里,仍然以礼乐为先,而以食货居末。他自称是创造的谥和器服二略,其实“乃礼之子目”[4]。自然也吸取了新成果,如器服略论祭器形制,就采用了北宋吕大临等人所作的实物记录,但这也不能抵消他见解的迂腐。他和杜佑一样,自信其书讲透了治道要诀,为什么在至关治道的部分,反而如此平庸呢?有的研究者已指出郑樵对宋高宗和秦桧缺乏认识,把统一希望寄托在这对庸主奸相身上。看来这是个重要原因,但还不是全部原因。

不过当郑樵把目光投向远离政治荆棘的学术史其它方面时,他的思维又活跃了。艺文以下六略,分别考察了图书分类学史,版本学史,谶纬图书兴亡史,铜器石刻铭文发现史,自然变异史和生物分类史。其材料固然也因袭,考证固然也多舛误,如《四库总目》作者讥评的那样。但我们假如不带盲目憎恶宋儒的偏见,则不能不承认郑樵在历史编纂学上确有新意。简单地说,就是他把文化形态的具体考察放在重要地位,注意形象和文物材料在社会历史

〔1〕《通志》总序。
〔2〕《通志》地理略。
〔3〕《通志》总序。
〔4〕《四库全书总目》别史类《通志》提要。

研究中的作用,并尝试对人们生活所依赖的自然界的异变和常变作出如实说明。例如他反复强调图书中图的作用远过于书,不厌其详地列举出图的十六种作用,实际是说全部社会生活都离不开制图识图,并因而谴责目录学创始者刘向刘歆父子收书不收图,其罪“上通于天”[1]。例如他痛斥讲褒贬大义的汉唐经学是“欺人之学”,用五行生克释自然变异的汉唐史学是“欺天之学”[2]。如此等等,虽或失诸偏激,立论也大有道学臭味,但确实击中了旧历史编纂学的痛处。

因此,总的说来,二十略的编纂形式,既不同于旧史志,也不同于《通典》,自然不同于作者所附会的《尔雅》。它由组成社会的基本单位叙述起,进而讨论人群的交往工具,生存环境,伦理宗教,政权组成,以及文化形态等等,较诸《通典》更能完整地反映封建社会的横断面,也同样照顾到纵剖面。尽管作者由于才力不济或品格庸懦,使形式胜过于内容,但形式本身已体现着一种朦胧的原始的社会进化论。以往考据家见树不见林,对二十略的疵病指斥不已,或者过多护惜古人,乃至替郑樵的缺陷辩解,似乎均非平情之论。

(四)

郑樵曾说他的志向是“会通”,著二十略旨在“总天下之大学术而条其纲目”[3]。事实证明他在夸海口。但过了大约一个世纪,这个志向却被马端临接了过去,并且编成一部巨著,名曰《文献

---

〔1〕《通志》图谱略。
〔2〕《通志》灾详略。
〔3〕《通志》总序。

通考》。

马端临与郑樵一样,公开声明自己崇拜司马迁而鄙视班固,说是前者发明了“会通因仍之道”,却被后者丢弃了。但他与郑樵不同,毫不隐讳自己是杜佑的私淑弟子,又决心青胜于蓝。他生活在宋末元初,何时着手和完成量达三百四十八卷的《文献通考》,至今还是个谜。但就体例严谨与史料有用而言,此书均超过以往二通。

清朝学者颇看不起《通考》。《四库总目》作者因康熙、乾隆都对它评价甚高,在抨击缺陷的同时,还勉强说两句好话。章学诚就更不客气,讽刺它画虎不成反类犬,“书无别识通裁,便于对策敷陈之用”[1]。

倘说马端临毫无见识,那是胡说,但说《通考》是科举制度产物,却不能一概否认。

《文献通考》,据马端临自述命名用意,包括三种性质的内容,即文、献和考[2]。“文献”一词见于《论语》,朱熹谓文指典籍,献即贤[3]。马端临指文为经史百家著作,献为古近朝野议论,即采朱说。所谓考,也来自朱熹表彰的《中庸》,内有非天子“不考文”之说,而根据儒者的解释,孔子作《春秋》就是代替天子“考文”[4]。马端临自称遍观古今文献,旨在考定信而有当的记述,不待说是隐然自居为当时孔子。

但这种综合文、献而加以通考的方法,其实得自唐宋科举尤其是博学宏词科的启示。中唐以后取士科目日多,凡所谓制科大都

〔1〕《文史通义·释通》。
〔2〕参马端临《文献通考》自序。
〔3〕参朱熹《四书章句集注》释《论语·八佾》“文献不足”语。又同上书曾引朱说。
〔4〕参刘宝楠《论语正义》集前人释“文献不足”说。

需试策论。南宋初,原属特科的博学宏词科变为常科,考试内容更以策论为主。而这种考试,就要求应试者熟悉古今典故、历代制度和名人议论。正因如此,号称掌故渊海的《通典》,便愈来愈得到学人重视。但从他们的需求来看,《通典》有两个缺陷,一是记录只到唐玄宗天宝末为止,随着时间的推移便日益显出缺乏近典近制,二是文富而献不足,尤其日益显出缺乏"时贤"的议论。所以北宋真宗就曾命宋白续《通典》,上起唐肃宗至德初,下迄周世宗显德末,二百余年间事,也编为二百卷。此书完全模拟杜书,已佚。南宋的魏了翁又续以宋事,编撰《国朝通典》,也未成。除续编外,宋代还出现了《通典》改编本,办法是摘抄历代典制和本朝名人议论,附于经过删节的《通典》各类事宜之后。我见过一种元初翻刻本,题为《新刊增入诸儒议论杜氏通典详节》[1],其中增入的就是欧阳修、苏轼等人的大量政论,显然是便于对策敷陈所用。有意思的是它的分类编纂方式,与《通考》的文与献部分类似。章学诚讥讽马端临是在编写策试课本,并非无因。

不过雏型到底有别于成型。马端临是南宋末曾任右丞相的马廷鸾的儿子,朱熹学说信奉者曹泾的学生。元朝灭宋,不但毁掉了他的前程,也触发了他在元朝用夷变夏之际保存乡邦文献的渴望。他曾拒绝降元后任吏部尚书的父执留梦炎的招致,而在父亲指导下隐居著书,"聊辑见闻,以备遗忘","庶有志于经邦稽古者,或可考焉"[2]。其隐衷是清朝名教信徒章学诚所不能理解的。正是这种态度,决定了马端临所编纂的,不是什么策试教科书,而是替未

[1] 曾见该书元至元丙戌(1286)刻本,此本现藏复旦大学图书馆。
[2] 参马端临《文献通考》自序。

来的华夏统治者准备的历史教科书。

马端临说,他曾面对三种蓝本,需要进行抉择,但他决定舍弃《史记》、《通鉴》,而选择《通典》。为什么呢?因为班固以下的断代纪传史作者,都失去了司马迁所发明的"会通因仍之道"。这实际是拒绝以《通志》为蓝本,因为从"经邦稽古"的要求来看,郑樵的体系显然不合时宜。司马光虽讲会通,但编年体的限制,使《通鉴》"详于理乱兴衰,而略于典章经制"。这在马端临看来,也忽视了历史的继承性,"窃尝以为理乱兴衰不相因者也","典章经制实相因者也"〔1〕。因此,尽管他看《通典》也有缺陷,却是最适合表现他意向的编纂形式,难道这不算是"别识通裁"么?

确实的,马端临于开卷前便申明,《通考》二十四门,内有十九门,即田赋、钱币、户口、职役、征榷、市籴、土贡、国用、选举、学校、职官、郊社、宗庙、王礼、乐、兵、刑、舆地、四裔,"俱效《通典》之成规",而经籍、帝系、封建、象纬、物异五门,"则《通典》元未有论述,而采摭诸书以成之者也"〔2〕。你看,他好像故意给后人留下口实,以证实自己在编纂学上无所创新。与宣称大部分内容出自胸臆的郑樵相比,这个人真可谓墨守成规。

是这样吗?这涉及到史学史上颇有普遍性的一个问题:发现历史的某种编法固然是创新,那末完善它算不算创新呢?我们已看到,同样是从静态方面研究封建社会结构,杜佑的书重礼制,重官制,重财政,而忽视一般文化;郑樵的书正好相反,重视各种文化形态,却对经济政治制度缺乏兴趣,甚至不愿花力气给礼、职官、选

〔1〕 参马端临《文献通考》自序。
〔2〕 同上。

举、刑法、食货五略各写一篇小序。二者的短处与长处一样醒目。马端临没有劳神苦思去发明杜、郑均“不得而闻”的第三套体系，而是仔细审视两种编法的逻辑矛盾，取法《通典》，但重析门类，增补事迹，订正典故，考辨是非；同时又吸取《通志》和《唐会要》、诸史年表等书的长处，补充《通典》所缺乏的文化史等内容，使杜佑开拓的历史编纂形式，达到了形式自身所能容纳的完善程度。这起码可说是再创造。

历史编纂学和历史认识史不能混为一谈，但前者无疑要受后者影响。在经学作为统治学说的封建时代，历史认识不可避免地要追随经学变迁的足印。中国的封建经学，经历了时达五百年的更新运动，其结果就是由朱熹集大成的理学占据了舞台中心。杜佑适逢其端，但他关于礼的见解，没有超出孔颖达、贾公彦所作的唐代官方解释的范畴。郑樵是经学怀疑派的骁将，但他用力最深的《尔雅注》，受到反宋学的清代汉学家的一致赞赏，说明他仍未跳出古文经学的门户。马端临则不然，由其父其师那里接受了纯正的朱熹理学教育。朱熹对《通典》是颇有微词的，曾评论杜佑为它所作的提要《理道要诀》，“是一个非古是今之书”。按照逻辑，《通考》总的倾向当然是古非今。不过，非古是今，是古非今，都需要进行具体分析。

杜佑非古是今不假，但他所非的仅是三代以前之古，仅是秦始皇以后非礼而言动之古；他所是的上自所谓周公制周礼，下迄唐玄宗制开元礼。这中间凡属非礼的改革，杜佑都认为不合理。如此非古是今，能一概肯定么？

马端临是古非今也无可否认。他叙及尧舜禹汤文武周孔的政教，总是满怀敬意，但提到战国至两宋的典制，则多表怀疑与否定，乃至遣词造句也以贬为主。比方说商鞅开封疆，杨炎定两税，就有这样一段评论：“三代井田之良法坏于鞅，唐租庸调之良法坏于炎。二人之事，君子所羞称，而后之为国者，莫不一遵其法；一或变之，则反至于烦扰无稽，而国与民俱受其病；则以古今异宜故也”[1]。倘说他是在赞美改革，便很难令人相信。不过，他认为这类改革，虽不合理，却很合宜，而合宜的事就不应再变，否则徒增统治与被统治双方的困扰。这样的是古非今，又能一概否定么？

问题还在于，马端临提出合理与合宜的矛盾，实际上是从静态方面研究封建社会结构走向深入的一种表现。由杜佑到马端临，中国封建社会又走过了四分之一行程。这五百年的开头，经历了一场统治危机，但结局不是一个王朝的覆灭，而是同一王朝的再生。危机使那时的有识之士感到惊骇，也看到封建制度的机体的受病程度。而王朝再生则使他们产生幻觉，以为按照他们的诊断下药，便可使贞观、开元的盛世重现。李泌、陆贽和杜佑等关于唐朝能否在内战后复元的讨论，大抵都这样以非古是今来表现对前景的有限乐观。

然而五百年过去了，人们又看到了什么呢？看到唐王朝在藩镇跋扈、宦官专权和官僚党争中苟延残喘，终于在农民反抗的打击下覆灭；看到五代十国的分裂混乱，远比南北朝为烈；看到契丹、西夏、女真、蒙古相继崛起，把两宋王朝压得喘不过气，开了一姓王朝两度被少数民族灭亡的记录；自然也看到了封建统治机构的腐朽无能，以及多次改革它的尝试失败。如此等等，都属于当时学者的近事和今事。稍有见识的学者文人，都从不同角度表示非议，是很

---

〔1〕《文献通考》田赋考序。

自然的。王安石说祖宗不足法,大受政敌攻击,其实那班反变法的人又何尝敬天法祖?二程三苏都是汉唐经学的叛逆者,而经学正是所谓“正统”的封建制度的理论表现。即是司马光,不仅也属于经学的怀疑派,并且他主编的《通鉴》,愈是近世就愈非议。这都说明,从北宋起,学者们的争论,日益趋向反省封建制度及其观念表现的弊病。当然,结论往往是迂阔乃至荒诞的,如理学家普遍接受的“道统”说,把历史描绘成每下愈况的倒退行程,便是反历史的。但即使“道统”说,它在初期专门从否定方面评论汉唐制度的观念表现,客观上无疑有利于人们从正反两面认识封建主义的前期历史。

马端临就是接受了初期理学家的见解,用来作为衡量汉晋唐宋典章制度是否合“理”的尺度。不消说,他所考察的每个问题,几乎都以愤懑的批评作结,理由就是变乱古制。例如他的“兵考”,大谈杜佑所不敢谈的历代兵制问题,以为《周礼》规定的兵农合一制度最理想。“唐宋以来,始专用募兵,于是兵与民判然为二途,诿曰教养于平时而驱用于一旦。然其季世,则兵数愈多,而骄悍,而劣弱,为害不浅,不惟足以疲国力,而反足以促国祚矣。”[1]把只有在特殊历史时期方能实行的兵农合一制度,当作不变的天理,当然是迂阔之见。但他对唐宋封建兵制积弊的揭露,也可帮助人们认识封建统治机器的本质。

假如马端临专谈历代制度是否合“理”,则至多成为朱熹“存天理灭人欲”说教的回声。但他终非理学家,而是史学家。历史无数次证明,因袭旧制只能弊窦丛生,改革旧制倒会收到实效,就是说

---

〔1〕《文献通考》兵考序。

新旧制度在实践中的利弊,同只因不革的“天理”并不协调。马端临承认那是古今异宜的缘故,尽管陷入合宜不合理的悖论,却是史学家才有的尊重史实态度。当然理学家也承认天理之常与人欲之权有区别,使马端临一面承认天理的不变性,一面强调因时制宜的可变性。我们没必要替贤者讳,说他的历史认识与道学家相反。但我们应该看到,他对封建制度的否定性研究,他尊重历史上制度沿革的实际效益,都比杜佑实事求是。《通考》的价值胜过《通典》,这未尝不是重要原因。

在中国史学史上,“三通”属于究研不足的门类。这固然因为它们卷帙浩繁,学者惮窥,但有没有孤立考察而过份拔高以致后来学者无所置喙的问题呢?所以,从历史编纂学的角度,进行系统的研究,看来仍有必要。本文仅就几个尚未触及或尚未充分讨论的问题,说点想法,期待方家指正。

一九八三年七月

(原载《复旦学报》1983 年第 5 期)

“乾嘉史学”:方法与争论

一

从十八世纪中叶至十九世纪初期,在中国史学上出现过历史考据学的异常繁荣。持续了八十多年的这个时期,统治清帝国的满洲两代君主,年号分别是乾隆(1736—1795)和嘉庆(1796—1820)。按照中国史学的王朝纪年的传统,人们通常把这个时期的历史考据学称作“乾嘉史学”。

其实,在乾隆、嘉庆两朝,作为钦定意识形态表征的朱熹理学,仍然笼罩着思想、文化和教育的各个领域;朱熹的《资治通鉴纲目》及其衍生史著,尤其是乾隆帝命令重修的《御批通鉴辑览》,以及据《纲目》改编的《纲鉴易知录》一类普及读物,更属志在通过各级科举考试晋身官绅阶级的士人的历史教科书。

即使在学术界,历史考据学也并非乾嘉时代的史学的唯一取向。这期间历史考据学的繁荣,主要出现在长江下游三角洲地区,更其是江苏、浙江、安徽三省。这三省也是同时代反考据学的不同学派的策源地。

因此,以往的中国史学史研究,将历史考据学当作乾隆、嘉庆两朝清代史学的唯一取向并称之为"乾嘉史学",不论从时空连续性的角度,还是从统治文化史的角度,都很难说不是以偏代全或者反客为主。

然而,历史考据学终究成了"乾嘉史学"的代辞,并且长期得到中国史学家的公认,理由呢?

二

这个时代……清朝学术界的风气已有很大变化。当初顾炎武、黄宗羲等提倡的"经世致用"之学,已被经史考据之学所代替。许多学者,都自觉地或不自觉地避开现实的政治问题,而以巨大的精力,投入资料的搜集、整理和审核考订的工作。他们的研究对象,是古代的儒家经典,明以前的史学著作,旁及诸子、金石和天算地志等史料。他们的研究要求,是弄清材料的本来面貌,以及把零散的或亡佚的材料系统化,即训诂、考证、订补、校勘、辑佚等。他们的研究方法,是对所研究的问题,广泛地搜寻材料,每事必穷根源,所言必求依据,讲究旁参互证,解决逻辑矛盾,反对空谈臆度,也反对孤证立说。这种风尚,到乾隆、嘉庆之际达到全盛时期,所以人们唤作乾嘉考据学;当时学者则自称朴学(因提倡做学问要朴质无华),或汉学(因研究两汉经学为主,并示同所谓宋学的理学相区别)[1]。

---

〔1〕 引自周予同主编、朱维铮修订《中国历史文选》,下册,上海古籍出版社1980年版,页237—238,关于钱大昕《潜研堂文集》的"解题"。

以上一段话,录自十五年前我修订的《中国历史文选》[1]。我仍然认为,所谓乾嘉史学,原是这个时代"汉学"[2]的一种拓展,一种延伸。这个时代的考据学家,尤其是十八世纪中叶那些知名的考据学家,起初的研究重心无不在于中国中世纪初传写的儒家经传,然而他们的研究旨趣,并非出于信仰,而是为了释疑。既然为了释疑,那就不能不承认"十三经"[3]有各自的形成史,也就不能不采用处理历史材料的眼光去考察这些经典的传写过程。这样的考察,无论侧重于语言文字、名物、地理,还是侧重于典章制度、古籍真伪,都不能不同时考察经典形成时期的历史记载,因而"治经"与"治史"便密不可分,何况"十三经"本来就包含着古典时代的历史陈述或历史评论的作品。

---

〔1〕《中国历史文选》乃中国大陆的"高等学校文科教材",初版由周予同教授(1898—1981)主编,朱维铮等参加编选,1961—1964 年由中华书局上海编辑所刊行。"文化大革命"后,我修订的新版,上册于 1979 年、下册于 1980 年,由上海古籍出版社分别刊行,以后多次重版,又陆续作过校注方面的小修订。关于周予同教授在中国史学、特别是中国经学史方面的卓越贡献,可参看我编校的《周予同经学史论著选集》,上海人民出版社 1983 年版,以及我撰写的《中国经学史研究五十年》(该书"后记"),此文又见《中国哲学》第 7 辑,北京三联书店 1982 年 3 月版,页 397—433。

〔2〕"汉学"一词,能否概括清代乾嘉考据学?在晚清便有争论。清嘉庆二十二年(1817),吴派考据学家江藩,将他的名著《国朝汉学师承记》的手稿,向年轻的学者龚自珍索序,岂知龚自珍却要他将书名中的"汉学"一词取消,以为改称"经学"才名实相符。后来的反考据学者,例如《汉学商兑》作者方东树,《皇朝经世文编》选辑者魏源,都从贬义上使用"汉学"一词。于是在清末,激起以汉学传人自命的思想家章太炎(章炳麟号)的反弹。参看朱维铮《清学史:汉学与反汉学一页》,《复旦学报》社会科学版,1993 年第 5 期(上篇)、第 6 期(下篇);以及朱维铮校注《梁启超论清学史二种》,复旦大学出版社 1985 年版,朱维铮编校《章太炎全集》第三卷,上海人民出版社 1984 年版,二书的有关章节。

〔3〕"孔子所定谓之经;弟子所释谓之传,或谓之记;弟子展转相授谓之说"。见皮锡瑞《经学历史》,周予同注释本,北京中华书局 1959 年新 1 版,页 67。按照这个界定,传世的十三经,唯有五种(《诗经》、《今文尚书》、《仪礼》、《易经》、散见于《公羊传》各年条下的《春秋》),才可称"经",别的八种只配称为"传"或"记"。然而从宋代起便有"十三经"的说法,清乾隆间敕刊"十三经",更使这个名义成为定论。参看前揭《周予同经学史论著选集》,页 208—211。

三

十七世纪中叶,中国再次发生王朝更替。一个刚在二十年前才制定本民族文字的东北小部落,自称满洲的生女真部落,居然乘明帝国混乱之机,越过长城占领了北京。建立了满清帝国,这个事实,对于作为主体民族的汉族的士大夫来说,既难以接受,更无法理解。如所周知,晚明的士大夫的现实政治关怀,与对本朝历史变异的冷漠无知,形成鲜明的对比。然而在清初,随着南明抵抗运动的节节失败〔1〕,汉族士大夫似乎又突然醒悟保存历史的重要。追叙亡明历史成为学者们竞相从事的热点,当然还有"隔代修史"的传统观念在作祟。

我们至今无法确知十七世纪晚期有多少学者在从事明史研究〔2〕,然而清代震撼帝国士林的首起(不是首例)文字狱,就是"明史案"——所谓"庄氏史祸"(清康熙二年,1663),可知这时追究明亡清兴秘密的明史研究,已经引起了帝国统治者的警觉。康熙帝亲政后,接受他的汉族谋臣的建议,设馆编修《明史》,想用这样的软性策略羁绊不愿向新朝俯首的亡明遗老。不能说这策略没有效果,著名的浙东史学大师黄宗羲的半转向便是例证。

---

〔1〕 关于南明诸政权抗清运动,参看司徒琳(Lynn A. Struve)著《南明史》,中文版,上海古籍出版社 1992 年版。

〔2〕 清乾隆三十九年至四十七年(1774—1782),设馆编纂《四库全书》,首要目的便是搜查与禁毁民间流传的有关明史的各种著作,章太炎的名著《訄书》重订本(1904)内有《哀焚书》篇,曾据《四库全书总目》列入"存目"的禁书目录,揭露满清统治者的这一意向。然而据《清高宗实录》所载这九年间的兵部报告,在各省计销毁"非法"出版传世的图书有 24 次,共 538 种,13 862 卷,可知查禁焚毁的有关明史的著作,数量远不止"存目"已载的部分。

但另一位经史之学的著名大师顾炎武,宁愿选择流亡生活也不愿预修《明史》,说明"软刀子割头"也未必对所有的学者有效。更令满清统治者吃惊的,还是在帝国建立已逾一甲子的康熙五十(1711)年,位列皇帝文学侍从的翰林院编修戴名世,居然著书把南明当作"正统"。那时亡明遗老几已死光,一个在满洲入关后十年才出生的汉族官员,怎么会凭借历史否定"我大清"的统治合法性呢?

假如满洲统治者真能从历史中汲取教训的话,那末教训应该不是意识形态的,而是帝国的权力结构和政治体制应作根本改革,首先应该放弃八旗作为压迫民族的寄生特权,以及为这种特权提供保障的满汉双轨官制和用人内满外汉的政策等等。然而满洲政府对《南山集》史案的处理却是对汉族文士的大规模迫害,包括以恭顺著名的桐城派开创者方苞及其整个家族,都发配给八旗军人充当奴隶。康熙帝还是"宽仁"的君主。他的继承人雍正帝就更严厉了,抓住湖南一个山村小学教师的异想天开行为做文章,制造更大规模的文字狱。这固然是宫廷权力斗争的外化,而藉助理学来消除汉族士人的历史记忆的意向,也是显然的。

于是,毫不奇怪,乾隆帝继位以后,满清帝国的统治已经空前稳固。满洲君主贵族在意识形态方面却仍然缺乏安全感。乾隆帝自称他的统治原则,来自古训"文武之道","张弛",特别注重"右文"[1]。而乾隆朝的统治文化史却表明,他所谓的"张",便是收紧网,史祸诗案不断。他所谓的"弛",便是依靠权力干预。在整合传

〔1〕 参看《清高宗实录》乾隆三十九年"上谕"。

统文化名义下,大规模收禁销毁图书,尤其是可能唤起"夷夏之辨"式历史记忆的图书,即使允许传世的品种也进行有组织的删改。这就是我们熟知的《四库全书》及其他官修书籍的由来。连乾隆帝也不讳言,他发动这样的运动,"以正人心而厚风俗"。重点打击对象是南国的学者文士,尤其是号称天下人文渊薮的江浙两省的学者文人〔1〕。

我曾指出,中国的文化传统,从晚明到清初,变异很大,十八世纪清帝国文化政策,对于学术风气乃至社会风气的改变是个关节点〔2〕。中国中世纪晚期在传统文化方面已经呈现的新态势,例如晚明思想界出现的否定君主专制、呼唤个人权利的取向,以及争取言论结社自由等活动,经过十八世纪满洲三代君主愈来愈严酷的意识形态控制,业已成为潜流,并被多数人淡忘。不了解十八世纪清帝国的统治思想史和文化政策史,我们便不可能理解乾嘉时代的经史考据学何以成为显学。

四

由于乾嘉时代的经史考据本为"一",而历史考据原属经典考据的拓展与延伸,在研究方法上二者密不可分,因此讨论乾嘉史学的方法,前提就是认知乾嘉经学的方法。

这里不可能详述乾嘉经学,否则将赋予本文以过大的任务。

〔1〕《四库全书》修成后十年,乾隆帝仍在督促各省的总督、巡抚,严查民间的违禁图书,再次强调打击的重点是江苏、浙江、江西三省,因为这些地区,"素称人文渊薮,民间书籍繁多。"

〔2〕 见拙著《走出中世纪》,上海人民出版社 1987 年版,页 30—41,164—170。

需要说明的是这个时代的经学研究,从时空连续性的角度来看,呈现着密集状态,就是说都出现于那八十多年的长江中下游三角洲地区,然而内部仍然存在着学派分野。近代中国的清学史研究者,大抵接受章太炎在清末的意见,把乾嘉经学家分成吴、皖二派,或者说惠、戴二派〔1〕。当然有争议,例如稍后刘师培便以为应区分为江南江北二派〔2〕,梁启超则以为惠栋、戴震同属于"正统派",只是分别表征着它发展的两个阶段〔3〕。

其实问题不在于名目,而在于经学家们对于帝国统治学说的态度。清沿明制,把朱熹及其学派的经书诠释,当作博取绅士身份和文官资格的钦定教义,所谓八股取士的考试准则。朱熹编注的《四书》和朱熹学派重注的《五经》,经过满洲君主的审定,成为"道"在其中的"经"。自从康熙帝特命将朱熹升到孔门十哲的同等地位之后,"宁道孔孟误,不言程朱非",更成为清帝国不说自明的官方是非尺度。对于这样的尺度,吴派或惠栋一派的态度,可用"敬鬼神而远之"一语形容。惠栋书房高悬的楹联,用阎若璩的"六经尊服郑,百行法程朱"二语〔4〕,很能表明这一派学者的共同取向,是

---

〔1〕 章太炎说见《訄书》重订本《清儒》,载前揭朱维铮编校《章太炎全集》第三卷,页154—161。我对此篇的注释,见前揭《中国历史文选》,下册,页331—351。

〔2〕 刘师培论清学史,大抵依据章太炎的意见,但更强调学术文化的空间分布所显示的特性。参看其论文《南北学派不同论》(1905)、《清儒得失论》(1907)、《近代汉学变迁论》(1907)等,均收入李妙根编《刘师培论学论政》,复旦大学出版社 1990 年版。参看我为此书作的序言。

〔3〕 说见《清代学术概论》,载前揭朱维铮校注《梁启超论清学史二种》,页 25—40。按,梁说在历史陈述方面,没有超出前揭章太炎刘师培诸著,但在历史判断方面则相反,拿魏源、曾国藩等指斥乾嘉汉学"无用"的观点作为衡量尺度。他称乾嘉时代吴皖二派考据学为"正统派",乃有意曲解历史以否定汉学。人所共知,"正统"在清代学术史上的涵义,唯指满洲君主所重作诠释的"朱子学"。

〔4〕 参看前揭江藩《国朝汉学师承记》卷一。服郑,指东汉末古文学大师服虔、郑玄。他们关于"五经"的诠释,特别是《左传》《周礼》的诠释,是惠栋一派汉学研究的主要考证依据。

"离经"而不"叛道"。但戴震的取向，则可说是知行合一。在他看来，学术研究的目的不在于恪守明清传统，以学术为现实政治服务，相反在于揭露统治者如何利用理学缘饰"君人南面之术"。不消说，两派学者都有将理学教条当作"敲门砖"而致身通显的，但这不属于本文的考察范围。这里要指出的，倒是两派的区别，与其说在于门户或者地域文风，不如说是对于帝国政治的疏离程度。

因此，撇开这个时代的学术与政治的关系，单从研究方法进行考察，则无论乾隆时的吴皖或惠戴二派，抑或乾嘉间成为经学研究重镇的扬州学派[1]，都可说大同小异。吴派或惠栋一派的经典考证，曾被扬州学者焦循斥作"拾骨学"和"本子学"[2]，更曾被梁启超在民国初期诋作"凡古必真，凡汉皆好"[3]，然而这一派，由于对现实政治表示更为疏离的态度，在经典考证方面，反而更能坚持从历史本身说明历史。他们的精力，集中于辑佚和校勘，其研究成果，也随着时间的推移而愈显出历史的价值。不过相对而言，在方法论上，皖派戴震一派的贡献更大。

五

戴震曾对他的研究方法，有这样的概括："经之至者，道也；所以明道者，词也；所以成词者，字也。由字以通其词，由词以通其

〔1〕 参看前揭拙文《清学史：汉学与反汉学一页》上篇。

〔2〕 焦循(1763—1820)在经学上属于戴震一派，但不满于同时代汉学家过度推崇归纳式的经典研究方法，而对耶稣会传教士介绍入中国的欧几里德几何学的公理化系统的演绎式方法，表示浓厚兴味，曾用演绎法研究《周易》的术数体系，著成有名的"易学五书"。他因而也不满于"以考据名家"的汉学，特别批评惠栋一派的泥古与繁琐，把辑佚学称为"拾骨学"，校勘学称为"本子学"，见《理堂家训》(载《雕菰集》)。

〔3〕 前揭《梁启超论清学史二种》，页 26。

道,必有渐。"[1]依照戴震的传人段玉裁的《说文解字注》,这里的"字",当指表达事物的性状和概念的"词"、"积词而为辞"[2]。而"辞"也涵有争辩的意思[3]。

在这里,戴震没有界定"经"的范畴,是专指相传由孔子手订的"五经"呢,还是泛指重由乾隆帝认可的"十三经"。他似乎不否认康熙、雍正、乾隆三朝君主屡表肯定的说法,所谓"至道",即天地人生的终极真理,早由上古圣人发现无遗,都已涵泳在"经"文中了。他也似乎不否认这些君主反复昭告的一项基本原则,即读经的归宿应该是"明道",表面看来,他只是提出了一个极简单的问题——怎样读经才能明道?他也只是给出了一个极简单的答案,简单到没有超出人所共知的常识范围,那就是读书必先识字。

然而问题和答案,虽然如此简单,却是乾嘉经史考据方法的基本出发点和归宿。为什么?戴震所著的一部小书《孟子字义疏证》,显然可以作为释疑的依据。《孟子》是中国中世纪晚期诸帝国尊崇的首要经典之一。朱熹的《孟子集注》,在明清两代屡经君主予以各取所需的扭曲诠释,一直被看作"孔孟之道"的权威教科书。戴震选择它作为阐明读经必先识字的考据对象,那主观意向既非哲学的,也非方法的,而是如章太炎在清末所说,旨在揭露满洲统

---

〔1〕《与是仲明论学书》,载《戴东原集》卷九。按,戴震(1724—1777)的这封信,据文集所署,作于乾隆癸酉(十八年,1753),而段玉裁《戴东原先生年谱》,则谓当作于乾隆二十二年丁丑(1757),时戴震三十四岁。无论如何,数语是戴震的研究方法的较完整的简洁表述。以后他多次予以阐释,参看同一文集卷九的《与姚孝廉姬传书》、《与方希原书》等,卷十的《古经解钩沈序》等。他的学生段玉裁、王念孙、孔广森等讨论治学方法,多在此说基础上发挥。关于戴学方法的评论,前揭章太炎《清儒》、梁启超《清代学术概论》,均有述说,而以胡适作于1925年的《戴东原的哲学》引述最为详细。

〔2〕说见《说文解字》段玉裁注。

〔3〕"分争辩讼谓之辞",见朱骏声《说文通训定声》。

治者如何用假“理”代替真“理”，实行“以‘理’杀人”[1]。不过正因为《孟子》在帝国当局“尊经崇道”的实践活动中地位如此凸显，于是戴震的考证便成了乾嘉经史考据不同取向与方法的一个范例。这个范例表明，帝国君主及其表彰的所谓理学名臣名儒，利用人们“不识字”，把自己的“意见”冒充圣贤的真“理”，滥施权威强制举国上下接受，造成了何等可怕的灾难。

六

决不能说戴震否定君主独裁的政治取向，已属同时代经史考据学的普遍趋势。从不同角度反考据并否定戴震的章学诚、姚鼐等勿论，即使严格遵循戴震方法的经史学家，包括他的学生与崇拜者，对于满清君主专制的黑暗现状采取回避乃至歌颂态度的，例证也决非少数。

可是，如前所述，十八世纪愈来愈多的学者沉浸于经史考据，一大原因在于帝国的文化政策。不过使得学者们谈虎色变的“文字狱”，固然体现了这种“宽猛相济”的文化政策中“猛”的一面，可是那“宽”的一面，即满洲君主袭用明初君主的故伎，作出“右文”的姿态，集合一批又一批的学者，编纂种种名目的巨帙书籍，使他们疲老于政府设置的修书校书诸馆中，却更值得注意。《四库全书》馆的开设，起初便是乾隆帝接受安徽学政朱筠的建议设馆整理《永乐大典》，从

〔1〕 章太炎说见1906年他在东京的中国留学生欢迎会上的演说，原载《民报》第六号(1906年7月出版)。戴震从理欲关系的角度，对于“今之治人者”“以意见为‘理’而祸天下”的批判，具见于他四十三岁(清乾隆三十一年，1766)所著的《孟子字义疏证》一书，而于《答彭进士允初书》、《与某书》等通信中说得更为尖锐。

而诱发他采取下一步措施，效法明成祖藉整理古籍为名笼络学者并且进而藉征集天下图书之名，实行禁毁历史典籍之实。他的目的不在于保存传统文化，他的措施也部分达到了主观意向，即通过这种旷日已久的“文化工程”，借用目前的时髦术语毁灭或删改了“违碍”帝国统治的大量书籍，给中国文化造成了超过秦始皇焚书的浩劫。

问题在于历史总是悖离专制君主的个人意向。例如乾隆帝设四库馆，就没有估计到会出现如下的历史效应：第一是厉行搜查民间的特别是江南的私家藏书，反而给集中清理中世纪文化造成了机会；第二是广泛召集各学派主要是南国的杰出学者，入馆编修校书，反而给不同学派集合研讨传统文化提供了条件。作为“异族”君主，他比乃祖乃父更奴视汉族诸文化而且为炫耀个人的圣明，更爱讥嘲汉族大臣的“假道学”和对古典的无知。他任命的《四库全书》主编纪昀深悉他的心意，结果另一个非始料所及的效应，便是四库馆反而成为有学问的经史考据学家的一个基地，后者在为历史遗存的典籍写提要时，总对宋明理学著作表示鄙夷，于是帝国君主尊崇朱熹、表彰理学的文化政策，更显得矫揉做作，利用而已。

正因如此，在十八世纪中叶以后，理学作为清帝国官方的意识形态体系，却日趋式微；而经史考据学，分明是满洲君主旨在禁锢学术自由的产物，却日趋繁荣。从事古典文献考证及其辅助学科研究的学者们，个人志趣和政治见解各不相同，学术成就和历史影响也差别很大，却在整体上扮演了中世纪晚期信仰体系的破坏者角色。

七

乾嘉时代的考据学，研究范围由经及史，由两汉传世的儒家经典拓展到司马迁、班固以后的“正史”，无疑应归功于钱大昕。

但由考经而考史，却不始于钱大昕。且不说经传中就有古史著述，就说早在公元元年前夜已开始出现的儒家经传真伪的聚讼，那基本方法便是以史证经。朱熹虽然蔑视历史著作以为那都是“相打”的记录，不值一读，但他怀疑《古文尚书》非孔门传授，依据也是与汉以前的历史记载不符。清康熙间阎若璩和毛奇龄关于《古文尚书》真伪的争论，直接启迪了乾隆初形成的吴派经学方法，其争论的依据都是经文是否曾由《汉书》等著作证明文字的历史真实性。吴派经学宗师惠栋关于经典的真伪和“古义”的诠释，判断的主要标准，便是两汉史著有没有记载。他的方法，虽然被梁启超讽刺为“凡古必真，凡汉皆好”，却无妨我们承认他开创了乾嘉时代的汉史考证学〔1〕。

正因为乾嘉时代的考据学者，考经不能不涉及考史，那趋势必定由专而通，而开创通考“正史”并使考史形成独立学科的，便是钱大昕和他同时代的王鸣盛、赵翼。

钱大昕(1728—1804)是江苏嘉定(今属上海)人。他属于吴派经学家，曾经受到乾隆帝的赏识，中进士后长期在翰林院、詹事府任职，也许因为这个原因，他在实践中绝不正面批评帝国政治和意识形态，甚至替君主专制的现状辩护〔2〕。但他却深受皖派大师戴震的推许，原因就在他的经史考据，不像惠栋以好古博闻为满足。他研究经典，强调从文字音韵入手，首先考证古汉语的声

---

〔1〕 惠栋(1697—1758)的著作，除经典考证训诂的名著如《周易述》、《古文尚书考》、《左传补注》、《九经古义》等，都以“汉儒”的诠释作为尺度而外，还有《后汉书补注》，直接考证东汉史。

〔2〕 参看前揭《中国历史文选》修订本下册，页239。

母,从中发现古音没有轻重唇音和舌头舌上的区别,这就为读经必先识字扫除了一个大障碍。他以为经典研究应该重在考释名物、典制、年代、谱系、地理等,这又是主张把儒家经典当作历史材料看待。他本人对金石学的爱好,又使他发现传世的文物,如古器物和碑碣铭文等,都可与传世的文献互相印证——这种实物资料与文献资料互相印证的方法,后来被以甲骨金文研究殷周历史著称的王国维承袭,发展为地下与地上两种史料互证的"二重证据法"。因此,在方法论上,钱大昕成了兼祧惠栋、戴震两派所长的考据学大师,并在历史语言学、历史文献学、历史编纂学,乃至年代学、文物学、谱牒学和西北地理学(他特别重视元史研究)等方面,都有创获。

钱大昕的考史成就,主要见于1782年著成的《廿二史考异》,一部仿照司马光的《资治通鉴考异》的编纂形式,用了十五年撰成的百卷本巨著。它的考察对象,是乾隆帝断定"义与经配"的"正史"[1],应有二十四种。但钱大昕始著此书时,《旧五代史》尚未经邵晋涵由《永乐大典》中辑出,而政治态度的谨慎,又使钱大昕对乾隆帝钦定的《明史》,不敢直接评头论足。其实他最感兴趣的还是"近代"史,更其是唐宋以来的少数民族王朝史[2]。他是明白否认

〔1〕《四库全书总目》史部正史类总序,说明将二十四史定为"正史",乃经"宸断"即由乾隆帝所决定,"盖正史体尊,义与经配,非悬诸令典,莫敢私增,所由与稗官野记异也"。

〔2〕乾嘉学者习称唐宋以来为"近世"。属于这所谓近世的"正史",凡九部——《旧唐书》、《新唐书》、《旧五代史》、《新五代史》、《宋史》、《辽史》、《金史》、《元史》、《明史》。钱大昕的《廿二史考异》,除《旧五代史》、《明史》外,考证了七部,种数仅占廿二史的三分之一弱,但卷数则达全书的五分之三,合计六十卷。除唐宋二史,其中五种都属于北方少数民族(契丹、女真、蒙古等)建立或控制的"正统"王朝史。钱大昕对于宋辽金元四史用力很深,尤其注重考订《元史》,为此专门研读了蒙古语。《考异》中《元史》一种占十五卷,另《十驾斋养新录》、《潜研堂文集》中都有考订元史的专卷或专篇。

经史区别的[1],把考经的方法移用于考史,就是这部《考异》,特别著重文字校勘和名物训诂;涉及的方面很广泛,官制、地理、氏族三者,是他关注的重点[2],还讨论到历法、年代及诸史编修等问题。他诠释的问题都很具体,总是详列证据,指出所考原文的陈述失误或别有异说,形式上近于琐细。但这正是史料审核的特色,也是钱大昕的历史考据方法的体现。

八

王鸣盛(1722—1797)也是江苏嘉定人,而且是钱大昕的同学和妻兄。他同样是吴派经学家,曾在阎若璩、惠栋之后,进一步考证传世的《古文尚书》的由来。他曾官至内阁学士兼礼部侍郎,因涉嫌贪污被降职为光禄寺卿,于是提前退休,定居苏州专事著述[3]。

他费时二十四年撰成的《十七史商榷》,也是百卷巨著,成书晚于钱大昕的《廿二史考异》五年(1787),却似乎比钱大昕更保守,只考证宋人所称的"十七史"(实为十九史,包括《旧唐书》和《旧五代

---

〔1〕 钱大昕否认经史区别,主要针对宋以后道学家"陋史而荣经"的普遍取向。他以为,第一自古经与史并非"二学",孔子修六经,《尚书》《春秋》"实为史家之权舆",宋以后儒者才用"经精而史粗"、"经正而史杂"之类理由反对读史;第二经史互证互补才是儒者的真正传统,"天下学者但治古经,略涉三史,三史以下,茫然不知,得谓之通儒乎!"(三史,指《史记》、《汉书》和《后汉书》)参看钱著《廿二史札记序》、《国朝汉学师承记》卷三钱大昕传。

〔2〕 "予尝论史家先通官制,次精舆地,次辨氏族,否则涉笔便误"。见《廿二史考异》卷四十,又见钱著《廿二史同姓名录序》。官制属于列朝政权组织史,舆地属于列朝行政区划与疆域沿革史,氏族则属于列朝统治家族部族的兴衰史。钱大昕以为这三者是考史的重点,在中世纪代表政治结构的历史变化。

〔3〕 参看《清史列传》卷六八王鸣盛传。按,王鸣盛于乾隆二十八年(1763)退休,年方四十二岁,以后移居苏州达三十年。除《十七史商榷》外,著作还有《尚书后案》、《蛾术编》等多种。

史》)。他的考据方法与注意重点也同于钱大昕。所不同的是他明白反对读史者“横生意见,驰骋议论”[1],但在《商榷》中却时时出现对于历史人物“议论褒贬”的条目。这使特别推崇此书价值的李慈铭,也不得不说他自违其例,而且批评失当[2]。本世纪的学者对这一点也时有非议。

当然,王鸣盛的这部著作,的确背离了他自己确认的考史原则,不过那是可以理解的,在乾隆晚年,连享有奉旨说话特权的御史,检举权臣和珅的家奴罪恶,也遭到皇帝打击,怎能要求考史学家公开发表见解而不担心会受恶报呢?历史考据学的本性就是怀疑,基本方法就是对千百年来已成定论的成说进行质疑,它的唯一目的只应该是尽可能用可靠的证据,表明历史实相是什么。王鸣盛考史,常对钦定“正史”及其作者进行批评,使他蒙受“好骂人的恶名”[3]。他的历史批评符合历史实相与否,是另一回事,但据此否定《十七史商榷》的考史学成就,甚至说他“开口便错”,则无疑是混淆了合理怀疑与信口雌黄的界限。

九

初刻于1800年的《廿二史札记》,成书时间比钱大昕、王鸣盛

---

〔1〕 见《十七史商榷》自序。

〔2〕 李慈铭称道《十七史商榷》与《廿二史考异》、《廿二史札记》三书“皆为读史者之津梁”,并特别赞赏《商榷》,说是“钱专考订,鲜及评议;赵主贯串,罕事引证;兼之者,惟此书,故尤为可贵。”见《越缦堂读书简端记》,王利器纂辑,天津人民出版社1980年版,页170。

〔3〕 陈垣曾批评王鸣盛“好骂人,但他著书往往开口便错”,见赵光贤《回忆我的老师援庵先生》,载《励耘书屋问学记——史学家陈垣的治学》,北京:三联书店1982年版,页158。陈垣于1946年相继发表《书〈十七史商榷〉第一条后》、《书〈十七史商榷〉齐高帝纪增添皆非条后》,批评王鸣盛的研究态度,均刊于同年天津《大公报》文史周刊。

两书都晚，卷数也少，仅分三十六卷。它的作者，以诗人著称，在乾隆间与蒋士铨、袁枚齐名。如今中国仍在传诵的名句，例如“江山代有才人出，各领风骚数百年”等等，便出于他的手笔。这位诗人也曾中进士，并因在殿试时由于乾隆帝有意压制江南士人，将他由内定的状元抑为探花，而名声大噪〔1〕。然而他的官运也从此不济，由广州知府升任贵州兵备道，却因在广州时冒犯了两广总督而被追劾降职，于是辞官。尽管他在辞官后仍不念旧恶，替那个总督画策，镇压了台湾的林爽文起义，使那个总督得以飞黄腾达，但他宁愿选择归隐，回乡著述自娱。这时是清乾隆三十七(1772)年，二十三年后完成了《廿二史札记》〔2〕。

此人就是江苏阳湖(今常州)人赵翼。他生于1727年，较钱大昕年长一岁，却更老寿，八十八岁(1814)才去世。《廿二史札记》的“小引”，自称“资性粗钝，不能研究经学”，于是在归隐后，以浏览“事显而义浅”的历代史书，来打发闲暇。但这话不仅是自谦，而且分明是微词，因为“小引”接着便说，他对历代“正史”的兴味，既在于编纂形式的差异，也在于“古今风会之递变，政事之屡更，有关于治乱兴衰之故者”。

赵翼强调自己不通经学，已含蓄地否定历史研究的结论必须符合经义的说法。他又强调历史的变异，从民风到朝政那些涉及社会安宁和王朝命运的大事件的发生，都有本身的原因。这更无异在表白他的考史将不受经说束缚，而经说正是清统治者仍然推行的意识形态表达方式。因此，他的《札记》在方法上虽然也如钱、

---

〔1〕 事见《清史稿》卷四八五文苑赵翼传。

〔2〕 同上注。又《清史列传》卷七二赵翼传所记较详。

王二书,用归纳法清理历代正史的矛盾陈述,却不像二书那样以发现种种陈述的内在矛盾为满足。他对历史变异之“故”的兴趣,使他更重视钩稽影响一代历史的大事,也就是力求从种种矛盾的陈述中找到历史的动因。从这一点来看,赵翼的考史方法,较诸钱、王更类似近代意义的归纳法。

应邀为《札记》作序的钱大昕,已发现了赵翼在方法上自有特色。序中推许《札记》,说作者“持论斟酌时势,不蹈袭前人,亦不有心立异”——实则是认为作者已于“无心”中脱离了前人的考据规则;又说作者“于诸史审订曲直,不掩其失,而亦乐道其长”——实则是认为作者比自己更喜欢评论历代正史的编纂是非,虽也爱说它们的长处,却首先揭露编纂的错误〔1〕。

然而赵翼脱离考据传统,显然是“有心”的,因为他本来就追求“身虽不仕而其言有可用”,所以《札记》的真正楷模是顾炎武的《日知录》,着重展示自己的“经世之才”〔2〕。由此也可理解,《廿二史札记》不仅评论了全部“廿四史”〔3〕,而且给予清修《明史》以特殊重视,从《明史》中援引史料写成的条目,篇幅就占《札记》全书的六分之一之多〔4〕。从这一点来看,他对乾嘉经史考据学的传统,不止是“有心立异”,竟可说是存心背离,而在实际上主张回到清代“汉学”鼻祖顾炎武所倡导的“经世致用”传统〔5〕。

---

〔1〕 前揭钱大昕《廿二史札记序》,见《札记》卷首,序末署嘉庆五年(1800)。

〔2〕 前揭《廿二史札记小引》,署乾隆六十年(1795)。

〔3〕 赵翼将两《唐书》、两《五代史》合考,故仍称“廿二史”。

〔4〕 关于《明史》的札记,在《廿二史札记》三十六卷中占六卷,是清乾隆四年(1739)正式颁行的《明史》六十年后,关于此书的首出系统研究著作。参看前揭《中国历史文选》修订本下册,页248—250,关于《廿二史札记》的解题。

〔5〕 参看前揭《中国历史文选》修订本下册,页177—179,关于顾炎武《日知录》的解题。

十

作为乾嘉历史考据学三大表征的三部名著，作者是同辈人，相互有交往，个人经历的差别也不大，例如都曾中进士，都曾担任政府官员，都在中年辞官退隐，钱大昕、赵翼还都曾主讲书院。三部名著都在乾隆晚期成书。《廿二史考异》最早，撰成于乾隆四十七(1782)年，依次为乾隆五十二(1787)年成书的《十七史商榷》，乾隆六十(1795)年成书的《廿二史札记》。三书首尾间隔仅十三年，但从方法到内容来看，却有明显区别。

晚清的李慈铭在评论《十七史商榷》时，曾作过这样的比较："钱专考订，鲜及评议；赵主贯串，罕事引证；兼之者，惟此书"〔1〕。没有证据表明，王鸣盛生前曾经见过赵书稿本。所以，倘说他曾参阅钱书，纠其所短，是可能的，而倘说他曾兼取赵书所长，则令人难以置信。因为赵书初刊于嘉庆五年(1800)，王鸣盛死去已三年了。

不过，三书的编成序次，恰与十八世纪末期考据学家面对的政治环境变化同步，因而书的学术风格的依次变化，也未必纯属历史

---

〔1〕 引同244页注释〔2〕。值得一提的是李慈铭(1829—1894)对《廿二史札记》著作权的怀疑。晚清这位著名的书评家和掌故学家，曾对赵翼的《札记》如此倾倒，以致认为此书已实现了贯串全部中国历史的要求，"即不读全史者，寝馈于此，凡历代之制度大略，时政得失，风会盛衰，及作史者之体要各殊，褒贬所在，皆可晓然。"见王重民辑《越缦堂读书简端记》所录李慈铭关于《廿二史札记》的题记，作于清咸丰间。但过了十余年，李慈铭却引述没有指出姓名出处的"常州老生皆言"(用"皆言"二字隐示传闻一致)，谓此书及赵翼另一名著《陔余丛考》，乃用千金购买的常州一老儒著作，"非赵自作"，并进而指责赵翼"识见浅陋，全不知著书之体"，是写不出这种书的。本世纪有的学者如陈登原、张舜徽等均信此说。但据钱大昕、李保泰二序，无法引出李慈铭所谓赵翼的识见不可能作出此书的印象。因而我曾指出，"如果不能证明他们在有意无意地帮助作者泯灭剽窃痕迹，那末怀疑作者真伪的说法，便令人感觉孤证不足为据。"见前揭《中国历史文选》修订本下册，页249。

的巧合。《考异》与《四库全书》成书同年,已是乾隆帝禁毁图书达到沸点的一年。钱大昕的忠君与律己同样严格是出名的。他考史力避议论。“惟有实事求是、护惜古人之苦心,可与海内共白”[1],也就是可以理解的。《商榷》成书在五年以后,乾隆帝即位已逾半个世纪,清帝国“文治武功”似乎臻于至隆,臣下颂声大作,民间造反不闻,文网因而松弛,学者犹存余悸。作者口是实非,既合他认定身后文名足以洗刷身前污名的陋见,也与同时代一般文士的心态相印。八年后,高龄的乾隆帝已明诏即将退位,时达六十年才可重见君主易代的臣民,对新主可能涤污维新的期望高涨。已经归隐将近四分之一世纪的赵翼,抢在这一年结束他的《日知录》式著作,“以待抚世宰物者之求”[2],同样是可以理解的。

因此,三书的考史方法,由钱、王的大同小异,到钱、赵的名同实异,仅仅就书论书是不能得到合乎历史实相的说明的。

由三部名著映现的考史取向与方法的分歧,虽已由1800年(清嘉庆五年)钱大昕的《廿二史札记序》,和同年刊出的《札记》作者小引及其学生李保泰序,两种意见的对照而得以透露,但形成不

〔1〕《廿二史考异》自序。

〔2〕赵翼《廿二史札记小引》:“或以比顾亭林《日知录》,谓身虽不仕,而其言有可用者,则吾岂敢!”顾炎武对《日知录》很自负,说他写作此书,好比良工开山采铜以铸新钱,又好比庸医开列猛药以治重病,“以待抚世宰物者之求”,“有王者起,将以见诸行事,以跻斯世于治古之隆”。说见《日知录》刻本自序等文。赵翼把《札记》比作《日知录》,时间正在乾隆、嘉庆君位更替之际,已令人感到他至少如顾炎武一样,主观意向是为新君写一部政治教科书。然而据他的学生兼助手李保泰于嘉庆五年为《札记》所作序透露,赵翼向往的不仅是写作一部帝王教科书,而且本人企图被新近亲政的皇帝召为宰相。同一年钱大昕为《札记》作序,也重提当年朝廷舆论对赵翼曾经“咸以公辅期之”。可见《札记》脱出经史考据学的模式,其实是借论史来发表政论。回到了顾炎武提倡的读经治史都是为了“引古筹今”、“经世致用”的主张。还在赵翼去世(清嘉庆十九年,1814)前后,把所谓“经世致用”当作历史研究的目的,或者说把史学当作实现某种直接的政治需要的工具,已经在清帝国学者中间变成一种时尚,乃至受到皇帝的注目和鼓励。它的史学意义,当另作别论。

同意见的争论，还在以后。

十一

争论仍然始于经学。如今人们都知道章学诚是十八世纪后期经史考据学的直言无讳的批评者。他主要针对戴震的经学研究方法，作了那样全面的批评，以致谁想讨论乾嘉时代的经史考据学，谁就不能拒绝利用章氏遗著，特别是《文史通义》[1]。但是章学诚的论著，生前刊行很少，直到晚清才渐受注意，因而从争论史的角度，将他作为这个时期反考据学的主要代表，似不妥当。

十九世纪初，扬州学者江藩相继著成了《国朝汉学师承记》、《国朝宋学渊源记》。前一书的稿本，立即引出年青的学者龚自珍的批评。然而龚自珍的批评，尽管很不客气，还是集中在“名目”上，辩论的问题只是乾嘉考据学与历史上的“汉学”的同异[2]。后一书，激起了桐城派的好斗文士方东树的极大反感，专门写了《汉学商兑》一书，将乾嘉考据学骂得一无是处。但方书虽经曾国藩、倭仁之流的极力表彰，在晚清学术界始终受到冷遇[3]。

---

〔1〕 章学诚(1738—1801)在乾嘉史学家中间无疑是一颗彗星。他的史学理论，尤其是“六经皆史”、“史学经世”，以及史学家除刘知幾所倡才学识“三长”外还必须“知史德”诸说，与同时代的经史考据学家回避乃至漠视理论探究，形成很明显的对比。他的《文史通义》、《校雠通义》，从清末以来已有众多的学者作过研究和讨论。不少论者都曾注意他对包括戴震在内的经史考据的取向与方法的批评。然而章学诚的这类批评，具有历史意义，却缺乏时代意义，因为他的著作在生前鲜为人知，他对经史考据学的价值判断每从统治道德的角度立论，也不能说是真正理解其意义后的中肯批评。就史学史的研究来说，这颗彗星直到百年后才显出异彩，那已属于另一时代的问题。所以我不放在乾嘉考史学中讨论。关于章学诚的史学见解，我的简单看法，请参前揭《中国历史文选》修订本下册，页221—225。

〔2〕 参看前揭《清学史：汉学与反汉学一页》上篇。

〔3〕 同前引文下篇。

乾嘉经史考据学遇到的真正挑战，来自清道光年间崛起的经今文学派。这一派早在十八世纪末便初露端倪，以复活两汉《春秋》公羊学的理论相号召。但它的开派人、常州学者庄存与，还分不清经今古文学的经典区别，只是关注君主接班人的教育，对《伪古文尚书》被否定的政治效应感到恐惧，才另树复活公羊学的旗号[1]。这个学派起先无人注意。如果没有龚自珍的改宗，这个学派能否成为乾嘉以来“汉学”的异端劲敌，便很难说。

从乾隆晚期的白莲教造反，嘉庆初期的和珅案揭露，到道光中叶鸦片输入引发的外贸出超日趋严重，种种问题都暴露帝国统治已陷入四面楚歌的境地。“经世”思潮也因而引起不同学派的士大夫普遍注目。于是，谁是背离“经世致用”传统的祸首的问题便提出来了。魏源率先归罪于乾嘉时代的经史考据学家，指名攻击惠栋、戴震等“汉学”大师，提倡为学术而学术，“锢天下聪明知慧使尽出于无用之一途”[2]。与他同调的还有桐城派的古文学家，尤其是《汉学商兑》的作者方东树。

争论持续了一个多世纪，直到本世纪初，还是对待满清帝国统治的态度各异的学者们互相辩难的一个话题。奇异的是这时的“汉学”传人，往往成为公开的或隐蔽的反满革命论者。而反“汉学”论者，却不是成为温和的改革者，便是成为现状的辩护者，多半都反对传统意义的或西方意义的“革命”。这个现象需要研究，却

---

〔1〕 龚自珍所提供的来自庄氏家族内部相传的解释，见清道光二年十二月末(1823年1月)龚自珍所作《资政大夫礼部侍郎武进庄公神道碑铭》，《龚自珍全集》，上海人民出版社1975年版，页141—142。

〔2〕 见《武进李申耆先生传》，《魏源集》上册，中华书局1976年版，页358。章太炎曾对魏源的这一见解作过激烈抨击，见他的《学隐》，初刊及修订的文字，分见前揭《章太炎全集》第三卷，页111—112，161—162，480—481。对照可见两种意见争论的概况。

非本文的任务[1]。

可是,从中国史学史的角度来看,在本世纪的情形却似乎相反。恪守乾嘉汉学的"实事求是,无征不信"的传统研究方法的学者,在历史见解方面多半趋于谨慎,甚至显得保守,而在晚清反"汉学"最力的一派,如自称信奉经今文学的那批学者,倒成为"史界革命"的倡导者,甚至要从根本上否定中国全部的古史系统。这个现象早已引起学者们的注意[2]。然而至今仍然缺乏更深入的研究。限于篇幅,我在这里也不拟讨论,却希望看到更符合历史实相的说明。

1994年12月于上海

(原载魏格林、施耐德主编《中国史学史研讨会:从比较观点出发论文集》,台北:稻香出版社,1999年)

---

〔1〕我对这一现象的简要解释,见拙文《〈訄书〉发微》,王元化主编《学术集林》卷一,上海远东出版社1994年版,页192—193。

〔2〕周予同先生于1941年发表的《五十年来中国之新史学》,曾首先对这一现象进行系统考察,见前揭《周予同经学史论著选集》,页513—573。

唯物史观在中国萌芽形态的历史考察

——纪念马克思逝世一百周年

历史不过是追求着自己目的的人的活动而已。

马克思、恩格斯《神圣家族》

(一)

中国人知道马克思,时间大约在十九世纪九十年代末期,距离马克思逝世已有十六年。

中国人知道马克思的唯物史观,时间则更晚,目前还没有发现1902年以前明白提及这个学说的中文译著。那时距离马克思发现人类历史的发展规律,至少已有半个世纪以上。

然而,自从马克思的唯物史观被介绍进中国,首先在辛亥革命前的少数先进知识分子中间引起反响,接着在“五四”运动前后赢得愈来愈多的革命青年的信从。不过短短十几年,它便奇迹般地胜过了戊戌维新以来在中国竞相传播的各种新道理,变成了救中国必备的思想武器。

原因呢?毛泽东说得好:“马克思列宁主义来到中国之所以发生这样大的作用,是因为中国的社会条件有了这种需要,是因为同中国人民革命的实践发生了联系,是因为被中国人民所掌握了。

任何思想,如果不和客观的实际的事物相联系,如果没有客观存在的需要,如果不为人民群众所掌握,即使是最好的东西,即使是马克思列宁主义,也是不起作用的,我们是反对历史唯心论的历史唯物论者。"〔1〕

唯物史观自然属于最好的东西。如恩格斯所准确陈述的:"正像达尔文发现有机界的发展规律一样,马克思发现了人类历史的发展规律,即历来为繁茂芜杂的意识形态所掩盖着的一个简单事实:人们首先必须吃、喝、住、穿,然后才能从事政治、科学、艺术、宗教等等;所以,直接的物质的生活资料的生产,因而一个民族或一个时代的一定的经济发展阶段,便构成为基础,人们的国家制度、法的观点、艺术以至宗教观念,就是从这个基础上发展起来的,因而,也必须由这个基础来解释,而不是像过去那样做得相反。"〔2〕

承认这个简单事实,由这个基础来解释社会历史,就唤作唯物史观。用最简单的语言表述,就是社会存在决定社会意识。不消说,作为一种观念形态,唯物史观本身,同样属于社会存在的哲学表现,只是更集中,更普遍,因而成为放之四海而皆准的真理。

这样,依照毛泽东的说法,那就必然要提出一个问题:马克思的唯物史观之所以迅即被先进的中国人接受,难道仅仅因为它是一种最好的思想吗?显然不能如此说。就思想论思想,是说不清楚一种"外来"思想怎么会在中国人民心目中扎根的。

如所周知,马克思本人并不是什么"先哲"。例如,唯物史观的

---

〔1〕《唯心历史观的破产》,《毛泽东选集》第4卷,直排本,页1519。
〔2〕《在马克思墓前的讲话》,《马克思恩格斯选集》第3卷,页574。

一个基本观点,即把自有文字以来的历史看作一系列的阶级斗争,在理论上便至少受到三方面先行者的启发。法国资产阶级史学家梯叶里、米涅、基佐等,发现引起革命的原因在于各个阶级的相互斗争;英国博物学家达尔文的进化论,为阶级斗争理论提供了自然科学基础;而它的哲学前提,则应数到德国唯心主义哲学家黑格尔的辩证历史观。倘要追溯得更远,那就必定要承认普列汉诺夫所肯定的一位意大利哲学家的看法是正确的,这位学者以为古代和近代的不少历史学家,都很清楚地懂得阶级斗争的意义,因为他们都亲眼见过一定范围内的阶级斗争〔1〕。

马克思的唯物史观,有自己的理论前提,那是马克思和恩格斯都一再承认的。他们的承认,丝毫无损于马克思发现唯物史观的声誉。相反却使人们了解,他的这一伟大发现,不但是他参加了并且研究了无产阶级革命的成果,还是他批判地吸收了人类精神文化中间的各种精华的结晶。

那么,马克思的伟大发现在中国广泛传播之前,唯物史观的某种萌芽形态,有没有在中国人的历史认识里出现过呢?按照逻辑,回答不应该是否定的,不然很难理解何以它东来伊始,就引起愈来愈多的先进中国人的共鸣。当然,逻辑不能代替历史,尝试对唯物史观在中国的传播前史的若干材料,依照时间进程作一次粗略的考察,也许是合适的。

---

〔1〕“安东尼奥·拉布里奥拉教授在他的优秀的著作《纪念〈共产党宣言〉》中,公正地指出古代的历史学家和近代文艺复兴时期的意大利历史学家,都很清楚地懂得阶级斗争的意义,因为他们都亲眼看见过在许多城市共和国范围内发生的阶级斗争。拉布里奥拉下面的意见同样是公正的,他说在现代国家中,规模广泛得多的阶级斗争到十九世纪的上半期越来越惹人注目。”《普列汉诺夫哲学著作选集》第2卷,三联书店1961年版,页515—516。

（二）

如同马克思学说的某些成份在西方可以上追到古希腊哲人那里一样，在中国，关于唯物史观所表现的简单事实，至迟从战国时代起，也不断受到学者们的探索。

古代中国的哲学家们都寻找过支配人间社会的法则。同在先的老子和在后的墨子相形，孔子关于世道的见解或许最不足道。他把历史看作一个连续退步的过程，而以为起决定作用的就是人心变得愈来愈坏。他在晚年借编写历史来陈述自己的政见，便用这种尺度来裁断鲁国近代的政治是非，在字里行间表现他对“小人”，即非贵族僭越传统的礼，以致引起“君子”即贵族们的生存秩序瓦解，所感到的愤怒与不安。这种根据行为的动机来判断一切的历史观[1]，据说就是孔子注入中国现存第一部编年史《春秋》里的总见解，被唤作“诛心”之论。由于《春秋》在汉朝被尊为根本大法，因而这种平庸的见解，居然成为封建的正统史观的滥觞。

然而孔子尽管把笔锋对准“乱臣贼子”的居心，却总算知道人还要吃饭，曾把国库有藏粮说成治民三原则之一。到战国，那些争夺宗子地位的孔门后学，已经不愁君主不送祭肉，于是多半忘了国家需要“足食”。这由《礼记·儒行》赞颂儒者道德高超的十五种表现，或者说十五派儒者的行为准则，竟没有一种以关心国计民生问

---

〔1〕 恩格斯：《路德维希·费尔巴哈和德国古典哲学的终结》，《马克思恩格斯选集》第4卷，页244。

题为荣,便略见一斑。那时只有荀况可算例外。

荀况是中国中世纪流行的大部分儒家经传的传授者,是西汉以后统治学说的真正教父。他是儒,所以他言必称礼。他是替封建阶级的未来利益辩护的学者,所以他说礼就必须给旧形式注入新内容。于是他提出了一个令俗儒骇异的问题:礼是哪里来的?他的回答极简单:礼起于"养"。不是么?人人生来都有情欲,眼要观色,耳要听声,口要尝味,鼻要闻臭,体要休息,得不到满足就不能不追求,追求而没有一定限制就不能不互相争夺,互相争夺就会导致社会混乱,乃至大家没法活。荀况认为,物有限而欲无穷,必须制定等级秩序作为界限,满足人们的欲求,也使欲求不至于超过物质许可范围,而物与欲得以相互扶持而不断增长,这就是礼的由来。这样,人们首先必须吃喝住穿,而社会制度、等级秩序则是经济生活的产物,这个道理便在荀况的《礼论》、《正论》中被说出来了。

似乎毋需特别指出,当问题一旦涉及礼是谁制定的,荀况便背叛了唯物论,说那是"先王恶其乱"而想出的主意,从而表明他在根本上仍然是历史唯心论者。那是可以理解的,因为他生活在二千二百年前。

与荀况同时或稍晚,提出类似命题的,还有托名春秋时齐相管仲的言论集的《管子》。例如《牧民篇》说:"仓廪实则知礼节,衣食足则知荣辱。"这话固然失诸片面,因为物质生活资料充足与否,在不同时代不同地域有不同标准,而道德文化也有能动作用。然而,从存在与意识的相互关系来看,这个命题不是经济发展制约着文化程度的思想萌芽么?再如《侈靡篇》,它的作者主张用提高消费来刺激生产,用珍重货币来作为调节消费与生产的手段,所谓使时俗变化的最好办法是“侈靡”。这在古代固然属于带有诗意的幻想,但不也同样可以看出经济繁荣程度决定着社会发展与否的思想萌芽么?

《史记·礼书》说到礼的起源和作用,几乎逐点重复了荀况关于“礼者养也”的观点。它是司马迁的还是褚少孙的作品,已难以考辨清楚。但有一点是清楚的,那就是司马迁赞同荀况,赞同《管子》。著名的《货殖列传》,虽被班彪父子讥为嫌贫爱富的自白,却是古代中国第一次尝试用历史事实证明求富图强合乎社会规律的记录。“富者,人之情性,所不学而俱欲者也”,舜、禹以来的全部文献,耳闻目睹的全部现实,不都是证据么?“礼生于有而废于无”,如果编户齐民都不“患贫”,因而“人各任其能,竭其力,以得所欲”,怎么会有工商的兴旺、财富的积累、霸业的成就,因而达到社会的稳定呢?当然,司马迁讴歌的是经营商业手工业致富的平民,并不同情直接从事生产却被剥夺得一无所有的奴隶。但他希望解开支配社会变化的内在秘密,从古往今来的历史中间求证商业发展和都市出现是自然趋势,却使他早在二千年前便从一个侧面描绘了社会基础构造的粗糙图景。

司马迁不是考察过社会实际过程的最后一位史学家,然而是封建正统史观凝固化以前的最后一位史学家。他还在世,按照封建专制制度剪裁过的《春秋》“诛心”原则,已经成为神学教条,因而他的历史见解也受到封建统治者的斥责。尽管他首倡的为经济制度史立专篇的做法已成历史编纂学的传统,给封建生产关系的研究积累了系统资料,但在几百年里,几乎无人敢承认人的恶劣情欲的历史作用。

不过,荀况揭露过的物和欲的矛盾,是客观存在,每当封建统治阶级腐化趋势增长时表现尤其尖锐,不正视是不行的。八世纪末九世纪初,受到叛乱的军阀长期困扰的唐朝统治者不得不重视理财并进行赋税改革,于是引出了一部巨著,名曰《通典》。它的作者杜佑是有名的财政专家,但他的目光没有专门盯住钱帛,而投向了整个封建制度的过去和未来。他当然在替唐朝统治的安稳打主意。他的主意的归宿也在于加固封建礼教的堤防。可是经验告诉他,如果帑藏空虚,则任何高超的道德说教也止不住皇帝宝座的晃动,而填满王朝府库的根本办法还是要让小农有东西可被搜刮。经验化为理论,便是《通典》开卷即声明的:“教化之本在于足衣食。”树根或主干叫本。杜佑企图论证,只有解决吃饭穿衣问题,首先使农民不为无衣无食发愁,才谈得上“行教化”,也就是让他们服从统治者的王法和等级制原则,进而达到封建秩序井然的理想政治局面。他把这个认识变成了历史编纂体系,因此在中国古代史学中开创了一个流派,一个把经济问题的解决看作历史变迁出发点的学派。

但杜佑虽然“以富国安人为己任”,并曾被想搞政治改革的“二王八司马集团”拥为宰相,却没有促使国家“致治”。原因很复杂,而他以为致治的症结在于说服统治者克制贪欲以恪守礼教,则无疑是重要因素。把人的情欲看作阻碍历史的力量,这种认识比起他的先辈荀况的学说来,自然是个退步。但他承认衣食问题的重要,与同时代的韩愈在《原道》中那套唯心史观的说教相比,谁触及了历史发展的规律性问题,也是不难辨别的。

(三)

中国封建社会在唐朝衰落以后发展得愈来愈缓慢,这是人所共知的事实。原因尚待研究,有一点则可肯定,即在日趋衰朽的封建躯干之上,只能生长日益呆滞的封建脑袋。因而,所谓“存天理,灭人欲”之类窒息民族生机的理学信条,居然支配思想界八百年之久,便毫不奇怪。因而,自朱熹的地位实际胜过孔子以后,《通鉴纲目》、《纲鉴易知录》之类关于宗法封建制度已经“止于至善”的拙劣历史见解,居然成为正统史观的出发点和归宿,也同样毫不奇怪。不待说,在这种昏天黑地的学术气氛中间,任何具有唯物史观萌芽性质的历史认识,命运只能是被当作异端邪说。

然而,至迟从十五、六世纪起,中国封建制度内部便有一股否定它的势力悄悄地在生长了,这就是我们所说的资本主义生产关系的萌芽。这股被道学家目为人欲横流的邪恶势力,活跃在都市里的市民阶级的先辈,起先在事实上败坏封建的纲常名教,跟着便需要有人来编造关于自身的幻想和思想〔1〕,就是说要使统治观念适应变化着的经济条件和市民生活方式。

于是,我们看到,替市民说话的作品,首先在这时的文学领域里出现。而在这时的思想史上,也冒出了被正统理学家斥为邪说,而其实是有利于市民阶级未来利益的见解。尽管他们的编造者,在主观上也许异常嫌恶商人之流,并且往往自称在继承或复活某种封建学说。例如王阳明学派那些来自下层社会的追随者,打着陆九渊心学的旗号,反对做《四书》章句的奴隶,反对做古圣前修的

〔1〕 分工也出现在统治阶级中间,“一部分人是作为该阶级的思想家而出现的(他们是这一阶级的积极的、有概括能力的思想家,他们把编造这一阶级关于自身的幻想当作谋生的主要泉源),而另一些人对于这些思想和幻想则采取比较消极的态度。他们准备接受这些思想和幻想,因为实际上该阶级的这些代表才是它的积极成员,所以他们很少有时间来编造关于自身的幻想和思想。”马克思、恩格斯:《德意志意识形态》,人民出版社 1961 年版,页 43。

学舌鹦鹉,乃至发展到李贽那样公然申斥以孔子之是非为是非即无是非,对谁有利呢?

所谓正统史观就是标榜以孔子之是非为是非的。经过明末清初的社会大震动,它遭到严重挑战是必然的。古怪的是,这场挑战却从清算王学末流开始,比如李贽的历史见解就受到明清之际思想家的一致攻击,甚至被王夫之斥之为“导天下于邪淫”。为什么呢?简单地说,就是这班思想家,都是那时社会风暴的目击者。明末农民战争所暴露的封建制度的深刻矛盾使他们惊骇,清初统治者强迫被征服的汉族割断与以往文明的联系更使他们愤激。当风暴以文明程度较低的满洲统治的建立而趋于止息的时候,昔日的惊骇和愤激,便化作迷惘和沉思,要追究明亡清兴的秘密。《春秋》诛心式的老一套回答,即把个别昏君乱臣说成祸首,显然不够用了,因为崇祯不好算昏庸皇帝,他任用的若干东林党人也似乎不像乱臣。他们找来找去,以为祸始于晚明王学末流的空言误国,以致朝野上下都染上空谈恶习,遂使清朝统治者得乘虚而入肆行专制,于是他们便一齐向倒楣的李贽发泄怒气。这当然不公正,但有道理,因为以主观唯心主义为特征的王学,无论说古道今,都用“六经注我”的方法,置事实于不顾。拿这种态度,对待历史也好,对待现实也好,最终只能乱说一气。李贽歌颂秦始皇为“千古一帝”,就是例证。因此,曾向正统理学进行挑战的王学受到清算,反而成为扎实地批评封建历史观的起点,便是合乎逻辑的。

在明清之际的学者中间,王夫之攻击王学最激烈,研究历史也最用力。他的《读通鉴论》和《宋论》,抨击论史专务褒贬、不惜曲解事实来借古讽今的宋明学风,强调没有离开历史变化而永久不变之道,强调必须看到历史在不断变通,治道只存在于时变中间,懂得此点才能使历史起到借鉴作用。可见,他不但触及历史的复杂现象,而且触及历史的某些本质,在见识上高于顾炎武。

但更令人感兴味的,或许还在于王夫之既承认历史在变,又总的承认历史朝着"日新"的方向在变。《读通鉴论》曾对后代学者围绕秦始皇废封建立郡县问题的辩论表示鄙夷,谥之曰"无益之论",理由便是攻之者固非,辩之者也不懂郡县制代替封建制乃"势之所趋",并非秦始皇或李斯的个人意志所能决定。那么,他所思考的历史总趋势,是什么呢?一部题为《思问录》的小书作了答复。那里面论证:人类是禽兽变的,现代人是野蛮人变的;变异分"质"与"文"两个方面,血气属于人体的"质",形仪属于人类的"文";而引起变异的原因就是吃穿的内容变了,"食异而血气改,衣异而形仪殊"。那里面又接着论证:禽兽同人类的区别,在于禽兽不可能具备人体的"质",而野蛮同文明的区别,在于野蛮人不可能具备文明人的"文"。结论呢?那就是人类历史总的在趋向进化,由野蛮趋向文明,但也潜藏着相反的可能性,如果野蛮战胜文明,强迫文明人接受野蛮人的风俗习惯,则整个种族便会退化。你看,他用的语言还是什么"质文递变",做的结论也在反对"用夷变夏",仿佛在理论上仍然没有越过孔门旧教的雷池。可是一瞥内容,大概谁也不会否认它属于一种历史进化论,一种远胜于墨翟、庄周以来关于人类发展史种种猜测的历史理论。它对一切关于社会永恒不变的僵硬教条,否定得如此有力,以致几百年后还激发着谭嗣同、章炳麟等冲决封建网罗的士气。

如果说,王夫之的理论努力集中于探索人类过去的历史,开始较清楚地解释以往人类活动同环境变化的相互联系,那么,他的同代人黄宗羲,则想通过揭露三代以来治乱盛衰的历史秘密,设计通往未来的“致治”道路。

黄宗羲写过《明夷待访录》。这部专门讨论封建国家制度的过去与未来的小书，曾以它所提出的反映市民阶级早期朦胧的民主要求，使二百年后的倡维新的改良派人士心醉。但我们感兴趣的则是他要求改善国家制度的历史理由。那理由，就是他所批评的君主专制的不合理性，以为君主专制非但是对尧舜时代君民平等的否定，更其是统治者与被统治者日益尖锐对立的产物。“盖天下之治乱，不在一姓之兴亡，而在万民之忧乐”，而封建君主专制，正好颠倒了这种关系，“以我之大私，为天下之公”。于是，由分工产生的君臣关系，被封建道学家混淆于自然形成的父子关系，结果官员不对万民负责，而成为“君之仆妾”。于是，由三代以上为解决衣食问题所产生的“治法”，变成替君主谋私利的“一家之法”，结果能干的“治人”也只得屈从于这种“非法之法”。于是，上古吏民将士聚会讨论军国大事以“公其非是”的场所，也变成“仅为养士而设”的学校，结果人们被迫唯君主个人意志是从，“天子荣之则群趋以为是，天子辱之则群擿以为非”，而平民失去教养，国家更不安宁。如此等等，凡涉及封建国家制度问题，很少不被黄宗羲从历史上予以否定。

假如研究历史仅仅得出否定的结论，那是历史虚无主义。《明夷待访录》并非如此。作者显然想论证封建君主专制所以应该否定，是因为它否定了过去曾经存在的合理制度，即如今称为原始民主制的那些事物。所以他的否定是为了肯定，肯定在未来应该限制君权，应该确立法治，应该尊重民意，乃至应该限制皇帝妻妾数目以防止宦官专权等等。在这里，叙述的形式是陈旧的，由术语到例证都没有摆脱儒家五经的影响。而内容是新鲜的，使人们开始感到向来被正统史观借以论证君主专制万古不变的历史理由，不但不成其为理由，而且适得其反，只能成为反对君主专制的体制即类似君主立宪、三权分立的新体制必然出现的历史依据。

不待说，进化观念不等于唯物史观，替市民阶级的未来利益说话更不意味懂得历史规律。黄宗羲在主观上仍把王阳明的唯心论当作真理，王夫之甚至没有正面触及君主专制的合理性问题，尽管他那样憎恶“孤秦陋宋”，表明他认真思考过这一问题。别的学者似乎更差。例如与黄、王齐名的顾炎武，赞美过《明夷待访录》，但由他自命为“经世致用”大著作的《日知录》来看，他是对前书表达的朦胧的民主制度设想并不理解的。我们在这里重视的，只是他们从生活与实践的经验中所提炼的社会历史认识。如果王夫之没有在抗清失败后匿迹于文明较低的少数民族地区的长期经历，如果黄宗羲不是具有在资本主义生产关系孕育较早的东南沿海地区生活的感性知识，难道可能达到那种程度的历史认识么？不行的，即使他们把经史百家之言读得滚瓜烂熟，人们也很难指望在他们的历史观中披沙拣金。

（四）

如同历史本身常走的道路一样，它的观念表现也并非沿着直线运动。十七世纪的中国，大半时间在战争中度过。历史还没有给否定封建主义准备好充分条件，却给另一条历史法则再度提供了现身的机会，那就是文明较低的统治民族被自己所征服的民族的较高文明所征服[1]。趁着起义农民的政权立足未稳，而长驱入

〔1〕“野蛮的征服者总是被那些他们所征服的民族的较高文明所征服，这是一条永恒的历史规律。”马克思：《不列颠在印度统治的未来结果》，《马克思恩格斯选集》第 2 卷，页 70。

关劫掠革命果实的清朝统治集团,在八旗的马队驻防全国之后,便开始了这一过程。然而在现象上,则以强迫文明较高的被征服各族接受满洲社会习俗做起点。由此引出一系列的反抗与镇压,隔阂与敌视,猜疑与忌恨。

清朝统治集团很快发现,程朱理学那套纲常名教,是奴化汉族人心的有用工具。于是由皇帝率先竭力提倡,而不悟这一来,正意味着自己也被汉族封建文化所征服,并且是被一种代表腐朽的封建文化所征服。跟着这种被戴震称作"以理杀人"的文化政策,必然出现思想界的沉闷与窒息。王夫之的著作被埋没了。黄宗羲被说成清朝正统史学的宗师。顾炎武的反清主张被窜改,只有他的经史考证方法,受到躲避政治荆棘的学者们异乎寻常的崇拜。总之,明清之际冒出的那些历史的新认识,到十八世纪后期已在历史记忆里消失了,连康熙都已知道的圆形的地球,在这时大臣们的脑袋里,也重新变形为四方的大地。所谓"存天理,灭人欲",所谓"天不变,道亦不变",这类僵死教条又支配了全部历史观。

但是,就在被龚自珍形容为"万马齐喑"时代的清朝中叶,隐伏的社会矛盾已在激化为公开的社会危机,思想家们还能继续沉默吗?

以考据学大师著称的戴震,眼见雍正那样的专制君主,动辄援引理学家"存天理,灭人欲"的话头作为杀人的依据,首先忍不住,要起而争辩。他自视为生平最大著作的那本哲学小书《孟子字义疏证》,便谴责"今人无论正邪,尽以'意见'误名之曰'理',而祸斯民",所以他要用真"理"来揭破假"理"。引人注目的是戴震所谓的真理,不是别的,就是我们已经熟悉的古老命题,"体民之情,遂民之欲"。所谓欲,据他解释,便是人类引起日用饮食活动的物质需要，“舍是而言理，非古贤圣所谓理也。”这分明是荀况早已发现的简单事实，到了十八世纪六十年代，不但需要重新论证，而且需要借助“亚圣”孟轲的性善论作掩护才能公诸于众，可见在封建专制时代要说真话多么困难。

半个世纪以后，龚自珍又从另一个侧面攻击封建历史观。这位敏感的诗人兼思想家，打着复兴西汉《春秋》公羊学的旗帜，抒发自己的浪漫色彩很浓的历史政治理论。他曾经神秘地预言农民战争的暴风雨行将来临，他也曾大胆地宣称社会大变置不可避免。他细心观察着封建制度衰亡的种种迹象，他又苦心筹思着抵御外国资本主义侵略的全面对策。但我们更感兴味的是他认定社会必然变化的历史理由。董仲舒所谓“天不变，道亦不变”，向来是封建制度万世长存的迷信依据，而龚自珍却表示可以承认，说是“无八百年不夷之天下，天下有万亿年不夷之道”。乍看似乎悖理，细察则不然。原来，在他眼里，道是支配历史的总规律，而所谓天下兴亡，则指制度盛衰、王朝更迭那样的具体历史变化。这就否定了董仲舒以来把普遍规律与特定社会制度混为一谈的谬误，从而启发人们慢慢地懂得历史的永恒法则，就在于社会不断变化，因此“自古及今，法无不改”。

正像戴震幻想可用讲出真“理”的办法来说服封建君主不再“以意见杀人”那样，龚自珍和他的友人魏源，也曾经指望用回忆历史兴亡的办法说服统治者“自改革”。事实表明，他们都错了，都陷入了观念决定论，因此归根结蒂仍然是唯心史观。但他们提倡追求真理，提倡求索支配历史的普遍规律，则有利于把唯物主义运用于社会现象，而不利于随心所欲地解释社会历史，也是没有疑问的。

(五)

马克思在评论鸦片战争的后果时写道:“英国的大炮破坏了中国皇帝的威权,迫使天朝帝国与地上的世界接触。与外界完全隔绝曾是保存旧中国的首要条件,而当这种隔绝状态在英国的努力之下被暴力所打破的时候,接踵而来的必然是解体的过程,正如小心保存在密闭棺木里的木乃伊一接触新鲜空气便必然要解体一样。”〔1〕

是这样的。尽管清朝的腐朽统治,由于很快得到外国资本主义侵略者的扶持,而没有迅速垮台,可是中国封建社会结构的解体过程,却比前几个世纪大大加快。资本主义的生产关系不再是萌芽,而成为破坏封建经济的一种力量。出现了第一代产业工人,出现了近代意义的资本家,人数虽少,却是前所未有的阶级。头脑更新的,或者半新半旧的,能用新语言批评旧事物的知识分子,也产生了。自然,还出现了人称假洋鬼子的怪物,表面同长着阴沉木脑袋的旧怪物水火不相容,实则从两个极端反对中国的民主革命。如果跟踪来到的不是所谓新旧思想的激战,那倒是怪事。

不过,相对于日本来说,中国思想界的变化,比预期的要迟。十九世纪五十年代,日本人开始向西方学习,是把魏源的《海国图志》当作启蒙教材的。时间推移了四十年,封建的衰弱的日本,已经变成了资本主义的富于侵略性的日本,正在虎视眈眈地准备反噬自己的千年老师。而中国的康有为才在说服皇帝学习明治维新

〔1〕《中国革命和欧洲革命》,《马克思恩格斯选集》第2卷,第3页。

实行变法,并以拥戴孔子做通天教主来显示资产阶级的软弱。这无疑是历史的讽刺,原因不拟在此讨论。有一点很清楚,那就是发育不良的中国资产阶级,终于自觉到要为创造一个适宜自己生存的社会环境而斗争了。他们的思想家的目光,便自然而然地投向进化论。

前面说过,中国人早有进化观念,包括历史进化观念。但这类可称为古典进化论的观念,缺乏严密的自然史依据,因而不能战胜占统治地位的以"天不变"作支柱的形而上学不变论。当要求改革的先进知识分子,发现科学的进化论已在西方传播,那种急切想了解的心情是可想而知的。

中国人介绍西方的自然进化学说,可以上溯到十九世纪的六、七十年代。那时洋务派办的江南制造局先后出版过两部科学经典著作:侯失勒的《谈天》,雷侠儿的《地学浅释》。中文译者分别为李善兰、华蘅芳,都是近代知名的数学家。《谈天》即英国著名天文学家约·赫歇尔的《天文学大纲》,它用康德—拉普拉斯的星云说解释天体演化过程。《地学浅释》是英国地质学奠基者之一赖尔的名著,原名《地质学原理》,它论证地球及其表面的形成有个缓慢变化的过程,因而今天生活在地球表面上的动植物也是渐次改变而来的。人们知道,康德、拉普拉斯和赖尔的理论,都曾受到恩格斯的高度重视,认为他们从不同侧面打击了自然界绝对不变的僵化自然观,打击了上帝创世说[1]。这两部谈天说地的著作,在先进的中国人那里引起怎样的反响,只要指出戊戌维新前后的几种论著,即康有为的《诸天讲》,章炳麟的《读〈管子〉书后》、《视天论》等,

〔1〕《自然辩证法·导言》,《马克思恩格斯选集》第3卷,页450—452,页454—455。

便可见一斑。

然而引起最大反响的，莫过于严复译述的《天演论》。这部以英国著名学者赫胥黎的《进化论与伦理学》为蓝本的小书，尚未公诸于世，便在康有为、梁启超等改良派领导人手里传阅，而在1896年出版后，更风靡一时，尤其在鲁迅那样的进步青年中间引起震动，给戊戌维新运动以极大的推动。它首次向中国人介绍了达尔文的进化论和斯宾塞的社会有机论。进化论证明人类发展是个历史过程，支配的规律就是生存竞争和自然选择。社会有机论则以为人类社会是生存竞争法则的体现，通则便是所谓优胜劣败。达尔文的学说，属于自然科学的真理。被马克思赞扬为"可以用来当作历史上的阶级斗争的自然科学根据"[1]。而斯宾塞的理论，则无疑属于唯心史观，如"五四"前夜李大钊所批评的，只能"授近世侵略家以口实"。但在戊戌维新时期，那些寻求改革中国"积弱"现状的先进分子，却从它的反面找到一个驳斥封建顽固派的口实，说是中国再不变法图强，便难逃"弱肉强食"的公例。

中国古代的哲学大都把人与自然看作统一体，而把自然现象看作人间祸福的征兆，历史观自不例外。既然达尔文极其有力地打击了形而上学的自然观，那么进化论传入中国，即使不被严复引向批判封建的僵化历史观，也已经同时打击了君主专制万古不变的迷信，何况他毫不讳言自己要否定的正是"道亦不变"呢。这就难怪那本半唯心的《天演论》如此激动人心，这就难怪"物竞天择"、"天演人演"顿时成了一切真假新党的口头禅。

〔1〕《致斐·拉萨尔》，《马克思恩格斯书信选集》，页127。

进化论是通向阶级论的桥梁。但自然科学终究不等于社会科学,而且进化论的主要公式"生存斗争"说,即使作为有机界的发展规律也是不完善的,更不能照搬过来作为解决社会矛盾的公式。恩格斯对这一点有过中肯的批评〔1〕。因此这座桥梁本身需要改造。就在《天演论》问世不久,改造它的尝试便已出现,那就是章炳麟的《菌说》。

发表于1899年的《菌说》,写得比《天演论》更古奥,进化的观念却比严复更激进。章炳麟力图把从细菌发展到人的自然史过程描绘清楚。他的出发点是自然界的一切事物,不存在绝对分明的界限,因为万事万物都存在着矛盾,而它就是一切变化的根据。他论证,细菌变动物,猴子变人,道理在于进化是个序列,由低级到高级、由简单到复杂、既互相联系又互相区别的序列,它的每个环节都有相对固定的界限,但正因界限是相对的,所以总是被生物进化的内在要求不断突破。于是,有机界中又斗争又合作,又冲突又谐调,在矛盾的相互作用中实现进化的奥秘,就被章炳麟开始揭破了。他进而尝试拿这个道理说明社会的变化,却失败了。因为他虽然强调环境变化与人类进化的一致性,虽然批评"弱肉强食"违反相互作用法则,却以为智慧程度与团结性能是社会进化的终极原因,结果同严复一样,失足掉进了意见支配世界的泥潭。

---

〔1〕"自然界中物体——不论是死的物体或活的物体——的相互作用中既包含和谐,也包含冲突,既包含斗争,也包含合作。因此,如果有一个所谓的自然科学家想把历史发展的全部多种多样的内容都总括在片面而贫乏的'生存斗争'公式中,那么这种做法本身就已经判决自己有罪,这种公式即使用于自然领域也还是值得商榷的。"见恩格斯致彼·拉·拉甫罗夫,《马克思恩格斯全集》第34卷,页161。

(六)

就在1899年,中国人听说西方有个马克思,发明了一种"安民新学"即社会主义学说。那是在美国传教士办的《万国公报》上,由一个英国人李提摩太和一个中国人蔡尔康合译的一篇文章里透露的。也许很少有人注意吧,所以过了三年,才由做过李提摩太秘书的梁启超,在他主编的《新民丛报》上再度提及,译名也变成麦喀士。这几个人显然都不欣赏马克思的新学,梁启超便胡说马克思只关心"现在"而不关心"未来"。

不过,那时的梁启超,仍然不失为一位"中国之新民"。他热心地宣传必须用进化论重新研究历史,于本世纪头一年发表《中国史叙论》,激烈地指责中国过去的历史著作都是帝王的家谱,等于从来没有历史;次年又发表《新史学》,大呼"史界革命",要把封建政治史革成"国民发达史"。他主张,历史应该考察全部人类社会的前进运动,"即国民全部之经历及其相互之关系",从中寻找支配人类进化的共同法则。我们知道,列宁曾经指出唯物史观消除了以往的历史理论的两个主要缺点,其一便指它消除了过去的历史理论没有说明人民群众的活动的缺点〔1〕。梁启超尽管本能地不赞成马克思,但既然还坚持用进化论看历史,既然还站在时代的前进运动中间,便不由得不在一个重要问题上向唯物史观接近。这似乎是矛盾,却是事实。在近代思想史上陷入这种可笑矛盾的,梁启

〔1〕"过去的历史理论恰恰没有说明人民群众的活动,只有历史唯物主义才第一次使我们能以自然史的精确性去考察群众生活的社会条件以及这些条件的变更。"列宁:《卡尔·马克思》,《列宁全集》第21卷,页38。

超可算第一人,但决非最后一人。

也就在本世纪初,中国的翻译事业出现了一个变化。那就是随着派遣出国留学的人数骤增,像严复那样"学贯中西"的人物,也就不再是凤毛麟角了。因此,几百年来靠略通中文的外国人或能说外语的中国人口述,而由不通外文的中国学者笔述的翻译,便被《天演论》式的翻译所代替。由于留日学生最多,因而由日文转译的西方著作自然也最多。转译可能失去原著神韵,却总比口授笔受式的译述更能存真,况且译者获得了选择权。这一变化,对于马克思主义在中国的传播,作用不可低估,有力的例证便是有马克思学说介绍的译著,1902 到 1903 年同时出版了几部。

我们感兴趣的是其中两部:赵必振译的《近世社会主义》,以及署名"中国达识译社",实为主办《浙江潮》的那班革命青年所译的《社会主义神髓》。二书作者都是日本人,即福井准造和幸德秋水,后者是日本著名的介绍马克思主义的较早人物之一。

在前一书里,我们不仅发现有马克思生平和《资本论》概要的介绍,似较四年后朱执信《德意志社会革命家列传》有更详密的介绍,而且发现有马克思关于五种社会形态的历史理论的综述,译文达一千一百余字。

在后一书里,我们首次见到唯物史观的中文陈述,照录如次:"社会主义之祖师,凯洛马尔克斯者,为吾人道破所以能组织人类社会之真相者,曰:'有史以来,不问何处何时,一切社会之所以组织者,必以经济的生产及交换之方法为根底。即如其时代之政治及历史,要亦不能外此而得解释'"。不难看出,这就是本文开头所引恩格斯陈述的大意,虽然幸德秋水的日译也许没有这样笨拙。

倘说译介突然增多,不足以表明那时中国先进青年对马克思学说的亲切感,那就不妨再举中国人自撰的两篇论文为例,即1903年先后发表的《唯物论二巨子之学说》和《社会主义与进化论比较》。前文说的“二巨子”,就是达尔文与马克思,主题则为“欲救黄种之厄,非大倡唯物论不可”。后文则比较达尔文进化论与马克思社会主义的异同。二文作者都是马君武。

马君武在近代首先翻译达尔文《物种起源》的名声,淹没了他很早便置身于孙中山领导的革命民主派行列的历史,因而很少有人注意他曾经认为马克思学说比进化论高明。《社会主义与进化论比较》一文,据附录可知参考过《共产党宣言》、《哲学的贫困》、《政治经济学批判》和《资本论》,还参考过恩格斯的《英国工人阶级状况》。大约都是据日本人的介绍,因为他误把恩格斯的书说成马克思所著。然而诸书都是马克思主义的经典著作,即使只读过它的提要,也可能比较了解马克思学说的概貌。

今天看来,马君武对马克思学说,岂止不够了解,还有很大误解。例如把马克思的思想,比作乌托邦,例如指责社会主义者否定资本主义的“争利”,只能延缓社会进化。诸如此类,都表现出他的偏见。但历史地看,近八十年前的这位年轻学者,对马克思学说的确抱着好意予以介绍和评论。从他那里,中国人才得知马克思主张“阶级竞争,为历史之钥”;才得知本国工农差别不明显,其实是社会发展比西方落后整整一个历史阶段的表现;才得知社会主义的理想远比资本主义的现实高尚;“凡怀热心图进步之国民,未有不欢迎社会主义者;社会主义既行,则人群必大进步,道德、智识、物质、生计之属必大发达。”因此,他曾断言,假如社会主义实现了,那么达尔文所谓自然选择、适者生存的生存斗争学说，便将失去存在的基础。你看，在这里，尝试用唯物史观解释中国社会历史的初步意向，难道表现得还不明显吗？

无需否认，马克思的历史学说，在二十世纪初期的中国，还是刚开始传播的一家之言，影响比不上卢梭的社会契约论，比不上洛克的天赋人权论，比不上达尔文的进化论，甚至比不上斯宾塞的社会有机论。但正因如此，我们便不禁对它传播伊始，就在先进的中国人中间赢得同情，就不断在革命者中间激起反响，而感到惊奇。

在1905年同盟会成立后，我们发现那时某些革命知识分子的历史见解，像陈天华的《中国革命史论》肯定农民革命，像章炳麟的《革命之道德》用人们的社会经济地位做尺度来判断各阶层拥护或反对民主革命的态度，乃至有些投机革命的人物也居然鼓吹阶级斗争等等。如果我们不注意马克思的历史学说已开始传播，便常常感到不好解释。

但是，如果我们尝试把社会存在决定社会意识的唯物史观坚持到底，就是说把唯物史观本身也如实地看作一种观念形态，那么，在存在着为繁茂芜杂的意识形态所掩盖着的那个简单事实的地方，尤其在中国这样一个有着悠久文明和尊重历史传统的国度，发现唯物史观的个别部分的萌芽形态，在思想史上闪现，又有什么奇怪呢？如果我们承认唯物史观在中国历史上不是无源之水，而是曾被不少世代的思想家朦胧感觉到却苦于得不到完整而清晰表述的认识，那么，当马克思所发现的唯物主义历史观，“或更确切地说，彻底发挥唯物主义，即把唯物主义运用于社会现象”〔1〕，一旦

〔1〕 列宁：《卡尔·马克思》，《列宁全集》第21卷，页38。

被介绍进中国,便较快被人们接受,不到二十年便被革命者承认是唯一的科学历史观,这不是很好理解吗?

1982 年 8 月为纪念马克思逝世一百周年而作

(原载胡曲园等著:《马克思主义研究的几个问题》,
复旦大学出版社,1983 年)

图书在版编目(CIP)数据

朱维铮史学史论集/朱维铮著.—上海：复旦大学出版社,2015.8
ISBN 978-7-309-11551-2

Ⅰ.朱… Ⅱ.朱… Ⅲ.史学史-中国-文集 Ⅳ.K092-53

中国版本图书馆 CIP 数据核字(2015)第 130094 号

朱维铮史学史论集
朱维铮　著
责任编辑/陈麦青

复旦大学出版社有限公司出版发行
上海市国权路 579 号　邮编：200433
网址：fupnet@fudanpress.com　http://www.fudanpress.com
门市零售：86-21-65642857　团体订购：86-21-65118853
外埠邮购：86-21-65109143
浙江新华数码印务有限公司

开本 890×1240　1/32　印张 8.75　字数 186 千
2015 年 8 月第 1 版第 1 次印刷

ISBN 978-7-309-11551-2/K·539
定价：35.00 元